Literatur im Krebsgang

Totenbeschwörung und *memoria* in der deutschsprachigen Literatur nach 1989

AMSTERDAMER BEITRÄGE
ZUR NEUEREN GERMANISTIK

64 2008

Herausgegeben von

Gerd Labroisse
Gerhard P. Knapp
Norbert Otto Eke

Wissenschaftlicher Beirat:

Christopher Balme (Ludwig-Maximilians-Universität München)
Lutz Danneberg (Humboldt-Universität zu Berlin)
Martha B. Helfer (Rutgers University New Brunswick)
Lothar Köhn (Westf. Wilhelms-Universität Münster)
Ian Wallace (University of Bath)

Literatur im Krebsgang

Totenbeschwörung und *memoria* in der deutschsprachigen Literatur nach 1989

Herausgegeben von
Arne De Winde und Anke Gilleir

Amsterdam - New York, NY 2008

Die 1972 gegründete Reihe erscheint seit 1977 in zwangloser Folge in der Form von Thema-Bänden mit jeweils verantwortlichem Herausgeber.

Reihen-Herausgeber:

Prof. Dr. Gerd Labroisse
Sylter Str. 13A, 14199 Berlin, Deutschland
Tel./Fax: (49)30 89724235 E-Mail: Gerd.Labroisse@t-online.de

Prof. Dr. Gerhard P. Knapp
University of Utah
Dept. of Languages and Literature, 255 S. Central Campus Dr. Rm. 1400
Salt Lake City, UT 84112, USA
Tel.: (1)801 581 7561, Fax (1)801 581 7581 (dienstl.)
bzw. Tel./Fax: (1)801 474 0869 (privat) E-Mail: gerhard.knapp@m.cc.utah.edu

Prof. Dr. Norbert Otto Eke
Universität Paderborn
Fakultät für Kulturwissenschaften, Warburger Str. 100, D - 33098 Paderborn,
Deutschland, E-Mail: norbert.eke@upb.de

Cover:
Robert Boursnell, *Selfportrait with Spirits*, © Wm. B. Becker Collection / American Museum of Photography.

All titles in the Amsterdamer Beiträge zur neueren Germanistik (from 1999 onwards) are available online: See www.rodopi.nl

Electronic access is included in print subscriptions.

The paper on which this book is printed meets the requirements of "ISO 9706:1994, Information and documentation - Paper for documents - Requirements for permanence".

ISBN: 978-90-420-2322-2
©Editions Rodopi B.V., Amsterdam – New York, NY 2008
Printed in The Netherlands

Inhaltsverzeichnis

Kurzbiographien

Benjamin Biebuyck (°1968) lehrt Neuere deutsche Literaturwissenschaft an der Universität Gent. Seine Forschungsschwerpunkte sind Literatur- und Figürlichkeitstheorie, Heine, Nietzsche, Musil, Grass sowie deutschsprachige Philosophie. Veröffentlichungen: (mit D. Praet und I. Vanden Poel) The Eternal Dionysus. The Influence of Orphism, Pythagoreanism and the Dionysian Mysteries on Nietzsche's Philosophy of Eternal Recurrence. In: *Philologus* 149.1 (2005). S. 52–77; (mit D. Devreese) 'Il Polacco'. Überlegungen zu Nietzsches polnischer Legende im Lichte einer neuen Quelle: Ernst von der Brüggens *Polens Auflösung* (Leipzig, 1878). In: *Nietzsche-Studien* 35 (2006). S. 263–270.

Elke Brüns (°1959) ist Privatdozentin an der Universität Greifswald. Ihre Forschungsschwerpunkte sind Gender Studies, Produktionsästhetik, Armut und Literatur. Veröffentlichungen: *außenstehend, ungelenk, kopfüber weiblich. Psychosexuelle Autorpositionen bei Marlen Haushofer, Marieluise Fleißer und Ingeborg Bachmann,* Stuttgart: Metzler 1998. *Nach dem Mauerfall – Eine Literaturgeschichte der Entgrenzung.* München 2007. *Ökonomien der Armut,* erscheint München 2007. Zur Zeit Arbeit am Thema "Armut und Literatur".

Jan Ceuppens (°1964) ist Dozent an der Dolmetscher- und Übersetzer-hochschule VLEKHO in Brüssel und freier Mitarbeiter der Forschungseinheit Text & Interpretation an der Katholieke Universiteit Leuven. Er ist Redakteur der Zeitschrift *Germanistische Mitteilungen.* Seine Forschungsschwerpunkte sind Literatur der Moderne, Beziehungen zwischen Psychoanalyse, Philosophie und Literatur(wissenschaft). Veröffentlichungen: Transcripts: An Ethics of Representation in W.G. Sebald. In: *W.G. Sebald: History – Memory – Trauma.* Hg. von Scott Denham und Marc McCulloh. Berlin 2006. S. 251–263.

David Clarke (°1972) lehrte an den Universitäten Mainz und Nottingham Trent und arbeitet heute als Dozent für Germanistik an der Universität Bath. Seine Forschungsschwerpunkte sind deutsche Gegenwartsliteratur, Filmwissenschaft und ostdeutsche Literatur. Veröffentlichungen: (als Herausgeber) *German Cinema since Unification.* London – New York 2006; (mit Arne De Winde) *Reinhard Jirgl. Perspektiven, Lesearten, Kontexte.* Amsterdam – New York 2007.

Christine Cosentino lehrt deutsche Sprache und Neuere deutsche Literatur an der Rutgers University Camden und ist Mitbegründerin der Internet-Zeitschrift *glossen.* Veröffentlichungen über DDR-Literatur, deutsche Gegenwartsliteratur, deutschen Expressionismus und deutsche Lyrik: (als Herausgeberin mit Wolfgang Ertl und Wolfgang Müller) *An der Jahrtausendwende. Schlaglichter auf die deutsche Literatur.* Frankfurt/M. 2003.

8

Arne De Winde (°1981) ist Forschungsassistent des Fonds für Wissenschaftliche Forschung Flandern (FWO) an der Katholieke Universiteit Leuven und arbeitet an einer Dissertation zur Genealogie- und Spektralitätsproblematik im Werk Reinhard Jirgls. Seine Forschungsschwerpunkte sind moderne deutschsprachige Erinnerungsliteratur, Intertextualität, "Kulturpessimismus" und Zivilisationskritik, Mundartliteratur. Veröffentlichungen: (als Herausgeber mit David Clarke) *Reinhard Jirgl: Perspektiven, Lesarten, Kontexte.* Amsterdam – New York 2007.

Anke Gilleir (°1969) lehrt Neuere deutsche Literatur an der Katholieke Universiteit Leuven. Ihre Forschungsschwerpunkte sind deutschsprachige 'Frauenliteratur' des 18. und 19. Jahrhunderts, Literatur(wissenschaft)/Gender/ Identität, Geschichtsschreibung der Literatur, interkulturelle Literatur. Veröffentlichungen: (als Herausgeberin) Sophie Tieck. *Flore und Blanscheflur.* Hildesheim 2006; (mit Eva Kormann und Angelika Schlimmer) *Textmaschinenkörper. Genderorientierte Lektüren des Androiden.* Amsterdam – New York 2006.

Elke Gilson (°1976) ist Oberassistentin für Forschung des Fonds für Wissenschaftliche Forschung Flandern (FWO) und arbeitet im literarischen Flügel des Fachbereichs Deutsch an der Universität Gent. Veröffentlichungen über unterschiedliche Aspekte der deutschen Gegenwartsliteratur, in letzter Zeit über zeitgenössische Autoren wie Barbara Honigmann, Christa Wolf, Sibylle Lewitscharoff, Inka Parei, Klaus Schlesinger und Norman Ohler. Sie hat zwei Sammelbände zum Werk von Monika Maron herausgegeben: *Monika Maron in Perspective.* Amsterdam – New York 2002 und *"Doch das Paradies ist verriegelt...". Zum Werk von Monika Maron.* Frankfurt/M. 2006.

Dieter Heimböckel (°1961) ist seit 2005 Akademischer Rat am Institut für Germanistik der Universität Regensburg. Arbeits- und Forschungsschwerpunkte sind Neuere deutsche Literatur vom 18. Jahrhundert bis zur Gegenwart, Gattungspoetik, Literaturtheorie, Ästhetik, Moderne, Alteritäts- und (Nicht-) Wissensforschung. Veröffentlichungen: *Walther Rathenau und die Literatur seiner Zeit. Studien zu Werk und Wirkung.* Würzburg 1996; *Emphatische Unaussprechlichkeit. Sprachkritik im Werk Heinrich von Kleists.* Göttingen 2003; (als Herausgeber mit Uwe Werlein) *Der Bildhunger der Literatur. Festschrift für Günther E. Grimm.* Würzburg 2005.

Silke Horstkotte (°1972) ist seit 2004 wissenschaftliche Mitarbeiterin am Institut für Germanistik an der Universität Leipzig. Sie arbeitet zur Zeit an einem Buch zu Fotografien in der deutschen Gedächtnisliteratur und hat Aufsätze u.a. zu Goethe, Novalis und W.G. Sebald veröffentlicht. Veröffentlichungen: *Androgyne Autorschaft. Poesie und Geschlecht im Prosawerk Clemens*

Brentanos. Tübingen 2004; (als Herausgeberin mit Karin Leonhard) *Lesen ist wie Sehen. Intermediale Zitate in Bild und Text.* Köln 2006.

Reinhard Jirgl (°1953) war Elektroingenieur und Theatertechniker, bevor er freier Schriftsteller in Berlin wurde. Für sein Prosawerk, das im Carl Hanser Verlag erscheint, erhielt er zahlreiche renommierte Preise, u.a. den Alfred-Döblin-Preis, den Joseph-Breitbach-Preis, den Literaturpreis der Stadt Bremen. August 2007 wurde er zum Stadtschreiber von Frankfurt-Bergen-Enkheim ernannt. Veröffentlichungen u.a. *Abschied von den Feinden* (1995), *Hundsnächte* (1997), *Die Atlantische Mauer* (2000), *Genealogie des Tötens*. *Trilogie* (2002), *Die Unvollendeten* (2003), *Abtrünnig. Roman aus der nervösen Zeit* (2005).

Hans-Thies Lehmann (°1944) ist seit 1988 Professor fur Theaterwissenschaft an der Johann Wolfgang Goethe Universität in Frankfurt/M. und dort führend am Aufbau des Hauptfach-Studiengangs Theater-, Film- und Medienwissenschaft beteiligt. 2002 gründete er den Aufbaustudiengang "Dramaturgie". Er war Gastprofessor für Theaterwissenschaft in u.a. Amsterdam, Wien, Tokyo, Paris, Krakau, Kaunas und Charlottesville. Er führte eigene szenische Projekte und war Dramaturg für unterschiedliche Theater. Veröffentlichungen u.a. *Postdramatisches Theater.* Frankfurt/M. 1999; (als Herausgeber mit Patrick Primavesi) *Heiner Müller-Handbuch. Leben – Werk – Wirkung.* Stuttgart 2003.

Vivian Liska (°1956) ist Professorin für deutsche Literatur an der Universität Antwerpen und Direktorin des Instituts für Jüdische Studien der Universität Antwerpen. Ihre Forschungsschwerpunkte sind literarische Moderne, Gegenwartsliteratur und Literaturtheorie. Veröffentlichungen: *Die Moderne – Ein Weib. Am Beispiel von Romanen Ricarda Huchs und Annette Kolbs.* Tübingen 2000; (als Herausgeberin mit Astradur Eysteinsson) *Modernism. Comparative Literary History Series.* Amsterdam – Philadelphia 2007; (als Herausgeberin mit Thomas Nolgen und Alvin H. Rosenfold) *Contemporary Jewish Writing in Europe. A Guide.* Bloomington 2007. Demnächst erscheint: *When Kafka Says We. Uncommon Communities in 20th Century German-Jewish Literature.* Bloomington.

Gunther Martens (°1976) ist Oberassistent für Forschung des Fonds für Wissenschaftliche Forschung Flandern im Fachbereich Deutsch an der Universität Gent. Seine Forschungsschwerpunkte sind Musil, Broch, Jelinek, Karl Kraus, Heine, Literatur und Ethik, Rhetorik und Narratologie. Veröffentlichungen: "Aber wenn du von einem Berg springst, ist es wieder umgekehrt". Zur Erzählerprofilierung in den Meta-Krimis von Wolf Haas. In: *Modern Austrian Literature* 39.1 (2006). S. 65–80; (als Herausgeber mit Sascha Bru) *The Invention of Politics in the European Avant-Garde (1905–1940).* Amsterdam 2006.

Anneleen Masschelein (°1971) ist Oberassistentin für Forschung des Fonds für Wissenschaftliche Forschung Flandern (FWO) und lehrt Literaturtheorie, Psychoanalyse, Prosa- und Filmanalyse in Leuven und Amsterdam. Forschungsschwerpunkte sind zur Zeit theoretische Autofiktion und das autobiographische Schreiben von Intellektuellen. Demnächst erscheint: *The Unconcept. The Conceptualization of the Uncanny in the 20th Century.* New York.

Bart Philipsen (°1961) ist seit 2002 Professor für deutsche Literatur an der Katholieke Universiteit Leuven. Seine Forschungsschwerpunkte sind das Erbe des deutschen Idealismus, literarische, philosophische und theologische 'Schreibweisen', Lektüren des Tragischen, Rhetorik und Hermeneutik, Literatur und Holocaust, Hölderlin, Schleiermacher, Kafka, Celan, Heiner Müller, W.G. Sebald und H.M. Enzensberger. Veröffentlichungen: (als Herausgeber mit Erik Borgman und Lea Verstricht) *Literary Canons and Religious Identity.* Aldershot 2004; (mit Anke Gilleir) *Duitstalige literatuur na 1945,* 2 Bde. Leuven 2006; (als Herausgeber mit Peter Henninger und Rainer Nägele) *SchloßGeschichten. Zehn Annäherungen an Kafkas "Schloß".* Eggingen 2007.

Jean-Pierre Rondas (°1946) ist Regisseur und Radiomoderator bei Radio Klara der flämischen Radio- und Fernsehgesellschaft (VRT). Er produziert das mehrsprachige Sonntagnachmittagsprogramm "Rondas" über Kultur und Weltbilder aus historischer, soziologischer, kulturtheoretischer und anthropologischer Perspektive. Veröffentlichungen über J.R.R. Tolkien Umberto Eco und Immanuel Kant. Radioprogramme über James Joyce, die institutionelle Psychiatrie in La Borde, Sprachkonflikte in Québec, über Deutschland und deutsche Kultur, über Sprache und Nation in Konfliktgebieten wie Israël/Palestina, Nordirland und Südafrika.

Arvi Sepp (°1975) ist Assistent für Neuere deutsche Literatur an der Universität Antwerpen und arbeitet an einer Dissertation über Victor Klemperers Tagebücher. Seine Forschungsschwerpunkte sind Tagebuch- bzw. Autobiographietheorie, Kultursoziologie und Populärkultur. Veröffentlichungen: Zwischen Autographie und Historiographie. Victor Klemperers Tagebücher 1918–1932 als multidiskursives Archiv der Weimarer Republik. In: *Kulturelles Wissen und Intertextualität. Theoriekonzeptionen und Fallstudien zur Kontextualisierung von Literatur.* Hg. von Marion Gymnich, Birgit Neumann und Ansgar Nünning. Trier 2006. S. 151–165; Jüdische Traumata. Holocaust und nationale Identität in Antonio Muñoz Molinas Roman *Sefarad* und Victor Klemperers Tagebüchern 1933–1945. In: *Estudios Filológicos Alemanes* 12 (2006). S. 565–574.

Ulrike Vedder (°1963) ist wissenschaftliche Mitarbeiterin am Zentrum für Literatur- und Kulturforschung Berlin und Lehrbeauftragte an den Universitäten Hamburg, Zürich, Kiel und an der TU Berlin. Ihre Arbeitsschwerpunkte sind Literatur des 18. bis 21. Jahrhunderts, Medien/Literatur, kulturelle Transformaionen von Dingen, Erbschaft, Überlieferung, Transmission. Veröffentlichungen: (als Herausgeberin mit Wolfgang Kreher) *Von der Jägerstraße zum Gendarmenmarkt. Eine Kulturgeschichte aus der Berliner Friedrichstadt*, Berlin 2007; (als Herausgeberin mit Ohad Parnes und Sigrid Weigel) *Generation. Zur Genealogie des Konzepts – Konzepte von Genealogie.* München 2005; (als Herausgeberin mit Corina Caduff) *Chiffre 2000 – Neue Paradigmen in der Gegenwartsliteratur.* München 2005.

Bart Philipsen

Literatur und Spektralität: zur Einführung

> *Für wen sonst schreiben wir*
> *Als für die Toten allwissend im Staub Ein Gedanke*
> *Der Ihnen vielleicht nicht zusagt dem Lehrer der Jugend*
> *Das Vergessen ist ein Privileg der Toten.*[1]
> Heiner Müller, *Mommsens Block*

Als Heiner Müller Ende 1995 starb, hatte die Uraufführung seines letzten, von ihm selber noch inszenierten Stücks *Germania 3 Gespenster am toten Mann* noch nicht stattgefunden. Die komplexe Montage von allegorischen Totenbeschwörungen, welche die großen und kleinen, realen und literarischen Aktanten, Opfer und Täter der ideologischen Kämpfe des zwanzigsten Jahrhunderts wie aus dem Grab auferstehen und herumgeistern lassen, veranschaulicht nicht nur Müllers These von der Geschichte als einer Hekatombe; sie demonstriert noch einmal seine Überzeugung, dass Literatur vor allem als Möglichkeit und Aufgabe eines Dialogs mit den Toten zu verstehen sei:

> Die gesamte Geschichte und Politik reduziert sich auf die Verdrängung der Sterblichkeit. Kunst aber stammt aus und wurzelt in der Kommunikation mit dem Tod und den Toten. Es geht darum, dass die Toten einen Platz bekommen. Das ist eigentlich Kultur.[2]

"Dass es im Werk Heiner Müllers von Phantomen, Geistern, Engeln, Untoten, Wiedergängern und gespenstischen Gestalten nur so wimmelt", erklärt sich für Hans-Thies Lehmann dadurch, dass der ambivalente Status des Gespenstes – zugleich Materialisation des Spirituellen und Entwirklichung – "die Zweideutigkeit und das Unheimliche jeder Schwellenzone des Unentscheidbaren" spüren lässt, die "zunehmend die Grenze zwischen Sein und Nichtsein wachsen" lässt.[3] Eine solche Schwellenzone ist für Müller unsere historisch-gesellschaftliche Wirklichkeit, auch wenn sie diese ihre Ambivalenz mit allen Mitteln zu verneinen und zu verdecken versucht.

---

[1] Heiner Müller: *Mommsens Block*. In: *Werke 1. Die Gedichte*. Hg. von Frank Hörnigk. Frankfurt/M. 1998. S. 257–263. Hier: S. 260.

[2] Heiner Müller: Nekrophilie ist Liebe zur Zukunft. In: *Jenseits der Nation. Heiner Müller im Interview mit Frank M. Raddatz*. Berlin 1997. S. 7–34. Hier: S. 23.

[3] Hans-Thies Lehmann: Müllers Gespenster. In: *Das Politische Schreiben. Essays zu Theatertexten*. Berlin 2000. S. 283–300. Hier: S. 283f.

Müllers literarische Totenbeschwörungen erscheinen in vielerlei Hinsicht als repräsentativ für eine seit Anfang der neunziger Jahre immer auffallender werdende *Topik des Spektralen* in der deutschsprachigen Literatur. Jelineks barocke Allegorie gegen Geschichtsverdrängung *Die Kinder der Toten* (1995), Walter Kempowskis und Alexander Kluges scheinbar dokumentarisch konzipierte Stimmen- und Textkollagen (*Echolot*-Projekt, *Chronik der Gefühle* [2000]), W.G. Sebalds hochreflektierte, (meta-)literarische Spurensicherungen an der Grenze von Fiktion, (Auto)Biographie und Geschichte (*Die Ausgewanderten* [1992], *Die Ringe des Saturn. Eine englische Wallfahrt* [1995], *Austerlitz* [2001]), Reinhard Jirgls literarische Archäologie und Pathologie jüngster deutscher Vergangenheit (mit einem prägnanten Fokus auf Berlin als Schattenreich und Schädelstätte) etwa in *Abschied von den Feinden* (1995), *Hundsnächte* (1997), *Die Unvollendeten* (2003) oder *Abtrünnig* (2005), Christa Wolfs auf Dante und den Orpheus-Mythos zurückgreifender Gang ins Totenreich *Leibhaftig* (2002), Marcel Beyers *Flughunde* (1995) und Günter Grass' Novelle *Im Krebsgang* (2002) sind nur die bekanntesten oder auffälligsten Beispiele dieser allgemeinen Konjunktur des Spektralen in der deutschsprachigen Gegenwartsliteratur. Diese eher assoziative Reihe könnte nicht nur ergänzt, sondern auch auf vielerlei Weisen aufgegliedert werden. Es wundert keinen, dass die Geister die – nach Müller und Brecht – gleichzeitig aus der Vergangenheit und der Zukunft auf uns zukommen,[4] in dem hier fokussierten deutschen Sprach- und Kulturbereich vor allem der unabschließbar scheinenden Durcharbeitung des Nationalsozialismus bzw. des Zweiten Weltkriegs sowie der Auseinandersetzung mit dem 'anderen' deutschen Trauma der DDR – und damit sind auch die 'Wunden' der Wende selber gemeint – entspringen. In selteneren Fällen sind die 'Geister' jüngeren Datums, wie etwa in Christoph Heins *In seiner frühen Kindheit ein Garten*, in dem noch einmal das Thema des bundesrepublikanischen Traumas – der Linksterrorismus aus dem 'deutschen Herbst' – aufgegriffen wird. Aber ebenso oft geht es um Übertragungsprozesse, die den Parcours einer privaten sowie kollektiven Erblast über längere Perioden und Generationen nachvollziehen.

Die diachrone und territoriale 'Schichtung' der Traumata lässt sich tatsächlich kaum trennen von der sogenannten (trans-)generationellen Perspektive, die verschiedenen literarischen Arbeiten der letzten Jahre zu Grunde liegt. "In erster Linie sind es die äußerst zahlreichen transgenerationellen Familienromane seit den 1990er Jahren, die im Zusammenhang mit der kollektiven Erinnerung an

---

[4] Gemeint ist das *Fatzer*-Zitat, das Müller so beeindruckte: "Wie früher Geister kamen aus Vergangenheit / So jetzt aus Zukunft, ebenso". Bertolt Brecht: *Fatzer* (B 48). In: *Werke: Große kommentierte Berliner und Frankfurter Ausgabe*. Bd. 10.1. *Stücke 10. Stückfragmente und Stückprojekte. Teil I*. Hg. von Werner Hecht, Jan Knopf [u.a.]. Frankfurt/M. 1997. S. 465.

Krieg und Holocaust von einem geisterhaften Fortleben der Toten berichten",
bemerkt Silke Horstkotte. Sie führt den Erfolg des spektralen Motivs auf den
epochalen Bruch zurück, der uns durch den Verlust der lebendigen Erinnerung,
d.h. das Aussterben der Zeitzeugen-Generation, auf die – infolge der 'condition
postmoderne' als Simulacra schon um ihre Glaubwürdigkeit und Zuverlässigkeit
gebrachten – sekundären Gedächtnis- und Erinnerungsformen angewiesen
macht. Die 'Popularität' des 'Literatur & Fotografie'-Motivs in der neueren
Gedächtnisliteratur – etwa bei Sebald und Wackwitz (siehe Hortskotte, Ceuppens,
Masschelein) – mag das auffallendste Symptom dieses Bruchs sein, seine
unheimlichste Verarbeitung zum literarischen Motiv findet er aber in den
Tonbandaufnahmen des Tonmeisters Hermann Karnau aus Beyers *Flughunde*.
Die transgenerationelle Perspektive unterscheidet die (selbst-)konstruierten auto-
biographischen Zeitzeugenberichten wie die erst 1995 posthum veröffentlichten
Tagebücher Victor Klemperers *Ich will Zeugnis ablegen bis zum letzten* oder
Kempowskis *Echolot* sowie die auf eigenen Erfahrungen basierenden Fiktionen
und fiktionalisierten Autobiographien eines Grass, Walser oder Müller von den
Werken einer "dritten Generation" – zu nennen sind u.a. Beyer, Wackwitz, Judith
Hermann, Arno Geiger u.a. –, die sowohl gehindert als auch befreit durch den
Verlust des Standortes eines Zeitzeugen "das Verhältnis von Erinnerung,
Dokumentation und Fiktion […] neu befragbar macht" (Vedder). Dass im Zuge
dieser 'Befreiung' durch die "affektive Telescopage" (Horstkotte) von generationellen Erinnerungsdiskursen zwar die Grenzen zwischen den Generationen
überbrückt werden und eine familiengeschichtliche Kontinuität wiederhergestellt
werden kann, die wirklich 'Anderen' und 'Fremden' der Familie aber des öfteren
ausgeblendet bleiben (wie in Stephan Wackwitz' Familienromanen *Ein unsichtbares Land* [2003] und *Neue Menschen* [2005], aber auch schon in Martin
Walsers umstrittenem Erinnerungsroman *Ein springender Brunnen* [1998]), ruft
die Frage nach der Selektivität der 'Beschwörungen' auf. Sie ist nicht zu beantworten, allenfalls zu verknüpfen mit der immerhin wesentlicheren Frage nach den
Grenzen der Aufgabe literarischer Erinnerung, die Ulrike Vedder stellt:

> die Frage, ob es der Literatur um eine gründliche Erinnerung bzw. 'Erweckung' der
> zahllosen Toten zu tun sein muss, die sich gegen ubiquitäres Vergessen richtet, oder
> ob es nicht in anderer Weise darum gehen muss, die Toten vor einer Nachgeschichte
> zu retten, die über sie verfügen und sie für ihre Belange in Anspruch nehmen will,
> und das heißt, die Toten also – aus welchen Gründen auch immer – dem Vergessen
> zu überantworten.

Nicht um eine erneute Vergegenwärtigung – Re-Präsentation – des Vergangenen
kann es also gehen, um eine

> lückenlose Reproduktion von Geschehnissen, [die] gesetzt, das wäre – und sei es
> technisch möglich –, sich sogleich als das Gegenteil von Erinnern erweisen (dürfte).

Käme hieraus doch bestenfalls eine Tautologie zustande, die ihrerseits das Oktroyieren von (macht)gesteuerter, letztlich instrumentalisierter Erinnerung bedeuten muss, wie das zahllose Beispiele bei offiziell verfügten Gedenkanlässen veranschaulichen.

(Reinhard Jirgl)

In dem vorliegenden Band, dessen Beiträge teils auf ein an der Universität Leuven im Mai 2004 durchgeführtes internationales Kolloquium zurückgehen, teils eigens für diesen Band verfasst wurden, werden mehrere der gerade erwähnten Werke diskutiert und mit einer komplexen theoretischen Reflexion über die Beziehung zwischen Literatur und Geschichte(n), Literatur und *memoria* verknüpft. Wie fraglich die Relevanz und Legitimität historischer Eckdaten wie "1945" oder "1989" für die Abgrenzung von kultur- bzw. literaturhistorischen Epochen und Diskursen auch sein mag, so bezeichnen solche Daten vor allem im Nachhinein doch symbolische Reflexions- und Wendemomente, auf die Erinnerungsprozesse sich so oder so beziehen. Im Falle der deutschsprachigen Gegenwartsliteratur gehen sie – wie gerade erwähnt – ausdrücklich mit einer verschärften kritischen Selbstreflexivität des Erinnerns (Aleida Assmann), d.h. der Darstellungsproblematik selber einher, wobei festzustellen ist, dass den 'älteren' Diskursen der Vergangheitsbewältigung neuere, hybridere und reflektiertere Formen des Rückblicks und der Durcharbeitung privater sowie kollektiver, traumatischer sowie nostalgischer Geschichten abgewonnen werden. "Denn Erinnern heißt immer auch Erzählen über das Erinnern zur Verfertigung des Erinnerten", heißt es dementsprechend in Reinhard Jirgls Essay "Erinnern – ein Meer und seine Form", das gewissermaßen demonstriert, wie die neuere Gedächtnis-Literatur und ein seit Mitte der achtziger Jahre zum zentralen Forschungsschwerpunkt der Kulturwissenschaften avanciertes Bewusstsein der Medialität und Diskursivität historischer Erkenntnisse sich überschneiden und konvergieren. Die gesteigerte, kritische Selbstreflexion des (literarischen) Erinnerns gilt übrigens nicht nur für den literarischen Diskurs im primären Sinne. Eine weitere Konsequenz dieser Tendenz betrifft die in der Literaturgeschichtsschreibung infolge der in ihr wirksamen kanonisierenden bzw. marginalisierenden Strategien selber eingeschriebene spektrale Latenz, wie es Anke Gilleirs Beitrag über Inge Müller beispielhaft belegt. Die Autorin stand – so der Gemeinplatz der Literaturgeschichte – "lange als 'die Frau im Schatten des Dramatikers Heiner Müller', wurde ansonsten, wie ihre Biografin Ines Geipel aussagt, als Dichterin in der DDR 'geliebt [...], obwohl niemand sie kannte' ".

Das Bewusstsein vom Repräsentationsstatus geschichtlicher Diskurse hat auch das Gespräch eröffnet zwischen der Historiographie und der Literatur(wissenschaft), indem beide Diskurse sich nun aus jeweils anderer Perspektive mit dem Stellenwert des Fiktionalen für die Konstitution von Geschichte – einschließlich (kleiner) Lebensgeschichte*n* und/oder (auto-) biographischer

Berichten – auseinandersetzen müssen. Dass 'Vergangenheit' nunmehr als kaum noch zu vereinheitlichender, fragmentarisierter Effekt eines komplizierten, von fiktionalen, narratologischen und mediatisierenden Strategien gesteuerten Repräsentationsprozesses verstanden wird, hat auch Folgen für das repräsentierende Subjekt selber. Dessen Autorität als authentifizierende Instanz ist nicht länger evident. Das Bewusstsein der (rhetorischen) Konstruiertheit und Performativität der (persönlichen sowie überpersönlichen) Vergangenheit ist auch immer das Bewusstsein eines Eingeschriebenseins in diskursiv-historischen Zusammenhängen und Kontexten, deren Genealogie, Heterogenität und Materialität das Subjekt grundsätzlich dezentrieren.

Diese und ähnliche Fragestellungen und Tendenzen im literarischen, literatur- und kulturwissenschaftlichen Diskurs bilden den Grund dafür, dass es in den folgenden Beiträgen nicht lediglich um motivisch-thematische Darstellungen spektraler Erscheinungen oder Halluzinationen geht, sondern – wie die vielen Annäherungsweisen der Beiträge belegen – eben auch um *Schreibweisen,* mithin auch um jene gewissermaßen ethische Frage nach dem Modus des Nach- und Fortlebens der Toten, nach deren rhetorischer Instrumentalisierung bzw. rhetorisch-poetologischer 'Rettung'. Es geht um "komplexe rhetorische Netzwerke" und die "Figürlichkeit inszenierter Vergessens- und Erinnerungs-diskurse" (Biebuyck/Martens), um Strategien des Indirekten und des Metonymischen, der dekonstruktiven Ent-Allegorisierung (Gilleir) und des "Link-Verfahrens" (Jirgl), in vielen Texten um eine "mikrologische" Lektüre (Sepp). Der Tendenz "der Literaturwissenschaft des vergangenen Jahrzehnts", das "individuelle und kollektive Archivierungsangebot" der jüngeren Erinnerungs- und Gedächtnisliteratur "vorwiegend auf der Ebene der repräsen-tierten Wirklichkeit" (Biebuyck/Martens) zu untersuchen, setzen diese Lektüren ein intensives Interesse für die literarische Performanz der Texte entgegen. Was Hans-Thies Lehmann an Müllers spätem epischen Gedicht *Senecas Tod* vorführt – dass es nicht bloß um die Darstellung des Sterbens, sondern um die Grenze der Sprache, das fortwährende Sterben der Sprache selber handelt – , lässt sich auf viele der hier besprochenen Texte beziehen: Spektralität bezeichnet das Scheitern der Literatur als Paradigma ästhetischer Repräsentation und Sinngebung, ein Scheitern, das sie rhetorisch in sich selbst spaltet, aufschiebt und reflektiert, bis diese Arbeit am Signifikanten "die Forderung nach einem anderen Sein" (Lehmann) freisetzt.

Dass eine solche Fokussierung auf die Darstellung bzw. auf die Arbeit am Signifikanten keineswegs zu einem ahistorischen Formalismus führen muss, beweist die Faszination, die von Klemperers "diaristischem" Schreibprozess ausgeht: die fast unerträglich "mikrologische" Aufzeichnung banaler, singulärer Alltäglichkeit, Erinnerung in einem scheinbar mimetischen Sinne, geht laut Arvi Sepp mit einer "Erinnerung des Geschriebenwerdens im Text" einher, mit dem – vielleicht gleich unerträglichen – Bewusstsein einer "radikalen Verwiesenheit

18

an eine 'Jetztzeit' des Schreibens'", d.h. der "reinen Prozessualität des Schreibaktes selbst" als scheinbar einzigen, unmöglichen "Garant von Wahrhaftigkeit und Unmittelbarkeit". Vergleicht man diese private Autobiographie mit Kempowskis *Echolot*-Kollage, so fällt gerade das Fehlen einer solchen Selbstreflexion des Montiertseins im letzteren Werk auf.

Die Metapher des Krebsgangs hatte Müller schon in seiner Bearbeitung des *Ödipus* verwendet, um die spektrale Nachträglichkeit einer verdrängten Erblast zu benennen: ihm, Ödipus,

> geht die Zeit im Krebsgang – die Zukunft (Kinder) zeugt er mit einer Gegenwart (Eheweib Jokaste), die in Wahrheit Vergangenheit ist (Mutter), so daß seine Kinder zugleich seine Geschwister sein müssen. Was vor ihm liegt, ist auch schon hinter ihm. Ödipus lebt als bereits Toter. [...] Aber die Resistenz dagegen [gegen die "gespenstische Gewichtslosigkeit" der Realität, die ihrem Wesen nach eine des Realitätsverlustes ist; B.P.] ist gerade nicht im Postulat oder der Realisierung einer imaginären Lebensfülle zu suchen, sondern in der Gastlichkeit gegenüber den Geistern.[5]

Die widerspenstigen Untoten der Geschichte (und deren Historiographie) sind den oft von Aktualitätszwang und selektiver Anamnäse geprägten Diskursen des politischen Alltags, die allenfalls auf ein nach imaginärer Vereinheitlichung strebendes kollektives Gedächtnis zurückgreifen, grundsätzlich ungeheuer. Eine solche Gastlichkeit mag der Hoffnung zugrunde liegen, dass der Krebsgang – indem er der Verdrängung einer die Gegenwart unterbrechenden, unverarbeiteten Vergangenheit entgegenwirkt – auch der Hegemonie einer falschen Gegenwart über Potenzialität und Zukunft, über Veränderung also, in die Quere kommt. Dieser 'produktive', zukunftsorientierte Aspekt der Metapher wird vom Erzähler in Grass' gleichnamiger Novelle selber erläutert als Prinzip einer der linearen Logik der "gelernten" Historiographie entgegenarbeitenden literarischen Geschichtsschreibung, die "der Zeit schrägläufig in die Quere kommen muss, etwa nach Art der Krebse, die den Rückwärtsgang seitlich ausscherend vortäuschen, doch ziemlich schnell vorankommen".[6] Das von Grass an einem konkreten historischen Fall erläuterte subversive Geschichtsschreibungsmodell, das Benjamins Auffassungen über Historiographie und dessen Konzept des Eingedenkens entlehnt scheint, lässt wenigstens ahnen, in welcher Hinsicht literarische Totenbeschwörungen als Metapher einer subversiven politischen Archäologie betrachtet werden können. Erst in Jirgls widerspenstiger, gegen den Strich bürstender Prosa, in der die Toten "nicht sterben können", gewinnt diese politische Archäologie eine unvergleichbare Prägnanz; "Risse, die Unvereinbares im uneinheitlich Ganzen gerade als das Lebbare erkennen

---

[5] Lehmann: Müllers Gespenster. S. 288 und 300.
[6] Günter Grass: *Im Krebsgang. Eine Novelle.* S. 8f.

lassen" (Jirgl), werden hier eröffnet.[7] Grass' Novelle, aber mehr noch Jirgls Werk, die beide das nach den Ungeheuerlichkeiten des Zweiten Weltkriegs tabuisierte Thema der deutschen Kriegsopfer (siehe auch W.G. Sebalds *Luftkrieg und Literatur* [1999]) ins Blickfeld der literarischen *memoria* zu rücken versuchen, thematisieren freilich auch das Problem, dass jene Untoten immer wieder Erinnerungsstrategien ausgeliefert zu werden drohen, die nur auf die Reanimation kollektiver Mythen hinarbeiten. Dieser Strategie einer Politik des Vergessens setzt Jirgl dennoch keine versöhnliche Alternative entgegen, sondern nur eine bis in die Orthographie sich austobende Wut gegen die "Diktatur der Oberfläche":[8] "Mit weggeschnittenen Augenlidern" (Kleist) fordert er, um es in Hartmut Böhmes Worten zu sagen, "ein Wissen ohne Beschönigung, ein Gefühl ohne Verdrängung".[9]

Ob damit noch einmal eine Variante der in den Nachkriegsjahren entwickelten Poetik des Schweigens und Verstummens, der unmöglichen Repräsentation und der tabuisierten Thematisierung, die jeden Schritt über die negative Ästhetik hinaus unterbindet, geliefert wird, ist noch die Frage. In ihrem Aufsatz "Nach dem Schweigen" versucht Vivian Liska zu zeigen, wie

> die österreichisch-jüdischen Autoren von heute aus der paradoxen Haltung heraus [arbeiten], dass das Unsagbare zwar unsagbar ist, dass es jedoch möglich sein muss, ja vielleicht sogar verpflichtend ist, gerade deshalb weiter zu sprechen als der Atem des Negativen reicht. In einer respektlosen Entstellung des bedeutungsschwangeren Oxymorons "zwei Mundvoll Schweigen" aus Celans Gedicht *Sprachgitter* [...] lässt Schindel Danny Demant, die Hauptfigur des Romans *Gebürtig*, sagen: "Ich hätte noch gern ein Maul voll Schweigen, aber der Vorrat ist auf". Dort, wo aus der Sicht der älteren Generation erhabenes Schweigen angebracht wäre, um über die Worte hinauszugelangen und das unumgängliche Scheitern der Sprache in der Darstellung des Grauens zu überwinden, wird die Gegenwartssprache heutiger österreichich-jüdischer Literatur gesprächig bis zum Extrem.

Abgeschlossen wird der Band mit einem Gespräch, das Jean-Pierre Rondas mit W.G. Sebald einige Monate vor dessen tragischem Tod für den belgischen Kultursender *Klara* führte. Sebald, einer der letzten großen Meister der *memoria*, wird in diesem Band mit zwei Aufsätzen geehrt, kein Zufall, denn keiner hat in der deutschsprachigen Gegenwartsliteratur eine vergleichbare Poetik des Spektralen als Widerstand gegen "die Auflösung unserer Erinnerungsfähigkeit"

---

[7] Reinhard Jirgl: Anzeichen des Gewitters von übermorgen: Zu den Strategien des Verschweigens. In: *neue deutsche literatur* 46.3 (1998). S. 50–59. Hier: S. 59.
[8] Reinhard Jirgl: Die Diktatur der Oberfläche: Über Trauma und Traum des 20. Jahrhunderts. In: *Ein ungarisch-deutsches Dichtertreffen: Erinnern und Vergessen.* Hg. von Forum für neue Kunst, Literatur und Musik Herrenhaus. Hannover 2001. S. 10–16.
[9] Hartmut Böhme: Kritik der Melancholie und Melancholie der Kritik. In: *Natur und Subjekt.* Frankfurt/M. 1988. S. 256–273. Auch unter: <http://www.culture.hu-berlin. de/hb/static/archiv/volltexte/texte/natsub/melancho.html>

(W.G. Sebald) entwickelt. Sowohl Anneleen Masschelein als Jan Ceuppens fokussieren mit Recht auf die mikrologische poetologisch-rhetorische Textur von Sebalds Werk, in dem die explizite Thematik und Motivik des Spektralen – die Repräsentationsebene sozusagen mit ihren vielen aufeinander geschichteten Beschreibungen von Gedächtnisorten, 'aufgefundenen' Objekten und sonstigen einzelnen Daten und Erinnerungsspuren – von einer performativen, den Schreib- und Leseakt zugleich kompromittierenden Tendenz unterlaufen wird, die den Prozess – das Drama – des Eingedenkens, der scheiternden, disfigurierenden Vergegenwärtigung und des ungewollten Vergessens, freilich auch des unverhofften Gelingens nachzuvollziehen zwingt. Weitaus voluntaristischer und optimistischer – zu zuversichtlich vielleicht – ist das Urteil Walter Kempowskis über den von ihm versammelten Geisterchor in dem zehnbändigen *Echolot*-Projekt:

> das Zuhören kann es möglich machen, daß wir endlich ins reine kommen miteinander. Wer eine Formel für den Krebsgang der Menschheit sucht – mit dem Echolot holt er sie aus der Tiefe. Die alten Geschichten ergeben – zusammengerüttelt – das Zauberwort, mit dem wir unsere Epoche bezeichnen und versiegeln könnten.[10]

Gegenüber dieser recht problematischen, an die barocke "Überspannung der Transzendenz" (Walter Benjamin) erinnernden stellt Sebald – und mit ihm mehrere der Beiträgerinnen und Beiträger in diesem Band – eine Verhaltenheit, die Erinnerung und Vergessen als notwendig ineinander verstrickte und auf einander angewiesene Momente einer komplexen Gedächtniskunst auffasst.[11] So wie das Verstehen grundsätzlich auf Unverständlichkeit angewiesen ist, und zwar nicht als das, was idealiter wegzuräumen und aufzuklären wäre, sondern als dessen Folie und Möglichkeitsbedingung – was Hamacher mit Celan als "entferntes Verstehen" bezeichnet hat –,[12] so lässt sich Erinnern nicht ohne Vergessen denken bzw. 'vollziehen', Trauerarbeit nicht ohne den Widerstand unverarbeitbarer traumatischer Reste. In allen Fällen geht es um die Infragestellung eines bestimmten Dezisionismus und Voluntarismus, der zwischen Erinnern und Vergessen wie zwischen Verstehen(-Wollen) und Nicht-Verstehen(-Wollen), Trauer und Melancholie, – oder schlimmer – zwischen Toten und (Über-)Lebenden eindeutig zu unterscheiden verstünde (De Winde, Gilson). Diese Aporie betrifft nicht nur den 'Spätgeborenen', der sich sowieso

---

[10] Walter Kempowski: *Das Echolot. Ein kollektives Tagebuch. Januar und Februar 1943*. Bd. 1 (1. bis 17. Januar 1943). München 1993 (3. Auflage). S. 7.
[11] Walter Benjamin: *Ursprung des deutschen Trauerspiels*. In: *Gesammelte Schriften*. Bd. I.1. Hg. von Rolf Tiedemann und Hermann Schweppenhäuser. Frankfurt/M. 1980. S. 203–430. Letzte Seiten.
[12] Werner Hamacher: *Entferntes Verstehen. Studien zu Philosophie und Literatur von Kant bis Celan*. Frankfurt/M. 1998.

zum Nachhinken verurteilt sieht und nunmehr auf die 'spektralen' Gedächtnismedien der Überlieferung angewiesen ist, sondern ebensowohl den Zeitgenossen, der "Zeugnis ablegen" will, wie Klemperer, aber – wie Arvi Sepp gegen die Rezeption festhält – den "skeptischen Gedanken vertritt, dass der Miterlebende im Grunde genommen nichts weiß".

Das Spektrale dürfte gerade jenes ambivalente Moment der Unentscheidbarkeit 'verkörpern', in dem sich der Imperativ der Erinnerung und die Notwendigkeit bzw. Unvermeidlichkeit eines bestimmten Vergessens treffen und zu einem anderen, 'demütigeren' Andenken jenseits der ethisch unzulänglichen Alternative einer 'rettenden' Transfiguration und einem absoluten Vergessen auffordern.

Es ist schon der Moment, in dem die Bedingungen der eigenen Entscheidungen für einen kurzen Moment ausgeblendet werden. In der Terminologie der Luhmannschen Systemtheorie hieße das, dass von der in der Moderne unumgänglich gewordenen Beobachtung zweiter Ordnung, oder Beobachtung der Bedingungen der Beobachtung, abgelassen wird, zugunsten der Handlung oder Konstruktion, die immer eine selbstvergessliche Beobachtung erster Ordnung sein muss. Ein Vergessen, das in diesem Sinne als Akzeptanz der Blindheiten verstanden wird, ohne die keine Beobachtung zustande kommen kann, könnte damit zu einem Privileg werden, nicht nur 'der Toten', sondern auch der Lebenden. (Gilson)

Dieses Privileg wäre zugleich mit der eigentlichen Verantwortung vis-à-vis des Anderen zu vergleichen, von der Derrida – im Gegensatz zu der ganzen modernen, abendländischen Tradition – behauptet hat, man könnte sie nicht ohne weiteres *übernehmen*. Was Jacques Derrida in *Spectres de Marx* als Aufgabe des Denkens, Schreibens und Lesens bestimmte, gilt dann auch für den Umgang mit den Geistern aus Vergangenheit und Zukunft, so wie er sich in den hier behandelten Texten abzeichnet: "apprendre à vivre avec les fantômes, dans l'entretien, la compagnie ou le compagnonnage, dans le commerce sans commerce des fantômes. A vivre autrement, et mieux. Non pas mieux, plus justement".[13] Literatur mag einer dieser priviligierten Orte sein, wo eine solche Gastlichkeit den Geistern gegenüber geübt werden kann.

---

[13] Jacques Derrida: *Spectres de Marx. L'état de la dette, le travail du deuil et la nouvelle Internationale*. Paris 1993. S. 15.

Reinhard Jirgl

Erinnern – ein Meer und seine Form

In this essay the German author Reinhard Jirgl reflects on the importance of literature, both as act of reading and writing, as an idiosyncratic medium of memory.

Nur was nicht aufhört, weh zu tun, bleibt im Gedächtnis.[1]
Friedrich Nietzsche, *Genealogie der Moral*

An den Anfang sei die banal erscheinende These gestellt, derzufolge Erinnern ohne vorheriges Vergessen unmöglich ist. Zugespitzt gesagt, die Qualität des Erinnerns hängt ab vom Grad vorangegangenen Vergessens. Hinsichtlich des Gedächtnisses muss somit stets von einer Paarbildung – *Erinnern / Vergessen* – gesprochen werden.

Darüber hinaus dürfte die lückenlose Reproduktion von Geschehnissen, gesetzt, das wäre – und sei es technisch – möglich, sich sogleich als das Gegenteil von *Erinnern* erweisen. Käme hieraus doch bestenfalls eine Tautologie zustande, die ihrerseits das Oktroyieren von (macht)gesteuerter, letztlich instrumentalisierter Erinnerung bedeuten muss, wie das zahllose Beispiele bei offiziell verfügten Gedenkanlässen veranschaulichen.

Erinnern dagegen ist ein Prozess, der i.e.S. erst durch seine Lücken, durch das zunächst als Fehlstellen und als Mangel Erkannte, sodann durch Überwindung mannigfacher Widerstände zur Herstellung einer Erzählung über das Erinnerte charakterisiert erscheinen will. Denn Erinnern heißt immer auch Erzählen über das Erinnern zur Verfertigung des Erinnerten. Dem gilt im Folgenden mein Interesse mit dem Versuch, diesen Vorgang in eine Struktur einzubeziehen, die somit einige kritische Punkte des Erinnerns / Vergessens verdeutlichen kann. Ich bleibe dabei vollkommen innerhalb der deutschen Sprache; die Sprache, in der ich denke, spreche und schreibe. Auf andere Sprachen erweitert, wären die Verhältnisse um etliches komplizierter; dem gelten meine folgenden Betrachtungen nicht.

Das Vehikel der Gegenwart

Zunächst ist jener Ansicht zu widersprechen, derzufolge die persönliche Erinnerung eine Fülle an Besitztum sei, das von niemandem fortgenommen werden könnte. Schon der erste Blick verweist auf die unbedingte

---

[1] Friedrich Nietzsche: *Zur Genealogie der Moral.* In: *Werke in drei Bänden.* Bd. 2. Hg. von Karl Schlechta. München 1994. S. 802.

Verflochtenheit alles erinnerbaren Materials mit dem je Gegenwärtigen. Die jeweils aktuellen – inneren wie äußeren – Lebensbedingtheiten, von denen der Mensch in seiner Unfreiheit, dem Zwang in gesellschaftliche Hierarchien, beherrscht wird, sind es, die als unsichtbare Kraft auch seinen Zugriff auf alles Vergangene erlauben oder aber behindern. "Die Sprache hat es unmißverständlich bedeutet", so schrieb Walter Benjamin in seinem Aufsatz "Gedächtnis und Erinnerung", "daß das Gedächtnis nicht ein Instrument zur Erkundung der Vergangenheit ist, sondern deren Schauplatz".[2] Das vermeintlich Subjektivste des Menschen, seine Erinnerung, um überhaupt bewusst werden zu können, muss zunächst ganz veräußerlicht, muss Objekt seiner selbst sein, um schließlich auf diesem Umweg ins Subjekt zurückkehren und Bestandteil des subjektiven Wissens werden zu können.

Es versteht sich daher von selbst, dass dem erinnerbaren Material auf diesem Umweg im Vehikel der Gegenwart genau all jene Fährnisse begegnen, die auch die Freiheit des Subjekts in seiner lebbaren Gegenwart beschneiden. Allgemein gesagt, besteht die Evidenz des Erinnerns im reduktionistischen Verfahren; die wie auch immer motivierte Auswahl aus der Fülle alles ungerichtet freien Bestands erst macht feststellbares Erinnern aus, bedeutet mithin Verzicht auf ebendiese Fülle, einen grundsätzlich asketischen Akt.

Das unterbewusste Wissen um solche Askese, so bleibt zu vermuten, begründet auch jene Melancholie, in deren Widerschein alles Erinnern getaucht, sodann vom Subjekt wieder aufgenommen wird bzw. umgekehrt erfährt das Ich durch das Registrieren eines Verlusts eine schwere Kränkung, die in Melancholie ihren Ausdruck findet. Hieraus mag der Hang zur Verklärung resultieren, der als sentimentaler Bodensatz echte Erinnerung zu verderben droht. Die Ahnung des Menschen, er habe an der Vergangenheit – an seiner wie an der anderer Menschen – unbedingt etwas wiedergutzumachen, bleibt bestehen, doch das Sentiment depraviert sogleich das Erinnerte, indem es daraus eine eigens zurechtgemachte Wirklichkeit als verpanzerten Horizont erschafft – eine letztlich bequeme Ausflucht vor allem Unbequemen, das die Auseinandersetzung mit dem Vergangenen heraufholen hieße. Die alte, mythische Angst vor dem Wiedergänger schließlich markiert die Scheu vor in Gegenwärtiges eingebetteter Vergangenheit gegenüber der Leichenstarre alles früher Gewesenen mit seinem täuschend echten Anblick von Lebendigkeit.

Der innere Arbeitgeber

Ein probates Medium zur Stilisierung des Erinnerns bietet die Literatur schlechthin – gilt sie doch geradezu als Synonym für das Gedächtnis der

---

[2] Walter Benjamin: Gedächtnis und Erinnerung. In: *Medienästhetische Schriften*. Frankfurt/M. 2002. S. 22–23. Hier: S. 22.

Menschheit. Wobei die Formulierung "probates Medium" irrtümlich an freie Wähl- und Verfügbarkeit denken lässt. Dem aber ist nicht so. Vielmehr sind alle literarischen Verfahren selbst sowie der Zugriff des Schriftstellers auf sie hervorgebracht von einem gesellschaftlichen Prozess, gegenwärtig verortet innerhalb des Endstadiums der Moderne, der – stark verkürzt gesagt – eskalierenden Technizität und Verwissenschaftlichung alles Daseins, mithin des Verschwindens der Subjekte in Objekte, die wiederum in Objekten verschwinden usf. Jene durch Verwissenschaftlichung und Schaffung neuen technologischen Faktenwissens suggerierte Steigerung von Freiheit der Subjekte, die indes längst zu Objekten in ebendiesem Prozess herabgesunken sind, das Versprechen auf Kommunikabilität der Kulturen, auf gesteigerten Wohlstand aller setzt bereits im Anfang dem Verdacht der absichtsvollen Täuschung sich aus. Hierzu gehört jene Billigkeit, mit der Begriffe zum Lob des Ich, so "Flexibilität", derartige Umwertungen erfahren, dass dieser ursprünglich das Ich durch Geschmeidigkeit stärkende Vorgang nun lediglich als Eigenschaft zur Eigenschaftslosigkeit, nämlich zur skrupellosen, allseitigen Kompatibilität und Verfügbarkeit einer als *wet ware* bezeichneten Menschheit herhalten muss. So dass "Flexibilität" die Bedeutung von "Liquidität" erhält, worin, zuallererst auf das Ich gezielt, allemal "liquidieren" anklingt. Und die masochistische Flucht in verfügte Unsicherheiten – weil draußen zu bleiben, medial nicht angeschlossen zu sein, genau wie in den Diktaturen die fehlende Parteizugehörigkeit – kommt letztlich der sozialen Vernichtung des Individuums gleich. Allein die Flucht in die immer beschleunigter drehende "Innovationsspirale" will Sicherheit noch vortäuschen, während mit derselben Beschleunigung Sicherheit zusammenschmilzt. So wird der Welt das noch Beste genommen, was sie besitzt: ihre Zeit. Mithin also auch hier ein allumfassender, fundamentaler Verlust, der gravierenden Einfluss auf die literarische *Erinnerungsarbeit* genommen hat.-

Mit diesem Begriffspaar der *Erinnerungsarbeit* suche ich bewusst die Nähe zum freudschen Begriff der Trauerarbeit. Geht es speziell beim Erinnern zuerst um das Registrieren eines empfundenen Verlusts, des Weiteren um eine "Übersetzungsarbeit", indem das verlorene Objekt in der Psyche seine (halluzinatorische) Fortsetzung erfährt, um schließlich, unterm Dominat des Realitätsprinzips, die daran gebundenen seelischen Energien zu enthemmen und vom Zwang zu befreien.

Literatur im Allgemeinen, die dem Leser als gedruckter Text gegenübertritt, stellt ein schon "fertig" ausgebildetes System dar; das, was der Einzelne an Erinnerungsarbeit erst leisten muss, um ein Ereignis oder eine Verkettung von Ereignissen aus dem Vergessen herauszulösen, ist hier vom Autor bereits getan. Erzählung, Novelle, Roman – sie bringen Ereignisse und Gestalten miteinander in Verbindung, erschaffen mittels Sprache raum-zeitliche Berührungen, Reize und Geschlossenheiten. Dies vornehmlich daraus, "weil" – einer Bemerkung Freuds zufolge – "die anderen Menschen die nämliche Unzufriedenheit mit dem real erforderlichen Verzicht verspüren wie [der Künstler] selbst, weil diese bei der Ersetzung des Lustprinzips durch das Realitätsprinzip resultierende Unzufriedenheit selbst ein Stück der Realität ist".[3]

Das Erinnern nun, wie oben betont, zerbricht diese Geschlossenheit, bringt emphatisch aufleuchtende Einzelheiten hervor, indem sie im Verwobensein mit der Gegenwart frühere Zusammenhänge verdunkelt und Abhängigkeiten aufkündigt. Mit andern Worten, das Erinnern erschafft sich ein eigenes Archiv und damit eine eigene Historizität. Entgegen der Übermacht des Realitätsprinzips also ist gerade das Punktuelle des Erinnerungsvermögens zunächst ein Mittel gegen die (psychische) Unterdrückung. Auch in diesem Sinn bietet das Erinnern, als die in der Psyche spezifische Wiederkehr des Vergangenen, einem Ausspruch Marcuses zufolge, "das Vehikel künftiger Befreiung".[4] Dies einerseits.

Demgegenüber bemerkte Adorno, hat gerade durch die Verstrickung jedweden Erinnerns mit "dem Fluch der empirischen Gegenwart", die Konstitution der "Unmittelbarkeit nur vermittelt durchs Gedächtnis", das Erinnern "darum nicht bloß den rettenden, sondern auch den infernalischen Aspekt".[5] Somit auch das Erinnern einen Januskopf erhebt. Hierher gehört die Rolle der "Helden", also jener Haupt-Figuren in den Texten, die vom Autor in den Kreuzungspunkt alles Geschehens gerückt sind und erzählerisch den zentralen Platz einnehmen. Einerseits sind diese Figuren Mittelpunkt, anderseits stehen sie am äußersten Rand der Verhältnisse. Denn das, was an Vorkommnissen diese Figuren erhellt und durchkreuzt, lässt sie eben dadurch aus dem Zentrum verschwinden, macht aus ihnen den Einzelgänger, den Abseitigen, die Ausnahme. Wenn Erinnern als Synonym für (immer sporadische) Mitteilung von Erfahrungen verstanden wird, dann folgt daraus für die hier in Rede stehende Verfahrensweise des Erinnerns via Literatur, dass diese Figuren buchstäblich nichts zu sagen haben. Oder nur gerade soviel, indem sie, immerfort auf sich selbst verweisend, kundtun: "Ich bin der, dem alles geschieht". Solche Figuren gleichen dem Archivar, der mittels seines Archivbestands zwar eine enorme Speicherung von Wissen verwaltet, über diese Wissensmenge selbst indes so gut wie nicht verfügt. Erst der Benutzer dieses Archivs, der lektürewillige Leser, kann diesen Zustand von Asymmetrie zwischen Wissen und Sprechen aufheben.

Wohlgemerkt, es geht hier weder um Textinterpretation, noch um Literaturkritik; nicht um das Aufspüren eventuell vom Autor im Text versteckter Botschaften, noch ums Erörtern, wie gut oder schlecht die Führung einer literarischen Figur im Text gelungen sei und ob die Sprache des Autors, mit der

---

[3] Sigmund Freud: Formulierungen über zwei Prinzipien des psychischen Geschehens (1911). In: *Gesammelte Werke*. Bd. 8. London 1943. S. 229–238.
[4] Herbert Marcuse: *Triebstruktur und Gesellschaft. Ein philosophischer Beitrag zu Sigmund Freud*. Frankfurt/M. 1987. S. 25.
[5] Die letzten drei Zitate aus: Theodor W. Adorno: *Minima moralia*. Frankfurt/M. 1987. S. 219.

er im fraglichen Text zum Leser spricht, die Realität seiner paradigmatischen Figuren glaubhaft erschließen kann. Dem literarischen Text unverzichtbar gewissermaßen als Sachwalter des Intérieurs, in dem auf der einen Seite der Autor das erinnerbare Material wie in Schränken und Schubfächern zu archivieren sucht, sind auf der anderen Seite diese Instanz gewordenen, mit einem (freilich künstlichen, erdachten) psychischen Apparat ausgestatteten und den Regeln der Grammatik und Orthographie eingepassten Figuren zum Erinnern nun ihrerseits zum "Vehikel der Gegenwart" geworden.

Meiner Anfangsthese zufolge sind die Gedächtnisinhalte nicht des Menschen persönlichster Besitz, über den er nach eigener Wahl jederzeit per Erinnerung verfügen kann. Sondern das Erinnern bedarf stets einer aktuellen, gegenwärtigen Situation, um sich darüberhin zu manifestieren. Daraus nun darf keinesfalls der Schluss gezogen werden, das Erinnern sei ein wirrer, völlig willkürlicher Akt. Wohl mögen die Anstöße zum Erinnern häufig dem Zufall unterliegen, das hieraus provozierte Erinnern aber folgt präzisen Abläufen.

Ich möchte daher im Folgenden in einem allgemeinen Sinn *4 Felder* benennen, in denen Textmaterialien als sichtbar gemachte Arbeit am Erinnern / Vergessen sich gruppieren und anordnen lassen. Mittels dieses Verfahrens möchte ich aufzeigen, wie die fertigen (erstarrten und in ihren Lettern friedfertig gewordenen) Texte in einige ihrer Herkunfts-Bestandteile wieder aufzubrechen sind. Denn ein gedruckter Text ist das Endprodukt einer intensiven Arbeit zur Überwindung von Widerständen verschiedenster Ordnung, die nicht allein dem Erinnern als solchem gelten, sondern – auf Seiten des Autors – mit dem Schreiben resp. mit Problemen der Sprache selbst und damit des in der Welt seienden Menschen in Zusammenhang stehen.

Vier Felder

In Anbetracht des postulierten grundlegenden Doppelcharakters jedweden Erinnerns als *Erinnern / Vergessen* können somit auch dessen einzelne Elemente nicht ohne Paargebilde und nicht ohne "inneres Gefälle" mit eindeutiger Richtungsvorgabe erscheinen. Ich habe hierzu die folgenden vier Elementepaare herausgestellt (ohne den Anspruch auf Vollständigkeit erheben zu wollen):

1 WISSEN / DENKEN   2 SPRACHE / VERSPRECHEN (PROMISSION)
3 BEGREIFEN / VERÄNDERN   4 TÄUSCHEN / VERLIEREN

Als Parameter für alle 4 Felder ist die *subjektive Zeit-Empfindung* anzusetzen.

Die Nummerierung in diesem Modell gibt nicht automatisch den Richtungsverlauf innerhalb des Erinnerungsprozesses her; vielmehr ist ein umgekehrter, vom Feststellen eines Verlusts motivierter Weg hin zum Wissen ebenso wahrscheinlich, wie der mehrfache, auch zyklische oder abgebrochene Verlauf durch die vier Felder. Der Weg von 4 nach 1 – von TÄUSCHEN / VERLIEREN zum WISSEN / DENKEN – dürfte zudem der eigentlich aktive Vorgang sein, nämlich dem Vergessen entgegenzuarbeiten bzw. hieraus etwas Wissen zu erarbeiten, indem die Registrierung eines Verlusts als Nicht- oder Nicht-mehr-Wissen zu dem Versuch führen sollte, verlorene Teile wieder aufzufinden und sie danach in sich verbindende Strukturen zusammenzufügen. Daraus entsteht erst ein (Wieder-)Wissen, das zum je denkbaren, indes nicht mehr auffindbaren "Ursprung" in spezifischem Verhältnis steht.

Hierzu gehört im Bereich der Sprache allgemein die Begriffsbildung. In den Begriffen – oder besser gesagt: im Wandel der Begriffsbildungen (denn es gibt keine festen, ewigen Begriffe) – drücken sich die Bewegungstendenzen und Verwerfungen der realen Gesellschaft deutlich aus, werden sie transparent gemacht, indem Begriffe alles Widersprüchliche und zu Konflikten Zerrissene des Soseins der Menschen zu erfassen vermögen. Allein hieran, und nicht anhand eines burschikos eingeforderten *common sense* – wer ihn einfordern muss, bekennt, dass er ihn nicht hat; wer, anstatt darin selbst etwas nur Vermitteltes zu erkennen, ihn zu einem *Ewig-Menschlichen* verfälscht, zementiert das Unmenschliche, das Menschen von jeher sich eingehandelt haben –, erst also anhand der Einsicht ins je unmittelbar Zeitbezogene ermessen sich sowohl der Gedächtnisbestand als auch der Wert einer kulturellen Epoche. Anderseits geben Begriffe Zeugnis von den innergesellschaftlichen Bewegungen, Verwerfungen und Zerrissenheiten in genau den Sphären, die in diesem Sinn den "Gesellschafts-Stil" prägen.

Damit im direkten Zusammenhang stehen innerhalb der oben genannten 4 Elementepaare die Richtungen bzw. Gerichtetheiten beim Wahrnehmen selbst. Als Beispiel diene hierzu Feld 1 WISSEN / DENKEN. Die Frage muss lauten: *Inwieweit ist die Totalität von Wissen für den Einzelnen denkbar?* Hinsichtlich des oben zitierten "infernalischen Aspekts" von durch Erinnern hervorgebrachtem Wissen lässt sich ein deutliches Divergenzbestreben zwischen WISSEN und DENKEN verzeichnen.

Zum Verdeutlichen dessen sei an jene im 2. Weltkrieg vom NS-Staat geplante und durchgeführte Völkervernichtung – durch Arbeit wie durch Giftgas – erinnert. Dieser Umstand ist bis heute, und trotz allen Faktenwissens aus den Archiven, schlichtweg nicht zu begreifen. Dieses Nicht-begreifen-Können ist weder fehlendes Einfühlungsvermögen von verhärteten Seelen heute lebender Menschen, weder mangelnde Informiertheit über diese Geschehen – denn über wenige Vorgänge in der jüngsten Geschichte sind die Archive mit Dokumenten aller Art reicher ausgestattet – noch gar des Humanisten wegen, dem Völkermord an sich unvorstellbar bliebe.

Vielmehr verweist solche Nichtdenkbarkeit auf zwei Hauptursachen. Die erste betrifft ein Problem der Sprache selbst. Zwischen der Begrifflichkeit in der Arbeits- und der Tötungswelt wurde seinerzeit, absichtsvoll, keine Differenz belassen. Unterschiedslos finden sich daher Produktions- und

Vernichtungsprozesse mit einunddenselben Termini geplant, vorgeschrieben und durchgeführt. Noch das Kompositum "Tötungsfabrik" für die Bezeichnung der Vernichtungslager bietet psychologisch durchaus den bequemen Notausgang in die Erinnerung an die antikisierenden Fabrikgebäude aus dem 19. Jahrhundert; der Begriff "Vergasung" die Ausflucht in die Motortechnik. Erst der medizinische Befund, demzufolge das Vergasen von Lebewesen das Zerreißen ihrer Lungen bedeutet, vermittelt für den Moment jenen Schrecken, der im Innern der Begriffe sich verbirgt. Ihn offenzuhalten, indem der Schrecken, der ursächlich von den Gegenständen in der verdinglichten Welt ausgeht, nicht aber vom Auge des Schriftstellers, wiederum sprechbar zu machen, das will mir als eine Aufgabe der Literaturen erscheinen. Andernfalls degradierte Sprache sich selbst zum allzeit kompatibel plappernden Instrumentarium innerhalb der Strategien des Verschweigens.

Doch bleiben wir einen Augenblick länger bei dem genannten Beispiel, so wird noch eine andere Ursache für dieses in der Gegenwart konstatierte Nichtbegreifen-Können des seinerzeit technologisch vorbereiteten Genozids erkennbar sein: Innerhalb des demokratischen Gesellschaftskonstrukts namens Deutschland im Jahr 2006 sind die Fundamente für den Antisemitismus im Wesentlichen zerbrochen. Abgesehen von einigen Schmierereien und Zerstörungen an jüdischen Einrichtungen durch Halbwüchsige, die sich der NS-Symboliken bedienen hauptsächlich als provozierende Attitüde zum Abreagieren privater Unmutsempfindungen und erwiesenermaßen nur selten aus profunder nationalsozialistischer Überzeugung, findet Antisemitismus – anders als in den 1930er Jahren – in der deutschen Bevölkerung heute praktisch keine ernstzunehmende, ihn befördernde Mentalitätsbasis mehr vor. Somit wären jene Stimmen, die mit gebliebenem oder wieder aufkochendem Antisemitismus im gegenwärtigen Deutschland argumentieren und durch Polizei und Justiz entsprechend verschärfte staatliche Machteffekte einfordern, in ganz anderem als dem von ihnen verkündeten Sinn zu verstehen. Überdies dürften in der zunehmend globalisierten Wirtschaft nicht selten handfeste ökonomische Interessen mit verschiedensten Moral-Topoi sich zusammenschließen, indem etwa ein lästiger Konkurrent als moralisch Diffamierter erfolgreich aus dem internationalen Geschäft herauszuhalten sei.- Was aber nicht heißen soll, dass Fremden- und Völkerhass derzeit überhaupt keine Rolle mehr spielten, im Gegenteil! Weil Geschichtsdenken in Zusammenhängen weitgehend verloren ging, kann die volkstümliche Geschmeidigkeit als die heimtückischste Seite dieserart Propaganda auch in dieser Gegenwart funktionieren, nur hat inzwischen das Personal gewechselt: Heute sind es nicht mehr die Juden und der Zionismus, heute übernehmen im Abendland kongruent diese Rolle "die" Muslims. Und weil die stereotypen Muster solchen Fremdenhasses immer dieselben sind, finden sie aktuell sich reanimiert im Begriffskonstrukt vom *Islamismus*. Der übernimmt kongruent die Rolle der *jüdischen Weltverschwörung* von einst: Die *Weisen von Zion* einst sind zum terroristischen *Al-Qaida-Netzwerk* mutiert, die *assimilierten Juden* heißen nunmehr *die Schläfer*, von denen wiederum alles Grauen und alle Heimtücke ausgehen soll! Und entspricht jene von den Medien als Erzfeind der westlichen Welt namens "Bin Laden" vorgezeigte Gestalt mit allen Merkmalen in der Physiognomie nicht auffallend den NS-Propagandaklischees vom "jüdischen Untermenschen"?!- Mir scheint, die vervielfachten Medien, die uns eigentlich über die Welt besser und ausführlicher als in früheren Zeiten unterrichten sollten, bewirken im Gegenteil nur die nivellierte Information, denn durch medialen Dauerbeschuss zurechtgemachter Historienbeschau à la "History Channel" mit willkürlichen Kommentar-Bilder-Kopulationen zirkulieren immer dieselben Nachrichten: von der Vielfalt zur Einfalt. Und weil alles, was in großen Mengen als stete Wiederholung auftritt, alsbald schon die größere Überzeugungskraft erhält, folgen auch die normierten Ansichten derjenigen, die an solche Informationen *glauben*.- Gewiss, einerseits geschehen Partisanen- und Terroranschläge weltweit, andererseits entsteht das medial vermittelte Feind-Bild. Erstes ist die Wirklichkeits-Wahrheit, zweites die Begriffs-Wahrheit, und deren Konstrukte bilden Akzeptanzmuster alles Vermittelten in der Gesellschaft. Bildmedien erstellen derzeit nicht nur das fälschungsintensivste, sondern auch das rigideste Material: Man hat am Feind-Bild wenig ändern müssen, und die kruden Muster von einst verfangen erneut.

Nicht also der Mangel an Informationen allein bedeutet Nichtwissen, sondern auch das Beharren auf dem eingerasteten Sprechen mit den Vokabeln instrumentalisierten Erinnerns. Denn die Wahrheit in allen historischen und sozialen Vorgängen – weil Wahrheit dem Unterschied zwischen nützlich und unnütz nicht unterliegt – muss aushärten zur Diskursivität *über* historische und soziale Vorgänge. Die verschiedensten Geschehnisse müssen, um begreif- und sprechbar zu werden, geschlossen werden zu einem *Horizont der Denkbarkeiten*. Wahrheit heißt demzufolge Wahrheit des Diskurses. Fortan, und dieser Schritt ist der entscheidende, erfolgt jegliche Reflexion – ob über Historie, ob über Literatur – nurmehr anhand dieses Horizonts aus kanonisierten Denkbarkeiten. Letzthin besagt der literarische Kanon, und das ist sein simples Ziel, was, wie, auf welche Art geschrieben werden soll, schlichtweg was Literatur ist und was nicht. Versteht sich, dass hierbei gängige Moden und Trends bestimmend wirken, und nicht etwa vorgegebenermaßen die "ewigen" Wertmaßstäbe! Jeder Kanon ideologisiert: Er zwingt auch das offene System Sprache und Literatur in eine Teleologie, die es in Wahrheit nicht geben kann.

Als dominierend in diesem Zusammenhang erweisen sich die medialen Diskurse und ihre daraus folgenden, zu Sparten ghettoisierten Festschreibungen, die nunmehr *Wirklichkeit* und *Wahrheit* bedeuten. "Die entartete Form der Massenkultur ist die schändliche Wiederholung", schrieb Roland Barthes, wiederholt werden die Inhalte, die ideologischen Schemata, die Verkleisterung der Widersprüche, aber die oberflächlichen Formen werden variiert: ständig neue Bücher, Sendungen, Filme, verschiedene Stories, aber immer derselbe Sinn.[6]

Die eigenen Möglichkeiten für Erfahrungen schrumpfen für den Menschen im selben Maß, wie die medial vermittelten Wirklichkeiten samt ihrem nivellierenden Vokabular zunehmend die Erfahrungs-Horizonte für Menschen versiegeln.

Umso mehr stellen diese errichteten Horizonte sich in die "relativistische" Kultur als verbindliches Orientierungsmaß. Das reicht dann vom Tinnef mittelalterlicher Straßenfeste und Ritterspiele bis zu den in der Gegenwart geschriebenen, sogenannten historischen Romanen, nicht zuletzt jene über den 2. Weltkrieg und die NS-Herrschaft. Vor diesem sanktionierten Horizont erfolgt dann die Reflexion über Historisches, wobei selbst krudeste Präferenzen der Macher ungeprüft Eingang finden, sofern sie nur innerhalb des einmal erstellten, moralischen Horizonts sich einfügen. Hierzu gehört das oben thematisierte Zwischenniveau *Erinnern / Vergessen*. Eine spezifische Kausalität wird herausgebildet und daraus folgend ein kausales Sinngefüge: *der Panzer des Seins* sowie die *versiegelt gehaltenen Erinnerungs-Horizonte*.- Die Frage nach der Denkbarkeit von Wissen stellt mithin das zentrale Problem für die Beeinflussung jeglichen Erinnerungsmaterials, dem ich das Feld 1 zugeordnet habe.

Von äußeren, bewusst angelegten Fälschungs- bzw. Verschweigensstrategien einmal abgesehen, steuern erfahrungsgemäß innerpersönliche Lust/Unlust-Verteilungen den Erinnerungsprozess der Individuen. Psychische, erotisch motivierte Vorgänge bis hin zu pathischen, bestimmen die übliche Erinnerungsarbeit, und es hieße längst offene Türen einrennen, wollte ich darüber noch ein Wort verlieren.

Mit dem angebotenen Schema der 4 Felder – noch einmal sei es betont – möchte ich die funktionale, bereits zu Literatur gewordene Ordnung dieses Vorgangs *Erinnern / Vergessen* darstellen. Und weil, wie Heidegger betonte, keine Wahrheit ohne Vermittlung durch Sprache ist, sind die Vorgänge im Feld 2 SPRACHE / VERSPRECHEN (PROMISSION) die Arbeit, um aus der Wirklichkeit des verfügbaren Bestands dessen Sprechbarkeit in Form einer tendenziösen Wirklichkeit zu arrangieren, indem der grundlegend promissive Charakter von Sprache sich entfalten kann. Für dieses Promissive bildet der 11. Gesang der Odyssee das Paradigma: Odysseus befragt in der Unterwelt die Toten, die nach dem Blutopfer ihm Zeugnis für Wahrheit geben, wie das nur die Toten zu sagen vermögen – in der Literatur. Und damit bezeigt dieses Paradigma, dass Sprache ihr Versprechen auf Durchdringung von Zeit, Historie, Prophetie,

---

[6] Roland Barthes: *Die Lust am Text*. Frankfurt/M. 1986. S. 63.

Widerspiegelung von Wahrheit und Überwindung des Todes letztlich nicht einlösen kann, weil Sprache "nur" als das Irreale von Diskursen sich erweist, im Speziellen das Irreale einer Literatur; Sprache, außerhalb der Verdinglichung, somit immer ganz bei sich bleibt.

Beim Gang durch das komplexe System Sprache werden auch allem ursächlich nicht in Wörtern und Begriffen gefassten Material entscheidende Modifikationen widerfahren. Einerseits wird jegliches Material diskursiv, anderseits in den für Sprach-Codes typischen Manieren "vereinheitlicht"; ich denke hier insbesondere an präverbale Vorstellungen in Bildern, Ikonen, aber auch Gerüchen, Geschmacks- und Hautempfindungen (so die Erinnerung an vielfältige Formen des Schmerzes) etc., die in ihrer Nonverbalität allsamt im Erinnerungsarchiv naturgemäß die Hauptmenge des Fundus ausmachen. Die Übersetzungs-Arbeit am Erinnerungsmaterial vom Nonverbal-Ikonografischen in die Lautevielfalt der Sprache ist eine für die verstehende Vernunft, nicht für die sinnliche Wahrnehmbarkeit, unerlässliche Arbeit. Letztlich beruht auf ihr jegliche Kommunizierbarkeit von Erinnerungsinhalten. Ihr möchte ich das Feld 3 BEGREIFEN / VERÄNDERN zuordnen.

Im Feld 4 TÄUSCHEN / VERLIEREN findet der Sprecher/Leser unmittelbar in seiner Widersprüchlichkeit zu "seiner" Sprache selbst sich problematisiert. Der unlösbare Widerspruch besteht zwischen dem Kontinuum der Sprache, deren Unlösbarkeit vom Regelwerk der Grammatik, also *der Vernunft*, und der Zerbrochenheit der Folge von Geschehnissen, aus denen Sprache ihr Sprechen bezieht, mithin der Zerstörung der Regelwerke: Ordnung ist auch hier die seltene Ausnahme, die Chaotik innerhalb der Paroxysmen des Alltags-Lebens dagegen die einzige Regel, die indes jeglichem Einfügen in Regelwerke sich verweigert. Solche Unmöglichkeit markiert an genau dieser unüberbrückbaren Kluft die TÄUSCHUNG, die zu einem VERLUST führen muss, nämlich die Vortäuschung vom Besitz der Wörter und Begriffe durch den Sprecher. Doch seit der Verschriftlichung von Sprache bedarf die Sprache keines Sprechers; Sprache ist zunächst ein in sich geschlossener Diskurs ohne äußeres Subjekt und ohne fremd herangetragene Bedeutung. Dennoch gerade wegen seiner äußeren Subjektlosigkeit ist Sprache stets offen für das Hereinbrechen jedweden Ereignisses, dem sie (vampiristisch) die Möglichkeit zum immerwährenden Sprechen bietet, ohne dabei selbst im Geringsten sich zu "verbrauchen".- Obwohl, wie oben gesagt, diese in Feld 4 zusammengefassten Bedingtheiten häufig den Ausgangspunkt für die eigentliche Erinnerungsarbeit bilden mögen, stellen die Merkmale dieses Feldes – TÄUSCHEN / VERLIEREN – gleichzeitig deren Finale dar; so zum Beispiel die Verwandlung bzw. Übergabe von literarischer Arbeit in ein stets unfertiges, unvollkommenes Produkt, das Buch. "Es ist die Geste des Opfers, der Resignation und des Gebens: die 'Geste des Darreichens' ". Aber, so betont Vilém Flusser in seiner Schrift *Gesten* zugleich, durch ebendieses Darreichen wird "das Werk publik gemacht", es ist "eine politische Geste [...], die Geste der Öffnung".[7] Man darf anfügen, dass aus dem Registrieren der Unvollkommenheit und des Verlusts der Antrieb zum unendlichen Weitermachen hervorgehen dürfte; erst Täuschung und Verlust also führen zum ureigenen Kern des Menschlichen, zur beständigen Suche nach Mitteilung und Arbeit.

Mittels dieser zugegeben nur skizzenhaften Bezeichnung eines möglichen Schemas von Erinnerungsarbeit habe ich versucht, eine Grundlage für die Lektüre von Texten zu schaffen, die sowohl über die Sinn-Grenzen eines einzigen Textes hinausgeht als auch innerhalb eines Buches auf dort bestehende Zusammenhänge mit anderen Texten und Büchern verweist. Mit Hilfe solcher Arbeitsweise kann zuvorderst die Wieder-Lektüre von Texten – und das Wieder-Lesen ist das eigentliche Lesen! – in Form der Fusion einer zuvor so nicht gegebenen Geschlossenheit und Gemeinschaft einsetzen. Möchte ich doch diese einzeln bezeichneten Felder auch als einen jeweils offenen Raum verstanden wissen, in den die Elemente aus den unterschiedlichsten Textmaterialien, und entgegen dem Diktat von Ort, Sprache und Zeit, sich einfinden, um hieraus bei der Lektüre gewissermaßen in schimärischer Gestalt neue Bedeutungen zu erlangen, die ihrerseits weit über die des Einzeltextes hinauszuweisen imstande sind. Denn ebenso wie die literarische Arbeit, und unabhängig von der Begrenztheit des einzelnen Autors, stets eine unendliche bleiben wird, so wird in derselben Weise auch die der Lektüre, des Kreisens durch das *Erinnern / Vergessen* der in Bibliotheken gesammelten Texte, stets eine unendliche Arbeit sein.

Anders gesagt, handelt es sich bei dieser Arbeit um zweierlei: Einmal um den *Zeitdurchbruch* im Geschriebenen, zum anderen um die *Verkettung des Sinns* gegen die *verpanzerte Wahrnehmung* (Walter Benjamin).- Zur Erläuterung dessen möchte ich mich im Weiteren nunmehr auf meine eigene, praktische Schreibarbeit, insbesondere auf zwei meiner Bücher, beziehen.

Fusionswörter und *Links* – Eskapaden von Zeit und Sinn

Literatur kann schließlich nur aus Literaturen kommen, hinter jedem Text stehen Texte in der Unbegrenztheit von Sprache, und vermeintlich unbedeutende Wörter öffnen wie Nachschlüssel die Zugänge zu neuen Sinngehalten.- Solche Erkenntnisse sind vermutlich so alt wie der erste aufgeschriebene Text, sind gesagt worden zu allen Zeiten und weithin akzeptiert – im Werk lesbar gestaltet worden aber sind sie hingegen eher selten.

a) Fusionswörter. Unabhängig von seinem faktisch historischen Wahrheitsgehalt ist der literarische Text eine in sich geschlossene Erzähleinheit,

---

[7] Vilém Flusser: *Gesten. Versuch einer Phänomenologie.* Frankfurt/M. 1995. S. 70.

die das Ich des Erzählers – die Subjekt-Instanz im Satzbau – stabilisiert, indem sie im Gestus *So wie ich es sage, ist es gewesen* alle Freiheit im Erzählen für sich in Anspruch nimmt. Wobei das häufig verwendete Imperfekt der Erzählzeit im zweifachen Sinn ein Faszinosum aufweist: Einmal fließen in die Erzählung all jene Szenen, Versatzstücke erinnerten Lebens, hinein, die nach ihrer partiellen und codierten Auferstehung als *Text* nun ein Scheinleben in der Gegenwart führen. Man muss in die Regularien der Gegenwart sich fügen, um die Vergangenheit zum Sprechen zu bringen.- Zum anderen versetzt das Imperfekt den Erzähler in sein eigenes Überleben, nämlich all dessen, worüber das Subjekt spricht: Der Erzähler ist im Besitz des Reichtums aller im Perfekt eingeschlossenen Emotionalität – er will (wieder) fühlen, nicht um zu prüfen oder zu erklären; seine Freiheit im Erzählen schlägt um in Anweisung (Steuern der Gegenwart mittels Vergangenheit) durch den Gehalt seines Erzählten.

Ein Schriftsteller, der mit seiner Arbeit genau diesen Vorgängen des *Erinnerns / Vergessens* nachspürt, indem er daraus ästhetische Wirkungen – Gegen-Naturen – zu gestalten sucht, der muss mit einer anthropogen beeinflussten Struktur dieses Vorgangs zwischen Vergessen und Erinnern sich vertraut machen. Diesen Umstand zu verdeutlichen, zitiere ich eine kurze Passage aus dem III. Hauptkapitel meines Romans *Die Unvollendeten*:

> Kaum hatte die Nachtschwester das Licht im Zimmer gelöscht, die Tür von-draußen zugemacht, als im Dunkel die Stimme des Lehrers sich meldete: –Ich habe natürlich !nicht geschlafen. – Verkündete er mit seltsamem Stolz. –Ich hab gehört, wie Sie beim Schreiben mit=sich gesprochen haben: KOMM – das sagten Sie oft, und WEIHRAUCH U STAUB – DAVONGEGANGEN FÜR=IMMER – !ah und die AUSGEBLICHENEN SOCKEN – HAMMERSCHLÄGE – KRÜMELN ERDE IN MEINEN FINGERN – ERDLOCH – DAS SCHWARZE O –:Das müssen für Sie Zeit-Tunnel sein zwischen Heute u: Damals, Orte, an denen Alles wiederkehrt.[8]

Betrachtet man diese kursiv gesetzten 8 Wortgruppen hinsichtlich ihrer Bezeichnungsfunktionen im Buch, so erweisen sie sich untrennbar mit Ereignissen in der Erzählvergangenheit des Handlungsträgers verknüpft. Genau wie im psychischen Erleben wohl eines jeden Menschen eine bestimmte Zahl von "Urszenen" – insbesondere persönliche traumatische Erlebnisse – mit daran gebundenen Erinnerungsdetails im Gedächtnis (codiert) enthalten sind, die ihrerseits für Denken und Handeln dieser Personen prägend sein dürften – man kann sagen: sie übernehmen im Gedächtnis die Fusion der Vergangenheit mit der Gegenwart –, erhalten die 8 Wortgruppen dieselbe Funktion für diesen Text. Die Fusion also erfolgt innerhalb des subjektiven Zeitempfindens, wobei dann nicht selten alles zeitlich Distanzierende als aufgehoben erscheint; Erinnern schafft die permanente Gegenwart.

---

[8] Reinhard Jirgl: *Die Unvollendeten. Roman.* München – Wien 2003. S. 210.

Entscheidend für die psychische Wirkungsweise jener 8 Wortgruppen ist deren Unauffälligkeit, besser: deren Unverdächtigkeit für den psychischen Kontrollapparat. Sie arbeiten nach demselben Prinzip wie der von der *Traumarbeit* her bekannte Mechanismus der *Affektverschiebung*: Die Abfuhr psychischer Energie, zu deren Zweck das Träumen dient, bringt den Träumenden in Konflikt mit ebenjenen problematischen Trauminhalten, derentwegen anderseits der Traum sich formuliert. Das Problematische auf direkte Weise im Traum abzuhandeln, verbietet der psychische Apparat (insbesondere dessen Instanz des Über-Ich), der gegenüber dem Wunsch des Träumenden als Diktator sich gebärdet. Um dennoch das Traumziel – die Energieabfuhr – zu erreichen, muss der Traum diese problematischen Szenen codieren, um sie an den "psychischen Zollstationen" vorbei ins eigene Wieder-erleben-Können einzuschmuggeln. Erfahrungsgemäß zeigt daraufhin z.B. bei Alptraumszenen mit besonderer bildlicher Grausamkeit der Träumende häufig keinerlei exponierte Affekte, während dann bei eher unauffälligen, d.h. unverdächtigen Szenen im selben Traum der gesamte psychische Schub zum Ausbruch kommen kann. Das ist ein Erfolg der Verschiebungsarbeit von Affekten, und auf dieselbe Weise erhalten auch jene 8 genannten Wortgruppen ihre Funktion.

In der zitierten Passage hat der Erzähler durch die Tatsache, dass ein Mitinsasse im Krankenhauszimmer die Sprache des Erzähl-Subjekts ablauschte, mittels der echohaften Wiederholung des Abgelauschten seine Verschiebung vom ursprünglichen Text-Subjekt hin an den Platz des Objekts, also desjenigen, dem bzw. mit dem "etwas geschehen ist", erfahren. Durch die Vorkommnisse, die in jene 8 Wortgruppen codiert sich finden und das Eigentum des Erzähl-Subjekts ausmachen, vermögen sie als Bestandteile der emotionalen Intelligenz des Protagonisten künftige Denk- und Handlungsweisen zu steuern.

Ein Wechsel in der Erzählzeit – etwa vom Imperfekt ins Präsens – stellt in diesem Sinn keine andere Qualität dar. Denn ein Text im Präsens spielt natürlich nicht mit der Behauptung, dieser Text werde soeben jetzt erst geschrieben; das Präsens erbringt für den Leser vielmehr eine *Zweite Gegenwart*, indem dadurch die Unmittelbarkeit in der subjektiven Erlebnis-Intensität des Erzählers dem Leser im Augenblick seiner Lektüre nahegebracht werden kann und besser, als in der (auch zeitlich) distanzierten Attitüde des Imperfekts. Die Erzählzeit ist somit selbst zum erzählerischen Mittel geworden.

Zusammenfassend sei gesagt: Der Gebrauch von Fusionswörtern trägt innerhalb der Wirklichkeit des Textes diskrete Energiepotentiale aus erlebter Vergangenheit in die jeweilige Gegenwart.

b) Links. Das Buch *Abtrünnig. Roman aus der nervösen Zeit* stellt in diesem Zusammenhang die konsequente Fortführung der Resultate aus der Arbeit *Die Unvollendeten* dar. Innerhalb des oben bezeichneten 4-Felder-Schemas setzt der Parameter des *subjektiven Zeit-Empfindens* in die Gesamtheit aus

Einzeltexten eine Reihe von Fusionsmarken ein.- Die Einführung von Fusionsmarken – sie seien im Folgenden *Links* genannt – in ein Schriftwerk bedeutet die textliche Verkettung und deren partiellen und/oder gesamtheitlichen Zusammenschluss nach unterschiedlichsten Aspekten. Die *Links* zeigen zwischen den zwar thematisch vorsortierten, literarisch jedoch verschiedenartigsten Texten mögliche Übergänge, Kombinations- und Durchdringungsmöglichkeiten auf, mit anderen Worten: Die *Link*-Methode erschafft neuen Sinn.-

In ihrer Form stellen diese *Links* somit eine Weiterführung sowohl im genremäßigen als auch im psychologischen Hinblick auf die Textgenerierung dar. Diese so gestaltete und angebotene nichtautoritäre Lektüreweise wird daher im großen Ausmaß dem Leser anheimgestellt. Folgt man den Vernetzungspfaden durch den Text, wird sich das Gesamtgeschehen anders entwickeln, als wenn das Buch in der herkömmlichen, der autoritären Weise von Anfang bis Ende gelesen wird. Auch werden Zyklen entstehen – insbesondere zwischen zwei Texten, die ein grausames Vorkommnis am Ende des 2. Weltkriegs in einer niedersächsischen Kleinstadt und die Folgen dieses Geschehens bis in die Gegenwart behandeln. Der Vernetzungsplan ist dabei so angelegt, dass der Leser, folgt er den *Links*, aus der Schilderung des Vorkommnisses nur durch einen bewusst herbeigeführten Abbruch herauskommen kann – er muss also selbst bestimmen, wann und wo er einen so beschaffenen Wissenskreis wieder verlassen – vergessen – möchte.

Ganz entsprechend dem zyklischen Verlauf des Erinnerns selbst vollziehen die Texte diese Bewegung in ihrem Erzählen. Sie formulieren hieraus ein ihnen allgemeines Subjekt, das zugleich Objekt aller Sprache sowie der Sprache aller ist: Durch das Spiel mit den vom Autor erdachten Eindrücken heißt das die Schaffung von Echtheit in der Vermitteltheit zum differenten Außen; die beschworene Gegen-Natur als ein Befreiungsakt gegen die Diktatur des *einen* Realitätsprinzips, und sei es in Gestalt des literarischen Kanons. In dem neu gegründeten Subjekt kommen an diesem so erstellten Spiel-Ort die Texte zusammen, wie Schachspieler in einem Spiel auf mehreren Feldern zugleich. Doch heißt Spiel so untrennbar mit seinem Gegenpart, der Wirklichkeit, sich verwoben, dass es jedem Spiel am wirklichen Ernst nicht gebrechen kann.

Hierzu ein Wort zu den Absichten, die ich mit diesem Text, insbesondere aber mit seiner "Machart" verbinde. Durch die mehrfache Verwendung des Wortes *Link* dürfte man an das Internet sich erinnern fühlen. Denn Internet-Strukturen und Literatur schließen sich keineswegs a priori aus. Im Gegenteil, ich erkenne in beiden Medien die Chance zum gegenseitigen Bereichern, aber nur dann, wenn Literatur-im-Internet nicht verstanden wird als die Verlängerung des Talk-Show-Geschwätzes aus dem Fernsehen bzw. "das Netz" nicht als das billigste und rascheste Medium zur Eroberung privater Marktanteile missbraucht wird.- Dies zum einen.

Und wenn ich daraufhin aus dem gegenwärtigen Berlin, das ich als den politischen Fokussierungsort für das Deutschland sechzehn Jahre nach seiner staatlichen Vereinigung begreife, ein Textgebilde gewinnen möchte, so kann es nicht um die Ausbeutung von "touristischer Mentalität" gehen: Mein Augenmerk gilt nicht den Äußerlichkeiten von Orten, Menschen, Geschehen als Kulissen – ob die neu entstandene Architektur, ob die Orte für Kriminalität und Vergnügen, ob die Vorkommnisse von Korruption und fehlender substantieller Tatkraft auch in den politischen Belangen dieser Stadt; derlei findet sich in das Stadt-Leben, längst untrennbar davon, ohnehin verwoben. Man sollte die Lebensverhältnisse eines Ortes in seiner Zeit von den darin herrschenden Machtverhältnissen und deren Beziehungen zu- und gegeneinander her beschreiben, nicht umgekehrt die Signifikanten generalisieren. Denn es existiert keineswegs nur *die eine Macht*, sondern Mächte "von Oben" existieren gleichermaßen wie Mächte "von Unten" (so die Macht der Minderheiten) mit den ihnen zugehörigen *Machteffekten*. 120 Jahre nach Marx sollte diese Erkenntnis auch in der deutschen Literatur Eingang finden dürfen…

Nicht also um den geografischen Ort Berlin geht es mir in dieser Arbeit; vielmehr um die Wahrnehmung von einer zitierten Stadt "Berlin" als Schauplatz für politische, wirtschaftliche, emotionale Vorgänge, die sowohl bewusste als auch unbewusste Beziehungen und Entscheidungen hervorbringen oder aber verhindern; kurzum: *die Stadt als Lebens-Text*. Dem hat durch Entscheidungen über die literarische Form noch vor dem Schreiben eine adäquate Wirklichkeitsreflektion voranzugehen. Sowohl Alfred Döblins Bemerkungen über den Stil gehören hierher,[9] als insbesondere auch der oben erwähnte Ausspruch Walter Benjamins vom "Aufbrechen der verpanzerten Wahrnehmung"! – Das ist eine durchaus politische Dimension. Denn Verpanzerung im Wahrnehmen führt zur Gleichgültigkeit gegenüber allem, was außerhalb dieses Panzers gelegen ist. Und aus solcherart Gleichgültigkeit folgt auch Dummheit, d.i. die Unfähigkeit zum Registrieren der (sozialen und individuellen) Wirklichkeiten; schließlich der Amoklauf als Wille zur Zerstörung all dessen, was als umfassende Bedrohung zwar verspürt, doch nicht mehr begriffen werden kann, letztendlich die eigene Person.

---

[9] Bewusstseinsstrom-Technik – Dissoziation der Elemente und ihre Montage – Spaltung: fetischisierte entseelte Realität und fetischisiertes Ich – Lockerung der Fabelführung – Mischung von Sprach-Stilen. Nach neuerer Begriffsfassung (vgl. Barthes: *Lust am Text.* S. 16ff.) wäre hierbei von *Schreibweise* zu sprechen: Demzufolge umfasst der *Stil* eines Autors dessen "Bilder, Vortragsweise und Wortschatz, aus der Konstitution und der Vergangenheit des Schriftstellers geboren", somit taucht der Stil "in die geschlossene Erinnerung der Person und [bildet] seine Dichtigkeit von einer bestimmten Erfahrung von der Materie [aus]", wogegen mit der *Schreibweise* des Autors "bewußte Wahl eines Tones, eines Ethos" erfolge, "denn hier individualisiert sich ein Schriftsteller eindeutig, hier engagiert er sich". Roland Barthes schließt daraus: "Sprache und Stil sind das natürliche Produkt der Zeit und der biologischen Person".

38

Der Blick des Politischen

Stets wird der Schriftsteller in Sprache und Textbau nach derjenigen Schreibweise suchen, die seinem Temperament – seinem Blick auf die Wirklichkeiten – am entsprechendsten erscheint. Dieser Blick des prüfenden Ich begreift sich daher als der Blick des Politischen, dem die allererste Anschauung der gegenwärtigen Verhältnisse eine säkulare, durchrationalisierte Gesellschaft zeigen will. Doch wird schon der zweite Blick erkennen lassen, dass es mit all dem nicht weit her sein kann: Eine von Informationskampagnen verschiedenster Art und Wesenheit überschüttete Öffentlichkeit sieht sich im selben Maß, wie die spezifischen Informationen in ihr zirkulieren, der Selbsterfahrung dieser Informationsinhalte entzogen; Erkenntnisse aus Natur- und anderen Wissenschaften, zu populistischen Vokabeln geprägt, härten daher aus zu Glaubensartikeln. Und solcherart Festschreibung minimiert jegliche Möglichkeiten für *Erfahrung*, verwandelt rationale Erkenntnisse zu Theologemen: Man hat sich längst daran gewöhnt, an wissenschaftliche Beweise zu glauben, wie Religiöse an die jungfräuliche Geburt oder die Auferstehung nach dem Tod. Dasselbe im Politischen: die Erfahrbarkeit von Demokratie, einem ohnehin sehr großmaßstäblichen Begriff, dem weltweit allenfalls ein Dutzend Staaten genügen, und zwischen denen dürfte das Gefälle beträchtlich sein. Verkleinert man den Blickmaßstab, wird man innerhalb der demokratischen Gehäuse zunehmend undemokratische Praktiken wie Autokratie, Selbstermächtigung, oligarchische Herrschafts- und Verteilungsformen erkennen. Die Erfahrbarkeit von Demokratie scheint dem Alltag der Menschen in immer geringerem Umfang gegeben. So z.B. blieb vor zwei Jahren beim Einzug der NPD in den sächsischen Landtag einem der anderen Abgeordneten nur der Ausruf übrig, die Bevölkerung solle doch *an die Demokratie glauben*.[10] Solch beschwörender Aufruf zum Demokratie-Glauben, ein Aufruf aus Hilflosigkeit, ist erhellend insofern, als der Zuspruch

[10] NPD: Nationaldemokratische Partei Deutschlands. Sie repräsentiert innerhalb des demokratischen Parlamentarismus der gegenwärtigen Bundesrepublik Deutschland die äußerste rechte Fraktion. Die führenden Abgeordneten dieser Partei verstehen sich durchaus als legitime Erben der NSDAP (Nationalsozialistische Arbeiterpartei Deutschlands) aus der Hitler-Zeit.- Einem von Staates Seite beantragten Verbot dieser antidemokratischen Partei durch das Bundesverfassungsgericht im Jahr 2003 lief, dem offiziellen Sprachgebrauch zufolge, ein juristischer Verfahrensfehler zuwider. Dem Vernehmen nach zeigte sich aber im Vorfeld des juristischen Verfahrens, dass fast die gesamte Führungsschicht dieser Partei von Verbindungsleuten ("V-Männern") des Deutschen Verfassungsschutzes zum Zweck der Beobachtung und ggf. Steuerung dieser radikalen Organisation unterwandert war (und das vermutlich bis heute), so dass es daraufhin als fraglich erschien, ob die zunehmende Radikalisierung dieser Partei in hohem Grad nicht ebendieser steuernden Wirkungen jener "V-Männer" zuzuschreiben sei; somit ein Gerichtsverfahren mit dem Ziel des Parteiverbots einer Selbstanklage des Verfassungsschutzes gleichgekommen wäre.

aus Teilen der Bevölkerung zu Parteien wie der NPD genau den Hinweis darauf gibt, was an demokratischer Praxis in der Gesellschaft versagt. Dagegen hilft dann kein Appell ans Bewusstsein.

Daher will mir als echte Gefährdung für die gegenwärtigen demokratischen Verfassungen indes die außenpolitische Praxis ebendieser Demokratien selbst erscheinen: beispielsweise durch weltweite Einlassungen in militärische Operationen innerhalb nichtdemokratischer Staaten, was zum Ausdünnen demokratischer Substanz innerhalb der invasiven Mächte führen dürfte. Zuletzt die Erfahrungen aus den Kolonialkriegen im 18. und 19. Jahrhundert bezeigen, dass die Rückwirkungen durch die okkupierten politischen Gebilde auf die Okkupanten durchaus bedeutsamer waren, als die der Besatzer auf die Besetzten – Demokratie keineswegs auf Nichtdemokratien "ansteckend" wirke, wie mitunter selbstgerecht behauptet, sondern bislang eher die Umkehrung eintrat. Die schon seinerzeit führenden westlichen Demokratien (England, Frankreich, später die Vereinigten Staaten) erwiesen sich für die Infizierung durch krude Herrschaftspraktiken durchaus anfälliger, als dass umgekehrt die komplizierten westlichen Machtstrukturen in den besetzten Ländern sich wirklich adäquat entfaltet hätten.[11] Aus solcherlei Erfahrungen lässt sich die These formulieren, dass in der Konfrontation westlich-liberaler Mächte mit oftmals sehr alten, andersartigen Herrschaftsformen der liberale Westen genau jene Gewaltmechanismen ins eigene System hineinnimmt, die zur Performanz und Austragung innerwestlicher Konflikte und Krisen diesen westlichen Mächten als geeignet erscheinen. Demokratische Systeme mithin lassen gegenüber eigenen staatlichen Gewaltexzessen und jeglichem Missbrauch eigener Macht – hierzu gehören insonderheit die Macht der Medien und der Nachrichten – keinerlei "Undenkbarkeits-Barrieren" vorstellen.

Daher ist es von untergeordneter Bedeutung, ob beispielsweise 1969 amerikanische Astronauten den Mond wirklich betreten haben oder ob die

---

[11] Man erinnere beispielsweise zum Ende des sogenannten 2. Opiumkriegs in China (1860) die vollkommen grundlose Vernichtung der kaiserlichen Bibliothek in China durch alliierte französische und englische Truppen; das gesamte Wissen des chinesischen Altertums verbrannte. Hierher auch das alliierte Bombardement von deutschen Städten (Dresden u.a.) zum Ende des 2. Weltkriegs, kaum einer militärischen Notwendigkeit, sondern vielmehr einer Vergeltungsmentalität folgend, wie sie ursprünglich dem NS-Staat eigen war. Sodann die Vorkommnisse am 17. Oktober 1961 in Paris, als während des Algerienkriegs Dutzende Araber ohne Gerichtsurteil von französischer Polizei hingerichtet wurden. Oder aktuell die Misshandlungen in US-amerikanischen Gefangenenlagern nach dem Golfkrieg 2003 sowie die willkürlich, allein auf den Verdacht des Terrorismus, inhaftierten Personen, die ebenfalls sämtlich ohne Gerichtsurteil auf Guantanamo festgehalten werden.- Dies sind nur einige wenige Beispiele für auffällige Exzesse westlicher (demokratischer) Mächte, die in innerem Zusammenhang mit einer "Tradition" von Gewaltakten zu stehen scheinen, die dem westlichen Verständnis nach eher typisch für die jeweils bekämpften Mächte gelten!

Öffentlichkeit einer Simulation im Filmstudio aufgesessen ist; ob 2001 die Twin Towers in Manhattan und Teile des Pentagon in Washington tatsächlich von islamischen Terroristen oder aber auf Veranlassung des CIA zerstört worden sind, um das bewaffnete Eingreifen von US- und alliierten Streitkräften im Nahen Osten zu legitimieren; ob daraufhin weltweite Terroranschläge unzweifelhaft den gleichen "Islamisten" zuzuschreiben seien oder ob, etwa zum Befördern öffentlicher Akzeptanz verschärfter Kontrollgesetze gegenüber der eigenen Bevölkerung, spektakuläre Anschläge von Geheimdiensten westlicher Staaten verübt bzw. lanciert wurden und werden, um nur bei diesen drastischen Beispielen zu bleiben. Dass hierbei die eine wie die andere Variante mit derselben Wahrscheinlichkeit *denkbar* ist, dass mithin unmöglich geworden ist, mit absoluter Gewissheit zu entscheiden: *Nein, das ist in diesem System undenkbar und daher unmöglich!*, markiert das eigentliche ethische und politische Dilemma in den gegenwärtigen westlichen Demokratien. Dieses Dilemma ist selbstverschuldet. Denn so, wie aus dem Boden der Weimarer Demokratie das Dritte Reich erstand, hält Demokratie von jeher auch die Elemente zum Auswuchern ins Diktatorische in sich bereit, das mag zu allen Zeiten nur anders aussehen. Um einen Ausspruch von Saint-Just zu variieren: "Es wird verroht werden, was verroht werden kann".

Zumal diese gegenwärtige Epoche, im Sinn eines Ausspruchs von Spengler, längst in ihre "Zweite Religiosität" eingetreten ist. Dies, allgemein gefasst, kommt in Zivilisationen immer dann hervor, sobald eine historisch-geistige Lage vom Zerfall in Wissen und Denken geprägt ist, dem Unvermögen, in den Häufungen von Faktenwissen jedweden Fachgebiets relevante Zusammenhänge zu erkennen und daraus neue Wahrheits-Konstrukte herzustellen, weil hier Geistiges nur dann gilt, wenn es pressbar ist zu Geld. So herrschen Mode, Esoterik und Folklore statt Aufklärung, und die Erfahrbarkeit von Welt schrumpft im selben Grad, wie die gleichförmige Bemächtigung des Planeten voranstürmt.

Das führt auf einen anderen Begriff, der im Untertitel des erwähnten Romans enthalten ist: *nervöse Zeit*, ein mit Vorbedacht altertümlicher Begriff. In aller gebotenen Kürze sei im Folgenden der gedankliche Rahmen als summarischer Überblick skizziert, innerhalb dessen ich die *Link*-Methode wirksam zu verwenden suchte.

Nervöse Zeit korrespondiert mit dem Begriff der *Neurasthenie*, einem im Jahr 1869 von George Miller Beard in der Fachwissenschaft Neurologie begründeten, inzwischen dort längst veralteten Begriff – was jedoch nicht heißt, dass diesem Begriff seinem Inhalt gemäß heute keine gesellschaftliche Bedeutung mehr zukäme. Neurasthenie ist der Zustand eines Menschen, der – bei nur geringer seelischer Belastungsfähigkeit – zwischen hochgradiger Erregbarkeit und gleichzeitig hoher Ermüdbarkeit unentschieden pendelt. Die 1920er Jahre hat man vielfach als eine *Zeit der Neurasthenie* bezeichnet. Die Zeit unmittelbar nach dem Ersten Weltkrieg war geprägt vom tiefen Entsetzen über den sich in den Materialschlachten dieses Krieges vollziehenden Zusammenbruch der bis dahin als ewig angesehenen Normen und Werte des bürgerlichen Humanismus. Auch zeigte sich sehr rasch, dass der Versailler Vertrag nicht das Tor zum Frieden, sondern eher die Fallgrube zum nächsten Krieg gewesen ist; Inflation und Weltwirtschaftskrise erschütterten auch die Weimarer Demokratie. Diese Krisenzeiten korrespondieren durchaus mit der heutigen Zeit – nicht gleich, doch vergleichbar –, eine Gegenwart, die man als eine Zeit des fortgesetzten totalen Kriegs bezeichnen kann. Durch die Materialschlachten des Ersten Weltkriegs de facto installiert, insbesondere durch die Einbeziehung der Zivilbevölkerung in den Kriegsverlauf, ist dieser totale Krieg nie beendet worden, er hat vielmehr in aller Folgezeit neue Formen angenommen. Die Globalisierung – ein relativ inhaltsleerer Begriff – stellt in diesem Sinn eine Fortsetzung des totalen Kriegs mit Einmischung anderer Mittel dar. Dieser totale Krieg neuesten Zuschnitts – ohne dass der konventionelle Krieg damit verschwunden wäre – erzeugt verwischte Großräume im juristischen, militärischen, kulturellen wie im psychologischen Sinn. Er lässt orientierungslos gewordene Verhältnisse zurück, eine Zerstörung von Zusammenhängen, die das bürgerliche Leben in der Vergangenheit etablierte.

Über diese Zustände werden wir im Wesentlichen durch die Medien informiert. Die objektive Vielheit strukturieren die Informationskanäle nicht zur Vielfalt, sondern schließlich zu einem simplifizierenden Code, anhand dessen die Wirklichkeiten kommunizierbar gemacht werden. Simplifizierung heißt: 1. Informationen realisieren sich nur in Informationskanälen. 2. Informationskanäle schematisieren die Informationen strukturell und inhaltlich. 3. Die Realität der Informationen ist ihre Gleichförmigkeit: Damit gelangt die mediale Berichterstattung in die Bedeutung einer "Symmetrier-Maschine für Katastrophik", ihre a priori staatstragende Rolle wird evident.

In diesem Zusammenhang erscheint es interessant, sich auf die staatspolitischen Verhältnisse zu besinnen. Wenn man den Einzelmenschen in seinem Verhältnis zum Staat betrachtet, so bestand zwischen beiden gleichsam ein Vertragsverhältnis,[12] bei dem der Staat dem Einzelnen anbietet: *Du lebst mit meiner Erlaubnis in meinem Territorium. Ich sichere dieses Territorium und garantiere dir somit deine leibliche Unversehrtheit: Schutz für Gehorsam.*- Das ist eine insbesondere nach dem Zweiten Weltkrieg obsolete Vorstellung, was sich aus dem Verfall des national-staatlichen Territorialprinzips begründet; eine Entwicklung, die als unumkehrbar angesehen werden darf. Es gibt aber de facto noch ein anderes Vertragsverhältnis in Form des *Sicherheitsvertrags*, der besagt: *Ich als Staat garantiere dir als Individuum in meinem Einflussbereich eine wirtschaftliche und soziale Absicherung vor den allfälligen Katastrophen.*

---

[12] Zu den folgenden Begriffen "Territorialvertrag" sowie "Sicherheitsvertrag" vgl. Michel Foucault: *Analytik der Macht*. Frankfurt/M. 2005. S. 139f.

Kranken- und Rentenversicherung, Arbeitslosenunterstützung, Rechtsschutz etc. gehören hierher. Diesem Vertragsverhältnis kann oder will der Staat heute immer weniger nachkommen. Insofern korrespondiert damit ein permanenter Alarmzustand innerhalb der Bevölkerung, der sich sowohl aus der persönlichen Erfahrung eines jeden in der Gesellschaft, als auch aus den übermittelten Nachrichten speist.

Diese Situation wiederum trifft auf eine geistige Lage, die, wie oben angesprochen, durch den *Zerfall in Wissen und Denken* bestimmt ist. Wissen ist in diesem Kontext die enzyklopädische Anhäufung von Fakten, das Aufstapeln von Spezialistenkenntnissen. Was aber zunehmend fehlt, ist das Vermögen, daraus folgende Zusammenhänge zu erkennen. Letzteres heißt Denken mittels der Fakten, ohne dem Faktischen sich zu unterwerfen, was das Hinzutreten eines dritten Elements erfordert. Weil das Denken in Zusammenhängen auch immer auf eine feste Größe rekurrieren muss, die es nicht mehr gibt, werden auf der einen Seite diese Zusammenhänge durch die vereinheitlichten Nachrichtencodes verfestigt, auf der anderen Seite fehlen entsprechende Wirklichkeitsreflexionen, die auch diesen verpanzerten Horizont aufbrechen könnten für die Schaffung von neuem Sinn.

Die *Link*-Methode – um an den Ausgangspunkt zurückzukehren – bildet somit eine für die Literatur bewusst gebildete Form-Gestalt, um aus dem Spielerischen der Literatur Verhältnisse in den äußeren Wirklichkeiten erkennbar zu machen, um sie zu reflektieren. Das hinzutretend Dritte hierbei ist das literarische Schreiben selbst, die Aufbereitung des Textes mit dem Wissen um Form und die bewusste Wahl der Schreibweise. Deshalb gilt es heute, das einmal in der Literatur bereits Gemachte nicht vor lediglich anderen Kulissen und in modischen Vokabeln zu kopieren. Ein "Recycling" autoritär gewordener Verfahren zu betreiben, das wäre zu einfach und vor allem zu wenig. Vielmehr sind aus den Ergebnissen insbesondere der klassischen Moderne – der für uns zunächstliegenden, noch immer virulenten Literaturepoche – die für unsere Gegenwart erweiterten und durchaus neuartigen Schlussfolgerungen zu ziehen.

Das stellt ein Angebot an die Souveränität des Lesers: Indem der Leser die Freiheit hat, das soziale und mentale Unrecht der unfreien äußeren Wirklichkeiten, die Eingang fanden in die erzählten Geschichten, bei seiner Lektüre zu verneinen, bildet Literatur eine Gegen-Natur, in der ein Leser auch durch die Wahl seiner Lektüreweise ein Buch nicht nur lesen, sondern ein Buch auch *erfahren* kann.

Die beiden erwähnten Romane von Reinhard Jirgl – *Die Unvollendeten* (2003) sowie *Abtrünnig. Roman aus der nervösen Zeit* (2005) – sind beim Carl Hanser Verlag in München erschienen.

Arne De Winde

Diese "Geschichte voll der Ungereimtheit & Wiederholung": Krieg, Gewalt und Erinnerung in Reinhard Jirgls *MutterVaterRoman*

This essay analyses how Reinhard Jirgl's archeo-genealogical debut novel MutterVaterRoman *(1990) explores the dehumanizing and traumatic impact of World War II on several characters and how it inscribes the particular historical experience of World War II in an anthropological dynamics, an eternal recurrence of the same violence. Wars are staged as manifestations of a collective death drive, a paranoid Freund/Feind-binarism or a war virus in the human – and more specifically in the German – psyche. Although this representation of war can be considered as a form of historical mythologization, Jirgl's cyclical conception of history cannot be dismissed as a form of conservative obscurantism or defeatism. It rather postulates an inescapable imperative to remember. In this sense, Jirgl's melancholic strategy turns out to be crucial for the idea of literature as a spectropolitical medium, which tries to engage in a dialogue with the living dead. As this essay shows, the spectral impetus of Jirgls* MutterVaterRoman *manifests itself first and foremost, on a material level, i.e. in heterogeneous intertextual and rhetorical constellations, which undermine any clear-cut political or theoretical positioning.*

Bis zu seiner "persönlichen Wende" 1993, als er für das noch unfertige Manuskript von *Abschied von den Feinden* den Alfred-Döblin-Preis bekam, gehörte Reinhard Jirgl zu jenen unterschätzten oder vergessenen "Talenten, die stets entmutigt werden".[1] Sein erstes, 1983 beim Aufbau-Verlag eingereichtes Manuskript *MutterVaterRoman* hatte ihm das Etikett der "nichtmarxistischen Geschichtsauffassung" eingetragen.[2] Trotz der expliziten Fürsprache Heiner Müllers wurden die Texte des 1953 geborenen Ostberliners also nicht gedruckt und blieb er zu DDR-Zeiten ein für die Schublade schreibender verbands- und parteiloser Außenseiter, ein "Schriftsteller in der Anonymität" (GT 816).[3] Zwar

---

[1] Reinhard Jirgl: Wut im Kopf oder Das heiße Eisen Mensch. Notate zum Roman *Baden-Dubel* von Hubert Konrad Frank. In: *die horen* 48 (2003). S. 189–199. Hier: S. 189.

[2] Reinhard Jirgl: *Genealogie des Tötens. Trilogie.* München 2003 [2002]. S. 815. Im Folgenden unter der Sigle GT zitiert.

[3] Das Problem, das man bei einer kritischen Rekonstruktion von Jirgls Schattenexistenz während der achtziger Jahre fast nur auf Selbstaussagen und fiktionalisierte Selbstinszenierungen angewiesen ist, hat Erk Grimm zur Sprache gebracht: Die Lebensläufe Reinhard Jirgl: Techniken der melotraumatischen Inszenierung. In: *Reinhard Jirgl: Perspektiven, Lesarten, Kontexte.* Hg. von David Clarke und Arne De Winde. Amsterdam – New York 2007. S. 197–226.

war diese Anonymität die frustrierende Folge einer planmäßigen und gezielten Unterbindung von Kreativität durch die undurchschaubare DDR-
Zensurbehörde, sie trug aber auch wesentlich zu einer Verschärfung von Jirgls
Kompromisslosigkeit, seiner Nichtteilnahme an jeglichem politischen Diskurs
bei. Die Tatsache, dass Jirgl gewissermaßen "nur" für sich allein schrieb,
erlaubte ihm nicht nur "ein Höchstmaß an schriftstellerischer Freiheit" (GT
817), sondern machte Schreiben auch zu einer extrem selbstinvestierenden
Praxis, einer Schmidt'schen "Methodik des Entkommens" aus einer repres-
siven Gesellschaft. Es handelte sich hier jedoch nicht um einen eskapistischen
Mechanismus, sondern um eine intensive Suche nach einer *eigenen* Sprache:

> Je kleiner die Räume in einem ohnehin kleinen Land, je fester der Zugriff auf des
> Einzelnen Leben und die Gefahr für das Individuum zunimmt, desto weiter muß
> dieser Einzelne aus der Gefährdung sich herausschneiden und sehr weit in sich
> gehen als letzten Aus-Weg. Das heißt für das Schreiben: Zulassen und
> Hereinnehmen alles *Fremden* [...]. (GT 828)

Diese "Zulassungsethik", wie Jirgl es in einem Interview mit Werner Jung
nennt,[4] findet ihren Ausdruck in einer offenen, hybriden Textkonstruktion, die
das Konfliktuale und Gewalttätige der Wirklichkeiten des Ich und des Außen
zu- und überspitzt. Nach Jirgl war es auch diese spezifische textuelle (Un-)
Ordnung, die einer Druckgenehmigung des *MutterVaterRomans* im Wege stand:

> Diese Behinderung geschah nicht aus thematischen Gründen [...], sondern
> vielmehr aus einem vagen Gefühl, einer Ahnung heraus, daß mit diesem Text, wie
> er in dieser Form-Konzeption dargeboten war, vielleicht irgend etwas "nicht in
> Ordnung sein" könnte.[5]

Dass die politische Provokanz von Jirgls Roman nicht nur in seiner Thematik,
sondern vor allem auch in seiner destrukturierenden Textur lag, entspricht der
– zwar ambivalenten – Verfemung modernistischer Schreibweisen durch die
DDR-Zensurbehörden.[6]

Schließlich erschien der *MutterVaterRoman* 1990 – mit sieben Jahren Ver-
spätung also – beim Aufbau-Verlag in der von Gerhard Wolf für "unangepasste"
Autoren herausgegebenen Reihe *Außer der Reihe* und wurde kaum rezipiert.
Im Schlusswort seiner *Genealogie des Tötens* beschreibt Jirgl, wie die Exemplare

---

[4] Werner Jung: Material muss gekühlt werden. In: *neue deutsche literatur* 46.3 (1998).
S. 56–70. Hier: S. 61.
[5] Reinhard Jirgl: Brief vom 27. Dezember. In: *Fragebogen: Zensur. Zur Literatur vor
und nach dem Ende der DDR*. Hg. von Richard Zipser. Leipzig 1995. S. 200–210. Hier:
S. 209.
[6] Siehe hier vor allem: Günter Erbe: *Die verfemte Moderne: Die Auseinandersetzung
mit dem "Modernismus" in Kulturpolitik, Literaturwissenschaft und Literatur der
DDR*. Opladen 1993; Richard Herzinger: Raubzug im Bürgertum. In: *Die Zeit* 30 (1999).

tonnenweise aus den Buchhandlungen an den Leipziger Zentralversand zurückgeschickt wurden. Diese Bild-Beschreibung inszeniert aber auf metaliterarische Weise einige wichtige rhetorische und poetologische Mechanismen des Romans selber:

Tonnenweise Rücksendungen aus den Buchhandlungen der DDR an den Leipziger Zentralversand, deren Läger konnten die Remittentenflut nicht aufnehmen -, so kam dort auf dem Innenhof inmitten geschmolzenen Schnees eine meterhohe Bücherhalde zustande; der Bücherverbrennung von 1933 war die Bücherersäufung 1990 gefolgt. An dem einzigen Ort, wo Kommunismus wirklich herrscht, im Scheiter-Haufen, sind alle gleich: Bücher von Kafka, Heine, Romain Rolland, Freud, und eben auch der "Mutter Vater Roman". (GT 817)

Dieses Fragment kristallisiert gewissermaßen die Themen und Problempunkte, die wir in folgendem Aufsatz besprechen werden. Auffällig ist vor allem Jirgls Konstruktion eines Benjamin'schen Vexierbildes, in dem Sinne, dass er das historische Trauma der Bücherverbrennung und die sogenannte Bücherersäufung in eine spannungsvolle Konstellation bringt. Diese "Telescopage der Vergangenheit durch die Gegenwart" eröffnet eine erschütternde Reflexion über Wiederholung und Abweichung, Zivilisation und Barbarei.[7] Darüber hinaus fungiert der "Scheiter-Haufen" als Synekdoche für sowohl Faschismus als Kommunismus: unvermeidlich scheint das humanistische Gleichheitsideal in einer totalitären Nivellierung der Differenz, einer Beseitigung des Anderen zu münden, oder wie Jirgl an anderer Stelle behauptet: "Nur der Tod selber ist diesem universellen Gleichheitsanspruch adäquat".[8] Diese unüberbrückbare Kluft zwischen Theorie und Praxis, Ideal und Realität wird auch durch den unterbrechenden Binde-Strich zwischen "Scheiter" und "Haufen" hervorgehoben. Wie wir in diesem Aufsatz verdeutlichen werden, ist es gerade die von Jirgls ortho- und typographischen Schriftexperimenten bloßgelegte ent-setzende Wirkung der Schrift, die für dieses Scheitern jedes politischen Programms verantwortlich ist.[9] Darüber hinaus weist die konstruierte Korrespondenz zwischen Bücherverbrennung und Bücherersäufung nicht nur auf die verletzliche Position von Literatur innerhalb einer nazistischen bzw. (post)kommunistischen Gesellschaft hin, sondern inszeniert sie auch eine Art Totenbeschwörung. Jirgl erwähnt hier nämlich Vertreter einer sogenannten Schmutz- und

---

[7] Walter Benjamin: *Das Passagen-Werk*. In: *Gesammelte Schriften*. Bd. V.1. Hg. von Rolf Tiedemann. Frankfurt/M. 1983. S. 588.
[8] Jirgl: Brief vom 27. Dezember. S. 204.
[9] Für eine detaillierte Analyse von Jirgls Schrifbildlichkeitsverfahren siehe Arne De Winde: Das Erschaffen von 'eigen-Sinn': Notate zu Reinhard Jirgls Schrift-Bildlichkeitsexperimenten. In: *Reinhard Jirgl: Perspektiven, Lesarten, Kontexte*. S. 111–150.

Schundliteratur, mit denen er in seinen experimentellen *MutterVater*-Collagen einen "rettenden" intertextuellen Dialog zu führen versucht.

"Endlos-Bilder": Luftkrieg im "Scherbenspiel"

Jirgls Debüt exploriert den enthumanisierenden und traumatischen Impakt des Zweiten Weltkriegs auf die zentralen Figuren, Walter und Margarete, die die spätere "Aufbaugeneration" der DDR repräsentieren – oder eher demontieren.[10] Ein quälendes Panoptikum schmerzhafter Erinnerungsoperationen und phantasmagorischer Visionen rekonstruiert jene Zeit, in der Walter als Deserteur in einem verminten Wald vegetiert und seine Frau die Luftangriffe auf Berlin erleidet und überlebt. Ohne jeden sozialistischen Optimismus kehrt der vermisste Mann nach acht Jahren als ein wiedergängerischer "Heimkehrer" in den zivilen Nachkriegsalltag zurück und auch die schwangere Margarete versucht sich wieder in ihrer fremdgewordenen "Heimat"-Stadt Birkheim zurechtzufinden. Die Unentrinnbarkeit der traumatischen Vergangenheit wirft beide jedoch in einen Zustand radikaler Gleichgültigkeit, Entfremdung und Sprachlosigkeit: Wie Margaretes Mutter aufmerkt, hat der Krieg tatsächlich "Menschenruinen zurückgelassen die niemand aufbauen kann".[11] Diese Unmöglichkeit einer Normalisierung oder Resozialisierung ruft die Frage auf, "wie [...] Menschen, die im Banne einer mörderischen Vergangenheit stehen, wieder zukunftsfähig werden [können]? Wie können sie mit ihren Erinnerungen weiterleben, ohne von deren Druck deformiert zu werden?".[12]

Einer der Brennpunkte von Jirgls psychogrammatischem "Scherbenspiel" (M 11) ist die traumatische Erfahrung der Luftangriffe auf Berlin und Lübeck. Die intensive und eigensinnige Behandlung dieses Themas in einem Roman aus den achtziger Jahren nuanciert nicht nur W.G. Sebalds provokative Hypothese eines "Überlieferungsdefizit[s]" oder einer Tabuisierung des Bombenkriegs in der deutschen Erinnerungskultur und -literatur, sondern illustriert darüber hinaus, dass linguistischer oder ästhetischer Radikalismus à la Arno Schmidt und tiefenscharfer Realismus sich gar nicht auszuschließen brauchen.[13] Jirgl kombiniert nämlich ästhetische Experimentalität mit einer schockierenden

---

[10] Diese generationelle Thematik wurde schon auf einleuchtende Weise von Erk Grimm analysiert in: Alptraum Berlin: Zu den Romanen Reinhard Jirgls. In: *Monatshefte für deutschen Unterricht, deutsche Sprache und Literatur* 86.2 (1994). S. 186–200.

[11] Reinhard Jirgl: *MutterVaterRoman*. Berlin 1990. S. 19. Im Folgenden unter der Sigle M zitiert.

[12] Aleida Assmann: Trauma des Krieges und Literatur. In: *Trauma: Zwischen Psychoanalyse und kulturellem Deutungsmuster*. Hg. von Elisabeth Bronfen, Birgit R. Erdle und Sigrid Weigel. Köln – Weimar – Wien 1999. S. 95–118. Hier: S. 98.

[13] W.G. Sebald: *Luftkrieg und Literatur. Mit einem Essay zu Alfred Andersch*. München 1999. S. 17. Für eine interessante Analyse der Opfer-Thematik in der deutschen Nachkriegsliteratur (und u.a. auch in Reinhard Jirgls Roman *Die Unvollendeten*), siehe:

Präzision der Beobachtung und Darstellung, die sich auf die jeweilige Figur in ihrer Körperlichkeit und ihrer seelischen Zerrüttung richtet. Auf eine detaillierte Weise registriert der Text, wie Luftangriffe von den Opfern als "Angriff[e] auf die Sinne" erfahren werden, die den Menschen auf schiere Passivität zurückwerfen.[14] Das immer wiederkehrende ohrenbetäubende "Geheul des Fliegeralarms" (M 14) ist die Chiffre für diese totale Kriegsführung, die den Menschen auf eine sterbende Kreatur, überflüssiges Leben reduziert. Dass diese kollektive Katastrophe einen Rückfall der Geschichte in Naturgeschichte zu verursachen droht, zeige sich in einer "Primitivisierung des menschlichen Lebens", dem Aufbrechen von "atavistische[n] urzeitliche[n] Verhaltensmuster[n]".[15] So erlebt Walter in einem gequälten Erinnerungsmonolog wieder, wie eine von Flammen erfasste Frau auf ein Kellerfenster zustürzt, von den Insassen aber attackiert wird ("sie soll woanders verrecken" [M 144]) und lebendig verbrennt. Es wird evoziert, wie die Toten dem Raubgier der Überlebenden zum Opfer fallen – wobei auch das Schrift-Bild, d.h. die Orthographie und die (fehlende) Interpunktion, und die Dekonstruktion von Volksfloskeln die Hektik und die rohe Gewalttätigkeit transportieren.

In der verlassenen Termitenkultur stöbern menschliche Wesen nach Übriggebliebenem. Ich hör, wie man Toten die Kinnladen ausrenkt, die Goldzähne herauszubrechen. Ich seh später im Tageslicht diese halbverscharrten Toten zu Dutzenden aus Gesteinshalden und der Erde herausragen mit weitaufgerissenen Mäulern wie in endlosem Gähnen. [...] Ich seh, wie man von starren Fingern Ringe abstreift. Ohrgehänge werden von Fraunköpfen gerissen, NUR RASCH: WER NICH RAUBT ZUR RECHTEN ZEIT, DEM DIE LEICH, DIE ÜBRIGBLEIBT. SCHNELLIGKEIT IST DES GLÜCKES SCHMIED. Halsketten Brillen Schuhe Jacken Mäntel. Und diese geduckt wühlenden Schatten fallen im Schutt lautlos übereinander her, entreißen einer dem andern Koffer Taschen Rücksäcke Kisten, zertrümmern einander die Schädel beim Raub, groteske Knäul im Ruinengeröll, wer liegenbleibt ist verarmt. (M 28)

Wie später noch deutlich werden wird, kann Jirgls Thematisierung des Luftkriegs nicht als Symptom eines 'neuen deutschen Opferdiskurses', der die Shoah relativieren würde, qualifiziert werden. Vielmehr bildet das Trauma des Holocaust den unauslöschlichen Hintergrund des ganzen Romans. Bezeichnend ist hier vor allem die Tatsache, dass Margaretes Mutter es bewusst unterlässt,

---

Ulrike Vedder: Luftkrieg und Vertreibung. Zu ihrer Übertragung und Literarisierung in der Gegenwartsliteratur. In: *Chiffre 2000 – Neue Paradigmen der Gegenwartsliteratur.* Hg. von Corina Caduff und Ulrike Vedder. München 2005. S. 59–80.

[14] Wolfgang Sofsky: *Zeiten des Schreckens: Amok, Terror, Krieg.* Frankfurt/M. 2002. S. 135.

[15] Dieter Forte: Luftkrieg im Literaturseminar. In: *Schweigen oder Sprechen.* Hg. von Volker Hage. Frankfurt/M. 2002. S. 31–36. Hier: S. 35.

ihren Mann aus den Trümmern eines Bombenkellers zu retten. Dieser Mann, der "von Germanischem Blut und Entjudung sprach" (M 19), arbeitete als Wächter in einem Konzentrationslager, wo er "JUDENWEIBER" (M 19) sadistisch misshandelte. Margaretes Mutter betrachtet sein Lebendig-begraben-Werden als eine gerechte Strafe: "Die Vergeltung ist weiblich durch die Hand des Fliegers in schwarzen Wolkenmasken einer Bombennacht" (M 21).[16]

Dass die Figuren im *MutterVaterRoman* immer wieder mit den (Gedächtnis-) Spuren dieser gewalttätigen Ereignisse konfrontiert werden, gibt die unfreiwillig zwanghafte, d.h. wiedergängerische Verlaufsstruktur der Erinnerung zu erkennen. entgegen ihrem kapitalisierten Schrei "ICH WILL VER GES SEN" (M 41) – dem Verlangen nach einem Schlussstrich – wird Margarete immer wieder von unsteuerbaren Erinnerungsimpulsen überflutet:

> Und die Bilder beginnen zu laufen, rückwärts, und sie scheinen zu atmen, ein nervöses eckiges Beben wie unter fließendem Wasser. Und diese Bilder sind wirklich Steine im Fluß, Geröll aus Jahren, noch nicht glattgeschliffen, sondern kantig und spitz, das reißt in die Haut, manchmal Blut. (M 41)

Auch Walter wird mit der Vergeblichkeit seiner "FLUCHT vor den Bildern, die mich verfolgen" (M 144), konfrontiert; "immer wieder" – eine der Kernformeln des *MutterVaterRomans* – wird er von 'seinen' "Endlos-Bilder[n]" (M 145) heimgeholt. Die "Inbesitznahme" durch eine unmögliche Vergangheit manifestiert sich also in der Wiederkehr der immergleichen, unverkraftbaren Ereignis-Bilder gegen den Willen des Traumatisierten. Es handelt sich um körperliche Einschreibungen oder "Schmerzensspuren der Geschichte",[17] die der sinngebenden Überführung in Sprache und Reflexion zwangsläufig eine Grenze setzen. Der Schmerz wird hier im Sinne von Nietzsche als "mächtigste[s] Hülfsmittel der Mnemonik" entlarvt,[18] das traumatisierte Wissen als Produkt einer sadistischen "Schule-des-Grauens" (M 145).

Die unfassbare, unlebbare Vergangenheit droht die Lebensmöglichkeiten der Überlebenden zu ersticken, weil diese sich zerrissen fühlen zwischen "the

---

[16] Auffällig ist hier das Wort "Vergeltung", das ein intertextueller Hinweis auf Gert Ledigs 1956 erschienenen Roman *Vergeltung* sein könnte. Zwar wurde dieser hyperrealistische Text erst bei seiner Neuauflage 1999 ein Erfolg, doch scheinen einige erstaunliche – nicht nur stilistische – Parallelen auf: ich denke hier vor allem an Jirgls jegliche mythische Überhöhung unterlaufenden Einsatz des "LASST DIE KINDER ZU MIR KOMMEN" (M 145), des Jesus-Wortes, mit dem auch Ledigs Roman anfängt.

[17] Vgl. Anne Fuchs: *Die Schmerzensspuren der Geschichte. Zur Poetik der Erinnerung in W.G. Sebalds Prosa.* Köln 2005.

[18] Friedrich Nietzsche: *Zur Genealogie der Moral.* In: *Werke in 3 Bänden.* Bd. 2. Hg. von Karl Schlechta. Darmstadt 1973. S. 802.

imperative to tell" und "the impossibility of telling".[19] Die Figuren werden mit der Unzulänglichkeit der Sprache, d.h. der unüberbrückbaren Kluft zwischen intersubjektiven Wörtern und subjektiver Erfahrung, zwischen verallgemeinernder Diskursivierung und körperlicher Gedächtnis-Wunde konfrontiert.[20] Auch in essayistischen Texten (wie u.a. dem Aufsatz in diesem Band) weist Jirgl auf diese Durchkreuzung der "'pointing' or 'bullseye' pretension of language" hin:[21]

> Sprache, beim Versuch, das Einzigartige, das spezifisch Hypertrophe dieses Schreckens wie des erfahrenen Schmerzes, in Begriffe zu setzen, erstickt sich selbst in der flachen Leere von Tautologien – Sprache, wortreich, muß verstummen bzw. der geschwätzigen Metaphorik einer kalkulierten Literatur sich bedienen.[22]

Das Bewusstsein der Rhetorizität der Sprache macht die lebensnotwendige Veräußerlichungs- oder Übersetzungs-Arbeit am traumatisch Erlebten zu einem schmerzhaften und autodekonstruktiven Prozess, dessen permanentes Unvollendetsein zur gleichen Zeit jedoch einen utopischen Kern in sich birgt, denn "aus dem Registrieren der Unvollkommenheit und des Verlusts geht der Antrieb zum unendlichen Weitermachen hervor".[23]

In dieser Hinsicht kann das Gewesene also nicht einfach in die Gegenwart integriert werden, sondern wird das Gewesene aus der jeweiligen Gegenwart heraus immer wieder neu-konstituiert. Es ergibt sich, wie Sigrid Weigel argumentiert, eine "(Re)Konstruktion von Gedächtnis-Spuren, in der jede Wiederholung auch eine Abweichung enthält"; in diesem Sinne ist Wieder-Holung "nie die Wiederholung desselben, sondern immer eine andere Wiederkehr [...], die Wiederkehr eines Anderen".[24] Gerade in diesem den Erinnerungskonformismus unterlaufenden Abweichenden oder "Punktuellen" erblickt Jirgl das von psychischer Unterdrückung befreiende Potential der Erinnerung – ohne dabei jedoch den janusköpfigen Charakter dieser Vestrickung mit der Gegenwart zu negieren:

[19] Dori Laub: An Event Without a Witness: Truth, Testimony and Survival. In: *Testimony: Crises of Witnessing in Literature, Psychoanalysis and History*. Hg. von Shoshana Felman und Dori Laub. New York 1992. S. 75–92. Hier: S. 78f.
[20] Vgl. Aleida Assmann: *Erinnerungsräume: Formen und Wandlungen des kulturellen Gedächtnisses*. München 1999. S. 260.
[21] Geoffrey Hartman: On Traumatic Knowledge and Literary Studies. In: *New Literary History* 26.3 (1995). S. 537–563. Hier: S. 541.
[22] Reinhard Jirgl: Anzeichen des Gewitters von übermorgen: Zu den Strategien des Verschweigens. In: *neue deutsche literatur* 46.3 (1998). S. 50–59. Hier: S. 51.
[23] Reinhard Jirgl: Dinge und Chimären: Einige Bemerkungen über das Erinnern. In: *Ein ungarisch-deutsches Dichtertreffen: Erinnern und Vergessen*. Hg. von Forum für neue Kunst, Literatur und Musik Herrenhaus. Hannover 2001. S. 64–71. Hier: S. 68. Vgl. auch der Essay "Erinnern – Ein Meer und seine Form" in diesem Band.
[24] Sigrid Weigel: *Bilder des kulturellen Gedächtnisses*. Dülmen-Hiddingsel 1994. S. 46 und 49f.

[...] das Erinnern zerbricht die Geschlossenheit, bringt emphatisch aufleuchtende Einzelheiten hervor, indem sie im Verwobensein mit der Gegenwart frühere Kontingenzen verdunkelt und Abhängigkeiten aufkündigt. Mit andern Worten, das Erinnern erschafft sich ein eigenes Archiv und damit eine eigene Historizität.[25]

Hier zeigt sich eine starke Affinität zwischen Jirgls Gedächtnis-Konzeption und Walter Benjamins Erörterungen über das "dialektische Bild" und den "Bild- und Leibraum", die darüber hinaus zu einer tief gehenderen, metapoetischen Lektüre von Margaretes "Bild"-Zitat nötigt. So erinnert das "eckige Beben" der Bilder an Benjamins Hinweis auf "das Zittern ihrer Umrisse", das "immer noch [verrät], aus welcher sehr viel innigeren Nähe sie sich losgerissen haben, um sichtbar zu werden".[26] Das Beben kann also als ein metonymischer Hinweis auf etwas Originäres, das zwar der Darstellung zugrunde liegt, sich jedoch selber der Darstellung entzieht, nur in seiner Abwesenheit anwesend ist, betrachtet werden. Dieses Bild von Bildern komprimiert die Einsicht in die notwendige Kontingenz (oder Entstelltheit) jeder Darstellung; jedes Bild wird so zur Allegorie seiner eigenen Unlesbarkeit, oder wie Nikolaus Müller-Schöll es ausdrückt: "So ist das In-einem-Medium-Sein immer schon ein Sich-nicht-zurechtfinden im Medium".[27]

Das die Geschlossenheit durchbrechende, phantomatische Beben ist aber nicht die einzige "Figur einer gegenstrebigen Fügung" in dem oben zitierten Fragment:[28] die "Steine im Fluß", das "Ge-röll" als mitgeführte, dann abgelagerte Gesteinsbrocken, aber vor allem das "rückwärts" Laufen der Bilder ver(sinn)bildlichen eine "Dialektik im Stillstand",[29] die plötzliche Stillstellung des Geschehens oder das Innehalten der denkerischen Bewegung in einer von Spannungen gesättigten Konstellation zwischen 'Jetztzeit' und Vergangenheit. Gerade eine solche aufblitzende Oszillation betrachtet auch Benjamin als eine "revolutionäre[...] Chance im Kampfe für die unterdrückte Vergangenheit",[30]

---

[25] Jirgl: Dinge und Chimären. S. 66.

[26] Walter Benjamin, zit. in: Rainer Nägele: Heiner Müller. Theater als Bild- und Leibraum. In: *Modern Language Notes* 120.3 (2005). S. 604–619. Hier: S. 607.

[27] Nikolaus Müller-Schöll: *Das Theater des konstruktiven Defaitismus: Lektüren zur Theorie eines Theaters der A-Identität bei Walter Benjamin, Bertolt Brecht und Heiner Müller*. Basel 2002. S. 164.

[28] Sigrid Weigel: *Entstellte Ähnlichkeit. Walter Benjamins theoretische Schreibweise*. Frankfurt/M. 1997. S. 62.

[29] Die oxymoronische Figur des "Rückwärts"-Laufens erinnert übrigens nicht nur an die Motivik des Krebsgangs, sondern auch an die Benjamin'sche Figur des Engels der Geschichte, der sein Antlitz in Trauer und Entsetzen der trümmerhaften, katastrophalen Vergangenheit zuwendet und vom Sturm des Fortschritts unaufhaltsam in die Zukunft getrieben wird.

[30] Walter Benjamin: Über den Begriff der Geschichte. In: *Gesammelte Schriften*. Bd. I.2. S. 691–704. Hier: S. 703.

da sie die chronologische und homogenisierende Geschichtsschreibung zerstört. Wie auch folgendes metapoetisches Zitat bezeugt, entlarvt ein solches dialektisches Bildgedächtnis die leere und kontinuierliche Zeit des Historismus als eine Illusion:

> Mein Film ein Querschnitt durch Schichten des Erinnerns. Auge um Auge. Bild um Bild. Ein Film und eine Seele haben etwas gemeinsam: Zeit, die Ausgeburt der Vernunft, existiert nicht für sie. Jeder Film ein Film über das Innen. Oder er ist keiner. Jedes Innen lebt aus seinen Bildern jenseits der Vernunft. (M 14f.)

Wie wir unten noch näher erläutern werden, ist Jirgls Prosa vor allem eine sprachliche Auslotung der akkumulierten Inskriptionen und reflexiven Ebenen, die ein Mensch mit sich herumträgt. Wie "ein Bohrer" versucht Jirgl, Zugang zu finden für "sedimentierte Erfahrungsschichten des Menschen" (GT 823) und der Gesellschaft, deren "Geröll aus Jahren". Unter Sedimenten versteht er eine unerledigte, unbefriedete Vergangenheit, die sich unausgesprochen und tabuisiert von Generation zu Generation fortzeugt. Es handelt sich um Traumata, die in das phylogenetische Material gesunken sind und durch transgenerationelle und transindividuelle *relais* in der Erbmasse der Erinnerung verankert sind. In seiner Deformierung der bekannten Redewendung betont das "Auge um Auge. Bild um Bild" nicht nur, dass es sich hier vor allem um Gewalterfahrungen handelt, sondern weist auch auf den Zusammenfall von Bild- und Leibraum in einem Sprachraum hin.[31] Leib und Bild werden Teil einer Sprache des Unbewussten – "jenseits der Vernunft" – und folgen insofern der Struktur einer "*entstellten Darstellung*",[32] die die Dimension der Zeit aus ihrem tradierten Gefüge einer linearen Ordnung herausbricht. Die poetologische Konsequenz, die Jirgl aus einer solchen De-Strukturierung zieht, könnte mit Geoffrey Hartman als "negative narratibility" umschrieben werden, d.h. eine temporale Struktur, "that tends to collapse, to implode into a charged traumatic core, so that the fable is reduced to a repetition-compulsion not authentically 'in time' […]".[33] Wie im folgenden Kapitel verdeutlicht werden soll, ist der *MutterVaterRoman* Produkt eines solchen "Querschnitts", eines Montage- oder Collage-Verfahrens, das Geschichte als geschichtete konstruiert und Zeit radikal "aus den Fugen" bringt.

"Opera Sauvage": Der "ewige Kreislauf" des Tötens

Jirgls Technik szenischer Collagen zeigt sich vor allem im dritten Kapitel des Romans mit dem Titel "KINO "VIELLEICHT BIN ICH SOEBEN ERST

---

[31] Für eine ausführliche Erörterung dieses Zusammenfalls siehe Rainer Nägele: Heiner Müller. Theater als Bild- und Leibraum. S. 604.
[32] Weigel: *Bilder des kulturellen Gedächtnisses*. S. 48.
[33] Hartman: On Traumatic Knowledge. S. 548.

GEBOREN" MARGARETE", in dem Margarete im "Thespiskarren" (M 50) eines unheimlichen Filmvorführers eingesperrt wird. Diese spektrale Figur präsentiert sich als die "Stimme-der-Geschichte" (M 50), die verkündet, dass der Wind mit Leichen und Blut gesättigt ist. Er kann nur einen "UNGLAUBLICH LANGWEILIGE[N]", krüppeligen Film anbieten, in dem Bild an Bild "wirr" (M 53) sich fügen. Es handelt sich um ein historische und persönliche Traumata überblendendes Panoptikum, Bildkaskaden, in denen die Welt als ein unentrinnbares Schlachthaus erscheint. In Nachfolge von Günther Heegs Analyse der Deutschland-Repräsentation Heiner Müllers soll im Folgenden jedoch die dialektische, den Terror sprengende Spannung zwischen der thematischen und der formalen Ebene von Jirgls sprachlichen Gedächtnisräumen analysiert werden:

> Es geht um einen Terror, der Geschichte als solche immer zu einer nie gelingenden, gescheiterten und katastrophalen macht und der, in seiner literarischen Wiederholung als ästhetische Gewalt der Darstellung, zugleich die Chance der Unterbrechung ihres diskontinuierlich-kontinuierlichen Gewaltzusammenhangs bietet.[34]

Wenn wir die Filmvorführung als eine metapoetische *mise-en-abyme* für Jirgls eigene Schreibpraxis betrachten, kann seine Prosa als eine archäo-genealogische umschrieben werden, die sich der nietzscheanisch-foucaultschen Aufgabe des *"Diagnostizieren"* der Gegenwart stellt.[35] Im Falle Jirgls wird diese anti-idealistische und -teleologische "Wühlarbeit unter den eigenen Füßen" zu einem frenetischen Ausgraben der "Hekatomben" (M 52) der deutschen Geschichte.[36] Wie auch die zahlreichen grausamen Zitate aus mittelalterlichen altmärkischen Chroniken nahe legen,[37] tritt Jirgl hier als ein "Chronist" im Sinne Benjamins auf: "Der Chronist, welcher die Ereignisse hererzählt, ohne große und kleine zu unterscheiden, trägt damit der Wahrheit Rechnung, daß nichts was sich jemals ereignet hat, für die Geschichte verloren zu geben ist".[38] Chronistische Gedächtniskunst erscheint hier als ein "Gegen-den-Strich-Bürsten" der offiziellen, konformistischen Geschichte mittels einer Reaktivierung von

---

[34] Günther Heeg: Deutschland – Krieg. In: *Heiner Müller-Handbuch: Leben – Werk – Wirkung.* Hg. von Hans-Thies Lehmann und Patrick Primavesi. Stuttgart 2003. S. 88–93. Hier: S. 88.

[35] Michel Foucault: *Von der Subversion des Wissens.* Frankfurt/M. 1978. S. 13.

[36] Ebd. S. 22.

[37] Der räumliche Kristallisationspunkt dieser Zitate, wie von Jirgls Gesamtchronik, ist die Stadt Birkheim. Wie in Jirgls *Die Unvollendeten* handelt es sich hier jedoch um einen Decknamen für die altmärkische Stadt Salzwedel, in der Jirgl bei seiner Großmutter aufwuchs.

[38] Benjamin: Über den Begriff der Geschichte. S. 694. Schon Andreas Meier hat übrigens die chronistische und archäo-genealogische Dimension von Jirgls "Erinnerungsstil" erkannt, siehe vor allem seinen Aufsatz: Die Rückkehr des Narrativen – Reinhard Jirgls 'Deutsche Chronik'. In: *Deutschsprachige Erzählprosa seit 1990 im europäischen Kontext.* Hg. von Volker Wehdeking und Anne-Marie Corbin. Trier 2003. S. 199–220.

disqualifizierten oder minoritären Wissensformen. Deutlich inspiriert von Michel Foucault, macht Jirgl hier einen Unterschied zwischen einer herrschaftliche Kontinuität sichernden "Historie von Oben" und einer subversiven "Historie von Unten" (GT 833), die

> unterhalb der Formen des Gerechten, wie es institutionalisiert wurde, des Geordneten, wie es oktroyiert wurde, des Institutionellen, wie es eingerichtet wurde, die vergessene Vergangenheit der wirklichen Kämpfe, der tatsächlichen Siege und der Niederlagen, die vielleicht verschleiert wurden, aber in der Tiefe erhalten blieben, [...] be-stimm[t] und auf[]deck[t].[39]

Was hier gegen den Einheitsdiskurs ins Spiel gebracht wird, ist nach Foucault vor allem die Einsicht, dass "Politik die Fortsetzung des Krieges mit anderen Mitteln ist", eine die berühmte Formulierung von Carl von Clausewitz umkehrende These.[40] Im *MutterVaterRoman* findet sich eine auffällig gleich-artige Formulierung: "Frieden ist Fortsetzung der *Po*litik des Krieges mit anderen Mitteln. Denn eigentlich ist immer Krieg, Frieden die Ausnahme & Blendung auf Zeit, der Krieg die Regel" (M 159).

In diesem Sinne fordert Jirgls Literatur die latente Gleichursprünglichkeit von Ordnung und Krieg zutage, sie entlarvt die notwendige Kontingenz jeglicher Politik oder die Gesetzlosigkeit jeglicher Gesetzlichkeit. Sie liest den Krieg aus dem Frieden heraus, entlarvt ihn als "Motor der Institutionen und der Ordnung" (GT 832).[41] Auch der *MutterVaterRoman* inszeniert, wie unterhalb der Ordnung eine Art primitiven und permanenten Krieges herrscht, der aus Jirgls foucaultscher Perspektive immerzu ein und derselbe Krieg sein muss. Das Kino-Kapitel radikalisiert und literarilisiert diesen Gedanken, indem die singuläre historische Erfahrung des Zweiten Weltkriegs in einen anthropolo-gischen Dynamismus, eine "ewige Wiederkehr" der immergleichen Gewalt eingeschrieben wird. Im ersten Akt der als Spiel im Spiel(-Film) funktionieren-den "Opera Sauvage" (M 118) heißt es denn auch, als "jemand" mit Kreide einen Querstrich an eine Wand des Führerbunkers ziehen will: "Der Fünfte Weltkrieg. Oder der Erste noch immer, was ist Frieden" (M 119). In diesem destruktiven Kreislauf der Zivilisation scheint der Zweite Weltkrieg auf nicht unproblematische Weise mit dem Ersten Weltkrieg, dem Dreißigjährigen Krieg, dem Bauernkrieg und sogar dem Trojanischen Krieg gleichgestellt zu werden, was in einem (scheinbar) von Jirgl selbst autorisierten essayistischen Einschub in die These mündet: "Ich hätte ebenso über Troja schreiben können" (M 137). Jirgl konstruiert somit ein blutiges mythologisches Welttheater, in

---

[39] Michel Foucault: *In Verteidigung der Gesellschaft. Vorlesungen am Collège de France (1975–76)*. Frankfurt/M. 2001. S. 74.
[40] Ebd. S. 32.
[41] Vgl. ebd. S. 67.

54

dem Diktatoren und Führer einen "Staffellauf des Genozids" (M 137) machen. Heinrich der Löwe und Albrecht der Bär, "Robesstalinpierre" und "Trotzdantonski", Napoleon, Hitler usw. erscheinen als blutige Wiedergänger, auswechselbare Produkte eines Zyklus von metempsychotischer Wiedergeburt. Die Menschheit scheint in einer selbstverschuldeten Selbstzerstörungsdynamik verstrickt, oder wie es in Walters Worten klingt, in einem "Ewige[n] Kreislauf des Tötens, Zyklus aus Schuld Angst Scham Mord. Undsoweiter" (M 333).

All den durch persönliche Traumata der Zuschauerin unterbrochenen Geschichtsepisoden scheinen die gleichen anthropologischen oder psychologischen Invarianten zugrunde zu liegen. Diese scheinen im "Mittelpunkt" am Ende des Kino-Kapitels in drei essayistischen Fragmenten prägnant zusammengefasst zu werden, die so gewissermaßen als hermeneutischer Rahmen funktionieren. Dieses theoretische Konglomerat entleiht seine prominenten Begriffe den Schriften Freuds und Marcuses (und mehr spezifisch dessen "philosophischem Beitrag" zu Freud, *Triebstruktur und Gesellschaft*), in denen eine "tödliche Dialektik der Kultur" diagnostiziert wird.[42] Jirgl übernimmt hier das psychoanalytische Mythologem eines sich unendlich wiederholenden Widerstreits zwischen Eros und Todestrieb, Aufbau und Zerstörung der Kultur, Verdrängung und Wiederkehr des Verdrängten. In dieser Hinsicht ist es gerade "der Fortschritt der Kultur", d.h. die zivilisatorische Lenkung und Sublimierung der primären (Lust- und Destruktions-)Triebe, "der zum Freiwerden zunehmend zerstörerischer Kräfte führt".[43]

Gerade diese Spannung zwischen Eros und Thanatos wird in den essayistischen Fragmenten vorgeführt. Das erste Fragment stammt aus einem sexualwissenschaftlichen Handbuch von Gerhard und Danuta Weber und beschreibt auf fast obszön detaillierte Weise die körperlichen Vorgänge während eines 'optimalen' Koitus. In Jirgls Text wird diese vermeintliche Reibungslosigkeit jedoch als Illusion entlarvt, die den extremen Gewaltcharakter der Sexualität verleugnet. Familie, Liebe und Sexualität erscheinen als "das Übungs-Feld für Kriege" (M 84), oder wie Margaretes Mutter es ausdrückt: "Was nicht geschlachtet wurde vom Krieg, schlachtet sich in den Betten" (M 317). Darüber hinaus betreibt dieses beim "Volk und Gesundheit"-Verlag publizierte Handbuch eine diskursive oder biopolitische Vereinnahmung der Sexualität, die hier im Sinne Michel Foucaults als der Verbindungspunkt par excellence des Disziplinarischen und des Regulatorischen, des individuellen Körpers und der Bevölkerung auftritt. Diese disziplinartechnologische und biopolitische Organisierung der Sexualität trage zu einer Negation der vitalen Lebenskräfte

---

[42] Herbert Marcuse: *Triebstruktur und Gesellschaft: Ein philosophischer Beitrag zu Sigmund Freud*. Übers. von Marianne von Eckhardt-Jaffe. Frankfurt/M. 1979. S. 53.
[43] Ebd. S. 53.

bei, die aus diesen erst gewalttätige Zerstörungsmächte macht. Die Schwächung des Eros komme so einer Entfesselung der Destruktivität gleich.

Ein Einblick in diese andere Seite unserer "animalische[n] Natur" (M 136) liefert das zweite, einer unbekannten Quelle entnommene Fragment von Hermann Nitsch, dem Grundleger des sogenannten Wiener Aktionismus, der in seinem "Orgien Mysterien Theater" exzessiv-orgiastische, die Absicherung der Zivilisationsgesellschaft durchbrechende Triebrevolten inszeniert. In diesem Fragment wird "der kollektive Hang zum Massaker" oder der "Trieb zum Tötungserlebnis" als die "phylogenetische Besonderheit" des Menschen identifiziert, "die niemals vollständig unterdrückt oder erstickt worden ist, sondern die statt dessen durch unser Gewissen stark im Zaum gehalten und somit schwer zugänglich wird" (M 135f.).

Im dritten von Jirgl selbst unterschriebenen Fragment wird dieses phylogenetische Argument einer subkutanen Koexistenz von Fortschritt und Regression folgendermaßen reformuliert:

Im Doppelcharacter von hochzivilisierter Lebenshaltung bei retrograder Affektentbindung – Diaphthorese des Ich durch Verlust von Objekt-Beziehung, der Mensch die Beute – zerschmilzt der Schutzschild zivilisatorischer Normative gegen das Heraufdringen von Wirksamkeiten aus dem individuellen und dem gesellschaftlichen Unbewußten. (M 136)

Jirgl weist hier also in Nachfolge von Freud auf das latente Weiterleben des primitiv Seelischen hin. Dieser Zustand wirft die Gesellschaft jedoch in einen permanenten potentiellen Kriegszustand, da Friedfertigkeit immer "das dialektische Moment seiner Negation in sich" (M 137) trägt. Krieg ist der extremste Ausdruck einer solchen "*Wiederkehr des Verdrängten*": "Er streift uns die späteren Kulturauflagerungen ab und läßt den Urmenschen in uns wieder zum Vorschein kommen".[44]

In dieser Hinsicht kann Literatur als ein Medium betrachtet werden, in dem dieses Ur-Menschliche, *unser* unbewusster "*Wunsch zum Töten*" (M 135, GT 832) markiert und exponiert wird. Wie Anselm Haverkamp behauptet, bringt Literatur uns dazu, "zu erkennen und einzugestehen, was wir gar nicht umhinkommen zu wissen, aber uns nicht einzugestehen wagen".[45] Die Exploration tiefer liegender, bedrohlich in jegliche Gegenwart hineinragender Konstellationen macht das literarische Projekt zu einer *Genealogie des Tötens*, wie Jirgls 2002 publizierte Trilogie in expliziter Anlehnung an Nietzsches *Genealogie der Moral* betitelt ist. Jirgls Text registriert das Umkippen der Überlebungslust in eine unersättliche Leidenschaft und entlarvt solcherweise die jeglicher Gewalt

---

[44] Sigmund Freud: Zeitgemäßes über Krieg und Tod. In: *Freud-Studienausgabe.* Bd 9. Frankfurt/M. 1982. S. 33–60. Hier: S. 59.
[45] Anselm Haverkamp: *Latenzzeit: Wissen im Nachkrieg.* Berlin 2004. S. 133.

56

immanente Tendenz zum Absoluten. In dieser Hinsicht basiert die Uniformität der Massaker nicht auf einer vermeintlichen Identität der Zwecke, sondern auf einer universalen Dynamik absoluter, zielloser Gewalt. Logischerweise kehrt diese totale, auf restlose Zerstörung hinsteuernde Gewalt sich jedoch gegen den Täter selbst, oder wie Sofsky es ausdrückt:

> Der Kampf gerät in einen sinnlosen Leerlauf, einen aussichtslosen, unerbittlichen Tumult absoluter Gewalt. Er führt unweigerlich zur Selbstvernichtung. Haß und Feinschaft verdrängen alle Überlegung, auch die Rationalität der Selbsterhaltung.[46]

So wird in einem sozialwissenschaftlichen Intermezzo im zweiten Akt der bereits erwähnten "Opera Sauvage" "*Overkill*" als die notwendige Konsequenz jedes von Technologie und Theologie ausgelösten Konflikts dargestellt. Die wissenschaftliche "Wir"-Stimme diagnostiziert eine erhebliche Modifizierung des menschlichen "Chemismus", d.h. der menschlichen Urreflexe, während Kriegssituationen. Die "voll*ständig*[e]" Aufhebung des Selbsterhaltungstriebs und der höheren Intelligenzfunktionen münde in einem "kollektiven Fanatismus" oder "Massen-Heroismus" (M 121). Die konsequente Kursivierung von Morphemen wie "*ständig*", "*sam*" (in Wörtern wie "Wirk*sam*keit"), "*steh*" (z.B. in "Aufer*steh*ung") und "*po*" (z.B. in "*Po*litikern") markiert die libidinösen, psychosomatischen Energien, die der selbstzerstörischen Dynamik zugrunde liegen. Peter Sloterdijk definiert diese latente Katastrophenbereitschaft in seiner *Kritik der zynischen Vernunft* als "*katastrophilen Komplex*; er bezeugt eine kollektive Vitalitätsstörung, durch die sich die Energien des Lebendigen zur Sympathie mit dem Katastrophalen, Apokalyptischen und Gewalttätig-Spektakulären verschieben".[47] In Jirgls phantasmagorischer Collage tritt der NS-Staat als Paroxysmus solcher absoluten, selbstzerstörerischen Gewalt auf. Im dritten Akt erklingt aus dem mit Ungeziefer und Fäulnis angefüllten Führerbunker das ultra-zynische Gelächter: "SOLANGS HÄLT HÄLTS UND NACH UNS DIE SINTFLUT" (M 124), worauf das Publikum die Landkarte Europas zerreißt und die Bühne zu einer Fleischbank wird. Diese Szene komprimiert auf prägnante Weise, wie der NS-Staat eine rationalistische Destruktionsmaschinerie mit der Phantasie einer erlösenden Gewalt kombinierte.

Im Gegensatz zum biblischen Intertext (Gen. 6–8) lässt die auf die Selbstzerfleischung folgende Sintflut aber keine Regenerationsmöglichkeiten offen:

> Der Rabe hatte das Blut nicht trocknen können auf Erden. Die Arche verfault. Noah ist unter die Säufer gegangen, zweitausend Jahre Vorbild sind zuviel für einen

---

[46] Wolfgang Sofsky: *Traktat über die Gewalt.* Frankfurt/M. 1996. S. 149.
[47] Peter Sloterdijk: *Kritik der zynischen Vernunft.* Frankfurt/M. 1983. S. 239.

Menschen. Der Rabe, der Erste Mohikaner, hat seine Koffer gepackt & fliegt ins Exil. DER LETZTE MACHT DAS LICHT AUS. (M 124)

Diese Landschaft enthüllt das "Wesen der Geschichts-Bewegung", wie es im theoretisierenden "Mittelpunkt" beschrieben wurde: die (posthistorische) "Erstarrung" (M 137). In dieser düsteren und blutrünstigen Welt herrscht "eine ewige Wiederkehr des immergleichen Desasters, eine endlose Kette von Gewalt und Tod".[48] Gewalt, Grausamkeit und Barbarei scheinen zu den Invarianten der Kulturgeschichte zu gehören, in der jedes Neue von den Narben des Alten geprägt wird. Die ironische Anspielung auf das geflügelte Wort, mit dem DDR-Bürger den Untergang ihres Systems visionär vorwegnahmen, integriert das DDR-Regime – entgegen seiner 'antifaschistischen' Gründungslegende – in diesen Kreislauf. Der DDR-Sozialismus (oder der "nationale[...] Sozialismus", wie es in der *Atlantischen Mauer* heißt) wird als die Fortsetzung des Nationalsozialismus mit anderen oder besser mit den gleichen Mitteln betrachtet.[49] Die Erzählerstimme spricht hier von einer "Rebellion der Gullis", in der "jeder Anfang eine Rückkehr", jedes Gestern ins Morgen zurückgeschmissen wird (M 124). Der Traum vom Siegeszug der Vernunft hat sich verflüchtigt; das ihn mobilisierende "Konglomerat aus Wille & Wahn" (M 83) namens Hoffnung scheint sogar am Ursprung des *perpetuum mobile* zu liegen. Intertextuell auf Nietzsches 71. Maxime in *Menschliches, Allzumenschliches* anspielend, wird die Hoffnung entgegen ihrem schönen, idealistisch-humanistischen Schein als "das übelste aller Übel" identifiziert: "Pandora, die Allgeberin, macht ihr Faß auf, und alle eingeschlossenen Übel samt der Hoffnung kommen über die Menschen: Geschichtsreiber Politicker Literatten, Weltreiche verhinderter Cäsaren Napoleons Homers" (M 213). Ob die Hoffnung nun "AUS BRAUNAU" (M 122) – der Geburtsstadt Hitlers – oder "aus Wittenberg", der Stadt von Luther, "erste[m] Theoretiker für Pogrome" (M 81) stammt, was sie zu kennzeichnen scheint, ist das Nachstreben eines irrealen Menschenideals, das automatisch auch die Bereitschaft zum Ausmerzen all jener Attribute, die eben jenem Ideal zuwiderstehen, impliziert. Angedeutet wird hier der unausweichliche Umschlag des Humanismus in einen Diskurs des Unmenschen oder des Unmenschlichen.

"CINEMA DEUTSCH": Der Terror aus Deutschland

Der stets wieder verdrängte Terror, der die Geschichte zu einer nie gelingenden, katastrophalen macht, scheint in Jirgls *MutterVaterRoman* jedoch vor

---

[48] Thomas Eckardt: Geschichtsbilder. In: *Heiner Müller-Handbuch: Leben – Werk – Wirkung.* Hg. von Hans-Thies Lehmann und Patrick Primavesi. Stuttgart 2003. S. 93–97. Hier: S. 94.
[49] Reinhard Jirgl: *Die atlantische Mauer.* München 2000. S. 322.

allem aus Deutschland zu kommen: "Woher hoffen, woher Zukunft. Deutschland ein Schorf in der Welt, aus dem sickert Blut. Die offene Wunde, nimmer heilend, sucht Fleisch das Fleisch" (M 124). Hier soll nun nur kurz angedeutet werden, wie dieses Deutschland-Bild zwei wichtige Topoi weiterschreibt: einerseits den "Germania"-Mythos und andererseits – damit zusammenhängend – den Topos der "deutschen Misere", d.h. der stets "verpassten/verpatzten Revolution".[50]

Der vierte Akt der "Opera Sauvage" beschreibt, wie die Tochter des germanischen Rechts- und Kriegsgottes Tyr, Germania, immer wieder aus dem apokalyptischen Schlamm aufsteigt – um zugrunde zu richten: "Aus deinem Leib, Germania, nichts. Alles geht zum Ende; Alles muß verderben" (M 125). In komplexen intertextuellen Verarbeitungen von Tacitus' *Germania*, dem *Nibelungen*-Epos (und mehr spezifisch der hebbelschen Adaption) und Heiner Müllers *Germania*-Stücken entlarvt Jirgl das ewig Deutsche, oder wie es in *Abschied von den Feinden* heißt, "dieses Deutsche in den Deutschen".[51] Jirgl verweist hier vor allem auf das fortwirkende "Feind/Fremder"-Konzept oder das xenophische "WIR-SIND-UNS-GLEICH"-Phantasma (M 125) im deutschdeutschen Psychogramm.[52]

Aus dem Roman geht hervor, dass der zwangsneurotische "Schrei nach Ordnung" (M 137) im Grunde ein Schrei nach restloser Beseitigung der Heterogenität ist. Die Gemeinschaft konstituiert sich durch Maßnahmen der Exklusion, der Unterdrückung jeglicher Andersartigkeit: "Kein Miteinander

---

[50] Heeg: Deutschland – Krieg. S. 88.

[51] Reinhard Jirgl: *Abschied von den Feinden*. München 1995. S. 203. Christine Cosentino hat diese Thematik schon ausführlich in ihrem Aufsatz mit dem gleichnamigen Titel besprochen ("Dieses Deutsche in den Deutschen": Auflösung und Kontinuität in Reinhard Jirgls Alptraumroman *Abschied von den Feinden*. In: *Colloquia Germanica* 30.4 (1997). S. 307–314). Für eingehende Analysen der oben genannten Topoi im Werke Heiner Müllers siehe z.B. Wolf Kittler: Laws of War and Revolution: Violence in Heiner Müller's Work. In: *War, Violence and the Modern Condition*. Hg. von Bernd Hüppauf. Berlin – New York 1997. S. 343–358; Thomas Eckardt: *Der Herold der Toten: Geschichte und Politik bei Heiner Müller*. Frankfurt/M. – Berlin [u.a.] 1992.

[52] In diesem Sinne behauptet Jirgl auch in seinem zusammen mit Andrzej Madela verfassten Aufsatzband *Zeichenwende*, dass "[d]ie Erziehung zum Freund-Feind-Bild, diesem Digitalismus im Denken […] ein Grundzug des Menschwerdens im Abendland" sei (Reinhard Jirgl und Andrzej Madela: *Zeichenwende. Kultur im Schatten posttotalitärer Mentalität*. Koblenz 1993. S. 19). Auch an anderer Stelle definiert er diesen Dualismus als "Dynamo bürgerlichen Rationalisierens, von der Technik/Technologie über die Bürokratie bis zu den Vernichtungslagern, dem Verwerten der Substanz" (Reinhard Jirgl: Industrie für Andersheit – Notate zu einem bürgerlichen Dilemma. In: *Goetzen: Ich und die Anderen*. Ein Kunstprojekt von Udo G. Cordes. <http://p7378.typo3server.info/150.0.html?&L=0>).

ohne Gegeneinander".[53] Wie in Heiner Müllers Stücken tritt auch in Jirgls Schreckensszenerie der Kessel als archetypisches Modell einer solchen Politik der Feinderklärung auf. Die Kessel-Gemeinschaft – als deren prägnanstes Beispiel Jirgl deutlich die DDR vorschwebt – stellt sich als "das Produkt einer kollektiven Paranoia" heraus: "Feinderklärung ist Feinderfindung".[54] Es handelt sich also um eine Ordnung, die sich nur dadurch erhalten kann, dass sie selbst ständig das sie Bedrohende produziert und eliminiert. Solcherweise wird das Miteinander selbst jedoch vom Gegeneinander infiziert; das Phantasma der Immanenz führt nämlich zu einem permanenten Kampf gegen den Feind im Innern. Illustrativ ist hier vor allem die mit "WIEDER IM KESSEL" überschriebene Szene, in der zwei Soldaten in einem Atomschutzbunker vorgeführt werden, die ein Gespräch über sich gegenseitig auffressende Hühner führen, um schließlich selbst in eine Art kanibalistischen Kampfes zu verfallen.[55] Wie Müllers kann also auch Jirgls Schreiben als "Subversion der von Schmitt begründeten Freund/Feind-Dichotomie begriffen werden, insofern es die Stabilisierung der Unterscheidung verhindert".[56] Deren Rhetorizität und Kontingenz tritt in folgender Einteilung während eines "MANÖVER[S]" deutlich zutage: "Freund Feind Feind Freund, Viel Freund – Viel Feind" (M 71). Auch wenn Walter im Wald plötzlich einer erschreckenden Gestalt, einem an einem Baum gespießten lebendigen Toten, begegnet, wird er mit der Inadäquatheit des Freund/Feind-Vokabulars konfrontiert, mit dem "Unteroffiziere & Sportlehrer, diese Rieffenstähler der Nation" (M 158) die widerspenstige Realität zu domestizieren versuchen:

Vokabeln wie Freund & Feind, Hirn-Rülpsen infolge endloser saurer Lehrerspeisen, fallen wirkungslos durchs Gedankensieb angesichts dieser überraschend erschienenen & in unaufhörlichem Winken begriffenen Gestalt. (M 157)

Überall verflüssigt sich die Demarkationslinie zwischen Freund und Feind: sie erscheinen als bodenlose, variable Vokabel, "erfunden, das Nichts zu verschleiern" (M 159), denn im Grunde ist jede Seite im Krieg vertauschbar: "Sie sind sich einig im Grunde. So einig, daß sie einander ähnlich sehn" (M 159). Der Punkt, wo Selbsteinkesselung und Selbstzerfleischung ununterscheidbar werden, ist der Brudermord – ein Thema, das in Jirgls Werk (am prägnantesten

---

[53] Sofsky: *Traktat über die Gewalt.* S. 75.
[54] Heeg: Deutschland – Krieg. S. 90.
[55] Für eine eingehende Analyse der zentralen Rolle, die die Kannibalismus-Motivik/Metaphorik in Jirgls literarischer Wahrnehmung der DDR (und im Besonderen im *MutterVaterRoman*) spielt, siehe Karen Dannemann: Liebesurteil, Einverleibung und ein mieser Gottesdienst. Reinhard Jirgls Blick auf die DDR. In: *Reinhard Jirgl: Perspektiven, Lesarten, Kontexte.* S. 61–88.
[56] Müller-Schöll: *Das Theater des konstruktiven Defaitismus.* S. 495.

aber in *Abschied von den Feinden*) immer wieder auftaucht. In schockierenden Szenen zeigt sich, wie kein Krieg grausamer ist als der Bürgerkrieg, kein Hass tiefer reicht als jener unter Bekannten und Verwandten.[57] So wird zum Beispiel die historische Legende von der Fehde zwischen Heinrich dem Löwen und Albrecht dem Bären in einen blutigen Brudermord umstilisiert, und wird sie darüber hinaus ständig vom traumatischen Bericht über ein fatal endendes Kinderspiel unterbrochen: "Krieg-ist-Krieg, und Der war ein Feind!" (M 57), heißt es im Munde eines der zwei Brüder. Diese (Familien-)Ähnlichkeit oder Austauschbarkeit von Freund und Feind transformiert jedoch den Zwei-Fronten-Krieg in einen primitiven, den ganzen Gesellschaftskörper durchkreuzenden (Bürger-)Krieg aller gegen alle, in dem das "HOMO HOMINI LUPUS"-Gesetz (M 16) erbarmungslos regiert.

Jirgls "Literatur der Infamie" (im Sinne Foucaults) macht es sich zum Anliegen, gerade diesen "Lebens = Krieg mit seinen verborgenen Alltags-Schlachten",[58] die wilde und monströse Heftigkeit der alltäglichen und unendlich kleinen Machttechnologien zu explorieren. Als Brutstätte dieser gehässigen, libidinösen Machtspiele des Alltags und als Vehikel des oben dargestellten "innere[n] Rassismus permanenter Reinigung" erscheint in Jirgls *MutterVaterRoman* die sogenannte *Masse*.[59] Immer wieder wird sie zur Zielscheibe von allesverzehrenden Hasstiraden, die ein intensives intertextuelles Spiel mit sogenannten kulturpessimistischen oder massentheoretischen Texten von u.a. Oswald Spengler, Ortega y Gasset, Friedrich Nietzsche usw. treiben. In Anlehnung an Freud, der vom "Wiederaufleben der Urhorde" in der Masse sprach,[60] diagnostiziert die "Reinhard Jirgl"-Stimme im theoretischen "Mittelpunkt" ein "Heraufdringen vorzeitlicher Stammestypik" (M 137). Die eine gewisse negative Faszination verratenden Bilder, die Jirgl von der Masse oder der 'Barbarei von unten' entwirft, versehen diese unter anderem mit folgenden Attributen: einer alles durch- und zersetzenden Mediokrität, latenter Aggressivität gegenüber allem Abweichenden, Manipulierbarkeit, sadomasochistischer Herrschafts- *und* Untertänigkeitslust, Unterwerfung unter die Herrschaft der Medien und der 'öffentlichen Meinung' usw. Das Individuum scheint sich in einem Zeitalter des "*Po*ebel[s]" (M 125) zu befinden, in dem, wie bereits Gasset feststellte, jeder, der nicht wie alle ist oder denkt, Gefahr läuft, ausgeschaltet zu werden. Die Menschen scheinen auf "hymnengrölende Einheits-Papageien" oder autoritätssüchtige "Chamäleoniden" (M 67) zusammengeschrumpft zu sein, die den Gehorsam als Massen-Orgasmus erleben. Diese "Kultur der schreienden

---

[57] Vgl. Sofsky: *Zeiten des Schreckens*. S. 160.
[58] Reinhard Jirgl: *Die Unvollendeten*. München 2003. S. 65.
[59] Foucault: *In Verteidigung der Gesellschaft*. S. 81.
[60] Sigmund Freud: Massenpsychologie und Ich-Analyse. In: *Freud-Studienausgabe*. Bd. 9. S. 61–134. Hier: S. 115.

Mehrheit" (M 67) basiere auf einer zwangsneurotischen Sehnsucht nach *panem et circenses*: "Das Volk will Spiele. Das endet letztlich beim Töten. Wozu also den Umweg" (M 159). Jirgls dunkle Darstellung des sich endlos wiederholenden Spiels des Herden- oder besser Hordeninstinkts legt nahe, dass sein Hauptfeind nicht nur "der historische Faschismus" ist, sondern auch und vor allem "der Faschismus in uns allen, in unseren Köpfen und in unserem alltäglichen Verhalten, der Faschismus, der uns die Macht lieben läßt, der uns genau das begehren läßt, was uns beherrscht und ausbeutet".[61] In diesem Sinne soll auch die Zentralthese des "Mittelpunktes" verstanden werden: "FASCHISMUS schlechthin ist keine ausschließliche Erfahrung des 20. Jahrhunderts, Hitler-Faschismus ein, und speziell deutsches, Spezifikum einer unter jeder Zivilisationshülle latenten Gefahr" (M 136).

Gerade das Aufbrechen vorzeitlicher oder faschistoider Stammestypik ist aber auch der Katalysator der sogenannten Deutschen Misere. Die unausweichliche Tendenz der Gewalt, über Ideale und Instrumentalität hinauszuschießen und in einer Gewalt um der Gewalt willen zu münden, macht, dass die Revolution immer wieder in ihr Gegenteil umkippt. Im Angesicht des sich selbst vergöttlichenden Feudal- "HErrn" stechen die Bauern die Bauern nieder (M 71). Wie Müller exponiert Jirgl, wie "der Verrat [...] den Gesetzen und der Revolution nicht äußerlich", sondern "vielmehr in deren Institutionalisierung angelegt [ist]".[62] In einem einzigen Satz wird die totalitäre und paranoide Tendenz der Kernvokabel der Französischen – und allgemeiner jeder – Revolution, d.h. Gleichheit, Freiheit und Brüderlichkeit, herausgestellt: "Wer soviel schwärmt von der Gleichheit ist reif für die Guillotine: Égalité à tempo, der Rumpf libertiniert vom Kopf, Motor zur Hölle, und Kommunismus ist, was nach dem Beil sich fraternisiert im Korb" (M 94). Das sich jeder Kalkulation widersetzende Menschliche mache den Menschen zu einem Hindernis der Revolution und sogar der Politik im Allgemeinen: "*Im Mittelpunkt von Politik steht der Mensch & im Weg*" (M 342). In einem essayistischen Text hat Jirgl diese jede Politik (de-)konstituierende Aporie so formuliert: "jeder ist jederzeit potentiell ein Fälliger; die Inquisition in all ihren Formen war und ist das einzig wirkliche Instrument zur Gleichheit aller: Nur der Tod selber ist diesem universellen Gleichheitsansprüch adäquat".[63]

Jirgls komprimierte und bricolierte Darstellung der Weltgeschichte weist auf die Paradoxie im Zentrum jeder Revolution hin: den Umschlag der Emanzipation in Restauration. Die diesem Umschlag zugrunde liegende anthropologische Psychodynamik wird in einer dichten intertextuellen Collage

[61] Michel Foucault: *Dispositive der Macht. Über Sexualität, Wissen und Wahrheit.* Berlin 1976. S. 227f.
[62] Müller-Schöll: *Das Theater des konstruktiven Defaitismus.* S. 491.
[63] Jirgl: Brief vom 27. Dezember. S. 204.

verdeutlicht, in der die Protagonisten der in Freuds *Totem und Tabu* beschriebenen Ur-Revolution, d.h. Vater und Sohn, und diejenigen der Französischen und Russischen Revolution sich überblenden. Die Dialoge über Mord und Libido, Revolution und Thermidor zwischen dem ins Fell des Danton kriechenden Vater ("Trotzdantonski") und dem als "Robesstalinpierre" autretenden Sohn legen bloß, wie die unendliche "Kettenreaktion" von "Versklavung, Aufstand und neu befestigte[r] Herrschaft" auf eine dem Urverbrechen anhaftende und sich ständig in modifizierter Form fortsetzende Urschuld zurückzuführen ist:[64]

> Krieg und Frieden ein Kompromiß für die Geilheit des Blutes nach Blut. Der Thermidor die Katharsis, der späte Gehorsam nach dem Mord. Und kriecht zurück ins alte Fell. Das ist Humor, darüber lacht & stirbt die Welt. (M 102)

Die erschütternde Einsicht, dass Revolutionen letztendlich nur dem Fortbestand der Ordnung und der Wiederaufrichtung der Autorität dienen, wird in der Pervertierung eines der bekanntesten revolutionären Schreie, desjenigen aus Büchners *Hessischem Landboten*, prägnant zum Ausdruck gebracht: "Friede den Hütten & den Palästen" (M 101).

Gedächtnis-Räume: Montage, Intertextualität und Rhetorizität

Der Titel von Caspar David Friedrichs apokalyptisch-allegorischer Darstellung von dem zwischen gigantischen Eisschollen versinkenden Geisterschiff Deutschland, auf die Jirgls Roman immer wieder anspielt, fasst die Grundstimmung des Textes knapp zusammen: "Gescheiterte Hoffnung" (M 114, Abb. 1). Was sich nämlich schließlich als Gesamtbild der Geschichte zu ergeben scheint, ist entwicklungslose Statik, ein "circulus vitiosus von Tod, Gewalt und Vernichtung".[65] Was beschrieben wird, ist ein zur Normalität gewordener Ausnahmezustand oder, so Walter Benjamin, die "Erfahrung einer in Totenstarre eintretenden Welt".[66] Das immer wiederkehrende "Undsoweiter" (M 171) ist zum Signalwort des ausweglosen Schreckens, der omnipräsenten Gewalt geworden: "Das was war Das was ist Das was kommen wird: Wiederholung Wiederholung Wiederholung" (M 214).

Deutlich sollten die ethischen und politischen Implikationen von Jirgls scheinbarer Mythologisierung der Geschichte und Leviathanisierung des Staates kritisch hinterfragt werden. Wie Hartmut Böhme in Bezug auf Wolfgang Sofskys Kulturanthropologie der Gewalt festgestellt hat, ist eine solche zyklische

---

[64] Marcuse: *Triebstruktur und Gesellschaft*. S. 23.
[65] Norbert Otto Eke, zit. in: Hermann Korte: Traum und Verstümmelung: Heiner Müllers Preußen. In: *Heiner Müller. Text + Kritik: Zeitschrift für Literatur*. Heft 73. Hg. von Heinz Ludwig Arnold. München 1997. S. 72–85. Hier: S. 80.
[66] Walter Benjamin: Zentralpark. In: *Gesammelte Schriften*. Bd. I.2. S. 655–690. Hier: S. 682.

Abb. 1. Caspar David Friedrich, Das Eismeer (Die gescheiterte Hoffnung), © bpk/ Hamburger Kunsthalle/Elke Walford.

Geschichtkonzeption "ebenso *ergreifend*, wie *unannehmbar*".[67] *Unannehmbar* in dem Sinne, dass diese Enthistorisierung oder Entkonkretisierung auch die Gefahr einer gewissen Entmoralisierung impliziert. Da Unterdrückung im Wesen jeder Herrschaftsordnung liege, drohen alle historischen Differenzierungen (zwischen Recht und Terror, demokratischen und totalitären Systemen) und damit auch alle politischen Optionen verloren zu gehen. Wie Peter Böthig argumentiert, scheitere an diesem Punkt "der anti-metaphysische Anspruch des Romans, Geschichte von den Meta-Erzählungen zu befreien, an seiner eigenen Konzeption".[68] Diese Zyklizität ist aber auch *ergreifend* und schmerzhaft, indem sie den Leser mit "dem schrecklichsten aller Gedanken, nämlich daß wir als Menschen niemals sicher sein können, eine Alternative zu Gewalt zu

[67] Hartmut Böhme: Gewalt im 20. Jahrhundert. Demozide in der Sicht von Erinnerungsliteratur, Statistik und qualitativer Sozialanalyse. In: *figurationen* 0 (1999). S. 139–157. Siehe auch <http://www.culture.hu-berlin.de/HB/volltexte/texte/gewalt. html>.
[68] Peter Böthig: Reinhard Jirgls Faschismusanalyse. In: *Grammatik einer Landschaft: Literatur aus der DDR in den 80er Jahren.* Berlin 1997. S. 30–36. Hier: S. 25.

haben", konfrontiert.[69] Diese Einsicht führt aber auch zur Postulierung eines permanenten Erinnerungsimperativs, der nicht auf "Vergangenheitsbewältigung", sondern auf "Vergangenheitsbewahrung" gerichtet ist.[70] In dieser Hinsicht kann Jirgls nur scheinbar ahistorische Geschichtskonzeption nicht als konservativer Obskurantismus oder Defaitismus abgetan werden; in ihrer radikalen Kritik an der Geschichtsvergessenheit humanistischer Hoffnungsphilosophien stellt sie vielmehr eine melancholische Gedächtniskunst dar, die im Produktivmachen des Heterogenen und im Herausstellen ihrer eigenen Rhetorizität Raum für das Diskontinuierliche lässt.

Die zentrale Frage ist, wie Jirgls ästhetische Wieder-Holung der Katastrophen-Geschichte zugleich als deren Unterbrechung funktioniert, wie die Form also gewissermaßen als ein jegliche Politik unterminierendes Politikum interpretiert werden kann. Im Einklang mit Jirgls bereits oben besprochener Erinnerungskonzeption kann seine Poetik als eine Poetik der "Vergegenwärtigung" betrachtet werden, die sich dem "Zitierbar"-Machen von Geschichte widmet. Wie Bettine Menke in ihrem Aufsatz über "Benjamins Gedächtnis der Texte", "Das Nach-Leben im Zitat", dargelegt hat, ist literarische Gegenwärtigkeit immer eine zweite Gegenwart: sie ist "ein Modus 'wiederholenden' 'Nachlebens', der erst nachträglich konstituiert und lesbar macht, 'was war'. Es ist genauer gelesen: ein *Nach-Leben* des Toten".[71] Eingedenk der unüberbrückbaren Kluft zwischen Vergessen und Erinnern ist dieses Lesbar-Machen oder Verschriftlichen jedoch immer ein ambivalenter "Akt der Einverleibung",[72] das Produkt eines allegorischen Blicks, der gerade dasjenige über-dauern lässt, was er mortifiziert.

Wie Menke betont, findet dieses "Verwenden" oder "Produktivmachen des Heterogenen", wie Jirgl es nennt, seinen prägnantesten Ausdruck in einem Montageverfahren, von dem hier nur zwei zentrale, eng zusammenhängende Aspekte kurz besprochen werden können: die Überblendungs- und Verschachtelungstechnik einerseits und die Intertextualität andererseits. Der die Grenzen zwischen den traditionellen Gattungsmustern auflösende *MutterVaterRoman* fand im Text selbst die treffende metapoetische Bezeichnung "Scherbenspiel". Wie im Falle Müllers sind Jirgls "Geschichtsstücke" an erster Stelle "Geschichtszerstückelungen".[73] Indem sie ihre eigene Theatralität oder

---

[69] Ebd.

[70] Diese Unterscheidung entnehme ich Günter Butzers grundlegender Arbeit über Erinnerung in der deutschen Gegenwartsliteratur: *Fehlende Trauer: Verfahren epischen Erinnerns in der deutschsprachigen Gegenwartsliteratur*. München 1998.

[71] Bettine Menke: Das Nach-Leben im Zitat. Benjamins Gedächtnis der Texte. In: *Gedächtniskunst*. Hg. von Renate Lachmann und Anselm Haverkamp. Frankfurt/M. 1991. S. 74–110. Hier: S. 75.

[72] Ebd. S. 83.

[73] Müller-Schöll: *Das Theater des konstruktiven Defaitismus*. S. 478.

Konstruiertheit herausstellen, sind sie immer zugleich Stücke über Geschichts*schreibung* als unvermeidbar entstellende Darstellung. Diese von Spannungen gesättigten Konstellationen, in denen unzählbare Zeiten, Räume und Handlungen überblendet werden, dementieren jeden hermeneutischen Versuch, ein Gesamtbild herzustellen. Es sind aber gerade die *Fugen* in der Zusammen*fügung*,[74] die die Herrschaft der Kontinuität und die geschichtsvergessene (oder eher -versessene) "Ideologie der Ausblendung" – wie Jirgl den postmodernen Umgang mit der Vergangenheit charakterisiert – durchbrechen. Heterogenes oder scheinbar Inkommensurables wird disloziert und in unerwartete Nachbarschaften gebracht, was die Szene der Repräsentation entgrenzt und unkontrollierbare Bedeutungsprozesse in Gang setzt. Dieses Prinzip der Überdeterminierung und -codierung macht Jirgls (wie Müllers) Texte zu unfixierbaren Gedächtnisräumen, deren spektropolitische Dimension von Müller-Schöll folgendermaßen analysiert wird:

> Dieses Prinzip verschafft ihnen ein Über-Leben, das beständig zu neuen Ersetzungen nötigt, das durch keine Ersetzung einzuholen ist und doch erst die Ersetzungen ermöglicht. Müller handelt in diesem wie in den meisten seiner Texte insofern nicht nur von und mit Gespenstern; seine Texte sind Gespenster – oder genauer, da Gespenster nie *sind*: sie gleichen ihnen.[75]

Diese gespensterhafte Er-/Zer-Setzung einer geschlossenen Gestalt und einer einheitlichen Bedeutung wird auch durch die komplexe Para- oder Intertextualität des Romans produziert. In Jirgls polyphoner Textur werden die heterogensten (geschichts-)philosophischen, (natur-)wissenschaftlichen und literarischen Intertexte und -Diskurse "verwendet" oder zitiert, d.h. isoliert und in einen anderen Text-Raum versetzt. Wie Bettine Menke ausführlich nachgewiesen hat, findet im Zitat eine doppelte Destruktion statt: einerseits wird das verwendete Wort "heraus-gelesen", d.h. aus seinem signifikatorischen Zusammenhang gerissen, andererseits wird es "hinein-zitiert", d.h. es verhakt sich als eine Art Fremdkörper in dem neuen Textraum, der damit auch neu konfiguriert oder zersetzt wird. Der Einbruch des Monadologischen und Verständnis-Abweisenden zersetzt das Selbst-Identische und löst ein vexierendes Zusammenspiel von Identität und Differenz aus; es entstehen, um es in den Worten Müller-Schölls zu sagen, "Verweis-Ketten ohne Ende".[76] Das Diachrone wird auf teleskopische Weise in eine synchrone, spannungsgesättigte Konstellation projiziert und diese konstellative Verschränkung von Zeit(en) zerstört die präsentistische Ordnung der Kontinuität. Was dabei entsteht, ist eine spektrale Gedächtnis-Textur, gekennzeichnet durch

---

[74] Ebd. S. 172.
[75] Ebd. S. 493.
[76] Ebd. S. 561.

[e]ine nicht-lineare diskontinuierliche textuelle Zeit-Räumlichkeit, einen in sich zerspaltenen und zerstreuten Raum der Beziehungen, der Differenzen, der aufzuckenden und verlöschenden Aktualitäten: ein "Gitterwerk" (Derrida) von Differenz und Beziehung, eine Textur von Aktualitäten und Berührungen, aus "Zeitraffern" und "Verjüngungen", von An- und Abwesenheit.[77]

Durch das Wechselspiel von Fragmentarisierung und (Neu-)Kontextualisierung wird die Bedeutung des Zitats aber nicht nur rekonstituiert oder genauer noch reiteriert, sondern auch pervertiert. In diesem Sinne sind Jirgls Paratexte immer auch "Parodie- und Parasitärtext[e]".[78] Verwenden heißt in diesem Zusammenhang immer auch Zu-Ende-Denken, d.h. eine Position in ihren unhaltbaren, aporetischen Voraussetzungen und Konsequenzen herausstellen. Man könnte hier von einer Praxis der Entregelung sprechen, in dem Sinne, dass die inszenatorische Wieder-Holung die jedes Sprechen zugleich ermöglichende und verstörende Wiederholbarkeit bloßlegt, d.h. die Rhetorizität der Sprache selbst.

Hier werden wir mit der totalitären Tendenz und der gewalttätigen Ungerechtigkeit der oben durchgeführten Analyse selbst konfrontiert, indem sie dazu neigte, Jirgls literarischen Text als Illustration von politischen, philosophischen oder geschichtswissenschaftlichen Thesen und Schablonen zu "lesen" und solcherweise das mediale Arrangement oder die Materialität des Textes negierte. Wie Müller-Schöll in Bezug auf Heiner Müllers Textur betont, erweisen psychologische, anthropologische oder philosophische Kategorien sich als "unbrauchbare Simplifikationen, angesichts eines Textes, der bereits auf den ersten Blick eher von demjenigen zeugt, was solche Kategorien ruiniert und verwirrt als daß er sie illustrierte oder in ihrer Wirkung vorführte".[79]

Gerade die essayistischen Einschübe, aus denen wir unsere Hypothesen zu destillieren versuchten, stellen sich als hyperreflexive, ihre eigene Rhetorizität exponierende Konstrukte heraus, die keineswegs eine auktoriale Instanz verraten, sondern diese vielmehr de-positionieren. Wie oben bereits besprochen, scheint Jirgls Genealogie des Tötens Krieg und Frieden auf "ein medizinisches Problem" (M 122) zu reduzieren, das folgendermaßen auf den Punkt gebracht werden könnte:

Wir haben Grund zu folgender Annahme: ES EXISTIERT EIN "KRIEGS-VIRUS", DER DIE GESETZMÄẞIGKEIT DER VERNICHTUNG DES MENSCHEN DURCH DEN MENSCHEN ZUR FOLGE HAT. (M 122)

---

[77] Menke: Das Nach-Leben im Zitat. S. 100.
[78] Müller-Schöll: *Das Theater des konstruktiven Defaitismus*. S. 507.
[79] Ebd. S. 217. Die simplifizierende Unangemessenheit des Theorems/Mythems der "Wiederkehr des Immergleichen" hat Jirgl selbst in einem Interview hervorgehoben: Clemens Kammler und Arne De Winde: 'Schreiben – das ist meine Art, in der Welt zu sein'. Gespräch in Briefen mit Reinhard Jirgl. In: *Reinhard Jirgl: Perspektiven, Lesarten, Kontexte*. S. 21–60. Hier: S. 43f.

Was eine plausible sozialwissenschaftliche These scheint, stellt sich bei näherem Hin-Lesen als das prophetische Produkt eines "Wir"-Kollektivs heraus, das von der Erzähler-Stimme höhnend als "Damen & Herren Akademiker" (M 120) identifiziert wird. Wissenschaft wird hier karikaturistisch als eine dilettantische Tätigkeit dargestellt, die von dieser anderen "Ferkelei", Prophetie, kaum zu unterscheiden ist; sowohl der Priester als der Wissenschaftler scheinen also "SCHÜLER DER AUGUREN" (M 120) zu sein. Der Text exponiert diese Ununterscheidbarkeit oder Gleichursprünglichkeit durch ein Ad-Absurdum-Führen des wissenschaftlichen Diskurses. So wird zum Beispiel eine Graphik (mit "KURVEN-DISKUSSION" [M 121]) in den Text eingefügt, die die Periodizität großer militärischer Konflikte aufzeichnet und unter Zugrundelegung dieser Tatsachen das Jahr des nächsten militärischen Konfliktes in größerem europäischen Ausmaß (den sogenannten "NOSTRADAMUS-PUNKT") voraussagt. An anderer Stelle werden Tabellen aus Boris Cezarevic Urlanis' *Bilanz der Kriege* eingerückt, in denen die "Gesamtverluste" "aller Kriege" verzeichnet und in die allgemeine "Exponentialfunktion der Form $y = f(x) = a^x$" eingepasst werden. Wie diese Montage das unlösbare Dilemma der Demozid-Statistik tangiert, wird von folgendem, sie einleitendem Satz ausgedrückt: "wir rechnen in großen Zahlen jenseits von Begreifen, das ist der Neue Katholizismus, und STATISTIK das neue Dogma" (M 84). Einerseits übersteigen die Zahlen jede Grenze des Verstehens und konfrontieren sie den Rezipienten mit der Tatsache, dass "die *Globalisierung*, in deren Zeichen dieses Jahrhundert getreten ist, zuerst die *Globalisierung des Mordes* war"; andererseits löscht das Zahlenregime aber die Singularität der Leidenserfahrung aus: "Der Code der Zahlen ist erinnerungslos. Zahlen verzeichnen und archivieren die Toten, sie geben einen abstrakten Speicher her, der eine andere Form von Massengrab ist".[80] In dieser Hinsicht ist vor allem die Überschrift dieser Collage vielbedeutend: "DIE ERHEBUNG DER TOTEN" (M 85). Sie wirft die Frage auf, inwieweit die Zahlenobsession kein exorzisierender "Kampf gegen die Toten" ist, wie Hans Erich Nossack in seinem Luftkriegsroman *Der Untergang* behauptet.[81] Auch Jirgls spektrale Literatur strebt jedoch nach einer Erhebung der Toten, dies nicht im Sinne ihrer Fest-Stellung oder Ermittlung, sondern im Sinne eines Erhöhens der Unterjochten, um mit ihnen einen Dialog zu führen. Zugleich handelt es sich hier auch um eine *Parusie*, eine Auferstehung oder einen unaufhaltsamen Aufstand der Opfer der kriegerischen deutschen Geschichte. Jirgls "Prosa unserer Toten" (M 118) ist überbevölkert von lebenden Toten, Gespenstern, die mit ihren unauslöschlichen Erinnerungs-Spuren

---

[80] Böhme: Gewalt im 20. Jahrhundert.
[81] Hans Erich Nossack: *Der Untergang. Erzählung.* Frankfurt/M. 1963. S. 50.

68

wie Mene-Tekel aus der Vergangenheit in unsere selbstgenügsame Gegenwart hineinragen.[82]

Soik und Jaik – Grundpfeiler für eine Prosa des "Konstruktiven Defaitismus"

Das Herausstellen der Theatralität oder Rhetorizität jeder Theorie relativiert die Suggestion einer Unmittelbarkeit des Verstehens. Auf vergleichbare Weise kann Jirgls Literatur nicht als Illustration oder Widerspiegelung politischer Theorie verstanden werden, sondern als deren Infragestellung. Sie exponiert die literarische oder sprachliche Verfasstheit des Politischen, die jede Setzung kontaminierende Über-, Ent- und Zersetzung. Das Verhältnis beider könnte also mit Müller-Schöll als eines "wechselseitiger Suspension" bezeichnet werden. Dieses komplexe Verhältnis zwischen Literarität einerseits und Theorie oder Politik andererseits sollte nun gewissermaßen als Richtschnur für einige rekapitulierende Schlussbemerkungen fungieren, in denen wir das 5. Kapitel des *MutterVaterRomans*, "WALTER RAFFAEL SOIK UND JAIK HÜHNER BERLIN" einer – eher skizzenhaften – Lektüre unterziehen werden.

Zunächst haben wir darauf hingewiesen, dass Reinhard Jirgls *MutterVaterRoman* die latente Gleichursprünglichkeit von Recht und Gewalt, Ein- und Ausschließungsmechanismen unterstreicht. Wichtig ist hier vor allem, wie der Fahnenflüchtling Walter wie eine "lebendige Leiche" (M 40) in einem Wald zu über-leben versucht. In frenetischen Beschreibungen zeigt sich, wie dieser "Waldschrat" (M 36) – ein halb menschlich, halb tierisch gestalteter Waldgeist – in "die Isolation des Nicht-leben-Könnens" (M 156) oder des Überlebens geworfen ist:

> Die wenigen einfachen Dinge, die meine an ein Jetzt-Sein gebundene Existenz wahrhaft berühren, sind Hunger & Durst stillen, und eine Lagerstatt finden, die mich unempfindlich macht für Wind, Regen & Kälte. Darüberhinaus gilt es, möglichst wenig Spuren zu hinterlassen, sowie das allergeringste Maß an Verwundbarkeit & Blöße zu bieten, denn im wechselhaften Rollenspiel von Jäger & Gejagtem hab nun auch ich meinen Platz eingenommen. (M 146)

Die Reduktion von Walters Existenz auf nacktes und rechtloses Überleben ("*Das-Leben*" [M 202]) legt die biopolitischen Gewaltmechanismen der westlichen Gesellschaft bloß. Wie Giorgio Agambens Figur des *Homo Sacer* bewahrt auch Walter als Randexistenz die Erinnerung an die jeder Rechtsordnung zugrunde liegende Aporie: die Tatsache, dass sie sich erst konstituiert durch eine Ausschließung, die zur gleichen Zeit aber eine Einschließung ist. In seiner

---

[82] Vgl. auch Hans-Thies Lehmann: Müllers Gespenster. In: *Das politische Schreiben : Essays zu Theatertexten : Sophokles, Shakespeare, Kleist, Büchner, Jahnn, Bataille, Brecht, Benjamin, Müller, Schleef.* Berlin 2002. S. 283–300.

archäo-genealogischen Prosa und Essayistik verzeichnet Jirgl die Wirkungen dieses "alte[n], virile[n] Ausschließungsprinzip[s]",[83] und exploriert er "die Zone der Einkreisung, der Isolierung, Abschottung und mithin Bloßlegung des schieren, minimalen, biologischen Lebens und die darauf gestützte biopolitische Ausnutzung".[84] Auch in Essays und Interviews hat Jirgl schon mehrmals darauf hingewiesen, dass er sein Schreiben als "eine Form des Angriffs" auf dieses "erniedrigte" oder "verwaltete" Leben versteht.[85]

Die Einsicht, dass die biopolitische Aporie am "Ursprung" der Demokratie liegt und dass diese also immer in ihr vermeintliches Gegenteil, d.h. Totalitarismus, umschlagen kann, führt zu Jirgls Konzeption der Geschichte als einer katastrophischen Kontinuität. Seine Kunst der Latenz im Sinne Anselm Haverkamps widmet sich dem Ausloten der "Atavismen" als "Risse im Fundament des je Bestehenden" (Jirgl). Das kryptische Fortbestehen des Alten im Neuen wird auch in Jirgls vernichtender Persiflage des DDR-Systems im 5. Kapitel deutlich. Walter wird nämlich von einer Gruppe von sogenannten "NEU-DEUTSCHEN" entdeckt und als "STAATSFEIND ERSTER KLASSE" (M 232) in einen Hühnerstall eingesperrt und permanent überwacht. Dieses "NEU-DEUTSCHLAND" erscheint als eine grausame, dekadente und impotente (auch buchstäblich, weil fraulose) Gesellschaft, in der jede lebende Person eine Amtsperson ist und sich einer sterilen, absurden Bürokratensprache bedient. Gegen die Aufbau- und Fortschrittsrhetorik der "entwickelten sozialistischen Gesellschaft" wird hier die Logik der Wiederkehr des Immergleichen mobilisiert. Die Ideologie der *tabula rasa* vertuscht den schroffen Gegensatz zwischen Gründungsfiktion und Gründungsrealität und versucht solcherweise, die Hypotheken der Vergangenheit abzuschütteln. Wie die sogenannten Neuen Philosophen, wie Bernard-Henry Lévy, scheint Jirgl hier den im Grunde reaktionären und "barbarischen" Charakter sogenannter progressivistischer Staaten anzudeuten, die "no corner, no zone of shadows, which would provide a haven for some possible dissidence" tolerieren können.[86] Der diktatorische Traum totaler Transparenz wird in einer theatralischen Parodie der Bergpredigt, adressiert an die zukünftigen Bürger Neu-Deutschlands, vermittelt:

Selig sind die unausweichlichen, historischen Notwendigkeiten, denn sie werden das Erdenreich besitzen. [...] Selig sind, die da alle Werte schaffen, denn sie werden das Neue-Volk heißen & man wird sie getreu dem Grundsatz: Alles mit dem Volk, alles durch das Volk, alles für das Volk entgelten. [...] Selig seid ihr, wenn euch die

---

[83] Reinhard Jirgl: Stadt ohne Eigenschaften. Berlin ist auf dem Weg, der erste Ort der Simulation zu werden. In: *Frankfurter Rundschau* 18.03.2000.
[84] Haverkamp: *Latenzzeit.* S. 167.
[85] Reinhard Jirgl: Das Verlöschen des Helden. Nach *Berlin Alexanderplatz.* In: *Akzente: Zeitschrift für Literatur.* 42.4 (1995). S. 332–34. Hier: S. 339.
[86] Bernard-Henri Lévy: *Barbarism with a Human Face.* Übers. von George Holoch. New York 1979. S. 144.

Feinde um Meiner unermüdlichen Tätigkeit als führende Kraft willen schmähen &
verfolgen [...] der gleicht einem klugen Mann, der sein Haus für den Übergang in
das Reich wahrer Menschlichkeit, Gleichheit & Brüderlichkeit, des Friedens & der
Freiheit baut. (M 212)

Diese Inszenierung stimmt mit Jirgls theoretischen Aussagen über den DDR-
Sozialismus als die letzte große soziale Erzählung des christlich geprägten
Abendlands überein. In Essays hat Jirgl nämlich mehrmals darauf hingewiesen,
dass er den Sozialismus als den konsequentesten und deshalb katastrophalen
Umsetzungsversuch humanistischer Werte betrachtet. Das Fazit eines solchen
Projekts könne nur "die gesellschaftliche Kontrolle wie die Kontrolle des
Gesellschaftlichen" durch die Eliminierung der Differenz sein.[87] Wie Müller-
Schöll aufmerkt, rüttelt die Registrierung einer katastrophischen Kontinuität
an den Grundfesten des Politischen, indem sie die Frage aufwirft,

ob der Terror der Einheit nicht vielleicht Ausdruck einer Gewalt ist, die *der Politik*
schlechthin inhärent ist – zumindest insofern Politik noch einem metaphysischen
Modell verhaftet ist, das heißt in dessen moderner Ausprägung: dem des Subjekts.[88]

In dieser Hinsicht könnte Jirgls Projekt als Suche nach einer posthumanisti-
schen und poststrukturalistischen Poetik betrachtet werden, die ihren Ausgang
von einem neuen Subjektbegriff nimmt. Das 5. Kapitel ist eine provokative
Inszenierung des unvermeidlichen Scheiterns der Idee am Material, d.h. einerseits an der Rhetorizität der Sprache und andererseits am Menschen in seiner
Unkalkulierbarkeit. In seinem Käfig findet Walter nämlich ein in geschichts-
gesättigter Frakturschrift verfasstes Manuskript, das als Gründungsfiktion
Neu-Deutschlands zu funktionieren scheint. Dieses Bruchstück mit dem
absurd-anagrammatischen Titel, *Soik und Jaik – Grundpfeiler für ein Neues
Deutschland*, erzählt im Grunde eine phylogenetische Parabel über das Enstehen
der Gesellschaft und des Staates. Es überläuft "die Entwicklungsphasen vom
Stamm bis zu unserer modernen Gesellschaftstruktur" (M 248f.) und konzentriert sich dabei vor allem auf eine Analyse des "Volk-Willens", der "rein konservativer" (M 249) Natur sei. Das im Grunde willenlose "Volk" zeige einen
schier unbegrenzten Hang zur Unterwürfigkeit, strebe nur nach Befriedigung
und erweise sich deshalb "durch eine *Führernatur* als lenk- und absolut
beherrschbar (M 249). Wegen dieser Lenkbarkeit, die auch Verführbarkeit
bedeutet, sei das Volk aber zugleich "das Haupthindernis für jeden Staat" (M
250). Diese Erkenntnis führe zur Konsequenz, den Staat "hermetisch"
abzuschließen (M 250), das Volk "verschwinden zu lassen" (M 250f.) und
einen das Leben total institutionalisierenden, "ABSOLUTEN STAAT" (M 251)

---

[87] Jirgl und Madeła: *Zeichenwende*. S. 8.
[88] Müller-Schöll: *Das Theater des konstruktiven Defaitismus*. S. 489.

zu errichten – eine Staatsform, die die Erzählerstimme kryptisch als "sois-tisch" umschreibt. Der Erzähler betont, dass ein "ökonomischer Pragmatismus" mit dieser Politik unvereinbar sei, denn "MACHT *ist* der Endzweck, und die Frage gilt einzig der Notwendigkeit bezüglich Erringung & Erhalt von MACHT" (M 251). Dabei entstehe jedoch ein Konflikt zwischen dem "Nonpragmatismus im Sinne der MACHT" und "dem Pragmatismus im Sinne der Arbeit" (M 258), konkreter im Sinne der Arbeitsteilung, die "Ungleichheit", Unflexibilität und Hierarchie auslöst. Dieses Missverhältnis wird jedoch gelöst durch das Eintreten der sogenannten "jaikische[n] Endphase" (M 258), in der eine "LIQUATION DES ARBEITSPROZESSES" (M 258), d.h. ein System von permanentem Berufswechsel, durchgeführt wird, die zugleich das Begriffspaar Gleichheit – Ungleichheit irrelevant macht. Das Resultat ist eine "Abschaffung des Staates" (M 259), nicht im Sinne einer notwendig illu-sionären revolutionären "Zerschlagung", sondern einer "allumfassende[n] Ausdehnung", die "eine Unterscheidung in Staat & Nicht-Staat überflüssig [macht], mithin auch der Begriff & das Denken in diesen Kategorien" (M 259).

Bei einer ersten Lektüre scheint dieses Traktat die Grundpfeiler eines selbst-vernichtenden, totalitären Staates à la DDR zu präsentieren.[89] Bei näherem Hinsehen scheint es jedoch vielmehr, die Theatralität und Rhetorizität nicht nur seiner, sondern jeglicher Theoretisierung zu exponieren. Zunächst wird die Glaubwürdigkeit des Berichtes durch das metareflexive Spiel mit dem Topos des anonymen, gefundenen Manuskripts und Defoes *Robinson Crusoe*-Roman angetastet. Darüber hinaus handelt es sich nicht nur um eine Geschichte voll Widersprüchlichkeiten und Wiederholungen, sondern auch um ein Bruchstück, das übergangslos in einen absurden Einkaufszettel, auf dem "15 Rollen Klopapier !!!" (M 260) verzeichnet sind, überläuft. Die aufgeblähte Lehre wird gewisser-maßen entleert:

> Denkbar auch, der unbekannte Autor (nirgends entdeckte ich ein Signum) erlangte just an diesem Punkt seiner Erörterungen durch ein unerwartetes Ereignis (Diarrhoe?) seinen bislang durch Theorie verstellten Blick für *Wirklichkeit* zurück […] (M 260)

Diese vermeintliche Weltfremdheit gibt auch Anlass zu einer expliziten Reflexion über die Gattungszugehörigkeit des Dokuments:

> Ists ein Roman, Dichtung, Gspinnertes. Ists Historie, sorgfältig aufgeschrieben & Dichtung somit auch, doch weitaus gefährlicher (:geschriebene Historie hat irgend-wann einmal neben WAHRHEIT gelegen, geblieben davon ist der Geruch, und der benebelt rasch die Sinne). (M 247)

---

[89] Für eine eingehende Analyse des neu-deutschen Staatswesens als parodistischer Verzeichnung des real existierenden Sozialismus siehe Karen Dannemann: Liebesurteil, Einverleibung und ein mieser Gottesdienst. Reinhard Jirgls Blick auf die DDR. In: *Reinhard Jirgl: Perspektiven, Lesarten, Kontexte.* S. 61–88. Hier: S. 77–82.

72

Die Destruktion erscheint hier als "notwendige und unhintergehbare Voraussetzung *jeder Konstruktion*";[90] wegen ihrer Verschriftlichung oder ihres Seins in der Sprache ist jede (Geschichts-)Darstellung immer schon kontaminiert, un-rein. Die gegenseitige Infizierung und Suspendierung von Wahrheit und Schein – "denn was wahr scheint, macht Wahr-heit zum Schein" (M 260) – macht, dass "Geschichts*schreibung*" immer schon "dem gesetzlosen Gesetz der Darstellung und damit [...] einer anfänglichen Armut und Destruktion" unterworfen ist.[91]

Der entstellenden Darstellung entspricht auch eine schwindelerregende, die Leser frustrierende Interdiskursivität, oder wie Müller-Schöll es ausdrückt,

> ein merkwürdig ortloses Sprechen, das sich beinahe ausschließlich aus Zitaten, Gemeinplätzen und Verweisen zusammensetzt. Es legt die Suche nach der Herkunft des Zitierten nahe und entmutigt sie zugleich aufgrund einer nicht erschöpfbaren Menge von Fährten [...].[92]

Es findet im Bericht eine strategische und parasitäre Inszenierung von unzählbaren und letztendlich unverifizierbaren Intertexten statt: es klingen Texte von Hobbes, Freud, Schmitt, Spengler, Nietzsche *Undsoweiter* durch, aber vor allem auch Jirgls eigene, im "Mittelpunkt" konstruierte Theoreme werden hier *ad absurdum* geführt und in ihrer Unhaltbarkeit herausgestellt.

Die unausweichliche Überfremdung oder Entstellung zeigt sich auch in der Kluft zwischen Theorie und Praxis. Walters quasi-anthropologischer Vergleich zwischen der Gründungsurkunde und der durch sie inspirierten Neu-Deutschen Wirklichkeit enthüllt die "katastrophalen Folgen, wenn eine prästabilisierte Ordnung zum Modell des Politischen" wird.[93] "Punkt für Punkt" registriert Walter die "eingetretenen Verirrungen vom Pfad der einstmals basisgebenden Theorie" (M 281). Seine Entlarvung der "Grauenhafte[n] Entstellung & [der] entsetzliche[n] Miß-Verständnis[se] jener lediglich als intellektuelle Kritik gedachten Darlegung" (M 271) lösen eine allgemeinere politische oder eher jede Politik destabilisierende Reflexion aus: der Text exponiert die immanenten Widersprüche eines Staates, der vom Phantasma der vollkommenen Planbarkeit und einer theoretisch verbürgten Objektivität ausgeht:

> ein Umstand, der mir reichlich Anlaß bietet zum Nachdenken über "umfassende" oder wie man solcherart Lehren auch immer zu benennen und zu begrüßen pflegt, die mittels einer einzigen Theorie bestrebt sind, wie unter einer gigantischen Käseglocke die gesamte bestehende Welt abzudecken, wobei, ich bleibe im einmal gewählten Bilde, das entscheidende Manko darin besteht, mit derlei Theorien allenfalls

[90] Ebd. S. 67.
[91] Ebd. S. 67f.
[92] Ebd. S. 105.
[93] Ebd. S. 247.

den eigenen Käs, so groß dieser auch geraten sein mag, umfassen zu können [...] (M 271)

Die wechselseitige Kontamination oder Pervertierung von Theorie und Wirklichkeit findet jedoch ihren prägnantesten Ausdruck in einem grotesken Kult der Waldbewohner, in dem diese im Angesicht riesiger steinerner Torsi in "gemeinschaftliche Ausübung der Manustupration verphallen" (M 268). Wenn Walter sich diesen an männliche Genitale erinnernden Monumenten nähert, kann er nur folgende verstümmelte Buchstabenketten oder anagrammatische "Bruchstücke" dechiffrieren: "HE RX TZSCH LIN LER EUD NIN RTRE SUS" (M 268). Während Walter die Namen dieser "denkwürdigen Gestalten" oder idolatrierten Gründungsväter der Neu-Deutschen Gesellschaft unmöglich rekonstruieren kann, wird der Leser zu einem vexierenden, hermeneutischen Enträtselungsprozess angespornt. Die Aufspürung und Zusammenfügung kursivierter Buchstaben im Text ergibt schließlich eine schockierende Namenreihe: HEgel maRX nieTZSCHe staLIN hitLER frEUD leNIN saRTRE jeSUS.

Die folgenreichste (Fehl-)Lektüre des Manuskripts ist wohl die Verdrehung von der jaikischen Liquation in Liquidation. Nach Walter ist diese Entstellung, indem sie die Abschaffung des Arbeitsprozesses statt dessen Flexibilisierung herbeiführte, der Grund des dekadenten und "kretinistischen" Zustands der Waldgemeinschaft. Die Abschaffung der Grundvoraussetzung des Mensch-Seins, d.h. der Arbeit als Modus der Selbsterfahrung, löse einen in totale Lethargie und Bürokratie endenden Verfallsprozess aus:

> Was jene unverständigen, kindsköpfigen & vorschnellen Wäldler sofort in LiquIDation verdrehten, ein geradezu exemplarischer Fall von Unverständnis einer Theorie mitsamt den katastrophalen Folgen für jedwede Praxis & darüberhinaus für den Fortbestand des Lebens – eine im übrigen sehr bezeichnende Fehlleistung, gerade mit Hilfe dieser beiden Lettern den Irrtum zementiert zu haben: ID, woraus sich beim Buchstabieren das Substantiv "Idee" formulieren läßt [...]. (M 276)

Obwohl Walter behauptet, dass es der Mangel an Ideen ist, der diese Gemeinschaft an den Rand ihres Abgrundes treibt, könnte man auch umgekehrt argumentieren, dass gerade der – anagrammatische – Einbruch einer essentialistischen Idee die Vitalität zerstört.[94]

Äußerst wichtig in diesem Zusammenhang ist die Tatsache, dass die Weise, auf die der jede Struktur destrukturierende "Liquations"-Prozess in Worte "gefasst" wird, erstaunliche – mitunter fast wörtliche – Parallelen mit Texten Derridas, wie "Die Struktur, das Zeichen und das Spiel im Diskurs der

---

[94] Auch in Jirgls theoretisch-essayistischen Texten gibt es übrigens zahlreiche Hinweise auf die Gefahr eines Umkippens von Flexibilität in Liquidität oder ins vernichtende Liquidieren. Vgl. z.B. Jirgl: Industrie für Andersheit.

Wissenschaften vom Menschen", "Die différance" und "'Il faut bien manger' ou le calcul de sujet" zeigt.[95] Aus der Perspektive dieser Texte wird das Manifest zu einem seine eigene Rhetorizität (und die des ganzen Romans) thematisierenden Dokument. Die Reflexion über Totalisierung und deren Grenzen erinnert an Derridas Konzept des "Spiels" ("freeplay"), das von ihm als ein Feld "unendlicher Substitutionen in der Abgeschlossenheit (clôture) eines begrenzten Ganzen" umschrieben wird.[96] In ihrem radikalen Inpragmatismus stellt die Jaikische Endphase gewissermaßen den Versuch dar, *différance* als

> rückhaltlose Verausgabung, als nicht wieder gutzumachender Verlust von Gegenwart, irreversibler Verschleiß von Energie, selbst als Todestrieb und Beziehung zum ganz Anderen, unter scheinbarer Ausschaltung jeglicher Ökonomie, [zu] denken [...].[97]

Die Unendlichkeit der *différance* oder des "Durchlauf[s]", wie es im Manuskript heißt, rührt aus dem Fehlen eines arretierenden oder fixierenden Strukturzentrums. In diesem Sinne kann auch der theoretische *Mittelpunkt* des Romans nur ein de-zentrierter, in der Sprache verstrickter sein. Was dabei entsteht, ist eine jede historische, ideologisch-theoretische oder psychologische Präsenz oder Position unterlaufende Textur, die Verweisketten ohne Ende auslöst. Diese spannungsvolle Interaktion zwischen Präsenz und Absenz ist kennzeichnend für eine Poetik der Latenz oder des Spektralen, in der "[d]ie Abwesenheit eines transzendentalen Signifikats [...] das Feld und das Spiel des Bezeichnens ins Unendliche [erweitert]".[98] Während wir bis jetzt der "*Da capo in infinitum*"-Schrei (M 116) des Erzählers als kulturpessimistische Formel analysiert haben, bietet sich hier die Chance, die affirmierende oder bejahende Dimension der Nietzscheanischen "Wiederkehr des Immergleichen" zu regenerieren, d.h. in Derridas Interpretation: "die Bejahung einer Welt aus Zeichen ohne Fehl, ohne Wahrheit, ohne Ursprung, die einer tätigen Deutung offen ist. *Diese Bejahung bestimmt demnach das* Nicht-Zentrum *anders denn als Verlust des Zentrums*".[99] Nach Derrida ist das *Gleiche*, das Wiederkehrende in der ewigen

---

[95] Für diesen Hinweis möchte Ich Dr. Pieter Vermeulen danken.
[96] Jacques Derrida: Die Struktur, das Zeichen und das Spiel im Diskurs der Wissenschaften vom Menschen. In: *Die Schrift und die Differenz*. Übers. von Rodolphe Gasché. S. 422–442. Hier: S. 260.
[97] Jacques Derrida: Die différance. In: *Randgänge der Philosophie*. Übers. von Günther R. Sigl. Wien 1988. S. 29–52. Hier: S. 45.
[98] Derrida: Die Struktur, das Zeichen und das Spiel. S. 424.
[99] Ebd. S. 441. Für ausführliche Analysen von Nietzsches komplexer Gedankenkonstruktion der "ewigen Wiederkehr des Gleichen" siehe vor allem: Renate Reschke: *Denkumbrüche mit Nietzsche: Zur anspornenden Verachtung der Zeit*. Berlin 2000. S. 104–106; *Zeitenwende – Wertewende*. Hg. von Renate Reschke. Berlin 2001; Miguel Skirl: Ewige Wiederkunft. In: *Nietzsche-Handbuch: Leben – Werk – Wirkung*. Hg. von Henning Ottmann. Stuttgart 2000. S. 222–230; Alexander Cooke: Eternal

Wiederkunft immer das Nicht-Identische. In diesem Sinne kann der stets tentative Versuch unternommen werden, die "Soik"- und "Jaik"-Anagramme zu dechriffrieren: das Soik-System könnte als eine auf "Verkörperung" basierende Ordnung des Phänomenalen, des onto-teleologischen "*So*"-Seins interpretiert werden, die sich am Traum der vollen Anwesenheit, des Ursprungs und der sichernden Gesetzlichkeit festklammert; die Jaik-Formation dagegen könnte als ein die semiotische Fluktuation be-"*ja*"-hendes Netzwerk betrachtet werden. Nicht zufällig beschreibt Walter zwischen zwei Fugen der Manuskript-Montage, wie er Margarete Briefe in der Erde schreibt: "Diese Briefe hatten keinen *Sinn*, kein *Ziel* & keinen *Zweck*; solange ich schreiben kann, werde ich nicht sterben" (M 256).

Wir betreten hier einen ästhetischen Raum, der "über den Menschen und den Humanismus hinausgelangen [will]",[100] in dem das Subjekt-Kalkül außer Kraft gesetzt wird. Wie Derrida in "Il faut bien manger" immer wieder betont, handelt es sich hier gar nicht um eine Liquidation des Subjekts, sondern um dessen Liquation, d.h. seine permanente Neuinterpretation.[101] Affirmiert wird hier das sich in das System von Differenzen einschreibende Subjekt, das in keiner Definition restlos aufgeht und sich jedem prästabilisierten humanistischen Identitätsmuster widersetzt. Die Figuren im *MutterVaterRoman* repräsentieren keine allegorischen 'Typen' mehr, sondern sind selbstkontradiktorische und fragmentarische Konstruktionen. Sie treten als multiphrene Schriftgestalten auf, Persona, die sich ständig aufspalten und in Sprache erst konstituieren. Um "herauszufinden, wer das war: Ich" (M 200) erzählen sie immer wieder Scherben-Geschichten, die aber notwendigerweise scheitern müssen: die ersehnte Selbst-Begegnung findet nie statt. Diese hyperreflexive, gestaltende Arbeit am Selbst findet seinen prägnantesten Ausdruck in dem das Spiel beendenden "Kurzschluß" (M 346), der auch den Leser depositioniert. Am Ende wird nämlich die rhetorisch-fiktionale Konstitution des ganzen Romans offen herausgestellt und in Frage gestellt. Die erzählten Geschichten bekommen einen ambivalenten Status, indem suggeriert wird, dass sie nur phantastische Gedanken- und Erinnerungssplitter von Margarete sind:

Und so weiter: Letztenendes Entsprungene aus verschiedenen Geschichten, alle gleich unwirklich, undeutlich, beliebig. *Ich* habe alles erfunden, Figuren, Orte,

Return and the Problem of the Constitution of Identity. In: *Journal of Nietzsche Studies* 29 (2005). S. 16–34; Arthur C Danto: *Nietzsche als Philosoph*. Übers. von Burkhardt Wolf. München 1998. S. 237–257; Karl Löwith: *Nietzsches Philosophie der ewigen Wiederkehr des Gleichen*. Stuttgart 1956; Alexander Nehamas: The Eternal Recurrence. In: *Nietzsche*. Hg. von John Richardson und Brian Leiter. Oxford 2001. S. 118–138.
[100] Derrida: Die Struktur, das Zeichen und das Spiel. S. 441.
[101] Vgl. Jacques Derrida: "Il faut bien manger" ou le calcul du sujet. Entretien avec Jean-Luc Nancy. In: *Cahiers Confrontation* 20 (1989). S. 91–114.

Gespräche, einzig um über *mich* sprechen zu können. Um herauszufinden, wer das ist. *Ich* nannte diesen Schutthaufen aus Wörtern & Bildern *Erinnern*, aber das ist nicht wahr gewesen. *Ich habe niemals irgendetwas erlebt, daher mußte ich* Alles erfinden. (M 373)

Als Leser werden wir hier also konfrontiert mit einer sich selbst entregelnden "Geschichte, in der das Erzählte im selben Moment erzählt und durchkreuzt wird: Erzählung einer Katastrophe, die sich als Katastrophe des Erzählens dar- und dabei entstellt"; der Text wird solcherweise zur "Allegorie seiner eigenen Unlesbarkeit".[102] Angesichts der unreduzierbaren Materialität der Texte wird unsere hermeneutische Sehnsucht, Lehren oder Thesen zu destillieren, dementiert: "Du wirst vergeblich nach einer *Methode* fahnden, es gibt keine. Die Induktion ist vollständig und aus den Lehren kommt die Leere. Das Resultat – q.e.d. – sind EXEKUTIONEN DES ICH" (M 66).

In diesem Sinne kann die erschütternde "Erkenntniß vom absolut Unlogischen der Weltordnung" (Nietzsche) oder vielmehr die "Erkenntnis einer Erkenntnisohnmacht" als die treibende Kraft von Jirgls Poetik der "affirmierten Destruktion" oder des "konstruktiven Defaitismus" betrachtet werden.[103] Wie wir zu zeigen versucht haben, handelt es sich hier nicht um eine resignative Schwarzseherei, sondern um ein archäo-genealogisches Ausloten und Exponieren von latenten Bruchstellen und Rissen unter der Oberfläche des politisch, ideologisch und kulturell Thematisierten. In diesem Sinne wird Schreiben zum Synonym einer antinormativen Praxis, eines aktivistischen Pessimismus, der eine permanente Destabilisierung der Gegenwart anstrebt.[104] Das dionysische "Ja... Ja" oder das Motiv des Einverständnisses dieses pessimistischen Ethos liegt in der Annahme einer Kontingenz, die nicht nur unhintergehbar und zersetzend sondern auch notwendig und zukunftsermöglichend ist, denn "Geschichte […] lebt von den Fehlern".[105]

---

[102] Müller-Schöll: *Das Theater des konstruktiven Defaitismus.* S. 416 und 101.
[103] Ebd. S. 106 und 71.
[104] Auch Joshua Foa Dienstag betont in seiner Analyse des Pessimistischen und Tragischen bei Nietzsche diese transgressive, bejahende Dimension einer "pessimistischen Ethik". Joshua Foa Dienstag: Tragedy, Pessimism, Nietzsche. In: *New Literary History* 35.1 (2004). S. 83–101.
[105] Kammler und De Winde: 'Schreiben – das ist meine Art, in der Welt zu sein'. S. 48.

Arvi Sepp

Die Politik des Erinnerns. Aktuelle Anmerkungen zur autobiografischen Zeitzeugenschaft in den Tagebüchern Victor Klemperers

Victor Klemperer's Third Reich diaries, Ich will Zeugnis ablegen bis zum letzten, *can be considered a first-hand account of Nazi persecution as experienced by a German Jew. In these autobiographical writings, the reader gains an understanding of everyday life under National Socialism. In my essay, the epistemological status of Klemperer's testimony, the generic specificities of his diaries, as well as their micrological mode of writing are scrutinized. Concepts like 'memory', 'witnessing', and 'identity' will be put into a new perspective. This contribution will furthermore try to place the reception of his diaries in Jan and Aleida Assmann's theory of cultural memory and national identity. Klemperer's diaries and their publishing history make an important contribution to the construction of the historical memory of the Holocaust.*

I. Einführung

Die heutige Verschärfung des Gedächtnisproblems im Hinblick auf das Dritte Reich hängt mit einem weiteren Generationswechsel zusammen, mit dem die überlebenden (jüdischen) Zeugen des Nationalsozialismus allmählich aussterben und das Gedächtnis sich von seinen Trägern löst. Wenn das Erfahrungsgedächtnis der Zeitzeugen in Zukunft also nicht verloren gehen soll, muss es in ein "kulturelles Gedächtnis" (Assmann) der Nachwelt übersetzt werden. Die Erinnerung an den Nationalsozialismus wird letztendlich nur auf Repräsentation angewiesen sein und ist deswegen zu einem wesentlichen Bestandteil individueller und kollektiver Identitätsstiftung geworden, der sowohl Ort des Konfliktes wie der Identifikation ist. Im Lichte des Prozesses kollektiver Identitätssuche nach 1989 gibt es wichtige Auseinandersetzungen mit dem Geschichtsbild des Nationalsozialismus: die Goldhagen-Debatte, die Walser-Bubis-Kontroverse, den Streit um die Wehrmachtsausstellung, die Diskussion um das Holocaust-Mahnmal in Berlin, die Kontroverse um ein deutsches Zentrum für Vertriebene und den großen Erfolg von Victor Klemperers 1995 postum veröffentlichten Tagebüchern über die NS-Zeit.

Diese zwischen 1933 und 1945 verfassten Tagebücher mit dem Titel *Ich will Zeugnis ablegen bis zum letzten* sind der zentrale Gegenstand der weiteren Überlegungen dieses Artikels.[1] Der einmalige Rang dieser Schriften begründet

---

[1] Die Werke Victor Klemperers werden im Folgenden unter Siglen zitiert: Tb I: Victor Klemperer: *Ich will Zeugnis ablegen bis zum letzten. Tagebücher 1933–1941.* Hg.

sich nicht zuletzt dadurch, dass der Verfasser als Jude dank des Privilegs einer Mischehe in einem absoluten Ausnahmeszustand lebte bzw. zu leben gezwungen war und er eigentlich dadurch die für ein solches Tagebuch nötige kritische Distanz gewinnen konnte, um diese Realität als Alltagswelt und -wirklichkeit in Tag-für-Tag-Aufzeichnungen festzuhalten.

Seit 1989 ist die erinnernde Vergegenwärtigung des Holocaust plötzlich wieder von großer Bedeutung geworden. Und mit der Veröffentlichung der Tagebücher Victor Klemperers und der Untersuchung Daniel Goldhagens über *Hitlers willige Vollstrecker* trat die Debatte über den Nationalsozialismus Mitte der neunziger Jahre in eine neue Phase.[2] Nach jahrelanger Dominanz soziologischer Faschismustheorien stehen jetzt erneut – von der jungen Generation und einer breiten Öffentlichkeit aufgegriffen – das Schicksal der Opfer, das Verhalten der Täter, Mikro-Geschichten des Individuums, die Ursachenforschung und die Frage nach Schuld und Verantwortung im Vordergrund.

In vorliegendem Aufsatz geht es weder um die Person Victor Klemperer noch um ein Rekonstruieren der Kultur des Dritten Reiches, sondern es gilt anhand der Tagebücher 1933–1945 die schwierige Frage nach dem Status der diaristischen Zeitzeugenschaft in der deutschen Erinnerungskultur zu beantworten. Zuerst sei erörtert, was "Zeugnis ablegen" bedeutet.

II. Zeugnis ablegen

In Felman und Laubs Studie *Testimony. Crises and Witnessing in Literature, Psychoanalysis and History* (1992) wird dargestellt, wie die Sprache des Zeugnisses über die Grenzen jener erzählenden Sprache hinausgeht, die gewöhnlich von Historikern benutzt wird, und in der sich eine unpersönliche, intersubjektive Stimme an ein ähnlich unpersönliches und intersubjektives Publikum wendet.[3] Das Zeugnis wendet sich an uns als Individuen, als moralische Wesen. Dies führt sozusagen zu einer unmittelbaren Konfrontation mit den Aussagen des Betroffenen, stellt eine direkte Linie von der Stimme des Zeugen zu uns her und umgeht so die Zwischenschaltungen des historischen

von Walter Nowojski unter Mitarbeit von Hadwig Klemperer. Berlin 1996; Tb II: Victor Klemperer: *Ich will Zeugnis ablegen bis zum letzten. Tagebücher 1941–1945*. Hg. von Walter Nowojski unter Mitarbeit von Hadwig Klemperer. Berlin 1996; Tb III: Victor Klemperer: *Und so ist alles schwankend. Tagebücher Juni bis Dezember 1945*. Hg. von Günter Jäckel unter Mitarbeit von Hadwig Klemperer. Berlin 1996.

[2] Daniel J. Goldhagen: *Hitlers willige Vollstrecker. Ganz gewöhnliche Deutsche und der Holocaust*. Berlin 1996.

[3] Siehe Shoshana Felman und Dori Laub: *Testimony. Crises and Witnessing in Literature, Psychoanalysis and History*. New York – London 1992.

Fragens.[4] Das Ausloten der Grenzen der Darstellung, das Abtasten der Grenzen der "linguistischen Wende" und der textuellen Aneignung der Vergangenheit, das die Auseinandersetzung mit dem Nationalsozialismus von uns verlangt, führt in der postmodernen Geschichtstheorie unweigerlich zur "Personalisierung" oder "Privatisierung" der Vergangenheit. In diesem Licht ist teilweise auch der große Erfolg der Tagebücher Victor Klemperers zu sehen, sowohl in der breiten Öffentlichkeit als auch in der Historiografie über das Dritte Reich.

Klemperers Tagebuchaufzeichnungen sind auf allen Niveaus "Orte des Erinnerns". In Anlehnung an Pierre Nora, Autor des zwischen 1984 und 1992 veröffentlichten siebenbändigen *Les lieux de mémoire*, sind Erinnerungsorte *"loci"* in weitestem Sinne, die als eine Art künstlicher Platzhalter für das nicht mehr vorhandene lebendige Gedächtnis fungieren.[5] Deshalb gibt es für die Opfer von Verbrechen gegen die Menschlichkeit eine Zeugnispflicht des Erlebten, wie es für die Nachgeborenen einen "devoir de mémoire" (Pierre Nora), eine "Erinnerungspflicht" bzw. eine "geschuldete Erinnerung" geben sollte. Beide sind komplementär. In Avishai Margalits 2002 erschienener Veröffentlichung *Ethik der Erinnerung* wird eine Theorie des moralischen Zeugen dargelegt, die auch ausdrücklich Klemperer einschließt.[6] Der 'paradigmatische' moralische Zeuge ist jemand, der seinem Zeugnis einen inneren Wert zuschreibt, unabhängig davon, wozu es letztlich dienen wird.[7] Die Hoffnung, die dem moralischen Zeugen zugeschrieben werden kann, ist eher nüchtern: Es ist die minimale Hoffnung an das eigene künftige Selbst, aus dem eigenen Bedürfnis, dem Erlebten etwas entgegenzusetzen, eine intime Gegenöffentlichkeit zu schaffen, ohne Hoffnung auf einen moralischen Blick von außen.[8] Trotz aller Unsicherheit, ob er das Aufgezeichnete jemals wird

[4] Zur kritischen Reflexion der Kategorie 'Zeugnis' in der postmodernen Geschichtswissenschaft siehe Frank Ankersmit: Die postmoderne 'Privatisierung' der Vergangenheit. In: *Der Sinn des Historischen. Geschichtsphilosophische Debatten.* Hg. von Herta Nagl-Docekal. Frankfurt/M. 1996. S. 201–234. Hier: S. 218ff. Diesen Zusammenhang betont ebenfalls die 'oral history', im Zuge derer die persönlichen Darstellungen von Zeitzeugen viel an Bedeutung für die authentifizierende Begründung des jeweiligen historischen Narrativs gewonnen haben. Für eine Lektüre der Tagebücher Victor Klemperers als Fallbeispiele der 'oral history' sei hier hingewiesen auf M.H. Würzner: Das Tagebuch als 'Oral History'. In: *"Der muoz mir süezer Worte jehen". Liber amicorum für Norbert Voorwinden.* Hg. von Ludo Jongen und Sjaak Onderdelinden. Amsterdam – Atlanta 1997. S. 169–173 (Amsterdamer Beiträge zur älteren Germanistik 48).
[5] Siehe *Les lieux de mémoire.* Hg. von Pierre Nora. 7 Bde. Paris 1984–1992.
[6] Siehe Avishai Margalit: *Ethik der Erinnerung. Max Horkheimer Vorlesungen.* Frankfurt/M. 2002.
[7] Ebd. S. 75.
[8] Ebd. S. 67.

weiterführen können, ist es genau dies, was Klemperer hofft: " [...] ich möchte auch gar zu gern der Kulturgeschichtsschreiber der gegenwärtigen Katastrophe werden. Beobachten bis zum letzten, notieren, ohne zu fragen, ob die Ausnutzung noch einmal glückt" (Tb II 12).

Dieser *Devoir de mémoire* in der Zeugnisliteratur ist eine moralische Aufforderung, die den Zeugen dazu verpflichtet, das einer Gemeinschaft zugefügte Leid, das er selbst nicht nur beobachtet, sondern auch am eigenen Leibe erfahren hat, aufzuzeichnen. Das Pflichtbewusstsein gegenüber seiner Chronik und dem Akt des Schreibens im Allgemeinen ist sein kategorischer Imperativ:[9] "Du *mußt* schreiben, mag es nun gut oder schlecht, fett oder mager, selbständig oder Imitation werden [...]. Ich muß mir wie ein Calvinist beweisen, daß ich noch in der Gnade bin" (Tb I 136–137, meine Hervorhebung).[10]

Erinnerungen konstituieren sich maßgeblich narrativ, Schreibverfahren sind demnach auch Erinnerungsverfahren. Nirgends wird die enge Verflechtung von Subjektivierungs- bzw. Erinnerungsprozessen und Willen zur möglichst getreuen Zeugenschaft der diaristischen Schreibtätigkeit so klar ausgedrückt wie in den nachfolgenden Zeilen aus Klemperers sprachkritischer Arbeit *LTI*, die inhaltlich auf seinen Tagebüchern basiert:

> In den Stunden des Ekels und der Hoffnungslosigkeit, [...] – immer half mir diese Forderung an mich selber: beobachte, studiere, präge dir ein, was geschieht – morgen sieht es schon anders aus, morgen fühlst du es schon anders; halte fest, wie es eben jetzt sich kundgibt und wirkt.[11]

Diese Erinnerungspflicht wird auch in dem Unterschied zwischen Gedenken und Zeugnis thematisiert. Das Gedenken impliziert eine Zeitbarriere, rückt die Vergangenheit bewusst in eine Distanz und entdramatisiert auf diese Weise selbst die dramatischsten Ereignisse. Das Zeugnis ist reiner Erfahrungsinhalt, das Gedenken hingegen ist ritualisch und entfaltet alle seine zeremoniellen Formalismen. Das Zeugnis ist Inhalt, das Gedenken ist Form, so könnte man überspitzt formulieren.[12] Es ist denn auch genau in diesem Zusammenhang, dass Martin Walser in seiner Laudatio auf Klemperer aus Anlass der postumen

---

[9] Zur Bedeutung des dem Trauma innewohnenden Imperativs des Bezeugens siehe z.B. Dori Laub: An Event Without a Witness. Truth, Testimony and Survival. In: Laub und Felman: *Testimony*. S. 75–92. Hier: S. 78f.

[10] Vgl. auch "[Ich] muß [...] auch jetzt notieren, ich *muß*, so gefährlich es auch ist. Das ist mein Berufsmut. Freilich bringe ich viele Menschen in Gefahr. Aber ich kann ihnen nicht helfen" (Tb I 595, meine Hervorhebung).

[11] Victor Klemperer: *LTI. Notizbuch eines Philologen*. Leipzig 2001. S. 19f.

[12] Siehe in diesem Kontext Ankersmit: Die postmoderne 'Privatisierung' der Vergangenheit. S. 221.

Verleihung des Geschwister-Scholl-Preises die Tagebücher Klemperers einem Holocaust-Mahnmal in Berlin vorzieht:

> Wer die Klemperersche Schule der Genauigkeit durchläuft, wird Mitleid haben mit denen, die es sich zu Lebensaufgabe machen, den Opfern des NS-Terrors ein sichtbares Denkmal zu setzen. Kann es einen heftigeren Kontrast geben als den zwischen dem Glauben, daß dem Ausmaß des Grauens durch gigantische Dimensionen entsprochen werden müsse, und der unwiderstehlichen Genauigkeit dieser in der Sprache aufgehobenen Grauensmomente? [...] Sinnvoll wäre, dass Klemperer überall gegenwärtig wäre, dass er zu einer wichtigen Auskunftsquelle über diese Epoche deutscher Geschichte werden würde. Ich kenne keine Mitteilungsart, die uns die Wirklichkeit der NS-Diktatur fassbarer machen kann, als es die Prosa Klemperers tut.[13]

Auf der einen Seite kann man zustimmen, dass dem Undarstellbaren des Holocaust die schiere Präsenz, aber auch Fixiertheit und Zentralität eines Mahnmals gegenübersteht, das in seiner Monumentalität freilich weder der Absenz noch der Pluralität noch dem Opferstatus der Betroffenen gerecht wird.[14] Andererseits sagen Klemperers Tagebücher der NS-Zeit nichts über den Holocaust aus. Er selbst erhebt auch diesen Anspruch nicht und möchte seinem Tagebuch nur Reflexionen über Selbsterlebtes bzw. Selbstwahrgenommenes anvertrauen und nichts an Gehörtem oder Gedachtem, was dem eigenen Erfahrungshorizont nicht entspräche. So heißt es zum Beispiel in einem Eintrag vom 18. Januar 1943: "[...] den Namen Buchenwald hatte ich zum ersten Mal erst kurz zuvor in Berlin [...] nennen hören. Buchenwald wird von andern geschildert werden; *ich* will mich an meine Erlebnisse halten" (Tb II 314, meine Hervorhebung). Klemperers Tagebücher stellen also kein primäres Zeugnis der Shoah dar, sondern beschreiben aus der persönlichen Ausnahmesicht des Tagebuchschreibenden, den nicht das Schicksal der dem Holocaust zum Opfer gefallenen Juden ereilte, die Alltäglichkeit im Dritten Reich sowohl in ihrer Trivialität als auch in ihrer Grausamkeit. Dem amerikanischen Historiker Dan Diner nach vertritt diese Perspektivverschränkung zwischen "Monstrosität" und "Banalität" in Klemperers Journal gleichermaßen die jüdische und deutsche Gedächtniskultur.[15] Die jüdische Rekonstruktion des Holocaust neige nämlich, wegen der Gewalt des Ereignisses, eher zu einer "monströsen"

---

[13] Martin Walser: *Das Prinzip Genauigkeit. Laudatio auf Victor Klemperer*. Frankfurt/M. 1996. S. 50f.
[14] Siehe zum Zusammenhang von Erinnerung und Darstellung die ausgezeichnete Studie von Nicolas Pethes: *Mnemographie. Poetiken der Erinnerung und Destruktion nach Walter Benjamin*. Tübingen 1999. S. 3.
[15] Siehe Dan Diner: Der Holocaust im Geschichtsnarrativ – Über Variationen historischen Gedächtnisses. In: *In der Sprache der Täter. Neue Lektüren deutschsprachiger Nachkriegs- und Gegenwartsliteratur*. Hg. von Stephan Braese. Opladen – Wiesbaden 1998. S. 13–30. Hier vor allem: S. 30 Anm. 27.

Makroperspektive, die das Massive und Unmenschliche hervorhebt, während das deutsche Mikro-Geschichtsnarrativ vornehmlich darauf gerichtet sei, das Alltägliche, das Banale und das in geringerem Maße Dramatische herauszustellen. Wenn allerdings über die Tagebücher als historische Quelle, als materiellen Träger des Zeugnisses Victor Klemperers Aussagen gemacht werden, dann muss auch die Spezifik der Quellengattung erörtert werden.[16] Gerade das Verhältnis von Selbstwahrnehmung und Wahrnehmung des Zeitgeschehens, von Zeitgeschichte und Individualgeschichte, macht das Tagebuch zu einem singulären, aussagekräftigen historischen Quellenmaterial.[17] Die symbolische Energie des Konkreten und die mosaikartige Fragmentierung der eigenen Lebenserfahrungen stehen im Zentrum der Tagebücher der Nazizeit, die auf diese Weise zu Exempeln einer mikrologischen Geschichtsschreibung avancieren. Zur Erörterung eines solchen mikrologischen Modells soll im Folgenden näher auf die Geschichtsphilosophien Walter Benjamins und Siegfried Kracauers eingegangen werden.

III. Das Tagebuch als mikrologische Geschichtsschreibung des Dritten Reiches

Siegfried Kracauers 1969 postum veröffentlichte Arbeit *Geschichte – Vor den letzten Dingen* ist bis heute von der Geschichtsphilosophie weitgehend vergessen worden.[18] Geschichte ist nach Kracauer durch ihre Form ein exterritorialer Zwischenbereich, ein "Vorraum" zwischen Imagination und Konstruktion. Sie besitzt einen prekären Status zwischen Faktualität und Fiktionalität, der einer eindeutigen Zuordnung widersteht; sie entreißt sich dem Zugriff systematischen Denkens und ist auch nicht zu einem Kunstwerk zu formen.[19] Geschichte erstrebt oder vermittelt keine letzten Wahrheiten, sondern

---

[16] Eine detailliertere Auseinandersetzung mit den Gattungsmerkmalen des Tagebuchs mag hier aber aus raumtechnischen Gründen dahingestellt bleiben.

[17] Gotthart Wunberg: Orte des Gedächtnisses als Gegenstand der Kulturwissenschaften: Bemerkungen zum Verfahren am Beispiel des Tagebuchs. In: *Speicher des Gedächtnisses. Bibliotheken, Museen, Archive 2: Die Erfindung des Ursprungs – Die Systematisierung der Zeit.* Hg. von Moritz Csáky und Peter Stachel. Wien 2001. S. 219–239. Gezeigt wird in den Tagebüchern ja kein empirisches Ich, sondern ein diarisches. Begriffe wie 'Wahrheit' und 'Authentizität' sollen in einer kulturwissenschaftlichen Analyse also stets kritisch hinterfragt werden: "Man kann Tagebücher zwar als historische Quellen lesen. Ihre Spezifik trifft man dadurch nicht. Oder umgekehrt gesagt: man trifft sie nur, wenn man ihre Subjektivität und ihren Fiktionalitätscharakter zugleich bedenkt" (S. 236).

[18] Siegfried Kracauer: *Geschichte – Vor den letzten Dingen.* Frankfurt/M. 1971. Wir verweisen in diesem Zusammenhang hauptsächlich auf das 8. Kapitel: Der Vorraum. S. 218–246.

[19] Siehe ebd. S. 218f.

erleichtert es uns, die vergänglichen Phänomene der äußeren Welt einzuverleiben und sie so vor dem Vergessen zu bewahren. In einer mikrologischen Geschichtsschreibung richtet der Blick sich auf die Details in den Großaufnahmen der Wirklichkeit. Diese Gebiete sind für Kracauer keineswegs Marginalien, denn in ihnen scheinen sich die entscheidenden Prozesse der Modernisierung abzuspielen.

Auch Klemperers Ziel, "Zeugnis abzulegen", lässt sich mit Kracauers Vorstellungen verknüpfen, Geschichte nicht als ein vorgängiges Ganzes zu konzeptualisieren, sondern als eine nachträgliche Zusammensetzung von Bruchstücken, wobei die Bruchstellen nicht retuschiert werden, sondern deutlich sichtbar das Ganze strukturieren. Klemperers autobiografische Texte skizzieren sozusagen eine kritische Genealogie der Moderne, die das Marginale, das Unterschwellige und kaum Hörbare des Sozialen in den Mittelpunkt der Textur rückt. Der diaristische Diskurs schildert keine Phantasmagorie der Modernität als logische Folge von Begebenheiten, die mit ununterbrochener historischer Kontinuität ein bestimmtes Ziel verwirklichen. Klemperer schätzt seine Tagebücher der Nazizeit eher nüchtern ein: "Mein Tagebuch seit 33, gerade das Tagebuch der mittleren Stellung, des Durchschnitts, des Alltags, der kleinen Erlebnisse" (Tb III 28).

Der Stellenwert des von der Universalgeschichte Vergessenen bzw. Verworfenen ist im theoretischen wie auch im literarischen Werk Kracauers nicht zu übersehen. Die autobiografische Zeitzeugenschaft Victor Klemperers gilt als spiegelverkehrte Geschichtsschreibung des Nationalsozialismus, indem in den Tagebüchern die beschriebene historische Lebenswelt zur Abspiegelung der eigenen Exterritorialität wird.

Geschichte ist "Geschichte des Besiegten", so Benjamin in seinem *Passagen-Werk*, sie konstruiert eine "neue Vergangenheit", die es nie gegeben hat.[20] Entsprechend ist Aktualität eine Ereignisqualität, die man nicht vorfinden kann, sondern die konstruiert werden muss. Eine Ethik der Erinnerung führt die Vergangenheit also dazu, die Gegenwart in eine kritisches Licht zu führen; es gibt eine "Telescopage der Vergangenheit durch die Gegenwart".[21] Die Tagebuchaufzeichnungen gelten in diesem Zusammenhang als Modellfall der Geschichtsschreibung. Das Unvergängliche wird im historischen Detail gesucht, das in sich monadisch den ganzen Geschichtsprozess repräsentiert. Der Tagebuchautor ist Sammler der Objektwelt, und als solcher rückt er eine parataktische Aneinanderreihung von Details und scheinbaren Banalitäten ins Zentrum seiner Schreibpraxis. Im Falle des Tagebuchs als "Vorratsspeichers" wird die Materialsammlung selbst zur Literatur für ein zu schreibendes

---

[20] Siehe Walter Benjamin: *Das Passagen-Werk*. In: *Gesammelte Schriften*. Bd. 5. Hg. von Rolf Tiedemann. Frankfurt/M. 1982.
[21] Ebd. S. 588.

Werk: "Sammeln ist eine Form des praktischen Erinnerns".[22] In dieser Linie legt auch Miguel Skirl nahe, dass Victor Klemperers repertorisierendem Schreibverfahren der Wille zur Durchsichtigmachung zugrunde liegt, zur Klärung und Aufklärung dessen, was geschieht, aber ohne die minutiöse Niederschrift gesammelter Exempla unbeschreibbar bleibt. Der Sammelnde "nimmt den Kampf gegen die Zerstreuung auf".[23] Es handelt sich im sprachlichen Archiv des Diaristen darum, die Zeit in Gedanken zu erfassen und vor Amnesie zu schützen:

> Der beste und vornehmste [...] Sammler dieses Saeculums war Victor Klemperer. [...] [I]m Ablegen des Zeugnisses, im Mitteilen des sonst nicht Überlieferbaren, im Archivieren des Verschüttgehenden, im Entreißen aus dem Vergessen und dem Kenntlichmachen des Anonymen, im Namentlichmachen des Unsagbaren.[24]

In den nicht zur Veröffentlichung bestimmten Aufzeichnungen in Klemperers Journal wird tatsächlich Leben gesammelt, solcherweise wird das Diarium zu einem "Gedächtnisspeicher" gegen Vergessen und Vergessenwerden. Im Journal werden stenogrammartig die unterschiedlichsten Details gesammelt und archiviert; das Tagebuch ist für Klemperer ein Ablagesystem, das Schreibgegenwart, Vergangenheit und Zukunft strukturiert. Mithilfe seiner Diarien werden die Inhalte eines kommunikativen und eines kulturellen Gedächtnisses ausgelagert,[25] und das Tagebuchschreiben filtert aus den Ereignissen den Extrakt des Tages heraus. Das Tagebuch avanciert so zum kulturellen Archiv, indem es vereinheitlicht, organisiert und Sinn verleiht. Konstanze Fliedl charakterisiert die Gattung des Tagebuchs in Bezug auf die Historizität der Erinnerung folgendermaßen:

> Unter allen Textgattungen kann die Erinnerungswerkstatt Tagebuch für sich beanspruchen, die Metapher vom Speicher des Gedächtnisses am nächsten zu kommen: Die tägliche Aufzeichnung *ist* das Einschreiben, die Lektüre *ist* das Abrufen von Inhalten.[26]

---

[22] Siehe zum Thema des Sammelns im *Passagen-Werk* den Abschnitt: Der Sammler. S. 269–280. Hier: S. 271.

[23] Ebd. S. 279.

[24] Miguel Skirl: Was sammeln? In: Andreas Urs Sommer, Dagmar Winter und Miguel Skirl: *Die Hortung. Eine Philosophie des Sammelns.* Düsseldorf 2000. S. 96–148. Hier: S. 101.

[25] Es müsste an dieser Stelle in Bezug auf die Begriffe des kommunikativen und kulturellen Gedächtnisses ein großer Teil des Werkes von Jan und Aleida Assmann zitiert werden. Siehe zum Beispiel Jan Assmann: Kollektives Gedächtnis und kulturelle Identität. In: *Kultur und Gedächtnis.* Hg. von Jan Assmann und Tonio Hölscher. Frankfurt/M. 1988. S. 9–19.

[26] Konstanze Fliedl: *Arthur Schnitzler. Poetik der Erinnerung.* Wien – Köln – Weimar 1997. S. 38f. (meine Hervorhebung).

Es geht in den *Tagebüchern 1933–1945* jedoch nicht darum, eine von chronologischer Ordnung zeugende, narrative Kontinuität zu schaffen, sondern sie zu verhindern und die widersprüchlichen Erlebnisse, Erwartungen und Gefühle, bisherige Sinnkonstruktionen und ihre Revidierung getreu wiederzugeben. Das Tagebuch ist der Schauplatz täglicher Aushandlungspraxen, die sich zudem über die Zeit verändern. Das Voranschreiten der Zeit auf den Tod zu darf nicht zum fließenden, zielgerichteten Lebenslauf umgeformt werden, sondern Erschütterungen und Brüche müssen als Momente eines mit der Katastrophe der Jetztzeit ständig konfrontierten Subjektivierungsprozesses protokolliert werden. Rückverweisend auf Benjamins *Passagen-Werk* kann behauptet werden,[27] dass das Kontinuum einer rein chronologisch gehaltenen Vita unbedingt durch die äußere Zusammenhanglosigkeit der Aufzeichnungen "aufgesprengt" werden muss, so dass echte Erkenntnis und Selbsterkenntnis aufleuchten kann.[28] Eine Äußerung wird erst dadurch zu einem Zeugnis, dass sich der Zeuge in seiner Erzählung an einen anderen Menschen wendet. Die Tagebuchnotizen richten sich an einen impliziten Leser als symbolische Projektionsfläche des Zeugnisses: "diese Aufforderung an die Zuhörer eines Zeugen [...] impliziert, zumindest teilweise Verantwortung für die von anderen bezeugte Wirklichkeit zu übernehmen".[29]

Der Anspruch auf eine universelle Wahrheit in einer Zeit der Massenvernichtung stellt für Klemperer eine moralische und emotionale Rettung des Selbst aus der Katastrophe dar:

> Ich rette mich immer wieder [...] in diese Notizen [...]. Ich bin nicht nur kalt bei all den Gräßlichkeiten, ich habe immer auch eine gewisse Wonne der Neugier und Befriedigung: 'Also auch davon kannst du persönliches Zeugnis ablegen, auch das erlebst du [...]!' Und dann komme ich mir mutig vor, dass ich alles zu notieren wage: Ich bin schon so oft davongekommen – warum soll es nicht auch diesmal glücken? (Tb II 182–183)[30]

Das Tagebuch gilt dementsprechend als Refugium, als Modus der schriftlichen Selbstmitteilung. Im Journal fallen Erleben und Schreiben idealiter zusammen; die "Gleichzeitigkeit des Ungleichzeitigen" (Bloch) in den von Tag zu Tag festgehaltenen Aufzeichnungen ist ein Wesensmerkmal dieser Textgattung: "Vor allem

---

[27] Siehe Benjamin: *Das Passagenwerk*. S. 594.

[28] Siehe in diesem Zusammmenhang André Combes: Ein Gezeichneter zeichnet auf. Subjektivierungsprozesse in Victor Klemperers Tagebüchern 1933–1945. In: *Identités – existences – résistances. Réflexions autour des Journaux 1933–1945 de Victor Klemperer*. Hg. von André Combes und Didier Herlem. Lille 2000. S. 71–101. Hier: S. 84f.

[29] Ulrich Baer: Einleitung. In: *Niemand zeugt für den Zeugen. Erinnerungskultur nach der Shoah*. Hg. von Ulrich Baer. Frankfurt/M. S. 7–31. Hier: S. 7.

[30] Vgl. auch: "An meinem Bleistift klettere ich aus der Hölle [...] zur Erde zurück" (Tb I 638).

lassen sich durch den Tagesraster die Verschachtelungen von Vergangenheit und Schreibgegenwart strukturieren".[31] Dass der zeitliche Unterschied zwischen dem Leben und der Reflexion auf das Leben konzeptuell getilgt wird, geht aber nicht notwendig zu Lasten des Erinnerungsmoments. Vielmehr sieht es aus, als wäre das Erleben selbst von der Tatsache des Tagebuchschreibens kontaminiert. Die Tagebücher Klemperers zeigen in diesem Verständnis stark 'autografische' Züge auf, indem sie das sich-selbst-schaffende Subjekt inszenieren. Es ist mehr oder weniger bereits im Moment des Geschehens Material des Schreibens. Der Akzent liegt auf der bloß momentanen Gültigkeit des Geschriebenen, das die Transzendenz zu einem narrativen Erzählduktus verbietet. Das *hic et nunc*, die Erfahrungsunmittelbarkeit, macht gewiss die Originalität dieses Werkes aus. Es liegt in den Ad-hoc-Tagebuchnotizen eine Vielfalt an Widersprüchen und eine unhierarchisierte mikroskopische Empirie vor, die philosophische Erwägungen über den Tod neben 'banale' Bemerkungen stellt.

Was als Garant für Wahrhaftigkeit und Unmittelbarkeit erscheint, sprengt in seiner radikalen Jetztgebundenheit alle für diese erforderlichen Zusammenhänge. 'Wahrhaftig' bleibt nur die reine Prozessualität des Schreibaktes selbst: Wesentlich am Tagebuch ist, dass es eben nicht überarbeitet wird, sondern den von der Augenblickserinnerung gesteuerten Prozess des Erzählentwurfs, nicht aber dessen Referenz, dokumentiert. Dem Moment des Schreibens als Augenblick der Erinnerungskonstitution entspricht der Tag als Rhythmus der Fragmente auf der Makroebene.[32]

In dieser radikalen Verwiesenheit an eine 'Jetztzeit' des Schreibens liegt die wesentliche Eigenart der Diaristik, die sich als Erinnerung an eben Erlebtes konstituiert. Und hieraus wird der eigene Stil des Tagebuchs kenntlich: neben den narrativen Sequenzen finden sich vor allem Gegenwartsreflexionen. An die Stelle des Berichtens tritt das diaristische Nennen, in dem die Erinnerung an das Jetzt gestiftet wird.[33] Der diaristische Diskurs Klemperers stellt somit einen unmittelbaren und bewusst mikrologischen Akt der Verschränkung von Aufzeichnung und Erinnerung dar:

> Ich will Zeugnis ablegen. [...] Es kommt nicht auf die großen Sachen an, sondern auf den Alltag der Tyrannei, der vergessen wird. Tausend Mückenstiche sind schlimmer als ein Schlag auf den Kopf. Ich beobachte, notiere die Mückenstiche. (Tb II 503)

"Vergegenwärtigung" als "Aktualisierung des Raums oder der Zeit, in der das Ding funktioniert" meint für das Tagebuch die Erinnerung seines

---

[31] Fliedl: *Arthur Schnitzler*. S. 268.
[32] Siehe Pethes: *Mnemographie*. S. 177f.
[33] Ebd. S. 178.

Geschriebenwerdens im Text.[34] Das ist es also, was ein diarischer Text letztlich memoriert: Als Schreiben im Jetzt erinnern die Tagebücher Victor Klemperers ihre Entstehungsbedingung von Tag zu Tag. Diese Jetztzeit des Schreibens ist das Medium der Erinnerung im Tagebuch.[35]

Klemperer versteht seine Aufzeichnungen als ein Vermächtnis den Ermordeten gegenüber; er setzt ihnen schriftliche Denkmäler.[36] Insofern jedes Gedenken darauf verwiesen ist, dem zu Gedenkenden einen Eigennamen zu geben, da der Name im Gegensatz zum Tod unsterblich ist – so Derrida in *Mémoires. Für Paul de Man* –, nimmt das Gedächtnis immer auch den Tod vorweg: "Wenn wir jemanden zu seinen Lebzeiten mit Namen rufen oder nennen, wissen wir, daß er bereits zu seinen Lebzeiten damit beginnt, sich von ihm zu lösen, indem er jedes Mal [...] seinen Tod aussagt und vorträgt".[37] Was vom Subjekt bleibt, ist sein Name, der als ein solches auswendiges Zeichen gleichzeitig dem allgemeinen System der Sprache zugehört und somit die Innerlichkeit des Ich subvertiert.[38] Im Zeichen des Namens wird der Text zur "Allothanatografie". Oder persönlicher gewendet: Die Berichte Klemperers handeln von vielen jüdischen Menschen, die keinen anderen Grabstein haben als seine Tagebücher. Klemperer lässt zum Beispiel der Ehefrau des Vorstehers der jüdischen Gemeinde, als er von ihrer bevorstehenden Deportation erfährt, eine Nachricht zukommen, über die sie sich besonders freute: "wenn ich noch einmal zum Publizieren käme, würde ihr Name in meinem Opus eine Rolle spielen" (Tb II 393).

Zeugnis ablegen bedeutet in dieser Hinsicht also mit den Worten von Giorgio Agamben in *Was von Auschwitz bleibt*: "in der eigenen Sprache die Position desjenigen einzunehmen, der sie verloren hat [...]".[39] Klemperer rückt in diesem Verständnis die angeblich Namenlosen in das Blickfeld, um ihre Geschichten zu erzählen. Das autobiografische Wort ist dasjenige, was jedesmal die Position des Rests einnimmt und auf diese Weise Zeugnis ablegen kann. Literatur stiftet die Sprache als das, was übrig-bleibt, was aktuell die Möglichkeit – oder Unmöglichkeit – zu sprechen überlebt.

[34] Walter Benjamin: *Fragmente. Autobiographische Schriften*. In: *Gesammelte Schriften*. Bd. 6. Hg. von Rolf Tiedemann und Hermann Schweppenhäuser. Frankfurt/M. 1985. S. 416.
[35] Vgl. Pethes: *Mnemographie*. S. 178.
[36] Siehe Susanne zur Nieden: Aus dem vergessenen Alltag der Tyrannei. Die Aufzeichnungen Victor Klemperers im Vergleich zur zeitgenössischen Tagebuchliteratur. In: *Im Herzen der Finsteris. Victor Klemperer als Chronist der NS-Zeit*. Hg. von Hannes Heer. Berlin 1997. S. 110–121. Hier: S. 117.
[37] Jacques Derrida: *Mémoires. Für Paul de Man*. Wien 1988. S. 70.
[38] Pethes: *Mnemographie*. S. 93.
[39] Giorgio Agamben: *Was von Auschwitz bleibt. Das Archiv und der Zeuge*. Übers. von Stefan Monhardt. Frankfurt/M. 2003. S. 141.

Die Akkumulation von Autobiografemen in den Tagebüchern stellt eine Art "Archiv" des Eigennamens dar, eine letzte Liste von Eigennamen, die spektral im kollektiven Gedächtnis anwesend bleibt. Die eigene Zeit wird in gesammelte Anekdoten und Geschichten gefasst. Michel Foucault und Arlette Farge haben ebenfalls versucht, dieses "populäre" Gedächtnis wieder zu Ehren zu bringen, um in dieser Weise dafür zu sorgen, dass die unzähligen Mikro-Geschichten von unzähligen Individuen durch die "offizielle" Geschichtsschreibung nicht unterdrückt werden.[40] Klemperers Tagebücher über das Dritte Reich schreiben aus diesem Rand der Geschichte heraus und Klemperer selbst erscheint als materialistischer Historiker im benjaminschen Sinne, als "Lumpensammler der Geschichte": "Ich sollte all diese Kleinigkeiten und Stimmungen des Alltags (was man so heute Alltag nennt) notieren. Es widert mich an [...]" (Tb I 537).

Auch wenn die Tagebücher Victor Klemperers für die historische Forschung des Nationalsozialismus ein wichtiges Dokument von unmittelbar erlebter Alltagsgeschichte darstellen – wahrscheinlich das einzige in dieser Ausführlichkeit aus der Sicht eines Opfers – ist Klemperer selbst der erste, der sich der Problematik seiner individuellen Geschichtsschreibung bewusst ist. Er, der das Wilhelminische Kaiserreich, die Weimarer Republik und das Dritte Reich fast Tag für Tag für sich festgehalten hat, vertritt den skeptischen Gedanken, dass der Miterlebende im Grunde genommen nichts weiß: "Que sais-je? Von der Vergangenheit weiß ich nichts, weil ich nicht dabeigewesen bin; und von der Gegenwart weiß ich nichts, weil ich dabeigewesen bin" (Tb II 49). Diese Skepsis, aber auch die Fehleinschätzungen, Widersprüche und die Komplexität werden in der Rezeption oft vernachlässigt. Man vermisst oftmals eine gewisse Varietät in der Auswahl der Zitate, vor allem dort, wo Klemperer selbst seine Zitate immer wieder aufs Neue in Frage stellt. Eine unproblematische deutsche Geschichte wird vielerorts in die Tagebücher hineingelesen, obwohl die Enttäuschungen, die Ambiguitäten, das zwiespältige Verhältnis zu Deutschland eine Absage an die postume Vereinnahmung seiner Werke durch eine sich heute konstituierende Erinnerungskultur darstellen. Die dialektische Spannung gegenüber dem Deutschen, die in den Tagebüchern zwischen absoluter Idealisierung und kompletter Desillusionierung oszilliert, wird jedoch regelmäßig auf den Aspekt eines nachträglichen Wunschdenkens einer deutsch-jüdischen Identität ohne Shoah reduziert. Mit dem französischen Soziologen und Philosophen Maurice Halbwachs lässt sich hier behaupten, dass sich jede Gemeinschaft die Vergangenheit "stiftet", die sie für ihre eigene Identität braucht. Das kollektive Gedächtnis ist somit ein "entliehenes", indem

---

[40] Für eine ausführlichere Erörterung des alltagsgeschichtlichen Ansatzes siehe zum Beispiel Alf Lüdtke: Stofflichkeit, Macht-Lust und Reiz der Oberflächen. Zu den Perspektiven von Alltagsgeschichte. In: *Sozialgeschichte, Alltagsgeschichte, Mikro-Historie. Eine Diskussion.* Hg. von Winfried Schulze. Göttingen 1994. S. 65–80.

die Vergangenheit wie ein Reservoir aus Symbolen, Codes und "unanfecht-
baren" Wahrheiten verwendet wird, aus dem sich das kollektive Gedächtnis
identitätsschaffende Fixpunkte heraussucht.[41] Vor diesem Hintergrund soll
auch die deutsche Rezeption von Klemperers Tagebüchern erörtert werden.

IV. Rezeption

Die literarische Konstruktion der kulturellen deutschen Identität nach der Wende
kennzeichnet sich momentan durch eine Identitätssuche in der Vergangenheit,
und in diesem Rahmen soll auch die Rezeption der Tagebücher in der bundesdeutschen Öffentlichkeit verortet werden.[42] Das vereinte Deutschland begibt
sich auf die Suche nach den Ursprüngen und Kontinuitäten der eigenen
Nationalgeschichte, und Klemperers zweibändiges Tagebuch *Ich will Zeugnis
ablegen bis zum letzten*, das gerade aufgrund seiner vermeintlichen Singularität
auf gesamtdeutschem Niveau großes Aufsehen erregt hat, gilt als symbolischer
nationaler Gedächtnisort, der wichtige Elemente zur kollektiven Identifizierung
darstellt. Die Tagebücher Klemperers wurden durch die öffentliche und
(geschichts)wissenschaftliche Rezeption in relativ kurzer Zeit kanonisiert und in
den Rang der Klassiker erhoben. Hier ließe sich eine Brücke von Klemperers
rascher Kanonisierung bzw. Sakralisierung zu der von Aleida Assmann formulierten Definition "kultureller Texte" schlagen.[43] Die hier besprochenen
Diarien könnten als kulturelle Texte bezeichnet werden, und nicht einfach als
"eng" literarische, weil sie – Assmann folgend – als kanonisierte und transhis-
torische Ikone deutscher Vergangenheit zur vorbehaltlosen Identifikation bestimmt sind und die Teilhabe an ihnen Indiz der Zugehörigkeit zu einer
bestimmten Gruppe ist.

Die kollektiven Leidenserfahrungen der deutschen Bevölkerung spielen dabei
eine zentrale Rolle. Aber bedenkt man die Tatsache, dass die Rezeption von

---

[41] Für eine Einführung in Halbwachs' Hauptthesen verweisen wir auf Jan Assmann:
*Das kulturelle Gedächtnis. Schrift, Erinnerung und politische Identität in frühen
Hochkulturen.* München 2002. S. 34–48.
[42] Einen ausgewogenen kritischen Versuch, die neuere Rezeption der Tagebücher Victor
Klemperers 1933–1945 zu analysieren, unternehmen Paola Traverso und Earl Jeffrey
Richards. Siehe an dieser Stelle vor allem Paola Traverso: Ein gebrochenes Leben im
Dienste ungebrochener (Wunsch-)Traditionen. Zur Rezeption der Tagebücher Victor
Klemperers. In: *Germanisten* 2 (1997). S. 34–46; Paola Traverso: Victor Klemperers
Deutschlandbild – Ein jüdisches Tagebuch. In: *Tel Aviver Jahrbuch für deutsche
Geschichte* 26 (1997). S. 307–344; Earl Jeffrey Richard: National Identity and Recovering
Memories in Contemporary Germany. The Reception of Victor Klemperer's Diaries.
In: *German Politics and Society* 17.3 (1999). S. 121–141.
[43] Siehe Aleida Assmann: Was sind kulturelle Texte? In: *Literaturkanon – Medienereignis
– Kultureller Text. Formen interkultureller Kommunikation und Übersetzung.* Hg. von
Andreas Poltermann. Berlin 1995. S. 232–244. Hier vor allem: S. 241ff.

Memoiren oder autobiografischen Romanen von Überlebenden des Holocaust mittlerweile ein wesentliches Element der Gedächtniskultur in der Bundesrepublik geworden ist, so erstaunt die Euphorie, mit der die Tagebücher Victor Klemperers aufgenommen wurden.[44] Drei Elemente mögen nach Alexandra Przyrembel in diesem Zusammenhang entscheidend gewirkt haben. Erstens: Klemperer verkörpert scheinbar wie kaum ein anderer das Gelingen einer deutsch-jüdischen Symbiose. Zweitens: Entgegen der bitteren Einsicht, dass die Deutschen mehr gewusst haben, als sie nach 1945 zugeben mochten, wird die Lektüre der Tagebücher offenbar deshalb erleichtert, weil sie gleichsam stellvertretend für andere die Courage einer nicht-jüdischen Deutschen dokumentieren. Sie zeigen nämlich Mut und Tatkraft seiner Ehefrau Eva Klemperer. Drittens: Klemperers Tagebücher dokumentieren mit dem Untergang Dresdens ein deutsches Trauma. Zudem ist ihre Wirkung nicht zuletzt Resultat einer deutsch-deutschen Verständigung über das Dritte Reich und die Nachkriegsgeschichte.

Die Frage nach der deutschen Identität Klemperers – war er Jude, Deutscher, jüdischer Deutscher oder deutscher Jude? – gewinnt in der Rezeption umso größere Bedeutung, als sie die viel brisantere Frage aufwirft, ob das Deutschland, das nach dem Fall der Berliner Mauer entsanden ist, wieder das Selbstverständnis einer Kulturnation erlangen kann, indem es den Patriotismus und das Deutschtum seiner Opfer – wie im Fall Klemperer – für sich in Anspruch nimmt: Man spricht den Nationalsozialisten jenes Deutschtum ab, das sie damals den Juden wegnahmen, und gibt es letzteren wieder zurück. Klemperer läuft die Gefahr, – *malgré lui* – im Sinne einer geglätteten nationalen Identität instrumentalisiert zu werden, die den Opfern ein Denkmal setzt und die Täter ausschließt. Keine Zivilisationskrise, sondern Kontinuität, unterbrochen durch zwölf Jahre – mit Klemperers eigenen Worten – des undeutschen nationalsozialistischen Wahnsinns.[45] Ein Zitat vom 30. Mai 1942, das immer wieder diese Kontinuität belegen soll, ist folgendes:

> Die Umkehr der assimilierten Generation – Umkehr wohin? Man kann nicht zurück, man kann nicht nach Zion. Vielleicht ist es überhaupt nicht an uns zu gehen, sondern zu warten: Ich bin deutsch und warte, daß die Deutschen zurückkommen; sie sind irgendwo untergetaucht. (Tb II 105; meine Hervorhebung)[46]

---

[44] Hingewiesen sei in diesem Kontext auf Alexandra Przyrembel: Die Tagebücher Victor Klemperers und ihre Wirkung in der deutschen Öffentlichkeit. In: *Geschichtswissenschaft und Öffentlichkeit. Der Streit um Daniel J. Goldhagen.* Hg. von Johannes Heil und Rainer Erb. Frankfurt/M. 1998. S. 312–327. Hier vor allem: S. 318.

[45] Im schlimmsten Jahr der Judenverfolgung 1942 wurden seine Bekenntnisse zum Deutschtum immer häufiger: "Den schwersten Kampf um mein Deutschtum kämpfe ich jetzt. Ich muß daran festhalten: Ich bin deutsch, die andern sind *undeutsch*" (Tb II. S. 83f.; meine Hervorhebung).

[46] Vgl. in dieser Optik gleichfalls das Notat vom 22.5.1945 (Tb II 789).

Das Problem eines Teils der Klemperer-Rezeption besteht darin, dass er zum exakten und allgemeinen Chronisten der zwölf Jahre nationalsozialistischer Herrschaft erklärt wird, und dass dessen Schilderung von einer nicht einheitlich antisemitischen Haltung der Bevölkerung gegen die oftmals als kränkend empfundenen Thesen Daniel Goldhagens ausgespielt wird.[47] Victor Klemperers Chronik gibt die Alltagsrealität eines dem Holocaust entgangenen Juden wieder, der dank des Privilegs einer Mischehe die nationalsozialistische Herrschaft überlebt hat. Das verringert keinesfalls den Wert des Berichtes, macht ihn aber mit einer Studie wie der Goldhagens – die sich gerade mit den Tätern des Holocaust befasst – a priori wenig vergleichbar. Die Instrumentalisierung der Tagebücher soll also in Frage gestellt werden.

In den Tagebüchern, die die Jahre 1933 bis 1945 umfassen, handelt es sich ja um ein erzählbares und mitteilbares Leben, dessen Darstellung auf einem semantischen Code fußt, den Text und Leser teilen, und der deshalb die narrativen Grenzen der Sprache, die dieses Leben erfahrbar machen, nicht sprengen muss. Nicht so die Erinnerungen von Überlebenden der Konzentrationslager, an deren kaum kommunizierbarer Erfahrung der Entwürdigung und Entmenschlichung die Repräsentierbarkeit der Sprache versagt, und in deren Berichten der so oft für die Chronik Klemperers herangezogene Begriff der Authentizität seine Sinnlosigkeit zeigt.[48] Die Gültigkeit des Zeugnisses der Überlebenden der Shoah – wie von Primo Levi oder Jean Améry – beruht nämlich wesentlich auf dem, was ihm fehlt; in seinem Zentrum enthält es etwas, von dem nicht Zeugnis abgelegt werden kann, ein Unbezeugbares: Es gibt keine Zeugenschaft von Auschwitz. Das Spannungsverhältnis zwischen der Notwendigkeit und der Unzulänglichkeit des Zeugnisses lässt sich nicht aufheben, es bleibt eine fundamentale Aporie.[49]

Die diarischen Schriften Klemperers eignen sich in diesem Verständnis nicht dafür, die Historiografie des Holocaust neu zu schreiben. Die deutsche Rezeption, die den Tagebüchern den Rang einer getreuen Chronik des Holocaust zudichtet, reduziert die Shoah auf die Dimension des Darstellbaren, Erträglichen und Normalisierten. Vielmehr können sie dazu dienen, das Konzept

---

[47] Nur zwei Beispiele dieser angesprochenen positiven Bewertung von Klemperers Tagebüchern gegenüber Goldhagens Thesen: Volker Ullrich: Hitlers willige Mordgesellen. In: *Ein Volk von Mördern? Die Dokumentation zur Goldhagen-Kontroverse um die Rolle der Deutschen im Holocaust.* Hg. von Julius H. Schoeps. Hamburg 1997. S. 89–92; Norbert Frei: Ein Volk von "Endlösern"? In: Ebd. S. 93–98. Eine Ausnahme bildet zwar Wolfgang Schneider: Pro Germania. Über Nutzen und Nachteil der Tagebücher Victor Klemperers für die moralische Aufrüstung der wiedervereinigten Deutschen. In: *Konkret* 10 (1996). S. 18–22.
[48] Siehe Traverso: Victor Klemperers Deutschlandbild. S. 322.
[49] Siehe dazu Agamben: *Was von Auschwitz bleibt.* S. 30.

einer deutsch-jüdischen Symbiose erneut zu hinterfragen, die Schuldfrage der deutschen Zivilbevölkerung kritisch zu beleuchten und als reflexive Registraturen verschiedenster Begebenheiten und Praktiken den national-sozialistischen Alltag in ein neues Licht zu rücken.[50] Und vor dem Hintergrund aktueller Tendenzen eines veränderten Diskurses über das Gedenken des Holocaust fordern und fördern diese Tagebücher immer wieder eine aktive Politik der Erinnerung.

---

[50] Siehe dazu Traverso: Victor Klemperers Deutschlandbild. S. 310.

Hans-Thies Lehmann

Sprachtheater. Zu *Senecas Tod* von Heiner Müller

This article first of all sketches the different aspects of the death motif in Müller's late oeuvre and then tries to demonstrate to what extent, Senecas Tod *can be considered exemplary for Müller's inclination to project his own present – and especially his life-long interest in the relation between power and intellectual – onto the Roman world, the circumstances of the declining Roman Empire, and also onto the Roman authors. Bultman's analysis of the mentality from which the Roman stoa arises functions as a starting point.* Senecas Tod *is also considered as a reflection on language and especially poetical language, which constitutes itself on the border of the unsayable and reveals its own (im)possibility in the form of the paradox. On another level, poetical reflection can also be found in the scenic sequence, in which a language that becomes increasingly indistinguishable from mere protocol is combined with mute pantomime, and as such should be considered as a theatrical poetics typical of Müller.*

Es gibt mehr als einen guten Grund, einen Überblick über die deutsche Literatur seit 1989 mit Anmerkungen zum Werk Heiner Müllers zu beginnen, manifestiert sein Werk doch wie kaum ein anderes die Tragödie, die Groteske und den Schrecken der deutschen Geschichte, zumal ihrer Spaltungen, Brüder- und Bürgerkriege, die in Müllers Vorstellungswelt zurückreichen bis zu der bei Tacitus berichteten Szene, in der Arminius und sein mit den Römern alliierter Bruder sich über einen Fluss hinweg beschimpfen. Müllers Werk ist punktiert durch Bilder der deutschen Geschichte, die das Land zerteilte und wieder vereinigte, Bilder von Spaltungen. Sodann fallen an seinen Texten die zahlreichen intertextuellen Verweise auf die literarischen Traditionen auf: nicht nur die sozialistischen Klassiker, Brecht vor allem und Anna Seghers, sondern ebenso Kleist, Goethe, Hebbel, Grabbe, Schiller, Lessing, Kafka, Walter Benjamin. Es geht dabei nicht einfach um thematische Anspielungen, Zitate, Verweise. Müller war auch auf der Ebene der Form ein sonderbar klassisch gesonnener Autor. Kaum jemand stand und verstand sich so tief in der Tradition des Versdramas, schrieb so selbstbewusst die großen rhetorischen Traditionen der deutschen Dramatik fort – während er auf der anderen Seite postdramatische Texturen wie *Hamletmaschine, Der Auftrag* oder *Bildbeschreibung* schuf.

Grenzziehungen zwischen Klassik, Moderne und Postmoderne treffen Müller nicht. Auch ist er weder ein "DDR-Autor", so tief sein Schreiben auch von der Erfahrung des Lebens in diesem kurzlebigen Staat zehrte, noch ein Vertreter der Postmoderne (er hat dieses Konzept öfter zurückgewiesen), obwohl er in engem Kontakt mit den ästhetischen und intellektuellen Bewegungen im Westen stand. Er war ein Weltautor, dessen Werk von dem Versuch zeugt, politische Wirklichkeit, dichte und komplexe Texte und Formexperimente mit dem

94

Theater (vor allem die Heimholung des Denkens, der Reflexion in den Theaterraum) zu vereinen – drei Faktoren, die sonst gewöhnlich nur jeweils isoliert auftreten. Eher findet man textfeindliche Theatererfinder, aus Sorge um Tiefe theaterfeindliche Autoren oder politisch Engagierte, die aus unironischem Ernst ästhetisch reaktionär werden. Politisch passte Müller in keine Landschaft. Unverdrossene "linke" Staatsgläubigkeit fand in ihm so wenig einen Genossen wie die neueste endgültige Wahrheit des Neoliberalismus. Er sprach vom "eisernen Gesicht" der Freiheit in der kapitalistischen Warenwelt, kommentierte hellsichtig die Lügen der Politik und die Ideologie des Kapitalismus als nicht mehr weiter hinterfragbarer Verfassung und Verkehrsform der Menschen.

Als Autor begann Müller mit Gedichten in der Spur der Vaterfigur Bertolt Brecht. Dann wurde er der Theatermann und Zeitkommentator, den die Welt kannte, aber nach 1989 wurden Prosa und Lyrik erneut das Zentrum seines poetischen Schaffens, auch wenn posthum noch *Germania 3 Gespenster am Toten Mann* herauskam. Müller selbst nannte gelegentlich den Umstand, dass er kaum eine Möglichkeit sah, ein Stück zu schreiben, als Mitursache seiner Erkrankung, an der er 1995 verstarb. Betrachtete er doch Schreiben für das Theater als eine ihm notwendige "Lebensfunktion". In seinen letzten Lebensjahren entstanden eine Reihe von lyrischen und prosalyrischen Meisterwerken, von denen ich hier eines kommentieren werde: *Senecas Tod*.

Wir finden in den späten Texten Müllers eine vielschichtige und oft sehr persönlich anmutende Reflexion über Tod und Sterben, zugleich über Kunst und das Theater im Besonderen. Theater ist für Müller Dialog mit den Toten, seine Formel für die Utopie des Theaters lautet "Theater der Auferstehung".[1] So sehr die Themen der Verzweiflung und Trauer vorherrschen, es gibt in den Texten eine paradoxe Idee von Hoffnung, die vom "Engel der Verzweiflung" im *Auftrag* so formuliert wird: "Meine Hoffnung ist der letzte Atem. Meine Hoffnung ist die erste Schlacht. Ich bin das Messer mit dem der Tote seinen Sarg aufsprengt. Ich bin der sein wird. Mein Flug ist der Aufstand, mein Himmel der Abgrund von morgen".[2] "Neu beginnen kannst du mit dem letzten Atemzug", schrieb Brecht. Sogar noch das allerletzte Atemholen hat das Ausatmen vor sich. Die Möglichkeit, das Morgen im Jetzt, kann den Tod zur paradoxen Figur der Hoffnung machen. Theater ist für Müller Möglichkeitsraum, essentiell Theater der Potentialität. Darin ist zu lesen die Fortschreibung einer Grundfigur von Moderne, auf die Pointe gebracht in Baudelaires "Le Voyage", wo der Tod,

[1] Heiner Müller: Brief an Wonder. In: Erich Wonder: *Raum-Szenen/Szenen-Raum*. Stuttgart 1986. S. 62. Vgl. Günther Heeg: Totenreich Deutschland – Theater der Auferstehung. In: *Der Text ist der Coyote. Heiner Müller Bestandaufnahme*. Hg. von Christian Schulte und Brigitte Maria Meyer. Frankfurt/M. 2004. S. 35–50.
[2] Heiner Müller: *Der Auftrag*. In: *Werke 5. Die Stücke 3*. Hg. von Frank Hörnigk. Frankfurt/M. 1998. S. 11–65. Hier: S. 16f.

"vieux capitain", uns abholt mit dem zwischen Nichts, Paradies und Tod unbestimmbar bleibenden "Ziel": "trouver du nouveau". Müller deutete diese Figur durchweg im Sinne sozialer Prozesse. Geschichte heißt, dass Existierendes sterben muss, um Platz zu machen für das, was kommt. Deshalb: *"Die erste Gestalt der Hoffnung ist die Furcht, die erste Erscheinung des Neuen der Schrecken".*[3] Die Angst vor dem Tod ist für Müller das Deckbild der Angst vor Veränderung. Den Tod sah er in der westlichen Gesellschaft als eine Art *outcast* an, darin nicht fern den Thesen Jean Baudrillards, und daher bestimmte er als eine Art Hauptaufgabe des Theaters, das Bewusstsein des Todes, das Umgehen mit Tod zu heben. Nicht freilich wie das Kino, das, wie Müller mit Godard meinte, dem Tod bei der Arbeit zusieht (melancholische Disposition des photographischen Mediums), sondern als Durchspielen der Verwandlungen, der Metamorphosen, von denen der Tod nur die radikalste ist. Das Negative ist mithin der Ort, an dem Hoffnung sich formulieren kann: als Leere, als Raum unbesetzter Möglichkeit. Kunst, Literatur hat für Müller die Aufgabe, der Melodie des Todes zu lauschen, wie es Arnold Böcklin auf einem bekannten Selbstporträt tut, weil er als Maler/Künstler eben die Wahrheit der Flüchtigkeit und Verfallenheit im Werk unsterblich macht.

Gleichwohl: Müller verfiel nicht der Verführung zu einer Aufhebung, also Sinngebung des Todes – sei es in einem Kollektiv der Gläubigen, der Kommunisten, der Nation. Er begriff das *désoeuvrement*, die "Entwerkung", unter der allein Gemeinschaft zu denken ist (Jean-Luc Nancy):[4] nicht durch das Opfer, sondern allein im – idealiter wechselseitigen – Verstehen des Nichtverstehens, in der Kommunikation der Einsamen, die mit dem Tod konfrontiert sind. Positivierte Utopien der Gemeinschaft – einschließlich des Kommunismus – sind dagegen untrennbar von der Verdrängung des Todes.[5] In seinen Stücken zeigt er, wie das unkontrollierbare "Andere" im Subjekt (der Tod) unerträglich scheint und so die Formierung kollektiver Aggressionen und Feinderklärungen herbeiführt, so dass auf den realen Anderen als Feind die inneren Ambivalenzen übertragen werden. Durch die paradoxe und unnachgiebige Erinnerung an diese Mechanik leistet Theater Widerstand gegen sie.

Es geht hier nicht darum, die vielfältige Bedeutung der Todesmotive zumal in Müllers späten Texten hier auch nur zu umreißen. Einige Stichworte, um die folgende Lektüre zu kontextualisieren, müssen genügen. Einerseits geht es in Müllers späten Texten immer wieder um die Bewusstwerdung des eigenen bevorstehenden Todes. Dieser aber kann erfahren, gedacht, erlebt werden stets

[3] Heiner Müller: Der Schrecken die erste Erscheinung des Neuen. Zu einer Diskussion über Postmodernismus in New York. In: *Rotwelsch*. Berlin 1982. S. 94–98. Hier: S. 98.
[4] Vgl. Jean-Luc Nancy: *La communauté désoeuvrée*. Paris 1990.
[5] Vgl. Günther Heeg: Deutschland-Krieg. In: *Heiner Müller Handbuch*. Hg. von Hans-Thies Lehmann und Patrick Primavesi. Stuttgart 2003. S. 88–93. Hier: S. 90.

96

nur als der Tod des *Anderen*, der Tod im Spiegel. Als solcher erfahren wird also offensichtlich nur der Reflex des Todes, Tod des Anderen im Ich, also vermittelt über eine Art Identifizierung mit dem Toten und Sterbenden im Leben, der Tod als Reflex darin. Dann sind viele Motive Müllers zu nennen, die Tod und *Arbeit* äquivalent setzen. Den Tod aktivisch machen, seinen Tod sterben wie man sein Leben lebt, wie man seine Arbeit verrichtet, ist eine wiederkehrende Vorstellung (die aus Brechts Lehrstücken herkommt). Andererseits ist der Tod des Anderen Resultat des *Tötens*. Töten, Morden, Hinrichten, Liquidieren des politischen Feinds wird immer wieder einer Arbeit gleichgesetzt, und die Verknüpfung von Töten und politischer Arbeit lässt auf dem Weg der Einschreibung des Todes in alle Arbeit die letztere als Arbeit der *Trauer*, der Verlust-Verarbeitung, als "Durcharbeiten" der unerlösten Geschichte erscheinen. Auf einer anderen Ebene ist das Leben der Menschen in der Waren- und Geldwelt für Müller ein Leben von *Zombies*, lebenden Toten. In einem Gedicht wie "Nachtflug Frankfurt Tokyo" nennt er das Flugzeug "fliegenden Sarg", in dem die "Leichen" schlafen.[6] Als Träger von Tauschwert sind die Menschen – nach alter marxistischer Analyse – strukturell tot. Endlich findet man in Müllers Texten das beinahe obsessive Motiv der Vereinigung von Mensch und *Maschine*. Ein Topos des europäischen Denkens ist der Fetisch der absoluten, mangellosen Lebendigkeit, die Äquivalenz von Leben und Organismus, in und an dem überall das Vitale wirksam ist und zur Erscheinung kommt, das durch einen Abgrund vom Tod geschieden ist. Das genauere Bewusstsein von der Präsenz des Toten im Lebendigen, die "Dekonstruktion" dieser metaphysischen Opposition von Leben und Tod musste Müller nicht erst von Jacques Derrida lernen. Als letztes Stichwort in dieser – unvollständigen – Reihe von Todesmotiven sei noch die eigentümliche Faszination am *Stein*, an der Dauer des Steinernen in Müllers Texten erwähnt.[7] Der Stein ist ein Todesbild, mit dem Müller es aufnehmen will – vom frühen Steinträger Sisyphos bis zu den späten Steinbildern einer paradox vorläufigen Ewigkeit.

Senecas Tod wurde laut Auskunft der Werkausgabe geschrieben im August/September 1992,[8] also vor der Stasi-Affäre, und publiziert 1993, im selben Jahr, als kurioserweise auch ein wichtiges neues Buch über Seneca von Paul Veyne und eine neue Ausgabe seiner Schriften erschienen.[9] Der Text gehört in

---

[6] Heiner Müller: Nachtflug Frankfurt Tokyo. In: *Werke 1. Die Gedichte*. Hg. von Frank Hörnigk. Frankfurt/M. 1998. S. 241.

[7] Hans-Thies Lehmann: Leben der Steine. Kurze Phantasmagorie über Heiner Müllers Stein-Schriften. In: *Der Text ist der Coyote. Heiner Müller Bestandsaufnahme*. S. 299–304.

[8] Heiner Müller: Senecas Tod. In: *Werke 1. Die Gedichte*. S. 250f.

[9] Paul Veyne: *Weisheit und Altruismus. Eine Einführung in die Philosophie Senecas*. Übers. von Holger Fliessbach. Frankfurt/M. 1993; Lucius Annaeus Seneca: *Philosophische*

die Serie 'römischer' Gedichte, in denen der späte Müller, wie einst schon Brecht, in Autoren und Zeitverhältnissen des alten Rom Spiegelbilder der eigenen Situation suchte. Er wirkt sehr persönlich – so wie eine Reihe anderer Gedichte aus der Zeit nach der Wende, die den Tod ins Zentrum rücken. Persönlich auch darin, dass Müller im Bild des Philosophen Seneca, der Nero erziehen, die Macht beeinflussen wollte und endlich seine Ohnmacht erkennen musste, vielleicht auch das eigene Scheitern zu lesen gibt. Das Rom der Kaiserzeit als ein dem Untergang entgegengehendes Imperium bot Müller darüber hinaus Grund zu einer historischen Identifikation mit dem Zusammenbruch des sowjetischen Reichs, von der unter anderem auch *Mommsens Block* Zeugnis ablegt. Stilistisch endlich hat Müller sich am Lakonismus lateinischer Autoren, zumal Historiker, geschult und las besonders in seinen letzten Jahren viel Tacitus, in dessen *Annalen* die meisten Details zu Senecas Leben zu finden sind, auch die ausgedehnte Schilderung seines Todes, an die sich Müllers Text eng anschließt.[10] Dass die Szene sich in Senecas Landgut abspielt, kehrt in der Erwähnung der Terrasse wieder; Tacitus' Erwähnung von Freunden, die zu Gast sind, nimmt der Text auf; ebenso Tacitus' Bemerkung, dass Seneca "in aller

Schriften. Übers. von Otto Apelt. Hamburg 1993 (Nachdruck der ersten Auflage von 1923/24).

[10] Müller folgt in zahlreichen Details der ausführlichen Schilderung des Tacitus, weicht aber in sprechenden Details auch ab. Hier einige Beispiele: Das (für unsere Auslegung) wichtige Detail, dass der Centurio "stumm" bleibt, sowie die Erwähnung des schriftlichen Todesbefehls fügte Müller hinzu. Tacitus schreibt von dem Centurio, "qui necessitatem ultimam denuntiaret". Dass Seneca gerade Freunde als Gäste bei sich hatte, erwähnt Tacitus. Die eindrückliche, Pathos nahelegende Tatsache, dass Seneca nicht, wie er wünschte, sein Testament aufsetzen durfte und darauf erklärte, so könne er ihnen nur "seines Lebens Bild" ("imaginem vitae suae") hinterlassen, das einzige aber auch Wertvollste ("unum iam et tamen pulcherrimum"), was ihm geblieben sei, übergeht Müller auffälligerweise. Sie hätte nicht gut zu dem Motiv des paradoxen und im Grunde unbeurteilbaren Charakters des Realen gepasst. Die bei Tacitus gebrachten Bemerkungen über Nero verschärft Müller hingegen noch. Bei Tacitus ist von der Ermordung von Mutter und Bruder die Rede, wobei eigentlich der Halbbruder Britannicus gemeint ist. Müller verallgemeinert, so dass der Eindruck von einem Nero entsteht, der gleichsam seine ganze Sippschaft getötet hat. Einerseits erinnert dies an Müllers "Herakles 13", andererseits betont es das Spiegelverhältnis zu Seneca erneut, der trotz der Anwesenheit der Freunde und der Frau vollkommen allein und isoliert in seinem Denken erscheint. Noch mehr wird dieser Zug explizit durch die Behandlung der Frau. Zwar fällt ihr Name an dieser Stelle auch bei Tacitus nicht, wohl aber vorher und nachher. Müller verschweigt den Namen, sodann übergeht er den wiederum zu pathetischer Ausgestaltung einladenden Dialog, in dem Seneca Paulinas Wunsch, mit ihm zu sterben, zurückweist, um ihm dann, beeindruckt von ihrer "constantia", doch zuzustimmen. Müller behält die körperlichen Einzelheiten bei, ändert jedoch Senecas Anraten, seine Frau möge sich in ein anderes Gemach begeben ("Suadet in aliud cubiculum abscedere"), in einen Befehl um, so als wolle Seneca zum Schreiben mit sich allein bleiben. Ohnehin entfällt die Zwischenbemerkung von Tacitus, Paulina betreffend, dass

Ruhe" die Schreibtafeln zu seinem Testament forderte und die fast sämtlich bei Tacitus genannten Details des Sterbens. Es ist auch kaum ein Zufall, dass Müller den optimistischsten Zug von Tacitus' Schilderung übergeht, dass Seneca nämlich bei Tacitus als seine wertvollste Hinterlassenschaft das Bild seines Lebens bezeichnet – dies löst gleichsam der müllersche Text als ganzer ein. Tacitus:

> In aller Ruhe fordert Seneca die Schreibtafeln zu seinem Testament. Als sich der Centurio weigerte, wandte er sich zu seinen Freunden und erklärte: Da man ihn hindere, seinen Dank für ihre Verdienste abzustatten, so hinterlasse er ihnen das Einzige, aber auch das Wertvollste, was er noch besitze, seines Lebens Bild. Wenn sie dieses im Gedächtnis behielten, würden sie den Ruhm wahrer Tugend als Lohn für ihre Freundschaft gewinnen. Zugleich sucht er sie von ihren Tränen bald durch freundliches Zureden, bald durch ernsteren Tadel zur Standhaftigkeit zurückzurufen. Er fragt sie, wo denn ihre philosophischen Grundsätze, wo ihre durch so viele Jahre erwogene Besonnenheit gegenüber drohenden Gefahren geblieben sei? Wer wüsste denn nicht, dass Nero grausam sei? Nachdem er seine Mutter und seinen Bruder umgebracht habe, was bleibe ihm dann noch übrig, als auch seinen Erzieher und Lehrer zu ermorden![11]

Ich zitiere zunächst eine kleine Fabel:

> Eine große Säuberung steht bevor. Die Launen des Diktators werden immer bizarrer, und in den Reihen der Nomenklatura geht die Angst um. Darunter ist ein berühmter Intellektueller, der selbst einmal ein hoher Funktionär des Regimes war. Jetzt hat er sich vorsichtig zurückgezogen und widmet sich nur noch seiner Schriftstellerei. In seinem Werk preist er die moralische Freiheit, die man sogar im Kerker oder auf dem Richtblock bewahren kann. Plötzlich decken die Sicherheitskräfte ein Komplott gegen den Despoten auf. Der oppositionelle Autor war darin gar nicht verwickelt. Trotzdem wird auch er liquidiert. Er muss Selbstmord begehen. Es folgt eine entfesselte Menschenjagd, die den Historikern und der Öffentlichkeit bis heute als Inbegriff einer Schreckensherrschaft gilt. Diese Geschichte von Stalinismus und Dissidenz spielt im ersten nachchristlichen Jahrhundert.[12]

Senecas Zeit war eine Epoche, in der in der Führungsschicht Gift und Mord, Komplott, Intrige und Umsturz an der Tagesordnung waren. Zugleich bemächtigte sich das Gefühl, einem unbeherrschbaren Schicksal ausgeliefert zu sein, weiter Schichten zumal der wachsenden großstädtischen Bevölkerung. Das von Seneca verkörperte Ideal des stoischen Weisen entsprang nicht zuletzt diesen Verhältnissen:

> sie – und zwar, weil Nero es wollte – von den Soldaten verbunden und gerettet worden sei und noch einige Jahre gelebt habe, über ihre wirkliche Haltung zwischen heroischem Stolz und Lebensliebe aber durchaus Zweifel in Umlauf waren.

[11] Tacitus: *Annalen*. Buch XV. S. 62.
[12] So begann Jan Roß in der *Frankfurter Allgemeinen Zeitung* vom 5.10.1993 seine Rezension zu Paul Veyne, in der er auch Müllers Gedicht explizit erwähnte.

Die politischen Umwälzungen, denen die alte Polis wie auch das republikanische Bürgertum zum Opfer fallen, und die wirtschaftlichen Veränderungen sind für den einzelnen in ihren Gründen und Folgen nicht mehr übersehbar; ihr Gesetz ist nicht verständlich, und der einzelne vermag nicht mehr, wie einst im begrenzten und übersehbaren Raum der Polis, an der Gestaltung des Schicksals selbsttätig mitzuwirken, sondern fühlt sich ihm ausgeliefert. Der Sturm der Ereignisse, Eroberungszüge, Gründung und Sturz von Reichen, innerpolitische Wirren und Bürgerkriege bringen dem Individuum seine Ohnmacht zum Bewußtsein [...] 'Und so sehr sind wir dem Schicksal verhaftet, dass uns das Schicksal selbst als Gott gilt, weil Gott als ungewiss gelten muss' – so der ältere Plinius. (nat hist II,22) Aber ist das launische Schicksal noch als Gott vorstellbar? Begreiflich, dass es geradezu auch den Namen des 'Von-selbst' (*to automaton*, griech.: Schreiben) erhält. [...] Dieses Bewußtsein, dem Schicksal wehrlos preisgegeben zu sein, [...] stellt das Heimatgefühl in dieser Welt in Frage. *Die Welt* gewinnt ein feindliches Gesicht, sie *wird zur Fremde* [...].[13]

Unschwer erkennt man an dieser Schilderung Rudolf Bultmanns, wie leicht es der historischen Phantasie Müllers fallen musste, die Züge der eigenen Welt des Zusammenbruchs und der unüberschaubaren Umwälzungen in diesem Rom wiederzufinden. Bultmann entwickelt aus seinem Rom-Tableau auch, wie aus diesen Verhältnissen die Lehre der späten Stoa erwächst, sich gleichsam im "Trotz" gerade nicht gegen das Schicksal zu sträuben. Das Selbst bewahrt sich vielmehr gerade darin, das "Verhängnis" zu bejahen – einerseits als Erscheinung einer mindestens grundsätzlich der Ratio zugänglichen Weltordnung und andererseits als Gelegenheit zum eigenen Tugendbeweis. Es gilt, so Seneca,

alles tapfer zu ertragen; denn alles ereignet sich nicht, wie wir glauben, zufällig einmal, sondern es trifft nur ein (non, ut putamus, incidunt cuncta, sed veniunt) [...] als Vergängliche empfangen wir Vergängliches (accipimus peritura perituri). Was entrüsten wir uns also? Was beklagen wir uns? Dazu sind wir geboren (ad hoc parti sumus).[14]

Man erkennt hier deutlich Motive, die Müller, wenn auch in charakteristisch veränderter Intonation, wieder aufgreift. Und bei Seneca weiterlesend – "Und was gehört einem guten Manne zu eigen? sich dem Schicksal darbieten (praebere se fato). Ein großer Trost ist es, mit dem All dahingerissen zu werden (cum universo rapi)" – wundert man sich kaum noch, hier bis in die Bildlichkeit hinein einer gewissen Lehre von "Einverständnis" nahe zu kommen. Ein stilistischer, ein historischer, ein ideologischer Spiegel ist also aufgestellt. Jede seiner Brechungen müsste, wie sich versteht, ausführlich kommentiert und differenziert werden. Wenden wir uns aber dem Gedicht selbst zu.

Nicht "Der Tod des Seneca" wird vom Titel angekündigt – so könnte vielmehr eine neue Version des oft traktierten (gemalten, vertonten, dramatisierten)

---

[13] Rudolf Bultmann: *Das Urchristentum im Rahmen der antiken Religionen*. München 1962. S. 138f.

[14] Zit. nach Bultmann: *Das Urchristentum*. S. 140 (Seneca: *de prov.* 5,7f.).

Exemplums stoischer Fassung heißen, das von Tacitus in den *Annalen* überliefert wurde. *Senecas Tod* klingt anders, trockener, eher wie das letzte Kapitel
einer Vita, Senecas Geburt, sein Leben und Wirken, Senecas Tod. Zugleich
bringt der Genitiv eine Aneignung zum Ausdruck: der Tod 'gehört' Seneca
gleichsam, ist "seiner", der Stoiker entmächtigt ihn, indem er über ihn zu verfügen scheint. In diesem Sinne heißt es später "MEINE SCHMERZEN SIND
MEIN EIGENTUM". Müller selbst hat dieses Motiv am Denken der alten
Römer besonders hervorgehoben: den souveränen Umgang mit dem Tod gerade aufgrund der Abwesenheit jeder Transzendenz.[15] Ohne den Glauben an
ein Jenseits wird es leichter möglich, den Tod als etwas zu sehen, das auch in
die eigene Verfügung gegeben ist. Man kann hier einerseits an das brechtsche
Motiv einer paradoxen Aktivierung des Sterbens denken ("Sterbt euren Tod
wie ihr gearbeitet habt eure Arbeit"), andererseits könnte hier ein Weg in die
Diskussion abzweigen, wo die Grenze verläuft, die die stoische Selbstsicherung
des Ich durch seine Verschanzung in Todesverachtung von einer resignativen,
sogar nihilistischen Haltung der Indifferenz trennt, die bis zur Seneca gelegentlich attestierten Todessehnsucht und Glorifizierung des Selbstmords reichen
kann. Die Lehre gleichmütiger Selbstbewahrung angesichts der Übel der Welt
ist stets in Gefahr umzuschlagen in eine Entwertung des Lebens überhaupt in
einer solcherart zugleich auch von Sinn und Licht entleerten Welt. Wie nahe
Müller dem Rand und Abgrund eines solchen Nihilismus gekommen sein mag,
darum geht es hier aber nicht, sondern nur um den Hinweis auf diese Grenze,
weil sie für die im Text sedimentierte, mehrfach geschichtete Reflexion auf
Schrift, Sprache und Theater eine Rolle spielt.

Tatsächlich zieht sich durch den ganzen Text von *Senecas Tod* das Thema
von Sprechakten, von Denken und Sprechen, Schrift und Brief, Schreiben,
Diktieren, Fußnote, Klartext und Verstummen. Andererseits führt der Text auf
eigentümliche Weise ein Theater auf. Nicht nur, weil Müller als Dichter immer
auch szenisch dachte und als Bühnenautor poetisch. Sondern weil es in diesem
Text über den Tod Senecas, der auch Dramatiker war, zugleich um Poetik geht,
um die Sache der Sprache, die zugleich die Sache des Theaters in seinem Kern
betrifft. Schon die allererste Zeile bringt die suggestive und dann mehrmals
wiederholte Formel: "Was dachte Seneca (und sagte es nicht)". Sie eröffnet
jeweils eine Szene, deren Wiedergabe durch temporale Satzkonstruktionen
bestimmt ist. Die Zeile unterbricht also nicht so sehr die Schilderung (wie man
gesagt hat), sondern sie zieht gleichsam hier zu Beginn und dann jedes Mal,
wenn sie wiederkehrt, den Vorhang zur Seite (oder, dem römischen Theater
gemäßer: lässt ihn fallen). So stellt sich der Text wie eine Sequenz von
Theaterauftritten, pantomimisch wirkenden Gesten, Szenen dar: "Was dachte
Seneca (und sagte es nicht)" – *als* der Hauptmann das Todesurteil aus dem

---

[15] Heiner Müller: *Ich schulde der Welt einen Toten: Gespräche.* Hamburg 1996. S. 16f.

Brustpanzer zog… (Szene 1); *als* er den Anwesenden das Weinen verbot und sich dann, ohne zu zögern, die Adern öffnen ließ (Szene 2); *während* das Blut zu langsam seinen zu alten Körper verließ (Szene 3); *zwischen* den Buchstaben seines letzten Diktats und *als* er den Becher leer trank (Szene 4); *als* er dem Tod entgegenging (Szene 5). Der Text gibt sich als temporal, ja: chronikalisch orientiertes Protokoll. Szenen eines Geschehens werden mit einigem Detail dargestellt, das scheinbar nur Evidente wird jedoch zugleich ins Rätselhafte gewendet durch die eine insistente und nicht beantwortete Frage, die alles Dargebotene umfärbt. Das muss man Theaterszenen nennen. Denn was tut die Szene des Theaters anderes als die fraglose und evidente Präsenz von Menschen – da, dort auf der Bühne bei ihrem Tun, das man Da-stellung nennen kann – aufzuladen mit Geheimnis durch die unabweisliche und unausschöpfliche Aura einer letzten Unbestimmtheit und Unbestimmbarkeit der menschlichen Darsteller, insofern sie als Lebendige wesentlich nicht durch ihr "Da", sondern durch den Raum ihrer Möglichkeit konstituiert sind.

Es sind, kaum ein Zufall, fünf Szenen. Oder sollen wir sagen: Akte? Aber diese Akte haben zum Gegenstand nicht eigentlich Aktionen, sondern ein Erleiden, eine Passion. Seneca wehrt sich nicht, im Gegenteil: – wie der Debuisson im *Auftrag* vielleicht nur darauf gewartet hat, von seinem revolutionären Auftrag befreit zu werden, so scheint Seneca eher auf das Ende als eine Gelegenheit zum sichtbaren Beweise seiner stoischen Tugend des Erduldens gewartet zu haben – bewährt sich doch nach seiner Lehre die stoische Haltung erst im standhaft ertragenen Tod ganz. Der Begriff Passion hat aber hier noch einen anderen Sinn. Unübersehbar sind in Müllers Text die Spuren der Tradition christlicher Aneignung der Märtyrergestalt Seneca: die wehrlose Hingabe des Titelhelden gehört dazu, das Abendmahlmotiv, das Untersagen der Tränen (auch Jesus verbietet den Töchtern von Jerusalem das Weinen [Lukas 23.28]), das Blut und die lang hingezogene Todesqual. Sie macht im Text immer mehr den Eindruck einer schrecklichen Folter, lässt an die Kreuzigung denken. Details wie der Hauptmann – wie der Centurio hier heißt – aus den Evangelien gehören dazu, die Parallele zu dem ebenfalls christologisch beanspruchten Sokrates, untragischem Held der ersten Märtyrertragödie, am Ende die gleichsam parodistische, weltlich-immanente "Auferstehung", die durch das epiphanische Schlussbild konnotiert wird:

> Die Terrasse verdunkelt von wirrem Flügelschlag
> Nicht von Engeln im Säulengeflimmer beim Wiedersehn
> Mit dem ersten Grashalm den er gesehen hatte
> Auf einer Wiese bei Cordoba hoch wie kein Baum

In seiner Materialität bestreitet dieses Endbild zwar göttliche Transzendenz, stellt aber unwiderstehlich die klassische Figur einer Elevatio. Der Blick wird aus dem Unten des Todes (Gras und Sarg: ein wichtiges Anagramm der deutschen

Lyriktradition) hinauf- und hochgerissen in den Himmel. Müller, so können wir behaupten, zitiert durch die Anklänge an die Passion und die Anspielungen auf Sokrates das Theater der Märtyrer, die Theaterform des Passions- und Trauerspiels herbei. Keinesfalls ist das überraschende Schlussbild etwa die Antwort auf die Rätselfrage, was Seneca dachte, aber nicht sagte, ein scheinbar gelüftetes Geheimnis nach Art des Rosebud. Dieses bliebe so ja auch nicht minder rätselhaft als zuvor. Die "Antwort" auf jene Frage, wenn man davon sprechen will, "insistiert" vielmehr, wie ich erläutern möchte, als etwas "Ungesagtes" im Text als ganzem, ja, fällt beinahe mit diesem zusammen. Aber gehen wir langsam vor.

Was bewirkt die rhetorische Frage ohne Fragezeichen, die die Chronik skandiert? Sie eröffnet, wie gesagt, die Szenen, aber sie realisiert zugleich – der Struktur nach ähnlich wie in *Bildbeschreibung* – die Einschreibung einer *anderen Szene* in das dargestellte Geschehen: jene unsichtbare Szene der Beobachtung des Geschilderten durch die latent anwesende namenlose Frage-Instanz, die eigentlich eine Lese-Instanz ist: sie "liest" hier Tacitus, sucht in der ja nur von diesem berichteten Szene nach einem Geheimnis. Und sie liest von Senecas Tod, sucht sein Denken durch Tacitus hindurch zu lesen.[16] Die Frage nach dem Ungesagten findet nirgends im Text eine explizite Antwort. Stattdessen mündet der Text in eine merkwürdige Identifizierung: Die Phantasie des fragenden Beobachters, der bisher bei distanzierter Beobachtung von außen beharrte, beschreibt (im Sinne von überschreibt) die phantasierte Vorstellung des Sterbenden, das Bild des sterbenden Seneca endgültig – wiederum wie in "Bildbeschreibung". Der Diskurs spricht plötzlich aus dem sterbenden Seneca heraus, an seiner Stelle. *Senecas Tod* figuriert am Ende noch ein anderes Sterben oder Verschwinden: das Aufgehen oder Einverleibtwerden der Gestalt Senecas, sein Tod im Sinne seines Verschwindens im Leser oder Beobachter selbst, nennen wir diesen unvorsichtig und nur einen Moment lang Heiner Müller.

Die Wendung "(und sagte es nicht)" steht, worauf zu selten insistiert wurde, in Klammern, ebenso der Ausdruck "(sprachlos endlich)" gegen Ende. Was hat es damit auf sich? Die Einklammerung zeigt noch eine andere Ebene jenseits des Berichts, der Frage, des Autorkommentars an. In Klammern gesetzt wurde, was Senecas Selbstwahrnehmung angehört, was er gleichsam "zu sich selbst" sagt. Und damit handelte es sich in der Tat, wenn man so will, auf eine besondere Weise um das gesuchte Denken, um das nicht genannte, nicht nennbare, nicht zu wissende Gedachte: Seneca gedachte, seine Gedanken nicht zu sagen (vgl. Heiner Müller: "Das einzige was ich nicht offen sage ist meine Meinung"). Es handelt sich dabei nicht um eine Tautologie, die nur besagte, dass Denken

---

[16] Tacitus: *Annalen*. Buch XV. S. 60ff. und 794ff.

und Sagen nicht identisch sind, auseinandertreten können. Vielmehr wird das Nichtsagen exponiert als der bewusste und betonte Akt des Verschweigens. Eine weitere Passage des Textes steht in Klammern, und sie bestätigt die hier vorgeschlagene Lesart – wirkt sie doch beinahe unwiderstehlich wie eine Teilantwort auf die Frage, was Seneca dachte: "(Schreiben und Siegeln hatte er gelernt / Und die Verachtung aller Tode statt / Des eignen: goldne Regel aller Staatskunst)".

Von diesem in Klammern gesetzten Paradox lässt sich nach Geste und Inhalt konstatieren: es ging Seneca in diesem Moment gerade dieses durch den Kopf, dass alles Gelehrte in Verkehrung auf ihn zurückfällt: Schreiben, Geheimnisse Siegeln, Todesverachtung. All dies ist eine Art Perversion und Repetition der Tugend *à la* Seneca, seines stoischen Grenzgangs zum Nihilismus, Pervertierung durch den Mächtigen, der all dies verkehrt herum spiegelt. Und dies, was der poetische Text als Paradoxon manifestiert, zu denken, muss unaussprechlich bleiben, die Möglichkeit des Sagens im Paradox unmittelbar stillstellen. Analog ist gegen Ende das "(sprachlos endlich)" lesbar als der Gedanke Senecas, der die Erlösung begrüßt, die *Grenze* der Sprache überschritten zu haben.

Um die Möglichkeit der Sprache geht es. Das Nichtsagen geschieht nicht aus Willkür. Das Leitmotiv des Textes besagt vielmehr, dass es um nichts Geringeres geht als die Grenze eines Denkens, das man aussprechen, sagen könnte; um einen Abstand oder Abgrund in und zwischen Denken und Sprechen, um die Grenze des Sprechens selbst. Senecas Tod ist der Tod der Sprache, des Sinns, ihr Tod als Sturz ins Paradox. Doch der Sturz ist selbst paradox: er eröffnet nämlich auch allererst das Wort (das Begehren, das Unaussprechliche dennoch zu sagen) und schlägt es doch im selben Zug mit Bedeutungslosigkeit, weil immer zugleich eines und auch sein Gegenteil ausgesagt werden müsste: das Staunen, aber auch das Nichtstaunen (Seneca wusste doch, wer und was Nero war); den Schrecken und zugleich den Nichtschrecken (der Tod war doch für Seneca im Denken geradezu Gegenstand der Sehnsucht, Kommentatoren haben von seinem Suizid-Verlangen gesprochen); die Unschuld und zugleich die Schuld (denn gesetzt, Seneca wäre an der Verschwörung gegen Nero nicht beteiligt gewesen – wäre das die größere oder die kleinere Schuld?). Die Wirklichkeit, die die Rede zu erreichen hätte, wäre in jedem Zug unheilbar, unrettbar, unvermittelt und unvermittelbar gespalten. Das Nichtsagen erscheint mithin ebenso sehr als unvermeidliche Notwendigkeit wie als Wahl und Vorsatz, sein Status ist auch darin noch einmal paradox unsprechbar. Es ist diese Reflexion, das Paradox von Spiegelungen und Paradoxa, die nicht zu sagen sind, was nach verschiedenen Seiten hin von der Szenensequenz des Gedichts entfaltet wird.

Auftakt: In der ersten, rein gestischen, pantomimischen Szene spiegelt schon Senecas Schweigen das des Hauptmanns, der ihm nämlich seinerseits "stumm" das Todesurteil überbringt. Das Urteil ist ein Brief, also nur als Schrift präsent. Das Sprechen ist wiederum als, in der Schrift, abwesendes thematisch.

Die Schrift des Urteils ist "gesiegelt" und wieder ist es auch Seneca, der durch Nichtsagen seine Lippen versiegelt. Gespiegelt ineinander sind Nero (und sein Hauptmann) als verschwiegen, bzw. nur in der Schrift sprechend, und Neros Opfer Seneca, als dessen letzte Lebensäußerung der Text später – das Schreiben festhält. (Wobei das Geheimnis dieser letzten Schrift auch versiegelt bleibt: die Rede, von der Tacitus spricht, wird von ihm nicht wiedergegeben und ist nicht erhalten.) Da der Text aber auch weiterhin dartun wird – ein Lebensthema Müllers –, dass ein Band unergründlicher Komplizenschaft Täter und Opfer vereint, so beinhaltet die stilistische Form der Spiegelung eine Frage. Wie, fragt die so "geschriebene" Szene, fragt diese "Theatrographie", kann dies gesagt werden? Und sie gibt auch eine Antwort: nur als Theater, nur als dessen auch in und mit der Rede essentiell 'stummes' Spiel. Das heißt zugleich und ununterscheidbar: sowohl als die vieldeutige Pantomime und Gestikulation der Theaterbühne, das stumme *Spiel*, das auch im rhetorischsten Texttheater als "Szene" im emphatischen Sinn erhalten bleibt; als auch als das *stumme* Spiel in einem zweiten Sinn, nämlich selbstreferentiell als Schrift des Textes, die wohl manifestiert, den Sinn aber (ver)schweigt.

Szenenwechsel: römisches Abendmahl. Es tritt auf Seneca zunächst bei seiner letzten Mahlzeit, dann beim Beginn der Selbsttötung mit Hilfe eines Sklaven. Senecas Sprechakt hat einen präzisen Inhalt: Untersagen des Weinens. Wenn das, was geschieht, wegen seiner paradoxen Natur in keiner Weise "gedacht", also im Gedanken aufgehoben werden kann (Täter und Opfer spiegeln sich), so erlaubt es logischerweise auch keine konkret identifizierende Klage und Anklage, nicht einmal gegen "diesen Nero". Auch das Sagen als Klage, auf die man angesichts der Erfahrung unklärbarer Rätselhaftigkeit und Undurchsichtigkeit des Schicksals vielleicht zurückgreifen könnte oder möchte, entfällt. Handelt es sich doch bei Unglück (im Sinne des Logos-Verständnisses der Stoa) um eine zwar nicht einsichtige, aber logische Notwendigkeit, einen schicksalhaften Zusammenhang aller Ereignisse, die unwiderrufbar feststehen und, wie oben zitiert, nur "eintreffen", wenn ihre Zeit gekommen ist. Darum gilt: "DAS VERHÄNGTE MUSS ANGENOMMEN WERDEN". Von den Worten beim Abendmahl wird, vermittelt durch das Thema "BLUTVERGIESSEN", übergeleitet in die andere Szene dieses zweiten Akts: die Handlung bzw. das Erleiden der Handlung des Adernöffnens. Interessant ist hier, das sei am Rande vermerkt, dass man in Müllers Syntax nur schwer das Tacitus entnommene Detail herausliest, dass sich die Wendung "Mit einem Schnitt" darauf bezieht, dass der Schnitt Seneca und seiner Frau zugleich die Adern geöffnet hat.[17] Dabei wird jetzt ein offensichtlicher Autorkommentar – "Von einem Sklaven

---

[17] Tacitus: "Dabei schneiden sie sich mit *einem* Schnitte des Messers die Pulsadern auf. Weil aus Senecas greisem und schlecht genährtem Körper das Blut zu langsam floss" usw.

wahrscheinlich" – *ohne* Einklammerung eingefügt. Wir nehmen das als weiteren Beleg für die These, dass die tatsächlich in Klammern gesetzten Worte eine andere Ebene andeuten sollen als nur einen solchen Kommentar. Dass sie vielmehr, wie dargelegt, eine Art von (partieller) Antwort auf die Frage nach Senecas Gedanken geben, insofern es in diesen (wenn man sie denn sagen könnte) um die Grenze des Sagens selbst, das Nichtsagen als Nicht-sagen-Können ebenso wie als Nicht-sagen-Wollen gehen müsste. Eine ideologische Version dieser Grenze wird mit dem Thema der Sklaven ins Spiel gebracht: Seneca, der kritische Theoretiker der Gleichheit der Menschen hielt dennoch Sklaven, ein Widerspruch, der auch schon den Republikaner Brutus betraf. Der Verächter weltlicher Güter ließ es durchaus zu, von Nero überreich beschenkt zu werden, riesige Güter zu besitzen. Keine sprachlich-gedankliche Setzung holt ein, dass Leben und Schreiben nicht zur Deckung kommen, jede Wahrheit insofern auch von Lüge vergiftet ist, jede Setzung auch eine Verstellung einschließt.

Dritter Akt: der Schmerzensmann. Nach dem Paradox der Verschmelzung von Täter und Opfer, Subjekt und Objekt, nach der Abweisung des Sagens als subjektive Beurteilung und Klage, nach dem Paradox des Selbstwiderspruchs wird noch einmal von einer anderen Seite das Verhältnis von Sprechen, Schreiben und Denken beleuchtet und zwar mit der für den Gesamttext vielleicht entscheidenden Wendung. Der Tod kommt zu langsam, und in dieser Lage zwischen Leben und Tod tritt der Rückzug, die radikale Einschrumpfung des Selbst auf den Logos ein: auf die Stimme am Rand der Artikulation ("mit ausgetrockneten Stimmbändern"); auf das Alleinsein nach der Trennung von der im Text Müllers (anders als bei Tacitus) nirgends mit Namen genannten Ehefrau Paulina; auf den Versuch zu schreiben, das Versagen der Hand. Was hier Darstellung findet, ist Kontraktion des Lebens auf den reinen Denkakt. Es bleibt nur das – Diktieren. Seneca ist im Moment des Sterbenwollens nur noch – Diktator. Sprache wird zugleich durch und durch Notat: "Das Gehirn … die Maschine … notierte die Schmerzen". Sie ist Protokoll, Abbild, neutraler Spiegel des Realen, indifferent. Einerseits lässt Sprache als solch extreme Indifferenz gegen Leben und Leiden wie sie nur ein – ? Nero haben kann, das Opfer wiederum auf die Täterseite hinübergleiten. Zugleich hebt sich so die Dimension des Sagens als eigene Realität überhaupt hinweg. Sprache wird gleichsam ganz und gar transparent, durchsichtig, durchlässig. Ist sie noch eigentlich Sprache, wenn sie gleich einem Spiegel gleichbedeutend wird mit dem Modus des reinen Konstativs?

Der Diskurs, das besagt diese stoische Lektion des Textes, kann nicht tiefsinniges Auslegen und Sinngebung sein, kann nicht dem Bild des Geschehens eine andere, verborgene Tiefe hinzufügen, kann vielmehr, will er wahr sein, nur getreu notieren, nur "im Bilde sein", im Bild selbst, das Bild selbst. Was immer Gegenstand von Senecas Kontemplation gewesen sein mag – in jedem Fall wird es die stoische Selbstdistanz gewesen sein, in der das Bewusstsein buchstäblich in einen algebraischen, gleichsam wie von einer "Maschine" erstellten Widerschein des Erfahrenen verwandelt ist: Figur einer unnachgiebigen Welt- und Selbstobservation, die sich, erst recht angesichts des Endes, keinen Ausweg in Klage, Utopie oder Verzweiflung erlaubt. "Ohne Hoffnung und Verzweiflung leben". Was der Text dergestalt aussagt, geschieht in der Form. Müller lässt (durch den Lakonismus der Chronik) stilistisch *und* thematisch Sprache in ihrer basalen Wirklichkeit hervortreten. Als Spiegel des Erfahrenen, als maschinelle Algebra kann Rede nennen, nicht bekennen, hindeuten, nicht deuten, gelangt nur um den Preis des Selbstbetrugs unter oder hinter das Reale des Körpers, des Todes. Das Wirkliche als das "Verhängte" bleibt ihr mithin notwendigerweise zugleich das Zugehängte. Damit ist wohl der Höhepunkt der Reflexion des Textes erreicht, passenderweise im dritten der fünf Akte. Auf die Frage "was dachte Seneca (und sagte es nicht)", antwortet der Text: er "dachte" eben dies, was Du, Bruder Leser, vor dir hast, er "dachte" genau dieses Bild des Geschehens, es bildete sich in seinem Bewusstsein ab. Er dachte, das heißt reproduzierte, spiegelte, protokollierte, notierte, was du liest, Geschehen als das für ihn wie für Dich "Verhängte" im Doppelsinn des Worts.

Bewusstsein, schreibt Lacan bei Gelegenheit seiner Kritik der Illusionen des Ich, ereignet sich überall dort, wo eine maschinell zu denkende Spiegelung stattfindet, ein Abbild. Wo einem Punkt im Sein ein anderer entspricht, wo etwas wie ein Spiegel ist, der quer zu allem Ichsein funktioniert.

> Ich bitte Sie zu beachten – für eine gewisse Zeit, während dieser Einführung –, dass das Bewusstsein sich jedes Mal produziert, wenn – und es produziert sich an den unerwartetsten und voneinander entferntesten Orten – eine Oberfläche gegeben ist dergestalt, dass sie das produzieren kann, was man ein *Bild* nennt. Das ist eine materialistische Definition.[18]

Mit all den hier angebrachten Kautelen wage ich zu sagen: auf einer gewissen Ebene ist Müllers Lakonismus ein Lacanismus.

Akt 4: es erfolgt die historische Kontextualisierung Senecas mit Sokrates.[19] Das Thema Schreiben bleibt präsent, ist doch Sokrates derjenige, der nicht geschrieben hat, sondern sprach, seine Lehre von Platon notieren ließ. Im Sinne der stoischen Lehre von der Einheit aller Seinsstufen im Kosmos tritt, wenn auch im Sinne der Schrift-Thematik umgedeutet, die Todesmaterie, das Gift, das den Tod nicht schenken will, auf die gleiche Ebene mit menschlichen Akteuren. Der Leib wird wie ein Pergament vorgestellt (Senecas Haut dürfte

---

[18] Jacques Lacan: *Das Ich in der Theorie Freuds und in der Technik der Psychoanalyse.* Olten/Freiburg i.Br. 1980. S. 66.
[19] Die Erwähnung Athens und des Giftbechers, den die dort Verurteilten trinken mussten, steht auch schon bei Tacitus.

so schon ausgesehen haben), das Gift als Autor, Schreiber, Skripteur kann aber wiederum keine Klarheit der Grenze zum Tod einschreiben, keinen "Klartext". Solange Sprache Sprache ist, wird sie nur das Zweideutige, Grenzhafte schreiben, keine Klarheit, nicht einmal die der Grenze zwischen Leben und Tod. Sie bleibt notwendig gespenstisch, im Paradoxen. So erweist sich noch einmal, dass die umständliche Schilderung des Sterbens Zug um Zug im Dienst einer Reflexion steht, der Artikulation eines notwendigen prolongierten Verstummens und Verschweigens und so einer Figuration des Sprechens als Sterben, einer Zwischen-Welt, weder noch ganz lebendig noch schon ganz tot.

Erst im fünften und letzen Akt, die Szene führt von der Couch ins Dampfbad, ist die Sprache am Ende, "endlich" gegangen, herrscht das Bild – ähnlich wie die letzte Erinnerung Debuissons im *Auftrag* an einen Sandsturm: Tanz der Luft, Verdunklung, Wirrnis, Flimmern, die "Verneinung" der Engel, rilkescher oder anderer, die vielleicht für jegliche Transzendenz stehen. Es gibt nur noch ein Sehen, zirkulares oder rückläufiges "Wiedersehn" und Gesehenhaben. Müller hat dazu eine Erläuterung gegeben. Seneca stammte in der Tat aus Corduba, dem heutigen Cordoba – "Seneca war Spanier" witzelte Müller bei Kluge. Dieses "Wiedersehen/Mit dem ersten Grashalm den er gesehen hatte/Auf einer Wiese bei Cordoba hoch wie kein Baum" überlässt dem Paradoxen noch einmal das Wort, das letzte. Wo das Kleine fast unendlich hoch ist, sind alle Gegensätze aufgehoben, auch der zwischen erstem und letztem Sehen, Anfang und Ende, Kindheit und Tod. Das Land des Paradoxon ist die "Landschaft" einer innerweltlichen Auferstehung, jedenfalls eine Landschaft "jenseits des Todes". Das Bild knüpft übrigens auch an den mystischen Materialismus der Lyrik des jungen Brecht an, bei der Müller sich so oft Inspirationen geholt hat. Dort heißt es von dem wilden, ganz dem Diesseits hingegebenen Seeräuber am Ende überraschend: "Schlendernd durch Höllen und gepeitscht durch Paradiese/Still und grinsend vergehenden Gesichts,/Träumt er gelegentlich von einer kleinen Wiese/Mit blauem Himmel drüber und sonst nichts".[20]

Nichts also. Und das Theater? Müllers Text schildert ein Theater, eine Szenenfolge, sogar mit Bühnenreden darin. Aber ansonsten handelt es sich um eine gestische Pantomime. Und er platziert vor diese Bühne einen impliziten rätselnden, faszinierten Beobachter wie im *Autodrama* der "Bildbeschreibung". Theater ist definiert als Spektakel, genauer: als szenisches Notat einer Geschichte, deren Rätsel nicht aufgelöst wird. Theater ist Figur einer Erfahrung, die man nicht 'versteht', weil sie wesentlich paradox verfasst ist. Die Sprache dieses Theaters ist auch, wenn sie gesprochen wird, keine verstehbare Rede im

[20] Bertolt Brecht: Ballade von den Abenteurern. In: *Werke: Große kommentierte Berliner und Frankfurter Ausgabe*. Bd. 11. *Gedichte 1: Sammlungen 1918–1938*. Hg. von Werner Hecht, Jan Knopf [u.a.]. Frankfurt/M. 1988. S. 78.

gewöhnlichen Sinne. Sie muss gerade in ihrer Unverständlichkeit verstanden werden. Es handelt sich bei *Senecas Tod* um eine der stärksten Todesimaginationen, die Müller geschaffen hat. Zugleich formuliert der Text eine komplexe Poetik, die eine Poetik auch des Theaters ist. Der Sog auf die Sprachlosigkeit zu – nicht sie selbst – wäre ihr zufolge das, was Theater zu figurieren hat. Theater muss Theater des fortwährenden Todes der Sprache sein. In diesem Theater würde die Geste der Chronik den Sinn verhüllen, indem sie ihn indiziert. Der Tanz der Bühnengesten führt vor den Block des Verstehens. Was das Rätsel zu sein scheint, ist für das Theater in Wahrheit die Antwort: die Beschreibung der Akte und Aktivitäten (die sich als ebenso viele Passivitäten erweisen). Ein solches Theater gibt das Unhaltbare, Unsagbare zu sehen und zu denken und impliziert in das Scheitern des Sinns die Forderung nach einem anderen Sein. Die Rede des Theaters ist so nicht Thesis und Sinngebung, sondern in sich gespaltener und insistierender Rückverweis auf ein Ungesagtes in ihr selbst, das Reale, das sie als Sprache nicht symbolisierend verfügbar und deutbar machen kann. Sie figuriert und überliefert ihr Versagen und ihren Tod, Senecas Scheitern und Senecas Tod.

Anke Gilleir

"Ophelia, die der Fluss nicht behalten hat": Inge Müller im Gedächtnis

> *La vie d'un homme, unique autant que sa mort, sera*
> *toujours plus qu'un paradigme et autre chose qu'un*
> *symbole. Et c'est cela même que devrait toujours nommer*
> *un nom propre.*[1]
> Derrida, *Spectres de Marx*

When the GDR poet Inge Müller committed suicide in 1966, her memory was nothing but a shadow in the life of Heiner Müller. For decades Heiner Müller's reminiscences of his late wife were rare, and comments on the possibly biographical origin of the image of the suicidal woman that haunts several of his plays were refused. In the 1990s Müller's silence was broken as several younger authors turned their attention to Inge Müller's life, death and literature and saved her from cultural oblivion. This essay investigates the meaning of the different memories of Inge Müller; by carefully reading the different traces Heiner Müller left of her and comparing them with the biographical discourses of other authors – focussing on Ines Geipel's extensive biography – it tries to show how and to what extent literary remembrance is caught in a struggle between narcissistic figuration and the impossibility of representation.

I.

Vorliegender Aufsatz hat als Thema Inge Müller. Damit schließt er gewissermaßen an ein seit etwa einem Jahrzehnt neu erwecktes Forschungsinteresse für eine Autorin an, die lange als "die Frau im Schatten des Dramatikers Heiner Müller" stand und ansonsten, wie ihre Biografin Ines Geipel aussagt, als Dichterin in der DDR "geliebt wurde, obwohl niemand sie kannte".[2] Auffallend ist an erster Stelle, wie häufig Inge Müller zum Thema anderer Autoren, das heißt 'Dichter-Kollegen' wird. Unterschiedliche Schriftsteller wie Herta Müller, Birgit Vanderbeke, Reinhard Jirgl, Ines Geipel und Annett Gröschner haben sich gelegentlich mit Inge Müllers Literatur und Leben befasst und sind als wahre *ars memoria* der Literaturwissenschaft vorausgegangen. Markant ist in den verschiedenen Betrachtungen der immer wiederkehrende Konnex zwischen Leben und Dichtung Inge Müllers, der ihre poetische Sprache und ihre traumatischen Kriegserfahrungen in eins setzt. Reinhard Jirgl zum Beispiel betrachtet Inge

---

[1] Jacques Derrida: *Spectres de Marx. L'Etat de la dette, le travail du deuil et la nouvelle Internationale.* Paris 1993. S. 11.

[2] Ines Geipel: *Dann fiel auf einmal der Himmel um. Inge Müller. Die Biografie.* Berlin 2002. S. 12.

Müllers Schreiben als Kampf gegen den Tod. Ihr Schreib-Verhalten, das heißt, ihre "zahllose[n] Versuche, ein und dasselbe Gedicht immer wieder neu zu schreiben", ihre Vorstellung, "niemals mit einem Gedicht fertigwerden zu wollen", interpretiert er aus ihrem Bewusstsein um die Tatsache, dass mit dem Verstummen "des poetischen Schreibens – ein verlängertes Echo zwischen der Wirklichkeit der Autorin und dem Horizont des Todes – [...] die hereinbrechende Wirklichkeit des Todes erscheint".[3] Das Schreiben sei ein Kampf gegen den Tod, während die "Gewalt von draußen" die poetische Triebfeder einer Sprache sei, die ihrerseits die Dichterin zu jenem Schicksal führt, dem sie, gefangen zwischen Leben/Tod und Schrift, nicht entkommen konnte:

> Wer ihre Gedichte liest, wer bemerkt, was sie ihre Sprache treiben ließ und wohin die Sprache sie führte, der wird zwar keine weiteren Gründe, dafür aber die Tiefe jenes Grundes entdecken, der ihr poetisches Schreiben aus einem grausamen Wissen ohne Zuflucht heraus entwarf. Denn ein Lyriker hat keine Wahl.[4]

Wenn Inge Müller Thema dieses Aufsatzes ist, so handelt es sich aber nicht an erster Stelle um eine – in traditionell metonymischer Geste – Lektüre ihres literarischen Oeuvres, ihrer Poesie, Dramen oder autobiografischen Schriften, sondern um eine Lektüre der *memoria*. Analysiert wird die sprachliche Darstellung der Autorin "im Gedenken", die, wie Derrida in seinem Aufsatz "Mnemosyne" zu denken gibt, als sprachlich-narrativer Akt dem 'realen' Gedächtnis abhanden kommt.[5] Die Ansicht, dass man "mit dem Mittel der Erzählung ein Wissen vom Wesen der Vergangenheit erhalte", betrachtet Derrida als naiv. Was aber bleibt, ist die Inkommensurabilität des Verlustes und das Verlangen nach dem Trost der erinnernden Evokation durch Sprache, die ja ebenso, aller akademischen Rituale ungeachtet, Derridas Sprechen über Paul de Man zu Grunde liegt. Sprechen über den Toten/Abwesenden impliziert unausweichlich eine Poetisierung, sogar Mythisierung der eigentlichen Person; die Alternative zum Verrat der Verinnerlichung ist aber unendliche Entfernung.[6]

Es ist die Absicht dieses Aufsatzes, auf der Folie von Derridas Einsichten über *memoria* unterschiedlichen Erinnerungsdiskursen über Inge Müller

---

[3] Reinhard Jirgl: Das verlängerte Echo. Der Horizont des Todes in Gedichten von Inge Müller. In: *Neue deutsche Literatur* 44.4 (1996). S. 47–58. Hier: S. 49.

[4] Ebd. S. 58.

[5] Am Anfang seines Vortrags für den verstorbenen Paul de Man heißt es: "Aber was geschieht, wenn derjenige, der Mnemosyne liebt, nicht die Gabe der Erzählung empfangen hat? Wenn er nicht weiß, wie man eine Geschichte erzählt. Wenn er genau, weil er das Gedächtnis bewahrt, die Erzählung verliert?". Jacques Derrida: Mnemosyne. In: *Mémoires. Für Paul de Man.* Wien 1998. S. 13–66. Hier: S. 18. Über das Verhältnis zwischen Sprache/Rhetorik und Eigentlichkeit siehe: Anselm Haverkamp: Hermeneutischer Prospekt. In: *Memoria. Vergessen und Erinnern.* Hg. von Anselm Haverkamp und Renate Lachmann. München 1993. S. ix–xvi (Poetik und Hermeneutik XV).

[6] Derrida: Mnemosyne. S. 19f.

nachzugehen. Analysiert werden einerseits Heiner Müllers (spärliche) und, wie es scheint, oft eher widerwillig gegebene Darstellungen seiner Ehefrau in autobiografischer Prosa wie die literarischen Frauenbilder, die als mögliche Ikone Inge Müllers gelesen werden könnten. Andererseits werden einige biografische Texte über Inge Müller von weiblichen Autoren betrachtet: Annett Gröschners Essay "Geboren am Ostkreuz" und vor allem Ines Geipels Biografie *Dann fiel auf einmal der Himmel um*. Es handelt sich um Textgenres – Drama, episches Gedicht, poetischen Essay und Biografie – die keinen einfachen Vergleich zulassen und die hier suggerierte Deutung auf den ersten Blick unplausibel erscheinen lassen. Doch allen Texten scheint eine Art Trauer zu Grunde zu liegen, die sie als Formen der Totenbeschwörung wieder vergleichbar macht. Im Fall Heiner Müllers ist es das Trauma des Verlusts seiner Frau nach "acht Jahre[n] [der] Selbstmordversuche".[7] Im Fall der Autorinnen ist es Trauer über das tragische Ende einer Schriftstellerin, das sich als Wiederholung eines erkennbaren weiblichen Schicksals innerhalb der europäischen Kulturgeschichte und insofern als Projektionsfläche für andere Schriftstellerinnen erweist. In allen Fällen jedoch droht die literarische Erinnerung als Totenbeschwörung der poetisierenden und mythisierenden Gewalt der Sprache anheimzufallen; die Frage ist dann, wie die unterschiedlichen Formen der Erinnerung an Inge Müller mit dem Konflikt zwischen *memoria* und *conscientia* umgehen, mit dem Bewusstsein um die "impossibilité de ranimer absolument l'evidence d'une présence originaire [qui] nous renvoie donc à un passé absolu".[8]

Schriftstellerinnenselbstmord scheint wie ein Motiv in der modernen Kulturgeschichte auf. Caroline von Günderrode, Marina Zwetajewa, Virginia Woolf, Anne Sexton, Sarah Kofman, Sylvia Plath, Unica Zürn, Ingrid Jonker: alle nahmen sie sich das Leben. Julia Kristeva suggeriert, dass es diesen schreibenden Frauen unmöglich war, sich in die patriarchal strukturierte symbolische Ordnung und Zeit zu integrieren und sie sich selbst deshalb auslöschten. Inwiefern diese Hypothese für die eigentlichen Personen gilt, bleibe dahingestellt; die Frage drängt sich aber auf, was jeweils mit dem literarischen Erbe der Schriftstellerin nach ihrem Tod geschieht? In seinem Gedächtnisvortrag für Paul de Man spricht Derrida nicht nur über die Trauer des Verlustes, sondern auch hoffnungsvoll über die Zukunft: Durch den Tod ist der Autor zwar seinen Freunden und Lesern abhanden gekommen, seine Texte bleiben aber präsent, und ihr immer wieder zum Lesen herausfordernder Gehalt versichert sein Gedächtnis.[9] Das Koinzidieren von Lesearbeit und Erinnerung ist bei Schriftstellerinnen häufig anders: die Geschichte hat gezeigt, wie den patriarchalisch orientierten

---

[7] Heiner Müller: *Krieg ohne Schlacht. Leben in zwei Diktaturen*. Köln 2003. S. 159.
[8] Jacques Derrida: *De la grammatologie*. Paris 1967. S. 97.
[9] "Ich werde von der Zukunft sprechen, von dem, was uns das Werk von Paul de Man hinterläßt und verspricht. Und Sie werden sehen, das ist seinem Gedenken, seinem Gedächtnis nicht fremd […]". Derrida: Mnemosyne. S. 37.

112

Kulturmechanismen zufolge die körperliche Auslöschung der schreibenden Frauen meistens auch das Ende ihrer Schriften bedeutete, die zusammen mit den stofflichen Resten der Urheberin aus dem Kulturgedächtnis verschwanden. Und das Verstummen hält an, bis Schriftstellerinnen/Frauen späterer Generationen sich ihrer annehmen, dem schreibenden Subjekt biografisch (und editorisch) wieder zur Sprache bringen und insofern 'Leben' einhauchen. Im Augenblick der Wiederauferstehung erscheint aber der Spuk der Identifikation, der Mystifikation, der paradoxerweise mit der Überzeugung einer "fondamontalité cachée sous l'apparance d'un texte empiriste" einherzugehen scheint.[10]

Die weibliche *memoria* erweist sich aber nicht nur als Kampf gegen kulturelle Amnesie. Das Heraufbeschwören der toten Schriftstellerinnen, schwankend zwischen "anverwandelndem Überholen des Vergangenen [...] und bewahrendem Gedenken im Festhalten des Gedächtnisses", bekommt auf der Folie dominanter Weiblichkeitsmetaphorik eine besondere Bedeutung.[11] Denn innerhalb der poetisch-ästhetischen Tradition hat die Frau, die drastisch ihren eigenen Tod herbeiführte, noch ein anderes Schicksal als nur der Vergessenheit anheimzufallen. Sie wird – paradoxerweise – zugleich eine durch figürliche Sprache poetisierte Erinnerung und erinnertes Objekt. Der selbstgetötete Frauenkörper ist, anders gewendet, eine *imago* im männlichen künstlerischen und literarischen Diskurs, der seit der Aufklärung die tote Frau mythisiert. Der tote Frauenkörper wird sogar zur Allegorie der Weiblichkeit schlechthin und die Gestalt der Ophelia, die bekanntlich in Heiner Müllers *Hamletmaschine* eine unorthodoxe Neuerscheinung hat, wird zur Verdichtung dieser Weiblichkeitsvorstellung. Im Zusammenhang mit der Frage nach der Schriftstellerin Inge Müller im Gedächtnis soll also auch die Figuration des toten Frauenkörpers in der narrativen Darstellung/Erinnerung beachtet werden. Diese kulturhistorische Feststellung gibt zu bedenken, warum Heiner Müllers Erinnerungen an Inge Müller so spärlich sind. Denn er, der sie am besten kannte und ihr jahrelang professionell wie emotional wohl am nächsten war, hat sie totgeschwiegen und damit fast um ihr Andenken gebracht. Haben jüngere Autorinnen wie Ines Geipel und Annett Gröschner ihrerseits versucht, Heiner Müllers Schweigen zu durchbrechen, so sind aber die unterschiedlichen Totenbeschwörungen im Hinblick auf das Problem von Erinnerung und Figuralität hin zu untersuchen.

II.

Sur l'onde calme et noire où dorment les étoiles
La blanche Ophélia flotte comme un grand lys,
Flotte très lentement, couchée en ses longs voiles...[12]

---

[10] Derrida: *De la grammatologie.* S. 32.
[11] Haverkamp: Hermeneutischer Prospekt. S. xiv.
[12] Arthur Rimbaud: Ophélie. In: *Poésies.* Hg. von Marcel A. Ruff. Paris 1978. S. 22f.

1870 spinnt Rimbauds Gedicht "Ophélie" den Faden einer Weiblichkeitsvorstellung weiter, die sich in jenen Jahren in den Kreisen literarisch und künstlerisch Tätiger einer großen Beliebtheit erfreute. Obwohl die junge Frau in Shakespeares *Hamlet* eine untergeordnete Rolle spielt, war Ophelia als darzustellendes Objekt und Projektionsfläche vor allem in der zweiten Hälfte des neunzehnten Jahrhunderts nicht weniger populär als der verzweifelte Protagonist selber.[13] Sie war, wie Bram Dijkstra nicht ohne Ironie schlussfolgert,

the later nineteenth century's all time favorite example of the love-crazed selfsacrificial woman who most perfectly demonstrated her devotion to her man by descending into madness, who surrounded herself with flowers to show her equivalence to them, and who in the end committed herself to a watery grave [...].[14]

Bekannt wurde das Kunstobjekt Ophelia in breiteren Kreisen vor allem durch das Gemälde von John Millais (1851). In den unterschiedlichen Kunstschulen des gesamten Jahrhunderts taucht sie jedoch *mutatis mutandis* immer wieder auf: von Delacroix' dramatischer Gestik über die Pre-Raphaelitische Statik bis zu Georg Falkenbergs neurotischer Gestalt.[15] Dass auch Rimbaud sich dem Pathos dieses Stoffes nicht entziehen konnte und seinerseits Schicksal und Bild der "pauvre folle [...] mourut par un fleuve emporté" schildert, erscheint nicht unerwartet. Aufschlussreich ist indes, dass den langen ersten zwei Teilen dieser "Ophélie" ein kurzer dritter Teil zugefügt ist, eine einzige vierzeilige Strophe, in der die Gestalt des Dichters auftritt, die in einer poetisch-reflexiven Geste das Bewusstsein um die Erschaffung der Opheliagestalt in der Literatur offenbart:

Et le Poète dit qu'aux rayons des étoiles
Tu viens chercher, la nuit, les fleurs que tu cueillis;
Et qu'il a vu sur l'eau, couchée en ses longs voiles,
La blanche Ophélia flotter, comme un grand lys

Mit der letzten Zeile knüpft das Ende des Gedichtes an seinen Anfang an und vermittelt so nicht nur eine thematische Geschlossenheit. Auf dichterischer Metaebene wird das Bild des literarischen Teufelskreises evoziert, jenes *circulus vitiosus* der sprachlich-dichterischen Mythologisierung, die eine derartige Performanz gewinnt, dass zuletzt der Dichter trotz poetologischer Selbstbehauptung als autonom schaffendes Subjekt umschlungen in die Tiefe der Fiktion/Sprache gezogen wird und damit der paralysierten Bewegung seines ophelischen Objektes zwischen den Wasserpflanzen gleicht. Es handelt

[13] Siehe dazu: Bram Dijkstra: *Idols of Perversity. Fantasies of Feminine Evil in Fin-de-Siècle Culture.* New York 1986.
[14] Ebd. S. 44 f.
[15] Ebd.

sich bei Rimbaud um dasjenige, was Elisabeth Bronfen in ihrer Analyse der literarischen Repräsentationen von toten Frauen aus dem 19. Jahrhundert als "the undoing of tropes" erkennt. Bronfen und Dijkstra argumentieren jeweils, dass durch die obsessionelle Darstellung toter Frauenkörper – literarisch oder in der bildenden Kunst – dieses Bild zu einer Trope wird, einer Allegorie der Weiblichkeit, der aber, so versucht Bronfen allerdings nachzuweisen, subversives Potential inhärent ist.[16]

Rimbauds Gedicht mit der fast floskelhaft wirkenden Thematik gewährt einen Einblick in die Geste der sprachlichen Figuration und lüftet den Schleier über die Wirkung jener Allegorie der Weiblichkeit, zu der die Opheliagestalt gegen Ende des 19. Jahrhunderts geworden war. Die historische Wirkung, die ästhetische Sublimierungen des Weiblichen (wie die einer schwimmenden Frauenleiche) auf die soziale Position und nicht zuletzt auf das künstlerische Schicksal der realen Frau in der bürgerlichen Gesellschaft hatten, wies Silvia Bovenschen in ihrer Analyse der literarischen Präsentationsformen des Weiblichen nach.[17]

Die tote Ophelia ist auch – abermals bekanntlich – Protagonistin in Bertolt Brechts "Ballade Vom ertrunkenen Mädchen". Brecht scheint mit seinem Gedicht abrechnen zu wollen mit der ästhetisierenden Vorstellung der toten Frau. Gerade Rimbauds Gedicht soll ihm als Beispiel vor Augen gestanden haben, als er seine Ballade schrieb, die vehement dem Trugbild widerspricht, dass tote Mädchen, und zudem tote Mädchen im Wasser, schön sind.[18] Sie werden, so die bekannte Schlusszeile, zu Aas. Eine verdrängte Dimension des morbiden Weiblichkeitsbildes kommt hier in den Blick, der Tod erscheint als unschön und bedeutet buchstäblich das Ende, denn die Frauenleiche löst sich auf und wird eine Nicht-Existenz. Brecht identifizierte außerdem das Objekt seiner Ballade bei der Fertigstellung der Erstfassung ausdrücklich als die ermordete Rosa Luxemburg. So scheint er mit dem Bild der verwesenden Leiche auszudrücken, dass sie "auf immer verschwunden, unwiederbringlich abwesend, so sehr genichtet [ist], dass [sie] selbst niemals wird etwas wissen oder empfangen können von dem, was hier in [ihrem] Gedächtnis stattfindet".[19] Auf zwei Ebenen ist Brechts Ballade ein Versuch zur Anti-Allegorisierung: das Schneewittchen-Bild löst sich auf und die sinnbildliche Figuration der toten Ophelia als Frau schlechthin wird mittels der historischen Identifikation zerrüttet.

---

[16] Elisabeth Bronfen: *Over Her Dead Body: Death, Femininity and the Aesthetic.* Manchester 1992. S. 249.

[17] Silvia Bovenschen: *Die imaginierte Weiblichkeit. Exemplarische Untersuchungen zu kulturgeschichtlichen und literarischen Präsentationsformen des Weiblichen.* Frankfurt 1979.

[18] Bertolt Brecht. Vom ertrunkenen Mädchen. In: *Werke: Große kommentierte Berliner und Frankfurter Ausgabe.* Bd. 11. *Gedichte 1.* Berlin 1988. S. 109f.

[19] Derrida: Mnemosyne. S. 41.

Deutet Brechts Gedicht auf das Approximative der Rhetorik, so kann es sich andererseits der Wirkungskraft des alten allegorischen Konnexes zwischen Leiche und Frau nicht entziehen; das Signifikant 'toter Frauenkörper im Wasser' und sein Signifikat 'ermordete Rosa Luxemburg' fällt der Fiktionalisierung anheim, das heißt, werden ungewollt doch zu einer Trope, als das Gedicht die historischen Umstände des Mordes und die Darstellung des Subjekts, der promovierten Wissenschaftlerin und Kommunistin, deren Leiche am 31. Mai 1919 im Landwehrkanal gefunden wurde, hinter das alte Bild der Wasserleiche, Ophelia, verschwinden lässt. Denn die allegorische Bewegung stoppt nicht, während die historische Erinnerung verblasst, und so wird die tote Rosa Luxemburg zum Zeichen (Wasserleiche), und das Zeichen lebt weiter, nicht zuletzt durch das harmonische Naturbild, das im Gedicht evoziert wird.

In frappantem Gegensatz zu Brechts historischer Identifikation der Ophelia steht Heiners Müllers Darstellung von Ophelia in der *Hamletmaschine*. Im zweiten Aufzug spricht die ehemalige Ikone weiblicher Unschuld einen Monolog, in dem sie das morbide Frauenbild umkehrt:

> Ich bin Ophelia. Die der Fluss nicht behalten hat. Die Frau am Strick Die Frau mit den aufgeschnittenen Pulsadern Die Frau mit der Überdosis AUF DEN LIPPEN SCHNEE Die Frau mit dem Kopf im Gasherd. Gestern habe ich aufgehört mich zu töten. Ich bin allein mit meinen Brüsten meinen Schenkeln meinem Schoß.[20]

Nicht ertrunken ist sie dieses Mal, dennoch obsessionell mit ihrer Selbsttötung beschäftigt; mit den technischen Mitteln der Moderne hat sie immer wieder versucht, ihr Leben frühzeitig zu beenden, bis sie entscheidet, mit der Selbsttötung aufzuhören. Ihr Körper gehört ihr und ihr allein. Diese ans Ufer geschwommene Frau weiß um ihren Objektstatus, sie kennt die tropologische Grundlage ihrer Existenz und zählt die Metonymien auf, die sie machten: Schenkel und Schoß, Heim, geschlossene Tür, Stuhl, Tisch, Bett, Fotografien der Liebhaber, mechanisches Herz und der – traditionell – erzwungene Freitod. Sie bricht buchstäblich aus dem Gefängnis der Ikonisierung aus und der ihr von der ästhetisierenden Kulturtypologie zugedachte Tod wird zum Ornament: "Ich gehe auf die Straße, gekleidet in mein Blut".[21] Das Ende der Domestikation wird vorgeführt.

Mehr als einem Leser/Zuschauer fielen indes die Übereinstimmungen der sich umbringenden Ophelia mit Heiner Müllers suizider Ehefrau Inge Müller auf:

> Acht Jahre vergingen mit Selbstmordversuchen. Ich habe ihr den Arm abgebunden, wenn sie sich die Pulsadern aufgeschnitten hatte und den Arzt angerufen, sie vom Strick abgeschnitten, ihr das Thermometer aus dem Mund genommen, wenn sie das Quecksilber schlucken wollte, und so weiter.[22]

---

[20] Heiner Müller: *Hamletmaschine*. In: *Mauser*. Berlin 1978. S. 88–97. Hier: S. 90.
[21] Ebd.
[22] Müller: *Krieg ohne Schlacht*. S. 159.

Am 1. Juni 1966 vergaste sie sich und wurde von Heiner Müller tot aufgefunden. "Die Frau am Strick Die Frau mit den aufgeschnittenen Pulsadern Die Frau mit der Überdosis AUF DEN LIPPEN SCHNEE Die Frau mit dem Kopf im Gasherd". Auch Lessings Traum in *Leben Gundlings* vermittelt das Bild der toten Frau und so nimmt es nicht Wunder, dass der Autor auf die biografische Bedeutung dieses Frauenbildes angesprochen wurde.[23] Die Reaktion ist immer Irritation:

> Ist denn das von Belang? [...] Wenn ich so etwas als Motiv verwende, wird es Literatur und existiert nur noch in diesen Texten. Alles andere ist uninteressant. Es zeugt von einem tiefen Kulturverfall, daß man sich heute, statt die Texte zu lesen, nur noch für das interessiert, was dahintersteckt.[24]

"Etwas dahinterstecken" hatte Bertolt Brecht in seinem Gedicht "Vom ertrunkenem Mädchen" gemacht, wodurch allerdings Ophelia nicht Rosa Luxemburg wurde, sondern Rosa Luxemburg eine neue, sei es groteske Ophelia. Ophelia ist Literatur, so beharrt Heiner Müller, sie biografisch interpretieren, heißt, zum "Kulturverfall" beitragen. Müllers Antwort sollte einem vielleicht doch davor warnen, dem Autor einfach zu widersprechen, und seine Verweigerung, Ophelia als Inge Müller zu identifizieren, auf die freudsche Verdrängungsformel zurückzuführen.

Betrachtet man Müllers Ophelia weiter, so fällt zweierlei auf. Erstens gibt es die provozierende Sexualisierung der ehemaligen Keuschheitsikone, die, in einer destruktiven Geste Brechts dichterischer Darstellung der Verwesung ähnlich, die jeder Figuration zugrunde liegende (verdrängte) Entstellung offenbart und so die endlose Wiederholung der ophelischen Allegorie in der abendländischen Kultur als krampfhaften Domestizierungsversuch enttarnt. Zweitens ist – etwas paradox – die konsequente Beibehaltung des ophelischen Attributs, Wasser, das die reglose Gestalt umgibt, nicht zu übersehen. Die *Hamletmaschine* endet mit dem Bild: "Tiefsee. Ophelia im Rollstuhl [...]".[25] All ihren Morddrohungen zum Trotz bleibt Müllers Schlussbild der Ophelia schließlich der traditionellen Trope – Weiblichkeitsallegorie – verhaftet.[26]

---

[23] "Die Frau am Strick Die Frau mit den aufgeschnittenen Pulsadern Die Frau mit der Überdosis [...] Die Frau mit dem Kopf im Gasherd". Heiner Müller: *Leben Gundlings Friedrich von Preußen Lessings Schlaf Traum Schrei. Ein Greuelmärchen*. In: *Werke 4. Die Stücke 2*. Hg. von Frank Hörnigk. Frankfurt/M. 2001. S. 509–554. Hier: S. 533f.

[24] André Müller: *Im Gespräch mit Rosa von Praunheim, Sam T. Cohen, Manfred Rommel, Heinz G. Konsalik, Franz Xaver Kroetz, Margarethe von Trotta, Nina Hagen, Heiner Müller, Wim Wenders, Patrice Chéreau, Claus Peymann, Hans Jürgen Syberberg*. Reinbek bei Hamburg 1989.

[25] Müller: *Hamletmaschine*. S. 96.

[26] Siehe dazu: Georgina Paul: Multiple Refractions, or winning movement out of myth: Barbara Köhler's poem cycle "elektra. Spiegelungen". In: *German Life and Letters* 51.7 (2004). S. 21–32.

Das Schlussbild der paralysierten Frau im Wasser offenbart die Kraft der Figuration, oder, stärker, die Unmöglichkeit, sich dem Griff der Tropologisierung des Subjekts zu entwinden. Müllers ausdrückliche Ablehnung, Inge Müller in seinem Drama repräsentiert zu haben, kann in diesem Zusammenhang als Versuch gelten, die Person/das Subjekt Inge Müller vor der sprachlichen Mythisierung zu bewahren. Nicht nur aus persönlichen Gründen aber auch im breiteren kulturhistorischen Rahmen, das heißt, in Anbetracht der autoritären Weiblichkeitsbilder, drückt sein Schweigen seine Wahl aus, sie in ihrer Andersartigkeit zu belassen, statt sie in die "Höhle des [männlichen] Narzissmus mitzunehmen".[27]

Inge Müllers Selbstmord ist ebenfalls ein Thema in zwei Prosagedichten Heiner Müllers: "Todesanzeige I" und "Todesanzeige II". Beide wurden um die Entstehungszeit der Dramen *Hamletmaschine* und *Leben Gundlings* verfasst. "Todesanzeige I", 1975 zum ersten Mal veröffentlicht, wurde 1998 von Frank Hörnigk nochmals herausgegeben zusammen mit zwei anderen Texten aus Müllers Nachlass: einem Prosatext seiner späteren Ehefrau Ginka Tscholakowa "Die Maske des Schweigens", der "Todesanzeige I" zu beantworten scheint, und einem zweiten kurzen Prosagedicht "Todesanzeige II" von Heiner Müller selber, das wiederum eine Antwort auf Tscholakowas Text bietet.[28] Es ist bedeutungsvoll, dass Heiner Müllers direkte literarische Auseinandersetzung mit Inge Müllers Tod durch den Impetus einer anderen Frau und Künstlerin (Schauspielerin) stattfand. "Todesanzeige I" fängt folgendermaßen an:

> Sie war tot als ich nach Hause kam. Sie lag in der Küche auf dem Steinboden, halb auf dem Bauch, halb auf der Seite, ein Bein angewinkelt wie im Schlaf, der Kopf in der Nähe der Tür. Ich bückte mich, hob ihr Gesicht aus dem Profil und sagte das Wort, mit dem ich sie anredete, wenn wir allein waren. [...][29]

Ein Ich-Sprecher beschreibt, wie er (s)eine tote Frau auffindet. Er reiht Erinnerungen an ihre vielen Selbstmordversuche in früheren Jahren auf und verknüpft sie parataktisch mit seinen Erinnerungen an den Krieg, in dem er "in zu engen Stiefeln und zu weiter Uniform" (angeblich) einen schwächlichen Kameraden tötete, indem er ihn von einer Brücke stieß. Der Mordfall kommt ihm durch den Tod der Frau wieder ins Gedächtnis. Das Wort "Todesanzeige" gewinnt mit der Doppelerzählung seine zweifache Bedeutung: Bekanntgabe eines privaten Ereignisses *und* Meldung einer strafbaren Handlung bei der Behörde. Die tote Frau im Gedicht bleibt namenlos und das ehemalige Liebesverhältnis mit dem Sprecher wird paradoxerweise durch eine sprachliche

---

[27] Derrida: Mnemosyne. S. 20.
[28] In: *Sinn und Form* 50.6 (1998). S. 912–917.
[29] Ebd. S. 912.

Auslassung ausgedrückt: "Ich sagte das Wort, mit dem ich sie anredete, wenn wir allein waren". Die Sprache umgeht den Versuch einer erinnernden Darstellung; bestenfalls hinterlässt der Autor eine Spur der persönlichen Trauer, die in poetischer Sprache als authentische nicht auszudrücken oder nachzuempfinden ist. Der Sprecher erzählt, dass der tote Körper auf dem Küchenboden ihn nicht berührt: "Wachsende Gleichgültigkeit gegen Dasda, mit dem meine Gefühle (Schmerz Trauer Gier) nichts mehr zu tun haben".[30] Mit dem mündlich geprägten Ausdruck "Dasda" hat das traditionelle Opheliabild, die Ästhetisierung der weiblichen Toten, möglichst wenig zu tun. Der Fokus auf den toten Frauenkörper als schlichtes Objekt statt erkennbarer literarischer Figuration und das Weglassen von Identifizierungselementen, die zu einem möglichen, erkennbaren – aber dann in Sprache immer verzerrten – ehemaligen Bild des 'historischen' Subjekts beitragen könnten, können abermals als Präferenz für die "absolute Vergangenheit" gedeutet werden. Der Konnex zwischen Leiche und eigentlicher Person wird durchgeschnitten, genau wie der erfahrene Verlust nicht ausgedrückt wird mittels einer emotiv-poetischen Sprache. Was bleibt im Gedicht, ist lediglich eine Frau "mit leerem Gesicht" und keine *imago* im klassischen Sinn des Wortes: eine Totenmaske, die im Haus aufgestellt wird und der eine Stimme gegeben wird, die nichts als eine Projektion des sprechenden Subjekts ist.

III.

Müllers "Todesanzeige I" folgt ein kurzer Prosatext von Ginka Tscholakowa. Es ist ein Prosagedicht, in dem die Tote aus Müllers "Todesanzeige I" eine Stimme bekommt und das verstummte Objekt zur Ich-Sprecherin wird:

> Irgendwann wird er vor dem leeren Blatt in der Schreibmaschine sitzen und zu nichts Lust haben. Dann werde ich zurückkehren auf den Steinboden in der Küche; er wird sich einen Kaffee machen und mich da liegen sehen: mein Gebiß neben mir, von dem ich ihm nie erzählt habe. Und es wird ihm einfallen, daß er verpasst hat, mit mir fertig zu werden.[31]

Bedeutet ein leeres Blatt, dass man nicht fertig mit etwas wird? Oder geht es um eine Erinnerung, die sich nicht auf das Papier ergießen will oder sogar kann? In Tscholakowas Text ist ein gewisser Vorwurf unüberhörbar:

> Wie jeder Dichter glaubt er, daß die Worte die Taten ungeschehen machen. Er wird schreiben, wie oft ich versucht habe, mich umzubringen. Er wird im Schreiben noch einmal erschrecken und im Erschrecken genießen, mich tot zu sehen. Und wenn er einen Grund angibt, wird es meine Kindheit sein, die Bomben, der Krieg, Deutschland.

---

[30] Ebd. S. 914.
[31] Ginka Tscholakowa: Die Maske des Schweigens. S. 916.

Der Kampf der Gesten gegen die Versteinerung der Wörter, meine eigene Welt, mich, die andere hinter der Maske des lauten Schweigens, wird er nicht bewahren.[32]

Thematisch trifft diese Analyse von Heiner Müllers Darstellung der Gestorbenen insofern zu, als in den unterschiedlichen Texten des Dramenautors der Tod/die Tote als Schwelle erscheint, die nicht überschritten wird. Die Frau/Schriftstellerin spricht nie in Müllers Text. Wenn die sich selbst Tötende als Ikone Ophelia erscheint, verschanzt der Autor sich hinter einer entpersonifizierten Trope und verneint ausdrücklich eine Identifikation mit dem ehemaligen Subjekt. Heiner Müller lässt Inge Müller, die 'Authentische' und auf immer Verschwundene nicht in seine Texte eingehen. Vielleicht ist es Mangel an Liebe, dass er sich nicht der Fiktion der Prosopopeia hingibt, nicht – wenigstens fiktiv – angesprochen werden will. Es kann wie gesagt aber auch Widerstand sein, die Andere, die Inge Müller ihm seit ihrem Tod und auch schon vorher war, der poetischen Sprache zu übergeben.

Auf der Folie von Elisabeth Bronfens Hinweis auf das subversive Potential, das den weiblichen Figurationen auch immer innewohnt, kann Müllers sprachliche Paralyse aber auch als Versuch gelesen werden, eine gewisse Ordnung herzustellen. Dann fungiert das Schweigen als Schutzwall gegen eine Proliferation poetischer Frauenbilder – Inge-Bilder – die überall auftauchen und nicht beherrschbar sind, Gespenster, die nicht nur die Trauerarbeit erschweren, sondern – gleich dem Gespenst von Hamlets Vater – als unfassbare Wesen fixierte Sicherheiten und Genderverhältnisse destabilisieren. Wie vorhin erwähnt, hat auch das Stillschweigen um Inge Müller gewisse kulturhistorische Folgen, indem es die Erhaltung ihres literarischen Erbes erschwert.

Die Schauspielerin Ginka Tscholakowa scheint sich um Inge Müllers poetische Hinterlassenschaft wenig zu kümmern, als sie die tote Frau in ihrem Gedicht sprechen lässt. Aber sie bedroht schon die von Heiner Müller herbeigeführte Ordnung. Ihr Prosagedicht inszeniert eine Frauenstimme, ein Gespenst, das aus dem Jenseits erscheint, um Heiner Müllers Narzissmus zu offenbaren. Das Selbstvertrauen, mit dem Tscholakowa die tote Frauenstimme sprechen lässt, mag auf einer Genderidentifikation beruhen, auf dem Erkennen eines weiblichen Schicksals innerhalb einer männlich dominierten Kultur.

Heiner Müllers Schweigen hat bei weiblichen Autoren weder Verständnis noch Nachfolge gefunden. Dem poetischen Poltergeist Ginka Tscholakowas folgen ab den neunziger Jahren *memoria*-Texte, die Inge Müller und ihre Literatur zurück in die Gegenwart bringen wollen. Herta Müller, Birgit Vanderbeke, Ines Geipel und Annett Gröschner zitieren Inge Müllers Verse, evozieren ihr Schicksal und versuchen in poetischen Reflexionen die Todessehnsucht der Dichterin nachzuvollziehen. Ein interessantes Beispiel liefert Annett

120

Gröschners Essay "Geboren am Ostkreuz. Das erste Leben der Inge Müller" (1998).[33] Es ist eine poetische Skizze über Inge Müllers Leben und Werk, vermittelt von einem Ich-Erzähler, der sich über die Zeiten hinwegbewegt und sich als semi-historischen Zeugen inszeniert. Was poetisches Objekt und Erzähler ansatzweise verbindet, ist ein Viertel in der Stadt Berlin. Das Essay fängt mit einem Gedichtzitat von Inge Müller an und fährt als Ich-Erzählung weiter:

"Mein Geburtshaus Himmelhoch / im Hinterhof Berlin: / Pro Tag 10 Zentimeter Sonne / Wenn die Sonne schien." (Inge Müller) Ich steh in der Neuen Bahnhofstraße und schließe die Augen. Ich dämme die Autogeräusche, nehme Pferdegetrappel auf dem Pflaster hinzu. Lokomotiven, deren Dampfgeräusch in den Ohren zischt. [...] Das Bild vor meinen Augen ist unscharf. Ich weiß nicht, ob noch ein zweites Kind zu der Gruppe gehört.[34]

Trotz historischer Durchblicke erweist der Erzähler sich nicht als göttliche Monade, als allwissende Instanz etwa ("weiß nicht", "unscharf"), die sich mühelos in das tiefere Innere ihres Protagonisten hineinversetzen kann. Aber die evozierte Nähe zum Erzählobjekt kann nicht überschaut werden. Sie wird bewirkt durch die Kombination von Präsens und Präteritum, Tagebuchzitaten und Auszügen aus historischen Quellen, Gedichtzeilen und persönlichen Zeit- und Raumassoziationen des Erzählers. Und das Ergebnis ist ein poetisches Gesamtbild, das die Veränderungen der Zeit überwinden muss, die verschwundene Andere imaginär, aber greifbar und erkennbar darstellt. Die Distanz zwischen Zeitebene des Erzählers und des Erzählten ist möglichst klein, was den Eindruck erweckt, dass gewisse Elemente aus dem Leben nie verändern werden und allem Zeitverlauf zum Trotz vieles immer wiedererkannt werden kann. So beschreibt die Erzählstimme eine Szene mit einem betrunkenen Ehepaar, das "wie zur Illustration [...] aus dem Tagebuch Inge Müllers von 1957 entstiegen zu sein scheint".[35] Um Derridas Betrachtung über den unausweichlich narzisstischen Charakter der *memoria* kümmert Gröschner sich wenig. Nur an einer Stelle im Inge Müller-Essay wird das Problem der beschränkten historischen Quellen und der unvermeidlichen Fiktionalisierung angedeutet: "Es ist müßig, eine Biographie schreiben zu wollen. Man spinnt sich viel zusammen".[36] Die Erzählung und damit einhergehende unendliche Entfernung wird aber vor dem Stillschweigen bevorzugt.

Ähnlich verfährt die Berliner Autorin Ines Geipel in ihrer 2002 veröffentlichten Biografie *Dann fiel auf einmal der Himmel um*, einer äußerst

---

[33] Annett Gröschner: *ÿbottaprag. heute. geschenke. schupo. schimpfen. hetze. sprüche. demonstrativ. sex. DDRbürg. ghtierkatt. Ausgewählte Essays, Fließ- und Endnotentexte 1989–98.* Berlin – Zepernick 1999. S. 321–332.
[34] Ebd. S. 321.
[35] Ebd. S. 332.
[36] Ebd. S. 328.

poetischen, zugleich sorgfältig rekonstruierten Darstellung von Inge Müllers Lebensgeschichte. Das Werk wird anspruchsvoll angekündigt, denn der Untertitel lautet "Inge Müller. *Die* Biographie" (meine Hervorhebung). Ob es sich um eine Initiative der Autorin handelt oder um eine Marketingstrategie des Verlags mag dahingestellt sein: Auf jeden Fall wird vermittelt, dass allen vorangegangenen Darstellungen von und Erinnerungen an Inge Müller eine definitive Wahrheit entgegengehalten wird. Im knappen Nachwort heißt es tatsächlich:

In der DDR galt sie als die andere Seite einer Ikone, die Frau im Schatten von Heiner Müller. Die, die sofort nach dem Essen das Geschirr abwusch und sich danach an den Schreibtisch setzte, um die Nächte hindurch seine Texte zu redigieren. Nach und nach sprach sich herum, dass Inge Müller auch schrieb. Als schlechte Kopien wurden einzelne ihrer Gedichte durch die Jahre getragen und ihre Verse immer wieder vor sich hergesagt. So wurde sie die Dichterin, deren Texte in der Not helfen konnten. Unhinterfragt gewöhnte man sich an sie: als literarischen Geheimtipp und als Lebensmythos, als verehrte und zugleich dunkle Legende Ostdeutschlands, der man offiziell mit Abwehr und anonym mit denkbar größter Faszination begegnete.[37]

Eine Antwort auf Heiner Müllers "Abwehr", die darüber hinaus kulturhistorischen Ehrgeiz hat: Nachdem Ines Geipel einige Jahre vorher einen Teil von Inge Müllers Poesie neu veröffentlicht hatte, soll jetzt die Autorin selber in den Blick kommen.[38]

Das Sichtbarmachen einer – fast vergessenen – Autorin mittels biografischen Schreibens und Textedition durch eine andere Autorin hat, wie vorhin erwähnt, Tradition, und zwar nicht erst seit dem Anfang der literaturwissenschaftlichen und historischen Frauenforschung in den sechziger Jahren. Schon im achtzehnten und neunzehnten Jahrhundert, seit der Genese der modernen Literatur und des modernen Subjektbewusstseins, erinnern vor allem Autorinnen an die vergessene Existenz und an das Oeuvre anderer Autorinnen. Oft drücken diese Lebensdarstellungen ein Bemühen aus, die Anwesenheit einer Autorin in der Geschichtsschreibung zu versichern, und bilden sie eine Gegenbewegung gegen das allzu leichte Vergessen in einer von männlichen Protagonisten dominierten Kultur. Helmina von Chézy schreibt über ihre Großmutter Anna Luise Karsch, Luise Mühlbach über Aphra Behn, Bettine von Arnim über Caroline von Günder(r)ode, Ricarda Huch über Caroline Schlegel-Schelling, Hannah Arendt über Rahel Varnhagen. Und in fast allen Fällen lassen sich Übereinstimmungen zwischen den Schicksalen der Autorinnen aus unterschiedlichen Zeitflächen, zwischen Schreibender und Beschriebener, feststellen. Die Berliner Autorin Ines Geipel schließt sich dieser Tradition

[37] Geipel: *Dann fiel auf einmal der Himmel um.* S. 235.
[38] Inge Müller: *Irgendwo; noch einmal möcht ich sehn. Lyrik, Prosa, Tagebücher.* Hg. von Ines Geipel. Berlin 1996.

weiblicher Sichtbarmachungen an. 1999 veröffentlichte sie die Anthologie *Die Welt ist eine Schachtel. Vier Autorinnen in der frühen DDR*, in der Leben und Werk von vier – vorhin unbekannten – Autorinnen an die Öffentlichkeit gelang.[39] *Inge Müller. Die Biographie* ist also die Fortsetzung dieses Bestrebens, unbekannte Autorinnen aus der DDR, die übrigens ohne weiteres als repressives Gesellschaftssystem enttarnt wird, vor dem Vergessen zu retten.

Wörter wie "Legende" und "Mythos" spuken aber in Geipels Nachwort herum. Es heißt, Inge Müller war ein "Lebensmythos", es gab nur die "Legende einer Frau, die wegen ihrer unüberwindbaren Kriegserfahrungen und nicht lebbaren Liebe zu Heiner Müller allein noch den Selbstmord hatte […]". Und der Schlusssatz lautet: "Die Zeit, den Mythos Inge Müller in einer Biografie zu fassen, schien gekommen".[40] Die Aussage "den Mythos in einer Biografie fassen" ist doppeldeutig: heißt es 'fassen' als 'greifen und festhalten' oder 'in seine Gewalt bekommen'? Im ersten Fall lauert die Kontinuität der Mythologisierung, im zweiten scheint ihr widersprochen zu werden; der Doppelsinn des Wortes lässt sich nicht auflösen.

Geipels Biografie bietet einen Totalblick auf Inge Müllers Leben: ab der Ehe der Eltern bis zu ihrem Selbstmord wird es rekonstruiert anhand von Tagebuchfragmenten, Gesprächen, Zeitdokumenten, Briefen, Fotos und Gedichten. Auffallend – vor allem neben Heiner Müllers Schweigen – ist die hier fehlende Reflexion darüber, wie jedes biografische Narrativ in und durch Sprache, Figurationen und Erzählstrategien immer ein neues Leben generiert und dabei droht, dem Mythos anheimzufallen. Über Autobiografie ist die Theoretisierung ins Uferlose geraten, über die Sprache der Biografie gibt es erheblich weniger zu lesen. Ist das Faszinosum der neuen Autobiografietheorie die Differenz zwischen schreibendem Ich und geschriebenem, die Unmöglichkeit des umfassenden Blicks auf sich selber (mittels sprachlicher Selbstdarstellung), so verschwindet gerade dieses Differenzempfinden in der Biografie Inge Müllers. Eine enge Nähe zeigt sich zwischen der Autorin Ines Geipel und dem Autorenbild Inge Müller, jene Unmittelbarkeit, die sich aber wie erwähnt als kennzeichnend für weiblich-weibliche Lebensdarstellungen erweist. Die erste Zeile des Nachworts drückt dies aus:

> Im Sommer 1989, als ich Ungarn durch die noch geschlossene Grenze der DDR den Rücken kehrte, gehörte zu meinem Gepäck ein einziges Buch – die 1985 in Ostdeutschland erschienen Gedichte von Inge Müller. Den Band hätte ich eigentlich nicht gebraucht, denn die Verse waren in meinem Kopf, als es über die Felder ging.[41]

---

[39] *Die Welt ist eine Schachtel. Vier Autorinnen in der frühen DDR.* Hg. von Ines Geipel. Berlin 1999.
[40] Geipel: *Dann fiel auf einmal der Himmel um.* S. 236.
[41] Ebd. S. 235.

Nähe, wenn nicht Identifikation zwischen Sprecher und Objekt drücken auch die langen, selbstverständlich anmutenden und poetischen Ergänzungen zu den knappen historischen Quellen aus, die ein narrativ-poetisches Totalbild schaffen, dem auch die vielen rhetorischen Fragen keinen Abbruch tun, wohl im Gegenteil. Die Fragezeichen stehen neben Ausrufezeichen, die Poesie Inge Müllers wird mit – vermuteten, inszeniert-evozierten oder nachvollzogenen – Lebenserfahrungen der Autorin Inge Müller verknüpft. Die Fotos im Buch bestätigen den Versuch, ein authentisches Gesamtbild schaffen zu wollen. Inge Müller, so heißt es, hat sich während ihrer letzten Lebensjahre intensiv mit den Fotos aus ihrer Vergangenheit beschäftigt:

> Das schlechte Gedächtnis und die Kamera, die nicht lügt. Die Motive auf den Aufnahmen, all das hat es gegeben. Die reale solide Welt der Fotos. Berliner Zoo 1928: Die Giraffe, wie hieß sie noch mal? Die ausgebeulten Hosen von Opa Meyer, mit den Bonbons drin. Ja, sie erinnert sich. Auch an die Resignation der frühen Kindheit? An Hitlers Satz 'Nie mehr frei ein ganzes Leben'? An Johny? An das Feuer der Flak? Nein, nein, nein! Die Bilder bleiben eigentümlich stumpf, wie von ihren inneren Quellen abgeschnitten.[42]

Gelten Fotos allgemein als direkter Zugriff aufs Historische, als historisch-referenziellen Beleg, dass es gewisse Umstände tatsächlich gegeben hat, so ist seit Roland Barthes' *La chambre claire* (1980) und den ihm folgenden Betrachtungen Susan Sontags die Einsicht bekannt, dass Fotos nicht nur "the view of something" sind, sondern "something as viewed".[43] Sie haben zwar den Ruf der puren, technisch vermittelten Information, kommen aber im Grunde der Fiktionalisierung nicht abhanden, denn ihre Bedeutung ist unlösbar mit dem Blick des Betrachters verknüpft:

> The limit of photographic knowledge of the world is that, while it can goad conscience, it can, finally, never be ethical or political knowledge. The knowledge gained through still photographs will always be some kind of sentimentalism, whether cynical or humanist. It will be a knowledge at bargain prices – a semblance of knowledge […].[44]

Auch die Fotos der Inge Müller sind eingerahmt, gefasst in den narrativen, äußert literarisch wirkenden biografischen Text, der ihnen ihre Bedeutung gibt und zu dem Auferstehen der Toten beiträgt. Das fotografische Bild enthüllt "die Wiederkehr der Toten in der Struktur der Referenz".[45]

---

[42] Ebd. S. 178.
[43] Susan Sontag: The pleasure of the image. In: *Where the stress falls*: *Essays*. New York 2001. S.143.
[44] Susan Sontag: *On Photography*. London 1973. S. 24.
[45] Anselm Haverkamp: Lichtbild. Das Bildgedächtnis der Photographie: Roland Barthes und Augustinus. In: *Memoria*. S. 47–66. Hier: S. 56.

Der Titel der Biografie, *Dann fiel auf einmal der Himmel um*, ist die erste Zeile aus Inge Müllers Gedicht "Unterm Schutt II", einem der vielen Gedichte, in denen das Kriegstrauma der Verfasserin literarisch ausgedrückt wird. Die Wahl dieser Zeile als Titel des Autorenporträts zeigt, symptomatisch fast, wie Poesie und Leben der Autorin Inge Müller ineinandergreifen, bis beide unkenntlich geworden sind, die Grenzen verschwommen, die Differenz aufgehoben, *auch* die zwischen Verfasserin und Thema. Ist *die* Biografie eine Herausforderung von Heiner Müllers Stillschweigen, das sowohl als Kampf gegen den Narzissmus der *memoria*, Widerstand gegen den Tötungsprozess der weiblichen Figuralität wie als Angst vor der Wiederkehr des Gespenstes verstanden werden kann, so ist auch die Bedeutung des Fotografisch-Poetischen zu ergründen. Zum einen droht in Geipels Biografie die Weiterführung einer alten mythologisierenden Tradition von Weiblichkeitsdarstellungen und wird sogar tatsächlich der "Mythos Inge Müller in einer Biografie gefasst". Aber das aus einer ungenierten Verbindung von Schrift und Bild zusammengesetzte Lebensbild lässt sich andererseits auch als Herausforderung der weiblichen Allegorisierung lesen. Was vor dem Hintergrund der kursierenden *memoria*-Theorien nahezu naiv anmutet, stellt ein Simulacrum her, für das das Kriterium 'authentisch' zugleich nicht gilt, aber im Hinblick auf die Geschichte der performanten Weiblichkeitsdiskurse schon einen eigenen Realitätswert hat und als Beitrag verstanden werden kann zum "apprendre à vivre avec les fantomes, dans l' entretien, la compagnie ou le compagnonnage, dans le commerce sans commerce des fantômes. A vivre autrement, et mieux. Non pas mieux, plus justement".[46]

---

[46] Jacques Derrida: *Spectres de Marx*. S. 15.

Elke Gilson

"Zwiesprache mit Geistern": Die Entschränkung der Rhetorik im Werk von Monika Maron nach 1989

The texts published by the former East German author Monika Maron after the Wende clearly contribute to the intensified turn towards the past in German literature since 1989. Her texts from the pre-Wende era, however, deserve to be characterised as literature of remembrance as well. The changes brought on by the demise of the GDR manifest themselves not so much in the themes or structure of Maron's works – as was suggested elsewhere – as in the ways the voices of the past are dealt with before and after the disappearance of the East German state. The evolution at hand shows an increasing openness towards the legacy of (literary) predecessors. This article therefore proposes to focus on the intertextual memory of Monika Maron's oeuvre. Starting from the little-studied play Ada und Evald *and the treatment it contains of the conceptualisation of literary communication by Heiner Müller, different stages of an evolution that might be termed a gradual return of rhetoric will be traced.*

Die Nachwendeprosa der vormals ostdeutschen Autorin Monika Maron legt von der vielbeschworenen intensivierten Hinwendung zur Vergangenheit in der deutschen Literatur nach 1989 ein deutliches Zeugnis ab. Eine Charakterisierung als "Erinnerungsliteratur" erlauben aber auch schon ihre vor der Wende veröffentlichten Texte. Was sich mit dem Verschwinden der DDR verändert hat, ist weniger die Thematik oder der Aufbau ihrer Werke, als der Umgang mit den Stimmen der Vergangenheit. Die fragliche Evolution manifestiert sich deutlich in einer zunehmenden Offenheit dem literarischen Erbe gegenüber. In diesem Beitrag wird deshalb auf das intertextuelle Gedächtnis der Texte Monika Marons fokussiert. Ausgehend von ihrem von der Forschung bisher vernachlässigten Stück *Ada und Evald* und der darin enthaltenen Auseinandersetzung mit den Konzeptualisierungen der literarischen Kommunikation durch Heiner Müller, sollen einzelne Stationen einer Entwicklung, die sich als graduelle Entschränkung der Rhetorik bezeichnen lässt, nachgezeichnet werden.

I.

Im fünften Bild des wenig gelesenen und bisher nur zweimal aufgeführten Stückes von Monika Maron, *Ada und Evald* aus dem Jahr 1982,[1] sitzt eine

---

[1] Monika Maron: Ada und Evald. *Ein Stück.* In: *Das Mißverständnis. Vier Erzählungen und ein Stück.* Frankfurt/M. 1982. S. 91–124 (Uraufführung 1983 in Wuppertal, 1986 auch in Zürich). Im Folgenden wird unter der Sigle AE zitiert.

Gestalt namens X, klein, und wie ein Gartenstuhl zusammengeklappt, auf einem Tisch und isst Papier:

> Er ißt es gleichmütig, ohne sichtbares Vergnügen, auch ohne Ekel. X sagt: Die griechische und die römische Antike habe ich schon in meinem Bauch, und ich bin immer noch hungrig. Das Zeug sättigt nicht. Aparte Vorspeise zum großen Schlachtefest: Menschen als Löwenfraß, enthäutete Sänger, Mutterschänder. Tragödien tragen Menschennamen: Antigone, Medea, Ödipus; nicht Auschwitz, Stalingrad, Hiroshima. Ich kann Blut nicht sehen. Es würgt mich, und ich muß weinen, wenn ich Blut sehe, und doch treibt mich eine Blutrünstigkeit, die nicht satt werden kann. Ich fresse die blutigen Papierleichen in mich hinein, hundert, zweihundert, und speie sie aus in neuer Gestalt, und schon wieder quält mich der ekle Durst auf neues Blut, als könnte mir nur fremder Tod beweisen, daß ich lebe. Soviel Tod kann es gar nicht geben auf meiner Erde, daß ich einmal tanzen möchte. Einmal soviel Leben fühlen, daß die Beine tanzen müssen. (AE 104)

Die Szene, und eigentlich das gesamte, aus poetischen Bildern aufgebaute – und im Grunde kaum spielbare – Stück,[2] bringt eine pessimistische Vorstellung von der determinierenden Macht der Geschichte und der Grunderzählungen unserer Zivilisation zum Ausdruck. Der Schriftsteller X hadert in der zitierten Szene mit der Kriegslogik und den vielen anderen, grausamen und lebensverachtenden Relikten aus der griechischen und römischen Antike. In anderen Bildern versucht sich die Titelheldin Ada aus ihrer biblischen Bestimmung als passiver Geliebten des Evald zu befreien. Die von ihr neu erzählte Schöpfungsgeschichte lässt sie mit dem Selbstmord Evas enden.[3]

Das von X praktizierte – in diesem Falle buchstäblich Papier fressende – Wiederkäuen der Mythen aus alten Zeiten gleicht der puren Selbstquälerei. In den frühen Werken Monika Marons taucht diese Art des Masochismus aber wiederholt als Merkmal einer typisch "männlichen", zwischen *anxiety of influence*, Selbsthass und Größenwahnsinn schwankenden Kreativität auf: Fast alle Männergestalten aus Marons Werken der achtziger Jahre leiden unter einem ausgesprochenen Zitationismus.[4] Evald, der zweite Dichter in *Ada und Evald*,

---

[2] Vgl. zu den Schwierigkeiten bei der Wuppertaler Aufführung: Hedda Kage: Wider glatte Vereinnahmung. Rückblick auf die Arbeit an M. Marons *Ada und Evald* und G. Leuteneggers *Lebewohl, Gute Reise*. In: *TheaterZeitSchrift. Schwerpunkt: Frauen am Theater* 9 (1984). S. 6–18.

[3] "Wenn ich die Augen schließe, kann ich das Paradies sehen, sagt Ada. Wie sieht es aus, fragt Evald. Eva hängt am Baum der Erkenntnis, die Schlange schläft, Adam pflanzt Vergißmeinnicht. Warum hat sie sich aufgehängt, fragt Evald. Später hätte es sich nicht mehr gelohnt, sagt Ada. Sie hat vom Baum der Erkenntnis gegessen, aber sie hat Adam nichts abgegeben. Und erkannte seine Worte: das ist doch Bein von meinem Bein und Fleisch von meinem Fleisch; man wird sie Männin heißen, darum, daß sie vom Manne genommen ist. Da wollte sie sich den Rest ersparen" (AE 95).

[4] Am auffälligsten betroffen sind der "Graf" Karl Heinz Baron und Bruno aus *Die Überläuferin* (Frankfurt/M. 1986) und *Stille Zeile Sechs* (Frankfurt/M. 1991). Vgl. besonders *Die Überläuferin*. S. 82–86.

ist ein selbsterklärtes, aber leider völlig talentloses Genie. Für einen Tropfen Nachruhm zerrt er sich die Verse aus dem Leib. Er versteht sich als Nachfolger der großen revolutionären Dichter vergangener Jahrhunderte und will um jeden Preis anerkannt werden als "Bruder [seiner] Brüder Friedrich, Georg und noch einmal Georg" und als "Sohn seiner blutigjungen Stiefväter, die verreckt sind in ihrem blutigjungen Blut, gestorben im Wasser, im Fieber, im Wahnsinn" (AE 97). Aus seiner eingebildeten Zugehörigkeit zu einer ehrenvollen männlichen Traditionslinie speist sich auch Evalds grotesk überzogene und schon dadurch sich selbst entlarvende Misogynie. Angesichts der Unmöglichkeit, es den göttlichen Vorgängern gleichzutun, empfindet er eine Agonie, die er seiner Geliebten nicht erklären möchte: "Auch wenn du dich mühst, begreifst du das nie. Du bist eine Frau und kein Genie" (AE 119).

Evalds Schriftstellerkollege X leidet weniger unter der Größe seiner Vorgänger als unter den Gespenstern, die ihre Geschichten hinterlassen haben. X, der als boshafter Zyniker (und utopiefeindlicher Feigling) dargestellt wird,[5] wird täglich von den Geistern der Toten heimgesucht. Die blutdürstigen Spukgestalten bewegen ihn dazu, auch seinerseits zu töten, zuerst nur in Gedanken, dann auf Papier: "Ich erfand Menschenfresser, Mörder, Selbstmörder, Töter und Opfer" (AE 106). In seinen Gesprächen mit den Ungeheuern der Vergangenheit nährt sich für X die Überzeugung, dass das Leben, das alle um ihn herum anbeten, nie etwas anderes hervorgebracht habe als den Tod (AE 105). Aus den Begegnungen mit den Toten hat er darüber hinaus gelernt, dass auch die Zukunft für wirkliche Veränderungen keinen Raum bieten wird. Es besteht keine Chance auf eine Unterbrechung der schicksalhaften Abfolge von Massakern. Für Taten, die dieser und anderen Manifestationsarten der menschlichen Neigung, sich gegenseitig auszumorden, ein Ende bereiten würden, gibt es in der Weltsicht des X keinen Platz. Von dieser hoffnungslosen Einsicht zeugt nicht nur seine wiederholte Bekundung, dass es "keine Schuld" (AE 124) gebe; als Indiz in diese Richtung ist auch sein sarkastischer Bezug auf die Parolen der sozialistischen Arbeiterbewegung zu werten.[6] Anders als Evald wird der Schriftsteller X auch in seiner Beurteilung der weiblichen Kreativität eher von einer generellen Misanthropie als von einer spezifischen Misogynie geleitet. Der Zyniker findet "rührend" das "esoterische[…] Gestammel", wenn "die Weiber", wie er sagt, "einfältig wie die Kinder, ihre Geschichte in einer Sprache suchen, in der sie keine haben" (AE 105). Es sei ein großes Glück, keine Geschichte zu haben.

---

[5] Vgl. dazu das Rollenspiel, in dem Clairchen in der Rolle des X behauptet: "Ob Zukunft oder Himmelreich / die Hoffnungsträume sind alle gleich" (AE 117).
[6] X begleitet seine Aktionen mit Zeilen aus dem fortschrittsgläubigen und tatendurstigen kommunistischen Kampflied "Brüder seht die rote Fahne weht uns kühn voran" (AE 104) Kaum zu überhören ist der Sarkasmus besonders in dem abschließenden Zitat, in dem auf das erwartete Ende der Qualen Bezug genommen wird: "Wenn die letzte Schlacht geschlagen, Waffen aus der Hand" (AE 107).

Es fällt nicht allzu schwer, in Marons zynischer Schriftstellergestalt eine Karikatur des 1995 verstorbenen Dramatikers Heiner Müller zu erkennen. Dass *Ada und Evald* außerdem ein paar auffällige Motive aus dessen "Greuelmärchen" *Leben Gundlings Friedrich von Preußen Lessings Schlaf Traum Schrei* (aus den Jahren 1976/1977) übernimmt,[7] macht eine Deutung der Maron'schen Figur als Wiedergänger jener bei Müller auftretenden "drei Figurationen eines [einzigen] Traums von Preußen" annehmbar.[8] Die nach Müller "in vielen Punkten als Selbstporträt" zu betrachtenden Figuren Friedrich, Kleist und Lessing leben in der Schilderung von X weiter.[9] Besonders stark sind die Parallelen zu Lessing, der bei Müller "brustkrank" geworden war "vom Staub der Archive und von der Asche, die aus den Büchern weht" und der "gewürgt" wurde von einem "wachsenden Ekel an der Literatur".[10] Müllers Lessing, der Dichter, dem die Geschichte eine Last ist, der "ein neues Zeitalter nach dem anderen heraufkommen sehn [hat], aus allen Poren Blut Kot Schweiß triefend jedes", sehnt sich nach Vergesslichkeit, denn "Vergessen ist Weisheit".[11] Die Entsprechungen zu Müllers Dramentext betreffen aber auch andere der Maron'schen Figuren. So, wie seine Preußen alle von einem Doppel in der Gestalt einer Puppe begleitet werden, besitzen auch Marons Protagonisten Ada, Evald und X ein wächsernes Ebenbild, das als Abspaltung ihres früheren Selbst kontinuierlich an die eigene Vorgeschichte erinnert.[12] In beiden aus fragmentarischen Szenen aufgebauten Stücken übernehmen die Figuren hin und wieder auch die Rollen ihrer Gegenspieler; manchmal werden mehrere Gestalten von einem einzigen Schauspieler dargestellt. Der von Kostümen, Perücken, Masken, Brillen, Hüten und sogar umgeschnallten Lederphalli theatralisch hervorgehobene Rollentausch vermittelt, zusammen mit den Puppen, ein Bild vom Individuum als austauschbarem Subjekt, als fremdgelenkter Marionette, deren Dasein sich in der Wiederholung der ewiggleichen Scripts und Muster erschöpft.

Eine weitere auffällige Gemeinsamkeit zwischen beiden Dramentexten findet sich in der Demontage, die X an seinem Doppel vornimmt. In Müllers Pantomime zerhackt Kleist seine Puppe, um sie danach neu zusammenzusetzen. Auf ähnliche Weise sammelt auch X die verstreut im Raum herumliegenden Teile seiner Puppe ein, um aus ihnen immer neue und vor allem immer hässlichere Konstellationen bilden zu können. Als wäre seine Puppe eine, wie

---

[7] Heiner Müller: *Leben Gundlings Friedrich von Preußen Lessings Schlaf Traum Schrei. Ein Greuelmärchen.* In: *Werke 4. Die Stücke 2.* Hg. von Frank Hörnigk. Frankfurt/M. 2001. S. 509–554.
[8] Heiner Müller: *Krieg ohne Schlacht. Leben in zwei Diktaturen.* Köln 1992. S. 269.
[9] Ebd.
[10] Müller: *Leben Gundlings.* S. 534.
[11] Ebd.
[12] Vgl. Adas Seufzer: "Ach ja, so war ich, wie werd ich noch werden" (AE 93).

Abb. 2. © Hans Bellmer, Poupée, variations sur le montage d'une mineure articulée, Minotaure 6 (Winter, 1934–1935), c/o Beeldrecht Amsterdam 2007.

der Surrealist Hans Bellmer sie in den dreißiger Jahren des vergangenen Jahrhunderts in vielen Varianten produziert hat, schraubt X "den Kopf an die Schultern, einen Arm an die Hüfte, den anderen Arm montiert er anstelle eines Beines. [...] Er schraubt einen Arm an den Hals. [...] verschraubt den Kopf der Puppe in ihrem Hintern" (AE 104–107; Abb. 2). Die Art und Weise, wie X mit seiner Puppe verfährt, wird damit zu einem Sinnbild seiner wiederkäuenden literarischen Produktion: Auch im Umgang mit der Puppe liegt das Neue nur in der veränderten Anordnungsweise, in der, sei es vielleicht unheimlichen und furchterregenden, Reorganisation der existierenden Bruchteile von bereits aus der Vergangenheit Überliefertem.

Die eben durchgeführte Rekonstruktion der Verwendung von Fragmenten aus Müllers Text in *Ada und Evald* hat ein paar Pfeiler der zentralen These dieses Beitrags schon benannt: Gerade in der Auseinandersetzung mit dem Müller'schen Geschichts- und Literaturverständnis, so die weiter zu entfaltende Annahme, lässt sich der Kern erkennen von einem fortwährenden Versuch der Positionierung gegenüber dem literarischen Erbe, welcher sich durch das ganze Œuvre Monika Marons hindurch verfolgen lässt. Die Evolution in den Verhaltensweisen gegenüber den Echos der Toten in Marons Texten – und in einem allgemeineren Sinne auch gegenüber der Prägung durch dasjenige, was vor dem Subjekt bereits dagewesen ist – soll jetzt anhand einzelner Stationen im Werk (und womöglich mit fortgesetztem Bezug auf Müller) nachgezeichnet werden.

130

II.

Auch in *Die Überläuferin*, dem Roman aus dem Jahre 1986, den Maron in *Ada und Evald* besonders auf der Ebene der Figurenkonstellation schon vorbereitet hatte, tauchen Motive aus Müllers *Leben Gundlings* auf. Die Historikerin Rosalind Polkowski, Protagonistin in Marons zweitem und drittem Roman, die sich zugunsten eines Lebens im Kopfe aus der Welt der Werktätigen zurückgezogen hat, vollzieht in der *Überläuferin* einen phantasmagorischen Streifzug durch Berlin und wird dabei Zeuge einer Begegnung zwischen "Heinrich", einem "führenden Mitglied der Assoziation dichtender Männer" und dem eigenen, seit einiger Zeit verschollenen, dichterischen Alter Ego, Martha Mantel.[13] Heinrich trägt sowohl Züge von Heinrich von Kleist wie von Heinrich Heine und überlagert sich außerdem mit Müllers Friedrich aus *Leben Gundlings*.[14] Weil sie die ihr abverlangte "zuverlässige literarische Abstinenz" (Ü 155ff.) nicht eingehalten hat, sieht der Dichter sich genötigt, Martha zu töten. Er erklärt auch, weshalb er der Schriftstellerin das Recht auf weitere kreative Tätigkeit entnehmen soll. Martha solle sich einen Turm vorstellen:

> Jede Generation hat ihre Steine in sorgsamer Ordnung, das Werk der Ahnen achtend, hinzugefügt. Goldenes Bauwerk findest du neben Kalkstein, Sandhaufen zwischen Silberklumpen, aber es trägt sich. Das ist die Dichtung, der in Form geronnene Geist der Menschheit, verstehst du. Was glaubst du, würde geschehen, wollte man plötzlich die nächste Schicht bauen zum einen Teil, wie bisher, zum anderen Teil aus Wind, Sonnenstrahlen und Wellenschaum. (Ü 158f.)

Zum prachtvollen Turm der Dichtung, der von den Männern in zweitausend Jahren sorgfältig und Schicht für Schicht errichtet wurde, könne Martha nichts hinzufügen als einen armseligen Haufen Geröll, der unbrauchbarer Baugrund wäre für die Erben.[15] Da Schreibverbote bisher nicht den gewünschten Effekt erzielt hätten und die anmaßenden weiblichen Verletzungen der gesicherten literarischen Werte sich allmählich von Einzelerscheinungen auf eine richtige

---

[13] Maron: *Die Überläuferin*. S. 155. Im Folgenden wird unter der Sigle Ü zitiert.
[14] Gemeinsam ist ihnen unter anderem eine Faszination für tote Frauen.
[15] In ihrem Vortrag anlässlich der Eröffnung des Studiengangs Gender-Studies an der Humboldt-Universität Berlin 1997 weist Christina von Braun darauf hin, dass die Verbindung von weiblicher Kreativität mit der Instabilität eines Sandhaufens eine lange Tradition hat (Christina von Braun: Warum Gender-Studies? Vortrag anläßlich der feierlichen Eröffnung des Studiengangs Gender-Studies. 21. Oktober 1997. <http://edoc.hu-berlin.de/humboldt-vl/braun-christina-von/PDF/Braun.pdf>). Die Denkfigur wurde zum Beispiel auch vom Jura-Professor Otto Gierke benutzt, als er über die Fähigkeit der Frau, an einer Universität zu studieren, zu urteilen hatte. Vgl. dazu *Die Akademische Frau. Gutachten hervorragender Universitätsprofessoren, Frauenlehrer und Schriftsteller über die Befähigung der Frau zum wissenschaftlichen Studium und Berufe*. Hg. von Arthur Kirchhoff. Berlin 1897. S. 25f.

Volksseuche auszudehnen drohten, will Heinrich das Problem lieber auf seine Art und Weise – mittels Ermordung – lösen. Zuvor klärt er Martha noch über die Grundsätze seiner eigenen Dichtung auf. Heinrich – der sich dadurch auch an HEIN-er Müller selbst anlehnt – führt sich als Verteidiger einer an Artaud erinnernden Ästhetik der Grausamkeit auf: "Die Schönheit ist ein Anachronismus", behauptet er, "man muß sie kaputt machen, damit sie den Blick nicht trübt für das Häßliche und das Böse" (Ü 160).

Anders als in Müllers Idealvorstellung des Theaters, aber, dient das obsessive Interesse des männlichen Dichters für den Gräuel hier anscheinend nicht der Abwehr oder dem Erkennen von Mustern der Ausbeutung und Viktimisierung. Die von Müller anvisierte Wiederbelebung der Untoten auf der Bühne sollte aus dem Theater einen Ort machen, an dem die Begräbnisse der Unbeerdigten der Vergangenheit nachgeholt werden können. In der Heinrich'schen Variante scheint sie jedoch eher zur Gewöhnung und zu einer Einübung der Boshaftigkeit und Lebensfeindlichkeit zu führen, als dass sie in der ständigen Wiederholung zum Aufreißen der fatalen Kette Anlass bieten würde.[16] Durch ihren Bühnenauftritt wird die Gewaltsamkeit der Ungeheuer eher am Leben gehalten als ausgelöscht. Heinrichs Faszination für Leichen, und besonders für tote Frauen, wird dadurch zu einer *selffulfilling prophecy*, zu einer fatalen Ausdehnung der grausamen Geschichte, in der Frauen auf ewig keinen Platz finden sollen. Auch wenn die Dichterin Martha ihrer bevorstehenden Ermordung gerade noch zu entkommen weiß, demonstriert doch Rosalinds Alptraum ganz eindeutig eine Angst davor, von den Repräsentanten der (männlich determinierten) Tradition erdrückt zu werden.

Das Gegenbild zu dieser Angstvision bildet eine an anderer Stelle von Rosalind entwickelte Assoziation von Martha mit dem schönen wilden Kind, das auf dem Gemälde *La Guerre* (1894) von Henri Rousseau zu sehen ist: Das weißgefiederte Reiterkind stürmt auf seinem Pferd über seine "verstümmelten, von Krähen schon zerhackten Opfer" (Ü 138; Abb. 3). Unerschrocken und in unschuldiger Bosheit galoppiert das Kind über die Leichen der Verstorbenen. In den Augen der Surrealisten galt der Maler Henri Rousseau als pures, nicht durch bewusstes Lernen verdorbenes Genie, als einer, dessen Augen viel weiter sehen konnten als die der ausgebildeten Künstler. Dass gerade ein Bild von diesem Künstler der Idealvorstellung von Martha entsprechen sollte, signalisiert, inwiefern ihre poetologische Position als Dichterin ohne literarische Tradition von Rosalind als Triumph über die Toten bewertet wird. Marthas Versuch, unbeeindruckt durch Vorbilder und Regeln, also *ex nihilo* zu kreieren, führt aber ins Scheitern. Sie endet nicht als erfolgreiche Lyrikerin, sondern

---

[16] Vgl. dazu unter anderem Müllers Gespräch mit Alexander Kluge: Auf dem Weg zu einem Theater der Finsternisse. In: Alexander Kluge und Heiner Müller: *Ich bin ein Landvermesser. Gespräche. Neue Folge.* Hamburg 1996. S. 67–88.

132

Abb. 3. Henri Rousseau, La Guerre ou la chevauchée de la discorde, Paris, musée d'Orsay, © Photo RMN / © Droits réservés.

wird von Rosalind letztendlich in der Gosse im New Yorker Obdachlosenviertel The Bowery aufgefunden.

Mit ihrem Rückzug aus der Welt und aus den Banalitäten des Alltags zugunsten eines Lebens im Kopf versucht die Protagonistin auch selber die Unvoreingenommenheit zu erreichen, welche Marthas Verachtung für den Kanon anfänglich zu verheißen scheint. In vier grotesken "Zwischenspielen" – auch dies ein von Müller gern benutztes Gestaltungsprinzip – wird die Heldin aber mit typisierten Vertretern der vorgefassten Meinungen ihres Alltags konfrontiert. Die plötzlich auftauchenden Gespenster der Vergangenheit können als Personifikationen der von Rosalind in Herkunft, Erziehung und Veranlagung empfundenen Bedrängnis gelesen werden. Die Namen, die sie bei Maron erhalten – "die Frau mit der eigenen Meinung", "die Frau mit dem zarten Wesen", "die Frau mit der hohen Stimme", "der Mann mit der traurigen Kindheit" und so weiter – sind in ihrem Aufbau an diejenigen angelehnt, welche in *Leben Gundlings* zur Bezeichnung der Figuren in einem Bild der Zukunft verwendet werden. Im Traum sieht Müllers Lessing: "Die Frau am Strick Die Frau mit den aufgeschnittenen Pulsadern Die Frau mit der Überdosis [...] Die Frau mit dem Kopf im Gasherd".[17]

Die gespenstischen Wiedergänger ihrer Vergangenheit, von denen sie in den Zwischenspielen heimgesucht wird, möchte Rosalind mit einer *damnatio*

---

[17] Müller: *Leben Gundlings*. S. 533f.

memoriae belegen:[18] "Ich werde sie vergessen, ich werde einfach die Falltür in meiner rechten Schläfe öffnen und sie ins Vergessen stürzen" (Ü 180). Doch der Versuch, alles Erlernte durch eine bewusste Entscheidung aus dem Gedächtnis zu tilgen, um völlig neu anfangen zu können, scheitert kläglich: Die Verdammten gehorchen ihrer Entscheidung nicht, sie kommen der Protagonistin auch ungerufen noch ins Zimmer. Die Zwischenspiele versinnbildlichen, inwiefern Rosalind, auch nachdem sie sich von allen ihr denkbaren äußeren Zwängen und sogar körperlichen Bedürfnissen befreit hat, in ihrem Kopftheater weiterhin von den vorgefertigten Meinungen der Geister ihres bisherigen Lebens verfolgt wird. Manche Figur bleibt in ihrem Zimmer sogar als versteinertes Denkmal zurück.

Die damit angesprochene Angst, keinen eigenen Platz zu finden, weil die Toten und Untoten vergangener Zeiten immer noch da sind, treibt auch andere von Marons Protagonistinnen um. Annaeva, die Heldin aus der gleichnamigen Geschichte (1982),[19] die – wie Martha Mantel – Angst davor hat, ein bloßes "Plagiat" zu sein,[20] meidet die Bücher, weil sie ihr beweisen, dass sie überflüssig ist:

> Nichts das es nicht schon gegeben hätte, kein Schmerz, der nicht längst empfunden wurde, keine Freude, die nicht schon widerlegt war, jede Besonderheit war schon Allgemeingut. [...] In [den Büchern] war ihr Leben längst beschrieben, vollendet, gefeilt und geschliffen; sie mußte es nicht mehr leben. (A 36)

Weil sie "Beweise ihrer lebendigen Existenz" (A 36) finden möchte, welche die vertrauten Muster, die "Riten und Floskeln" (A 38) ihres Alltags widerlegen könnten, verlässt Annaeva eines Tages das Land, in dem sie aufgewachsen ist. Sie zieht in die Dürre und fängt im Gehen schon mit dem Vergessen an: "Ich vergesse meine Mutter, ich vergesse meinen Vater, niemand hat mich geboren, ich bin der Erbe von nichts" (A 35).

Annaevas durchgreifender Versuch, sich vom Gelernten, von den alten Denkweisen sowie von allen bisherigen Weggefährten zu trennen – von den "Freunden, die sie nicht mehr liebte" und den "Feinden, die sie nicht mehr haßte" (A 33) –, wird begleitet von der Entscheidung, neues Vertrauen in das Erkenntnispotential der rein körperlichen Wahrnehmung zu gewinnen: "gedachte Gedanken, gefühlte Gefühle, gelernte Begriffe will ich vergessen und will meinen Ohren trauen, meinen Augen und meiner Haut" (A 37). Die Sinne der Protagonistin aber erinnern sich weiterhin und machen ihr die Unterscheidung

---

[18] Vgl. zur *damnatio memoriae* auch Harald Weinrich: *Lethe. Kunst und Kritik des Vergessens*. München 1997. S. 51f.
[19] Monika Maron: *Annaeva*. In: *Das Mißverständnis. Vier Erzählungen und ein Stück*. Frankfurt/M. 1982. S. 31–45. Im Folgenden wird unter der Sigle A zitiert.
[20] Vgl. "Keine Fremden mehr, keine Geheimnisse, nur noch Plagiate" (Ü 101, 207).

zwischen Einbildung und realer Empfindung, zwischen Simulation und Authentizität unmöglich.[21] Es lässt sich nicht entscheiden, ob eklige grüne Spinnen und Säbelzahnameisen wirklich eine klebrige Schleimspur auf Annaevas Arm hinterlassen. Genauso plausibel wäre, dass ihr "deutlich fühlender Körper" (A 38) die sagenumwobenen Tiere nur spürt, weil Annaeva, die mit vielen mythischen Vorstellungen von der Dürre aufgewachsen ist, deren Attacken schon erwartet. Bei der Wahrnehmung ihrer Umgebung begegnet die Heldin dieser Fluchtgeschichte eines Tages sich selbst: In der Wüstenlandschaft trifft sie auf Spuren der eigenen Erinnerung, die sie mit den Stimmen anderer verwechselt:

> Woher kamen diese Sprüche. Sie hingen wie fremde Erinnerungen über der Landschaft. Wessen Erinnerungen. Wer war hier schon gegangen. Wo lagen seine sonnengebleichten Knochen. [...] Oder es waren ihre eigenen Gedanken, die, schon zur Erinnerung geronnen, fremd auf sie niederkamen. (A 42)

Annaeva, die nur noch ihren Sinnen trauen möchte, trifft nicht auf das, was in der Außenwelt zu sehen wäre, sondern auf ihre eigenen Gedächtnisbilder. Sie läuft den Gespenstern so lange davon, bis sie schließlich ankommt am "Stadttor von Nirgends", wo "Niemand" (A 44) auf sie wartet.

Die beschriebene Art des Ent- und Rückzugs, auch des verzweifelten, letztlich aber aussichtslosen Kampfes ist für den Umgang mit den Spuren einer als bedrohlich empfundenen individuellen und kollektiven Vergangenheit in Marons Werk aus den achtziger Jahren durchaus typisch. In ihrem Misslingen jedoch, wird die obsessive Sehnsucht der Protagonistinnen nach der totalen *Tabula rasa* stets *ad absurdum* geführt. Die zahlreichen Versuche, das Eigene vom Fremden zu trennen – und das Echte von der Simulation –, werden in den Texten häufig auch ironisch kommentiert; entweder, im Rückblick, durch die Protagonistin selber oder durch andere Figuren. Angesichts des von Rosalind in der *Überläuferin* geäußerten Wunsches, "mit sich eins zu werden", behauptet ihre Freundin Clairchen zum Beispiel, sie hätte sich über diese Art der "Paradiessucht" immer schon "dodlachen können" (Ü 120). Ironische Kommentare begleiten auch die in wirklich jedem Text Marons vorkommenden Träume von der Naturkatastrophe, der Flutwelle oder der Sonnenglut, welche den Neuanfang durch endgültige und restlose Vernichtung des Existierenden ermöglichen sollen: So, wenn Rosalind in der *Überläuferin* behauptet, sie "hätte gern ein Erdbeben" (Ü 140), wenn sie in *Stille Zeile Sechs* erwartet, dass sich der "verdammte Himmel" auftun möge und eine "Sturzflut" oder "Sonnenglut" niederlasse, "die Brände entzünden kann",[22]

---

[21] Vgl. zur "erinnernden Wahrnehmung" Peter Matussek: Der selbstbezügliche Blick. Ein Merkmal des erinnernden Sehens und seine medialen Metamorphosen. In: *Visualität. Sichtbarkeit und Imagination im Medienwandel.* Hg. von Horst Wenzel. Bern 1999. S. 637–654 (*Zeitschrift für Germanistik. Neue Folge.* IX:3).
[22] Monika Maron: *Stille Zeile Sechs. Roman.* Frankfurt/M. 1991. S. 216.

oder wenn der Wanderprediger in *Ada und Evald*, in einer "Mitteilung der Börse für interessierte Laien", verkündet, dass "wegen der großen Nachfrage" (AE 114) der Wert von Katastrophen weiter ansteige.

III.

Die politische "Wende", die sich im Jahre 1989 vollzog, war ein solches Naturereignis, welches "das Unterste nach oben und das Oberste nach unten" zu wälzen vermochte.[23] Jedenfalls wird das Ereignis in Marons Texten der neunziger Jahre als eine solche "dramatische Klimaveränderung" dargestellt: Mit der Wende geschah etwas "Gewaltiges", "ein Wunder" (E 40), das, wie es in Marons immer noch bekanntestem Nachwenderoman *Animal triste* (1996) heißt, "größer war als der Mensch und sein wechselhaftes Streben".[24] Dass das Jahr 1989 auch in der Rezeption des Werkes der vormals ostdeutschen Autorin gemeinhin als radikaler Einschnitt bewertet werden sollte, nimmt aus diesem Grund nicht wunder. Der Bruch im Œuvre ist aber nicht so sehr, wie häufig suggeriert wurde, auf thematischer Ebene feststellbar,[25] und er manifestiert sich auch nicht darin, dass Marons literarische Produktion erst mit der Wende autoreflexiv geworden wäre – wie es in der bisherigen Forschung ebenfalls nahe gelegt wurde.[26] Alle Geschichten im Werk entstammen der subjektiven Erinnerung der Erzählerin. Dass erst die Prosatexte der neunziger Jahre aber als "Erinnerungsbücher" wahrgenommen – und als solche von den als "Trilogie" bezeichneten drei Romanen *Flugasche*, *Die Überläuferin* und *Stille Zeile Sechs* abgegrenzt – werden, hängt mit einer auffälligen Evolution in der Akzeptanz von Erinnern (und Vergessen) in Marons Œuvre zusammen.

Die Bedingungen für die gemeinte, unbeschwertere Art der Hinwendung zur Vergangenheit wurden, paradoxerweise, erst durch die Erlaubnis, zu vergessen, kreiert. Mit dem Verschwinden des Bedürfnisses nach kritischer Stellungnahme zu dem von der Autorin als diktatorisch eingeschätzten Staat (und seinem verlogenen offiziellen Geschichtsverständnis) ging eine neue Fähigkeit und eine neue Bereitschaft, sich zu erinnern, einher. Zum historischen Ereignis trat eine intensivierte Auseinandersetzung mit der im letzten Jahrzehnt exponentiell angewachsenen Theoriebildung zum Gedächtnis hinzu.

---

[23] Monika Maron: *Endmoränen. Roman.* Frankfurt/M. 2002. S. 40. Im Folgenden wird unter der Sigle E zitiert.

[24] Monika Maron: *Animal triste. Roman.* Frankfurt/M. 1996. S. 89.

[25] Diese Einschätzung, der zufolge Maron nach der Wende völlig neue Themen entdeckt hätte, prägt einen Großteil der Reaktionen zu *Animal triste*.

[26] Suggeriert hat das vor allem Andrea Geier: Paradoxien des Erinnerns. Biografisches Erzählen in *Animal triste*. In: *Monika Maron in Perspective. "Dialogische" Einblicke in zeitgeschichtliche, intertextuelle und rezeptionsbezogene Aspekte ihres Werkes.* Hg. von Elke Gilson. Amsterdam – New York 2002. S. 93–122 (German Monitor 55).

Die Unversöhnlichkeit von totaler Vergesslichkeit und konstruktiver Tätigkeit, welche in den frühen Texten einfach durch das Scheitern erkennbar gemacht wurde, wird in den Texten der letzten Jahre zunehmend auch theoretisch fundiert. Die Erkenntnis dieser Unversöhnlichkeit hat dazu geführt, dass an die Stelle des oben skizzierten Kampfes mit den Toten ab 1990 in Marons Œuvre eine immer überzeugtere Totenbeschwörung getreten ist. Während in den frühen Prosatexten die Protagonistinnen – auch diejenigen, die hier nicht erwähnt werden konnten – sämtlich am Gefühl litten, die Geschichte als konditionierende Macht mache "eigene" Konstruktionen unmöglich, werden Marons Werke der neunziger Jahre eher von der Einsicht gekennzeichnet, dass überhaupt nur etwas zustande kommt, wenn überlieferte Muster für eigene Zwecke neu zusammengesetzt und kombiniert werden.

Der postmodern-unverkrampfte Umgang mit der Tradition in Marons erstem wirklichen Nachwenderoman *Animal triste* (1996) liest sich als Illustration der von Umberto Eco in seiner *Nachschrift zum Namen der Rose* formulierten Erkenntnis, dass die Vergangenheit, nachdem sie nun mal nicht zerstört werden kann, da ihre Zerstörung zum Schweigen führt, auf neue Weise ins Auge gefasst werden muss, "mit Ironie, ohne Unschuld".[27] Wurde X wegen seines Zusammensetzens überlieferter Bruchteile in *Ada und Evald* noch der Lächerlichkeit ausgesetzt, so spielt jetzt der Liebesroman selbst mit einer Vielzahl von existierenden, literarischen Modellen, welche die Musterhaftigkeit der in ihm dargestellten Liebeserfahrung explizit zur Schau stellen: "Tristan und Isolde, Romeo und Julia, Anna Karenina, Paolo und Francesca, Penthesilea",[28] "Ferdinand und Luise, Philemon und Baucis",[29] "Orpheus und Euridyke",[30] alle Liebesgeschichten vergangener Jahrhunderte werden von der Erzählerin mit der ihrigen amalgamiert. Die Unfähigkeit, zwischen dem wirklich Geschehenen und dem Erfundenen (oder dem wegen der Modelle Erwartbaren) zu unterscheiden, wird in der Erzählstruktur von *Animal triste* zum strategischen Prinzip, das der Irreführung des Lesers dient.[31]

Das Hadern mit der unausrottbaren Wirkungsmacht von Schemata, "Scripts" und "Frames", durch die eigene Denk-, Wahrnehmungs- und Handlungsweisen

---

[27] Umberto Eco: *Nachschrift zum "Namen der Rose"*. München 1984. S. 79.
[28] Maron: *Animal triste*. S. 59.
[29] Ebd. S. 92.
[30] Ebd. S. 58.
[31] Relevant wird die Unfähigkeit, zwischen dem Faktischen und dem Imaginierten zu unterscheiden, besonders in Bezug auf die Mordgeschichte im Roman: Da die Protagonistin sich im ganzen Roman auffällig stark mit Penthesilea identifiziert, bleibt bis zuletzt unklar, ob die am Ende angeblich "erinnerte" Ermordung des Geliebten tatsächlich stattgefunden hat oder nicht. Vgl. dazu ausführlicher Henk Harbers: Gefährliche Freiheit. Zu einem Motivkomplex im Werk von Monika Maron. In: *Monika Maron in Perspective*. S. 123–137.

gelenkt werden, ist damit in *Animal triste* einer mehr oder weniger bewussten Aneignung gewichen. In diesem "vielstimmigen Monolog"– wie der Rückblick der Ich-Erzählerin in einer Rezension bezeichnet wurde – wird das, was früher noch als "aufoktroyiert" und "fremd" zurückgewiesen wurde, als zum "Eigenen" gehörend anerkannt.[32] Mit seiner intertextuellen Akzentuierung der Tatsache, dass jedes verwendete Wort schon von den Worten anderer überlagert ist, bestätigt der in Erzählhaltung und -situation an Beckett erinnernde und eigentlich solipsismusverdächtige Roman auf eindrucksvolle Weise Bakhtins Befund über den "illusorischen Charakter der Einsamkeit".[33]

Karl Heinz Baron, die liebenswürdigste Gestalt in Marons zweitem Roman *Die Überläuferin*, Sinologe, der sich auch durch Dutzende von anderen Sprachen bereits vollständig "hindurchgedacht" (Ü 82) hat, sehnt sich immer wieder nach einer weiteren neuen Sprache, weil jede neue Sprache "wie ein neues Leben sei" (Ü 84), in dem man die eigenen Gedanken zum ersten Mal denken könne. Im zehn Jahre später erschienenen *Animal triste* dagegen wird die dialogische, palimpsestartige Struktur eines jeden Wortes selbstbewusst und spielerisch erkundet: Nicht der eine, authentische, höchst individuelle und nur für dieses sprechende Subjekt gültige Ausdruck, sondern die immer sich verschiebenden, nie bewusst oder endgültig unter Kontrolle zu bringenden Bedeutungsebenen des Wortes werden in diesem Text ausgeschöpft. "Schlimm, schlimm, schlimm," nannte der Graf das unheimliche "Geheimnis der Reminiszenzen" (Ü 166), das darin bestünde, dass keine Wege noch allein zu begehen wären. Die – im oben Zitierten – auch von Annaeva gemachte Erfahrung, dass kede Wahrnehmung zur Selbstbegegnung führt, und in der Erinnerung an die eigenen Prägungen auch zur Begegnung mit den Stimmen der Anderen, war dem Grafen noch unerträglich. In Marons späteren Werken wird jenes "Geheimnis" auf immer neue Art und Weise, "mit Ironie und ohne Unschuld", inszeniert.

Dass der Graf anlässlich seiner Wahrnehmung der Landschaft auf das "Geheimnis der Reminiszenzen" zu sprechen kommt, deutet zugleich auf seine Anerkennung der grundsätzlichen Konstruktivität aller Wahrnehmung, die, in diesem Sinne als Begegnung oder Selbstbegegnung betrachtet, mit der Perzeption als Abbildung des in der Außenwelt "wirklich" Gegebenen wenig zu tun hat. Die Wahrnehmung wird damit auch zur zweifelhaften Grundlage für die Erinnerung an das tatsächlich Gewesene. Das Erinnern, das durch nachträgliches Ordnen, Feilen und Schleifen die Vergangenheit narrativiert, wurde in *Ada und Evald* von X schon zynisch kommentiert. Die beim

---

[32] Vgl. Ruth Schweikert: Die Liebe ist ein gar trauriges Tier. Leben, vom Mauerbau bestimmt: *Animal Triste*, Monika Marons vielstimmiger Monolog. In: *Die Weltwoche* 22.02.1996.
[33] Diesen "illusory character of solitude" erläutert Mikhail Bakhtin in: Toward a Reworking of the Dostoevsky Book. In: *Problems of Dostoevsky's Poetics*. Hg. von Caryl Emerson. Minneapolis 1984. S. 283–302.

138

Vergegenwärtigen der Vergangenheit fast unumgängliche Legendenbildung hatte X als Ausstattung der Geschichte mit "Schleifchen" und "Fältchen" beschrieben, als Prozess, bei dem alle Ecken und Risse des Gesteins der Vergangenheit überdeckt und geglättet werden (AE 106). Ein ähnliches Bild verwendet die Erzählerin von *Animal triste* zur (selbstentlarvenden) Veranschaulichung auch ihrer eigenen rekonstruktiven Erinnerungsarbeit. Erinnerungen kämen sowieso zustande, sagt die im ganzen Roman namenlos bleibende Protagonistin, wie die Perlen im Innern der Muschelschale: sie sind

> zuerst nur ein lästiger Eindringling ins Muschelfleisch, den die Muschel mit ihrem Mantelepithel umschließt und eine Perlmuttschicht nach der anderen um ihn wachsen läßt, bis ein schillerndes, rundes Gebilde mit glatter Oberfläche entsteht.[34]

Als eine solche nachträgliche Konstruktion, als jeweils den aktuellen Umständen und Bedürfnissen angepasste "Neuinszenierung" vergangener Erlebnisse,[35] welche die Unwiederbringlichkeit der Vergangenheit, "so wie sie gewesen ist", ganz explizit reflektiert, wird die Erinnerung auch in Marons Familiengeschichte *Pawels Briefe* aus dem Jahre 1999 dargestellt. Das nicht-fiktionale Werk, in dem die Autorin anhand der Briefe ihres Großvaters Pawel und der Notizen ihrer Mutter sowie anhand von Fotos und sonstigen Dokumenten die Geschichte ihrer Eltern und Großeltern erzählt, verarbeitet Konzepte sowohl aus der Systemtheorie und der Kybernetik zweiter Ordnung, wie aus neueren hirnwissenschaftlichen Untersuchungen zum Funktionieren des Gedächtnisses. Auf dieser Grundlage entfaltet sich in *Pawels Briefe* eine konstruktivistische Vorstellung vom Gedächtnis nicht als (räumlich lokalisierbarem) "Archiv", als "Magazin" oder "Speicher", sondern als Funktion, welche alle aktuellen Operationen von "erinnernden Systemen" begleitet.[36]

Einen vorläufigen Höhepunkt erreicht die Tendenz zur selbstbewussten Positionierung gegenüber dem Erbe und den Spuren der Vergangenheit in Marons Roman *Endmoränen* aus dem Jahre 2002. Die Metapher der alles vernichtenden

---

[34] Maron: *Animal triste*. S. 106.
[35] Monika Maron: *Pawels Briefe. Eine Familiengeschichte*. Frankfurt/M. 1999. S. 167.
[36] Von der Vorstellung des Gedächtnisses als Speicher distanziert sich die Autorin auch durch die Kontrastierung ihres eigenen Erinnerungskonzepts mit dem ihrer Mutter. Hella Maron könne, "befragt nach bestimmten Ereignissen aus ihrem Leben, in einem Regal mit der Jahreszahl 1932 oder 1945 oder 1976 nach diesem bestimmten Päckchen" suchen und so "ein naturbelassenes Stück Erinnerung voller Düfte, Temperaturen und Geräusche" finden, das so anmute, "als wäre es gerade erst verpackt [...] worden" (Maron: *Pawels Briefe*. S. 166f.) Vgl. zu Marons an Luhmann angelehnter Erinnerungsvorstellung Elke Gilson: "Nur wenige kurze Augenblicke, die sicher sind". Zur konstruktivistisch inspirierten Darstellung des Erinnerns und Vergessens in Monika Marons Familiengeschichte *Pawels Briefe*. In: *Colloquia Germanica* 33.3 (2000). S. 275–288.

Naturkatastrophe ist für die Geschichtsvorstellung auch in diesem Roman konstitutiv, nur erhält sie hier eine völlig neue Dimension: Die *Endmoränen* des Titels verweisen nämlich nicht nur auf die vorpommersche Landschaft, vor der sich das Geschilderte abspielt; mit ihnen werden zugleich auch jene Relikte angesprochen, welche nach einem Erdrutsch noch zurückbleiben. Die Endmoränen deuten auf den Schutt, der – nicht zuletzt im Sehen und Denken – von der Eiszeit hinterlassen wurde; sie symbolisieren das Geröll, das auch nach der drastischen Klimaveränderung noch an die frostige Vorzeit erinnert. Unter den damit vom Titel schon metaphorisch festgehaltenen Abhängigkeiten wird in *Endmoränen* in der Regel nicht mehr gelitten; in den meisten Fällen werden sie sogar umarmt: Durch zahlreiche explizite intertextuelle Verweise werden die Toten in diesem Roman zum Sprechen eingeladen. Waren die surrealistischen Anklänge (zum Beispiel an Bretons *Nadja* und an seine Manifeste) in der *Überläuferin* noch sehr impliziter Natur, so werden in Marons jüngstem Roman die Gewährsmänner (und -frauen) auch namentlich aufgeführt: Neben Max Ernst, Leonora Carrington und Alfred Kubin sind in *Endmoränen* auch Koestler, Döblin, Camus, Arendt und Solschenizyn vertreten (E 50, 52–57, 152).[37]

Einleuchtend für die Erläuterung des gewandelten Verhältnisses zu den Prägungen des eigenen Denkens ist der Gebrauch, der in *Endmoränen* von Christa Wolfs Erfolgserzählung *Der Geteilte Himmel* aus dem Jahre 1963 gemacht wird.[38] Marons Protagonistin Johanna erinnert sich daran, sich vor vielen Jahren mit ihrer Freundin Elli über das Buch gestritten zu haben: Während sie von sich selbst vermutet, dass sie den Roman "damals wohl gemocht" haben muss, wird von Elli die trockene Mitteilung überliefert, sie lehne es ab, ein Buch zu lesen, "in dem der Satz vorkommt: 'Die Klinke war so eiskalt wie ein ganzes einsames Leben'" (E 118f.). Es fällt schwer, in diesem Urteil über die Kitschverdächtigkeit von Wolfs *Geteiltem Himmel* nicht eine Stellungnahme und vielleicht sogar eine nachträgliche Desavouierung der ursprünglichen – wenigstens motivischen – Nähe von Marons ersten Romanen zu Christa Wolfs Prosa der sechziger und siebziger Jahre zu erkennen.[39] Die unüberhörbare Herabschätzung wird jedoch schon dadurch gebrochen, dass die geringschätzige Aussage nicht der Protagonistin, sondern ihrer Freundin in den Mund gelegt wird. Später im Roman erfolgt eine zweite Brechung, als die Erzählerin versucht,

[37] Vgl. zu den surrealistischen Intertexten das betreffende Kapitel in meiner Dissertation: *Ich sehe was, was du nicht siehst. Strategien des Weltenbaus und intertextuelle Muster im Œuvre von Monika Maron.* Gent 2004. S. 230–256.
[38] Christa Wolf: *Der geteilte Himmel. Erzählung.* Halle 1963.
[39] Ziemlich deutliche Korrespondenzen gibt es zum Beispiel zwischen Wolfs *Der geteilte Himmel* und ihrem späteren Roman *Nachdenken über Christa T.* (Halle 1968) einerseits, und Marons *Flugasche* (Frankfurt/M. 1981) und *Die Überläuferin* andererseits. Vgl. dazu ausführlicher Brigitte Rossbacher: *Illusions of Progress. Christa Wolf and the Critique of Science in GDR Women's Literature.* New York – Washington 2000.

den von Elli verachteten, schnulzigen Satz im *Geteilten Himmel* wiederzufinden, was ihr aber nicht gelingt (E 152).[40] Gerade das Hinnehmen dieses Nichtgelingens könnte auf eine allmählich größer werdende Gelassenheit deuten, welche Johanna vom verbissenen Suchen nach weiteren "Minderwertigkeitsbeweisen" in Wolfs Geschichte abhält. Die Versöhnlichkeit geht sogar noch weiter: In der Zeit vor dem "Wunder", also vor der politischen Umwälzung, hat Johanna selber ein ganzes Leben lang Biographien von historischen Figuren verfasst, um in ihnen leicht subversive Botschaften zu verstecken. Diese "Klopfzeichen aus dem Untergrund", die vom Zensor jedoch leicht zu übersehen waren, haben nach der Wende ihren Sinn völlig verloren. Obwohl Johanna sich über ihre neue Freiheit eigentlich nur freuen will, muss sie doch zugeben, dass sie die alte Aufregung beim Verstecken einer verbotenen Aussage vermisst. Marons Protagonistin verzweifelt zwar einerseits über ihre Unfähigkeit, das eigene Leben nach dem "Wunder" neu zu erfinden; andererseits wird im Eingeständnis ihrer Ratlosigkeit zugleich eine große Nachsicht erkennbar für das Werk von Autorinnen, die sich, solange die DDR bestand, mit dem Rausch der subversiven Tätigkeit über eine im Grunde nicht hinnehmbare Meinungsgängelei hinweggetröstet haben.

Diese Episode und die expliziteren intertextuellen Bezugnahmen offenbaren, dass Johanna die Stimmen ihrer Vorgänger nicht um jeden Preis aus ihrem Leben zu verbannen versucht. In einem Brief an ihren Freund Christian bekennt sie sich sogar zu einer regelmäßigen "Zwiesprache mit Geistern" (E 208). Bei diesem Dialog mit den Verstorbenen würden die Angesprochenen zwar nicht immer antworten, Johanna könne deren Anwesenheit aber fühlen, wenn sie ganz still sei. In solchen reflexiven Momenten spüre sie deren Luftströme im Zimmer und kämen ihr plötzlich Sätze in den Kopf, die vorher noch nicht dagewesen wären (E 216).

Dass Marons literarische Konstruktionen in den neunziger Jahren verstärkt den Dialog aufsuchen, manifestiert sich nicht nur in den Intertexten, sondern auch auf struktureller Ebene: Mit immer radikaleren Methoden wird in die Texte ein multiperspektivisches Erzählen eingeführt, das Raum bietet für viele, gleichberechtigt nebeneinander auftretende Stimmen. Der auffälligste Beleg für diese Entwicklung bilden die Briefe, welche in *Pawels Briefe*, aber danach auch in *Endmoränen* die Stimmen anderer ohne modifizierende Eingriffe durch die Erzählerin zu Worte kommen lassen: In *Pawels Briefe* wird direkt aus den Briefen Pawels und den Notizen Hellas zitiert;[41] in *Endmoränen*

---

[40] Der bei Maron nur sinngemäß zitierte Satz findet sich ganz am Anfang von Wolfs Erzählung: "[...] schon legte sie die Hand auf die Klinke (die war eiskalt und fühllos wie ein ganzes einsames Leben) [...]"(Wolf: *Der geteilte Himmel*. S. 10).

[41] Vgl. zum polylogischen Aufbau des Werkes Elke Gilson: Vermoedens omtrent Pawel. Over polylogische waarheid bij Monika Maron en Uwe Johnson. In: *Jaarboek voor Esthetica 2001*. Hg. von Frans van Peperstraten. Tilburg 2001. S. 41–62.

spricht nicht nur Christian in seinen zitierten Briefen mit eigener Stimme, auch Wilhelmine Enke, das Objekt von Johannas neuester Biographie, ist durch ausführliche Übernahmen aus ihrer "Apologie" selber vertreten.[42] In Bezug auf Marons jüngsten Roman ließe sich sogar behaupten, dass auch die langwierigen Plauderszenen,[43] in denen endlos über die Folgen des wissenschaftlichen Fortschritts diskutiert wird, der Durchsetzung der Polylogie dienen. Fast unmittelbar, also mit zeitlich kaum spürbarer Verspätung, gibt die Erzählerin in diesen Passagen die Gesprächsaussagen ihrer im Sommerhaus versammelten Freunde wieder. Wegen der geringen zeitlichen Distanz werden die einzelnen Beiträge nicht neu angeordnet; sie werden auf fast ungefilterte Art und Weise reproduziert.[44]

IV.

Die wachsende Großzügigkeit und Unbefangenheit den Stimmen der Vorgänger gegenüber, welche sich in Marons literarischen Texten seit der Wende feststellen lässt, scheint eine Entwicklung nachzuvollziehen, die John Bender und David E. Wellbery in einem kontrovers diskutierten Aufsatz aus dem Jahre 1990 als Tendenz zu einer zunehmenden "Entschränkung der Rhetorik" im Zeitalter der Moderne beschrieben haben.[45] Nachdem die Rhetorik in der Romantik aus dem Bereich der Ästhetik grundsätzlich verbannt wurde, weil das Schaffen sich nicht länger aus kulturellen Codes und Regeln, sondern nur noch aus der expressiven Subjektivität des absolut unvergleichbaren Genies herleiten wollte, habe die Rhetorik in der Moderne eine Wiedergeburt, allerdings eine in neuer Form, erfahren. Von einer in Lehrbüchern beschriebenen, erlernbaren und strategisch einsetzbaren Technik habe sich die gemeinte moderne Rhetorik in eine fundamentale Bedingung menschlicher Erfahrung und Kommunikation verwandelt. Die Rhetorik, die in der Nachfolge von Nietzsches Generalisierung des Begriffs als *Conditio*, als Grundbedingung der Existenz aufgefasst – und

---

[42] Wilhelmine von Lichtenau: *Apologie der Gräfin Lichtenau gegen die Beschuldigungen mehrerer Schriftsteller. Von ihr selbst entworfen: Nebst einer Auswahl von Briefen an sie.* Leipzig 1808.

[43] In seiner Rezension des Romans bezeichnet Clemens Ruthner sie als "Quatschpassagen" (Clemens Ruthner: Nachsommer in preußischer Pampa. Monika Maron schürft im ostdeutschen Lebensraum. In: *Der Standard* 21.09.2002.)

[44] Gerade die Tatsache, dass nicht gekürzt wurde, ist tatsächlich für eine gewisse Langwierigkeit verantwortlich. Auch diese ließe sich jedoch funktional aufwerten: Die Dialogszenen versinnbildlichen dadurch den "splendiden Ennui", die Verzweiflung der Protagonistin über ihre vom Stillstand gekennzeichnete Lebenssituation; sie untermalen ihr Gefühl, der Welt nichts mehr hinzufügen zu können, ja sogar ganz aus ihr gefallen zu sein: "Lass sie doch ziehen, die Welt" (E 95–137).

[45] John Bender und David E. Wellbery: Die Entschränkung der Rhetorik. In: *Texte und Lektüren. Perspektiven in der Literaturwissenschaft.* Hg. von Aleida Assmann. Frankfurt/M. 1996. S. 79–104.

deshalb von Bender und Wellbery auch lieber als "Rhetorizität" bezeichnet – wird, trägt all jenen unpersönlichen Mustern Rechnung, die in jeder menschlichen Tätigkeit am Werk sind und die im Laufe des vergangenen Jahrhunderts von Psychoanalytikern, Soziologen und Linguisten entdeckt wurden. In der Anerkennung der zivilisatorischen, geschichtlichen, wirtschaftlichen, diskursiven und sprachlichen Geprägtheit, und in der erinnernden Reflexion über die Modelle und Scripts, welche alles individuelle Handeln wie Geisterstimmen begleiten, findet sich für das früher verzweifelt kämpfende und einsame Genie zugleich – auch das ist aus der Analyse von Marons Texten hervorgegangen – eine neue Gelegenheit zur Begegnung mit dem Anderen des Subjekts.

Die kleine alternative Geschichte über die Hinwendung zur Erinnerung in Marons Nach-Wende-Texten, die dieser Beitrag zu rekonstruieren versucht hat, wäre damit an ihr vorläufiges Ende gelangt.[46] Die Darstellung verlangt aber noch einen kurzen Nachtrag über das Vergessen: Das anscheinend Paradoxe an Marons wachsender Aufmerksamkeit für die Bedeutung der Erinnerung besteht darin, dass sie, besonders in *Animal triste* und *Pawels Briefe*, von einer entschiedenen Verteidigung des Vergessens begleitet wird. Im Bild von der Erinnerung als Perle, das Maron sich aus Brechts *Leben des Galilei* geliehen hatte, kommt nicht nur die grundsätzliche Konstruktivität der Erinnerung zum Ausdruck, sondern auch ihre potentielle Schädlichkeit. Für die Auster, nämlich, ist die Perle eigentlich eine Krankheit, die erst von den Menschen zur Kostbarkeit erhoben wurde:

> Und kommen Sie mir nicht mit der Schönheit von Phänomenen, die das Alter vergoldet hat! Wissen Sie, wie die Auster Margaritifera ihre Perle produziert? Indem sie in lebensgefährlicher Krankheit einen unerträglichen Fremdkörper, zum Beispiel einen Sandkorn, in eine Schleimkugel einschließt. Sie geht nahezu drauf bei dem Prozeß. Zum Teufel mit der Perle, ich ziehe die gesunde Auster vor.[47]

Damit rückt, neben dem "Nutzen", doch noch einmal der "Nachteil der Historie für das Leben" in den Blick.[48] Das Verständnis der Rhetorizität als

[46] Vgl. für andere, eher thematisch vorgehende Analysen Katharina Bolls Studie *Erinnerung und Reflexion. Retrospektive Lebenskonstruktionen im Prosawerk Monika Marons*. Würzburg 2002, sowie viele Aufsätze, darunter besonders Lothar Bluhm: "Irgendwann denken wir, muß ich das genau wissen". Der Erinnerungsdiskurs bei Monika Maron. In: *Mentalitätswandel in der deutschen Literatur zur Einheit (1990–2000)*. Hg. von Volker Wehdeking. Berlin 2000. S. 141–151; und Eva Bauer-Lucca: "In den Kellern unserer Gedächtnisse". Erinnerungsmuster und literarische "Vergangenheitsbewältigung" in der Zweiten und Dritten Generation. In: *La prosa della riunificazione. Il romanzo in lingua tedesca dopo il 1989*. Hg. von Anna Chiarloni. Alessandria 2002. S. 41–69.
[47] Bertolt Brecht: *Leben des Galilei*. In: *Ausgewählte Werke in sechs Bänden. Jubiläumsausgabe zum 100. Geburtstag*. Bd. 2. *Stücke 2*. Frankfurt/M. 1997. S. 65.
[48] Vgl. Friedrich Nietzsche: *Vom Nutzen und Nachteil der Historie für das Leben*. In: *Sämtliche Werke. Kritische Studienausgabe in 15 Bänden*. Bd. 1. Hg. von Giorgio Colli und Mazzino Montinari. München [u.a] 1980.

unkontrollierbares Apriori, das bis in die tiefsten Schichten der menschlichen Erfahrung vordringt, hinterlässt zugleich immer noch die Frage nach den verbleibenden Freiräumen für Aktionen. Jede neue Konstruktion muss unter den Bedingungen der verallgemeinerten Rhetorizität notwendigerweise zu einer trotzigen Widerlegung des längst schon Gewussten werden. Dass zu allem Handeln deswegen Vergessen gehört, wusste natürlich schon Nietzsche. In der zweiten seiner *Unzeitgemäßen Betrachtungen* hielt er fest, inwiefern besonders für das Anfangen eine "Hülle des Unhistorischen" unverzichtbar ist; ohne sie würde der Mensch "nie angefangen haben und anzufangen wagen".[49]

Diese "Hülle des Unhistorischen" nimmt auch die Erzählerin von *Pawels Briefe* in Anspruch, wenn sie, nach der Feststellung, dass über die Geschichte ihrer von den Nazis ermordeten Großeltern wenig "Neues" zu sagen ist, weil Zeit- und Leidensgenossen vor ihr schon berichtet haben, trotzdem dazu übergeht, den bestehenden Versionen ihre eigene noch hinzuzufügen.[50] Ihre Entscheidung kontrastiert stark mit den Flucht- und Ausweichstrategien, die Annaeva und die anderen Heldinnen von Marons frühen Geschichten angesichts der Erkenntnis, dass alles schon einmal beschrieben wurde, entwickelt hatten. Das Vergessen, das dieses "Trotzdem-Konstruieren" verlangt, oder das "Konstruieren mit demütigem Trotz", wie man es auch nennen könnte, ist nicht der voluntaristische Akt, der mit einer bewussten Entscheidung zwischen Erinnern und Vergessen unterscheidet. Eben weil sich das Vergessen dem willentlichen Zugriff entzieht, wird die eingangs von der Protagonistin in *Animal triste* aufgestellte Behauptung, sie habe "gelernt, [sich] an das, was [sie] vergessen will, nicht zu erinnern", von der Romankonstruktion selber widerlegt.[51] Das erforderliche Vergessen ist ferner auch nicht die Bewegung, in der die Vergangenheit samt ihren Prägungen restlos vernichtet würde. Es ist schon der Moment, in dem die Bedingungen der eigenen Entscheidungen für einen kurzen Moment ausgeblendet werden. In der Terminologie der Luhmann'schen Systemtheorie hieße das, dass von der in der Moderne unumgänglich gewordenen

[49] Nietzsche: *Vom Nutzen und Nachteil.* S. 252f. In einem Aufsatz zum Historikertag 2002, in dem sie über die subjektive Handlungsfähigkeit und persönliche Verantwortung des Menschen nachdenkt, spielt Maron selbst auf den Titel von Nietzsches *Unzeitgemäßer Betrachtung* an: Lebensentwürfe, Zeitenbrüche. Vom Nutzen und Nachteil dunkler Brillen: Wer es sich zu einfach macht beim Rückblick auf seine Geschichte, beraubt sich seiner Biografie. In: *Süddeutsche Zeitung* 13.09.2002. (Später auch in: *Traditionen – Visionen. 44. Deutscher Historikertag in Halle an der Saale vom 10. bis 13. September 2002. Berichtsband.* Hg. von Andreas Ranft und Markus Meumann. München – Oldenbourg 2003. S. 245–249.)
[50] Maron: *Pawels Briefe.* S. 7.
[51] Maron: *Animal triste.* S. 16. Vgl. zur Widerlegung dieser Behauptung und zur Rückkehr des "Verdrängten": Alison Lewis: Re-Membering the Barbarian: Memory and Repression in Monika Maron's *Animal Triste*. In: *The German Quarterly* 71.1 (1998). S. 30–46.

Beobachtung zweiter Ordnung, oder der Beobachtung der Bedingungen der Beobachtung, abgelassen wird, zugunsten der Handlung oder Konstruktion, die immer eine selbstvergessliche Beobachtung erster Ordnung sein muss.[52]

Ein Vergessen, das in diesem Sinne als Akzeptanz der Blindheiten verstanden wird, ohne die keine Beobachtung zustande kommen kann, könnte damit zu einem "Privileg" werden, nicht nur "der Toten", sondern auch der Lebenden.[53] Da Selektion die Voraussetzung der Erinnerung überhaupt ist, könnte diese Art des Vergessens möglicherweise auch der Resignation, dem Zynismus und Nihilismus des Müller'schen Geschichtsverständnisses entgegenarbeiten. Das Vergessen dürfte dazu aber nicht mehr als "schuldbeladenes" Verdrängen oder als unzulässiges "Verschweigen" der Toten betrachtet werden: Es entspräche eher einer Attitüde, welche die Gespenster der Vergangenheit nicht mehr aus Angst vor ihrer Übermacht besiegen müsste, und welche sie auch nicht mehr zu immer neuen und immer hässlicheren Konstellationen verstümmeln müsste. Marons Prosatexte aus der Nachwendezeit legen auf jeden Fall nahe, dass sich nur mittels eines solchen demütig-trotzigen Vergessens eine ernsthafte Zwie/sprache mit den Geistern gestalten ließe.

[52] Vgl. zu dieser Denkfigur unter anderem Niklas Luhmann: *Die Kunst der Gesellschaft*. Frankfurt/M. 1995. S. 103: "Man würde nie anfangen können, wenn man alle Möglichkeiten des Anfangens gegeneinander abwägen müßte".
[53] "Das Vergessen ist ein Privileg der Toten" (Heiner Müller: *Mommsens Block*. In: *Werke 1. Die Gedichte*. Hg. von Frank Hörnigk. Frankfurt/M. 1998. S. 257–263. Hier: S. 260).

Elke Brüns

Leibhaftig: Christa Wolfs Gang ins Totenreich

Christa Wolf's novella Leibhaftig *(2002) describes the walk into a mythopoetical underworld. Triggered by a perilous disease, the passage into the underworld becomes a reconstruction of East German history (as) experienced and suffered by the first-person narrator. Her memory of an old "friend and comrade", who killed himself is the red thread of this allusive novella. By the act of recollection – resembling a Hades' Walk – the author gains a new writing position: the former comrade – to put it in the style of Klaus Theweleit – becomes the Eurydice of the text und thus the "memory safe" that safeguards the song of the female Orpheus. Hence East Germany as realm of the shades turns into a poetical space.*

Mit ihrer Erzählung *Leibhaftig* begibt sich Christa Wolf in ein mythopolitisches Totenreich.[1] *Leibhaftig* gibt als assoziativer Bewusstseinsstrom die Erfahrung einer tödlichen Erkrankung wieder; eine Körpergeschichte, die die Ich-Erzählerin zugleich in die Abgründe der politischen Geschichte führt. Die Erzählung verarbeitet eine Erkrankung der Autorin: Wolf erlitt 1988 einen Blinddarmdurchbruch mit anschließender Sepsis und Bauchfellentzündung, die sie, da ihr Immunsystem zusammengebrochen war, an den Rand des Todes führte. Die Rekonvaleszenz dauerte bis 1989. Wolf selbst, berichtet ihr Biograph Jörg Magenau, habe später darüber nachgedacht, "warum diese schwere Krankheit sie ausgerechnet zu diesem Zeitpunkt überfallen hatte, als der Untergang der DDR, eine Art Immunschwäche des Staates, unmittelbar bevorstand".[2]

Was Wolf vermutet, legt die Erzählung *Leibhaftig* offen: Der individuelle Körper agiert in diesem Text den Kollektivkörper, den *body politic*, aus.[3] Im Folgenden geht es deshalb auch nicht um die Krankheit der Autorin oder um deren literarische Bearbeitung, sondern um den leibhaftig erfahrenen Zusammenbruch des Kollektivkörpers DDR und seine Resurrektion als mythopoetischen Erinnerungsspeicher. Damit soll die Blickrichtung des Bandes

---

[1] Dieser Beitrag basiert auf meiner Untersuchung *Nach dem Mauerfall. Eine Literaturgeschichte der Entgrenzung.* München – Paderborn 2006. Sie wurde durch ein Stipendium des Berliner Programms zur Förderung der Chancengleichheit von Frauen in Forschung und Lehre gefördert.

[2] Jörg Magenau: *Christa Wolf. Eine Biographie.* Berlin 2002. S. 363.

[3] Zum Begriff des *body politic* vgl. Ernst H. Kantorowicz: *The King's Two Bodies. A Study in Mediaeval Political Theory.* Princeton 1957. Zum Zusammenhang von individuellem und kollektivem Körper vgl. Mary Douglas: *Ritual, Tabu und Körpersymbolik. Sozialanthropologische Studien in Industriegesellschaft und Stammeskultur.* Frankfurt/M. 1993.

zur Totenbeschwörung und *memoria* in der deutschsprachigen Literatur umgekehrt werden. Die Frage lautet hier nicht: warum 'verfolgen' uns die Toten? Sondern: warum und wofür *brauchen die Lebenden* die Toten? Dazu soll zunächst der Gang ins Totenreich nachvollzogen werden, um dann nach den Gründen für Wolfs literarischen Hadesgang zu fragen und abschließend den Blick auf die DDR als Erinnerungsraum der Popliteratur und des Films zu richten.

I. Der Gang ins Totenreich – ein literarischer Hadesgang

Leibhaftig beginnt mit dem Wort: "Verletzt".[4] Die Erzählerin wird fast bewusstlos ins Krankenhaus eingeliefert, sie versteht kaum etwas und gleitet in Erinnerungsbilder ab: "Ich höre mich sagen: Sie sind in Prag einmarschiert. Und höre meine Mutter flüstern: Es gibt Schlimmeres. [. . .] Sie stirbt" (Lh 7).[5] Damit setzt die Krankengeschichte genau an dem Punkt ein, den auch Brussigs populärer Wenderoman *Helden wie wir* als Ausgangspunkt einer nicht-reformierbaren DDR wählt: dem gewaltsamen Ende des Prager Frühlings.[6]

Die Erinnerungen der Erzählerin vermischen sich mit Fieberfantasien, die die Kulturgeschichte als Gewaltgeschichte zeigen: "Soldaten des Herodes, welche die kleinen Kinder auf die Spitzen ihrer Schwerter spießen", "Christen in der Arena Auge in Auge mit den wilden Tieren" (Lh 12) und andere mehr. Diese Bilder erinnern an die Beschreibung des Pergamonaltars in Peter Weiss' *Ästhetik des Widerstands*.[7] Der Versteinerung des Grauens, dem Weiss' Protagonisten im Kunstwerk begegnen, ist das lebendige Körpergedächtnis der Erzählerin als "Martyrium" und als "der Untergang der Leiber, mein Leib mitten unter ihnen" (Lh 20) allerdings genau entgegengesetzt.

Das Krankenhaus, erfährt die Erzählerin im Verlauf ihrer Behandlung, sei ein "Spiegelbild der Gesellschaft" (Lh 47). Was im Folgenden ganz ökonomistisch erklärt wird – Medikamentenmangel aufgrund fehlender Devisen –, ist indes auch metaphorisch zu verstehen: Die wiederholte Frage "Warum ist Ihr Immunsystem derart schwach?" (Lh 102) lässt sich auch auf den Staat übertragen. Wichtiger als die verschleppte Blinddarmentzündung ist der Zusammenbruch des körperlichen Immunsystems, da ihr "wichtigste Stoffe", "[a]lle Mineralien" (Lh 22), fehlen. Rätselhaft bleibt, was die Erzählerin und — übertragen auf die DDR – was den Staat derart geschwächt hat.

Bei genauerer Sicht sucht dieser Text – obwohl Enttäuschungen und Repressionen erinnert werden – allerdings keine Antwort auf diese Frage, denn *Leibhaftig* ist zuvorderst ein mythopolitischer Text, der der Etablierung der

---

[4] Christa Wolf: *Leibhaftig. Erzählung.* München 2002. S. 5. Im Folgenden unter der Sigle Lh zitiert.
[5] Ebd. S. 7.
[6] Vgl. Thomas Brussig: *Helden wie wir. Roman.* Berlin 1996.
[7] Vgl. Peter Weiss: *Die Ästhetik des Widerstands. Roman.* Frankfurt/M. 1981.

DDR als Erinnerungsspeicher dient. *Leibhaftig* steht als Unterweltfahrt in der Tradition von Dantes *La Divina Commedia* und zitiert den Orpheus-Mythos. So fühlt sich die Erzählerin "vergiftet", will ein "Purgatorium" (Lh 93) und sieht "Höllenbilder" (Lh 127). In den Stationen des Hadesganges, die sich hier als Eintauchen in den Körper und in verdrängte Bewusstseinsschichten vollziehen, werden mythologische und realpolitische Orte übereinandergeblendet. In diesem mythopolitischen Textraum bildet der damalige Grenzübergang Friedrichstraße in Berlin den Transitbereich, der sowohl ins "Schattenreich", in die "Unterwelt" wie in "die andere Welt" (Lh 25f.) – gemeint ist Westberlin – führt.

In den Erinnerungen und Fantasien der Erzählerin kommt einem Toten besondere Bedeutung zu: Hannes Urban, ein früherer "Freund und Genosse" (Lh 36) hat sich schon vor Jahren nach einer zunäct reibungslosen Karriere als Reaktion auf eine scharfe Kritik seitens der Partei das Leben genommen. Immer wieder reflektiert die Erzählerin Urbans Schicksal und fragt mehrmals, als der Ehemann sie besucht, nach ihm. Auch der Transitraum ist in seiner Doppeldeutigkeit an Hannes Urban gebunden:

> Das weißt Du ja wohl, daß wir uns einmal in diesen Gängen begegnet sind, Urban und ich in jenem irdischen Schattenreich, das der jenseitigen Unterwelt nicht gleicht, doch ähnelt, der irdische Transitgang, der gekachelt ist wie eine Badeanstalt. (Lh 25)

Am Ende der Erzählung sieht sich die Erzählerin in die Friedrichstraße als in den "Hades" (Lh 143) hinabsteigen.

Als imaginierte Begleiterin dieser Hadesreise fungiert die Ärztin Kora Bachmann:[8] Wie Vergil und später Beatrice den Dichter Dante durch *Inferno*, *Purgatorio* bis zum *Paradiso* geleiten, so führt Kora Bachmann die Erzählerin durch die Unterweltbilder. Am Schluss sieht die Erzählerin in ihr jemanden, der die Seelen vor dem Totenreich des Hades abfängt und ins Leben zurückschickt. Das den Text beschließende Gespräch zwischen der Ärztin und ihrer Patientin dreht sich entsprechend um den Orpheus-und-Eurydike-Mythos. Die Lebenden dürften sich nicht nach den Toten umwenden, um nicht vom Leben abgestoßen zu werden – so das Argument Kora Bachmanns. Das Ich begreift schließlich "an welchem Zipfelchen Urban und ich zusammenhängen": Es ist der als "sicherstes Versteck" (Lh 180) verstandene Tod.

Dass der Tod das Zipfelchen ist, an dem die Erzählerin und Urban im Kontext des Dichtermythos zusammenhängen, weist auf die produktionsästhetische Bedeutung der DDR für Wolf hin. Ein Traum bildet hier den 'anderen Schauplatz' (Freud), auf dem das weibliche Ich zum männlichen Orpheus wird. Nachdem sie als "wohlgestalteter junger heiterer blonder Mann" (Lh 65)

---

[8] Ein "beziehungsreicher Name", wie die Erzählerin vermerkt (vgl. Lh 55). Er spielt auf Kore, das jungfräuliche Mädchen und auf die von Wolf verehrte Dichterin Ingeborg Bachmann an.

aus einem Fenster geklettert ist – die nächste, "wenn auch unwahrscheinliche Rettungsmöglichkeit" (Lh 64) ist ein benachbarter Balkon –, will sie selbst nach einer Traumunterbrechung an diese Stelle zurück, denn diese ist

> nun ein für allemal mein Lieblingsort auf Erden, und da hänge ich angeklammert, in einen jungen schönen männlichen Körper verbannt, der aber, wenn ich meine Lage unvoreingenommen betrachte, zum Tode verurteilt ist. Er hat keine Chance, sagt eine Stimme zu mir, ich frage: Wer, Urban? und höre die Stimme: Wer sonst. (Lh 67)

Das Ich hat träumend das Geschlecht gewechselt, sich maskulinisiert und wie Orpheus an die Schwelle des Todes begeben. Doch zur Toten, zur Eurydike des Textes, wird mit diesem Traum Urban. Die Erzählerin ist, mit Klaus Theweleit gesprochen, am Orpheus-Pol und damit an einer Autorposition angekommen, die ein dichterisches Sprechen aus der Installation eines "Erinnerungsspeichers" im Reich der Toten bezieht.[9]

Damit geht auch eine Umdeutung in den Reflexionen der Erzählerin einher: Sie versteht Urbans Selbstmord während ihrer Genesung nun nicht mehr als Ausdruck der Verzweiflung, sondern als Feigheit. Während solchermaßen vermutlich auch ein (Überlebens-)Schuldgefühl beseitigt wird, ist Urban — aus poetologischer Persepektive betrachtet – zur Eurydike des Textes geworden, die ein Weiterleben und Weiterdichten des weiblichen Orpheus ermöglicht.[10]

Wozu tritt Christa Wolf aber diesen poetologischen Hadesgang an, wozu diese Maskulinisierung des Autor-Ichs? Die Frage lässt sich im Rückblick auf die Debatten um und Angriffe auf Christa Wolf nach 1989/90 und ihre literarische Reaktion, der Text *Medea* von 1996, beantworten.

II. Christa Wolfs *Medea* als Reaktion auf ihre Erfahrungen nach 1989/90

Wolf wurde nach dem Fall der Mauer mehrfach zum Objekt öffentlicher Debatten und degradierender Rituale, die dem Charakter sozialer Gewalt nahekommen. Hier sollen nur kurz die einzelnen Stationen ins Gedächtnis

---

[9] Zum Begriff des 'Erinnerungsspeichers' vgl. Klaus Theweleit: *Buch der Könige*. 2. Bd. Basel – Frankfurt/M. 1994. Theweleit entwickelt die Funktion der (weiblichen) Toten als eines für die künstlerische Produktion notwendigen und deshalb seitens des Künstlers (un)bewusst produzierten 'Erinnerungsspeichers' anhand des Orpheus-und-Eurydike-Mythos.

[10] Wolfs Biograph Magenau interpretiert die Freundschaft Christa Wolfs mit Christa Tabbert – dem biographischen Vorbild der Christa T. – und den Schriftstellerinnen Maxie Wander und Brigitte Reimann, die alle an Krebs starben und deren Tod sie in einem Überlebenstraum in *Kindheitsmuster* verarbeitete, ähnlicherweise: "Es ist, als habe Christa Wolf die Nähe dieser gefährdeten Frauen gesucht und gebraucht, als entscheide sich in deren Sterben das eigene komplementäre Überleben, indem sie all diese Tode in Text umwandelt" (Magenau: *Christa Wolf*. S. 257).

gerufen werden.[11] Es begann mit dem Appell *Für unser Land* vom 29. November 1989, den unter anderem Volker Braun, Stefan Heym und Christa Wolf unterzeichnet hatten. Er votierte für eine "solidarische Gemeinschaft", eine "sozialistische Alternative zur Bundesrepublik" unter Rückbesinnung "auf die antifaschistischen Ideale, von denen wir einst ausgegangen sind". Dieser, auch von West-Autoren wie Max Frisch, Günter Grass und anderen – aber eben auch vom neuen Ministerpräsidenten Hans Modrow unterstützte – Appell brachte den Autoren bald den Vorwurf ein, kompromittiert zu sein. Vor allem Christa Wolf habe durch halbherzige Kritik "systemstabilisierend" gewirkt und sei zudem als SED-"Privilegierte" nicht befugt, jetzt für die DDR-Bevölkerung zu reden.

Die Autorin sorgte mit der Veröffentlichung des Textes *Was bleibt*,[12] in dem sie ihre Reaktionen auf das Observiertwerden durch die Staatssicherheit beschrieb, dann allerdings selbst noch für einen weiteren energetischen Input, musste der Veröffentlichungstermin doch fast zwangsläufig zum Skandalon geraten: 1979 geschrieben, aber erst im Mai 1990 publiziert, wurde der Autorin vorgeworfen, sie wolle sich als ehemalige "Staatsdichterin" auf die Seite der Opfer drängen – der erste Literaturstreit im deutschen Vereinigungsprozess, dem weitere folgen sollten.

Der Streit beschränkte sich nicht auf *Was bleibt*. Zunächst wurde der Titel der Erzählung zur Frage umformuliert, was denn überhaupt von der DDR-Literatur übrig bleiben solle und dies in nachfolgenden Diskussionen mit Frank Schirrmachers programmatischem Artikel *Abschied von der Literatur der Bundesrepublik* am 2. Oktober 1990 auch auf die BRD-Literatur ausgeweitet.[13] Der am Vorabend der Vereinigung veröffentlichte Abschied meinte vor allem die supponierte 'Gesinnungsästhetik' etwa der Autoren Böll und Grass. War Christa Wolf im Verlauf der weiteren Debatte zunächst aus der Schusslinie geraten, fand sie sich kurze Zeit später genau dort wieder. Im Januar 1993 teilte die als Gast am Paul Getty Center weilende Autorin von Santa Monica, Kalifornien aus der deutschen Öffentlichkeit durch einen Zeitungsartikel mit, dass ihre Stasiakten Hinweise auf eine eigene IM-Tätigkeit Anfang der sechziger Jahre enthielten.[14] Wolfs Bekenntnis, die Erinnerung an ihre kurze und

---

[11] Vgl. dazu Wilfried Barner: Epilog: Abrechnen und Rechthaben. In: *Geschichte der deutschen Literatur von 1945 bis zur Gegenwart*. Hg. von Wilfried Barner. München 1994. S. 923-938 (*Geschichte der deutschen Literatur von den Anfängen bis zur Gegenwart*. Begr. von Helmut de Boor und Richard Newald. Bd. 12).

[12] Christa Wolf: *Was bleibt. Erzählung*. Frankfurt/M. 1990.

[13] Frank Schirrmacher: Abschied von der Literatur der Bundesrepublik. In: *Frankfurter Allgemeine Zeitung* 2.9.1990.

[14] Wolf veröffentlichte ihren Artikel in der *Berliner Zeitung* vom 21.1.1993. Sie hatte allerdings bereits im Mai 1992 von den Stasivorwürfen erfahren. Vgl. dazu: *Akteneinsicht Christa Wolf. Zerrspiegel und Dialog. Eine Dokumentation*. Hg. von Hermann Vinke. Hamburg 1993. Wolf wurde 1959 angeworben; bis 1962 fanden 6 Treffen statt. Die Stasi verlor das Interesse, weil Wolf übervorsichtig war.

lange zurückliegende IM-Tätigkeit verdrängt zu haben, und zwar im klinischen Sinne einer wirklichen Unfähigkeit zur Erinnerung, sowie die von ihr geschilderte schmerzhafte Annäherung an die fremde Person im eigenen Ich – "ideologiegläubig, eine brave Genossin" – vollzogen sich als erzwungene Selbstentblößung in aller Öffentlichkeit, die sie offenkundig existentiell bedrohte.[15] Ein Jahr später hat Wolf diese Erfahrung in einer Rede beschrieben:

> Ich werde und will das körperliche Gefühl nicht vergessen, Stück für Stück, Glied für Glied ausgewechselt zu werden gegen eine andere Person, die in die Medien paßte, und dort, wo ich 'eigentlich' war, eine Leerstelle entstehen zu sehen.[16]

In der Zeit dieses medialen Umbaus ihrer Person entstehen auch die ersten Arbeiten zu ihrem Text *Medea. Stimmen.* In ihren ersten *Notaten* – im Materialienband zu *Medea* publiziert – finden sich versehen mit der Zeitangabe "ab 1. Februar 1993" Wolfs akute Erfahrungen als Imagination über die historische Medea wieder:

> Sie muß es erlebt haben, wie es ist, wenn einem das eigene Leben unter den Händen ausgetauscht wird gegen ein todfremdes, [...] es kann mir kaum gelingen, denke ich, den Schmerz zu beschreiben, den eine Operation am lebendigen Leib verursacht AUSTAUSCH DER GLIEDMASSEN, JEDES EINZELN.[17]

Christa Wolf hat hinsichtlich der Reaktionen auf ihre IM-Tätigkeiten von "Urgewalten" gesprochen, die sich Bahn gebrochen hätten, von dem "Hexenkessel", der sich "auch auf kulturellem Gebiet 'deutsche Vereinigung' " nennt.[18] Damit rückte sie die Angriffe auf ihre Person in den anthropologischen Kontext, den sie in *Medea* narrativ umsetzte. Wolf geht es in diesem Text – mit Referenz auf René Girards *La Violence et le Sacré* – um die Entstehung des Sündenbocks.

In ihrer feministischen Umschrift des Mythos folgt Medea, die als Königstochter und geachtete Heilerin in Kolchis lebt, Jason, dem Argonauten nach Korinth. Nicht, wie der Mythos es will, aus Liebe, sondern weil sie es in ihrer Heimatstadt nicht mehr aushält, nachdem ihr Bruder von ihrem Vater des Machterhaltes wegen umgebracht wurde. Wie in der Vorlage von Euripides verhilft sie Jason zum

---

[15] So Christa Wolf in einem Interview mit Fritz-Jochen Kopka in der *Wochenpost* vom 28.1.1993: Interview: Margarete in Santa Monica. Wie fremd kann Vergangenheit sein. Fritz-Jochen Kopka sprach in Kalifornien mit Christa Wolf. In: Vinke: *Akteneinsicht.* S.164-167. Hier: S. 166.

[16] Christa Wolf: Abschied von Phantomen. Zur Sache: Deutschland. Rede, gehalten am 27.2.1994 in der Reihe *Dresdener Reden* in der Staatsoper Dresden. In: *Auf dem Weg nach Tabou. Texte 1990-1994.* Köln 1994. S. 313-339. Hier: S. 330.

[17] Christa Wolf: *Notate aus einem Manuskript.* In: *Christa Wolfs Medea. Voraussetzungen zu einem Text. Mythos und Bild.* Hg. von Marianne Hochgeschurz. Berlin 1998. S. 61-74. Hier: S. 65.

[18] Christa Wolf in der *Frankfurter Allgemeine Zeitung* vom 3. Februar 1993.

Goldenen Vlies, das zu erbeuten er nach Kolchis gekommen war. Wolf folgt den Stationen der Figur und spricht sie von den ihr zur Last gelegten Verbrechen – den Morden an der Rivalin, ihrem Bruder und ihren Kindern – frei.

Die unschuldige Medea wird in Wolfs Version zum Sündenbock gemacht, weil sie in Korinth auf die Spur eines Verbrechens gestoßen ist: Auch dort wurde ein Königskind – die Tochter Iphinoe – zugunsten des väterlichen Machterhalts geopfert. In den inneren Monologen der sechs erzählenden Figuren wird Medeas Geschichte teils aus der Erinnerung, teils durch die Wiedergabe aktueller Geschehnisse vielschichtig ineinander montiert und treibt dabei ihrem Ende zu: Medea wird verbannt, ihre Kinder werden von den Korinthern gesteinigt. Der Heilerin wird der Ruf der Kindesmörderin angehängt – das "ruchlose Scheusal" (Euripides) ist geschaffen, das die Überlieferung bestimmt.

Der Figur Medea sind die Erfahrungen der Autorin eingeschrieben: "In der Stimme Medeas artikulieren sich Christa Wolfs eigene Hoffnungen, Enttäuschungen und Kränkungen".[19] Doch *Medea* steht auch für eine neugewonnene Schreibposition. Textgenetisch findet sich eine zentrale Überlegung in einem weiteren, in Kalifornien verfassten Text, der unter anderem Lektüreerlebnisse der Autorin verarbeitet.[20] So stößt sie auf eine Deutung des Einhorns als "Symbol der Imagination". Doch diese Deutung trifft Wolf zufolge nicht zu, denn

'in Wirklichkeit', das heißt zur Zeit des Matriarchats, war es ein Kalenderzeichen, zusammengesetzt aus mehreren weiblichen Tieren, und das Einhorn selbst war ein Phallussymbol, also wird [...] vielleicht nicht die Imagination, sondern das 'weibliche Prinzip' verfolgt – und käme das nicht auf dasselbe raus? Und was bedeutet dies für Medea, auf die all meine Gedankenketten, wenn ich ihnen die Freiheit lasse, zulaufen? Medea, die Göttin, die Heilende, auch durch Imagination Heilende, wird vielleicht von der Männerwelt in Korinth auch wegen dieses Überhangs an Imagination verleumdet, verfolgt und verfemt – da sie ja nun mal ihre Kinder nicht getötet hat, wie Euripides es ihr andichtet?[21]

---

[19] Thomas Anz in der *Süddeutschen Zeitung* vom 2./3. März 1996. Zit. n. Christoph Steskal: *Medea und Jason in der deutschen Literatur des 20. Jahrhunderts. Aktualisierungspotential eines Mythos.* Regensburg 2001. S. 341 (Theorie und Forschung 739, Literaturwissenschaften 31).

[20] Christa Wolf: Santa Monica, Sonntag, den 27. September 1992. In: *Auf dem Weg nach Tabou.* S. 232-247.

[21] Ebd. S. 244. Most hat hingegen gezeigt, dass die von Wolf als Novum herausgestellte Konzeption der schuldlosen Medea gerade nicht der von der Autorin als frauenfreundlich erklärten voreuripideischen Tradition entstammt, sondern Elemente der nacheuripideischen Tradition aufgreift (Ovid, Seneca) oder sich diese bereits in den Medea-Bearbeitungen von Franz Grillparzer, Hans Henny Jahnn oder Dagmar Nick finden. Vgl. dazu Glenn W. Most: Eine Medea im Wolfspelz. In: *Mythen in nachmythischer Zeit. Die Antike in der deutschsprachigen Literatur der Gegenwart.* Hg. von Bernd Seidensticker und Martin Vöhler. Berlin – New York 2002. S. 348-367.

152

Das Einhorn verfügt hier noch über das phallische Attribut, das Wolf aus dem Namen Medea löscht: Medea, so heißt es in Wolfs gleichnamigem Text, bedeute "die guten Rat Wissende".[22] Doch etymologisch bedeutet der Name nicht Ein-, sondern Doppelgeschlechtlichkeit: Medea bedeutet tatsächlich "Ratschlüsse", aber auch "männliche Geschlechtsteile".[23]

In ihrer Auslegung setzt Wolf Imagination und Weiblichkeit in eins. Ihre Schlussfolgerung, Medea werde verfolgt, weil sie ein Übermaß an Imagination repräsentiere und weil sie durch Imagination heilen könne, erweitert die Deutung zusätzlich um eine produktionsästhetische Ebene: Die mittels Imagination heilende Medea avanciert zur Vorläuferin des modernen Autors, der ja ebenfalls durch Imagination, wenn vielleicht nicht heilt, so doch zumindest wirkt. Medeas Geschichte umzuschreiben, wie Wolf es sich an dieser Stelle vornimmt, bedeutet dann auch die Befreiung des weiblichen Imaginären in zweierlei Hinsicht. Sie legt das in ihrem Verständnis *ursprünglich* an die Frauenfigur gebundene und durch die Überlieferung verfälschte Potential frei und generiert damit anhand ihrer Figur – und als ihre Nachfolgerin – auch genuin weibliche Autorschaft. Dabei knüpft sie auch an Autoren-Selbstbilder der DDR an: So zitiert sie 1994 in einer Rede Franz Fühmann, der 1978 angesichts der Verkrustungen in der DDR und der Frage 'Fortgehen oder Bleiben' geantwortet habe: "Ärzte, Pfarrer und Schriftsteller sollen hierbleiben, solange sie können – womit er zeigte, in welche Kategorie von Lebenshelfern er […] uns *auch* einordnete".[24] In *Medea* stehen sich dann Heldin und fremde Kultur unversöhnlich gegenüber: das kranke Korinth und die Heilerin aus Kolchis, Androzentrismus und Weiblichkeit, real existierender Kapitalismus und Sozialismus als Utopie. Damit basiert die von der Namensdeutung ausgehende Funktionszuweisung Medeas zur weiblichen Heilerin einer kranken, weil androzentrischen und kapitalitischen Kultur und die daran gebundene produktionsästhetische Selbstaffizierung weiblicher Autorschaft auf einer geschlechtspolaren Medea-Darstellung – eine Frauenfigur, die jenseits des 'ursprünglich' phallischen Bezugs zur Weiblichkeit remythisiert wird.[25]

---

[22] Christa Wolf: *Medea. Stimmen. Roman.* München 1996. S. 61. Im Folgenden unter der Sigle M zitiert.

[23] Zur Etymologie des Namens Medea vgl. Renate Schlesier: Die Musen und Zeus. In: *Aufmerksamkeit. Klaus Heinrich zum 50. Geburtstag.* Hg. von Olav Münzberg und Lorenz Wilkens. Frankfurt/M. 1979. S. 403-441. Schlesier verweist auf Hesiods *Theogonie*, der das Epitheton 'Philommedea' der Aphrodite aus ihrer Geburtsgeschichte ableitet: Aphrodite stieg aus dem Schaum, der sich um die abgeschlagenen Genitalien (medea) des Uranos sammelte.

[24] Christa Wolf: Was tut die strenge Feder? In: *Hierzulande Andernorts. Erzählungen und andere Texte 1994-1998.* München 1999. S. 50-60. Hier: S. 57. Die hier erstmals publizierte Rede hielt Wolf 1994 anlässlich der Eröffnung einer Schule.

[25] Die Remythologisierung zur Weiblichkeit basiert hier, analog zu Freuds Weiblichkeitskonstruktion, auf einer Ambivalenz und Mehrdeutigkeit verdrängenden Rückprojektion aktuell erwünschter Geschlechterkonzepte in die Antike. Zum Konnex von

Auch in der Figur Medea verbinden sich der kollektive und der individuelle Körper: Den Untergang Kolchis' erfährt Medea als "schleichende Krankheit in mir" (M 98). Im Gegensatz zu der aus Liebe handelnden Medea des Euripides liegt dem Handeln der wolfschen Medea ein staatskritisches und damit politisches Motiv zugrunde: "Ich bin mit Jason gegangen, weil ich in diesem verlorenen, verdorbenen Kolchis nicht bleiben konnte. Es war Flucht" (M 104).[26] Doch will Medea 1996 nicht sein, was schon ihre historische Vorgängerin war: eine Exilantin. Sie lehnt die aus ihrem Handlungsmotiv logisch ableitbare Statusdefinition als Fremdzuschreibung ab: "Für die Argonauten waren wir Flüchtlinge, es gab mir einen Stich" (M 36). Schon Euripides hat in seiner Tragödie *Medea* das der "Heimat-beraubt-Sein", also das Exil, "der Übel größtes" genannt.[27] In Wolfs Figur Medea findet sich nicht nur Wolfs Angst vor einem Exil wieder – tatsächlich hat sie während des Aufenthaltes in Santa Monica den Gang ins Ausland erwogen[28] –, diese Figur der Exilantin ist lesbar als Zeichen der von Wolf nach der Vereinigung empfundenen intrakulturellen Fremdheit, die sie mit vielen Ostdeutschen teilte. Doch reicht der Bezug hier noch weiter: Wenn die Königstochter Medea feststellt: "Kolchis ist mir wie mein vergrößerter Leib gewesen" (M 98), so beschreibt dieser Zusammenhang auch die Position der Nationalschriftstellerin Wolf, die den *body politic*, den Kollektivkörper DDR schreibend und damit an prominenter Stelle mit erschaffen hat. In *Medea* wird die als Schmerz des Exils erlebte intrakulturelle Fremdheit und der Verlust des *body politic* durch das Konstrukt einer remythisierten Weiblichkeit überwunden: In dieser Geschlechterkonstruktion generiert heilende Weiblichkeit als heilende Imagination eine Autorposition, die der Autorin das Weiterschreiben ermöglicht.

Doch befand sich Wolf in Santa Monica nicht nur geographisch an einem anderen Ort: Ihre Erfahrung, im Streit um ihre IM-Tätigkeit zu einem medialen Körper umgebaut zu werden, vollzog sich in ihrer Wahrnehmung – und es gibt keinen Grund, diese nicht ernst zu nehmen – als 'Umbau' ihrer physischen Person, der eine Leerstelle hinterließ. Häufig werden der sogenannten TV-Revolution von 1989 die revolutionären Qualitäten abgeprochen, weil sich der

---

Weiblichkeitskonstruktion und Mythos bei Freud vgl. Renate Schlesier: *Konstruktionen der Weiblichkeit bei Sigmund Freud. Zum Problem der Entmythologisierung und Remythologisierung in der psychoanalytischen Theorie.* Frankfurt/M. 1981.

[26] Diese Abweichung von allen Mythenadaptionen des *Medea*-Stoffes bemerkt auch Steskal in seiner umfangreichen Untersuchung zu Jason und Medea in der deutschen Literatur des 20. Jahrhunderts (*Medea und Jason.* S. 309). Der Verfasser geht allerdings den Gründen für diese Abweichung nicht nach, da er die zeitgeschichtlichen Bezüge ausblendet und nur die Mythenadaptionen als solche resp. als feministische Umschrift deutet.

[27] Euripides: *Medea.* Übers. von J. J. C. Donner. Stuttgart 1972. S. 27.

[28] Vgl. dazu Wolf: *Santa Monica.*

Umsturz gewaltlos vollzog. Doch mit Blick auf Christa Wolf lässt sich diese Einschätzung etwas korrigieren. Auch im Zeitalter der Mediatisierung von Geschichte muss die alte Gesellschaft offenbar einer – in Linda Nochlins Begriff für die Französische Revolution – "revolutionären Zergliederung" unterzogen werden: "Es bedeutet, daß die Gestalten der Vergangenheit auf eine bestimmte Art getötet, die Feinde der Revolution buchstäblich zergliedert werden mußten, um ihren Tod zu einer Lektion zu machen".[29] Ihr berüchtigtes Symbol fand die Zergliederung in der Tötung des menschlichen Körpers durch die Guillotine. Christa Wolf wurde – als 'Nationaldichterin der DDR' an den alten, untergegangenen Staat geknüpft – medial 'guillotiniert', zergliedert.

III. Die Literatur der Zonenkinder – ein popromantischer Erinnerungsraum

Doch kam nach 1989 die Guillotine nicht nur in den Massenmedien sondern auch literarisch zum Einsatz. Das letzte Kapitel "Der geheilte Pimmel" in Brussigs Schelmenroman *Helden wie wir* von 1996 zeigt schon durch die intertextuelle Verballhornung an, dass die Heilung des Protagonisten sich als Abrechnung mit der Verfasserin des *Geteilten Himmels* vollzieht. In "Der geheilte Pimmel" begibt sich der Protagonist Klaus Uhlzscht, der für die Stasi arbeitet, am 4. November zur großen Demonstration auf den Alexanderplatz, wo er die Rede Christa Wolfs hört.[30] Doch Klaus glaubt, hier rede die Eislauftrainerin Jutta Müller, die die DDR-Sportlerinnen für Olympia trainierte. Bekanntlich wird in Brussigs Revolutionsgroteske die Öffnung der Mauer kurz darauf durch das abnorme Anwachsen von Klaus' Penis bewirkt. Nach der deutschen Vereinigung wird Klaus Pornodarsteller. Er stellt nun folgende Überlegung an:

> Wie wäre es, in Christa Wolf, deren erster Roman mir im Krankenhaus als Erektionsverhinderer anvertraut wurde, eine Pornotexterin zu sehen? Kein Problem, das nötige Material fand sich in *Nachdenken über Christa T.*: Über zwei Seiten war die Rede davon, daß Christa T. einen ganz bestimmten Ruf hervorbrachte; *Hooohaahooo, so ungefähr. – Ich wollte an einem Leben teilhaben, das solche Rufe hervorbrachte, hoohaahoo, und das ihr bekannt sein mußte.* […] Christa T. jedenfalls *fing zu blasen an, oder zu rufen, es gibt das richtige Wort dafür nicht. Hooohaahooo, so ungefähr.*
> Mr. Kitzelstein, mehr Text brauchte ein Pornodarsteller wie ich gar nicht. Ich waltete meines Amtes, und immer, wenn es mir kam, bereicherte ich das Geschehen um ein Christa-Wolf-Zitat: *Hooohaahooo* oder *Hooohaahoo*. Ihr Satz *Ich wollte an einem Leben teilhaben, das solche Rufe hervorbrachte* bekam dadurch leider so

---

[29] Richard Sennett: *Fleisch und Stein. Der Körper und die Stadt in der westlichen Zivilisation*. Übers. von Linda Meissner. Berlin 1997. S. 369. Sennett zitiert Nochlins Begriff.
[30] Sie ist im Roman vollständig abgedruckt.

etwas Konkretes. Aber was sollte ich machen, ich mußte doch den Nachweis erbringen, daß sie die Autorin für jede, aber auch wirklich für *jede* Gelegenheit ist.[31]

Deutlicher kann man den Vorwurf der Käuflichkeit und damit – bezogen auf das Geschlecht der Autorin – der Prostitution kaum machen.

Unvermittelt schließt ein Diskurs über die Mütter in der DDR an: Die Aufbaugeneration habe, so Klaus' Vorwurf, durch permanente Verweise auf die erlittenen Kriegserlebnisse und die Aufbauleistungen jede Kritik im Keim erstickt und durch fortgesetztes Moralisieren den Kindern die Möglichkeit genommen, eine eigene Sprache zu entwickeln. Auch am 4. November 1989 auf dem Alexanderplatz okkupiere diese Mütter-Generation die Sprecherposition, hat sie doch offenbar das "Exklusivrecht an befreiter Sprache gepachtet" (H 310). Doch Klaus – mit seiner Mutter, der Eislauftrainerin Jutta Meier und Christa Wolf "umgeben von olympischen Müttern" (H 310) – begehrt im letzten Kapitel auf: Christa Wolf ist die *too-good-mother,* die nun zur *bad mother* mutiert und aus dem Olymp der Dichter gestoßen wird.

Dazu unternimmt Brussig eine Exegese des wolfschen Werkes. Nachdem Klaus die Maueröffnung bewirkt, packen ihn nachträglich Zweifel über sein Tun:

Wenn Christa Wolf [...] am 4. November [...] darauf verzichtete, zur Maueröffnung anzustacheln, dann wird sie schon gewußt haben, warum. Und ich habe sie trotzdem aufgemacht! Eigenmächtig! Ohne mich mit *ihr* abzustimmen! [...] Was hatte ich bloß angerichtet! Quälende Fragen, die mich veranlaßten, in den Büchern Christa Wolfs zu blättern. Vielleicht hat sie in ihrer Rede vom 4. November die Maueröffnung deshalb nicht gefordert, weil sie es in ihren Büchern schon Dutzende Male getan hatte. (H 305f.)

Natürlich zeigt ein Blick in die Texte Wolfs, dass diese die Maueröffnung nicht gefordert hat. Brussigs literarische Revolution folgt einmal mehr dem von Harold Bloom beschriebenen ödipalen Autorschaftsmodell: Der 'Sohn' Brussig stürzt die 'Mutter' durch eine absichtsvolle 'Fehllektüre'.[32] Der gesuchte Aufruf zur Maueröffnung impliziert eine wortwörtliche Lektüre, die etwas finden will, was es *per se* in diesen Texten nicht geben kann. Darüber hinaus vollzieht Brussig seine 'Fehllektüre' in symptomatischer Weise – über einen pornografischen Diskurs. Für diesen Sturz der Nationalschriftstellerin als 'Königinnenmord' bildet die besondere Rolle Marie Antoinettes in der von Lynn Hunt beschriebenen *family romance* der Französischen Revolution das historische Vorbild:[33] Sie

[31] Brussig: *Helden wie wir.* S. 310. Im Folgenden unter der Sigle H zitiert.
[32] Vgl. Harold Bloom: *Einfluß-Angst. Eine Theorie der Dichtung.* Basel – Frankfurt/M. 1995.
[33] Lynn Hunt: *The Family Romance of the French Revolution.* Berkeley – Los Angeles 1992. Hunt untersucht die Französische Revolution als Familienroman im Sinne Freuds. Die historischen Protagonisten repäsentieren im literarischen und politischen Diskurs auch Familienbilder. So wird beispielsweise der König als schlechter Vater dargestellt.

wurde weniger als Regentin denn als *bad mother* geköpft, und anders als bei Ludwig XVI. stand dabei ihr Körper im Fokus der Aufmerksamkeit, der in den politischen Pamphleten und Karikaturen der Zeit in einen pornographischen Diskurs eingewoben wurde.[34] Indem Brussig Christa Wolfs Sprache als Pornographievorlage tituliert, zeigt auch nach 1989 der Königinnenmuttermord "more perhaps than any other single event of the Revolution, the underlying interconnections between pornography and politics".[35]

Nachdem Brussig 1996 mit *Helden wie wir* die Revolution auf der Autorebene vollzogen hat,[36] legte er 1999 mit dem Drehbuch für den Film *Sonnenallee* und dem nachfolgenden Roman *Am kürzeren Ende der Sonnenallee* (1999) den "ersten Pop-Versuch aus dem Osten" vor, dem etliche folgen sollten.[37] Mit der Literatur der *Zonenkinder* – so der Titel von Jana Hensels Text – wird die DDR als Erinnerungsraum installiert.[38] Dabei handelt es sich nicht um den deformierenden Staat, wie es Brussig noch in *Helden wie wir* und vor allem Reinhard Jirgl und Wolfgang Hilbig als fortdauerndes Trauma beschreiben.[39] Vielmehr wird ein

---

[34] Damit repräsentierte die Königin die gefürchtete Transgression der Geschlechterrollen, die erst durch ihren Tod wieder stabilisiert wurden. Dem pornografischen Diskurs, der die Königin diskreditieren soll, ist die Angst vor der Überschreitung der Geschlechterrollen eingeschrieben. Vgl. dazu Hunt: *The Family Romance of the French Revolution.* S. 91.

[35] Ebd.

[36] Der sich 1989 von seiner Familie emanzipierende Protagonist Klaus in *Helden wie wir* findet sein Spiegelbild im Schriftsteller Brussig, der sich aus der weiblichen Autorengenealogie befreit: Die Ablösung von der DDR-Literatur, die Brussig mit *Helden wie wir* vollzieht, indem er neue Vorbilder wie Philip Roth und Günter Grass integriert, geht mit einer Wiedereinsetzung der männlichen Autorschaftsgenealogie einher: An die Stelle olympischer Mütter treten olympische Väter. Autorschaftsgeschichtlich betrachtet, emanzipiert sich Brussig damit auch von seiner 'weiblichen Schreibposition', dem Schreiben unter falschem Namen – sein in der Endzeit der DDR verfasster Debütroman *Wasserfarben* erschien 1991 noch unter dem Pseudonym Cordt Berneburger. Dass dieser Text durchaus noch in der Tradition der DDR-Literatur und ihrer prominenten Autorinnen steht, bemerkt Heide Hollmer, für die der Roman "streckenweise nach einer Neuauflage der systemstabilisierenden 'Ankunftsliteratur' " klingt, auch "wenn der einschlägige Christa-Wolf-Sound" fehle. Heide Hollmer: The next generation. Thomas Brussig erzählt Erich Honeckers DDR. In: *Text und Kritik IX: Sonderband: DDR-Literatur der neunziger Jahre.* München 2000. S. 107-121. Hier: S. 109. Nach dem Erfolg von *Helden wie wir* wurde auch *Wasserfarben* unter dem Autornamen Thomas Brussig vermarktet.

[37] Moritz Baßler: *Der deutsche Pop-Roman. Die neuen Archivisten.* München 2002.

[38] Auf Brussigs Initialtext *Am kürzeren Ende der Sonnenallee* (1999), dem der Film *Sonnenallee* (BRD 1999. Regie: Leander Haußmann) vorausging, folgten die Texte: Jana Hensel: *Zonenkinder.* Reinbek bei Hamburg 2002; André Kubiczek: *Junge Talente. Roman.* Berlin 2002; Jakob Hein: *Mein erstes T-Shirt.* Mit einem Vorwort von Wladimir Kaminer. München – Zürich 2001.

[39] Vgl. Reinhard Jirgl: *Hundsnächte. Roman.* München – Wien 1997; Wolfgang Hilbig: *Das Provisorium. Roman.* Frankfurt/M. 2000.

popliterarischer Erinnerungsraum geschaffen, der eher individualpsychologischen Erinnerungsprozessen und damit auch Verdrängung und Schönfärberei folgt, als eine – wie auch immer geartete – historische Faktentreue produziert. Der bekannte letzte Satz aus *Am kürzeren Ende der Sonnenallee* lautet: "Glückliche Menschen haben ein schlechtes Gedächtnis und reiche Erinnerungen".[40]

Die von Brussig initiierte, 'weichgezeichnete' Erinnerung an die DDR findet ihre Vollendung 2003 in Wolfgang Beckers Film *Good bye, Lenin!*, der die DDR auch technisch im Weichzeichner als Konstrukt aufleben lässt.[41] Christiane, eine staatstreue Bürgerin der DDR, lag während der Wende im Koma und muss nun, im Sommer 1990, geschont werden, um ihre Genesung nicht zu gefährden. Ihr Sohn Alex baut deshalb den sozialistischen Staat noch einmal mittels Requisiten auf. So entsteht die DDR im und und vor allem als Krankenzimmer neu, wobei Alex ständig Gefahr läuft, dass seine Illusionskammer durch Realitätseinsprengsel wie das Ausrollen eines Coca-Cola-Transparentes vor dem gegenüberliegenden Haus enttarnt werden könnte. Wie die von Brussig angegriffene Autorin Wolf und die von ihr repräsentierte Mütter-Aufbaugeneration ist auch Christiane eine überzeugte Sozialistin und vor allem engagierte Bürgerin der DDR: Der *running gag* der "Eingaben" machenden Mutter, die hier aber nicht ihrem Unmut Luft macht, sondern den real existierenden Sozialismus verbessern will, verweist direkt auf den ewig mit "Eingaben" drohenden Vater in Brussigs *Sonnenallee*.[42]

Der Film versöhnt nicht nur die Ostdeutschen mit ihrer eigenen Vergangenheit, er versöhnt als Familienroman auch Ost und West. Scheint es am Anfang des Films, als sei der Vater in den Westen geflüchtet und habe die Familie allein gelassen, so stellt sich dies später als Irrtum heraus: Die Eltern hatten gemeinsam geplant, die DDR zu verlassen, Christiane hatte es dann aber nicht geschafft, einen Ausreiseantrag zu stellen. Die Briefe ihres Mannes hielt sie vor den Kindern versteckt und beantwortete sie nicht. Nun, dem Tode nahe, will sie ihren ehemaligen Ehemann noch einmal sehen. Es kommt zu einem Treffen am Krankenbett. Zwar können Ost und West – wie so häufig in der Literatur nach 1989/90 – kein Paar mehr bilden, aber die (deutsche) Familie söhnt sich aus.[43] Das sozialistische Engagement der Mutter wird so rückblickend als Identifikation mit dem Aggressor *und* als Anliegen, das Land wirklich lebenswert gestalten zu wollen, kenntlich. Als sie stirbt, bedeutet dies auch das Ende der inszenierten DDR: Für Alex wird diese immer – so die letzten Worte des Films – "das Land meiner Mutter bleiben".

---

[40] Brussig: *Sonnenallee*. S. 157.
[41] *Good bye, Lenin!* (BRD 2003. Regie: Wolfgang Becker).
[42] Vgl. Brussig: *Sonnenallee*. S. 64, 131.
[43] Vgl. dazu meine Untersuchung *Nach dem Mauerfall. Eine Literaturgeschichte der Entgrenzung*. München – Paderborn 2006.

IV. Die DDR posthum leibhaftig – Das Land der Mutter

Die DDR als Land der Mutter, die Mutter als weibliches Land und die DDR als Erinnerungsraum – ein popromantisches Projekt.[44] Der Film installiert die DDR als das mütterliche Land der Poesie, das schon Novalis suchte. Doch setzt dies den Tod der Mutter voraus: "Das Land der Poesie wird mit dem Leib der Mutter gleichgesetzt, der jedoch als reale Mutter erst sterben muß, um als symbolische Landes-Mutter [...] wiederauferstehen zu können".[45]

Good bye, Lenin! und Christa Wolfs Erzählung *Leibhaftig* zeigen es deutlich: In die DDR kehrt man nur zurück als Todkranke. Während die jüngeren Pop-Autoren und -Filmer sich als Zonen*kinder* einen mütterlich geprägten Erinnerungsraum schaffen, *verkörpert* Wolf als ehemalige Nationaldichterin der DDR diesen Erinnerungsraum – und der ist nicht weichgezeichnet. Für Wolf droht die DDR als erinnerter Kollektivkörper zum leibhaftigen Hades zu werden. Deshalb gilt es diesen wieder zu verlassen. Die Lösung findet sich im Mythos vorgeprägt: Wolf wechselt träumend das Geschlecht und verlässt den historischen Hades DDR – nicht ohne ihn, dem Vorbild Orpheus folgend, zum Erinnerungsspeicher gemacht zu haben: Eurydike eingeschlossen.

---

[44] Dieses setzt einmal mehr die Leib-Land-Metaphorik fort, in der Frauen als allegorische Verkörperungen des Landes fungieren. Vgl. dazu Burkhardt Krause: "er enpfienc diu lant unt ouch die magt": Die Frau, der Leib, das Land. Herrschaft und *body politic* im Mittelalter. In: *Verleiblichungen. Literatur- und kulturgeschichtliche Studien zu Strategien, Formen und Funktionen der Verleiblichung in Texten von der Frühzeit bis zum Cyberspace.* Hg. von Burkhardt Krause und Ulrich Scheck. St. Ingbert 1996. S. 31-82 (Mannheimer Studien zur Literatur- und Kulturwissenschaft 7).

[45] Böhn, Andreas: Leib, Leiche und Maschine: Wie gelangt man ins Land der Poesie? In: *Verleiblichungen.* S. 83-109. Hier: S. 97. Böhn bezieht sich auf das allegorische Klingsohr-Märchen in Novalis' *Heinrich von Ofterdingen.* Hier trinken am Schluss alle Protagonisten die Asche der Mutter, damit das Land der Poesie entstehen kann.

David Clarke

Requiem für Michael Kohlhaas: Der Dialog mit den Toten in Christoph Heins *Horns Ende* und *In seiner frühen Kindheit ein Garten*

This chapter examines the dialogue with the dead in Christoph Hein's novels Horns Ende *and* In seiner frühen Kindheit ein Garten. *Whereas the former revisits the story of a victim of political oppression in the GDR and implicitly calls for a revision of East German history, which would take such victims into account and challenge the official discourse of progress, the latter addresses the fate of an RAF terrorist killed by agents of the Federal German state. Both of these figures are portrayed as absolute seekers after justice and can be understood in the context of the author's continuing reception of Heinrich von Kleist's* Michael Kohlhaas. *Their example implicates the living in this same quest for justice, yet there are clear differences between the two texts. The openness of the ending of* Horns Ende *stands in marked contrast to that of* In seiner frühen Kindheit ein Garten, *which no longer holds out the possibility that a dialogue with the dead could be the catalyst for change.*

I. Der Dialog mit den Toten als Gesellschaftskritik in Christoph Heins Prosawerken

In Christoph Heins erzählerischen Texten dient die Erinnerung an die Toten oft entweder als Ausgangspunkt für eine Auseinandersetzung mit der unbequemen Vergangenheit oder als zentrale Motivation für die Hauptfiguren. Das gilt ebenso für die bekannten gesellschafts- und zivilisationskritischen DDR-Texte der achtziger Jahre wie *Der fremde Freund* (1982) oder *Horns Ende* (1985) wie für Heins Romane, die nach der Deutschen Einheit erschienen sind. Während etwa in *Der fremde Freund* die Protagonistin Claudia über ihr Verhältnis zu ihrem verstorbenen Freund Henry nachdenkt, bietet in *Von allem Anfang an* (1997) die Erinnerung des Erzählers an seine Tante Magdalene den Rahmen für die Auseinandersetzung mit der eigenen Kindheit. Bei der Erinnerung an die Toten wird auch in Heins Texten deutlich, dass sein Interesse vor allem denen gilt, die unter die Räder der realsozialistischen bzw. der liberal-marktwirtschaftlichen Gesellschaft kommen. Die Schicksale der Ausgegrenzten und der Opfer dienen dem Autor als Messlatte für die moralische Qualität der jeweiligen Gesellschaftsordnung. Dieser Grundsatz gilt vor allem in den Romanen *Horns Ende* und *In seiner frühen Kindheit ein Garten* (2005), dem vorläufig letzten Roman Heins, die in diesem Aufsatz untersucht werden.

Der moralische Anspruch des Autors, den er im Sinne eines nüchternen Festhaltens der Wirklichkeit durch den Schriftsteller als "Chronisten" versteht,[1] hat seit der deutschen Wiedervereinigung mitunter für heftige Angriffe auf Hein gesorgt. Zuerst ging es um seinen Roman *Das Napoleon-Spiel* (1993) über den "Spieler" und Mörder aus Langeweile, Wörle, dem man eine oberflächliche und wirklichkeitsfremde Verurteilung des Kapitalismus vorwarf.[2] Weitaus schneidender waren aber die Attacken, die die Veröffentlichung von Heins Roman *In seiner frühen Kindheit ein Garten* im Jahre 2005 hervorbrachte. Während frühere Texte Heins, die sich mit dem Leben in der Bundesrepublik beschäftigen, ausschließlich die Ankunft verschiedener Generationen ostdeutscher Menschen im Kapitalismus thematisieren – wie beim eben erwähnten Wörle, der kurz vor dem Mauerbau in den Westen geht, oder dem Titelheld von *Willenbrock* (2000), der als Gebrauchtwagenhändler nach 1990 reich wird –, beschäftigt sich Hein in diesem neuen Roman mit den Folgen des Linksterrorismus im Westen des Landes. Damit spricht er ein Thema an, das in den letzten Jahren immer wieder von (vor allem jüngeren) westdeutschen Autoren und Autorinnen bzw. Filmemachern und Filmemacherinnen verarbeitet worden ist.[3] Da Hein sich als bekannter kritischer DDR-Autor an dieses Thema wagt,[4] erhebt er für sich implizit den Anspruch, die wunden Stellen der bundesrepublikanischen Gesellschaft und ihrer Vergangenheit so genau unter die Lupe zu nehmen, wie er dies auch mit denen der Geschichte der DDR getan hat. Was Daten wie 1953 (in *Der fremde Freund*), 1957 (in

---

[1] Z.B. in Christoph Hein: "Die alten Themen habe ich noch, jetzt kommen neue dazu": Gespräch mit Sigrid Löffler (März 1990). In: *Christoph Hein: Texte, Daten, Bilder*. Hg. von Lothar Baier. Frankfurt/M. 1990. S. 37–44. Hier: S. 38; Christoph Hein: Über mich. In: *Aber der Narr will nicht. Essais*. Frankfurt/M. 2004. S. 9–12. Hier: S. 11f.

[2] Zur Rezeption von *Das Napoleon-Spiel* vgl. meine Darstellung in David Clarke: *"Diese merkwürdige Kleinigkeit einer Vision": Christoph Hein's Social Critique in Transition*. Amsterdam – New York 2002. S. 207–248 (Amsterdamer Publikationen zur Sprache und Literatur 150). Siehe auch Terrance Albrecht: *Rezeption und Zeitlichkeit des Werkes Christoph Heins*. Frankfurt/M. 2000. S. 63–67 (Europäische Hochschulschriften 1740).

[3] Vgl. Julian Preece: Between Identification and Documentation, "Autofiction" and "Biopic": The Lives of the RAF. In: *German Life and Letters* 56.4 (2003). S. 363–376; Rachel Palfreyman: The Fourth Generation: Legacies of Violence as Quest for Identity in Post-Unification Terrorism Films. In: *German Cinema since Unification*. Hg. von David Clarke. London – New York 2006. S. 11–42.

[4] Hier muss man um der Vollständigkeit Willen auf die Mitarbeit des bekannten ostdeutschen Drehbuchautors Wolfgang Kohlhaase an Volker Schlöndorffs Film über die in der DDR untergetauchte zweite RAF-Generation *Die Stille nach dem Schuss* (2000) hinweisen. Der DEFA-ausgebildete Film-Regisseur Andreas Dresen bildet hier auch eine Ausnahme: Sein Spielfilm *Raus aus der Haut* (1997) behandelt den Einfluss des "Deutschen Herbsts" auf zwei ostdeutsche Teenager und sein Theaterstück *Zeugenstand. Stadtguerilla – Monologe* (2000) basiert auf den Erfahrungen Inge Vietts, die ebenfalls das Vorbild für die Hauptfigur in Schlöndorffs und Kohlhaases Film lieferte. Näheres dazu bei Preece: Between Identification and Documentation. S. 372.

Horns Ende) und 1968 (in *Der Tangospieler* [1989]) für die Aufarbeitung der Geschichte des ostdeutschen Staates waren, wird implizit in *In seiner frühen Kindheit ein Garten* der 7. Juni 1993, der Tag, an dem das RAF-Mitglied Wolfgang Grams am Bahnhof von Bad Kleinen nach einem Schusswechsel mit Beamten der Bundesgrenzschutzeinheit GSG 9 ums Leben kam. Trotz der unterschiedlichen Vergangenheiten, die bei Hein befragt werden – auf der einen Seite das Ende des Traums einer sozialistischen Gesellschaft in den Ländern Mittel- und Osteuropas, auf der anderen Seite das Ende einer versuchten Revolutionierung der kapitalistischen Welt –, sind hier deutliche Parallelen in seiner Herangehensweise an die jeweilige Problematik zu entdecken. *Horns Ende* und *In seiner frühen Kindheit ein Garten* haben beide damit zu tun, dass ein Mensch gezwungen wird, in einen Dialog mit einem Toten zu treten, der im Leben duch seine Unbedingtheit charakterisiert war und schließlich für seine Überzeugung mit dem Leben zahlt. Da diese Figuren an der staatlichen Repression scheitern, gewinnen sie eine besondere Bedeutung für die Gesellschaft, in der die Überlebenden weiterexistieren. Die Arbeit am Erbe der Toten wird damit zum zentralen Anliegen von Heins kritischer Literatur.

II. Die Rezeption von Kleists *Michael Kohlhaas* bei Hein

Die Unbedingtheit, von der eben die Rede war, ruft im deutschen Kontext zweifelsohne Assoziationen mit der literarischen Figur Michael Kohlhaas in der gleichnamigen Novelle von Heinrich von Kleist aus dem Jahr 1810 hervor. Dies ist, was Hein betrifft, kein Zufall, insofern als der Autor sich seit Anfang seiner literarischen Karriere sowohl mit Kleist selbst als auch mit dessen bekanntester Figur beschäftigt. Wie Klaus Schuhmann bemerkt, geht es Hein weniger um eine Identifikation mit Kleist als paradigmatischem Schriftsteller, wie man dies etwa bei der älteren DDR-Autorin Christa Wolf in ihrer Erzählung *Kein Ort. Nirgends* (1979) findet, als um eine Befragung der gesellschaftlichen Bedingungen von Recht und Justiz anhand der moralisch-philosophischen Problematik der *Kohlhaas*-Erzählung.[5] Heins Werke bieten eine Fülle von Figuren, deren "Rechtsgefühl [. . .] einer Goldwaage [gleicht]",[6] um mit Kleist zu

---

[5] Klaus Schuhmann: "Die arge Spur, in der die Zeit von uns wegläuft": Begegnungen mit Kleist im letzten Jahrhundertdrittel – Christa Wolf, Günter Kunert, Heiner Müller, Christoph Hein, Stefan Schütz, Elisabeth Plessen. In: *Weimarer Beiträge* 47.13 (2001). S. 418–432. Hier: S. 431. Von diesem thematischen Einfluss abgesehen nennt Hein auch Kleist als Vorbild eines "Chronisten", der in nüchterner Prosa und mit "Gelassenheit" über seinen Gegenstand berichtet. Vgl. Christoph Hein: *Öffentlich arbeiten. Essais und Gespräche*. Berlin – Weimar 1987. S. 126. Zum Verhältnis von Hein zu Kleist vgl. Andea Hilbk: *Von Zirkularbewegungen und kreisenden Utopien: Zur Geschichtsdarstellung in der Epik Christoph Heins*. Augsburg 1998. S. 180–183.
[6] Heinrich von Kleist: *Michael Kohlhaas*. In: *Kleists Werke in zwei Bänden*. Bd. 1. Berlin – Weimar 1976. S. 81–182. Hier: S. 86.

sprechen, doch legt Heins Umgang mit solchen Figuren eine gewisse Ambivalenz an den Tag: Ihre unbedingte Forderung nach Wiedergutmachung des Unrechts wird nur unter bestimmten Umständen positiv bewertet.

Gleich in der ersten Buchveröffentlichung Heins finden wir einen kleinen DDR-Kohlhaas mit dem vielsinnigen Namen Hubert K.,[7] der eine Beschwerde gegen seinen Betrieb einreicht, da ihm wegen krankheitsbedingten Fehlens ein geringer Teil der alljährigen Prämie gestrichen wird. Der Titel dieser kurzen Erzählung, "Der neuere (glücklichere) Kohlhaas",[8] deutet schon den satirischen Grundtenor des Textes an, indem Hein sich auf Kleists eigene Persiflage auf Goethes *Werther* – "Der neuere (glücklichere) Werther" aus dem Jahre 1811 – bezieht. Heins Hubert K. verliert im Laufe seines Feldzugs gegen die Obrigkeit seine Familie, als seine von der Kleinlichkeit K.s zunehmend frustrierte Frau ihn verlässt, doch sind es nicht seinen Interessen, denen mit seinem schließlichen Sieg gedient wird. Wie Jochen Marquardt überzeugend dargelegt hat, ist der scheinbare Erfolg K.s gegen die Machthaber eher das Produkt ihres Selbsterhaltungstriebes.[9] Das System gibt nach, weil es sich dies auch leisten kann und weil es mit diesem kleinen Geständnis die Loyalität des kleinbürgerlichen Subjekts sichert, das keine Absicht hat, die Machtstrukturen als solche in Frage zu stellen.

Ähnlich verhält sich Dallow, der Protagonist von Heins letztem noch in der DDR veröffentlichem Roman *Der Tangospieler*. Der ehemalige wissenschaftliche Assistent für Geschichte an einer ostdeutschen Universität wird am Anfang der Geschichte aus dem Gefängnis entlassen, wo er eine fast zweijährige Haftstrafe wegen "Verächtlichmachung führender Persönlichkeiten des Staates" abgesessen hat,[10] und weigert sich, trotz der Angebote, die ihm von staatlicher Seite gemacht werden, wieder an der Universität tätig zu werden. Hubert K. und Dallow haben viele Gemeinsamkeiten: Sie glauben beide, zu Unrecht bestraft worden zu sein, legen beide eine an Selbstzerstörung grenzende Unbedingtheit an den Tag, was die Wiedergutmachung des Unrechts durch den Staat betrifft, und sind beide im Grunde Figuren, die sich nach Anpassung sehnen.[11] Dallows Weigerung, sich wieder in den Universitätsbetrieb eingliedern

---

[7] Der als Initiale angegebene Nachname K. erinnert gleichzeitig an Kafka wie an Günter Kunerts Beschäftigung mit Kleist in seinem "Pamphlet für K." (1975) und im Hörspiel "Ein anderer K." (1977).

[8] Christoph Hein: Der neuere (glücklichere) Kohlhaas. In: *Nachtfahrt und früher Morgen. Prosa*. Berlin 1994. S. 73–92. Dieser Band erschien zuerst 1980 unter dem Titel *Einladung zum Lever Bourgeois*.

[9] Jochen Marquardt: Es war einmal ein Land, das hieß DDR oder Wie Kohlhaas zum Staatsbürger ward. In: *Christoph Hein. Ein Arbeitsbuch: Materialien, Auskünfte, Bibliographie*. Hg. von Klaus Hammer. Berlin – Weimar 1992. S. 56–66. Hier: S. 65.

[10] Christoph Hein: *Der Tangospieler. Erzählung*. Berlin 1995. S. 71.

[11] Vgl. Clarke: *"Diese merkwürdige Kleinigkeit einer Vision"*. S. 163f.

zu lassen, trägt insofern Kohlhaas'sche Züge, als er nicht bereit ist, auf Kompromisse einzugehen. Erst die Beförderung auf eine Dozentenstelle, die er ohne seine Verhaftung erreicht hätte, befriedigt sein Rechtsgefühl und erlaubt es ihm, wieder zum treuen Staatsdiener zu werden. Wie die an Hubert K. erstattete Vollprämie ist diese Beförderung das Zugeständnis, mit dem der Staat seine Anpassung zurückgewinnt, doch bleiben die Machtstrukturen, die weitgehend von Willkür und der Missachtung der Rechte des Einzelnen bestimmt sind, unangetastet. Dies wird vor allem daran deutlich, dass Dallow die von ihm erwünschte Stelle nur übernehmen kann, weil sein Nebenbühler Roessler sie wegen einer unvorsichtigen Bemerkung verliert. Das heißt, dieser wird Opfer der gleichen willkürlichen politischen Zensur wie seinerzeit Dallow.

Diese kritische Behandlung der Kohlhaas-Thematik, in der die Figuren ihr persönliches Recht suchen, ohne die allgemeinen Bedingungen des Unrechts in Augenschein zu nehmen, lässt sich auch in Texten Heins entdecken, die seit der Wende erschienen sind und die sich mit den Kontinuitäten zwischen der DDR-Vergangenheit und der bundesrepublikanischen Gegenwart beschäftigen. Zum Beispiel erfährt der Leser vom Roman *Willenbrock* (2000), wie der titelgebende Held zu immer drastischeren Mitteln greift, um seinen Besitz vor Kriminellen zu schützen, die er mit der Einwanderung aus osteuropäischen Staaten in Verbindung bringt.[12] Willenbrock, der in der DDR zum Opfer politischer Sippenhaft wurde, als sein Bruder in den Westen floh, ist verbittert, als er feststellen muss, dass er auch als erfolgreicher Geschäftsmann nicht immer an sein Recht kommt, doch fehlt ihm die Einsicht in die Mechanismen der Ausgrenzung, die schließlich auch zum kapitalistischen System gehören und die die Bedingungen für die Kriminalität der Ausgegrenzten schaffen.[13]

Ähnlich unpolitisch verfährt Bernhard Haber, Hauptfigur des Romans *Landnahme* (2004), der auch Kohlhaas'sche Eigenschaften besitzt. Als Sohn von Flüchtlingen muss er als Kind erleben, wie er und sein Vater den Vorurteilen einer sächsischen Kleinstadt ausgesetzt werden. Diese Vorurteile arten sogar in Angriffe auf die Familie aus: Bernhards Hund wird getötet, die Tischlerei seines Vaters wird niedergebrannt, und sein Vater wird schließlich ermordet. Bernhard schwört Rache gegen die Stadt.[14] Doch diese Rache besteht daraus, mit Schläue alle legalen und illegalen Möglichkeiten zur Selbstbereicherung auszunützen, andere Menschen ausbeutend oder ihnen ihre Vergehen sogar mit Gewalt heimzahlend, bis er es nach der Wiedervereinigung

---

[12] Christoph Hein: *Willenbrock*. Frankfurt/M. 2000. Schuhmann stellt auch Kohlhaas'sche Züge an dieser Figur fest ("Die arge Spur, in der die Zeit von uns wegläuft". S. 431).
[13] Vgl. Clarke: *"Diese merkwürdige Kleinigkeit einer Vision"*. S. 283–318.
[14] Christoph Hein: *Landnahme. Roman*. Frankfurt/M. 2004. S. 239.

zum angesehenen und mächtigen Unternehmer in der kleinen Stadt schafft. Die Pointe von Heins Erzählung ist, dass es auf den Festlichkeiten zum Karneval unter der Ägide Habers als Vereinspräsident zu Ausschreitungen gegen Flüchtlinge kommt, die gerade von Habers Sohn Paul angestiftet werden. Trotz des Protests des Vaters, es seien "arme Flüchtlinge", wie er es einmal war, sind diese Menschen für Paul nur "Fidschis", die auf einem "deutsche[n] Fest" nichts zu suchen hätten.[15] Die Botschaft wird hier deutlich, dass Habers Lebensziel, es zu Reichtum und Ansehen in der Stadt zu bringen, die ihn einmal verachtete, um damit sein verletztes Rechtsgefühl zu befriedigen, die alten Strukturen der Fremdenfeindlichkeit und der Ausgrenzung bestehen lässt, die das ursprüngliche Unrecht gegen ihn produzierten. Zwar hat er das Gefühl, sich gerächt zu haben, doch ist er im Zuge dessen eben Teil jener Kultur geworden, die ihn damals unterdrückte.

Obwohl anhand der oben besprochenen Texte deutlich gezeigt werden kann, wie sehr Hein zu seinen Kohlhaas-Figuren auf Distanz geht, indem er die Selbstbezogenheit ihrer unbedingten Suche nach dem Recht hervorhebt, stehen solche Figuren in einem durchaus besseren Licht, wo es sich um Menschen handelt, die aus ihrem Rechtsempfinden heraus keine Anpassung akzeptieren können und dafür in den Tod gehen. Hier handelt es sich um die Figuren Horn in *Horns Ende* und Oliver Zurek in *In seiner frühen Kindheit ein Garten*, die mit ihrem Beispiel aus dem Jenseits denen, die noch leben, keine Ruhe geben. Charakteristisch für diese Figuren ist auch, dass das Unrecht, gegen das sie ankämpfen wollen, nicht (oder nicht nur) persönlich gegen sie gerichtet ist. Sie treten vielmehr für die Anerkennung eines allgemeinen Unrechts ein, das mit der herrschenden Ideologie in Verbindung steht. Die Nachwelt wird dazu aufgefordert, am Beispiel von ihrem Tod die gesellschaftlichen Normen in Frage zu stellen, die die anderen Kohlhaas-Figuren in Heins Werken mit ihrem Verhalten letztendlich nur untermauern.

III. Der Dialog mit den Toten in *Horns Ende*

Heins Roman *Horns Ende* war ein vom SED-Regime unerwünschtes Werk. Die Veröffentlichung wurde erst nach einem zweijährigen Hin und Her zwischen dem Verlag und dem Ministerium für Kultur genehmigt.[16] Nach der Veröffentlichung in der DDR wurde das Buch weitgehend totgeschwiegen: nur eine Handvoll Rezensionen erschienen in der DDR-Presse, zum Teil erst ein Jahr nach dem Erscheinen des Romans.[17] Die politische Brisanz des Textes ergibt sich aus dem Thema der politischen Repressionen in der DDR am Ende

---

[15] Ebd. S. 352f.
[16] Albrecht: *Rezeption und Zeitlichkeit.* S. 80–100.
[17] Ebd. S. 27; Phil McKnight: *Understanding Christoph Hein.* Columbia 1995. S. 49f.

der "Tauwetterperiode", die auf Nikita Chruschtschows Abkehr von Stalin im Jahre 1956 folgte. Die berühmte Rede Chruschtschows auf dem XX. Parteitag der KPdSU wurde für Parteiintellektuelle in Ländern wie Polen und Ungarn sowie in der DDR zum Anlass, nachzudenken über neue Wege zum Ziel des Kommunismus, die den Führungsanspruch Moskaus in Frage stellten. Diesen Entwicklungen wurde mit der Niederschlagung des Ungarischen Aufstands im November 1956 ein Ende gesetzt, doch fürchtete die SED, dass Intellektuelle aus ihren eigenen Reihen auch die politische Macht für sich in Anspruch nehmen könnten. Es kam zu einer Reihe von Schauprozessen und der Verurteilung von unter anderem Walter Janka vom Aufbau-Verlag, dem Chefredakteur von *Sonntag* Gustav Just, dem Philosophen Wolfgang Harich und dem Schriftsteller Erich Loest zu mehrjährigen Haftstrafen. Heins Interesse an dieser Epoche der DDR-Geschichte drückt sich unter anderem darin aus, dass er das Vorwort zu Justs Autobiografie *Zeuge in eigener Sache* (1990) verfasste, die erst nach dem Zusammenbruch des SED-Regimes erscheinen durfte. Für Hein handelt es sich bei Justs Text um die Rückgewinnung einer verdrängten Episode der ost-deutschen Geschichte, die aus dem kollektiven Gedächtnis getilgt werden musste, damit die "korrumpiert[e] Macht" überleben konnte: "Sie wollten unsere Erinnerung töten, um unsere Seele zu gewinnen".[18] Diese Ereignisse gehörten tatsächlich zu den weitgehend tabuisierten Themen der DDR-Geschichte, was zum Beispiel Stefan Heym in seinem (auch zehn Jahre lang in der DDR verbotenen) Roman *Collin* (1979) zum Ausdruck bringt.[19]

Im Gegensatz zu Heyms Schlüsselroman wird in *Horns Ende* nicht explizit auf die Schicksale von Figuren wie Janka, Just und Loest Bezug genommen.[20] Doch steht der Historiker Horn, dessen tote Stimme durch den Roman hallt, für den Anspruch des Intellektuellen auf Abweichung von der Parteilinie und die Verfolgung der eigenen Wahrheit angesichts der staatlichen Unterdrückung. Horn ist aber auch das Opfer von Unrecht, was ihn in die Reihe der Hein'schen Kohlhaas-Figuren stellt: Er hat seine wissenschaftliche Stelle in Leipzig ver-loren, ist aus der Partei ausgeschlossen und in die kleine Provinzstadt Bad Guldenberg als Museumsdirektor versetzt worden. Die genauen Einzelheiten seines Vergehens gegen die Parteidisziplin werden nicht erklärt, doch erkennt auch der Bürgermeister Kruschkatz, der damals für dieses Urteil einen Teil Verantwortung trug, dass Horn Unrecht getan worden ist. Jedoch ist das für ihn

---

[18] Christoph Hein: "…und andere". Für Gustav Just. In: *Als Kind habe ich Stalin gese-hen. Essais und Reden.* Berlin – Weimar 1990. S. 230–239. Hier: S. 231.
[19] Zu Heyms Roman siehe Patricia Herminghouse: Confronting the "Blank Spots of History": GDR Culture and the Legacy of "Stalinism". In: *German Studies Review* 14.2 (1991). S. 345–365. Hier: S. 358f.
[20] Phil McKnight entdeckt in *Horns Ende* Parallelen zum Schicksal des Historikers Johannes Heinz Horn, der sich 1958 in der Nähe von Leipzig das Leben nahm. McKnight: *Understanding Christoph Hein.* S. 41.

166

"ein geschichtlich notwendiges Unrecht".[21] Die Einstellung von Kruschkatz als treuer Genosse ist klar: das Schicksal des Individuums, das nicht in die "große Erzählung" (Jean-François Lyotard) des von der Partei ausgelegten historischen Fortschritts passt, kann und muss sogar "im Interesse der gemeinsamen Sache und des großen Ziels" (HE 35) geopfert werden.

Horns Forderung nach Recht unterscheidet sich deutlich von den anderen bisher besprochenen Figuren, indem er nicht nur für sich die Wiedergutmachung des begangenen Unrechts einfordert, etwa in seiner Rückkehr an die Universität in entsprechend hohen Posten, wie das sein Historiker-Kollege Dallow in *Der Tangospieler* für sich verlangt. Vielmehr setzt er sich für ein anderes Verständnis von Geschichte ein, das die von Kruschkatz verfochtene Position grundsätzlich ablehnt. Obwohl der Leser nicht direkt vom Inhalt der Forschungen Horns erfährt, da er nur im Spiegel der Erinnerungen anderer zu Wort kommt, wird deutlich, dass er eine Geschichtsschreibung bevorzugt, in der die Opfer des Fortschritts – von denen er ja selber eins ist – im Vordergrund stehen. Zum fünften Jubiläum des kleinen Stadtmuseums hält Horn eine Rede, von der Kruschkatz nur insofern berichtet, als er die eigene Antwort darauf in seiner Bürgermeisterrede festhält. Horns Untersuchungen haben das Leben der altsorbischen Stämme zum Gegenstand, wobei das Hauptaugenmerk auf dem grausamen Umgang dieser Stämme mit den schuldlosen Opfern ihrer Gesellschaftsordnung liegt. Die Tragweite seiner Schlüsse erkennt der Leser in Kruschkatz' Ablehnung dieser Interessen:

> Das Gesetz traf auch Unschuldige, sagen Sie. Nun, auch das Gesetz ist nicht fehlerlos. Das schrecklichste Opfer, das der Gang der Geschichte fordert, ist der Tod von Schuldlosen. Er ist der Blutzoll, den der Fortschritt kostet. Doch bei aller Tragik, lieber Herr Horn, sollten wir uns nicht zu lange einer persönlichen Erschütterung hingeben, so verständlich sie auch sein mag. Lasset die Toten die Toten begraben, sagt die Bibel. Wollen wir in diesem Punkt christlich handeln. Lassen wir die Toten ruhen. Ihre Gräber zu öffnen wollen wir nur den Archäologen gestatten. (HE 89)

Der Zynismus dieser Einstellung liegt auf der Hand: Egal welche Fehler in der Vergangenheit begangen würden, der Zweck, das heißt der vermeintliche Fortschritt, heilige die Mittel. Wenn ein Dialog mit den Toten stattfände, würde er implizit diesen Fortschritt in Frage stellen. Man lasse also am besten buchstäblich Gras darüber wachsen.

Kruschkatz' Hinweis auf die Tätigkeit der Archäologen deutet auf eine für ihn notwendige Trennung von dem, was Aleida Assmann "Speichergedächtnis" nennt, und dem, was sie als "Funktionsgedächtnis" bezeichnet. Das "Speichergedächtnis" einer Kultur, so Assmann, zielt auf das bloße Registrieren vom

---

[21] Christoph Hein: *Horns Ende. Roman.* Berlin 1996. S. 83. Im Folgenden wird unter der Sigle HE zitiert.

Vergangenen (zum Beispiel Archive, Bibliotheken, Museumssammlungen), während das "Funktionsgedächtnis" eine sinngebende Konstruktion ist, die notwendigerweise nur einen Teil des kulturell Gespeicherten in sich aufnimmt. Die Gefahr, so Assmann, besteht darin, dass das "Funktionsgedächtnis" nicht mehr aufnahmefähig wird und ein starres Geschichtsbild entsteht, das Unerwünschtes ausgrenzt:

> Die Möglichkeit der permanenten Erneuerung setzt eine hohe Durchlässigkeit der Grenze zwischen Funktionsgedächtnis und Speichergedächtnis voraus. Wird die Grenze offengehalten, kann es leichter zu einem Austausch der Elemente und einer Umstrukturierung der Sinnmuster kommen. Im entgegengesetzten Falle droht eine Geschichtserstarrung. Wird der Grenzverkehr zwischen beiden Gedächtnissen durch eine Mauer versperrt und das Speichergedächtnis als latentes Reservoir von ungebrauchten Möglichkeiten, Alternativen, Widersprüchen, Relativierungen und kritischen Einsprüchen ausgesperrt, dann wird der Wandel ausgeschlossen, und es kommt zur Verabsolutierung und Fundamentalisierung des Gedächtnisses.[22]

Indem Kruschkatz Unbequemes den Archäologen überlässt, d.h. indem er unliebsame Tatsachen nur archivmäßig gespeichert sehen will, drückt er nicht nur einen menschenverachtenden Zynismus aus, sondern lässt das offizielle Geschichtsbild seiner Partei mit den von Assmann beschriebenen Folgen erstarren.

Horns Umgang mit den Toten, der aus der Gegenposition von Kruschkatz herausgelesen werden kann, erinnert auf der anderen Seite stark an die Geschichtsphilosophie Walter Benjamins, in der das vom "Funktionsgedächtnis" Ausgeschlossene immer neu gerettet werden muss, um den herrschenden Fortschrittsdiskurs zu hinterfragen.[23] In "Über den Begriff der Geschichte" (1940) beschreibt der Philosoph die Erinnerung an die toten Opfer des sogenannten geschichtlichen Fortschritts als primäre Aufgabe des Historikers oder "Chronisten".[24] Nicht die Geschichte der Sieger und der Herrschenden zu

[22] Aleida Assmann: *Erinnerungsräume: Formen und Wandlungen des kulturellen Gedächtnisses.* München 1999. S. 140.
[23] Es ist mehrfach auf Heins Benjamin-Rezeption hingewiesen worden. Vgl. Hilbk: *Von Zirkularbewegungen und kreisenden Utopien.* S. 27–34; Ines Zekert: *Poetologie und Prophetie: Christoph Heins Prosa und Dramatik im Kontext seiner Walter-Benjamin-Rezeption.* Frankfurt/M. – New York 1993; Bernd Fischer: *Christoph Hein. Drama und Prosa im letzten Jahrzehnt der DDR.* Heidelberg 1990. S. 92–117; Graham Jackman: The Fear of Allegory: Benjaminian Elements in Christoph Hein's *The Distant Lover.* In: *New German Critique* 66 (1995). S. 164–192. Hein setzt sich mehrfach sowohl implizit als auch explizit mit Ideen Benjamins auseinander, obwohl seine Rezeption durchaus kritische Momente hat, zum Beispiel in seinem Aufsatz "Maelzel's Chess Player Goes To Hollywood: Das Verschwinden des künstlerischen Produzenten im Zeitalter der technischen Reproduzierbarkeit" (In: *Öffentlich arbeiten.* S. 165–194) oder in seiner Darstellung einer Benjamin-ähnlichen Figur in dem Stück *Passage* (1987).
[24] Walter Benjamin: Über den Begriff der Geschichte. In: *Walter Benjamin: Ein Lesebuch.* Hg. von Michael Opitz. Frankfurt/M. 1996. S. 665–676. Hier: S. 666.

schreiben, sei seine Aufgabe, sondern auf diejenigen zu zeigen, die der Siegeszug überrollt hat, was Benjamin als "Geschichte wider den Strich bürsten" definiert.[25] Benjamins Kritik an der Fortschrittsideologie passt nicht zuletzt in den Kontext von Heins Roman, da Benjamin sich in seinem Text von einem marxistischen Geschichtsverständnis distanziert, das das Leid vergangener Generationen wegen der in Zukunft zu erreichenden Utopie in Kauf nimmt:[26] Es ist eben diese Position, die vom Bürgermeister Kruschkatz verteten wird. Horn verteidigt jedoch die benjaminsche Ansicht, die Geschichtsschreibung müsse sich "am Bild der geknechteten Vorfahren [nähren], nicht am Ideal der befreiten Enkel".[27]

Wie Horn an der offiziellen Geschichtsschreibung der DDR *in* den fünfziger Jahren mit seinen Hinweisen auf die Opfer des Fortschritts rüttelt, so wird auch sein eigener Tod und die nicht vergehen wollende Erinnerung an ihn zum Anlass für die Infragestellung der offiziellen Geschichtsschreibung *zu* dieser Epoche in den letzten Jahren der DDR, als die neuen Vorstellungen von *Glasnost* und *Perestroika* in der Sowjetunion die SED-Führung versunsicherten und den Drang nach Liberalisierung auch auf die DDR überschwappen ließen.[28] Horn ist bereit, um der historischen Gerechtigkeit Willen in den Freitod zu gehen statt sich dem staatlichen Geschichtsbild anzupassen, und zeigt insofern Elemente einer Kohlhaas'schen Unbedingtheit. Die Bedeutung seines Selbstmordes wird dann für die Gegenwart der achtziger Jahre geltend gemacht, indem seine Stimme den Erzähler Thomas, der ihn als Heranwachsender gekannt hat, in den kurzen, in kleiner Schrift gedruckten Einführungen zu den acht Kapiteln des Romans dazu auffordert, sich an ihn zu erinnern: "Weiter! Erinnere dich!" (HE 5).

Thomas ist nur einer unter fünf Erzählern und Erzählerinnen des Romans, doch erhält er durch seine Dialoge mit dem toten Horn einen besonderen Status. Allein unter den Erzählerfiguren erkennt er, dass seine Sicht auf die Ereignisse um Horns Tod möglicherweise durch seine eigene damalige Subjektposition versperrt wurde: "Ich verstand so wenig und fürchtete mich" (HE 37).[29] Zu seiner damaligen kindlichen Angst kamen noch Enttäuschungen bei der ersten Liebe, der Verrat durch einen Freund und seine Versuche, aus

---

[25] Ebd. S. 668f.
[26] Dazu Roland Beiner: Walter Benjamin's Philosophy of History. In: *Political Theory* 12.3 (1984). S. 423–434. Hier: S. 428ff.
[27] Benjamin: Über den Begriff der Geschichte. S. 672.
[28] Laut Terrance Albrecht hat die neue politische Stimmung in der Sowjetunion und die Angst der SED vor ihr wesentlich zu den Schwierigkeiten bei der Veröffentlichung von Heins Roman beigetragen. Albrecht: *Rezeption und Zeitlichkeit.* S. 29.
[29] Ich setzte mich an anderer Stelle mit den Positionen der anderen Erzählenden auseinander. Vgl. Clarke: *"Diese merkwürdige Kleinigkeit einer Vision".* S. 103–145.

dem Schatten seines tyrannischen kleinbürgerlichen Vaters herauszutreten, die zusammengenommen dazu beitrugen, dass der junge Thomas die Bedeutung Horns und der damaligen Ereignisse in ihrer ganzen Tragweite nicht nachvollziehen konnte. Doch ist die Erinnerung an den Toten Jahre später eine Möglichkeit, die Geschichte anders auszulegen, obwohl dies vom erwachsenen Thomas zum Teil heftig abgewehrt wird. Es ist, so machen die Dialoge mit dem toten Horn deutlich, auf jeden Fall bequemer, die Toten ruhen zu lassen, wie das Kruschkatz bevorzugt, vor allem deswegen, weil die Folgen einer Auseinandersetzung mit ihnen sich nicht absehen lassen. Am Anfang des letzten Kapitels fordert Horn Thomas immer noch dazu auf, sich immer weiter zu erinnern (HE 301), jedoch lässt der Roman offen, welche Konsequenzen für Thomas oder für die DDR-Gesellschaft insgesamt die wiedererwachte Erinnerung an Opfer wie Horn nach sich ziehen würde. In diesem Punkt unterscheidet sich *Horns Ende* von Heins *In seiner frühen Kindheit ein Garten*, in dem ein Opfer aus der Geschichte der Bundesrepublik im Mittelpunkt steht.

IV. Von Bad Guldenberg nach Bad Kleinen

Heins *In seiner frühen Kindheit ein Garten* ist gewissermaßen eine Ausnahme, was Heins Romane betrifft, da dieses Buch sich in keiner Weise aus dem Autobiografischen speist. Auch bei Wörle in *Das Napoleon-Spiel* entdeckt man zum Beispiel gewisse Gemeinsamkeiten mit dem Lebenslauf von Hein, wie etwa die Tatsache, dass beide vor dem Mauerbau ein Gymnasium in Westberlin besucht haben.[30] Diese Ferne zum selber Erlebten bei *In seiner frühen Kindheit* ist dem quasi-dokumentarischen Charakter des Textes geschuldet: Der Roman gibt viele Einzelheiten vom Fall des RAF-Terroristen Wolfgang Grams wieder, der bei Hein Oliver Zurek heißt, und spielt zum größten Teil in einer Kleinstadt in der Nähe von Wiesbaden, also in der gleichen Gegend, wo Grams aufwuchs und wo seine Familie noch heute lebt. Obwohl Hein offen zugibt, er habe genau diesen geschichtlichen Stoff für seinen Roman bearbeitet,[31] wird am Anfang des Romans ausdrüklich darauf hingewiesen, dass "[d]ie namentlich genannten Personen des Romans [...] frei

---

[30] Es sind vor allem die Kindheitserlebnisse Heins und deren Milieu, die sächsische Kleinstadt Bad Düben, die den Stoff für Texte wie *Der fremde Freund, Horns Ende, Von allem Anfang an* und *Landnahme* geliefert haben. Vgl. dazu Dennis Tate: "Mehr Freiheit zur Wahrheit": The Fictionalization of Adolescent Experience in Christoph Hein's *Von allem Anfang an*. In: *Christoph Hein*. Hg. von David Clarke und Bill Niven. Cardiff 2000. S. 117–134 (Contemporary German Writers Series 8).
[31] Christoph Hein: Christoph Hein im Gespräch. In: MDR.DE. Leipzig 2005. <http://www.mdr.de/leipzig-liest/interview/1862027.html>.

erfunden" sind.[32] Diese Nähe zu Tatsachen der neueren Geschichte beim gleichzeitigen Gestus der Fiktionalisierung erregte bei Heins Kritikern Vorwürfe der "Geschichtsklitterung",[33] also lohnt es sich im Vorfeld einer Interpretation des Textes die Abweichungen der Erzählung von der Wirklichkeit zu untersuchen.

Wolfgang Grams gehörte in den siebziger Jahren zur sogenannten Sympathisanten-Szene, die sich für inhaftierte RAF-Mitglieder der ersten und zweiten Generation einsetzte. Er wurde im Herbst 1978 verhaftet, weil er angeblich als Kontaktperson der im Untergrund lebenden RAF-Mitglieder fungiert hatte.[34] Grams wurde nach fünf Monaten Untersuchungshaft wegen mangelnder Beweislage auf freien Fuß gesetzt. Zusammen mit seiner Lebensgefährtin Birgit Hogefeld tauchte Grams dann im Sommer 1984 in den Untergrund ab und war bis zu seinem Tod aktives Mitglied der RAF. So gibt es zum Beispiel Indizien für seine Anwesenheit am Tatort bei der Ermordung des Treuhandchefs Detlev Karsten Rohwedder am 1. April 1991.[35] Sein Tod bleibt nach wie vor umstritten, zumal das Beweismaterial vor Ort und danach von Beamten übersehen bzw. absichtlich oder unabsichtlich zerstört wurde, und die Zeugenaussagen sowohl der GSG9-Beamten als auch der Zivilisten, die beim Vorfall auf dem Bahnhof von Bad Kleinen anwesend waren, verworren und zum Teil unstimmig sind. In der Presse verbreitete sich sehr schnell der Verdacht, Grams sei Opfer einer staatlich genehmigten Hinrichtung geworden, wobei die vermeintlichen Pannen bei der Untersuchung des Vorfalls den Eindruck erweckten, es handele sich um eine Verschleierung der mutmaßlichen Tat von staatlicher Seite.[36] Die Behörden setzten dem entgegen, es

---

[32] Christoph Hein: *In seiner frühen Kindheit ein Garten*. Frankfurt/M. 2005. S. 4. Im Folgenden wird unter der Sigle KG zitiert. Dieser Hinweis auf die Fiktionalität des Textes wurde aber durch Heins Verlag relativiert, indem im Verlagsprospekt wortwörtlich aus der Pressemitteilung des Generalbundesanwalts zum Tode von Grams zitiert wurde. Suhrkamp-Verlag: [Verlagsprospekt zu Christoph Hein]. Frankfurt/M. 2005. Die Pressemitteilung wird in Butz Peters' Buch zum Fall Grams reproduziert. Butz Peters: *Der letzte Mythos der RAF: Das Desaster von Bad Kleinen*. Berlin 2006. S. 147.

[33] Vgl. Claus Christian Malzahn: Republikflucht der Romanciers. In: *Spiegel Online* 04.05.2005. <http://www.spiegel.de/kultur/literatur/0,1518,354469,00.html>; Jens Jessen: Da ließ Herr Zurek ihn ins Haus. In: *Die Zeit* 03.02.2005.

[34] Bei allen biografischen Daten zu Grams beziehe ich mich sowohl auf die Darstellung von Peters als auch auf die von Veiel. Andres Veiel: *Black Box BRD: Alfred Herrhausen, die Deutsche Bank, die RAF und Wolfgang Grams*. Stuttgart – München 2003.

[35] Peters: *Der letzte Mythos der RAF*. S. 236. Dies wird nicht bei Veiel erwähnt.

[36] Dieser Verdacht hatte zwei Quellen: Erstens die Aussage einer Kioskverkäuferin vom Bahnhof, die der Fernsehsendung *Monitor* erklärte, es sei aus nächster Nähe auf Grams geschossen worden, als er schon kampfunfähig lag; zweitens die ähnliche Aussage eines anonymen Zeugen dem *Spiegel* gegenüber. Vgl. Anonymus: Tötung wie eine Exekution. In: *Spiegel* 27 (1993). S. 25–29.

handele sich bei Grams höchstwahrscheinlich um eine Selbsttötung: Der Verwundete habe sich entweder liegend oder im Fallen mit seiner eigenen Pistole erschossen. Der Fall Grams sorgte für einen politischen Skandal, der einigen hohen Beamten, darunter dem Innenminister Rudolf Seiters, die Stelle kostete.

Grams Eltern, der Vater Werner, ein Versicherungsangestellter im Ruhestand und die Mutter Ruth, Hausfrau, beteiligten sich an einer Protestkundgebung in Wiesbaden gegen die mutmaßliche Ermordung ihres Sohnes und versuchten in den nächsten Jahren in verschiedenen Rechtsverfahren sowohl die Unschuld ihres Sohnes an der Erschießung des GSG9-Beamten Michael Newrzella in Bad Kleinen als auch die Schuld des Staates an Wolfgang Grams' Tod zu beweisen. Das letzte Rechtsmittel, zu dem sie griffen, war eine Klage gegen den Staat auf Rückerstattung der Beerdigungskosten für ihren Sohn, die lediglich zur Festellung des Gerichts führte, Beamte hätten die Untersuchung des Falls so schlampig geführt (ob mit Absicht oder nicht), es könne "weder Selbsttäterschaft noch Fremdtäterschaft ausgeschlossen werden".[37]

Das Verhältnis der Eltern Grams' zu ihrem Sohn hatte sich während seiner Zeit im Untergrund wesentlich verändert. Seine Jugend war von Auseinandersetzungen mit dem eher autoritären Vater geprägt, der nicht bereit war, offen über die eigene Vergangenheit und vor allem über seine freiwillige Meldung zur Waffen-SS zu reden. Doch entwickelte sich bei Grams' Eltern nach seinem Abtauchen in den Untergrund allmählich eine gewisse Sympathie für den Sohn und seine Ablehnung des bundesdeutschen Systems, und sie hielten nach seinem Tod Kontakt zu Birgit Hogefeld im Gefängnis, die sie als ihre Schwiegertochter betrachteten.[38] Für die Mutter Wolfgang Grams' kennzeichnete ihren Sohn in erster Linie "[d]er unbedingte Gerechtigkeitswille", was ihn schon zu einer geeigneten Figur für die Bearbeitung durch Hein im Sinne seiner Auseinandersetzung mit der Kohlhaas-Thematik macht.[39]

Heins Version der Geschichte zeigt viele Berührungspunkte mit den oben dargelegten Tatsachen, doch weicht sie auch in entscheidenden Punkten ab. Die Einzelheiten von Grams Tod, die verpatzte Fallanalyse durch die Behörden, sowie die verschiedenen Prozesse, die die Eltern angestrengt haben, werden bei der Darstellung der fiktionalen Familie Zurek in *In seiner frühen Kindheit ein Garten* ziemlich genau reproduziert. Die Zureks gelangen wie die Grams zur Überzeugung, der Staat stehe der Aufklärung der Todesursache ihres Sohns im Wege (KG 136) und versuchen – unter anderem durch die

---

[37] Veiel: *Black Box BRD*. S. 279.
[38] Das Verhältnis zwischen Werner und Wolfgang Grams ist ebenfalls einer der zentralen Gegenstände des Dokumentarfilms von Andres Veiel, der auch den Titel *Black Box BRD* trägt (2001). Näheres dazu bei Palfreyman: The Fourth Generation. S. 32.
[39] Veiel: *Black Box BRD*. S. 28.

Kontaktaufnahme zur verhafteten Lebensgefährtin des Sohns, die sie ebenfalls als Schwiegertochter betrachten (KG 165) – seine Beweggründe für den Gang in den Untergrund besser zu verstehen. Bei allen Gemeinsamkeiten fällt aber sofort ein wesentlicher Unterschied auf. Bei Hein steht Richard Zurek, der Vater des toten Terroristen Oliver Zurek, im Mittelpunkt des Geschehens. Richard Zurek ist der ehemalige Direktor des Gymnasiums, das sein Sohn auch besucht hat. Er versteht sich als Verteidiger der demokratischen Grundordnung (z.b. KG 224) und versucht mit seinem Sohn ins Gespräch zu kommen, bevor dieser in den Untergrund abtaucht. Das wird deutlich in der Beschreibung einer Diskussion zwischen Richard und Oliver Zurek und Olivers Bekanntem Gerd Schmückle:

> Er spürte, dass es beiden jungen Männern [d.h. Oliver und sein Bekannter Gerd, DC] um sehr viel mehr ging, und so hatte er sich Zeit genommen, war auf jedes ihrer Argumente eingegangen und ließ sich auch nicht von der gelegentlich rüden Sprache abschrecken, mit der sie über Vertreter und Repräsentanten des Staates redeten. [...] Er bemühte sich, ihnen gegenüber nicht als allwissender Lehrer aufzutreten, sondern ein geduldiger Partner zu sein, der ein jedes ihrer Argumente ernst nahm. (KG 49)

Anders als Werner und Ruth Grams kommen die Eltern Zureks jedoch während seiner Zeit im Untergrund zu keinem Verständnis für seine Position oder seine vermutlichen Taten. Richard Zurek scheint auch nicht im gleichen Maße in die nationalsozialistische Vergangenheit verwickelt zu sein wie Werner Grams, obwohl er als junger Mann in der Wehrmacht diente und in Gefangenschaft kam (KG 161). Auf jeden Fall wird ihm diese Vergangenheit nicht vom Sohn vorgeworfen, und überhaupt scheint das Vater-Sohn-Verhältnis viel weniger von dem Generationenkonflikt geprägt als es bei der Familie Grams der Fall war.

Der Umgang der Medien mit den Ereignissen um den Tod von Oliver Zurek scheint den historischen Tatsachen im Fall von Wolfgang Grams auch nicht zu entsprechen. Auch heftigste Staatskritiker wie etwa die "Redaktionsgruppe Jitarra" in ihrem Buch zum Fall Grams,[40] stellen die Tatsache in den Vordergrund, dass Informationen durch die Medien an die Öffentlichkeit kamen, die die staatliche Version der Ereignisse eher in Frage stellten. Hein betont aber die Verfolgung von Zureks Eltern durch die Tagespresse: Sie werden mit Schlagzeilen konfrontiert, in denen sie auch persönlich angegriffen werden (KG 116), bis nach kürzester Zeit die Journalisten ihr Interesse an dem Fall verlieren (KG 123). Hein erinnert hier an Heinrich Bölls Roman *Die verlorene Ehre*

---

[40] *Bad Kleinen und die Erschießung von Wolfgang Grams.* Hg. von ID-Archiv im IISG. Berlin – Amsterdam 1994. Ich beziehe mich hier auf die Internet-Ausgabe dieses Textes: <http://www.nadir.org/nadir/archiv/Repression/bad_kleinen/>.

der Katharina Blum (1974), in dem die Presse sich auf die Seite der staatlichen Gewalt stellt und unschuldigen Bekannten und Verwandten des von Terrorismus Beschuldigten unbegründete Verdächtigungen aussetzt, damit sich die Auflagen erhöhen.[41] Die Opfer-Position von Oliver Zureks Eltern wird insofern betont, als Hein ein ganzes Kapitel in seinem Roman der Nacherzählung einer Episode aus dem Leben von Grams' Eltern widmet. Es handelt sich um eine Reise in den Schwarzwald vor dem Tod des Sohns, die offenbar vom Bundeskriminalamt verfolgt wird. Pünktlich zur Ankunft des Ehepaars werden Fahndungsplakate für ihren Sohn und seine Mitstreiter und Mitstreiterinnen ausgehängt (KG 145–153).[42]

Welche Folgen haben also diese Änderungen des Quellenstoffes für die Aussage von Heins Roman? Die wichtigsten dieser Änderungen hängen wie bereits erwähnt mit der Person Richard Zureks zusammen. Seine gesellschaftliche Stellung als Lehrer und Staatsbeamter liefert den eigentlichen Konflikt in Heins Roman, der sich die Darstellung der Enttäuschung dieser Figur mit dem Staat, dem er gedient hat, zum zentralen Anliegen macht. Anders als bei Werner Grams findet die Infragestellung der Gesellschaftsordnung der Bundesrepublik erst nach dem Tod des Sohnes statt, als die Behörden durch ihren Umgang mit dem Fall den Beweis liefern, dass der Staat tatsächlich keine Gerechtigkeit garantiert, und damit die Ansichten von Oliver Zurek auf gewisse Art und Weise bestätigt. In Situationen gesellschaftlichen Konfliktes haben Lehrer eine wichtige symbolische Funktion als Vermittler der dominierenden Werte der jeweiligen Gesellschaft, und werden sehr schnell verdächtigt, eben diese Werte zu untergraben. Dies war bekanntlich der Fall in der Zeit nach dem sogenannten Radikalenerlass von 1972, als westdeutsche Lehrer und Lehrerinnen auf ihre staatstragende Gesinnung untersucht wurden.[43] Dadurch erhält eine Lehrerfigur, die auf einmal die Hohlheit dieser Werte feststellen muss, eine besondere politische Brisanz.

In einem Dialog mit seinem verstorbenen Sohn nach dessen Tod kommt Richard Zurek zur Einsicht, dass er und sein Sohn durch ein Rechtsgefühl verbunden sind und dass dieses Rechtsgefühl in der bundesdeutschen Gesellschaft keine Genugtuung erleben kann. Hier setzt Hein wieder mit einer Bearbeitung der Kohlhaas-Thematik an, die er schon bei seinem ersten Versuch am Grams-Stoff in essayistischer Form erwähnt. Wie einem Interview mit Hein zu entnehmen ist, scheiterte sein erster Versuch, aus der Grams-

---

[41] Auch der Name der Birgit-Hogefeld-Figur in Heins Roman (Katharina Blumenschläger) stellt eine intertextuelle Verbindung zu Bölls Text her. Vgl. Wolfgang Höbel: Kohlhaas in Bad Kleinen. In: *Der Spiegel* 24.01.2005.
[42] Vgl. Veiel: *Black Box BRD*. S. 203.
[43] Vgl. Peter Schneider: *Schon bist du ein Verfassungsfeind: das unerwartete Anschwellen der Personalakte des Lehrers Kleff*. Berlin 1975. Der Streit um das Tragen des Kopftuchs bei muslimischen Lehrerinnen in Deutschland im Jahre 2003 zeigt wieder die symbolische Qualität dieses Berufs.

174

Geschichte einen Roman zu machen und nahm er sie zuerst in eine Rede zu Kleist auf.[44] Dieser Text mit dem Titel "Vor den unabdingbaren Voraussetzungen beim Kleist-Lesen" wurde als Eröffnungsvorlesung zu den 8. Kleist-Festspielen 1998 vorgetragen; Heins erste Beschäftigung mit Grams und Bad Kleinen liegt also schätzungsweise mindestens sechs Jahre vor der Roman-Veröffentlichung. Dieser Text arbeitet hauptsächlich mit der Ironie, vor allem wo es um den Fall von Bad Kleinen geht. Hein bringt die Taten des Terroristen Grams sowie die Forderung seiner Eltern nach Gerechtigkeit mit einem Kohlhaas'schen Verhalten in Verbindung und wirft die Frage auf, ob es ratsam sei, in einem Rechtsstaat Literatur zur Pflichtlektüre in den Schulen zu machen, die zum Aufstand gegen das Gesetz auffordert.[45] Hein verweist auf die Luther-Figur in Kleists Text, die Kohlhaas mahnt, niemand habe das Recht, gegen die Gesetze zu verstoßen, auch wenn ihm Unrecht geschehen ist:

> Ist uns, unserer Gemeinschaft, unserem Staat dieser Luther nicht angemessener? Sollten die Pädagogen nicht eher Bewunderung für diese Rechtsauffassung der Jugend mitteilen, für Luthers Vorstellung von Obrigkeit, Rechtsstaatlichkeit und Rechtsgefühl? [...] Ist sein altväterlicher Rat unserer Zeit nicht angemessener als das Kohlhaas'sche Exempel? Sollten wir nicht Luthers Rechtsgefühl bewundern und zu verbreiten suchen?[46]

Die Überlegung, was wohl "unserer Gemeinschaft" angemessener ist, ist hier doppelbödig, zumal sie einer Darstellung vom Fall Grams folgt, in der Hein die Behörden offen der absichtlichen "Spurenbeseitigung" beschuldigt.[47] Zwischen den Zeilen wird hier angedeutet, dass ein Staat, der die Gerechtigkeit nicht garantiert oder sogar missachtet, besser daran täte, Jugendlichen ein anderes Vorbild zu geben als Kohlhaas.

[44] Hein: Christoph Hein im Gespräch.
[45] Wie Gerrit-Jan Berendse gezeigt hat, gab es innerhalb der ersten RAF-Generation eine intensive Auseinandersetzung mit bestimmten literarischen Texten, wie etwa *Moby Dick* (1851) oder Brechts *Die Maßnahme* (1930/31), doch ist nicht belegt, *Michael Kohlhaas* habe einen Einfluss auf ihre Mitglieder gehabt. Gerrit-Jan Berendse: *Schreiben im Terrordrom: Gewaltkodierung, kulturelle Erinnerung und das Bedingungsverhältnis zwischen Literatur und RAF-Terrorismus.* München 2005. S. 125–137. Allerdings ist Hein nicht der erste, der auf die Idee einer Verbindung zwischen dem Linksterrorimus und Kleists Werk gekommen ist. Vgl. Troy A. Pugmire: Ein Vergleich: Heinrich von Kleists "Michael Kohlhaas" und die Rote Armee Fraktion. *Utah Foreign Language Review* (1993/1994). S. 124–37. Ich danke Professor Berendse für den Hinweis auf den Artikel von Pugmire.
[46] Christoph Hein: Über die unabdingbaren Voraussetzungen beim Kleist-Lesen. In: *Aber der Narr will nicht.* S. 117–126. Hier: S. 125f.
[47] Ebd. S. 125.

Richard Zureks Dialog mit dem toten Sohn entwickelt sich in ähnlichen Bahnen wie die Argumentation von Heins Kleist-Aufsatz. Solange Richard davon ausgeht, dass die demokratische Grundordnung für Rechtsstaatlichkeit und somit auch für Gerechtigkeit sorgt, kann er den Lebensweg des Sohns nicht billigen: Er ist eher auf der Seite von Luther als auf der Seite von Kohlhaas, um Heins Analogie aufzugreifen. Dennoch wird ihm in Folge seiner Erfahrungen mit der Justiz klar, dass solche Gerechtigkeit auf keinen Fall garantiert wird, was die Taten von Oliver in ein völlig anderes Licht rückt.

Schon bei der Totenrede für Oliver, in der die Kindheit des Verstorbenen erwähnt wird, wird auf "dessen Wahrheitsliebe und das ausgeprägte, unabdingbare Rechtsgefühl des Knaben" (KG 120) hingewiesen. Die Kindheit Olivers und der Topos des Gartens aus dieser Kindheit, der im Buchtitel erwähnt wird und wohl auf die jüdisch-christliche Tradition des Gartens Eden anspielt, werden zu Zeichen einer heilen Welt, die durch Olivers Erfahrungen mit den Ungerechtigkeiten des bundesdeutschen Systems verloren geht. Es ist zum Beispiel dieser Garten, den er aus der Erinnerung auf einem Bild malt, das seinen Eltern nach seinem Tod zukommt (KG 68). Diese persönliche Utopie, so wird angedeutet, wird zerstört, als Oliver als 18-Jähriger erleben muss, wie Polizisten Demonstranten zusammenschlagen (KG 225) und als er später unschuldig in Untersuchungshaft kommt (KG 224). Die Bücher Olivers, die sein Vater liest, um dem Toten näher zu kommen, sprechen auch von einer Welt ohne Ungerechtigkeit, für die er sich mit seinem Leben einsetzte.

> Gelegentlich las er einzelne Sätze nochmals, er las sie sich laut vor und spürte ihrem Klang und der Schönheit dieser Worte nach, dem wundervollen und berauschenden Sirenengesang ihrer Formeln, die allesamt versprachen, diese Welt von all ihren Ungerechtigkeiten, ihrer unaufhörlichen Gewalt und dem Furor der Selbstzerstörung zu erlösen. (KG 137)

Olivers Unfähigkeit, von der Ungerechtigkeit wegzuschauen, rückt ihn nicht nur in die Nähe von Michael Kohlhaas, sondern erinnert auch an den Historiker Horn aus dem früheren Roman. Oliver lehnt auch die herrschende Vorstellung des Fortschritts ab, wie sie in der Ideologie des kapitalistischen Staates Ausdruck findet, und weist auf ihre Opfer hin. Richards Auseinandersetzung mit Leben und Tod seines Sohnes bringt ihn dann letztendlich zur Überzeugung, dass der Staat, den er als einen fortschrittlichen verteidigt hatte, seinen Opfern um seiner Selbsterhaltung Willen die Gerechtigkeit verweigert (KG 170f.). Wie es Christoph Hein selber in seiner Rede zur Verleihung des Schiller-Preises im Jahre 2004 im Hinblick auf die kapitalistischen Demokratien der Nachkriegszeit in Westeuropa formuliert, "[gleicht] ein jeder Fortschritt jener heidnischen Gottheit, die es liebt, ihren Nektar aus den Schädeln von Erschlagenen zu trinken".[48] Mit dieser Erkenntnis entpuppt sich Richards Vorstellung von der bundesdeutschen Gesellschaft als Illusion:

> Ich habe jahrzehntelang in einem Land gelebt, von dem ich offenbar nie etwas begriffen habe. Ich habe ein Leben lang meinen Schülern Dinge beigebracht, die völlig unsinnig sind. Die sie in diesem Land überhaupt nicht gebrauchen können. Ich habe sie für ein Leben in einer Gesellschaft vorbereitet, die lediglich in meinem Kopf existierte. Ich habe nichts verstanden. (KG 114; vgl. KG 172)

Trotz der offensichtlichen Gemeinsamkeit mit dem Dialog mit dem toten Horn in *Horns Ende*, der sich aus dem benjaminschen Grundsatz speist, die Selbstwahrnehmung einer Gesellschaft sei auf ihren Umgang mit ihren Opfern zu prüfen, gibt es auch Parallelen zwischen der Bewusstwerdung Richard Zureks und dem Denkschema des Linksterrorimus in der Bundesrepublik. Wie Lydia Schieth bemerkt, ging das politische Denken der RAF von der Annahme aus, die weitgehend akzeptierte Wirklichkeit der Bundesrepublik verberge eine andere Wahrheit: Wo die Mehrheit auf der einen Seite rechtsstaatliche Ordnung, Wohlstand und Demokratie sah, sah die terroristische Linke Staatsterror, Ausbeutung und diktaturähnliche Scheindemokratie. Ihre Praxis zielte auf die "Enthüllung" der Wahrheit über die Gesellschaftsordnung durch eine Herausforderung der Staatsmacht, die dann das "wahre Gesicht" in ihren Gegenmaßnahmen zeigen würde.[49] In *In seiner frühen Kindheit ein Garten* gelingt es Oliver Zurek, genau diese Enthüllungserfahrung, wenn auch unbeabsichtigt, durch seinen Tod bei seinem Vater hervorzubringen. Richard erkennt die Ordnung, für die er sich eingesetzt hat, als Lügengebilde, weil sie nicht bereit ist, ihren Opfern Gerechtigkeit entgegenzubringen.

Dass Hein ein Mitglied der RAF als Opfer der Staatsgewalt darstellt, hat offenbar seine problematischen Aspekte. Auch in dem Fall, dass Oliver eine Beteiligung an Mordanschlägen nachgewiesen worden wäre, wäre es selbstverständlich noch Unrecht, hätten ihn Beamte des Staates mit Absicht getötet und diese Tat verschleiert. Doch wird die moralische Komplexität von Olivers gleichzeitigem Opfer- und Täterstatus in Heins Text eher ausgeblendet. Obwohl seine Schwester Christin Oliver vorwirft, er habe sich einer "Mörderbande" (KG 78) angeschlossen, besteht Richard Zurek darauf, dass sein Sohn "unschuldig gestorben ist" (KG 79). Seine Anstrengungen gelten der Aufklärung von Olivers Tod, wobei die Aufarbeitung seiner möglichen Schuld an dem Tod

---

[48] Christoph Hein: Wider die Rohheit, das Unzivilisierte, die Willkür: Friedrich Schiller setzte auf eine "Veredlung des Charakters" durch die Schönheit der Künste. In: *Stuttgarter Zeitung* 08.01.2005.

[49] Lydia Schieth: Einleitung. In: *GeRAFtes: Analysen zur Darstellung der RAF und des Linksterrorismus in der deutschen Literatur*. Bamberg 1994. S. 8–9. Hier: S. 8 (Fußnoten zur neueren deutschen Literatur 27).

anderer nicht thematisiert wird. Hein weicht auch von den Umständen der Untersuchungshaft von Wolfgang Grams ab, der der Figur von Oliver Zurek in so vielen Punkten Modell steht, indem er Oliver wegen der Aussage eines Polizeispitzels, "der sich von dieser Beschuldigung eine Hafterleichterung versprochen hatte" (KG 220), unschuldig sitzen lässt. Diese leichte Verschiebung der historischen Tatsachen sowie die Feststellung, die Presse habe ihn trotz seiner Unschuld in der Öffentlichkeit verurteilt (KG 220), tendiert dazu, den Opferstatus Olivers zu verfestigen.

Figuren aus dem Roman, die nicht bereit sind, Olivers Opferstatus anzuerkennen, werden durchweg negativ porträtiert. Es handelt sich hier um Christin und ihren Ehemann Andreas, die sich hauptsächlich wegen Olivers Tod Sorgen machen, weil "eine solche Verwandschaft nicht eben geschäftsfördernd ist" (KG 90). Dieses Ehepaar gehört zu denen, die sich der Gesellschaftsordnung gut angepasst haben: Christin ist Studienrätin und verteidigt vehement die Position des Staates, während ihr Mann als erfolgreicher Unternehmensberater die Selbstbereicherung im freien Markt bejaht – Richard wirft ihm vor, er interessiere sich nur für das "Geld machen" (KG 92). Das Porträt ihres Sohns Konstantin, des Enkels von Richard Zurek, macht die Verurteilung der beiden noch deutlicher: Er ist ein undankbares Kind, das sich ausschließlich mit seinem Gameboy und dem Fernsehen beschäftigt und das unfähig scheint, auf die Zuneigung der Großeltern einzugehen (z.B. KG 174). Mit dem Bild dieser Kleinfamilie werden also Materialismus, fraglose Staatstreue (die im Fall von Christin zum Teil mit Karrierismus in Verbindung gebracht wird) und die Verarmung menschlicher Verhältnisse assoziiert.

V. Der Dialog mit den Toten als Anlass zur gesellschaftlichen Veränderung

Wie schon oben angesprochen wurde, stieß Heins *In seiner frühen Kindheit ein Garten* auf heftige Kritik in der deutschen Presse. Diese Kritik reichte von Vorwürfen ästhetischer Natur bis zur Vermutung,[50] Hein würde als ostdeutscher Autor einer Enttäuschung über das bundesdeutsche System Ausdruck geben, die gleichzeitig Produkt des angeblich gekränkten Stolzes der Ostdeutschen sei:

> Es liegt die frohe Botschaft [von Heins Roman, DC] darin, dass die Bundesrepublik nicht der moralisch überlegene Staat ist, als der er zu Wendezeiten erschienen mochte. Er soll vielmehr als genauso schmutzig wie die untergangene DDR gedacht

---

[50] Vgl. Tilman Krause: Dichters Niedergang. In: *Die Welt* 29.01.2005; Gerrit Bartels: Kein Ort für Widersprüche. Viel politisches Engagement und Gerechtigkeitseifer, aber wenig eigene politische Wirklichkeit. In: *Tageszeitung* 28.01.2005.

werden. Christoph Hein will nicht aufrütteln, sondern denen Trost spenden, die an der postsozialistischen Depression leiden.[51]

Wenn wir hier vom fragwürdigen Ansatz absehen, kritische Intellektuelle, die in der DDR gearbeitet haben, würden mit einer Kritik an der bundesrepublikanischen Gesellschaftsordnung diese mit der DDR gleichsetzen, lässt sich doch die Frage stellen, welcher politischer Stellenwert dem Dialog mit dem toten Oliver Zurek in *In seiner frühen Kindheit ein Garten* gegeben wird, etwa im Vergleich mit der Auseinandersetzung mit dem toten Historiker Horn im DDR-kritischen Roman *Horns Ende*.

Im Unterschied zum offenen Schluss von *Horns Ende* zieht Richard Zurek konkrete Schlüsse aus seiner neuen Einsicht in die Wirklichkeit. In *Horns Ende*, als Thomas am Ende des Erinnerungsprozesses steht, wird im Text nicht klar, welche Bedeutung die Wiederentdeckung Horns als verdrängtes Opfer aus der Vergangenheit der DDR für ihn oder auch für die DDR-Gesellschaft insgesamt haben könnte. Hein stellt damit implizit die Frage an diese Gesellschaft und an die Leser in ihr, wie es weitergehen soll. Bei Richard Zurek führt die Anerkennung Olivers als Gerechtigkeitbesessenen und die Einsicht, ihm sei im Rechtsstaat Bundesrepublik Deutschland keine Gerechtigkeit widerfahren, zur Kündigung seines Beamtenstatus, als er sich in einer Rede über Oliver in der Aula seiner ehemaligen Wirkungsstätte von seinem Eid befreit.

Während es gerade die Offenheit von *Horns Ende* ist, die die Möglichkeit einer Neudefinition des kollektiven Gedächtnisses durch die Einbeziehung der Erinnerung an die Opfer stalinistischer Machtstrukturen zumindest nicht ausschließt – was möglicherweise dazu hätte beitragen können, solche Machtstrukturen in der DDR zu überwinden –, sind die Konsequenzen, die Richard Zurek aus seinem Dialog mit dem toten Sohn zieht, rein individueller Natur. Schon am Anfang seines Kampfes gegen den Staat weigert er sich – im Unterschied zu Wolfgang Grams Vater –, sich an Demonstrationen gegen die angebliche Tötung seines Sohns zu beteiligen, und hält damit Distanz zu den Figuren, die aus dem Fall Olivers eine Sache des öffentlichen Interesses machen wollen. Später, nachdem er vom Staat enttäuscht worden ist und er seinen Eid widerruft, ist ihm das spärliche Publikum in der Aula unwichtig. Hier scheint er auch kaum daran interessiert zu sein, ob seine Entscheidung an die Öffentlichkeit gelingt: Er will z.B. mit dem Journalisten, der ihn nach seiner Rede anspricht, nichts zu tun haben (KG 269). Ihm ist zwar klar, dass er nicht den Weg des bewaffneten Kampfes gegen den Staat antreten will, wie das sein ehemaliger Kriegskamerad Immenfeld in der Tradition von Kohlhaas vorschlägt

---

[51] Jessen: Da ließ Herr Zurek ihn ins Haus. Siehe die ähnliche Argumentation bei Malzahn: Republikflucht der Romanciers.

(KG 187), doch wird in keiner Weise deutlich, dass er mehr als persönliche Genugtuung aus seiner Absage an die Staatsordnung erreichen will. Es lässt sich also schwer erkennen, inwiefern in diesem Fall die Auseinandersetzung mit dem Toten zur Änderung der Gesellschaftsordnung, die hier angeklagt wird, beitragen soll. Dabei überrascht, dass Zurek am Schluss des Romans so positiv dargestellt wird, wenn man bedenkt, dass andere Rechtssuchende bei Hein, für die die Veränderung der gesellschaftlichen Zustände hinter den eigenen Interessen zurücktritt, der Kritik unterzogen werden. Obwohl der Erzähler in *In seiner frühen Kindheit* alles andere als direkt kommentierend oder bewertend auftritt, deutet die euphorische Stimmung Zureks am Schluss der Geschichte nach der Veranstaltung in der Aula – eine Stimmung, die keineswegs relativiert wird – auf einen Sieg des Protagonisten hin:

> Sie [Frau Zurek, DC] strahlte ihn an und küsste ihn gerührt. Als sie sich erkundigte, wie es in der Schule gegangen sei, sagte er zu ihr: "Heute habe ich keinen Tag verloren, Rike. Zieh dich um, Mädchen, wir gehen im Bahnhof essen. (KG 271)[52]

Zwar könnte argumentiert werden, dass die Thematisierung vom Umgang der bundesdeutschen Behörden mit dem Linksterrorismus gegen das Vergessen der Verstorbenen arbeitet,[53] doch, wenn wir das Modell Richard Zurek etwas näher betrachten, scheint dem Autor die Hoffnung abhanden gekommen zu sein, dieser Dialog mit den Toten könnte zu einer Erweiterung des kollektiven Gedächtnisses führen, die politische Veränderungen nach sich ziehen würde. Richard Zurek kann sich nur als einzelner Bürger vom nun misstrauten Staat distanzieren, ihn ändern aber nicht. Dieser Erinnerung fehlt also die Sprengkraft, die sich etwa Benjamin von einem solchen Dialog mit den Opfern des Fortschritts verspricht.

---

[52] Der "Bahnhof" ist eine von einem Bekannten der Zureks betriebene Gaststätte.
[53] Im Gegensatz zur Beschäftigung mit den politischen Verfolgungen der fünfziger Jahre in der DDR lässt sich von der Geschichte der linken Gewalt der siebziger und achtziger Jahre kaum behaupten, sie werde in der bundesdeutschen Öffentlichkeit seit der Jahrtausendwende verschwiegen. Dies gilt vor allem seit der Debatte zur Vergangenheit des damaligen Außenministers Joschka Fischer im Jahre 2001. Heins Roman erschien sogar gerade in der Zeit, als die umstrittene RAF-Ausstellung "Zur Vorstellung des Terrors" in Berlin anlief. Vgl. Jan-Holger Kirsch: Mythos RAF? Zum Streit um eine noch nicht vorhandene Ausstellung. In: *Zeithistorische Forschungen/Studies in Contemporary History*, Online-Ausgabe 1.2 (2004). <http://www.zeithistorische-forschungen.de/16126041-Kirsch-2-2004>

Christine Cosentino

Verw/Irrungen-Verwandlungen: Ingo Schulzes Erinnerungsarbeit in *Simple Storys* und *Neue Leben*

Ingo Schulze, born in 1962 in Dresden in the former GDR, uses his memories and experiences for the portrayal of various characters in his prize-winning Simple Storys *(1998), a book structured in the tradition of the American short story. In twenty-nine chapters – each narrated by a different character – he weaves together a spellbinding tale of life in an East German province in 1990 as he observed it. While the prose in these stories is simple and has little unnecessary adornment, his long-awaited episto-lary novel* Neue Leben *(2005) appears – at least at first sight – to be convoluted, long-winded, and chatty. Yet a closer look reveals a highly complex narrative structure which puts the text within the confines of a self-reflective narrative and autobiographical sub-ject-matter. Assuming a split identity as author, fictitious editor and protagonist, Schulze creates a maximum of irony which questions memory, autobiographical truth-fulness and the nature of new challenges. Schulze succeeds in matching the disillusion-ment of a 'gewendete' world with a deliberately 'artless' novel equally free of illusion.*

Kurz nach der Wiedervereinigung Deutschlands, Anfang der neunziger Jahre, wurde es für viele ostdeutsche, vornehmlich ältere Autoren zur literarischen Kür, mit Rückblicken auf ihr Leben aufzuwarten. Es erschienen Erinnerungsbücher, die sehr häufig im Zeichen von Literaturstreit und Stasi-Enthüllungen standen. Kaum überraschend handelt es sich hier vorrangig um Autobiografien, Tagebücher, Essays, Briefe, auch erste Prosaversuche; es ist also eine Literatur, in der das Ich oder die literarische Figur das Leben von einst erinnernd noch einmal erlebt und verteidigt. Der Gestus vieler dieser Erinnerungsbücher ist rechtfertigend, gezeichnet von absichtsvollen Auslassungen, Vergoldungsten-denzen, Gedächtnisschwäche, auch von berechtigtem Ärger über erlebtes Unrecht. Kurz, ostdeutsche Autoren – mit oder ohne Stasi-Vergangenheit – warteten mit Selbstbefragungen, aber auch mit Selbstanklagen oder befreien-den Abrechnungen auf. Zu nennen wären hier unter anderem Stefan Heyms *Nachruf* (1990), Erich Loests *Der Zorn des Schafes* (1990), Heiner Müllers *Krieg ohne Schlacht. Leben in zwei Diktaturen* (1992), Hermann Kants *Abspann* (1991) oder Günter de Bruyns *Zwischenbilanz* (1992).

Mitte der neunziger Jahre ebbte diese Literatur ab und machte ersten Ansätzen einer Wendeliteratur Platz, wobei der von westlichen Kritikern immer wieder neu angemahnte Wenderoman auch weiterhin auf sich warten ließ und lässt. Die zu DDR-Zeiten parteilose Autorin Brigitte Burmeister, die den Roman *Unter dem Namen Norma* (1994) schrieb, wies auf mögliche Gründe, die das Entstehen eines solchen Romans verhindern. In ihren Ausführungen über "Schriftsteller in gewendeten Verhältnissen" (1994) betonte sie die sich ändernde

Perspektive des Siegers während der Wendebewegung, eines Siegers, der im Prozess der Wiedervereinigung zum Besiegten und ökonomisch Benachteiligten mutierte. Die Erschütterung der Identität und des Selbstbildes sowie eine als verletzend empfundene Kritik von "außen" hätten ein Übriges getan.[1] Wie auch andere rückblickende ostdeutsche Autoren Mitte und Ende der neunziger Jahre – man denke an Helga Königsdorf, Wolfgang Hegewald, Klaus Schlesinger oder Christoph Hein – pocht Burmeister auf deutsch-deutsche Verständigung und setzt damit einen Schwerpunkt der Toleranz für die neuen Retrospektiven, der pauschalen Diskreditierungen des erinnerten sozialen Umfelds, seiner Kultur und Werte entgegenarbeitet. Unter den neuen gesellschaftlichen Verhältnissen werden Biografien auf Erhaltenswertes abgeklopft, sie werden kritisch hinterfragt, auch dem Neuen gegenüber erweitert und bereichert. Selbst in "einer ziemlich schmuddeligen Biographie", so folgert der satirisch verzerrte Protagonist aus Thomas Brussigs Wende-Kasperletheater *Helden wie wir*, findet sich noch ein Quentchen an Bedeutung: "Das können Sie drehen und wenden, wie Sie wollen: Es ergibt auch einen Sinn".[2] Auch der zur Zeit der Wende erst siebenundzwanzigjährige Autor Ingo Schulze, dem nostalgische Verschönerungstendenzen fremd sind, reagierte auf die Kritik seines um die Wende kreisenden Romans *Neue Leben* befremdet: "Man kann die Mauer, die Ideologie, das ganze System sinnlos nennen, aber doch nicht das Leben der Leute!".[3]

Der Erfolg einer Neuorientierung in der westlichen Gesellschaft ist weitgehend generationsabhängig. So ist der erinnernde Wenderückblick der Jüngeren, u.a. eines Thomas Brussig (*Helden wie wir*, 1995), eines Jens Sparschuh (*Der Zimmerspringbrunnen*, 1995), eines Ingo Schulze (*Simple Storys*, 1998 und *Neue Leben*, 2005) oder eines Jakob Hein (*Mein erstes T-Shirt*, 2003) ein ganz anderer als der der "mittleren Generation", das heißt unter anderem eines Volker Braun (*Der Wendehals*, 1995), einer Christa Wolf (*Leibhaftig*, 2002) oder eines Wolfgang Hilbig (*Das Provisorium*, 2000). Die Tonlagen der geschilderten Erinnerungen reflektieren unterschiedlich Erlebtes: Sie schwingen zwischen grotesker Komik, Lakonie und Ironie, tiefer Trauer über einst Erhofftes, nie Eingelöstes und letztlich Befreiung. Je nach Weltanschauung, Charakterdisposition oder Generationszugehörigkeit eines Schreibenden gestalten sich die Erinnerungen an die DDR und an den alles verändernden Umbruch als schillernde, durchaus verschiedenartige Teilwahrheiten, Teilchen aus einem großen historischen Prozess. In völlig subjektiver Manier erinnert der Autor für ihn selbst Wichtiges, er akzentuiert es, er schiebt für ihn Unwichtiges beiseite,

---

[1] Brigitte Burmeister: Schriftsteller in gewendeten Verhältnissen. In: *Sinn und Form* 46.4 (1994). S. 648-654. Hier: S. 651.

[2] Thomas Brussig: *Helden wie wir*. Berlin 1996. S. 274.

[3] Julia Encke: Falsches Lob ist kein Vergnügen. Ein Gespräch mit Ingo Schulze. In: *Frankfurter Allgemeine Zeitung* 16. Oktober 2005.

er trifft eine Auswahl. Die erinnerten Bestandteile eines Lebens verselbstständigen sich in den Handlungen einer Kunstfigur, sie werden Literatur. Dass innerhalb eines Erinnerungsprozesses im Abstand der Jahre neue Schwerpunkte entstehen können, erklärt sich einmal aus der generellen Unzuverlässigkeit des Gedächtnisses, zum anderen aber auch aus einem veränderten Blickwinkel, der in neuen historischen Gegebenheiten oder auch in neuen, auf Persönlichem basierenden Lebenslagen verankert sein kann.

Die Erfahrung des Staatenwechsels und seiner Auswirkungen wurde für den 1962 geborenen Autor Ingo Schulze grundlegend. Schulze legt in seinem Essay "Lesen und Schreiben" dar, welche spezifischen Aspekte des erinnerten historischen Prozesses den Grundtenor seiner Bücher prägten. Seine Bücher

> wären ohne die Erfahrung der Umwandlung eines wie immer sozialistischen Systems in ein wie auch immer kapitalistisches System so nicht entstanden. [. . .] Diese 'Transformation' ist aber nicht mein zentrales Thema, sondern der Stoff, in dem all die alten Geschichten von Liebe und Tod für mich Gestalt gewinnen.[4]

In der Tat steht das politische Ereignis selbst, also eine chronologische Darstellung der Wende von Anfang bis Ende, in seinen Werken entweder im Hintergrund oder aber es dient als Kulisse. Gestaltet wird die Auswirkung einer als Erschütterung erfahrenen Zäsur in einem Zwischenzustand, in dem der Mensch gezwungen ist, sich zu wandeln und neu zu profilieren. Schulze spielt also historisch-politische Ereignisse auf individueller Ebene durch, im Schicksal von Gruppen desorientierter Menschen oder im Einzelschicksal, letztlich in der Erinnerung der eigenen, in der Wende verwurzelten Biografie. Mit der Summe der vielen Teilwahrheiten im Wandlungsprozess der deplatzierten Einzelmenschen präsentiert er eine Art Geschichtsschreibung von "unten", die aufrührt, verstört und zutiefst überzeugt. "Alte Geschichten von Liebe und Tod" – so will es Schulze –, ganz simple Geschichten, traurig and komisch, abstoßend und doch menschlich-allzumenschlich, gestaltet er mit einem "Stil, [der] aus dem Stoff kommt", getreu der These des von ihm bewunderten Alfred Döblin: "Der Stil ist der Mensch".[5] Anders gesagt, der Umbruch wird eingefangen im anschaulich Kleinstädtischen des kleinen Mannes, der die Wende im noch unverstandenen revolutionären Augenblick als Teil oder Episode eines größeren Weltgeschehens begreift, das er nicht überblickt und in dem er letzlich nur als Statist agiert.

Schulze, zur Zeit der Wende siebenundzwanzig Jahre alt, gestaltet seine Erinnerungen, Erfahrungen und Beobachtungen während des Weltenwechsels mit eigensinnigen narrativen Strategien, die den Verlust der Kontrolle und das

---

[4] Ingo Schulze: Lesen und Schreiben. In: *Zuerst bin ich immer der Leser. Prosa schreiben heute.* Hg. von Ute-Christine Krupp und Ulrike Janssen. Frankfurt/M 2000. S. 80–101. Hier: S. 96–97.

[5] Schulze: Lesen und Schreiben. S. 94.

Entstehen schwankender, undefinierbarer Konstellationen in der Geschichte suggerieren: ein verwirrend wirkender Stil entspringt dem Stoff menschlicher Verwirrung. In den kollektiven Schicksalen der fiktiven Figuren spiegelt sich auch die eigene Biografie, die geforderte Wandlung, die damit verbundenen Ängste, die Ohnmacht, Ernüchterung, der Verlust von Illusionen und letztlich die ersten Versuche, in der neuen Gesellschaft und ihren Werten einen Platz zu finden. Der zeitliche Abstand zwischen einzelnen Werken Schulzes macht einen Blick auf Erfahrungen möglich, die im Erinnerungsprozess eine neue Gültigkeit bekommen. Schmerzhaftes, vielleicht auch Skrupel, wohl auch mit Unbehagen Erinnertes, in früheren Werken noch nicht Erwähntes tritt jetzt in den Vordergrund und nimmt Gestalt an. Im Folgenden sei ein Blick auf Erinnerungsstrukturen in Schulzes Werken geworfen, die die Vergangenheit, d.h. den kurzen Zeitraum vor und nach der Wende, zu rekonstruieren versuchen. Schulze scheint ordnen zu wollen, was nicht zu ordnen ist. Das Überwältigtsein des Individuums in einer Krisenzeit ist eingefangen in einem Textlabyrinth, das noch keine Mitte hat. Der Autor Schulze, so wird sich zeigen, verbirgt sich entweder hinter der Handlung und belässt es beim Dokumentieren des Traumas, oder er macht, einige Jahre später, fragwürdige, von ihm belächelte, ironisierte Versuche, in die neue Gesellschaft, ja in die neue Romanhandlung selbst einzusteigen. Kurz, der Autor Schulze legt neue Schwerpunkte fest, die eine wechselnde Perspektive dem neuen Geschichtskapitel gegenüber konturieren.

1995 veröffentlichte Ingo Schulze seinen preisgekrönten Debütroman *33 Augenblicke des Glücks*, eine Sammlung von Sankt Petersburger Geschichten über das Chaos im postkommunistischen Russland. Bereits drei Jahre später, 1998, folgte die englische Übersetzung *33 Moments of Happiness*. Die renommierte Zeitschrift *New Yorker* wartete mit einer ungewöhnlichen Respektbezeugung auf; sie wählte Schulze 1997 in die Gruppe der sechs besten europäischen Autoren und begründete ihre Wahl folgendermaßen: "[Schulze's] unembellished fiction, which has been compared to the works of Raymond Carver, offers an unsettling picture of the newly unified Germany".[6] Dieses Urteil reflektiert bereits die Veröffentlichung von Schulzes 1998 folgendem Roman *Simple Storys. Ein Roman aus der ostdeutschen Provinz* über die Auswirkungen der Wende auf die Ostdeutschen, ein Werk, dessen stilistischer Nährboden in der amerikanischen Short Story zu finden ist.[7] Im Jahre 2005 veröffentlichte Schulze ein neues, thematisch verwandtes Werk über gesellschaftliche Verwandlung, ein Werk, das zeitlich etwa da aufhört, wo die *Storys* anfingen, nämlich in der zweiten Jahreshälfte 1990. Wieder präsentiert er das Thema der

---

[6] Bill Buford und Deborah Treisman: Best Young Novelists. In: *The New Yorker* 27.4. und 4.5.1998.
[7] Ingo Schulze: *Simple Storys. Ein Roman aus der ostdeutschen Provinz*. Berlin 1998. Im Folgenden wird unter der Sigle SS zitiert.

Wirren, der Verwirrung und des Irrens in der Wendezeit in einem – diesmal in der deutschen Literaturtradition verwurzelten – Briefroman-Konvolut mit dem barocken Titel *Neue Leben. Die Jugend Enrico Türmers in Briefen und Prosa. Herausgegeben, kommentiert und mit einem Vorwort versehen von Ingo Schulze.*[8] Zeigen die *Storys* die Auswirkungen der Wende als kollektives Trauma, in dem der Mensch gefangen ist, so greift *Neue Leben* zeitlich zurück und dokumentiert, wie die Welt während der Wende zusammenbricht, mit welchen Mitteln der Mensch eine neue Mitte sucht und – wie auch immer temporär und fragwürdig – sogar findet. Beide Werke basieren auf Schulzes eigenen Erinnerungen und Erfahrungen. Wirft man einen schnellen Blick auf die beiden Romane, so scheinen sie zunächst in Struktur, Ton, ja auch Thematik diametral entgegengesetzt zu sein. Oder irrt sich der Leser? Wird er Mitspieler in einem Verwirrspiel, in dem Schulze selbst mit wechselnder Maske aktiv mitspielt, indem er eine Fülle von Autobiografischem einwebt, es durch Erfindung bereichert, reduziert und verfremdet?

Der erfolgreiche Autor Schulze selbst hatte sich ja in seiner eigenen Entwicklung während und im Nachhinein der Wende auf Umwege, Abwege, vielleicht auch Irrwege begeben, war in Geschäftsinteressen und künstlerische Ambitionen gleichzeitig verwickelt, bis er schließlich 1995 mit den Sankt Petersburger Geschichten den "richtigen", nämlich *seinen* spezifischen literarischen Weg fand, der ihm Weltruhm einbrachte. Seine chamäleonartig schillernde Geschäftsmann- und Autorenfigur Enrico Türmer aus dem Roman *Neue Leben* reflektiert einen solchen Konflikt, den unterschiedliche Interessen auslösen können. Im Kielwasser des russischen Umbruchs wurde Schulze in seinen Werken *Simple Storys* und *Neue Leben* zum virtuosen Darsteller des deutsch-deutschen Wende-Wirrwarrs, in dem aus der Bahn Geworfene, Traumatisierte versuchen, die Welt wieder in den Griff zu bekommen. Schulze selbst war diesen Erfahrungen ausgesetzt, wurde zum "Verwandlungs"-Künstler, der in Sachen Kunst und beruflicher Entwicklung in Russland und in den USA literarische Muster fand, die er sich anverwandelte. In neuer Form reagierte er mit diesen vorgefundenen literarischen Modellen auf seine eigene Situation und den Zustand seiner Mitmenschen in der Wendezeit. Durchaus verallgemeinbar für Schulzes Gesamtwerk ist die Beobachtung eines Kritikers, die dieser auf die *Storys* bezog: "Schulze [webt] einen Teppich postsozialistischen Lebens, dessen scheinbar wirre Fäden sich zu einem neuen, niegesehenen Muster fügen".[9]

Schulzes Essay "Lesen und Schreiben" enthält sachliche Auskünfte nicht nur über künstlerische, sondern auch berufliche Verwandlungsprozesse in

---

[8] Ingo Schulze: *Neue Leben. Die Jugend Enrico Türmers in Briefen und Prosa. Herausgegeben, kommentiert und mit einem Vorwort versehen von Ingo Schulze.* Berlin 2005. Im Folgenden wird unter der Sigle NL zitiert.

[9] Ulrich Greiner: Menschen wie Tauben im Gras. In: *Die Zeit* 26.3.1998.

seinem Leben. In der russischen Literatur fand er, "was seine ureigenste Erfahrung betraf: Der Wechsel von einem Gesellschaftssystem zu einem anderen".[10] Doch nach Veröffentlichung seines ersten Manuskriptes stieß er während eines Aufenthaltes in den USA im Jahre 1996 auf andere Vorbilder. Er las Raymond Carver und hatte plötzlich

> einen Ton im Ohr, mit dem ich meine hiesige Gegenwart ansprechen konnte. Dadurch, daß ich versuchte, den Stil der short-story eines Anderson, Hemingway und Carver auf die ostdeutsche Provinz nach '89 anzuwenden, ließ sich etwas mitteilen. Zufällig war ich auf eine richtige Frequenz gestoßen.[11]

Wieder übernahm und verwandelte er einen vorgefundenen Stil. Doch auch in beruflicher Hinsicht war Schulzes Leben von Wandlungen geprägt. 1962 wurde er in Dresden geboren, studierte Altphilologie in Jena, arbeitete als Dramaturg am Landestheater in Altenburg, nahm an der Bürgerbewegung in Leipzig und in Altenburg teil. In dieser Zeit des Umbruchs ließ er seine schrift-stellerischen Ambitionen ruhen und wandte sich Geschäftlichem zu. Schließlich avancierte er zum Geschäftsführer eines neu gegründeten Zeitungsverlags. 1993 ging er nach Sankt Petersburg, um dort ein Anzeigenblatt aufzubauen. Nüchtern notiert Schulze in "Lesen und Schreiben", dass er dort und dabei "das Hundertfache von dem [verdiente], was einheimische Freunde und Mitarbeiter erhielten".[12] Der frischgebackene Geschäftsmann wurde erfolg-reich. Das ironisch gebrochene Ineinander der Facetten vom realen und fiktio-nalisierten Geschäftsmann sowie das Spiel mit einer fragwürdigen Künstlerfigur, Autorenfigur bzw. dem veritablen Autor im Hintergrund ist ein grundlegendes Thema in Schulzes auf ostdeutschem Boden angesiedeltem Figurenpanorama. In den *Storys* ist es vorverweisend im kurzen Erscheinen einer Nebenfigur angedeutet, in *Neue Leben* aber erscheint es als komplexe Gegenvariante zum realen Autor: die Figur eines verhinderten Autors verfällt der schnellen Mark und wandelt sich gar nicht ungern zum gewieften Businessman. Diese Verwirrspiel-technik von Fiktion und biografischen Ähnlichkeiten entspringt der Hand eines Meisters der Mehrdeutigkeit, der die Welt und sich selbst mit unbestechlichem Blick betrachtet. Möglichen Skrupeln dem einstigen Flirt mit dem Geld gegenüber stellt er sich. Das in den *Storys* Noch-nicht-Erwähnte oder Nicht-im-Vordergrund-Stehende wird jetzt in *Neue Leben* thematisiert.

Der Ort des Geschehens in den beiden Werken *Simple Storys* und *Neue Leben* ist Altenburg, die Kleinstadt, in der sich Schulze fünf Jahre lang aufhielt. Neben dem schlanken, etwa dreihundert Seiten langen Vorgänger *Simple Storys* wirkt der neue, siebenhundertneunzig Seiten lange Nachfolgeband jedoch

---

[10] Schulze: Lesen und Schreiben. S. 92.
[11] Ebd. S. 93.
[12] Ebd. S. 90f.

aufgeschwemmt, überbordend und mit seiner kompliziert verschachtelten Herausgeberfiktion aus den Fugen geraten. "Irgendwann glaubte ich, die Orientierung verloren zu haben" (NL 323), sinniert die fiktive Hauptfigur im neuen Monumental-Wälzer, ein gescheiterter Autor namens Enrico Türmer, dessen zurückgelassene Briefe die Eckdaten von Schulzes eigener Biografie enthalten. Veröffentlicht werden sie von einem fiktiven Herausgeber, der sich – hier verschwimmen die Sprechdimensionen erneut – Ingo Schulze nennt. Hatte der veritable Ingo Schulze, der sich hinter der fiktiven Herausgeberfigur mit dem verwirrenden Namen Ingo Schulze verbirgt, nach den sieben Jahren des Erfolgs der *Storys* die künstlerische Kontrolle über sein Verwandlungs-Thema verloren oder sah er das Thema immer noch in seiner Undefinierbarkeit? Galt im Jahre 2005 auch für ihn die Bilanz, die ein Scheiternder aus den *Storys* zieht: "Irgend etwas bekam ich einfach nicht in den Griff, ohne zu wissen, was" (SS 205)? In der Presse gab es beim Erscheinen des neuen Bandes kaum Hinweise auf eine Intertextualität der beiden Texte. Nur ein Kritiker wartete mit einem kurzen Vergleich der beiden Werke auf, der jedoch – der Natur des Feuilletons entsprechend – nicht näher ausgebaut wurde:

> Wo die *Storys* zunächst bodenständig-amerikanische Eingängigkeit versprachen und sich dann im Verlauf der Lektüre zu einem kompliziert verlinkten Hypertext auswucherten, [...] da ist es bei *Neue Leben* umgekehrt: Was verwirrend, verschroben und sperrig wirkt, erzählt eine im Grunde einfache Geschichte.[13]

Tatsächlich sind trotz oberflächlicher stilistischer Verschiedenheit beide Werke weniger Gegenstücke als vielmehr sich ergänzende Pendants, die in einem deutlichen Intertextualitätsverhältnis stehen. Man kann sogar einen Schritt weiter gehen: *Neue Leben* ist eine Art Fortsetzung des alten Themas und bildet mit den *Storys* eine organische Einheit. Nach einem Abstand von sieben Jahren erscheinen Schulzes Erinnerungen an die Zeit des Übergangs in anderer Form: ähnlich und doch neu, mit anderen Schwerpunkten. Das Trauma wird jetzt als überwindbar dargestellt; der Mensch scheint sich im goldenen Westen zu arrangieren. Die bereits in den *Storys* angewandte narrative Methode färbt den alten Stoff neu ein, macht ihn mehrdeutiger, vielleicht sogar optimistischer.

Nur ein ganz kurzer Blick sei auf die amerikanische Short Story geworfen, denn dieses Genre schärfte im Jahre 1996 Schulzes Blick und beeinflusste sein Schaffen.[14] In seinem Vorwort zu der Anthologie *The Vintage Book of Contemporary American Short Stories* charakterisiert der Autor Tobias Wolff die Literatur von unter anderem Ernest Hemingway, Raymond Carver, Richard

---

[13] Richard Kämmerlings: Enrico Türmers unternehmerische Sendung. In: *Frankfurter Allgemeine Zeitung* 19.10.2005.
[14] Vgl. Christine Cosentino: Ingo Schulzes *Simple Storys* und die Tradition der amerikanischen short story. In: *Germanic Notes* 31.2 (2000). S. 134-138.

Ford, Joy Williams und Ann Beattie als "stories about people who led lives neither admirable nor depraved".[15] Die Short Story sei "a chronicle of misfits trying to break out of 'submerged population groups' ".[16] Auch in Schulzes *Storys* wimmelt es von Pechvögeln, Enttäuschten, Aufsteigern, Glücksjägern, Sich-Wandelnden, und auch Tatmenschen. Typische, von Schulze übernommene Stilelemente sind der enge Blick, eine äußerst sparsame und komprimierte Sprache, Lakonie, Leerstellen, die Absenz von jeglicher Form von Psychologisierung, ein das Geschehen auslösender Wendepunkt. Lakonie, asketische Knappheit des Ausdrucks, war für den die Wende erinnernden Schulze die einzig angemessene Tonlage, seinen eigenen Verwirrungen künstlerische Form zu geben und sie in seine Figuren einfließen zu lassen. Doch auch ein cinematographisches Meisterwerk, Robert Altmans 1993 gedrehter, auf Literatur von Carver basierender Film *Short Cuts*, lenkte Schulze bei der Komposition seiner *Storys*. Altman präsentiert ein Mosaik von Einzelepisoden, die alle am selben Ort, Los Angeles, angesiedelt sind. In diesen Episoden agieren Figuren, die in einem "cross over" in andere Episoden eingeblendet werden. So wechseln die Perspektiven. Die Figuren sind jetzt Randfiguren, dann wieder Hauptfiguren, sie können aber auch endgültig verschwinden. Ein Wendepunkt gibt ihrem Leben eine andere Richtung. Altman verwies in einem Vorwort zu zehn von Carvers Geschichten, die er unter dem Titel *Short Cuts* neu herausgab, sehr nachdrücklich auf diesen Bruch: "His stories are all occurences, all about things that just happen to people and cause their lives to take a turn".[17] Eine Figur aus Carvers story "So much Water so Close to Home" reflektiert diesen Zustand verstört: "People around you continue to talk and act as if you were the same person as yesterday [...] but you are really undergoing a crisis, your heart feels damaged".[18] Das Thema einer solchen Verunsicherung steht bei Schulze im Vordergrund. Der diese Verstörung auslösende Wendepunkt jedoch, die Wende von 1989 selbst, wird kaum erwähnt; gezeigt wird, wie die Menschen traumatisiert und hilflos darauf reagieren. Auch die bei Carver vorherrschende Atmosphäre präziser Klarheit des Ungesagten wird bei Schulze zu präziser Unklarheit, zerrissen wie die Menschen selbst. Stil entspringt dem Stoff.

Schulze bildet in seinen *Simple Storys* neunundzwanzig geschichtenüberquellende Einzelepisoden zu einem zersplitterten Roman ohne lineare Handlung. Netzartig verflechten sich in der Manier eines Hypertextes sistierte Lebensläufe, die durch einen entscheidenden zündenden Augenblick – ein traumatisches

[15] *The Vintage Book of Contemporary Short Stories*. Hg. von Tobias Wolff. New York 1994. S. xiii.

[16] Ebd. S. xvi.

[17] *Short Cuts. Selected Stories by Raymond Carver*. Hg. von Robert Altman. New York 1993. S. 7.

[18] Raymond Carver: So Much Water so Close to Home. In: *Short Cuts*. S. 79.

Erlebnis, das Einblenden einer bereits erwähnten Figur, einen Moment des Schreckens – verbunden sind. Bei näherer Betrachtung erweist sich dieses Netz jedoch als ein Gewirr geschickt ineinander verschlungener Kreise. Ein Geschehnis, das unabgeschlossen wirkt, wird erst in einer zweiten bzw. dritten Episode oder Momentaufnahme durchsichtiger, wenn auch nicht immer völlig verständlich. Auf diese Weise vollendet sich ein Kreis. Vorausblickend sei bemerkt, dass das Strukturelement des Kreises in dem späteren Roman *Neue Leben* in neuer Form bedeutungsvoll ist, denn weist die Kreisform in den *Storys* vorrangig auf die "Unfreiheit der Figuren [...], die Einkreisung des Menschen durch das gesellschaftliche Milieu und den Verlust an historischem Bewußtsein",[19] so stellt sich im Nachfolgeroman die Frage, ob und wie die Figur aus der Kreisbewegung ausbrechen kann. Aus einem verwirrenden Personenarsenal in den *Storys* – der Leser hat es mit Namen wie zum Beispiel Martin, Barbara, Frank, Dieter, Hanni, Jenny, Pit, Edgar, Patrick, Orlando, Danny, Tino, Conni, Enrico oder Lydia zu tun – schälen sich die Einzelschicksale heraus: Arbeitslose agieren, physisch und psychisch Kranke, Spekulanten, Aufsteiger, Taxiunternehmer, Rassisten, Verfolgte, ehemals regimetreue Schuldirektoren oder denunzierte Lehrer. Einige der Handlungskreise seien hier erwähnt.

Im ersten Kapitel erzählt Renate Meurer von einer Reise nach Italien, die sie mit ihrem Mann Ernst machte, der zu DDR-Zeiten ein regimetreuer Rektor war. Ein ehemaliger Kollege, Dieter Schubert, rastet in Assisi aus: Meurer hatte ihn einst denunziert und um seine Karriere gebracht. In einer späteren Episode, in der von den näheren Umständen der Denunziation berichtet wird, dreht Meurer selbst durch. Der Kreis um Täter und Opfer schließt sich. Das anfangs nur sparsam Angedeutete wird durchsichtiger, die Leerstelle scheint gefüllt, der Leser reimt sich zusammen, was zusammengehört. Innerhalb der Familie Meurer sind es dann der Sohn Martin, ein arbeitsloser Kunsthistoriker, und seine Frau, in deren Schicksal sich der Ansatzpunkt zu einem neuen Kreis bildet. Ein Dachs soll bei einem Verkehrsunfall überfahren worden sein. In Wirklichkeit war das Todesopfer jedoch Martins fahrradfahrende Frau Andrea, die sich kein Auto mehr leisten konnte. Der Kreis schließt sich mit den Alpträumen der Ärztin Barbara Holitzschek, die den Unfall verursachte und die Fahrerflucht ergriff. Aber innerhalb dieses Kreises um Dr. Holitzschek werden neue Personen eingeblendet, deren Leben ebenfalls im Zeichen eines traumatischen Bruchs steht und somit eine neue Kreisformung auslöst. Unter den neuen Personen ist – zunächst als Randfigur, dann als Zentrum einer Einzelepisode – ein Freund von Dr. Barbara Holitzschek, ein Autor mit Namen Enrico Fischer (der sich später Heinrich Fischer nennt), der mit dem Ende des DDR-Staates sein Thema verloren hat und dem Alkohol verfällt. Ein kurzer

---

[19] Horst S. Dämmrich und Ingrid G. Dämmrich: *Themen und Motive in der Literatur.* Tübingen 1987. S. 342f.

Blick sei auf Enrico/Heinrich Fischer geworfen, denn diese Figur ist von thematischer Bedeutung für das später folgende Werk *Neue Leben*. Diese Randfigur der *Storys*, ist "ein Möchtegern-Dichter, der sogar auf Wände und Tapeten schreibt, damit er keine seiner kostbaren Ideen vergißt" (SS 183). Seine "Zeilen an der Tapete [verdrehten] sich ineinander zu dicken Seilen, zu labyrinthisch angelegten Strängen" (SS 195). Hier handelt es sich um eine Art Vorläufer, eine erste Skizze zu der Hauptfigur in *Neue Leben*. Enrico/Heinrich Türmer – der Familienname hat sich verändert – stellt im Nachfolgeroman eine neue Figuration des "Möchtegern-Dichters" und Geschäftsmanns dar, dessen überbordende Briefberichte eben jene labyrinthisch angelegten Erzählstränge aufweisen, mit denen der frühere Enrico Fischer der *Storys* experimentierte. Entschwindet der spätere Enrico Türmer jedoch ins sonnige Italien, wo er auf der Flucht vor den Steuerfahndern ist, so geht es bei seinem Vorgänger in den *Storys* um das blanke Überleben, das nicht gelingt. Enrico Fischer zahlt den hohen Preis für die neu gewonnene Freiheit mit dem Leben; Enrico Türmer andererseits – hier erweitert sich das Thema – erlebt das freie Spiel des Geldes, die Gefahren und Genüsse des freien Unternehmertums. Der Alkoholiker Enrico Fischer der *Storys*, der einen Beinbruch plant, um einen Invalidenschein zu bekommen, stürzt sich kopfüber ins Treppenhaus in den Tod. Was von ihm bleibt, als sich der Kreis seiner "simplen Geschichte" schließt, ist ein Wirrwarr von Sätzen in einem unverständlichen Manuskript mit dem Titel "Schweigen".

So durchdringen und überlagern sich die einzelnen Kreise in einem In- und Durcheinander von Geschichten über Fallende und Sich-wieder-Aufrappelnde. Es entsteht ein Gewebe mit seltsamem Muster und ineinander verzahnten Motivgeflechten: Fäden werden aufgenommen, weitergeführt, verwirrt, entwirrt, auch liegen- oder fallengelassen, führen manchmal ins Leer-Löchrige. Von einem "epischen Trümmerwerk, das vom Ende aller Illusionen kündet", spricht ein Kritiker.[20] Doch noch ein weiteres Motiv in den *Storys* sei erwähnt, das in *Neue Leben* ebenfalls weiter ausgeformt und neu interpretiert wird. Es handelt sich um ineinander verzahnte, wie beiläufig erwähnte Bedeutungsfelder, die Desorientierung suggerieren und die dem Leser "verfahrene" Situationen vor Augen führen. Der aus der Bahn geschleuderte Mensch verfährt oder verirrt sich im Gewirr der Straßen, nachts, im Nebel oder an Kreuzungen. Er nimmt die falsche Ausfahrt auf der Autobahn, glaubt sich von anderen Autos verfolgt, schlägt wieder die falsche Richtung ein und gerät auf Abwege. Er kämpft mit Übelkeit beim Fahren, sitzt nicht mehr am Steuer, verliert die Kontrolle; oder er macht sich auf den Weg nach New York oder Italien, kann jedoch seiner Vergangenheit nicht entfliehen. Er bestaunt die Kunst kapitalistischen

---

[20] Thomas Steinfeld: Ein Land, das seine Bürger verschlingt. In: *Frankfurter Allgemeine Zeitung* 24.03.1998.

Verschuldetseins und fühlt sich existenzieller Eiseskälte ausgesetzt. Dieses Motiv des Vom-Weg-Abkommens verdichtet sich später in *Neue Leben* zu einem Dickicht mit verschlungenen Wegen, die undurchdringlich zu sein scheinen, und doch wieder in eine merkwürdige, noch blendende Helle führen. Das bedeutet, dass das Trauma der ungewissen Zukunft im Roman *Neue Leben* einer größeren Zuversicht weicht, die jetzt beginnt, Form anzunehmen. Die Zeit des Verstummens und des Vom-Weg-Abkommens scheint beendet und einer Phase des Weg-Suchens und vielleicht auch -Findens Platz zu machen.

Auch in den *Story*s – so kann man argumentieren – wird im Hoffnungslosen immer wieder ein Hoffnungsschimmer sichtbar, denn die handelnden Enttäuschten sind weder mitleidheischend noch anklagend. Schulze evoziert per Assoziation das Motiv des "blinden Flecks", d.h. die Figuren der *Story*s sind mit Abwehrmechanismen gegen die noch nichtakzeptable Leistungsgesellschaft ausgerüstet. Sie verdrängen Unangenehmes oder sie neutralisieren es. Sie suchen und finden ihr kleines Glück in Momenten des Sich-Aneinanderklammerns, im Händehalten und mit Gesten tröstender Zuwendung. "Wer Angst hat, der hat was zu verlieren", sinniert Marianne Schubert, die Witwe des bereits erwähnten denunzierten Schullehrers. Sie folgert: "Also kanns mir gar nicht so schlecht gehen, wie ich immer annehme, sonst wärs mir ja egal" (SS 251). In diesen rührenden Aufrichtungsversuchen, im Auf-sich-selbst-Zurückgeworfensein in Situationen, die das Missverhältnis zwischen dem verstörten Menschen und der unverständlichen Umwelt offenbaren, lassen sich die Figuren – so formuliert es der Philosoph Helmut Plessner generell in seinen Untersuchungen über den Humor – "von der Komik des Deplaciertseins packen".[21] Doch das Lachen ist verkrampft. "Eigentlich sind wir Glückskinder" (SS 237), reflektiert eine der Figuren tröstend, denn es hätte ja auch schlimmer sein können. Der lindernd wirkende "blinde Fleck" gegenüber dem Geschichtsverlust, der die Figuren durchhalten lässt, ist ebenfalls ein intertextueller Hinweis auf den Nachfolgeroman *Neue Leben*. Sieben Jahre später nämlich geht es wiederum um Blindsein, diesmal um Verblendungen und Täuschungen, um die Verführungskraft des Geldes, aber auch um ein "Sehen", das heißt ein mögliches Akzeptieren der neuen kapitalistischen Lebensform, ein Sehen, das jedoch durch den assoziativen Verweis auf einen "weißen Fleck" des Ungewissen und Haltlosen in der kapitalistischen Gesellschaftsform relativiert und zur Diskussion gestellt wird. Ingo Schulze selbst erscheint in verschiedenfacher Verkleidung als eine Art "Wende-Gewinner", der (s?)einen Eintritt in den Kapitalismus unter die Lupe nimmt. Im Erinnerungsprozess verändert sich der Fokus.

---

[21] Helmut Plessner: Anlässe des Lachens. In: *Luzifer lacht. Philosophische Betrachtungen von Nietzsche bis Tabori*. Hg. von Steffen Dietzsch. Leipzig 1993. S. 119-175. Hier: S. 166.

192

Das neue Werk mit dem konvoluten Titel *Neue Leben. Die Jugend Enrico Türmers in Briefen und Prosa. Herausgegeben, kommentiert und mit einem Vorwort versehen von Ingo Schulze* wurde mit sehr unterschiedlichen Rubrizierungen im Feuilleton belegt. Man sprach von einem "Wenderoman",[22] "Künstlerroman bzw. großen historischen Roman über die Wende",[23] von einem "Schelmenroman"[24] oder "Wiedervereinigungsroman mit Zügen von Bildungs- und Entwicklungsroman".[25] Als literarische Folien wurden die Autoren E.T.A. Hoffmann und Adelbert von Chamisso erwähnt, grimmsche Märchen, Goethes *Faust*, Thomas Manns *Doktor Faustus* und – am offensichtlichsten – die Tradition des Briefromans. *Neue Leben* ist ein Briefroman über einen Durchschnittsmenschen mit durchaus menschlich-allzumenschlichen Schwächen, einen DDR-Phantasten, der sich zum Künstler berufen fühlt, nach Ende seines Staates aber sein Thema verliert; dann aber nützt er die günstige Marktsituation aus und wandelt sich zum pragmatischen Unternehmensgründer. Auch hier findet man ein Gewirr von Sprechperspektiven, aber es gibt gravierende Unterschiede zu den nur vordergründig "simplen" *Storys*. In letzteren nämlich wurde eine nichtlineare Handlung von einem oft unübersichtlichen Ensemble von Einzelstimmen getragen, deren verknappter, nüchterner, fast emotionsloser Ton den Leser oft verwirrte. Erläuterungen wurden nicht gegeben. Schulze verhielt sich als Autor seinen Charakteren gegenüber neutral, und doch, so spürt der Leser, solidarisch, denn was er aus der Erinnerung holt, ist ja auch seine persönliche Geschichte, lakonisch formuliert, weil die Flut der Geschehnisse sich noch nicht zur Historie geformt hat. Also stellt er das Trauma des Geschichtsverlusts in einem breiten Spektrum einzelner Figuren dar. In *Neue Leben* dagegen scheint der Handlungsträger oberflächlich nur eine einzelne Person zu sein, ein sprachwütiger, geschwätziger und zur Nabelschau neigender Mensch, nämlich der bereits erwähnte Enrico Türmer, der in den Briefen über sein Leben schreibt. Drei Empfängern wird in rückwärtsgerichteten und gegenwartsbezogenen Briefen vom Leben dieses "Helden" bis zum 11. Juli 1990 berichtet. Was verwirrt den Leser bei der Betrachtung dieser doch scheinbar "simplen" linearen Handlung? Das Problem liegt in der bereits erwähnten komplizierten Sprechhaltung und Autorschaft,

[22] Ursula März: Was will Enrico Türmer? Endlich zurück: Ingo Schulze bezaubert mit einem Briefroman über die deutsch-deutsche Wende. In: *Frankfurter Rundschau* 19.10.2005.
[23] Elmar Krekeler: Enrico, mir graut vor Dir! Nachrichten aus einem Niemandsjahr der deutschen Geschichte: Ingo Schulze schreibt den großen historischen Roman über die Wende. In: *Die Welt* 17.10.2005.
[24] Verena Auffermann: Wie kommt der Westen in den Kopf? In: *Literaturen* 11.2 (2005). S. 56.
[25] Ariane Thomalla: Neue Leben. In: *Arte*. <http://arte-tv.com/de/Printing/4982,CmC= 1008624,Cm Style=265362.html>

denn, so stellt es sich heraus, nicht nur eine einzelne Person ist hörbar, sondern ein Wirrwarr von drei Stimmen.

Hielt sich der Autor Schulze in den *Storys* im Hintergrund, so ist er in einer Art Verwirrspiel in *Neue Leben* voll vertreten, denn der reale Autor Ingo Schulze wird zur fiktiven Figur. In einem Vorwort und einer editorischen Notiz stellt sich ein gewisser Ingo Schulze, ein Schriftsteller, als Herausgeber vor. Er ist auf der Suche nach einem Romanstoff über deutsche Geschäftsleute – ein nicht unbekanntes Thema in der Biografie des Autors – und er stößt auf die Briefe Enrico Türmers, den er, so gibt er vor, aus seiner Schulzeit in Dresden kennt. Dieser Türmer hinterließ – nachdem er 1997/98 vor Steuerfahndern "getürmt" war – eine Sammlung von Briefen sowie Kurzprosa und Manuskripte. In diesen Dokumenten umreißt er sein Leben. Der fiktive Herausgeber Schulze liest die Briefe und erkennt: "Ich las einen Roman" (NL 9). Er ist zwar der Figur Türmers – so bekennt er in seinem "Vorwort" – kaum gewogen, steht diesem Menschen mit Abneigung gegenüber, ediert aber trotzdem diesen "Briefroman" und versieht ihn mit erklärenden, oft weitschweifigen, manchmal wenig sinnvollen Fußnoten sowie mit einem "Anhang". In diesem "Anhang" befinden sich die türmerschen Schreibversuche. So ist die fiktive Herausgeberfigur Ingo Schulze im Gesamtgefüge der türmerschen Briefe überall und immer anwesend. Er mischt sich ein, spielt als Figur eine aktive Rolle. Dass hinter all dieser Geheimnistuerei der veritable Autor Ingo Schulze steht, ist nicht bar einer gewissen Komik. Doch auch Türmer, der dritte Autor und Handlungsträger, erinnert an den Autor Ingo Schulze, denn das in seinen Briefen Erinnerte, die Daten, die Ereignisse, der Wandel von Künstler zu Geschäftsmann, blenden ja weitgehend in Schulzes eigene Biografie ein.

Eine kurze Zusammenfassung der Handlung sei gegeben: Enrico Türmer wird Anfang der sechziger Jahre in Dresden geboren, wo er seine Kindheit und Jugendjahre verbringt. Er opponiert zwar gegen das politische System, jedoch nur in der Stille, als Schriftsteller in der Nische, der wegen seiner politischen Einstellung nicht publizieren darf und davon träumt, in der Bundesrepublik als Dissident gefeiert zu werden. Er wird Soldat in der Volksarmee, studiert Philologie in Jena und arbeitet dann als Dramaturg am Altenburger Theater. Als die Mauer fällt, weiß er, dass es mit seinen künstlerischen Plänen vorbei ist. Der Schöngeist gibt das Schreiben auf, fällt aber in tiefste Depression: "Mich gab es nicht mehr" (NL 587). Dann jedoch findet der verhinderte Schriftsteller eine neue Form des Schreibens, den Journalismus. Er gründet 1990 eine anfangs noch politisch orientierte Zeitung in Altenburg, die sich aber unter dem Einfluss des westlichen Finanzberaters Clemens von Barrista, einer diabolischen Inkarnation des Kapitalismus, schnell zum rein kommerziellen Anzeigenblatt wandelt. Barrista, der Investmentteufel, wird Türmers Mentor. Der Identitätswandel scheint abgeschlossen; letzterer Prozess jedoch wickelt sich auf labyrinthisch verschlungene Weise ab und nach ständigem Umkreisen

194

der Frage: "Auf welche Art und Weise kam der Westen in meinen Kopf? Und was hat er da angerichtet?" (NL 131). In dem anschwellenden, ironisch gebrochenen Gewirr der Sprechperspektiven wird authentisch Erlebtes und Beobachtetes neu reflektiert, unter die kritische Lupe genommen, dann literarisiert. Aber es erscheint verschwommen, durch Ironie mit einem misstrauischen Fragezeichen versehen. Das fiktive Team der "Wende-Gewinner" Schulze/ Schulze/Türmer-Schulze entdeckt die Bilanzen. Eine zuvor noch nicht gestaltete Erinnerung – eine latente Erinnerung – nimmt Form an. Wie manifestiert sich das Spiel mit den Identitäten erzähltechnisch in einem Textgefüge, das die Wendewirren von 1989/1990 thematisiert?

Hier ist die Struktur des Romans von Interesse, die die Form eines Kreises hat. Die von Türmer geschriebenen Briefe sind an drei Adressaten gerichtet. Dreizehn der dreiundachtzig Briefe, die sich mit Familiengeschichten befassen, erhält Türmers Schwester Vera Barakat. Der Rest geht an die westliche Fotografin Nicoletta Hansen und an den Jugendfreund Johannes Ziehlke. Die Briefe an Nicoletta – von Türmer häufig als "Beichte" über seinen dramatisch erlebten Abschied von der Kunst bezeichnet – erzählen rückblendend seine Lebensgeschichte bis zur Wende. Die Briefe an Johannes beschäftigen sich hauptsächlich mit den politischen und ökonomischen Entwicklungen im Osten und mit den Beziehungen der Menschen zueinander während der Wende. In ihnen erfährt der Leser ausführlich über das Treiben des mephistophelischen Geschäftsberaters Barrista, der dem Zeitungsteam um Enrico die Versuchungen des Kapitalismus schmackhaft macht. Die Briefe setzen zeitmäßig dort ein, wo die Briefe an Nicoletta enden, das heißt der letzte, an Nicoletta gerichtete Brief vom 11.7.1990 blendet in den allerersten, an die Schwester Vera geschriebenen Brief vom 6.1.1990 ein. Damit geht die Endszene wieder zur Anfangsszene zurück. Der Kreis schließt sich. Um kein In- und Durcheinander vieler verlinkter Einzelkreise geht es, wie in den *Storys*, sondern um einen einzigen großen Kreis. Die Kontrastierung zweier inhaltlich ähnlicher Briefe an der Nahtstelle der Kreisformung ist ein geschickter Kunstgriff, denn hier handelt es sich um Spiegelungen entweder fortwährender oder veränderter Verhaltensweisen. Der Kreis mit seinem darin enthaltenen Textlabyrinth beleuchtet Türmers Irrtümer und Neuentscheidungen in seinem Werdegang. Im Kreis eingeschlossen sind die geraden und krummen Wege, Irrwege, Kreuzwege und Scheidewege, auf denen sich der Handlungsträger befindet, "labyrinthisch angelegte Stränge" also, von denen ja bereits die frühe Figur Enrico Fischer der *Storys* gesprochen hatte. Kreisförmige Wege können auf die Einkreisung des Menschen durch gesellschaftliche Verhältnisse und auf Ausgeliefertsein deuten, so, wie es in den *Storys* der Fall war. Das Auftreten von Varianten jedoch in den beiden ineinander gleitenden Briefen von *Neue Leben*, dem ersten und dem letzten, die doppelte Beleuchtung ein und derselben Szene, setzt neue Akzente, sagt Aufschlussreiches über das "Sehen" des

Sprechers auf seinem Lebensweg aus. Erreicht er eine höhere Stufe von Bewusstheit, vollzieht sich in ihm ein Sinneswandel, oder dauert der Zustand der Verblendung fort? Für Türmer, aber auch für den Leser, ergibt sich die Frage, in welchem Maße es menschlich verständlich, verzeihlich oder verwerflich ist, wenn sich der Durchschnittsmensch durchs Leben laviert, sich korrumpiert und arrangiert, sich den Verblendungen des Marktes ausliefert. "Nach Golde drängt / Am Golde hängt doch alles. Ach, wir Armen!" wusste ja schon Gretchen aus Goethes *Faust*. Enrico Türmer fasst es nüchterner: "Was, zum Teufel, ist daran so schlimm?!" (NL 609), und zieht das Fazit: "Alles nur eine Frage des Maßstabs" (NL 195).

Im Folgenden sei gezeigt, wie geschickt und unauffällig Ingo Schulze ein Muster von ineinander verschlungenen Motiven webt – "Blindsein", "Verblendung", "Sehen", "weißer Fleck" und "blinder Fleck" –, Motive, die sich komplementieren, widersprechen oder aufheben, letztlich ins Ungewisse führen. Der Brief vom 6.1.1990 gibt eine Art Vorschau auf die Ereignisse, die sich in der nachfolgenden Handlung entwickeln, nämlich – die goethesche Folie ist offensichtlich – auf den Pakt mit dem Investmentteufel Barrista, auf neue Wertsetzungen, Verblendungen und auf die Änderung der Sichtweise. In diesem tonsetzenden ersten Brief taucht das Motiv des Hundes – des Pudels Kern – auf, das die Gesamthandlung durchdringt und assoziativ oder konkret durchgehend auf Barrista verweist. Fast unauffällig wird ja in der Romanhandlung einmal gesagt, dass dem "höllischen" Hund Astrid, Barristas ständigem Begleiter, eine besondere Bedeutung zukomme: "Sein Schicksal sollte die Rahmenhandlung bilden" (NL 83). Und so ist gleich zu Anfang im ersten Brief – der erste und letzte Brief bilden diesen Rahmen – der Vorbote der Hölle präsent. Türmer berichtet, wie er im Winter mit seiner damaligen Lebensgefährtin Michaela und deren Sohn Robert einen Spaziergang an einem zugefrorenen See macht. Er weigert sich, mit den beiden auf einem zugeforenen Teich zu schlittern. "Da hörte ich meinen Namen, wandte mich um – etwas traf mich ins Auge. Es brannte höllisch. Ich sah nichts mehr" (NL 13f.). Ein verwahrloster Hund springt auf die drei zu, lässt sich aber von Türmer beruhigen. Türmer glaubt, verletzt zu sein, sieht nicht klar, wird aber vom Arzt, Dr. Weiß – die Farbe Weiß ist auch hier mit assoziativen Bedeutungen aufgeladen –, beruhigt: "So schnell verliert man kein Auge [...] Nur ein geplatztes Äderchen. Sonst ist da nichts!" (NL 14f.). Türmer gewöhnt sich schnell an den neuen Zustand unscharfen Sehens und notiert: "Mittlerweile tut es nicht mal mehr weh" (NL 15). Im folgenden Monat – "Es war wie verhext" (NL 81) – riecht es in seinem Büro nach "nassem Hund" (NL 81), und Barrista tritt mit seinem Wolfshund Astrid in sein Leben: "Die Augen schmerzten" (NL 82). Hier beginnt die Geschäftskarriere Türmers. Einige Monate später, in einem zweiten rückblickenden Brief an Nicoletta vom 4.7.1990, wird eine den Werdegang Türmers bestimmende Krisensituation, seine Verwandlung, geschildert, die mit den

Requisiten eines Alptraums ausgestattet ist. Er bewegt sich auf einen Kreuzweg zu: "Ich wollte endlich wissen, wer ich war" (NL 609). Wieder hört er Hundegebell, sieht zwei Lichtpunkte auf sich zukommen: "Bald tauchte hinter dem ersten ein zweites Paar leuchtender Augen auf, dann ein drittes, ein viertes. [...] Plötzlich war alles eins: geblendet verbarg ich die Augen" (NL 610).

Über diesen Winterspaziergang und die Augenverletzung im ersten Brief berichtet Türmer dann noch einmal im letzten Brief an Nicoletta vom 11.7.1990, dem zweiten Teil der Rahmenhandlung, wo sich der Kreis schließt. Ein halbes Jahr ist vergangen, aber das Erlebte wird anders erinnert. Wieder trifft ihn ein Schneeball ins Auge: "Es [tat] so höllisch weh, als habe ein Steinchen oder Splitter mein Auge verletzt. Ich sah nichts mehr und befürchtete das Schlimmste" (NL 655). Wieder kommt der kläffende große Hund, der sich von ihm kraulen lässt. Im Krankenhaus wird ihm "fast mit Gewalt das rechte Auge" (NL 657) geöffnet, und er sieht "das freundliche Gesicht von Dr. Weiß, das ich als erstes wieder mit beiden Augen erblickte" (NL 657). Er nimmt die Welt also wieder wahr. Türmer hat die Literatur hinter sich gelassen und ist voll in eine Geschäftskarriere eingestiegen. Ein neues Kapitel beginnt in seinem Leben, und er behauptet, "leicht, befreit und glücklich" (NL 656) zu sein und "mit beiden Augen" klar sehen zu können. Die Zukunft nimmt Konturen an, scheint überschaubarer zu sein. Oder täuscht er/man sich hier wieder? Kann man der Kritikerin Verena Auffermann wirklich zustimmen, wenn sie von "Zähmung", also Kontrolle, spricht, wenn sie behauptet, dass "[d]er Dämon [...] vom Feigling gezähmt [ist]"?[26] Ist in diesem mehrdeutig schillernden Verrätselungsspiel einem so alltäglichen Namen wie "Dr. Weiß" vielleicht auch noch Symbolisches beigegeben? Spiegelt sich in diesem Namen das Unberechenbare, "Ungezähmte", Unbekannte der kapitalistischen Marktwirtschaft, ein "weißer Fleck", eine *terra incognita*? Bleibt man auf dieser Denkebene, so greift ja per Assoziation das Motivfeld des "weißen Flecks" in das Bildgefüge von Verblendetsein, Blindsein, also Zwielichtigkeit und Unschärfe; aber auch vom Sehen könnte man sprechen, vom klaren Sehen oder vom eingebildeten oder selektiven Sehen. Türmer entschwindet am Ende der Handlung nach Italien, oder sonstwohin ins Nirgendwo. Ob er noch einmal ein geschäftliches Wagnis eingehen wird, bleibt offen. Ebenso offen ist, ob er dem neuen Kreis der Profitgier gegenüber mit einem "blinden Fleck" ausgerüstet ist und in ihm gefangen bleibt, oder aber, ob er wirklich klar sehen, daher frei entscheiden und dem Kreis entfliehen kann. Dieses Mehrdeutige gibt dem Roman im Vergleich zu den *Storys* einen optimistischeren Anstrich. Man sollte aber die Ironie nicht vergessen, eine Form des Komischen, die sich der Maskierung und Verhüllung bedient. In der Tat ist das Werk mit seiner komplexen Herausgeberfiktion voll

[26] Auffermann: Wie kommt der Westen in den Kopf? S. 56.

von ironischen Brechungen und Masken. Und gerade hier muss man Vorsicht walten lassen, denn diese verzwackte Sonderform des Humors ist keine versöhnliche, sondern, wie die Philosophen Odo Marquard und Steffen Dietzsch meinen, eine "subversive [...], die gerade nicht ihren Frieden mit der Wirklichkeit schließt".[27] Eine dialektische Spannung, eine von Misstrauen getragene Stimmung bleibt bestehen. Somit wird Türmers krisenhafter Start in eine unbekannte Zukunft in diesem polyvalenten Roman kritisiert, aber auch als "typische" Lebensform in der kapitalistischen Gesellschaft herausgestellt; sie wird befragt, hinterfragt, in Zweifel gezogen, im Falle des wirklichen Ingo Schulze für sich selbst abgelehnt, denn dieser wandte sich von den Geschäftsinteressen ab und wurde ein erfolgreicher, in der ganzen Welt geschätzter Künstler. Enrico Türmer, der Durchschnittsmensch, ist der Starre der *Storys* entwichen, denn er ist tätig, handelt, wie auch immer fragwürdig. Er ist – wie Verena Auffermann ausführt – eine komplexe, kompakte Figur: "Sie ist das eine und immer auch dessen Gegenteil: mutig und feig, faul und fleißig, offen und verlogen, zuverlässig und ein Hallodri".[28] Kurz, Türmer ist die Inkarnation des Menschlich-Allzumenschlichen im goldenen Westen. In der in verfremdeter Form erinnerten Biografie Ingo Schulzes ist er jedoch – so lässt sich vorsichtig sagen – das Versachlichende, Eigennützige, allein aufs Geld Ausgerichtete, Abzulehnende.

So kann man im Zusammenspiel verklammerter und neu interpretierter Strukturelemente das Werk *Neue Leben* als Fortsetzung von *Simple Storys* lesen. Die Wende präsentiert sich im Bewusstsein des Trios Schulze/Schulze/ Türmer-Schulze nicht als überschaubare Historie, denn sie ist in der Handlung dargestellt als Kulisse, als Folie in einer Erzählzeit, die die ersten sechs Monate des Jahres 1990 umfasst, die Zeit also nach dem Zusammenbruch und während eines beginnenden Neuanfangs; und vergessen darf man nicht, dass die Erinnerungen an die Ereignisse, die zur Wende führten, dem unzuverlässigen, auch verschleiernden Gedächtnis der Kunstfigur Türmer entspringen, der in seinen Briefen die bewunderte westdeutsche Fotografin Nicoletta beeindrucken will. Geschichte/Historie ist eingefangen in den Geschichten einzelner Menschen wie der Briefpartner, in ihren Beziehungen zueinander, ihren unterschiedlichen Interessen und ersten Anpassungs- oder Neuprofilierungsversuchen. Zwar erinnert der Band *Neue Leben* an die von der Wende ausgelösten Konflikte der Orientierungslosigkeit und Gewissensqualen, aber er geht darüber hinaus.

Der schlanke Band der *Storys* beleuchtete die mageren Schicksale der handelnden Figuren in einem traumatisierten Zustand des "Dazwischen", einem

---

[27] Steffen Dietzsch: "Das Lachen ist die kleine Theodizee": Odo Marquard im Gespräch mit Steffen Dietzsch. In: *Luzifer lacht. Philosophische Betrachtungen von Nietzsche bis Tabori*. S. 8-21. Hier: S. 17.
[28] Auffermann: Wie kommt der Westen in den Kopf? S. 56.

Zustand der Fremde und des Widerständigen, der einem einzigen großen Irrweg glich, auf dem man ratlos wurde und schließlich verstummte. Zwar versuchen die Figuren sich aufzurappeln und Wege einer Neuprofilierung zu finden, aber es gelingt ihnen nur mit kleinen Gesten. Der monumental angeschwollene Wälzer *Neue Leben* dagegen deutet schon von der Form her auf das satte, saturierte Leben der Bundesbürger, das sich jedoch sehr leicht und schnell ins Gegenteil verkehren kann. Der in den *Storys* vorherrschende Ton der Lakonie und der Sprachlosigkeit, ja des Verstummens ist in dem Nachfolgeroman der Geschwätzigkeit und einem rein aufs Ich bezogenen Redeschwall gewichen. Aber Schulzes Erinnerungsarbeit in *Neue Leben*, so wurde aufzuzeigen versucht, suggeriert auch eine neue Perspektive: ein mögliches, noch nicht geklärtes, noch undefinierbares Ankommen des literarisierten Wende-Gewinner-Teams in der Freiheit des goldenen Westens, ein Ankommen auf Umwegen und Abwegen, ein Zu-sich-selber-Kommen im Ungewissen und Unbewältigten.

Dieter Heimböckel

Das Unerhörte der Erinnerung des Unerhörten. Zur ästhetischen Produktivität der *memoria* in der Nach-Wende-Novellistik

Since the 1980s, the novella has regained that degree of esteem formerly attributed to it. What is particularly remarkable about this process is the frequency with which, after the fall of the Berlin Wall, it looks critically at the past and, above all, at the events in the era of fascism. It almost seems as if its goal was to preserve the past throughout the changing times from falling into oblivion. By depicting what it nominally stands for, it presents the memory of the past not as something known but rather as something new and thus unknown. On the other hand, being required to bring forth something (hitherto) unheard, memory has an aesthetically prolific effect on the composition of the novella.

I.

Sie konnte auf eine rund 700jährige Erfolgsgeschichte zurückblicken. Sicherlich: Es gab Höhen und Tiefen, Hochphasen folgten Zeiten, in denen man ihr weniger gesonnen war, aber was machte das schon angesichts einer europäischen Ahnenreihe, die mit Giovanni Boccaccio, Geoffrey Chaucer, Margareta von Navarra und Miguel de Cervantes keinen Vergleich zu scheuen brauchte und die unter ihren deutschen Nachfolgern vielleicht ihresgleichen suchte. Seit dem ausgehenden achtzehnten Jahrhundert gab es kaum jemanden, der sich nicht an einer Novelle versucht hätte, und was von Goethe und Schiller über Kleist, Tieck, Büchner, Stifter und Keller bis zu Schnitzler, Thomas Mann, Kafka, Döblin und Musil auf die Nachwelt gekommen ist, gehört – zumindest in den Grenzen ihrer Gattung – zum Besten, was bis dahin die deutschsprachige Literatur zu bieten hatte.

Nach 1945 konnte man zunächst meinen, dass das Krisengemurmel, das die Novelle umgab, eine Phase ihrer Zweitrangigkeit einleiten würde. Allerdings mischten sich bald schon Töne dazwischen, die eher noch anderes vermuten ließen und auf das Schicksal historisch gewordener Gattungen, ähnlich dem der Tragödie und des Epos, vorauszuweisen schienen. Insofern mit ihr der Welt in der aktuellen Verfassung nicht mehr beizukommen sei, dürfe es sich nur noch um eine Frage der Zeit handeln, bis sie sich ganz aus dem Kanon der Gattungen verabschieden würde – so der Tenor.[1] Entsprechend groß war die

---

[1] Vgl. hierzu Hugo Aust: *Novelle*. Vierte, aktualisierte Auflage. Stuttgart – Weimar 2006. S. 188f. (Sammlung Metzler 256).

200

Verwunderung, als Martin Walser 1978 mit *Ein fliehendes Pferd* einen Text veröffentlichte, der es noch wagte, sich im Untertitel als Novelle auszuweisen: "Heute eine Novelle zu schreiben, ist an sich schon eine unerhörte Begebenheit, wo jeder Halbwegsschriftsteller auch das dünnste Produkt immer gleich als Roman verkauft".[2] Damit aber nicht genug: Noch in einer 1994 veröffentlichten Geschichte der Novelle wurde auf die Feststellung Wert gelegt, dass sie in der Gegenwart "nahezu ausgestorben und durch die Erzählung und vor allem durch die *Kurzgeschichte* als 'alternative' kleine epische Form ersetzt worden" sei.[3] Hier hatte jedoch offensichtlich jemand, was für eine Abhandlung dieses Typs erstaunlich genug ist, die zeitgenössische Trendwende auf dem Erzählmarkt nicht zur Kenntnis genommen. Denn mit und nach Walser kam es zu einer regelrechten Renaissance der Novelle, und ihr Boom hält bis zum heutigen Tag unvermindert an.

Gattungsgeschichtliche und ästhetische Endzeitszenarien übergeordneten Ausmaßes sind seit Hegels Diktum vom Ende der Kunst allerdings keine Seltenheit;[4] sie sind im Überbietungsanspruch, der für die Moderne bestimmend ist, Reaktionsmuster ihrer Selbstvergewisserung und strategische Optionen, über die das Verhältnis zur Tradition und die Abgrenzung zu ihr verhandelt werden. So wurden die Großformen Roman und Drama im zurückliegenden Jahrhundert mehrfach unter Krisenverdacht gestellt, und wäre es nach dem Willen Theodor W. Adornos gegangen, hätte die Lyrik nach Auschwitz ihre Daseinsberechtigung verwirkt.[5] End-, *post-* und vergleichbare Verabschiedungskonstruktionen sind jedoch, das zeigt jedenfalls ihre Geschichte, mit einem Vorbehalt markiert, wenn sie in zeitlicher Nähe zu dem verabschiedeten Gegenstand stehen bzw. aus der Zeit gewonnen werden, auf die sie sich diagnostisch beziehen. Andererseits unterliegen die Gattungen im Speziellen, erst recht seitdem sie eine heuristische Bedeutung gewonnen haben, der Notwendigkeit einer Revision in Permanenz angesichts der gerade in der Moderne feststellbaren Neigung, ihre Grenzen zu transzendieren. Es lässt sich freilich nicht behaupten, dass die aus den unterschiedlichen Revisionen hervorgegangenen Differenzierungen und Neubestimmungen immer zu überzeugenden Ergebnissen geführt hätten. Wer etwa, aus Gründen historischer Gerechtigkeit, eine Unterscheidung zwischen der traditionellen bzw. klassischen und modernen

---

[2] Sigrid Herzog: Über den grünen Klee gelobt. Walsers "Das [sic!] fliehende Pferd" und die Kritik. In: *Neue Rundschau* 89 (1978). S. 492–495. Hier: S. 492.

[3] Thomas Degering: *Kurze Geschichte der Novelle. Von Boccaccio bis zur Gegenwart. Dichter – Texte – Analysen – Daten.* München 1994. S. 124 (UTB 1798).

[4] Vgl. Eva Geulen: *Das Ende der Kunst. Lesarten eines Gerüchts nach Hegel.* Frankfurt/M. 2002 (stw 1577).

[5] Vgl. Theodor W. Adorno: Kulturkritik und Gesellschaft. In: *Gesammelte Schriften.* Bd. 10.1. *Kulturkritik und Gesellschaft I.* Hg. von Rolf Tiedemann. Frankfurt/M. 1977. S. 10–30. Hier: S. 30.

Novelle zu treffen sucht,[6] sieht sich beispielsweise dem Problem ausgesetzt, dass Kleists Novellen, die nach allgemeinem Dafürhalten einen Höhepunkt der Gattung vorstellen, mehr Gemeinsamkeiten mit den Novellen Kafkas aufweisen als mit denen seines Zeitgenossen Goethe. Damit soll keineswegs die Relevanz von Gattungsbegriffen in Frage gestellt werden, ihre Bedeutung im Sinne einer "kommunizierbaren Beschreibung und Erklärung des Umgangs mit Texten" bleibt im Lichte ihrer schier unüberschaubaren Vielheit und Vielfalt unbestritten.[7] Mit Blick auf die Novelle aber steht die Frage nach der Konstanz, Varianz und Überschreitung ihrer Form unter Prämissen, die ihr nicht äußerlich, sondern vielmehr interiorisiert sind und aus denen sich ihre neuzeitliche Erfolgsgeschichte und Bedeutung für den hier in Rede stehenden Zusammenhang herleiten und erklären lässt.

Zu Recht wurde darauf hingewiesen, dass es sich bei der Novelle um eine "Gattung ohne Poetik" handelt; ihr fehlte, wie es Hannelore Schlaffer lakonisch formuliert, "der Aristoteles".[8] Nicht zuletzt auf diesem Manko gründen ihre, der Komödie nicht unähnlichen, Wandlungsmöglichkeiten. Unter Umständen hätte jedoch nicht einmal die Autorität eines Aristoteles ihre flexible Ausgestaltung verhindern können. Insofern sie nämlich nominell sagt, wofür sie einsteht: eine Neuigkeit zu sein und sie durch Gehalt und Gestalt einzulösen, erhebt sie Devianz gewissermaßen zum Programm. Dieser Sachverhalt ist, obwohl das Neuigkeits-Postulat "zur Grundlage und zum Maßstab" weitgehend aller theoretischen Erörterungen seit ihrer Ausbildung im Spätmittelalter gehört, in seiner Konsequenz meines Wissens bislang nicht bedacht worden.[9] Denn in der Novelle begegnen uns solchermaßen der gattungstypologische Sonderfall und das Paradox einer regulativen Idee, die sich, indem sie sich gleichsam performativ außer Kraft setzt, immer wieder – und aufs Neue – bestätigt. Sie hat, um dafür ein exotisches Bild in Anspruch zu nehmen, das Wandlungspotential eines Chamäleons und bleibt sich dabei trotz allem gleich.

Eine Art Weltformel zur Erfassung des Problemfalls Novelle ist dies sicherlich nicht; manche der mit ihr verbundenen Fragen und Ungereimtheiten erscheinen aber dadurch vielleicht in einem anderen Licht: Das gilt für das Fehlen einer schlüssigen Definition der Novelle ebenso wie für ihr epochenübergreifendes Beharrungsvermögen und hier insbesondere für den Umstand, dass sich die vermeintlich konservative Gattung in der Moderne und bis auf den

---

[6] Vgl. Wolfgang Rath: *Die Novelle. Konzept und Geschichte*. Göttingen 2000. S. 4ff. u. 251ff. (UTB 2122).

[7] Ralf Klausnitzer: *Literaturwissenschaft. Begriffe – Verfahren – Arbeitstechniken*. Berlin – New York 2004. S. 59.

[8] Hannelore Schlaffer: *Poetik der Novelle*. Stuttgart – Weimar 1993. S. 5.

[9] Winfried Freund: *Novelle*. Stuttgart 1998. S. 10 (RUB 17607).

heutigen Tag behauptet hat. Ihre außerordentliche Präsenz in der Literatur der Gegenwart hat man dabei auf die grundlegenden Veränderungen im Zeichen der Globalisierung, der elektronischen Revolution und Verunsicherungen infolge der Postmoderne zurückführen wollen, durch die ein "neues Bedürfnis nach traditionellen, bewährten Formen" entstanden sei.[10] Eine solche Betrachtungsweise scheint vor dem Hintergrund der für die letzten Dezennien festgestellten Rückkehr des Erzählens zusätzlich an Plausibilität zu gewinnen. In Frage steht jedoch, ob man die Novelle so ohne weiteres einer "nicht- oder gegen-avantgardistischen Form" zuschlagen kann oder ob nicht vielmehr Zuweisungen dieser Art prinzipiell ihre beschriebene Eigenart verfehlen.[11] Ihrer Entstehung nach ist sie Ausdruck der Nonkonformität und eine Textart zudem, die sich im deutsch- und nichtdeutschsprachigen Raum in Zeiten gesellschaftlicher Krisen und übergreifender Transformationsprozesse ausgebildet, etabliert und weiterentwickelt hat: bei Boccaccio an der Schwelle zwischen Mittelalter und Früher Neuzeit, bei Cervantes am Ausgang der Renaissance und in Deutschland in der Sattelzeit zwischen 1750 und 1850 (wobei ihre nachfolgende Ausdifferenzierung vom Realismus bis zur Literatur um und nach 1900 sich vor dem Hintergrund tief greifender politischer, ökonomischer und technischer Veränderungen ereignet). So hätte es, in konsequenter gattungshistorischer Auslegung dieser Übergangsszenarien, nichts Überraschendes mehr, dass die Novelle an der Jahrtausendwende und in einer Umbruchssituation, deren Folgen derzeit nicht abzusehen sind, wieder hoch im Kurs steht und sich erneut als transformationelle Gattung *sui generis* ins Spiel bringt.

II.

"Der heutigen Welt, um ein Wort Dürrenmatts abzuwandeln, kommt im Bereich der Erzählung offenbar nur noch die Novelle bei", heißt es in Winfried Freunds Abhandlung über die Novelle.[12] Dazu steht, zumindest dem Anschein nach, die bemerkenswert häufige und intensive novellistische Auseinandersetzung mit der Vergangenheit und hier vor allem mit Geschehnissen im Umfeld der NS-Zeit in Kontrast. Erinnerung als ein Vorgang, der Vergangenes zu vergegenwärtigen sucht, richtet sein Interesse jedoch intentional weniger auf das historische Datum an sich als auf dessen Präsenz in der Gegenwart – und sei es, um von hier aus Steuerungsmöglichkeiten gegen das kulturelle Vergessen zu gewinnen.[13] Darüber hinaus handelt es sich bei dem, was erinnert wird, um

---

[10] Rath: *Die Novelle*. S. 327.
[11] Aust: *Novelle*. S. 203.
[12] Freund: *Novelle*. S. 61.
[13] Vgl. Kai Luehrs: Temporale und atemporale Erinnerung. Elemente zur terminologischen Differenzierung des Erinnerungsbegriffs. In: *Die totale Erinnerung. Sicherung und Zerstörung kulturhistorischer Vergangenheit und Gegenwart in den modernen*

keine "fixe Entität, die irgendwo einen Ort hätte, an dem sie, in welcher Weise auch immer, aufbewahrt werden würde; es ist vielmehr das Resultat einer Elaboration in der Gegenwart".[14] Nach Maßgabe der Veränderung, die sie durchläuft, ist Erinnerung, zumal sie die Abwesenheit bzw. Mortifikation des Originals zur Voraussetzung hat, nicht imstande, das Vergangene rein widerzuspiegeln. Im Gegensatz zu einer populären Vorstellung, die Erinnerung mit Echtheit und Tiefe gleichsetzt, ist sie ihrer Anlage nach immer wieder anders und neu.

Erinnerung ist daher nichts, was sich gleich bliebe. Wo mit ihr dennoch die Wiederholung des Immergleichen eingeübt wird, nähert sie sich dem Ritual an. In Zeiten gesellschaftlicher Transformation wie der gegenwärtigen kann Erinnerung eine Möglichkeit sein, das Vergangene im Wandel der Zeit vor dem Vergessen zu retten; auf der anderen Seite aber lässt sich über ihren Konformismus eine Art Bestandssicherung erwirken, mit der Schutzzonen gegen die Dynamik der Veränderungen eingerichtet werden. Dass – ungeachtet der mit dem neuen Selbstbewusstsein der Nach-Wende-Zeit aufkommenden Verlautbarungen – die Auseinandersetzung mit der Vergangenheit nach wie vor einen Fixpunkt der politischen, kulturellen und wissenschaftlichen Diskussion und Selbstverständigung bildet, wird man daher vermutlich nicht allein als einen Akt politischer Korrektheit verbuchen dürfen, sondern auch und vor allem als ein sozial-integratives Verhaltensmuster, mit dem auf die fortschreitende Unsicherheit und Pluralisierung der Welt reagiert wird. Eine so verstandene Erinnerung stiftet Heimat – selbst dann, wenn sie auf Leichenbergen gründet.

Die Literatur kann dazu eine gegenläufige Position übernehmen. Als "Gegen-Gedächtnis" im Sinne Michel Foucaults ist sie imstande,[15] den machtgestützten Erinnerungskonformismus zu unterlaufen und *memoria* als Verunsicherung über das Vergangene und nicht als dessen Vereinnahmung zu exponieren – ein Vorgang, der etwa im postdramatischen Theater in der Folge Heiner Müllers mit den Mitteln der Verfremdung bzw. Entstellung des Erinnerten erreicht wurde.[16] Mit Blick auf Autoren wie Elfriede Jelinek und Rainald Goetz zeigt sich auf der anderen Seite aber, dass mit einem solchen Verfahren eine "in ihrer Radikalität zunehmend hermetisch werdende Auffassung von Authentizität"

Industriegesellschaften. Hg. von Christiane Caemmerer. Bern [u.a.] 1997. S. 75–89. Hier: S. 79.

[14] Günter Butzer: *Fehlende Trauer. Verfahren epischen Erinnerns in der deutschsprachigen Gegenwartsliteratur.* München 1998. S. 15.

[15] Michel Foucault: Nietzsche, die Genealogie, die Historie. In: *Von der Subversion des Wissens.* Übers. von Walter Seitter. München 1974. S. 83–109, Hier: S. 104.

[16] Vgl. hierzu: Dieter Heimböckel: Subversionen der Erinnerung im postdramatischen Theater. Heiner Müller – Elfriede Jelinek – Rainald Goetz. In: *Der Deutschunterricht* 57.6 (2005). S. 46–53.

einhergeht.[17] Wenn das Erinnerte sich gänzlich dem Verstehen entzieht, läuft es Gefahr, den Anspruch auf Widerständigkeit erst gar nicht einlösen zu können. Am Ende leistete damit, was als Strategie gegen das Vergessen angelegt war, diesem selbst Vorschub.

Eine Position der Widerständigkeit aufrechtzuerhalten, ohne die Möglichkeit des Verstehens preiszugeben, kennzeichnet demgegenüber die Novellistik der Nach-Wende-Zeit. Indem sie zur Darstellung bringt, wofür sie nominell einsteht, führt sie das Erinnerte nicht als etwas Bekanntes, sondern als Neues und mithin Fremdes vor. Umgekehrt wirkt sich die Erinnerung, indem ihr etwas Unerhörtes abgerungen wird, ästhetisch produktiv auf ihre Gestaltung aus. Es scheint daher beinahe so, als hätte sich, was Friedrich Nietzsche in *Vom Nutzen und Nachteil der Historie für das Leben* als Aufgabe des echten Historikers bezeichnet hatte, in der Novelle der Gegenwart erfüllt. Der "ächte Historiker", so Nietzsche, "muss die Kraft haben, das Allbekannte zum Niegehörten umzuprägen und das Allgemeine so einfach und tief zu verkünden, dass man die Einfachheit über der Tiefe und die Tiefe über der Einfachheit übersieht".[18] Allerdings lässt sich Nietzsches Bestimmung in vollem Umfang nicht auf jede Erinnerungsnovelle übertragen, vor allem dort nicht, wo das Neue als sprachliches Experiment vorgeführt wird, wie etwa in Thomas Lehrs *Frühling* aus dem Jahre 2001. Anders verhält es sich dagegen mit Uwe Timms *Die Entdeckung der Currywurst* (1993), die neben der Novelle Lehrs nachfolgend in den Blick gerückt werden soll. Denn unter der Gattungskonvention, deren Einhaltung man in der zeitgenössischen Kritik besonders hervorgehoben hat,[19] tut sich ein komplexes Feld subtiler Anspielungen auf, mit und in denen das Unerhörte selbst unerhört erinnert wird.

III.

Die Erfindung der Currywurst wird Herta Heuwer zugeschrieben, die erstmals am 4. September 1949 an ihrem Imbissstand an der Ecke Kant-/Kaiser-Friedrich-Straße

---

[17] Eckhard Schumacher: Zeittotschläger: Rainald Goetz' "Festung". In: *Vergangene Gegenwart – gegenwärtige Vergangenheit: Studien, Polemiken und Laudationes zur deutschsprachigen Literatur 1960–1994*. Hg. von Jörg Drews. Bielefeld 1994. S. 277–308. Hier: S. 286.

[18] Friedrich Nietzsche: *Vom Nutzen und Nachteil der Historie für das Leben*. In: *Sämtliche Werke*. Kritische Studienausgabe in 15 Bänden. Bd. 1. Hg. von Giorgio Colli und Mazzino Montinari. München [u.a.] 1980. S. 294.

[19] Von einer "allen klassischen Kriterien standhaltende[n] Novelle" sprach etwa Wolfgang Kopplin in seiner für den *Bayernkurier* (11.6.1994. S. 15) verfassten Rezension "Es geht um die Currywurst"; ähnlich äußerte sich Gerda Wurzenberger, als sie auf die "Gattungstreue" der Erzählung aufmerksam machte (Wurstnovelle. "Die Entdeckung der Currywurst" von Uwe Timm. In: *Neue Zürcher Zeitung* 29.10.1993).

in Berlin-Charlottenburg gebratene Brühwurst mit einer Sauce aus Tomatenmark, Currypulver, Worcestershiresauce und weiteren Zutaten anbot.[20]

Unerhört daher die Behauptung des Ich-Erzählers in Uwe Timms Novelle, sie sei bereits zwei Jahre zuvor in Hamburg von Lena Brücker entdeckt worden. Doch kann von einer "unerhörte[n] Begebenheit" im Sinne Goethes allen Ernstes nur unter eingefleischten Currywurst-Freunden oder Anhängern der gleichnamigen Ruhrgebiets-Eloge von Herbert Grönemeyer die Rede sein:[21] "gehse inne stadt / wat macht dich da satt / 'ne currywurst // kommse vonne schicht / wat schönret gibt et nich / als wie currywurst". Angesichts dieser Zeilen wirkt das Versprechen, das der Titel gibt, wenn er Assoziationen mit Routineformeln wie der Entdeckung Amerikas oder der einsteinschen Relativitätstheorie weckt, eher profan. Dem Unerhörten in den Dingen des Alltäglichen nachzugehen, wäre dazu das Programm, das Uwe Timm für sein Schreiben selbst in Anspruch nimmt.[22] Das Alltägliche bleibt indes in eine historische Situation eingebettet, die es dominiert und damit zugleich ins Außergewöhnliche verschiebt. Aus dieser Konstellation ergibt sich die narrative Spannung der Novelle, ihre antagonistisch zueinander stehenden Erzählgesten, indem der Ich-Erzähler in seiner Begegnung mit Lena Brücker "nur herausfinden will, wie die Currywurst entdeckt wurde",[23] während es seiner Informantin in erster Linie um die Vorgeschichte ihrer Entdeckung geht: um ihre Beziehung zu dem Bootsmann Hermann Bremer, der unmittelbar vor Kriegsende bei ihr zunächst für eine Nacht Unterschlupf findet, dann beschließt, zu desertieren und vorübergehend bei ihr zu bleiben, während sie aus Furcht, ihn zu verlieren, dem in ihrer Wohnung von der Außenwelt abgeschnittenen Fahnenflüchtling die zwischenzeitlich erfolgte Kapitulation Hamburgs am 3. und das Kriegsende am 8. Mai 1945 nicht nur verschweigt, sondern auch Dinge, die den vermeintlichen Fortgang des Kriegs betreffen, hinzuerfindet. Dass um dieser Beziehung willen die Verlängerung des Zweiten Weltkrieges imaginiert wird und dieser Vorgang obendrein das Denken und Handeln der Betroffenen bestimmt, ist das eigentlich Unerhörte, ja das Skandalon der Geschichte.

Eine "Liebeserklärung an die vergangene Zeit" ist das nicht; die Novelle hat auch nichts mit "nostalgische[r] Kriegsliteratur" zu tun, wie ihr vorgeworfen wurde, noch wird mit ihr "Ordnung in eine geschichtliche Epoche gebracht,

---

[20] Currywurst. In: *Wikipedia. Die freie Enzyklopädie.* <http://de.wikipedia.org/wiki/Currywurst> (Stand: 28.12.2006).
[21] Johann Peter Eckermann: *Gespräche mit Goethe in den letzten Jahren seines Lebens.* Hg. von Otto Schönberger. Stuttgart 1994. S. 234 (RUB 2002).
[22] Vgl. Uwe Timm: *Erzählen und kein Ende. Versuche zu einer Ästhetik des Alltags.* Köln 1993.
[23] Uwe Timm: *Die Entdeckung der Currywurst. Novelle.* München 2000. S. 121 (dtv 12839).

die so geordnet nicht gewesen sein konnte".[24] Was wäre das auch für eine Ordnung, die sie allein aus der Formvorgabe gewönne, mit der Uwe Timm nach eigener Bekundung doch nur gespielt hat.[25] Und zudem: Was hier Ordnung heißt, erweist sich erzählperspektivisch als mehrfach gebrochen: wer erzählt, ob nun der Ich-Erzähler in eigenen Worten oder Frau Brücker in ihren, ist nicht immer eindeutig auszumachen, und zuweilen hat es den Anschein, als würde Hermann Bremer selbst das Wort ergreifen, weil bestimmte Geschehnisse sich nur in seinem Erfahrungsbereich ereignet haben konnten. Ähnlich verhält es sich mit der Handhabung der Zeit. Die Rahmenhandlung, die 1989 spielt, ist kunstvoll mit der Haupthandlung verwoben, was aber erzählerische Rückblenden in die Zeit vor Kriegsende ebenso wenig ausschließt wie die analeptische Einbeziehung der jüngeren Vergangenheit. Im Großen spiegelt sich so wider, was der Erzähler für die Erzählweise Lena Brückers geltend macht und sein eigenes narratives Handeln ganz unmittelbar charakterisiert:

> Das alles erzählte sie stückchenweise, das Ende hinausschiebend, in kühnen Vor- und Rückgriffen, so daß ich hier auswählen, begradigen, verknüpfen und kürzen muß. Ich lasse die Geschichte am 29. April 1945, an einem Sonntag beginnen.[26]

Mit seiner letzten Bemerkung lässt der Erzähler keinen Zweifel daran, dass es sich bei der Entdeckung der Currywurst um eine narrative Findungsleistung handelt. Der zeitliche Beginn der Geschichte ist zwar an die äußeren Geschehnisse gebunden, ohne die sie nicht gedacht werden kann; aber es liegt im Ermessen des Erzählers, sie nach Maßgabe der Erzähllogik zu begründen. So macht die Novelle von Anfang an keinen Hehl aus ihrem Anliegen, das Erzählen selbst zu thematisieren und es in ihrem Zusammenspiel mit der Erinnerung auszuloten. Die Thematisierung erfolgt dabei sowohl explizit als auch implizit: implizit, indem einerseits auf die "Metapher vom Erzählen als 'Fädenspinnen'" zurückgegriffen wird – die alte Frau Brücker strickt einen Pullover, während sie über ihre Liebes- und Lebensgeschichte spricht – und andererseits Kochen, Erinnern und Erzählen metaphorisch verklammert werden.[27] "Es machte ihr Spaß", heißt es über Lena Brückers "Lust am Kochen" in Zeiten drastischer Einschränkungen,

[24] Dietmar Kanthak: Süßlichscharfe Anarchie. Uwe Timm weiß, wer die Currywurst erfunden hat. In: *General-Anzeiger* 6.10.1993; Hajo Steinert: Falscher Hase. In: *Die Zeit* 12.11.1993.
[25] Vgl. Manfred Durzak: Die Position des Autors. Ein Werkstattgespräch mit Uwe Timm. In: *Die Archäologie der Wünsche. Studien zum Werk von Uwe Timm.* Hg. von Manfred Durzak und Hartmut Steinecke in Zusammenarbeit mit Keith Bullivant. Köln 1995. S. 311–354. Hier: S. 348.
[26] Timm: *Entdeckung der Currywurst.* S. 16.
[27] Hartmut Steinecke: Die Madeleine der Alltagsästhetik. Uwe Timm: "Die Entdeckung der Currywurst". In: *Gewandelte Wirklichkeit – verändertes Schreiben? Zur neuesten*

mit nur wenigem auszukommen. Sie versuchte sich in Geschmacksübertragungen. Probierte Gerichte aus, die sie früher, als es noch alle Zutaten gab, nie gekocht hätte. Aus wenigem viel zu machen, sagte sie, aus der Erinnerung kochen. Man kannte den Geschmack, aber es gab die Zutaten nicht mehr, das war es, die Erinnerung an das Entbehrte, sie suchte nach einem Wort, das diesen Geschmack hätte beschreiben können: ein Erinnerungs-Geschmack.[28]

Aus "wenigem viel zu machen" ist eine Devise, die ihre Herkunft in der Alltagsästhetik Uwe Timms nur unschwer verleugnen kann, gleichzeitig aber auch Auskunft über den Status des Erzählens gibt, der an anderer Stelle der Novelle konkret benannt wird, als Frau Brücker die Eigenschaft ihres Geliebten, nicht lügen zu können, aus seinem mangelnden erzählerischen Talent herzuleiten sucht: "Er kann nicht gut lügen, weil er nicht gut erzählen kann. Er kann nur gut verschweigen. Das kann er. Ihr Mann konnte lügen, weil er wunderbar erzählen konnte".[29]

Der Zusammenhang von Dichtung und Lüge ist seit Platon bekannt. Dessen Wahrheitsenthusiasmus teilt Lena Brücker jedoch nicht. Sie hält es eher mit ihrem Mann und versteigt sich, nachdem sie Hermann Bremer über das Kriegsende im Unklaren lässt, zu immer kühneren Erfindungen, um die Fiktion der Weiterführung des Krieges an der Seite Englands gegen Russland aufrechtzuerhalten. "Lügen, hat meine Mutter immer gesagt, Lügen machen die Seele krank. Aber manchmal macht das Lügen auch gesund".[30] Die Lüge als Therapeutikum qualifiziert sie in einem außermoralischen Sinn, was, trotz der wörtlichen Anspielung, zunächst nicht nietzscheanisch gemeint ist,[31] aber in der Konsequenz seines Sprach- und Dichtungsbegriffs sich als durchaus anschlussfähig erweist. Denn vor dem Hintergrund seiner Auffassung vom Fiktionalitätscharakter der Sprache sind Kunst und Dichtung dadurch gerechtfertigt, dass sie das Spiel der Illusionen beleben, dass sie Trugbilder durch neue Trugbilder ablösen und dem Wahn einer absoluten Erkenntnis so mittelbar entgegenwirken. Die Dichtung beteiligt sich nicht an der Konsolidierung der Welt, sondern leistet ihrer permanenten Umgestaltung Vorschub.

Erzählen in Uwe Timms *Currywurst* ist in diesem Sinne ein Akt der Verunsicherung über die Authentizität des Erzählten ebenso wie des Erinnerns. Da Lena Brücker keinen Unterschied zwischen Lüge und Erzählung macht, warum sollte dann ihre Geschichte Wahrheit beanspruchen dürfen? Der Ich-Erzähler jedenfalls ist sich dieses Problems bewusst und scheut keine Mühen,

---

deutschen Literatur: Gespräche, Werke, Porträts. Oldenburg 1999. S. 113–127. Hier: S. 115.
[28] Timm: *Entdeckung der Currywurst*. S. 35.
[29] Ebd. S. 89.
[30] Ebd. S. 91.
[31] Vgl. Friedrich Nietzsche: *Ueber Wahrheit und Lüge im aussermoralischen Sinne*. In: *Sämtliche Werke*. Bd. 1. S. 873–890.

historische Quellen beizusteuern, um den Wahrheitsgehalt ihrer Aussagen zu überprüfen. Darüber, dass er fündig wird, will sich freilich keine Beruhigung einstellen. Ganz im Gegenteil. Damit er am Ende mit der Geschichte von der Entdeckung der Currywurst aufwarten kann, hilft er ihr gleichsam auf die Sprünge, um jeden Zweifel an ihrer Glaubwürdigkeit auszuräumen. "Ein Moralist", so Hartmut Steinecke,

> könnte das Wort vom Fluch der bösen Tat zitieren, die fortzeugend Böses gebären müsse – für die Alltagsästhetik und die Novelle müßte man dies neutraler oder gar positiv abwandeln: es sei ein Segen des Lügens, daß es zu ständigem Erzählen führe.[32]

So in den Sog des Erzählten gezogen, wirkt das Erinnerte fragwürdig, ohne jedoch ganz und gar in Frage gestellt zu werden. Was hätte das auch für Folgen! Als Lena Zeitungsfotos "aus den von den Alliierten befreiten KZs. Dachau, Buchenwald, Bergen-Belsen" zu Gesicht bekommt, bricht sie ihr Schweigen und klärt Bremer über die tatsächliche Situation auf: "Der Krieg ist aus. Verstehste, aus. Längst. Aus Vorbei. Futschikato. Wir haben ihn verloren, total. Gott sei Dank".[33] Gegen die Wucht der Grausamkeit ist am Ende keine Lüge gewachsen, nicht einmal die gut gemeinte. Das historisch Unerhörte tritt aus der narrativ inszenierten Erinnerung heraus und zeigt sich; es geschieht nicht, sondern ist absolut gegenwärtig. Daher wird die Wende, die in der Novellenhandlung mit diesem Ereignis einhergeht, von der "sonst so redefreudigen, ja redseligen alten Frau knapp, klar, ohne lange Begründungen vollzogen".[34] Als unerhörte Erinnerung kommt diese dagegen im Konjunktiv daher; das macht ihre Fragwürdigkeit aus, so wie am Ende in der Erzählung ironisch mit der Frage gespielt wird, ob es sich bei ihr überhaupt um eine Novelle handelt. Der Ich-Erzähler findet in einem Paket, das den fertig gestrickten Pullover der mittlerweile verstorbenen Frau Brücker enthält, einen alten Zettel, auf dem das Rezept der Currywurst steht und auf dessen Rückseite das Stück eines ausgefüllten Kreuzworträtsels zu finden ist, an dem sich Bremer – in einigen Fällen zunächst erfolglos – seinerzeit versucht hatte ("Eine literarische Gattung mit N am Anfang und sieben Buchstaben. Wußte er nicht").[35] Lediglich fünf Wörter sind noch lesbar: darunter "etwas eingerissen – auch wenn es mir niemand glauben wird – Novelle".[36] Damit, was nicht zu glauben ist, könnte das Sujet der Novelle gemeint sein, aber auch diese selbst, erfüllt sie doch hinsichtlich Umfang, Einsträngigkeit und Konzentration kaum die Kriterien, die

---

[32] Steinecke: Die Madeleine der Alltagsästhetik. S. 122.
[33] Timm: *Entdeckung der Currywurst*. S. 146f.
[34] Steinecke: Die Madeleine der Alltagsästhetik. S. 124.
[35] Timm: *Entdeckung der Currywurst*. S. 72.
[36] Ebd. S. 187.

man ihr gattungstypologisch beimisst. Und dennoch: Dass sie, wie Uwe Timm selbst zu bedenken gibt, "sonderbarerweise putzmunter" ist,[37] obwohl man sie wie den Roman totgesagt habe, hängt unter anderem damit zusammen, dass sie sich immer wieder, analog zu dem Gegenstand ihrer Auseinandersetzung, neu erfindet. Über das gattungsspezifische Moment des Neuen kommt es zur narrativen Erfindung einer neuen Wirklichkeit, unter der das Erinnern selbst als neu bzw. unter einem – so Uwe Timm – "wunderbaren Konjunktiv" vorgestellt wird: "Eine Möglichkeit, die es in der Geschichte gegeben hat, die auch so hätte sein können. Eine Rückführung der Zeit. Ein Widerpart zur Wirklichkeit".[38]

IV.

Ein Widerpart zur Wirklichkeit: dieses Attribut dürfte das Werk Heinrich von Kleists – und insbesondere seine Novellistik – wie kein zweites in der deutschen Literatur für sich in Anspruch nehmen. Über das Leitmotiv der "gebrechlichen Einrichtung der Welt",[39] das es durchzieht, manifestiert sich durchweg eine aus den Fugen geratene Ordnung, deren Restituierung nicht absehbar ist. In einem solchen Übergangs- und Krisenzustand sind die Mittel der Darstellung nicht mehr gesichert; mehr noch: Sie selbst werden zum Signum der gestörten Ordnung. In ihr zelebriert die "gebrechliche Einrichtung der Welt" sich selbst. Dazu kommt es aber nicht allein, weil Kleist die Repräsentationsfunktion der Sprache prinzipiell in Frage stellt; er destruiert auch das in Aufklärung und Klassik noch vorherrschende Vertrauen in ihre mediale Integrität und konstruiert stattdessen ästhetische Gebilde, die durch ihre "ungeheur[e] Unordnung" geprägt sind.[40]

Das ganz und gar Andersartige, das Kleists Erzählen in die Nähe der ästhetischen Konzepte der klassischen Moderne wie der Postmoderne rückt, liegt unter anderem darin begründet, dass die "gebrechliche Einrichtung im Erzählakt zur Aufführung" kommt, das heißt: performativ wird.[41] Die Mittel dazu sind ebenso unterschiedlich wie umfassend und schließen Erzählform und -perspektive, Figurencharakteristik und -konstellation, Raum- und Zeitgestaltung, Syntax und Semantik, Reden und Schweigen gleichermaßen mit ein. Nichts mehr davon entspricht dem, was sich mit der Erzählkonvention eins zu eins verrechnen ließe – ein Umstand, der, insofern Kleist wirkungsgeschichtlich gesehen als maßgebender und erster deutscher Novellist gilt, ihn zu einem

---

[37] Durzak: Die Position des Autors. S. 347.
[38] Ebd. S. 348.
[39] Heinrich von Kleist: *Sämtliche Werke und Briefe in vier Bänden*. Hg. von Ilse-Maria Barth [u.a.]. Frankfurt/M. 1987–97. Bd. 3. S. 27 und 186.
[40] Ebd. S. 47.
[41] Bernhard Greiner: *Kleists Dramen und Erzählungen. Experimente zum 'Fall' der Kunst*. Tübingen – Basel 2000. S. 283 (UTB 2129).

beunruhigenden Streitfall macht, weil, so Hugo Aust, "die Novellengeschichte gerade in ihrem 'klassischen' Auftakt kein kanonisch gewisses Formbild ver-mittelt".[42] Das Beunruhigende liegt freilich, abseits der problematischen gat-tungssystematischen Zuschreibung, in den Novellen selbst. Sie sind deshalb beunruhigend, weil in ihnen das Unerhörte die Regel und nicht die Ausnahme bildet. Dabei ist das Unerhörte Ausdruck einer auf den Kopf gestellten Welt, der allein noch mit einem Denken beizukommen ist, das sich in Formen der Umkehr bewegt. Wenn man nach einem grundlegenden, das kleistsche Erzählen organisierenden Prinzip suchen will, so ist es am ehesten in der Denkfigur der Inversion zu finden.[43]

Durch eine Struktur des Inversen zeichnet sich insgesamt auch die 2001 veröffentlichte Novelle *Frühling* von Thomas Lehr aus. Der Bezug zu Kleist ist dabei nicht zufällig oder subkutan über die Gattungsgeschichte vermittelt, son-dern gesucht und inhaltlich sowie ästhetisch mit dessen Leben und Werk ver-woben. Die inhaltliche Parallele ergibt sich aus der Todesszene, der Lehrs Text entspringt: Der Pharmakologe Christian Rauch findet in der an Krebs erkrank-ten Prostituierten Gucia, wie Kleist in Henriette Vogel, eine Begleiterin in den Freitod. Die Novelle setzt ein, nachdem der tödliche Schuss gefallen ist, und beschreibt kapitelweise die letzten 39 Sekunden seines Übergangs vom Leben in den Tod, in dem zunächst schemenhaft, dann aber Schritt für Schritt seine traumatisch besetzte Erinnerung an den "einzigen Gedächtnistag" und letzten "Abend der Kindheit" Kontur gewinnt:[44] An einem Tag im Sommer 1961 kehrt er mit seinem Bruder Robert vom Angeln heim und beobachtet an seinem Elternhaus die stumme Begegnung zwischen seinem Vater und einem Fremden, der im Garten steht. Wenig später entdeckt Robert das Geheimnis dieser merk-würdigen Szene, ohne den jüngeren Bruder darüber aufzuklären. Der Vater war Arzt im Konzentrationslager Dachau und der Fremde ein Zeuge seiner medizinischen Experimente. Die Wahrheit über den Vater lässt Robert nicht zur Ruhe kommen, bis sie ihn schließlich in den Selbstmord treibt. Mit dieser familiären Last sucht sich Christian zu arrangieren, er reüssiert beruflich, gründet eine Familie, doch die Lüge seines Lebens wächst sich bei ihm zu einem Alptraum aus, dem er nicht zu entrinnen vermag: "das ist in mir ein abgrund geworden der mich verschlungen hat in mehr als dreißig jahren

---

[42] Aust: *Novelle*. S. 80.
[43] Vgl. Manfred Frank/Gerhard Kurz: Ordo inversus. Zu einer Reflexionsfigur bei Novalis, Hölderlin, Kleist und Kafka. In: *Geist und Zeichen. Festschrift für Arthur Henkel*. Hg. von Herbert Anton [u.a.]. Heidelberg 1977. S. 75–97. Vgl. exemplarisch: Achim Geisenhanslüke und Dieter Heimböckel: "Deux afflictions mises ensemble peuvent devenir une consolation". Theodizee bei Jean Paul und Heinrich von Kleist. In: *Wege in und aus der Moderne. Von Jean Paul zu Günter Grass. Herbert Kaiser zum 65. Geburtstag*. Hg. von Werner Jung [u.a.]. Bielefeld 2006. S. 125–138.
[44] Thomas Lehr: *Frühling. Novelle*. Berlin 2005. S. 38 und 66 (ATV 2184).

unerbittlich bei lebendigem leib wie der kelch einer inneren fleischfressenden pflanze".[45]

Die zeitgenössische Kritik war sich, was die Qualität und Bedeutung des Textes anbelangt, mehrheitlich einig. Uneinigkeit herrschte jedoch darüber, wie man diesem un- und außergewöhnlichen Text, der alle Regeln der Grammatik, Syntax und Zeichensetzung, der Groß- und Kleinschreibung außer Kraft setzt und in den Dienst seiner stakkatoartigen Rede stellt, gattungsspezifisch begegnen solle. War es nun eine erneuerte, "meisterhafte" oder gar "eine Novelle, die keine Novelle ist"?[46] "Lehrs Buch liest sich", lautet es in einer Rezension des Berliner *Tagesspiegel*, "wie die Umkehr einer Kleistschen Novelle", und dies umso mehr, als " 'Umkehr' [...] ein Schlüsselwort der Erzählung" sei:

> Schon im Akt des Selbstmordes kehren sich die Rollen um von Mann und Frau, und auch sonst geschieht Umkehr überall im Text, Luft in Wasser, Hell in Dunkel, Oben in Unten. Die Umkehr ist die Bedingung für den Weg von der Hölle ins Paradies, die bedeutet Heilung oder Auferstehung – oder auch, nach dem Dante-Motto zu Beginn: Frühling.[47]

Auf Umkehrungen oder Inversionen stößt man in der Novelle tatsächlich immer wieder, am augenfälligsten in der *countdown*-ähnlichen Anordnung der Kleinkapitel (von ":39" bis ":1"), die sich wiederum invers zu der übergeordneten dreigliedrigen Struktur verhält, für die der in Dante Alighieris *Divina Comedia* beschriebene Weg vom "Inferno" über das "Purgatorio" zum "Paradiso" den intertextuellen Bezugsrahmen bildet. Damit aber stellt Lehrs *Frühling* keinen Gegensatz zur Novelle Kleists dar, sondern deren radikale Fort- und Umsetzung. Ähnlich verhält es sich mit ihrer sprachlichen Ausgestaltung. Wo Kleist die gebrechliche Einrichtung der Welt selbst zu Wort kommen lässt, spricht bei Thomas Lehr aus der verstümmelten Syntax die gequälte Seele eines um seine Erinnerung ringenden Schwellengängers. Das Unerhörte gibt sich so in der Performanz sprachlicher Liminalität zu erkennen:

> Er lebe in der Hölle, sagtest du, Robert. Schon jetzt lebe. Unser Vater in der Hölle unter uns. Lebenden. Der Mann im Garten: nur einer von Dutzenden. Am Abend

---

[45] Ebd. S. 137f.

[46] Sibylle Cramer: Der Erbe der Schuld. Thomas Lehr erneuert verschollene Novellenkünste. In: *Süddeutsche Zeitung* 10./11.3.2001; Nicole Henneberg: Neununddreißig Sekunden bis zur Hölle. Thomas Lehr legt mit "Frühling" eine meisterhafte Novelle vor. In: *Frankfurter Rundschau* 21.3.2001; Gudrun Norbisrath: *Frühling* – eine Geschichte ohne Geschichte. Eine Novelle von Thomas Lehr stürzt in die Vergangenheit und zerstört dabei Strukturen. In: *Westdeutsche Allgemeine Zeitung* 18.7.2001.

[47] Eva Leipprand: Die Zeit hat über tausend offene Poren. Thomas Lehr erzählt von den letzten 39 Sekunden und stellt Kleist auf den Kopf. In: *Der Tagesspiegel* 22.4.2001.

dieses Sommertages dieses schönen und schrecklichen Kristalls in meiner: Erinnerung. Wir stehen am Kiesweg im Garten starrend wo die Männer. Standen als: wir vom Angeln kamen, Robert, und das Dunkel in: unserem Kinderzimmer über den Büchern Postern dem Globus der Darts-Zielscheibe: wuchs: die Kälte-Koralle des Baumkronenschattens an der Decke über den Vorhängen und: wie ein Spinnennetz über deinem Gesicht, Robert, als wüsstest du jetzt schon: was du drei Jahre später erst wissen würdest als du sagtest: er lebe in der Hölle. Unsere Mutter in der Zimmertür: Wir brauchen keine Angst mehr zu haben dieser Mann im Garten. Sei. Verrückt was wusste sie? Was wusste sie damals schon Robert. Sie hat den toten. Verziehen. Wie eine furchtbare Verrückte: dafür. Dass sie so laut. In der: Erde schrien, Robert.[48]

Der Novelle wurde attestiert, dass in ihr Vorgänge einer geistigen Vergegenwärtigung sprachlich inszeniert würden, die an der "Grenze des Erträglichen" angesiedelt sei.[49] Als Geschichte der Auslöschung einer deutschen Familie führt sie die Nachwirkung der Vergangenheit auf diese Weise als ein Phänomen vor, das bis in die Gegenwart wirkt und mit dem das Wort von der Gnade der späten Geburt relativiert, wenn nicht *ad absurdum* geführt wird. Den Tätersohn holt, er mag sich stellen, wie er will, das Verdrängte, Nicht-wissen-Können oder -Wollen der Eltern wieder ein. In ihrem unlängst veröffentlichten Vortrag *Generationsidentitäten und Vorurteilsstrukturen in der neuen deutschen Erinnerungsliteratur* liefert Aleida Assmann zu dem Erinnerungszwang, unter dem sowohl Täter- als auch Opfer-Kinder der NS-Zeit stehen, eine Begründung, die Christan Rauchs Pathogenese und ihre Folgen noch nachträglich sanktioniert:

Während die Nachkommen der Holocaust-Überlebenden von dem heimgesucht werden, was ihre Eltern *gesehen* und *erlebt* haben, werden die Kinder der Nationalsozialisten von dem heimgesucht, was ihre Eltern *nicht gesehen* und *aus der Erinnerung verdrängt* haben. Sie stehen unter dem Zwang, die blinden Flecken und Lücken im Bewusstsein ihrer Eltern nachträglich auffüllen zu müssen.[50]

Die Novelle von Thomas Lehr kann entsprechend als ein Text gelesen werden, der sich auf die Suche nach der verlorenen Erinnerung begibt und in diesem Zusammenhang ihren geradezu obsessiven Charakter offen legt. Dass Christian Rauch am Ende Erlösung findet, nimmt sich dabei wie die Einlösung eines Versprechens aus, das Alexander und Margarete Mitscherlich im Falle erfolgter

---

[48] Lehr: *Frühling*. S. 56.

[49] Ingeborg Gleichauf: Absturz ins Glück. In: *Rheinischer Merkur* 6.7.2001.

[50] Aleida Assmann: Generationsidentitäten und Vorurteilsstrukturen in der neuen deutschen Erinnerungsliteratur [Vortrag am Universitätscampus am 27. April 2005 anlässlich der Sir-Peter-Ustinov-Professur der Stadt Wien an der Universität Wien]. Wien 2006. S. 49 (Wiener Vorlesungen im Rathaus 117).

oder nachgeholter Trauerarbeit gegeben haben.[51] Erinnerung in der Gegenwart kommt ohne das, was im kollektiven Gedächtnis gespeichert ist und in den Archiven der Geschichts- und Vergangenheitsaufbereitung zur Verfügung steht, eben nicht aus, zumal dann nicht, wenn sie wie bei Thomas Lehr und seinem Protagonisten der Generation der Nachgeborenen entspringt. Der bloßen Erinnerungsreproduktion steht in der Novelle jedoch nicht nur die unerhörte Sprache entgegen, aus der das historisch Vertraute als unvertraut und fremd hervorgeht, sondern die Brüchigkeit des Textes selbst, der Erinnerung wiederum als brüchig und in letzter Konsequenz als unverfügbar ausweist. So tritt sie im Grunde auch Christian Rauch nur in einem blitzhaften Moment vor Augen; habhaft aber wird er ihrer eigentlich nicht.

V.

Man könnte fast von einer kleistschen Fügung sprechen, dass die Erinnerung in Thomas Lehrs Novelle ausgerechnet in dem Moment aktiviert wird, in dem die Hauptfigur, durch den Schuss tödlich getroffen, ihrer traumatischen Bürde erliegt. Hätte man Christian Rauch daher nicht lieber ein Ereignis wünschen müssen, das imstande gewesen wäre, seine Erinnerungsblockade zu Lebzeiten zu lösen? Sicherlich: Ein solcher Stoff hätte auch seinen Reiz haben können, aber es war vermutlich weniger der Stoff, der den Novellisten interessierte, als vielmehr die Grenzsituation, in der er sich aktualisieren ließ. Sie bildet den Ermöglichungsraum, von dem aus Erinnerung aus ihrer Starre gelöst und sich in Form der "Umbildungsarbeit an der Vergangenheit" zwar, aber anders, als es das Gedächtniskonzept von Maurice Halbwachs vorsieht, sprachspielerisch dem Diktat der Gegenwart entziehen kann.[52] Indem die Erzählung einen Vorgang der Selbstauslöschung exponiert, der im Keim die – zumindest vorübergehende – Wiederbelebung der verdrängten Erinnerungen enthält, trägt sie der "transformation soudain" im Sinne der Schwellen-Definition Paul Valérys Rechnung.[53]

Die Novelle als Gattung, die sich historisch vor allem in Zeiten des Übergangs und Wandels als Mittel erzählerischer Nonkonformität bewährt hat, scheint für die Darstellung solcher Transformationsprozesse und in Hinsicht auf die Möglichkeiten sprachlichen Experimentierens besonders geeignet zu sein. Nicht von ungefähr wirkt das novellistische Kriterium der Neuheit "in der

---

[51] Vgl. Alexander Mitscherlich und Margarete Mitscherlich: *Die Unfähigkeit zu trauern. Grundlagen kollektiven Verhaltens.* München 1967; Margarete Mitscherlich: *Erinnerungsarbeit. Zur Psychoanalyse der Unfähigkeit zu trauern.* Frankfurt/M. 1993.
[52] Maurice Halbwachs: *Das Gedächtnis und seine sozialen Bedingungen.* Frankfurt/M. 1985. S. 158 (stw 538).
[53] Zit. nach Rüdiger Görner: *Grenzen, Schwellen, Übergänge. Zur Poetik des Transitorischen.* Göttingen 2001. S. 110.

experimentellen Literatur" fort, indem die unerhörte Begebenheit "als sprachliches Ereignis im Schreiblabor entwickelt" wird.[54] Zwar ist Uwe Timms Novelle weit von der radikalen Sprachgeste entfernt, die für Thomas Lehrs *Frühling* charakteristisch ist; aber mit ihrer Form gespielt zu haben, bildet selbst im Rückblick des Autors noch einen zentralen Bezugspunkt seiner Beschäftigung mit ihr.

Dabei ist die Affinität der Nach-Wende-Novellistik zu Themen, die in Berührung mit der deutschen Geschichte zwischen 1933 und 1945 stehen – Günter Grass' *Im Krebsgang* (2002) und Marlene Streeruwitz' *Morire in levitate* (2004) setzen diesen Trend fort – einerseits auf die bereits angesprochene Position der Widerständigkeit gegen das Vergessen in Zeiten einer sich umformierenden Gesellschaft zurückzuführen; andererseits drängen sich Nationalsozialismus und Holocaust, in denen sich das schlechthin Unerhörte historisch materialisiert, als Gegenstände novellistischer Auseinandersetzung geradezu auf. Damit ist nicht gemeint, dass über die Novelle eine Art ästhetischer Voyeurismus ausgetragen wird, wiewohl auch dies nicht immer auszuschließen sein dürfte. Ihrer gattungsspezifischen Eigenart nach ist sie aber dazu prädestiniert, das Unerhörte unerhört vorzustellen und auf diese Weise routinebedingte Ein- und Verschleifungen der Erinnerung zu unterminieren bzw. Ver- und Abgedrängtes in den Blick zu heben. Statt des Ewiggleichen ein Immerneues? Die Novelle der Gegenwart soll und will jedenfalls beim Wort genommen werden.

---

[54] Rath: *Die Novelle*. S. 303.

Vivian Liska

Nach dem Schweigen. *Memoria* in der österreichisch-jüdischen Gegenwartsliteratur

For several decades, literary forms conveying silence determined the poetics and theories of holocaust literature because they were considered to correspond most closely to the impossibility of adequately representing the horrors of the past. In recent years, however, authors dealing with holocaust-related topics have mostly turned away from these forms. Silence is often still an issue, but it is talked about or enacted in ways that turn the awareness of the limits of representation into often frantic, intense, and exaggerated speech. In contemporary Austrian-Jewish literature, written by the second generation of survivors, references to the abysmal past tend to be embedded in layers of reflections, controversies and discussions. This use of deliberately direct and over-explicit language has the effect of diluting the demand for authenticity that had, for decades, motivated the post-Auschwitz aesthetics of the abysmal, the unsayable and the sublime. Three major Austrian Jewish authors in particular, Robert Schindel, Robert Menasse and Doron Rabinovici, have turned to literary forms that draw the various silences of the past into a turbulent interplay of words.

An den Toten der Geschichte, zumal an jenen von Auschwitz, scheiden sich die Geister der Lebenden, solange die Verstorbenen nicht selbst erscheinen und ihr Machtwort sprechen, dass sie gewesen sind, gesehen haben und wiedergekehrt sind, um jene Vergangenheit zu vergegenwärtigen, die die Lebenden erschauern lässt. Ein Machtwort wäre ihre Rede, weil sie authentisch wiedergäbe und bestimmte, was den Lebenden, die in die Kämpfe der Gegenwart verstrickt, in Perspektiven gefangen, in Diskurse verwickelt sind, verwehrt ist. Die Toten könnten unfehlbar urteilen und richten, sie allein könnten Zeugnis ablegen, weil sie bekanntlich, anders als die Geretteten und Überlebenden, dem Schrecklichsten selbst ins Angesicht geschaut haben. Sie könnten die geschiedenen Geister der Lebenden wieder vereinen unter ihrem allmächtigen Urteilsspruch, der dem wahrlich Gewesenen entspräche. Sie sprächen eine Sprache jenseits der interessensverseuchten Worte, jene reine Ursprache, in der die Vergangenheit unverfälscht in der Gegenwart erschiene. So beschwören die Nachgeborenen die Toten. Doch weil die Toten beharrlich schweigen und weiterhin nur durch das Sprachrohr der Lebenden sprechen, die sich ihrer Autorität bedienen, um ihren Worten das Gewicht des Unumstößlichen zu verleihen, wird das Schweigen angerufen, weil es der abwesenden Sprache der Toten am ehesten entspricht. Nur das Schweigen selbst, die Unterbrechung der mitteilenden Rede, die Leerstelle zwischen den Worten, die sich selbst aufhebende Spur des Nichtrepräsentierbaren, die offene Wunde des Abgrunds, die Zäsur, der Riss, das gestotterte, gestammelte, das zum Verstummen neigende Wort ist wahr.

Variationen dieser Auffassung bestimmten über Jahrzehnte die Poetiken und Theorien der Kunst und Literatur über Auschwitz, von Nelly Sachs bis Paul Celan, von Adorno über Steiner, Lyotard, Blanchot, Kofman bis Agamben. Die Rede von der Notwendigkeit des Schweigens, der Leere, der Unterbrechung im Fluss der Worte und der Zeit als Widerstand gegen das Geschwätz, gegen das Gerede und eine beschönigende, verharmlosende, gar Bewältigung vortäuschende Darstellung entstammt in der Literatur ursprünglich der ersten Nachkriegsgeneration der Überlebenden. Sie entspricht den Befindlichkeiten und Anforderungen eines beschädigten Lebens, dessen traumatische Erfahrungen die gebundene Rede der Lyrik barbarisch, die zusammenhängende Erzählung lügnerisch, die kohärente Darstellung verklärend und verfälschend erscheinen ließen. Das Schweigen unterbricht die Verbindungen, zerreißt die Beziehung und unterbindet Ganzheit, es markiert die Vergangenheit als alles verschlingenden Abgrund, die Gegenwart als fortwährenden Ausnahmezustand und die Zukunft als immerzu ausstehende Erlösung. In dieser Konstellation trifft es auf die Philosopheme der theoretischen Postmoderne und sakralisiert die Verangenheit in einer negativen Ästhetik des Unsagbaren.

Doch das Schweigen als Widerstand verträgt keine Dauer. In ewiger Wiederholung entleert sich die Leere, nichtet das Nichts, verstummt das Schweigen. Der letzte Zeuge, die letzte Spur, das letzte Wort. Stille. Bis einige sich wieder zu regen beginnen, das letzte Wort vervielfältigen und nachahmen, nachspielen und so das Schweigen aufspalten, ihm seine Unteilbarkeit nehmen, es im Raum verteilen und inszenieren als Rede, die zunächst vom Schweigen handelt, vom Schweigen des Verdrängens und dem Schweigen der Scham, dem Schweigen der Schuld, der Betroffenheit, der Ehrfurcht, der Indifferenz, der Unwissenheit, der wirklichen und der vorgetäuschten, vom Schweigen des Einverständnisses und des Schocks, des Respekts und der Verachtung, vom Schweigen des Vergessens. Einige geraten so ins Reden und ohne es gleich zu bemerken, befinden sich mitten im Gespräch.

In der österreichisch-jüdischen Gegenwartsliteratur, die der Feder der sogenannten zweiten Generation entstammt, wird geredet, viel, gerne und am liebsten vom vielfachen Beschweigen der jüngeren Geschichte. Zerredet wird dabei die Obsession mit der abgründigen Vergangenheit, die an die Oberfläche der Gegenwart geholt wird, zerredet wird die Kluft zwischen den Nachgeborenen, die, Lyotard zufolge, kein 'Wir' mehr zulässt, zerredet wird die messianische Transzendenz als einzig verbleibende Hoffnung für die Zukunft. Zerredet wird mit all dem und vor allem der Anspruch auf eine Authentizität des Eingedenkens, die nach 1945 so oft und lange an der Nähe zum Schweigen und zum damit einhergehenden Abgründigen, Unsagbaren und Erhabenen bemessen wurde. Nachdem das im Namen einer ästhetischen, ethischen oder psychologischen Betroffenheit praktizierte Schweigen von und zu Auschwitz selbst zum Gerede wurde, wandten sich Autoren wie Robert Schindel, Robert Menasse und Doron

Rabinovici literarischen Ausdrucksformen zu, die die Vergangenheit mitsamt des ideologischen Verschweigens der ersten Nachkriegszeit und der diskursiv inszenierten "Neigung zum Verstummen" der darauffolgenden Jahrzehnte ins Spiel der Rede bringen.

Die Protagonisten der drei wichtigsten nach 1989 geschriebenen Romane dieser Autoren, Schindels *Gebürtig* (1992), Rabinovicis *Suche nach M.* (1997) und Menasses *Vertreibung aus der Hölle* (2001) sind Kinder der Toten und Überlebenden. Beschädigt sind auch sie, und ihr Reden kreist fortwährend um die Spuren der Verwundung, doch verwundet sind sie auch vom vielfachen Schweigen selbst. Darüber sprechen und diskutieren sie unaufhörlich, beraten, belügen und überzeugen einander und reden aneinander vorbei. Es ist meist ein neurotisches Reden, ein betrunkenes, übertriebenes, provokantes, ein fehlschlagendes Reden. Nichts wird versöhnt oder geheilt, nichts Entschiedenes und Entscheidendes wird gesagt. Allein das Reden selbst spannt sich als unfestes Gewebe über die Abgründe, aber die solchermaßen hergestellte Oberfläche erweist sich als Versuch, ohne Grundfeste dennoch weiter zu leben und zu sprechen.

Malgré tout heißt es im Titel eines jüngeren Essays zur Problematik der Darstellbarkeit im Zeichen von Auschwitz.[1] Schindels betrunkener Danny Demant und seine Kaffeehausgenossen, Menasses paranoider Victor und Rabinovicis schizophrener Mullemann sind angeschlagene Nachgeborenen, die *malgré tout*, trotz allem, Debatten, Streitereien und Liebeleien beginnen, Geschichten erfinden, Worte verschwenden und vergeuden und irgendwie mit dem Leben und dem Lieben zurechtzukommen versuchen. Für alle Beteiligten gilt dabei, dass sie nach einer Beziehung zur Vergangenheit suchen, die sich dem annähert, was Robert Schindel in seinem Roman *Gebürtig* "ein verpflichtendes, aber kein verschlingendes Verhältnis [zur Vergangenheit]" bezeichnet hat.[2] Weder Identifikation mit dem Leid der Elterngeneration noch Hass gegen die Täter sollen die Gegenwart bis zu dem Punkt bestimmen, der unweigerlich zur Entlegitimisierung des Heute führt. Ein wirkliches Eingedenken des Judenmords für die Generation der Kinder der Überlebenden kann für sie nur stattfinden, wenn im Angesicht der Vergangenheit die eigene Jetztzeit aufscheint und das Bedürfnis laut werden kann, die Vergangenheit eher *mittels* der als *gegen* eine Affirmation der Gegenwart zu konfrontieren.

I. Gegen den Sog

In der Gegenwart der Romane Schindels, Menasses und Rabinovicis spuken Geister. Sie steigen aus den Abgründen der österreichischen Geschichte und

[1] Georges Didi-Huberman: *Images malgré tout*. Paris 2004.
[2] Robert Schindel: *Gebürtig*. Frankfurt/M. 1992. S. 300. Im Folgenden wird unter der Sigle G zitiert.

ihrer Folgen. Während etwa Deutschland vor allem nach den Studentenrevolten in den späten 1960er Jahren eine radikale, wenn auch häufig problematische Form der "Vergangenheitsbewältigung" praktizierte, verdrängten in Österreich sowohl Juden als auch Nicht-Juden diese Vergangenheit über viele Jahre. Österreichs Rolle innerhalb der Naziverbrechen wurde erstmals offen diskutiert, als 1986 die NS-Aktivitäten des ehemaligen Generalsekretärs der Vereinten Nationen, Kurt Waldheim, bekannt wurden und Österreich auf den internationalen Protest mit dessen umso entschlossenerer Wahl zum Bundespräsidenten reagierte. Aufgrund dieses langen Schweigens blieben die Schuld der Täter und das Trauma der Opfer uneingestanden und wucherten unter der Oberfläche in Form von unbewussten Ressentiments und pathologischen Neurosen. So erscheint die Vergangenheit in der österreichisch-jüdischen Literatur der zweiten Generation Überlebender auch immer wieder als Gespenst, als Untote oder Phantom. Diese Geister sind in den drei hier besprochenen Romanen von unterschiedlicher Buchstäblichkeit, in allen Fällen werden sie jedoch, nachdem sie ihre Schuldigkeit getan haben, zurückgeschickt in den zum Erdloch schrumpfenden Abgrund, dem sie entstiegen sind. So erscheinen die Vergangenheit und ihre Toten als Wiedergänger im wahrsten Sinne des Worts, denn wo sie auftauchen, und das ist überall, sind sie schon dagewesen, sie, aber auch die Rede über sie, die ein Beschwören der abwesenden Sprache der Toten, des Schweigens ist. Diese Beschwörungsworte, sie sind alle schon gesagt, sind nur noch Zitate des Schweigens, das in der Wiederholung den Anspruch auf Authentizität verliert.

Zitiert, zerfurcht, zerredet werden bei Schindel, Menasse und Rabinovici im Ton umgangssprachlicher Respektlosigkeit und spielerischer List etwa die poetischen Worte Paul Celans, der die Vergangenheit mit einer Aura negativer Sublimität ausgestattet und die jüdische Tradition im Sinne einer verschwundenen oder entleerten, aber nichtsdestotrotz gewichtigen Transzendenz heraufbeschworen hatte. Celans Dichtung wendet sich an die Toten von Auschwitz und begibt sich auf die Suche nach Wegen poetischen Widerstands gegen den Verfall der Zeit: "Du bleibst, du bleibst einer Toten Kind" heißt es in einem beinahe hypnotischen Vers seines Gedichts "Vor einer Kerze",[3] der magisch den Stillstand der Zeit beschwört und das dichterische Selbst ausschließlich in Bezug auf die Vergangenheit definiert. Diese Verneinung der Gegenwart und die literarischen Formen, die sie erwirken, werden von den hier besprochenen Autoren der nächsten Generation durchkreuzt. Sie stellen die Hoffnung, Vergangenes zu verewigen und dadurch die Zukunft zu bannen in Frage und bezweifeln die magische Wirkungskraft des für Celan "im Lichte der Utopie"

---

[3] Paul Celan: *Gesammelte Werke*. Bd. 1. Hg. von Beda Allemann und Stefan Reichert. Frankfurt/M. 1983. S. 110.

stehenden poetischen Worts.[4] Die Werke Schindels, Menasses und Rabinovicis zerstören mit Absicht solch utopische Erwartungen. "Niemand hier", so Dorothee Kimmich über Schindels *Gebürtig*,

> wartet auf eine neue, heile Sprache, niemand wartet auf Versöhnung, sondern es scheinen alle zäh, ironisch, bitter, witzig, nicht selten auch ein bisschen romantisch, dann wieder zynisch, meist vergeblich und vor allem trotzdem an einer zumindest erträglichen Alltagssprache zu basteln. [...] An keiner Stelle wird der Sprache eine erlösende Funktion zugewiesen.[5]

Während Celans poetisches Projekt an einer Kunst Teil hat, die in den Worten Jean-François Lyotards "nicht das Unsagbare sagt, sondern vielmehr sagt, dass es dieses nicht sagen kann",[6] arbeiten die österreichisch-jüdischen Autoren von heute aus der paradoxen Haltung heraus, dass das Unsagbare zwar unsagbar ist, dass es jedoch möglich sein muss, ja vielleicht sogar verpflichtend ist, gerade deshalb weiter zu sprechen als der Atem des Negativen reicht. In einer respektlosen Entstellung des bedeutungsschwangeren Oxymorons "zwei Mundvoll Schweigen" aus Celans Gedicht "Sprachgitter" (das vielleicht in der Dopplung den ersten Schritt des Dialogs schon geht),[7] lässt Schindel Danny Demant, die Hauptfigur des Romans, sagen: "Ich hätte noch gern ein Maul voll Schweigen, aber der Vorrat ist auf" (G 183). Dort, wo aus der Sicht der älteren Generation erhabenes Schweigen angebracht wäre, um über die Worte hinauszugelangen und das unumgängliche Scheitern der Sprache in der Darstellung des Grauens zu überwinden, wird die Gegenwartssprache heutiger österreichisch-jüdischer Literatur gesprächig bis zum Extrem. Authentizität ist kein Kriterium mehr: "An mir ist nichts echt? Hoffentlich [...]", sagt einer der Erzähler in Schindels 1992 erschienenem Roman *Gebürtig*, "[d]as Echte kann mir gestohlen bleiben" (G 17). In einem Gespräch zwischen Danny Demant und Christiane ist es die nicht-jüdische Frau, die feststellt: "Wenn wir reden, dann geht alles verloren, besser gesagt, alles wird benannt und bekannt". "Versteh ich nicht", widerspricht ihr jüdischer Liebhaber dieser mystifizierenden Absage an die Worte: "Gehörst du zu der Sorte, die immer behauptet, alle Gefühle werden zerredet? [...] Ich red aber gern [...] Ich will Bekanntes und Benanntes" (G 47). Später wird Christiane ihn – oder vielmehr "sie", die Juden – beschuldigen, immer nur zu "reden und reden" – "und immer über Auschwitz zu reden" (G 159).

---

[4] Paul Celan: Der Meridian. Rede anläßlich der Verleihung des Georg-Büchner-Preises (1961). In: *Gesammelte Werke*. Bd. 3. Frankfurt/M. 1983. S. 187–202. Hier: S. 199.
[5] Dorothee Kimmich: Kalte Füße. Von Erzählprozessen und Sprachverdikten bei Hannah Arendt, Harry Mulisch, Theodor W. Adorno, Jean-François Lyotard und Robert Schindel. In: *Shoah. Formen der Erinnerung*. Hg. von Nicolas Berg, Jess Jochimsen und Bernd Stiegler. München 1996. S. 93–106. Hier: S. 105.
[6] Jean-François Lyotard: *Heidegger et les Juifs*. Paris 1988. S. 45.
[7] Celan: *Gesammelte Werke*. Bd. 1. S. 167.

Mullemann, die zentrale Figur in Rabinovicis 1997 erschienenem Roman *Suche nach M.*,[8] in dem auch alle immer reden, über damals reden, ist ein buchstäblich in der Stadt Wien umhergeisterndes Phantom. Er ist in Bandagen gehüllt, die sein mysteriöses, auf frühere Verwundungen zurückgehendes Hautleiden sowohl schützen als auch verbergen. Das Phantom entpuppt sich als Dani Morgenthau, als Sohn Überlebender, die jahrelang im völligen Schweigen über ihre Vergangenheit gelebt haben, im unwillkürlichen Einverständnis mit den ebenso schweigenden Tätern. Dani, der paradigmatische Repräsentant der zweiten Generation, dem die Suche nach Schuldigen ebenso zur Sucht wird wie die eigene Selbstanklage, ist ein "Schmerzpaket zahlloser Tode", "nichts als ein Erinnerungsbündel" (S 114), dessen Ich unter der Last der Wunden seiner Eltern erdrückt wird. Als Vergangenheitsbewältiger hat er allerdings Erfolg. Mit satirischer Verve karikiert Rabinovici Mullemanns Ruhm: Er wird zum Helden, einem "Zorro in weiß" (S 251). Er bekommt Fanpost, seine Erscheinung inspiriert Modeschöpfer und die Unterhaltungsindustrie: "Mullemania überall" (S 251). Während sich seine eigene Existenz hinter der Mullemann-Verkleidung auflöst, führen seine Bandagen zunehmend ein sprachliches Eigenleben. Die Textur seiner Vermummung, die zunächst noch auf die Pflege einer realen Hautkrankheit verweist, wird über die Metaphorik des Verbands der Vergangenheitswunde, die Mullemann zwanghaft auf sich nimmt, zum textuellen Stoff, der seine gesamte Umgebung in ein allumfassendes semantisches Netz verwebt. Was Mullemanns Bandagen ans Licht befördern, sind – vor allen Inhalten – Gewebe verstrickter Wortwucherungen: Verwickelte Bandenwesen, verfilzte Verbindungen und verschlungene Seilschaften, die den "Gesamtverband der Gesellschaft" (S 182) gewährleisten, werden von Mullemanns Erscheinung entlarvt, bis zuletzt Dani auch seine eigene Obsession als Verstrickung erkennt und zu einer alternativen Form der Vergangenheitserfahrung gelangt, in der seine Erstarrung selbst sich im Sprachspiel auflöst:

> Nicht in den Banden der Zeit eingelegt zu sein wie eine Mumie, allen Techniken der Konservierung eine Absage erteilen, die Schichten abstreifen, die Knoten aufdröseln, ihrer Verknüpfung nachgehen, die Knubbel ertasten, die Riemen umschnüren und ablösen, das ist Erinnerung. (S 259)

Erinnerung ereignet sich demnach nicht im passiven Erdulden einer beinahe krankhaften Identifikation mit den ehemaligen Opfern und Tätern. Anstelle des Sogs, der die Nachgeborenen passiv in den Abgrund treibt, soll hier versucht werden, die Vergangenheit, in den Worten Walter Benjamins, "vom Rücken abzuschütteln, um sie in die Hand zu bekommen".[9]

---

[8] Doron Rabinovici: *Suche nach M.* Frankfurt/M. 1997. S. 114. Im Folgenden wird unter der Sigle S zitiert.
[9] Walter Benjamin: Eduard Fuchs, der Sammler und Historiker. In: *Angelus Novus*. Frankfurt/M. 1966. S. 302–343. Hier: S. 312.

Auch Schindel versprachlicht den prekären Versuch, sowohl eine exzessive Identifikation mit den Opfern wie auch eine falsch verstandene Versöhnungsgeste gegenüber einer Umgebung, die für diese Greueltaten verantwortlich zeichnet, zu vermeiden. In *Gebürtig* schildert Schindel, wie ein Überlebender von den österreichischen Behörden aus reinem politischen Interesse mit einem Ehrenabzeichen bedacht wird, damit gleichzeitig ein berüchtigter Naziverbrecher unbemerkt freigesprochen werden kann. Während der Roman offensichtlich die Korruption des österreichischen Rechtssystems bei der Behandlung von Naziverbrechern angreift, deuten die letzten Seiten des Romans noch einmal auf die Sinnlosigkeit hin, die Vergangenheit obsessiv und im Sinne von Schuld und Vergeltung aufzuarbeiten. Im Epilog spielt Danny Demant als Figurant in einem Holocaust-Film. Die extreme Kälte während der Dreharbeiten macht ihm schwer zu schaffen und lässt Demant zu folgendem Schluss kommen:

> Man soll die Antisemiten doch statieren lassen. Sollen sie nicht anderhalb Stunden, sondern, sagen wir, drei Stunden so sitzen und stehen bei Minus zweiundzwanzig Grad. Andererseits, wenn die frieren, werden Unsereins doch nicht erwärmt, damals nicht, und heute tut's ein Tee auch. (G 352)

In Widersprüchen, Irrtümern, sprachlichen Exzessen und Provokationen entziehen sich die österreichisch-jüdischen Gegenwartsautoren dem Sog einer alles verschlingenden Vergangenheit ebenso wie einer glättenden Versöhnlichkeit, doch wird in den Werken der drei Autoren diese Verweigerung nicht in Leerstellen bedacht sondern ausgetragen, kreuz und quer über die Grenzlinien hinweg.

II. Gegen den Widerstreit

Dass nach Auschwitz kein "Wir" mehr falsche Brücken über die Abgründe zwischen unterschiedlich von der Geschichte Gezeichneten schlagen kann, dass diese Zerstörung nur das Offenlegen der an sich und immer schon brüchigen Ruine einer illusorischen gemeinsamen Humanität bedeutet und Konsensus, Kontinuität und Kommunikation metaphysische Reste einer obsoleten Menschheitsgläubigkeit sind, gehört zu den theoretischen Dogmen des jüngeren Erinnerungsdiskurses. Die Werke von Schindel, Menasse und Rabinovici eignen sich in mancher Hinsicht nicht unbedingt dazu, diese Gedanken zu widerlegen, aber sie verweigern die Schlussfolgerungen, die aus ihnen gezogen werden und den auratischen Ton, der sie trägt. Dem unsagbaren Bruch, der den Widerstreit markiert, setzen sie die Aufforderung entgegen, Worte des Alltags zu sprechen, über die Kluft hinweg.

Die Werke der drei Autoren thematisieren die traumatischen Folgen des Judenmords für die ehemaligen Kollaborateure, Opfer und die Kinder beider Gruppen. Der oft völlig unerwartete Einbruch der unterdrückten Erinnerung an die Ereignisse der Vergangenheit erfolgt durch plötzliche emotionale Zusammenstöße, Missverständnisse und Feindseligkeiten zwischen Juden der zweiten Generation und deren nicht-jüdischen Altersgenossen. Schindel spricht von der Vergangenheit als "Glaswand", die zwischen den Kindern der Opfer und jenen der Täter steht, Rabinovici von der Geschichte als einem "gespannten Stacheldraht", der zwischen den Juden und "dem Rest der Stadt zu verlaufen" scheint.[10] Doch über diese Trennungen hinweg erfolgen die Versuche, gegen-, mit- und aneinander die Last der Vergangenheit zu tragen und auszutragen, in einem beständigen, schrägen, meandernden, irritierten und gereizten, aber auch begehrenden und reizvollen Gespräch. Die Kinder der Ermordeten und jene der Täter sind auch nach dem Aussprechen der Beschuldigung oder der Bekenntnisse, wie Schindel schreibt, "keineswegs geheilt oder was man unter diesem Wort versteht", sondern sie schaffen lediglich eine neue "Ausgangs-situation", einen Anfang, eine noch ungelebte Möglichkeit (G 335).

In einem Gespräch zwischen Danny Demant und der Wiener Jüdin Masha Singer, zwei jüdischen Protagonisten in Schindels Roman, besteht die junge Frau auf dem Unterschied zwischen der gebrochenen, entfremdeten und frag-mentarischen Identität der österreichischen Juden und jener der verwurzelten, ganzheitlichen Identität nicht-jüdischer Österreicher: "Sie [die Österreicher] bleiben die Hiesigen. Die Sieger. Und mich zertrennen sie. Und ich existiere in Stücken. Und was ich bin, ist mir fremd [...]" (G 15). Demant widerspricht dieser Unterscheidung und betont, dass auch Österreicher nicht-jüdischer Herkunft nur mehr "aus Stücken" bestehen. Beinahe hysterisch antwortet Masha darauf: "Die Donau verbindet sie aber" (G 15). Etwa dreihundert Seiten später betritt eine andere Romanfigur, der aus dem Exil zurückgekehrte Gebirtig, eine Trafik und möchte dort Zigaretten der Marke *Donau* haben, die er als Kind für seinen Vater zu kaufen pflegte. Der Verkäufer, der ihm diese Zigarettenmarke vor dem Krieg verkauft hatte, antwortet: "Die Donau gibt's nicht [...] Ach, die sind aus dem Verkehr gezogen" (G 303). Und gedankenverloren wiederholt Gebirtig: "Die Donau gibt's nicht mehr [...]" (G 303). In diesem Dialog, der direkt auf Mashas Bemerkung am Anfang des Romans zu verweisen scheint, deutet Schindel an, dass selbst die Donau heute, zumindest in Wien, ihre verbindende und identitätsstiftende Funktion ver-loren hat. Spätestens seit dem Krieg sind sowohl die jüdischen als auch nicht-jüdischen Identitäten brüchig geworden, auf beiden Seiten gibt es heute keine homogenen Einheiten mehr. Obwohl Schindel weiterhin die Schwierigkeiten betont, die "Glaswand" zwischen Wiener Juden und Nicht-Juden zu durch-brechen, setzt er seine Hoffnung für die Zukunft gerade auf die Wahrnehmung, dass der Krieg den Glauben an kohärente und geschlossene soziale, ethnische und nationale Gruppierungen endgültig zerstört hat. In der Abwesenheit solcher Einheiten werden feindliche Gegensätze jeweils neu verhandelt, bis an die Stelle der erwartungsgemäßen Abgrenzungen vervielfältigte Brüche zu

---

[10] Doron Rabinovici: *Papirnik. Stories.* Frankfurt/M. 1994. S. 36.

stehen kommen, aus denen unverhoffte und noch unerkannte Anfänge neuer Geschichten entstehen.

Auch bei Menasse kann die Kluft zwischen den Nachkommen der jüdischen Überlebenden und der österreichischen Täter niemals wirklich geschlossen werden, nicht einmal zwischen Victor und der Frau, die er liebt. Ihre Reaktionsweisen auf die Vergangenheit ihrer jeweiligen Eltern, die von beiden Seiten verschwiegen wurde, sind ebenso unterschiedlich wie diese Vergangenheit selbst, aber über diese Differenzen spannen sich grenzverwirrende Dialoge. Als Victor als Kind einmal von einem seiner Lehrer gefragt wurde: "Wird bei Dir zu Hause über die Nazi-Zeit geredet? In deiner Familie wird sicher erzählt, was da passiert ist", antwortet Victor mit einer Lüge "Ja".[11] Später, als Victor seinerseits die Frau, der er den Hof macht und die er familiär "Gundl" nennt, fragt, wo ihre Eltern im Krieg waren, antwortet sie: "Was meine Eltern früher gemacht haben? Sie haben gelebt. Zu ihrer Zeit. Jetzt sind sie tot. Und mein Name ist Hildegund" (V 25). So gerät alles ins Schwanken: Victor, der Sohn eines Überlebenden, besteht auf der Allmacht der Vergangenheit, ruft jedoch seine Freundin, die Menasse ein "typisch österreichisches Nazifamilienkind" (V 191) nennt, liebevoll beim Kosenamen. Sie hingegen begräbt die Geschichte und ihre Toten, und erwidert dem Liebesbeweis mit dem Faustschlag ihres altdeutschen Namens.

Wie Schindel und Rabinovici misstraut auch Menasse jedweder Geste der Konzilianz. Victor und Hildegrund bleiben allerdings, wie Rabinovicis Mullemann und seine Geliebte Sina Mohn, wie Schindels Christiane und Danny, im Gespräch. Ihre Dialoge sind gewebt aus alltäglichen Liebesworten und vergangenheitsbestimmten Feindseligkeiten, aus sehnsüchtigen Verständigungsbemühungen und groben Missverständnissen, aus sich streifenden und wieder abschweifenden Experimenten der Verständigung. Zusammen stehen sie gegen den negativen Konsensus eines gemeinsamen Schweigens.

III. Gegen den Aufschub

Mit dem auratischen Schweigen als Abgrund der Vergangenheit und als inkommunikabler Leerstelle des Widerstreits geht zumeist jenes des messianischen Aufschubs, der Markierung der Unerlöstheit, der ausbleibenden Ganzheit einher. In der Krypta des Unsagbaren wacht, so Elisabeth Weber, "wie ein lebendiger Toter der Bürge, der Zeuge für das Noch nicht".[12] Die Toten der Geschichte sind, als letzte Spur der Transzendenz, die Zeugen der

---

[11] Robert Menasse: *Die Vertreibung aus der Hölle.* Frankfurt/M. 2001. S. 137. Im Folgenden wird unter der Sigle V zitiert.
[12] Elisabeth Weber: Denkmäler, Krypten. Zur deutsch-jüdischen Geschichte nach 1918. In: *Das Vergessen(e).* Hg. von Elisabeth Weber und Georg Christoph Tholen. Wien 1997. S. 140–157. Hier: S. 156.

224

Zukunft im Zeichen einer Erwartung des Messias. Im Widerspiel dieser Haltung ist die österreichisch-jüdische Gegenwartsliteratur radikal weltlich und unmessianisch. Menasses *Vertreibung aus der Hölle* schildert Rabbi Menassehs Glauben an eine künftige Erlösung als ebenso bemitleidenswerte Illusion wie Victors Vertrauen in die hegelianische Vorstellung einer fortschreitenden Entfaltung des "Weltgeistes". Der Roman konstruiert zwei nebeneinander verlaufende Handlungsstränge, die das Leben des historischen Rabbi Menasseh und des heute lebenden Victor Abravanel kontinuierlich ineinander spiegeln. Zuletzt divergieren diese zwei Romanebenen an einem entscheidenden Punkt: kurz vor seinem Tod verliert sich Rabbi Menasseh in Wahnvorstellungen über seine Rolle als Erlöser oder zumindest als Bote des Messias. Die letzten Zeilen des Romans beschreiben Rabbi Menassehs Tod wie eine apokalyptische Explosion der aufgehenden Sonne, deren Strahlen plötzlich durch sein Fenster brechen. Wie Rabbi Menassehs Leben, endet auch Victors Geschichte mit einem explosionsartigen, epiphanen Licht, doch der Unterschied zwischen den beiden Handlungen und dem Ton, in dem sie erzählt sind, macht den Geist deutlich, in dem dieser Roman jeglicher eschatologischen Erwartungshaltung die Absage erteilt. Victor sitzt an der Bar mit Hildegund, als es "plötzlich sehr hell" wird: "[...] geradezu gleißend blitzte das Licht auf [...] inmitten kalten Flammen, nein, da war nur ein Spot durch das Lokal gewandert, eine Aufforderung zum Tanzen" (V 483). Die Bar, in der sich das apokalyptische Licht letztlich als nichts anderes als eine Einladung zum Tanz entpuppt, heißt "Eden", befindet sich tatsächlich in der Wiener Liliengasse und reimt sich, wie Victor lakonisch bemerkt, auf "reden" (V 480).

Ähnlich verabschiedet auch Rabinovici in *Suche nach M.* alle Vorstellungen religiöser Heilsbringung. Die Kunstexpertin Sina Mohn assoziiert Mullemanns Obsession mit Schmerz und Wunden mit der barocken Tradition der katholischen Idee einer Heilsbringung durch das Leiden. Die Ikonografie der "Vermummte[n] und Einbandagierte[n], [der] Schmerzensmänner in Mull" (S 198), die sie in den Arbeiten der Wiener Avantgarde-Künstler (wieder)erkennt – eine deutliche Anspielung auf die "Wiener Aktionisten" wie Hermann Nitsch und Arnuld Rainer – erinnert sie sofort an frühere Epochen der österreichischen Kunstgeschichte,

> die sich ebenfalls mit der Übermalung von Portraitierten, mit der Auslöschung im Schmerz, mit Verletzungen, Wundmalen, Blutorgien, mit Verbänden und Verhüllungen beschäftigt hatten, und sie konnte von ihren Assoziationen berichten, von den Wurzeln jener blutigen Sujets erzählen, von katholischen Darstellungen christlicher Heiliger, mit Pfeilen zersiebt, auf Pfählen gespießt, ans Kreuz geschlagen, am Feuer gegrillt, unter Steinwürfen zerschunden, von Leibern in Leid, die durch Martyrium Erlösung fanden. (S 198)

Im Sinne einer Verweigerung dieser Ästhetik und Tradition, die das Baden in den eigenen Wunden verherrlicht, lässt Rabinovici Mullemann am Ende des

Romans keineswegs durch sein Leiden geheilt werden, sondern durch die liebevolle Fürsorge Sina Mohns.

Im letzten Abschnitt von *Gebürtig*, einer der groteskesten und einprägsamsten Szenen des gesamten Korpus österreichisch-jüdischer Gegenwartsliteratur, fährt Demant mit einer Gruppe anderer Wiener Juden, die aufgrund ihrer authentischen Judennasen als Komparsen ausgesucht wurden, zu den Dreharbeiten des besagten Lagerfilms nach Theresienstadt. Dort, in dieser gespielten Vergangenheit, falten sich heute und gestern ineinander, befreit sich die Gegenwart, die "hinter die Vergangenheitsmaske eingezwängt" (G 342) war. Sie erscheint in der Überkreuzung von Echtheit und Virtualität und manifestiert sich dort, wo jedes Nacherleben falsch spielt und wo inmitten banalster Wahrnehmungen der Jetztzeit Erinnerung aufblitzt. In den Gassen des Lagers hat die Regieassistentin "Puppen, das sind Tote, herumverteilt, sie schauen so unecht aus wie echte verhungerte Tote" (G 348), doch das Grauen ist für einen Augenblick real, wie die wirkliche Dusche, unter der Demant seinen Tag als Lagerstatist beendet. Die Kameraeinstellungen für den Lagerfilm bilden ein Gemälde nach, das im jüdischen Museum von Tel Aviv zu besichtigen ist, und der Schnee beim gespielten Appellstehen friert den Statisten ganz wirklich die Zehen ein. Danny Demant hält auch dort nicht seinen Mund, redet noch "vor der Kamera dummes Zeug", aber die Regisseurin findet das gut, denn da ist er "nicht nur spontan, sondern authentisch sogar" (G 353).

In den letzten Zeilen von *Gebürtig* steht Danny Demant noch immer zitternd vor Kälte auf dem Set des Konzentrationslager-Films und fühlt, dass dieses Unbehagen seines Körpers "die Unwirklichkeit so scharf und nahe macht, dass man sie glaubt und sogar annimmt als eigentlich Wirkliches, welches uns begleitet von damals nach heute" (G 353). Und während das wahre Nachspielen der falschen Wirklichkeit Authentizität verleiht und dabei den Begriff selbst aufhebt, schließt sich für einen kurzen, illusorischen Augenblick der Abgrund zwischen Vergangenheit und Gegenwart und gleichzeitig, für die Zeit eines Stoßgebets, die Kluft zwischen Überlebenden und Nachgeborenen. So steht Danny neben Doktor Klang, einem ehemaligen echten Lagerinsassen, der, kaum hörbar das wichtigste jüdische Kredo, das *Shema Israel* – "Höre, oh Israel, der Allmächtige ist unser Gott, der eine und einzige" – pietätlos in seinen eigenen Worten wiedergibt: "Sch'ma Jisruel, kalt is ma in die Fiss, Sch'ma, die Fiss so kalt, oj is ma kalt in die Fiss, Israel. Sch'ma Jisruel, in die Fiss is ma soi koit in die Fiss adonai" (G 353). Auf diese in das heiligste aller jüdischen Gebete eingeflochtene respektlose Beschwerde reflektiert Demant: "Da denk ich mir, wann endlich warm werden die Füße, und Kopf bleibt wunderbar kühl, kann passieren, dass kommt, nicht der Messias, sondern ein schönes Gefühl" (G 353). Auch die Anrufung Israels und die Anrede Gottes sind vermischte Wortfetzen aus Liturgie, Alltagssprache und Wirtshausjargon. Das Gebet wird zum mauschelnden Gemurmel und der Messias, der die Toten wieder erwecken wird, zum abkömmlichen Versprechen.

Zwar beschwören Schindel, Rabinovici und Menasse und ihre lebenden, lebendigen Gestalten weiterhin die Toten, doch sie wissen: Wenn diese kämen, bedeutete dies das Ende der Geschichte, das Ende der Geschichten, und der Rede als Geschehen überhaupt. Das Vorausweisen auf dieses Ende im Schweigen, das so oft als Entmächtigung des Subjekts und als Widerstand gegen den Beherrschungsgestus der Repräsentation beschworen wurde, wird in den Werken dieser Autoren als Machtwort der Toten entlarvt, hinter dem sich eine Nostalgie des Absoluten verbirgt. An seiner Stelle erwächst aus der Sprache der Lebenden die Hoffnung, dass ihre geschiedenen Geister über ihre leiblichen Worte und ihre liebenden, frierenden, sprechenden Körper zueinanderfinden und siegen könnten über all das den umhergeisternden Toten als Statthalter dienende Schweigen, um auch noch diesen Toten und dem Leben, das sie verloren, gerecht zu werden in der unreinen, fehlerhaften, lebendigen Rede mit der sie sich leidenschaftlich verstricken in die Sorge um einen kühlen Kopf, in die Hoffnung auf warme Füße und in die Hitze des Gesprächs.

Ulrike Vedder

Erblasten und Totengespräche. Zum Nachleben der Toten in Texten von Marlene Streeruwitz, Arno Geiger und Sibylle Lewitscharoff

The afterlife of the dead as it is focussed in contemporary literature, mostly refers to the afterlife of the dead of the Nazi regime and the Second World War and is frequently narrated in the genre of family or genealogical novels. To obtain a new perspective in this discourse, the texts are often presented from the view of the 'third generation' – with the effect that the transgenerationality of guilt or trauma is emphasized. On the other hand the relations between memory, documentation and fiction are put up for discussion. The paper presents three novels that are working on an actual (re)vision of concepts of inheritance and afterlife: In Marlene Streeruwitz' Morire in Levitate *(2004), the granddaughter of a Nazi is haunted by the guilt that her grandfather has always refused to admit; in Arno Geiger's novel* Es geht uns gut *(2005), a grandson tries to decline the inherited villa that is occupied by objects, stories, and the voices of the dead; in Sibylle Lewitscharoff's novel* Consummatus *(2006), the protagonist's communication with the dead corresponds with his self-imposed genealogies.*

> *Unsere Aufmerksamkeit auf die Verstorbenen richten,*
> *heißt ihre Aufmerksamkeit für uns wecken.*[1]
> Gustav Theodor Fechner, *Das Büchlein vom Leben nach dem Tode*

I. Generationenromane und Totengespräche

Wenn es ein Urmotiv der Literatur ist, die Toten wiederzuerwecken, ihre Stimmen hörbar zu machen und auf diese Weise eine *memoria* zu vollziehen oder Totengespräche zu inszenieren, so ist die gegenwärtige Literatur in besonderer Weise gefordert. Denn nach dem Ende des zwanzigsten Jahrhunderts – das sich durch die Verheerung aller zivilisatorischen Leistungen der modernen Menschheit sowie durch nie gekannte Totenzahlen und -verdrängung ausgezeichnet hat – stellt sich die Frage, ob es der Literatur um eine gründliche Erinnerung bzw. 'Erweckung' der zahllosen Toten zu tun sein muss, die sich gegen ein ubiquitäres Vergessen richtet, oder ob es nicht in anderer Weise darum gehen muss, die Toten vor einer Nachgeschichte zu retten, die über sie verfügen und sie für ihre Belange in Anspruch nehmen will, und das heißt, die Toten also – aus welchen Gründen auch immer – dem Vergessen zu überantworten. Eine ganze Reihe von neueren literarischen Texten setzt sich genau mit diesen Schwierigkeiten eines sowohl 'rettenden' als auch 'vergesslichen' Umgangs mit den Toten

---

[1] Gustav Theodor Fechner: *Das Büchlein vom Leben nach dem Tode*. Mit einem Geleitwort von Wilhelm Wundt. Leipzig 1836. S. 26.

228

auseinander, indem die Texte zum einen die Erinnerungs- und Vergessens-
prozesse selbst reflektieren und zum anderen von den Konsequenzen erzählen,
die das Nachleben der Toten für diese selbst und für die Lebenden zeitigt.
Betrachtet man die aktuelle deutschsprachige Literatur, die die Toten des
Nationalsozialismus und des Zweiten Weltkriegs thematisiert, so zeigt sich
zunächst ein 'Boom' im Genre des Familien- oder Generationenromans. Dabei
ist doch dieses Genre in der Literaturgeschichte des zwanzigsten Jahrhunderts
immer wieder auf das Nachdrücklichste verabschiedet worden: sei es im
Schlussstrich, den Hanno Buddenbrook unter die Familienchronik zieht; sei
es im Maximalinzest, der bei Heimito von Doderer den Stammbaum der
Merowinger nurmehr auf eine einzige Person hin konzentriert und so quasi zur
Implosion treibt; sei es in all den Thomas Bernhard'schen Auslöschungen und
Abschenkungen, die die alten Geschlechter Österreichs endgültig untergehen
lassen. Wenn nun heute dieses Genre sich doch wieder als außerordentlich produktiv erweist, ohne bloß alte Muster zu wiederholen und ohne hinter die
unabweisbare Notwendigkeit der genannten Schlussstriche zurückzufallen, so
auch deshalb, weil die skizzierte Auseinandersetzung über den schwierigen
Umgang mit den Toten in der aktuellen Literatur besonders häufig aus der
Perspektive der 'dritten Generation' erfolgt.[2] Diese Perspektive der Enkel –
von Täter- und von Opferseite – betont zum einen das Muster der Familie und
der Transgenerationalität: Das Nachleben der Toten wird also als familiales bzw.
genealogisches 'Erbe' begriffen oder als transgenerationelle 'Traumatisierung'
konzipiert. Und zum anderen geht mit den Protagonisten der 'dritten Generation'
und ihrer zeitlichen Distanz zum Erzählgeschehen nicht nur ein Verlust von
Zeitzeugenschaft einher, sondern auch eine Befreiung vom Authentizitätspostulat,
die das Verhältnis von Erinnerung, Dokumentation und Fiktion gerade hinsichtlich Nationalsozialismus und Zweitem Weltkrieg neu befragbar macht.[3]
Die daraus resultierende Spannung von Wissen(wollen) und Nichtwissen(wollen)
wird aus der Perspektive der Enkel vielfältig literarisch produktiv, etwa im Kampf
gegen großelterliche Erbschaften, im versöhnlichen oder konfliktreichen

[2]Um nur einige deutschsprachige Romane zu nennen: Marcel Beyer: *Spione* (2000);
Tanja Dückers: *Himmelskörper* (2003); Arno Geiger: *Es geht uns gut* (2005);
Katharina Hacker: *Eine Art Liebe* (2003); Eleonora Hummel: *Die Fische von Berlin*
(2005); Reinhard Jirgl: *Die Unvollendeten* (2003); Monika Maron: *Pawels Briefe*
(1999); Eva Menasse: *Vienna* (2005); Marlene Streeruwitz: *Morire in Levitate* (2004);
Stephan Wackwitz: *Ein unsichtbares Land* (2003).
[3]Vgl. dazu Sigrid Weigel: *Genea-Logik. Generation, Tradition und Evolution zwischen
Kultur- und Naturwissenschaften*. München 2006. S. 87–103, sowie Ulrike Vedder:
Luftkrieg und Vertreibung. Zu ihrer Übertragung und Literarisierung in der Gegenwartsliteratur. In: *Chiffre 2000 – Neue Paradigmen der Gegenwartsliteratur*. Hg. von Corina
Caduff und Ulrike Vedder. München 2005. S. 59–79. Siehe auch Friederike Eigler:
Gedächtnis und Geschichte in Generationenromanen seit der Wende. Berlin 2005. S.
15–38.

Aufspüren von Familiengeheimnissen oder auch in einer Krankheit zum Tode, die aus *memoria*- und Schuldübertragungen resultiert. Vergleicht man in dieser Hinsicht den gegenwärtigen deutschsprachigen Generationenroman z.B. mit dem US-amerikanischen, von Autoren wie Roth, Eugenides, Franzen, Foer oder Lee, so zeigt sich anhand der unterschiedlichen Auseinandersetzungen mit Familienvorstellungen, Migrationsproblematik oder Generationskonflikten die spezifische Fixiertheit der deutschsprachigen Literatur auf NS-Geschichte und transgenerationelle Traumatisierungs- bzw. Übertragungsprozesse.

Um solche Prozesse soll es in den folgenden Lektüren von drei neueren Prosatexten gehen, bei denen nach dem Verhältnis von Totenbeschwörung bzw. Totenabwehr zur Erkenntnis- und Deutungsarbeit vergangenen und gegenwärtigen Lebens – seitens der Protagonisten sowie des Erzählens selbst – gefragt wird. Zur Debatte stehen dabei sowohl unterschiedliche Strategien der Vergangenheitsfixierung und -verweigerung als auch die Reichweite familialer und genealogischer Vorstellungen für eine aktuelle (Re)Vision von Konzepten des Erbens und Nachlebens.[4] So stellt Marlene Streeruwitz' monologische Novelle *Morire in Levitate* (2004) die Enkelin eines 'Nazi-Großvaters' ins Zentrum, deren Maxime einer konsequenten Verweigerung jeglicher 'Mittäterschaft' – eines Ausstiegs aus den 'Erbschaften' – als dauerhafte Beschwörung der Vergangenheit und als Sackgasse des Lebens kenntlich wird, und zwar in dem Moment, wo die Enkelin, indessen selbst gealtert, über ihr eigenes Sterben nachdenkt. In Arno Geigers Roman *Es geht uns gut* (2005) hingegen ist der Enkel zwar juristischer Erbe des Hauses seiner Großeltern, das von Dingen, Geschichten und den Stimmen der Toten bewohnt ist, doch verweigert er jegliche Auseinandersetzung mit diesem Erbe und dringt auf Entrümpelung – was die Erzählstimmen der Toten aber nicht davon abhält, sich zu erheben. Sibylle Lewitscharoffs Roman *Consummatus* (2006) schließlich entfaltet Totengespräche des zwanzigsten Jahrhunderts abseits familialer Fixierungen, oder besser: in einer Vielzahl familialer, göttlicher und kultureller Genealogien, und setzt an die Stelle von Beschwörung oder Abwehr eine gänzlich unmetaphysische Kommunikation mit den Toten.

II. Aporien der Verweigerung: Schuldübertragungen und Sterbemomente in Marlene Streeruwitz' Novelle *Morire in Levitate*

Während eines einsamen Spaziergangs am Seeufer denkt die Protagonistin über ihr bisheriges Leben nach, das ganz im Zeichen des großväterlichen

---

[4] Zur kulturwissenschaftlichen Auseinandersetzung mit der Figur des Nachlebens vgl. Martin Treml und Sigrid Weigel: 'Nachleben' in den Kulturwissenschaften – Gegenstand und Methode. In: *10 Jahre Zentrum für Literatur- und Kulturforschung* (=Trajekte Extra). Hg. von Sigrid Weigel. Berlin 2006. S. 13–16; sowie Ulrike Vedder: Das Nachleben der Toten. Testament und Kulturgeschichte. In: ebd. S. 17–18.

230

'Erbes' einer unbearbeiteten Schuld steht, sowie über ihr künftiges Sterben, das sie, entgegen dem 'fremden' Leben, als ihren ganz eigenen Tod setzen will: "Dieser letzte Augenblick. Und sie würde dann daliegen und sich denken, dass es das nun war. Und dass das nur sie wissen würde, wie das war. Dieses Geheimnis nur ihr gehören würde. [...] Ganz allein".[5] In solcher Antizipation des eigenen Sterbens im Feld von "Wissen" und "Geheimnis" zeichnet sich allerdings kein Gegenmodell zum Leben der Protagonistin ab, ist doch auch dieses Leben durch die Spannung von Wissen und Geheimnis gezeichnet. Sie wird in dem vielfach angespielten Verhältnis von Stimme und Schweigen abgebildet.

So erinnert sich die Protagonistin an Tischszenen ihrer Kindheit, wenn der Großvater mit einfachem Handzeichen ein Schweigegebot gegen seinen erwachsenen Sohn durchsetzte:

> Der Sieg des Großvaters war immer dieser Augenblick gewesen. Der Vater hatte Luft geholt und begonnen. Er hatte schon einen ersten Laut des Sprechens ausgestoßen. Sein Vater hatte die Hand gehoben. [...] Nur ein bisschen. Und der Großvater hatte nicht einmal die Gabel aus der Hand gelegt. Aber es war Ruhe. Sofort. (M 42f.)

Die stumme Gewaltsamkeit des Großvaters in diesen Szenen ist die gleiche, die sowohl sein schuldhaftes Handeln in der Nazibürokratie – er hat "die Fahrpläne für die Transporte [...] ausgetüftelt" (M 40) – als auch seine Verweigerung jeglicher Auseinandersetzung mit der Vergangenheit geprägt hat: "Der Großvater war immer seine Weltvorstellung gewesen. [...] Er hatte nicht einmal Spinat essen können, ohne ein Nazi zu sein" (M 26).

Dass die Enkelin mit einer schönen Stimme begabt ist und eine Ausbildung zur Opernsängerin absolviert, erscheint zunächst als ihre große Chance gegen das familiale und kollektive Schweigen. Und doch entkommt sie der großväterlichen Schuld nicht: nicht nur, weil der Großvater mehr oder weniger zufällig ein "Opernfanatiker" (M 43) gewesen wäre, sondern sehr viel grundlegender, weil – so jedenfalls die Deutung der Protagonistin – die Ästhetisierung von Leid und Schmerz in der Oper zur Verdrängung der Schuld und zur derealisierenden Überhöhung des Leidens entscheidend beiträgt. Diese Deutung stellt für sie keineswegs ein theoretisches Konstrukt dar, sondern eine Erfahrung, die sie auf der Opernbühne macht, wenn sie das Genießen des gesungenen Schmerzes und der aufwühlenden Sterbeszenen durch ein zu Tränen gerührtes Publikum erlebt. Für die Protagonistin beinhaltet die Ästhetisierung also eine Mitschuld, eine Koalition mit den Tätern, die sie sich im Publikum sitzend vorstellt – während doch eine solche Ästhetisierung auch gegenteilige Funktionen übernehmen könnte: Sie könnte als ästhetische Strategie eine

[5] Marlene Streeruwitz: *Morire in Levitate. Novelle.* Frankfurt/M. 2006 [2004]. S. 65. Künftig zitiert unter der Sigle M.

unvermutete Konfrontation der Täter mit deren eigenem Tun leisten, oder sie könnte zumindest – wenn Ästhetisierung nicht nur Aufhebung in den schönen Schein bedeutet – bei all denjenigen, denen der Schmerz eines anderen zunächst nichts bedeutet, auf ästhetischem Weg doch Interesse dafür wecken. Aber die Verstrickung der Enkelin in familiale Schuldübertragung bzw. Schuldübernahme erlaubt es nicht, diese zweite Deutung auch nur zu erwägen. Stattdessen gibt sie ihren Gesang auf – und mit ihm ihre Stimme überhaupt, würde doch jedes Schreien "immer ein Opernschrei sein […]. Sie hatte keine Möglichkeit mehr, einen hässlichen Schrei aus sich herauszuholen" (M 68). Das Fatale daran, ihr Talent aufzugeben, um sich jeglicher Mittäterschaft zu verweigern, ist allerdings zum einen, dass sie das, was als ihr spezifisch Eigenes gilt, selbst verneint, und zum anderen, dass sie das Verstummen "nicht einmal als Sühne verkaufen" kann, nicht als Tribut oder Opfer an eine unvergängliche Vergangenheit, denn das Verstummen ist zugleich "ihre Rettung" (M 55). Oder in einer weiteren Wendung: Durch das Verstummen verweigert sie zwar die Versöhnung in der Ästhetisierung, unterstellt sich aber auch dem großväterlichen Schweigegebot.

Streeruwitz' Novelle buchstabiert also die Aporien einer Verweigerung aus,[6] die aus der Unausweichlichkeit der als familiale "Erbschaft" konzipierten Schuld und Schuldübertragung resultieren: "Die widerstreitige Erbschaft. […] Zwischen einem Leben für sich und einem Leben für das Leitmotiv. Wegen des Großvaters" (M 75). In einem solchen Modell kann die in die Vergangenheit verstrickte und unausgesetzt darüber reflektierende Protagonistin die "Erbschaft" nicht ablehnen, zurückgeben oder verwerfen. Sie kann sie nur beenden, wenn sie ihre künftige Weitergabe verhindert: sei es, indem sie alles vernichtet; sei es, indem sie selbst allein stirbt, ohne etwas zu übergeben; sei es, indem sie selbst keine Nachkommen hat, denen etwas übertragen werden könnte. Die Novelle akkumuliert alle drei Möglichkeiten und lässt in dieser Überbetonung des Wunsches, ein Ende zu finden, die "Erbschaft" erst recht unausweichlich erscheinen, allerdings auch unscharf werden. So wird etwa die ärztliche Diagnose, "dass es also nun keine Kinder geben würde" (M 59), im Text nicht erläutert, und es bleibt unklar, wie genau die Unfruchtbarkeit – wie auch die anderen angespielten 'Krankheiten' Anorexie und Stimmverlust – als Folge familialen oder gesellschaftlichen Tuns und Lassens motiviert sein soll: "Alle konnten ihren Beitrag zu dieser Diagnose im Namen dieser Krankheit verbergen" (M 16). Zumindest aber lässt sich die Diagnose einer

---

[6] Die Gattungsbezeichnung 'Novelle' ist im Untertitel des Textes angegeben, wäre aber im klassischen Verständnis durch die Erzählweise hier nicht gedeckt, weil die relevanten 'unerhörten Ereignisse' außerhalb des Textes liegen (etwa eine seine Schuld begründende Tat des Großvaters oder aber das Sterben der Protagonistin). Insofern handelt es sich eher um eine Negativform der Novelle.

Reproduktionsunfähigkeit hinsichtlich des im Text zentralen Musters der Genealogie und der Transgenerationalität als 'Schlussstrich' unter die Erbschafts- und Übertragungsprozesse verstehen, ähnlich wie der Wunsch, die "Erbschaft" in einer Radikallösung ganz konkret loszuwerden: "Sie musste das alles vernichten. Verbrennen. Das Haus anzünden. Die Fotos. Die Tagebücher. Die Dokumente. Es war ja auch noch alles vom Großvater im Haus" (M 81). Und schließlich bietet der eigene einsame Tod die definitive Möglichkeit, dem 'fremden' Leben ein 'eigenes' Ende zu setzen und damit zugleich die familiale bzw. generationelle Übertragung zu entmachten.

Und so lassen sich nicht nur die Textpassagen, die konkret vom Sterben (des Großvaters, einer Patientin im Altenheim oder vom eigenen Sterben) handeln, als Nachdenken über den Todesmoment, seine Bedeutungsfülle und -leere, seine Exklusivität und Gleichgültigkeit verstehen.[7] Sondern auch die Novelle selbst, die sich im Weg zum Seeufer erstreckt, kann als Inszenierung des Übergangs vom Leben zum Tod gelten. Dies lässt sich zunächst am Motiv des Weges – genauer noch: des Weges vom Land zum Wasser – und des Ufers festmachen, ein Motiv, das literatur- und mythengeschichtlich mit der Passage ins Totenreich verbunden ist.[8] Und auch der bilanzierende Charakter des Erzählten, verbunden sowohl mit der Frage, was in welchem Modus zu hinterlassen ist, als auch mit Überlegungen für das eigene Sterben, kennzeichnet ein testamentarisches Schreiben, das den Übergang vom Leben zum Tod inszeniert.[9] Darüber hinaus zeigt sich eine solche Inszenierung an der Erzählstruktur der Novelle, deren reflektierende Passagen immer aufs Neue durch die Fortsetzung des Weges zum See unterbrochen werden, oder anders herum: Der Weg erscheint immer wieder durch die Reflexionen und Erinnerungen aufgehalten. Das Erzählen fungiert also selbst – sowohl in einer Literaturgeschichte von 'Sterbetexten' als auch in narratologischen Modellen – als Aufschub des

---

[7] Vgl. die Passagen über das Sterben des Großvaters und den antizipierten Moment des eigenen Todes: "Dass es diese Form von Gerechtigkeit nicht gab. Dass der Großvater in seinem Bett sterben hatte können. [...] Und vielleicht war das dann wirklich und endgültig nicht mehr wichtig. [...] Ungerecht, aber nicht wichtig" (M 66). "Die ganze Welt dann nur mehr auf sie selber zusammengeronnen. Unmittelbar. In der Auslöschung ausgelöscht. Und knapp davor ein winziger Moment. Und dann auch die Gleichgültigkeit gleichgültig" (M 66).

[8] Das heideggersche 'Vorlaufen zum Tode' ist hier also nicht ontologisch, sondern historisch, d.h. aus der Übernahme historischer Schuld motiviert und zudem, wenn man so will, als 'Vor*laufen*' im Spazierweg zum Ufer konkretisiert.

[9] Zum Begriff des testamentarischen Schreibens vgl. etwa Ulrike Vedder: Erbschaft und Gabe, Schriften und Plunder. Stifters testamentarische Schreibweise. In: *History, Text, Value. Essays on Adalbert Stifter*. Hg. von Michael Minden, Martin Swales und Godela Weiss-Sussex. Linz 2006. S. 22–34 (Jahrbuch des Adalbert-Stifter-Instituts 11).

Todes, als lebensverlängernder Aufschub: indem etwas unausgesprochen bleibt und eine Spannung aufrechterhält, indem also die Erzählstruktur sich gegen den Tod wendet, *weil* sie mit ihm rechnet, ja, ihn erwartet. In Streeruwitz' *Morire in Levitate* geschieht dies zudem in einer monologisch angelegten, personalen Erzählweise, die sich in einer Schreibweise zwischen Sprechen und Schweigen spiegelt: abgebrochene Sätze, kreisende Formulierungen, unvollständige Aussagen, die kein Gegenüber adressieren.

Ein solches Erzählen – und das ist auch das Problem dieser Novelle – hat durchaus manierierten Charakter. Dies äußert sich sowohl in einer Schreibweise, die gleichbleibend am Rande des Verstummens sich behauptet, als auch in einer Figur, die nur sich selbst ins Zentrum des monologischen Sprechens stellt. Die wenigen Gegenüber, die die Protagonistin sich sucht, sind keine wirklichen Adressaten, sind sie doch selbst stumm, resonanzlos: der Großvater, der ihr nicht antwortet, während sie von der Beschäftigung mit ihm nicht loskommt; die Frau im Altersheim, von der sie nie weiß, ob ihre Vorlesestimme sie überhaupt erreicht. Die Selbstisolation der Figur erlaubt es ihr nicht, andere 'Opfer' außer sich selbst in den Blick zu nehmen. Damit aber unternimmt sie – um den Preis der Selbstbannung – eine Totenbannung, zumal keine andere Erzählstimme zugunsten der Toten sich erhebt (auch in diese Richtung ließe sich ja der Titel der Novelle deuten). Die Novelle stellt also das Psychogramm einer weiblichen Figur dar, die sich selbst den "Täterkindern" (M 13) zurechnet. Damit verortet sie sich innerhalb eines genealogischen Schemas, das in naturgesetzlicher Weise als unausweichlich gilt und die transgenerationelle Schuldübertragung forciert. Die Unversöhnlichkeit der Protagonistin, die in ihrer Fixiertheit das großväterliche 'Erbe' gerade annimmt bzw. auf sich nimmt, macht die skizzierten Aporien jeglicher Verweigerung innerhalb dieses Schemas einer permanenten Präsenz deutlich. Indem die Novelle in ihrer Nahperspektive auf dieses Psychogramm und im Erzählmodus des Monologischen verbleibt (und so ihre Manierismen produziert), begibt sie sich allerdings der Möglichkeit, das darin herrschende Konzept des Genealogischen in Frage zu stellen.

Um das Verhältnis von Übertragungskonzepten und Schreibweisen – von Erben, Sterben und Erzählen – weiter zu verfolgen, sei nun ein Roman betrachtet, der ebenfalls das Dilemma einer Bannung der Toten und einer Verweigerung des Erbes bei gleichzeitiger Übermacht des Vergangenen thematisiert und der ebenfalls der Schwierigkeit begegnen muss, zwar – seitens seines Protagonisten – nichts hinterlassen zu wollen, aber im Schema einander folgender Generationen des zwanzigsten Jahrhunderts zu erzählen. Im Unterschied zu Streeruwitz' Novelle gibt Arno Geigers Roman *Es geht uns gut* (2005) jedoch den Toten eine Stimme, und in der Mehrstimmigkeit des Erzählens vervielfältigt der Text die Ursprünge einer vergangenheitsbesessenen *und* vergesslichen Gegenwart.

III. Synchronie und Genealogie: Das Nachleben der Toten in Arno Geigers Roman *Es geht uns gut*

Auch Geigers erfolgreicher Roman setzt mit einem Verweigern des Erbes durch die 'dritte Generation' ein:[10] Der erfolglose Schriftsteller Philipp Erlach hat die Villa seiner Großmutter geerbt, möglicherweise "zur Strafe" für sein Demonstrieren "gegen Spekulanten und für mehr Wohnraum",[11] und ist – neben allen anderen unvermuteten Belastungen – mit dem Problem konfrontiert, dass Tauben den Dachboden besetzt "und alles knöchel- und knietief mit Dreck überzogen" haben, "Schicht auf Schicht wie Zins und Zinseszins" (E 7). Dieser Dachboden wird wie das ganze Haus zur Verräumlichung einer auf das Heute gekommenen Vergangenheit mit ihren Toten, lautet doch bereits der Eingangssatz des Romans: "Er hat nie darüber nachgedacht, was es heißt, daß die Toten uns überdauern" (E 7). Folglich setzt Philipp zwar auf eine großräumige Entrümpelung des Hauses, um jeglichen Nutzen aus diesem Erbe zu negieren, und bestellt einen Container. Doch seine Aktivitäten erlahmen rasch: Weder will er sich mit seinem Erbe auseinandersetzen – er hat "nicht einmal Lust, es zu verschenken" (E 11) – noch mit seiner Familiengeschichte, über die er einerseits wenig weiß, war er doch "von den genealogischen Informationstransfers [...] von früh auf abgeschnitten" (E 98), und für die er andererseits keinen Imaginationsaufwand betreiben mag: "beklemmend, wenn er sich den Aufwand an Phantasie ausmalt, der nötig wäre, sich auszudenken, wie die Dinge gewesen sein *könnten*" (E 10). Und so übernehmen die Toten seiner Familie das Wort, indem das Geschehen einzelner Tage zwischen 1938 und 1989 in jeweils personaler Perspektive erzählt und zwischen die in der Erzählgegenwart des Jahres 2001 situierten Kapitel eingeschoben wird. Dabei geht es um Familienalltag und -katastrophen, um Generationenkonflikte und -transfers, eingebunden in detaillierte historische Szenarien, anders gesagt: um die Frage, wie man im zwanzigsten Jahrhundert mit sich, mit einer Familiengeschichte und mit den Toten lebt oder leben kann, und in welcher Weise das Verhältnis von Erinnerung, Vergessen und Fiktion das Erzählen von den Toten und ihrem Nachleben prägt.[12]

---

[10] Der Roman wurde 2005 mit dem erstmals verliehenen *Deutschen Buchpreis* ausgezeichnet.

[11] Arno Geiger: *Es geht uns gut. Roman*. München – Wien 2005. S. 354. Künftig zitiert unter der Sigle E.

[12] Eine Reihe weiterer Fragen ließe sich an Geigers Roman entfalten. So geht etwa Bernhard Jahn der Frage nach, auf welche Weise die Generationen in der Diachronie untereinander verknüpft werden und welche Rolle Ähnlichkeit und Dissoziation dabei spielen. Vgl. Bernhard Jahn: Familienkonstruktionen 2005. Zum Problem des Zusammenhangs der Generationen im aktuellen Familienroman. In: *Zeitschrift für Germanistik* 16.3 (2006). S. 581–596.

Dafür ist entscheidend, dass der Enkel Schriftsteller ist und trotz seiner Absage an den "Aufwand an Phantasie" (E 10) in seinen Notizbüchern doch Entwürfe einer "Familiengeschichte" (E 98) festhält, von denen der Roman berichtet. Dabei handelt es sich allerdings nicht um die jüngere Geschichte, sondern um Skizzen zur "Lebensgeschichte eines Großvaters mit nur schwer bestimmbarer Anzahl an *Ur*-Präfixen" (E 52) und anderer Kriegs- und Frauenhelden, die "zu Zeiten der zweiten Türkenbelagerung" (E 53) oder auch während einer Audienz beim Kaiser im Jahr 1847 in märchenhafter Weise agieren. Wichtig daran ist jedoch, dass – seitens des Erzählers – mit diesen Skizzen eine spezifische Darstellungsweise von Familiengeschichte verbunden wird, die nicht im Muster des Stammbaums oder der Generationenkette gedacht wird. Solche Muster setzen eine Ursprungs- oder Zielposition, von der ausgehend sie – vorwärts oder rückwärts – die bis an die Gegenwart heranreichende Vergangenheit entfalten bzw. abrollen und auf diese Weise mit generationell organisierten Erbevorstellungen ebenso eng verknüpft sind wie mit quasi naturgesetzlich ablaufenden Unausweichlichkeiten. Hier jedoch rückt an die Stelle eines Stammbaums ein "fiktives Klassenfoto [...], lauter Sechs- oder Siebenjährige" (E 15), das heißt eine synchrone Darstellung, die alle zeitlich und räumlich voneinander entfernten Vorfahren und Nachkommen, Lebende und Tote, einschließlich der eben genannten märchen- bzw. heldenhaften Ahnen, als Kinder in einem Schulzimmer zeigt. Das diachrone Muster aufeinander folgender Generationen (im genealogischen Sinne) wird hier also nicht etwa in einen synchronen Generationenbegriff (im Sinne einer Altersgruppe mit gemeinsamem Erlebnishorizont) überführt.[13] Vielmehr handelt es sich um ein offensiv "fiktives" Szenario, das eine vergegenwärtigende, zeitenübergreifende Synchronie in der Vergangenheit entwirft, die zugleich zukunftsoffen ist, insofern es Kinder mit noch unbestimmtem Lebenslauf sind.[14] Zudem sind auf diesem fiktiven Foto, das den Ausgangspunkt für Philipps Skizzen darstellt, er selbst sowie seine Eltern und Großeltern ebenfalls abgebildet, woraus sich schließen lässt, dass nicht nur die Skizzen mit

---

[13] Zum historisch sich verändernden Verhältnis zwischen beiden Generationenbegriffen vgl. Sigrid Weigel: Generation, Genealogie, Geschlecht. Zur Geschichte des Generationskonzepts und seiner wissenschaftlichen Konzeptualisierung seit dem Ende des 18. Jahrhunderts. In: *Kulturwissenschaften. Forschung – Praxis – Positionen.* Hg. von Lutz Musner und Gotthart Wunberg. Wien 2002. S. 161–190; sowie den Band *Generation. Zur Genealogie des Konzepts – Konzepte von Genealogie.* Hg. von Sigrid Weigel, Ohad Parnes, Ulrike Vedder und Stefan Willer. München 2005.

[14] Ein anderes Modell des nicht-generationellen Nebeneinanders bildet die Fotowand im großmütterlichen Schlafzimmer: "In ovalen, runden, viereckigen und hufeisenförmigen Rahmen, von Porzellanefeu und Metallrosen umschlossen, all die vertrauten und weniger vertrauten Gesichter, die ganze zerstreute, versprengte und verstorbene Familie. Philipp erkennt sie alle, in allen Altern" (E 135).

ihrer mythischen Familiengeschichte, sondern auch der Roman selbst und seine spezifische Darstellung der jüngeren Geschichte seit dem 'Anschluss' Österreichs 1938 von dem schreibenden Enkel erzählt werden.[15]

Eine auf Fragen des Genealogischen und der Toten konzentrierte Lektüre ergibt also, dass der Enkel seine Familiengeschichte schreibt *und* gleichzeitig verweigert, das Erbe antritt *und* verwirft, die Geschichte erinnert *und* vergisst, kurz: eine Figur darstellt, die in die distanzierte "Dokumentation einer untergegangenen Kultur" (E 136) zugleich existentiell involviert ist.[16] Damit ist ein Modus entworfen, in dem das oben genannte Authentizitätspostulat der Möglichkeit eines erinnernden Erzählens 'nach der Zeitzeugenschaft' nicht entgegensteht. Dies zeigt sich auch darin, dass die in personaler Perspektive im Präsens – und das heißt ganz nah am Wahrnehmen und Beschreiben der jeweiligen authentischen Gegenwart – erzählten Kapitel selbst Fragen des Erinnerns und Vergessens der jeweiligen Vergangenheit sowie des Erbens und Verwerfens thematisieren: wenn Philipps Großmutter mit ihren toten Kindern Zwiesprache hält; wenn seine Mutter als junge Frau mit ihren Eltern um Fragen des materiellen und immateriellen Erbes streitet; wenn der Großvater am Ende eines Tages das Erlebte als Gedächtnisstütze für sich ordnet: "Erinnerungen für spätere Tage [...]. Richard geht davon aus, daß er sich erinnern wird" (E 91). Das wird er allerdings nicht, denn seine Altersdemenz wird ihn die Zusammenhänge vergessen lassen. Das Sich-nicht-erinnern-Können des Großvaters kann wiederum mit dem Vergessenwollen des Enkels korreliert werden, dem nach dem Leeren der Abfallcontainer nur das "Wissen" bleibt, "daß die Zusammenhänge nicht mehr herstellbar sein werden" (E 274).

Ein solches Erzählen zieht die Konsequenz aus der Erkenntnis, von den Toten herzukommen – eine Herkunft, die nicht nur den einzelnen Erben von Dingen, Fotos und Geschichten betrifft, sondern unsere gesamte Kultur in all ihren Äußerungen und Verinnerlichungen, ihren Prozessen des Erinnerns und Vergessens prägt. Das Nachleben der Toten, um das es auch diesem Roman geht, ist ja nicht bloß als Fortexistenz der Toten zu verstehen, sondern als ihre Fortwirkung in unvorhersehbare Richtungen:

> Das Knarren der längst verfaulten Fässer, das Wiehern der Pferde und der Nachhall der nackten Kinderfüße auf dem Boden geistern noch, jedes Geräusch isoliert in einem eigenen Gedanken, durch die allmählich austrocknenden Gehirne, Erinnerungsstaub,

---

[15] Vgl. hingegen die Interpretation von Jahn, der die Urheberschaft der historischen Kapitel in Geigers Roman einer übergeordneten, wenn auch unbestimmt bleibenden Erzählinstanz zuweist (Jahn: Familienkonstruktionen 2005).

[16] Im Gegensatz zu anderen Romanen, die eine versöhnende Überidentifikation von Autoren und Lesern mit der Eltern- bzw. Großelterngeneration betreiben; vgl. dazu Harald Welzer: Schön unscharf. Über die Konjunktur der Familien- und Generationenromane. In: *Mittelweg 36* 1 (2004). S. 53–64.

der sich zurück in die Substanz der Ereignisse setzt, weil weder Luft noch Zeit ihn allzulange tragen. (E 42)

Robert Pogue Harrison macht in seinem Entwurf einer von den Toten herkommenden Kultur darauf aufmerksam, dass sich unser Planet nicht nur dadurch auszeichnet, von einer Sauerstoffschicht umhüllt zu sein, die es uns erlaubt zu leben, sondern dass er zudem aus einem Material besteht, in dem wir unsere Toten bestatten können, was ein zugleich materiell-organisches *und* kulturelles Erinnern, ja 'Weiterleben' ermöglicht.[17] In einem solchen Kontext wird der "Erinnerungsstaub" (E 42) in Geigers Roman vielfältig deutbar: als Staub der Toten, ihr materieller Überrest; als eine Materialisierung des Vergehens der Zeit, die sich unterschiedslos auf alles legt; als Inbegriff des Nichtigen, nicht in Wert Überführbaren; als Gegenmodell zu jenen Schichten aus Taubendreck, die den Dachboden – symbolisch hochaufgeladen als familialer Gedächtnisspeicher – unbetretbar machen und von beherzten Schwarzarbeitern, die Philipp engagiert hat, schließlich entsorgt werden.

Diese Schichten, die "wie Zins und Zinseszins" (E 7) sich auftürmen, lassen sich weder archäologisch abtragen noch in ihren ursprünglichen Bedeutungen rekonstruieren:

Es ist, als würde nach und nach mit der Feuchtigkeit auch die Bedeutung aus den Gegenständen gepreßt. Wohin man schaut, verklumpen sich die abgelegten Dinge zu einem Grundstoff, einer Materie, die Generationen vermengt, zu eingedickter, eingeschrumpfter, ihrer Farben beraubter Familiengeschichte. (E 362f.)

Diese "Materie" schlägt sich auf dem Dachboden als Taubendreck nieder, der in seiner zersetzenden Aggressivität, in seinem abschreckenden ekelerregenden 'Leben', das auch unter seuchenpolizeilichen Vorkehrungen kaum zu entsorgen ist, immer weiter wuchert, sich festsetzt, neue Substanzen bildet. Der Staub hingegen ist trockene Leblosigkeit: Metapher reiner Vergänglichkeit. Auf diese Weise sind starke materiegebundene Bilder für die unterschiedlichen Umgangsweisen mit dem Nachleben der Toten gefunden, die in Geigers Roman einerseits an einer Dissoziation der Familie und am Verwerfen ihres Erbes arbeiten und andererseits vom unhintergehbaren wechselseitigen Bezug "zwischen den Lebenden und den Toten, die man so leicht verwechselt" (E 358), erzählen.

IV. Die Gegenwart der Toten: Andere Genealogien in Sibylle Lewitscharoffs Roman *Consummatus*

In Sibylle Lewitscharoffs Roman *Consummatus* (2006) sind die Toten nicht länger stumm, wie noch in Streeruwitz' Text, wo keine Fragen an sie herangetragen

[17] Robert Pogue Harrison: *Die Herrschaft des Todes*. Übers. von Martin Pfeiffer. München 2006. S. 17–38.

werden, und ihre Stimmen werden nicht nur aus der Vergangenheit heraus hörbar gemacht, wie in Geigers Roman. Für Ralph Zimmermann, den Protagonisten des Romans, sind sie 'tatsächlich' gegenwärtig: Während er den Vormittag des 3. April 2004 im Café Rösler in Stuttgart verbringt, treiben sich die Toten herum, kommentieren seine Erzählungen, korrigieren seine Erinnerungen, nähern und entziehen sich ihm, schweben unter der Zimmerdecke oder hinter der Kuchentheke und verlassen ihn nicht. Er seinerseits lebt "in Verbindung mit den Toten" und bewohnt "nur noch bescheidene Teile meiner selbst, die anderen habe ich großzügig den Toten überlassen".[18] Auch ein Großteil des Drucktextes im Buch ist den Toten zugeordnet und durch hellere Druckfarbe kenntlich gemacht – ein Abbild ihrer Schattenhaftigkeit und Leichtigkeit, aber auch ihres Wortreichtums und ihrer Präsenz. Weil die Toten 'tatsächlich' anwesend sind, ist die Kommunikation mit ihnen keineswegs nur auf eine Richtung hin angelegt, dass nämlich die Toten den Lebenden etwas übermitteln, übertragen, vererben. Vielmehr funktioniert diese Kommunikation bei Lewitscharoff auch andersherum: "Wir müssen mit den Taten und Plänen der Toten leben. Höchste Zeit, daß sich da etwas ändert und wir ein Wort mitreden" (C 74). Und die Toten kommentieren Zimmermanns Vorhaben:

> Vier oder fünf Gedanken in uns hineinzumogeln, ist ihm tatsächlich gelungen. Manche von uns sind noch empfänglich. Werden wir im richtigen Moment erwischt, kann ein Ideenfetzchen von außen in uns reinspringen. (C 75)

Dabei stellten doch genau solche Gegenwart der Toten und Kommunikation mit ihnen eine zentrale Vorstellung und Praxis der Vormoderne dar, die in einer säkularisierten Moderne nicht nur nicht vorgesehen, sondern auf allen Ebenen – religiös, juristisch, medizinisch, bürokratisch, ökonomisch – sorgfältig abgeschafft bzw. in die Literatur verlagert wurden.[19] Wenn nun Lewitscharoffs aktueller Roman die Toten weder metaphysisch noch unheimlich, weder allwissend noch erhaben auflädt, sondern sie mit ihrem Schweigen und ihren Stimmen, ihren Geschichten, Eigenarten, Lächerlichkeiten und Ohnmachten einfach gegenwärtig sein lässt, so kann das als ein Anknüpfen an vormoderne Vorstellungen verstanden werden, das die Entwertung der Toten in der Moderne zurückweist – wenn auch in einer Form, die das Durchgegangensein durch die Moderne deutlich macht.

---

[18] Sibylle Lewitscharoff: *Consummatus. Roman.* München 2006. S. 12 und 14. Künftig zitiert unter der Sigle C.

[19] Vgl. dazu Otto Gerhard Oexle: Die Gegenwart der Toten. In: *Death in the Middle Ages.* Hg. von Herman Braet und Werner Verbeke. Leuven 1983. S. 19–77.

So können die Toten in *Consummatus* nicht, wie noch in der Vormoderne, in der Not helfend eingreifen,[20] sondern nurmehr ganz geringfügig intervenieren, z.b. einen Stift "wenige Millimeter auf glatter Fläche rollen lassen" (C 18) oder eine Zigarettenpackung kurz zum Aufleuchten bringen (C 170). Die Macht der Toten wird hier also auf die kleinen Verrückungen und prosaischen Zufälle des täglichen Lebens beschränkt, und an die Stelle eines helfenden Eingreifens treten die Totengespräche. Zudem wird die Anwesenheit der Toten nur von sehr wenigen bemerkt, kann doch z.b. Ralph Zimmermann ihre Gegenwart erst seit seiner eigenen Nahtoderfahrung, die er als Jenseitsreise erinnert, wahrnehmen. Darüber hinaus handelt es sich bei 'seinen Toten' unter anderem um die Popikonen Andy Warhol, Jim Morrison und Edie Sedgwick, mithin um pop/postmoderne Medienhelden *avant la lettre*, die schon aufgrund ihres medialen Charakters – mit audiovisuell reproduzierbaren Stimmen, Bildern und Bewegungen – auch nach ihrem Tod lebendige Anwesenheit simulieren.

Dass seine Wahl ausgerechnet auf diese Popikonen fällt – zu denen auch ein anderer 'Zimmermann', nämlich Bob Dylan zählt –, hat ein zentrales Motiv in dem Satz "Ich floh zu den Amerikanern" (C 194). Diese Wahl einer "Wunschfamilie" (C 198) und das heißt auch einer anderen Genealogie, die sich auf eine 'Neue Welt' und eine neue Zeit richtet, erfolgt nämlich einerseits im Zeichen "meine[s] toten Germanien" (C 211), d.h. der deutschen Vergangenheit. Deren "nicht enden wollende Krankengeschichte" (C 37f.) und deren "zähe Phantasien, die eine unglückliche Generation auf die nächste weitergibt" (C 110), kulminieren in der Nazizeit zwar auf todbringende Weise, beginnen aber vorher und reichen weiter. Dies zeigt sich nicht zuletzt durch die Wahl ein- schlägiger Genealogien, wenn der Erzähler beispielsweise die Kunstreligion und den Meister-Gefolgschafts-Mythos eines Stefan George nennt, dem einer seiner Mitschüler nach dem Krieg verfällt. Andererseits liegt die Flucht zu den Amerikanern auch darin begründet, dass Zimmermann jeglicher eigene "Verwandtenapparat" (C 25) fehlt – auch eigene Nachkommen – und er also von 'biologisch'-genealogischen Zwängen befreit ist. Die Totengespräche sind demnach abseits familialer Fixierungen angesiedelt, auch wenn die toten Eltern in ihrer milden Schwäche ab und zu erscheinen. An deren Stelle tritt eine Vielzahl familialer, kultureller und göttlicher Genealogien, woraufhin sich auch veränderte Visionen von Erbe einstellen: Gegen Ende des Buches spaziert der Protagonist durch das Schneegestöber, das zugleich ein Totengestöber ist und in das in der hellen Schrift der Toten die göttlichen Worte

---

[20] Vgl. Mireille Othenin-Girard: "Helfer" und "Gespenster". Die Toten und der Tauschhandel mit den Lebenden. In: *Kulturelle Reformation. Sinnformationen im Umbruch 1400–1600*. Hg. von Bernhard Jussen und Craig Koslofsky. Göttingen 1999. S. 159–191.

240

hineingeschrieben sind: *"Er nun gehe hin und ruhe! Er wird zu seinem Erbteil erstehen am Ende der Tage"* (C 228). Der Text fährt im Anschluss fort: "Eine Schar Männer, meine versammelte Erbmannschaft, begleitet mich durch die Königstraße" (C 228) und zählt z.b. "Rosenschläfer Rilke", "Ist-in-Frieden-heimgegangen-Kant", "Fügte-sich-Gottes-Ratschluß-Linné" und "Hat-Gott-an-sich-gerissen-Strindberg" (C 229) auf. Das Erbe wird hier konzipiert als Gleichzeitigkeit von selbstgewählter Konstruktion (eine Erbmannschaft versammeln) und göttlicher Fügung (zum Erbteil erstehen), und zwar in ebenso wortgewaltiger wie ironischer Sprache. Damit lässt sich Lewitscharoffs Roman auch als eine Gottessuche lesen, die sich der Unhintergehbarkeit der Säkularisierung in der Moderne bewusst ist und dennoch auf die "Botschaft dahinter" hofft, "das große Dahinter, hinter dem Schnee, hinter den Stimmen der Toten [...], hinter meinem toten Germanien, diesem begrenzten klaustrophobischen Reich" (C 211). Beim Versuch des Protagonisten, Orpheus gleich, seine tote Geliebte wiederzugewinnen, scheitert er an einem großen schwarzen Loch, "vor dem ich zurückzuckte am Ende meiner Reise" (C 46). Obwohl dieses "Loch funktionierte nach Art einer Schleuse, in der die tote Materie gelängt und gewandelt wurde" (C 47), gelingt es Ralph Zimmermann nicht hindurchzukommen – dennoch geht eine permanente Lockung von jenseits dieser Schleuse aus: "Leises, leises Lachen, so heiter und verführerisch, bei näherem Hören trocken. Jesus, [...] es ist Jesus, der da drüben lacht und lockt" (C 47). Der Roman ist also getragen von einer starken Spannung zwischen einer verlockenden Unerreichbarkeit und Widerständigkeit des Jenseits einerseits und einer Kommunikation mit den Toten andererseits, die nicht nur einen Ideenschmuggel in das Wissen der Toten ermöglicht, sondern sogar Visionen einer Wiederbelebung von sterblichen Überresten:

> [...] wenn man nur wenig an ihnen schabte, würden die Knochen anfangen zu singen, mit brüchigen, trockenen Stimmen ihre Namen singen und auch davon singen, wie die dazugehörigen Leiber umgebracht wurden. Rückspringende Beseelung der Knochen als Privileg derer, die gewaltsam zu Tode kamen. (C 167)

V. Kinderlose Nachkommen: Vom Schwinden der Zukunft

In allen drei Romanen haben die Protagonisten, die selbst als Nachfahren agieren, keine eigenen Nachkommen, was bei Streeruwitz mit der Verweigerung einer Verlängerung der schuldhaften Vergangenheit motiviert ist, bei Geiger mit Bindungsunfähigkeit bzw. "familiärer Unambitioniertheit" (C 11), bei Lewitscharoff mit dem Festhalten an der toten Geliebten. Folglich gibt es in allen drei Romanen keine Visionen, in denen sich die Protagonisten über sich selbst hinaus eine Zukunft entwerfen würden – steht doch die Zukunft bei Streeruwitz im Zeichen des antizipierten Sterbemoments, bei Geiger will der Enkel zur Hochzeit eines Fremden reisen, bei der er selbst fremd bleibt, und bei Lewitscharoff reicht die Romanzukunft bis Samstagabend, der wie in jeder Woche im geliebten Weinhaus "fröhlich endet" (C 236), das heißt in der alltäglichen Wiederkehr eines ewig Gleichen. Der große Verweigerungsgestus, der die Figuren in den Texten von Streeruwitz und Geiger auszeichnet, versandet in Lewitscharoffs Roman in der Banalität des Alltags. Während Streeruwitz der Zeit des Erbes ein Ende setzen will und Geiger sie zu unterbrechen versucht, gibt es für Lewitscharoffs Protagonisten noch Zeit, die jedoch alles andere als eine emphatische Zukunft ist.

Benjamin Biebuyck & Gunther Martens

Metonymia in memoriam.

Die Figürlichkeit inszenierter Vergessens- und Erinnerungsdiskurse bei Grass und Jelinek

Much of the current research on memoria *convincingly demonstrates the vital and quasi-anthropological contribution of literature to the development of collective symbolism and its wavering between warning testimony and forgetting. Independently, cognitive linguistics increasingly turns its attention to metonymy as a central and very productive thought and language category, without, however, giving much thought to the question of the markedness and the narrative function of this rhetorical form. Our paper aims to circumscribe metonymy as a textual process that affects the literary staging of memory. How does metonymy relate to other forms of figuralization in this respect? To what extent does metonymy display an awareness of narrativity, and how does this call to the fore an ethical, self-reflexive sensibility towards the distribution of power in language, especially in view of the fact that metonymy is commonly associated with violent, stigmatizing, "excitable speech" (Judith Butler)? Our hypotheses concerning the narrative function of metonymy will be illustrated by means of examples taken from post-war literature, to wit Günter Grass'* Die Blechtrommel *and* Im Krebsgang, *as well as Elfriede Jelinek's* Die Liebhaberinnen, Die Kinder der Toten *and* Gier.

Es muss wohl eine nicht-intendierte Ironie sein, dass der jüngste Versuch, die gesellschaftliche Relevanz von Literatur und Literaturwissenschaft zu belegen – *per definitionem* ein Versuch der Extravertiertheit und der Exzentrizität –, gänzlich auf einer Interiorisierung ihrer Blickwinkel beruht. Denn was berührt die Innerlichkeit, sei es eine persönliche und situationsgebundene oder eine soziale und historische, eingehender als die Erinnerung? Die Interiorisierung der Geschichte und das damit einhergehende individuelle und kollektive Archivierungsangebot sind in der Literaturwissenschaft des vergangenen Jahrzehnts vorwiegend auf der Ebene der repräsentierten Wirklichkeit untersucht.[1] Für eine solche Untersuchungsmethode sind sowohl die älteren wie auch die neuesten Werke von Günter Grass und Elfriede Jelinek geradezu paradigmatische Objekte, insofern sie die mannigfaltige Aktualität unbewältigter und verdrängter Vergangenheit zur Schau tragen. Hierbei bleiben jedoch die

---

[1] Vgl. dazu auch die Sammelrezension von David Midgley: Das ausufernde Gedächtnis. In: *KulturPoetik. Zeitschrift für kulturgeschichtliche Literaturwissenschaft* 3.2 (2003). S. 297-306.

komplexen rhetorischen Netzwerke, die ihre Texte strukturieren, in der einschlägigen Forschung großenteils unbeachtet.[2]

I. Stiefmütter

Für die Metonymie haben sich die meisten Literaturwissenschaftler lange Zeit –
einige Ausnahmen außer Acht gelassen – als böse, bestenfalls als gleichgültige
Stiefmütter herausgestellt.[3] Insbesondere in konkreten Textanalysen sind nur
wenige im Stande gewesen, das rhetorische Potential der Metonymie annähernd zu umschreiben. Bekanntlich haben zahlreiche Literaturtheoretiker sich –
im Schatten Jakobsons und Lacans – mit der tropologischen Opposition
zwischen Metonymie und Metapher auseinandergesetzt, aber die anspruchsvollen
Behauptungen, denen beide Tropen hierbei zum Opfer gefallen sind, erweisen
sich uns in textnaher Forschung nicht immer als haltbar oder gar anwendbar.[4]
Hierbei haben wir den Eindruck, dass die bisweilen offen proklamierte Begeisterung für die oft als rhetorisches Derivat der als Identitätstropus simpli-
fizierten Metapher erklärte Metonymie nicht selten ein grundsätzliches
Definitionsmanko verbergen soll.[5] Großer Beliebtheit dagegen erfreut sich die
Metonymie in der neueren kognitionstheoretisch orientierten Forschung, und
insbesondere in der kognitiven Linguistik, in der sie als äußerst produktive

---

[2] Siehe: Herman Beyersdorf: Von der *Blechtrommel* bis zum *Krebsgang*. Günter Grass
als Schriftsteller der Vertreibung. In: *Weimarer Beiträge* 48.4 (2002). S. 568-93;
Kristin Veel: Virtual Memory in Günter Grass's *Im Krebsgang*. In: *German Life and
Letters* 57.2 (2004). S. 206-218; Andrea Kunne: Het einde van de 'schone schijn'. Elfriede
Jelineks roman *Die Kinder der Toten* als reactie op de holocaust. In: *Literatuurweten-
schap tussen betrokkenheid en distantie*. Hg. von Liesbeth Korthals Altes und Dick
Schram. Assen 2000. S. 253-264; Barbara Kosta: Murderous Boundaries: Nation,
Memory and Austria's Fascist Past in Elfriede Jelinek's *Stecken, Stab und Stangl*. In:
*Writing against Boundaries: Nationality, Ethnicity and Gender in the German-Speaking
Context*. Hg. von Barbara Kosta und Helga Kraft. Amsterdam 2003. S. 81-98.
[3] Hierzu gehören wohl auch diejenigen, welche die Metonymie auf die Metapher zu
reduzieren versucht haben, wie Albert Henry, für den die figürliche 'Trinität' (Metapher,
Metonymie und Synekdoche) in ein und derselben "geistigen Operation" wurzelt
("Notre ambition est de montrer que cette 'trinité' n'actualise qu'une seule personne,
engendrée par une seule opération d'esprit essentielle"). Albert Henry: *Métonymie
et métaphore*. Paris 1971. S. 10.
[4] Siehe u.a. Roman Jakobson: Der Doppelcharakter der Sprache und die Polarität zwischen Metaphorik und Metonymik. In: *Theorie der Metapher*. Hg. von Anselm
Haverkamp. Darmstadt 1983. S. 163-174; Jacques Lacan: L'instance de la lettre dans
l'inconscient ou la raison depuis Freud. In: *Ecrits*. Paris 1966. S. 493-528.
[5] Vgl. u.a. den zwar politisch interessanten, aber rhetorisch-theoretisch einigermaßen
unzulänglichen Aufsatz von Ernesto Laclau: The Politics of Rhetoric. In: *Material
Events. Paul de Man and the Afterlife of Theory*. Hg. von Tom Cohen, Barbara Cohen,
J. Hillis Miller und Andrzej Warminski. Minneapolis – London 2001. S. 229-253.

Denk- und Kommunikationskategorie figuriert – eine *metonymy we live by*.[6] Aber auch die sonst sehr beredten Sprachwissenschaftler bleiben die Antwort auf die Frage nach der spezifisch literarischen Leistung der Metonymie auf enthüllende Weise schuldig.[7]

So bleibt uns nichts anders übrig als die traditionellen rhetorischen Kataloge. Diese verallgemeinern die Metonymie zur Figur der Verallgemeinerung – der Figur, welche einen gewissen kategorischen oder referentiellen Kern auf dessen Peripherie ausdehnt. Zentrale Kriterien der Metonymie sind deswegen die *Kontiguität*, das Prinzip der guten konzeptuellen Nachbarschaft und der gewährleisteten Überbrückbarkeit der indexikalischen Distanz zwischen Kern und Ausdehnung,[8] und die *Verschiebung*, die das Handlungskorrelat der Kontiguität ausmacht.[9] Denn im Gegensatz zur Metapher unterbricht die Metonymie nicht die Erzählkontinuität der Textsequenzen. Im Gegenteil: sie

---

[6] Siehe schon das achte Kapitel von Lakoff und Johnsons Epoche machender Monographie (George Lakoff und Mark Johnson: *Metaphors we live by*. Chicago – London 1980. S. 35-40). Vgl. weiter René Dirven: Conversion as a Conceptual Metonymy of Event Schemata. In: *Metonymy in Language and Thought*. Hg. von Klaus-Uwe Panther und Günter Radden. Amsterdam – Philadelphia 1999. S. 275-287; Beatrice Warren: Aspects of referential metonymy. In: *Metonymy in Language and Thought*. S. 121-135; Louis Goossens: Metaphtonymy: the interaction of metaphor and metonymy in expressions for linguistic action. In: *Metaphor and Metonymy in Comparison and Contrast*. Hg. von René Dirven. Berlin 2002. S. 349-378; Nick Riemer: When is metonymy no longer a metonymy. In: *Metaphor and Metonymy in Comparison and Contrast*. S. 379-406.
[7] Vgl. Günter Radden und Zoltan Kövecses: Towards a theory of metonymy. In: *Metonymy in Language and Thought*. S. 17-59.
[8] Das Konzept 'Kontiguität' stammt, so Weinrich, aus der *Physik* des Aristoteles und impliziert daher eine "physikalische Theorie der Nähe" (Harald Weinrich: Zur Definition der Metonymie und zu ihrer Stellung in der rhetorischen Kunst. In: *Textetymologie: Untersuchungen zu Textkörper und Textinhalt. Festschrift für Heinrich Lausberg*. Hg von Arnold Arens. Stuttgart 1987. S. 105–110. Hier: S. 107).
[9] Vgl. Jacques Dubois, Francis Edeline u.a. : *Allgemeine Rhetorik*. Übers. und hg. von Armin Schütz. München 1974. S. 194ff.; Jonathan Culler: *The Pursuit of Signs. Semiotics, Literature, Deconstruction*. Ithaca – New York 1981. S. 190. Faulseit und Kühn führen das 'Metonymisieren' auf ein "logisches Abhängigkeitsverhältnis zwischen Grund- und Übertragungsbegriff" zurück (Dieter Faulseit und Gudrun Kühn: *Stilistische Mittel und Möglichkeiten der deutschen Sprache*. Leipzig 1975[6]. S. 251); Groddeck situiert die Metonymie in einer "Verschiebungsdynamik" und bezeichnet sie – anspielend auf Lausberg – als "Grenzverschiebungstropus" (Wolfram Groddeck: *Reden über Rhetorik. Zu einer Stilistik des Lesens*. Basel – Frankfurt/M. 1995. S. 233f.), während sie nach Kurz vielmehr eine Grenze aufhebt (Gerhard Kurz: *Metapher, Allegorie, Symbol*. Göttingen 1982. S. 80ff.); vgl. weiter auch Heinrich Lausberg: *Handbuch der literarischen Rhetorik. Eine Grundlegung der Literaturwissenschaft*. München 1973[2]. S. 292-295; Hermann Schlüter: *Grundkurs der Rhetorik. Mit einer Textsammlung*. München 1977[4]. S. 33f.; Benjamin Biebuyck: *Die poietische Metapher. Ein Beitrag zur Theorie der Figürlichkeit*. Würzburg 1998. S. 248-253.

deutet auf einen Bestandteil der repräsentierten Wirklichkeit hin über den Umweg einer anstoßenden Wirklichkeitsparzelle, ob diese allgemeiner oder spezifischer ist, wenn nur der konzeptuelle Berührungspunkt zwischen den beiden erkennbar bleibt.[10] Es nimmt denn auch nicht wunder, dass man neuerdings immer mehr von der Beobachtung überzeugt ist, dass ein Großteil sprachlicher Kommunikation metonymische Züge trägt. Die metonymische Verschiebung kommt ja zwei kommunikativen Grundbedürfnissen entgegen: dem Bedürfnis nach lexikalischer Differenzierung einerseits, dem Verlangen nach sprachlicher Ökonomie andererseits.[11] Wenn wir nach Ablauf der Gerichtsverhandlungen in Grass' *Im Krebsgang* erfahren, dass Konny "das Schießaisen" von seiner Großmutter geschenkt bekommen hatte, weil er von den "Glatzköppe" bedroht wurde, so haben wir eben mit Metonymien zu tun, die in erster Linie aus jenen zwei Bedürfnissen entstanden sind.[12] Ein Blick auf die Schlagzeilen unserer Medienwelt gibt allerdings nicht nur an, dass diese Formen fast ubiquitäre sprachliche Operationen sind, sondern auch von den Gesprächskonventionen der Kontexte, in denen sie sich entfalten, bestimmt werden: "Das Weiße Haus hatte den Kreml nicht verständigt", "Butt wants out of Old Trafford". Doch müssen wir feststellen, dass die zitierten Metonymien zwar charakteristisch sind für den Diskurs, in dem sie sich manifestieren, oder – anders formuliert – von den Interaktionsgesetzen der einschlägigen Gattung erlaubt werden, aber nicht eben aus der Kotextwirkung des Diskurses selbst hervorgehen. Hier haben wir also zu tun mit lexikalisierter oder konzeptueller Metonymik, die zum Kommunikationsregister mehrerer Sprachschichten gehört, aber nichts Eigentümliches zur rhetorischen Handlungsstruktur eines literarischen Textes beiträgt.

[10] Berg schließt hieraus, dass Metonymien nur im Bereich von Gegenständen möglich sind, denn "nur in Hinsicht auf Eigenschaften kann es Ähnlichkeit, nur in Hinsicht auf Objekte Kontiguität geben" (Wolfgang Berg: *Uneigentliches Sprechen. Zur Pragmatik und Semantik von Metapher, Metonymie, Ironie, Litotes und rhetorischer Frage.* Tübingen 1978. S. 130). Beide Konstituenten seiner These sind aber fragwürdig. Zum einen hat die Figürlichkeitstheorie belegt, dass die Analogiewahrnehmung sich nicht auf Eigenschaften beschränkt, sondern auch Handlungen und Strukturen implizieren kann (vgl. für eine Diskussion des 'Analogieparadigmas' Biebuyck: *Die poietische Metapher*. S. 313–329). Zum anderen sind die Rhetorikhandbücher durchsetzt mit Beispielen, in denen die Kontiguität nicht auf 'Objekte' zielt (vgl. auch Weinrichs historische Kritik an einer objektorientierten Definition der Metonymie, zugunsten einer 'topischen'; Weinrich: Zur Definition der Metonymie. S. 107ff.).

[11] Cf. Armin Burkhardt: Zwischen Poesie und Ökonomie. Die Metonymie als semantisches Prinzip. In: *Zeitschrift für germanistische Linguistik* 24.2 (1996). S. 175–194.

[12] Günter Grass: *Im Krebsgang. Eine Novelle.* München 2004. S. 198: "Na ja doch, ech binnes jewesen, die ihm erst das Computerding und dann das Schießaisen auf vorletzte Ostern jeschenkt hat, weil se main Konradchen perseenlich bedroht ham, die Glatzköppe". Vgl. auch "Glatzen" (Grass: *Im Krebsgang*. S. 183). Im Folgenden unter der Sigle IK zitiert.

II. Territorialität

Ganz anders ist es mit der rhetorischen Form 'Metonymie' bestellt, die sich schon als das Resultat einer kotextuellen Interaktion bewährt, eben weil sie vor dem Hintergrund einer kotextuellen Stilnorm eine Abweichung signalisiert. Als markiertes Textstück verfügt diese Metonymie über ein eigenes Handlungspotential und ist deswegen als selbsttätiger Bestandteil der übergreifenden Performativität eines literarischen Textes zu verstehen. Eben als solcher ist sie in der jüngeren Vergangenheit – eben wie ihr metaphorisches Pendant schon seit langer Zeit – ideologiekritischen Vorwürfen ausgesetzt. Sie könnte tatsächlich als ein sprachliches Ablenkungsmanöver interpretiert werden, das den Blick der Zuschauer abwenden soll, um so ein irritierendes Stück Wirklichkeit aktiv und gezielt zu verschweigen. Die hierfür notwendige Verschiebung erzielt, so die Kritiker, zwar einen euphemistischen Effekt, soll aber zugleich die konzeptuellen Grenzen in der repräsentierten Wirklichkeit verwischen und dadurch eine gewisse Unschärfe generieren. Hiermit, und nicht nur mit der Beobachtung, dass immer weniger Segel am Horizont auftauchen, scheint zusammenzuhängen, dass der Figur 'Metonymie' im Kontext der so genannt modernen, auf Wahrhaftigkeit abzielenden Literatur mehrfach schon das *in memoriam* ausgesprochen worden ist.[13] Bei näherer Beachtung sieht es aber viel eher danach aus, dass gerade das Gegenteil der Fall ist. Die Markierung literarischer Metonymien sorgt gerade dafür, dass die Verschiebung augenfällig wird. Dies deutet darauf hin, dass nicht Unschärfe oder Euphemisierung die textuelle Intention von Metonymien sein kann, sondern die Sichtbarmachung eben jener Unschärfe. Ersatzproben machen ja sofort klar, dass Metonymien 'unmöglich' sind in Beispielkontexten, in denen scharfe konzeptuelle Grenzen fehlen (wie z.b. reziproke oder asymmetrische Gefühle). Sie setzen also eine erkennbare Territorialität voraus, über deren Einteilungen sie hinwegrutschen können.[14] Wesentlich ist hierbei aber, dass sie mit der Grenzüberschreitung zugleich auch die Grenze selbst hervorheben – die Grenze, die eigentlich das zentrale Kriterium der Nachbarschaft, der Angrenzung, der Kontiguität ist. Die Grenze sorgt dafür, dass Kern und Peripherie separat denkbar sind; die Grenze erst macht also die Verschiebung vom Kern zur Peripherie (oder umgekehrt) sinnvoll: so hängen die beiden Grundtendenzen der Metonymie zusammen. Überdies sind kotextuelle Signale im Stande, lexikalisierte Metonymien aus

---

[13] Vgl. Dubois, Edeline u.a.: *Allgemeine Rhetorik*. S. 198: "Die Tendenz zur Klischierung ist der Grund dafür, daß sie [d.h. die Metonymien] in der modernen Literatur, wo sie sehr viel seltener erscheinen, aufgegeben werden".
[14] Vgl. "glissement d'une représentation" (Henry: *Métonymie et métaphore*. S. 23) und "le méchanisme de la métonymie s'expliquait par un glissement de la reference" (Michel Le Guern: *Sémantique de la métaphore et de la métonymie*. Paris 1973. S. 15).

den geltenden Diskursgesetzen herauszulösen und dadurch zu refiguralisieren. Hierauf kommen wir später noch zu sprechen.

Die alten Rhetorikhandbücher machen einen feinen Unterschied zwischen verschiedenen Formen der Metonymie.[15] So interpretieren sie Territorialität manchmal strikt lokal und zeichnen metonymische Verschiebungen von einem Zentrum auf das Umfeld nach, oder von einer Gegend auf eine Metropole. Eine Sonderform solcher Metonymien ist die Synekdoche, die Ganzes und Teile miteinander vertauscht. Konzeptuelle Territorialität kann auch mit der kausativen Sequenz zwischen Ursache und Folge zusammenhängen, oder mit der pragmatischen zwischen Hersteller und Produkt. Beispiele von diesen Valenzen werden im weiteren Verlauf unseres Beitrags wohl noch zur Sprache kommen. Der Grund, weshalb wir sie hier *expressis verbis* erwähnen, ist zurückzuführen auf unsere Basisintuition, dass das den Metonymien anhaftende Handlungspotential sich direkt auswirkt auf der Ebene der Erzählhandlung selbst, wo sie mikronarrative Sprünge im Bereich der Fokalisierung, der raumzeitlichen Ausstattung und der narrativen Kausalität instigieren.

III. Das Blech und die Uhr

Gerade hierin liegt eine vorrangige Herausforderung der aktuellen Literaturwissenschaft: narratologische und rhetorische Fragen miteinander zu versöhnen. Denn insofern wir hier der Handlungsstruktur von Metonymien auf die Spur kommen können, wird auch die Art und Weise, in der Metonymien sich in die Erzählstränge eines literarischen Textes einnisten, immer mehr sichtbar. Dass dies für die assoziative Logik einer Erinnerungsinszenierung von großer Bedeutung ist, verlangt keine weitere Erklärung. In Grass' Oeuvre ist *Die Blechtrommel* ein sehr auffälliges Exempel für diese Entwicklung. Auf makrotextueller Ebene bewährt sich die Trommel als facettenreiches Bild (oder Textsymbol), das unter anderem konfessionelle Kommunikation, erotische Begierde und kommemorative Poetologie miteinander verwebt. Doch erscheint die Trommel auch sehr häufig in (markiert) metonymischer Gestalt, bei der das Material, aus dem sich das Spielzeug zusammensetzt, den Gegenstand vertritt ("mein Blech"). Sehr bezeichnend ist hier die rhetorische Parallelisierung der Trommel mit der Feder, die zusammen mit der Hand die kreative Aktivität des wirklichkeitsfingierenden Schriftstellers schlechthin metonymisch versinnbildlicht: "Wenn ich europasatt die Trommel und Feder aus der Hand legen will";[16] "meine Trommel,

---

[15] Die meisten differenzieren, so Groddeck, zwischen fünf bis neun Subkategorien (Groddeck: *Reden über Rhetorik*. S. 238f.). Vgl. hierzu vor allem Lausberg: *Handbuch*. S. 292ff.

[16] Günter Grass: *Die Blechtrommel. Roman*. In: ders.: *Werkausgabe*. Bd. 3. Hg. von Volker Neuhaus und Daniela Hermes. Göttingen 1997. S. 43. Im Folgenden unter der Sigle Bl zitiert.

der bei geschicktem und geduldigem Gebrauch alles einfällt, was an Neben-
sächlichkeiten nötig ist, um die Hauptsache aufs Papier bringen zu können"
(Bl 19). Nicht zufälligerweise erbarmt sich über das abermals zu Schrott zer-
schlagene Lieblingsinstrument des Protagonisten Oskar sein Onkel Jan, den
der internierte Ich-Erzähler mehrfach – metonymisch-stellvertretend für den
Kolonialwarenhändler Alfred Matzerath – als den eigenen mutmaßlichen Vater
stilisiert.[17] Wiederholt präsentiert sich das Skat-Spiel als die Szene, auf der
sich die metonymischen Interaktionen zwischen den Protagonisten darbieten,
wobei das Kartenspiel selbst das Durcheinander von Territorium und Austausch
visualisiert (vgl. Bl 308 ff.).

Eine Schlüsselszene für die Verschmelzung von Metonymie und Erzählhandlung ist das auch sonst zentrale Kapitel "Glas, Glas, Gläschen". Hier wird
geschildert, wie Matzerath dem Kind das zu einem gefährlichen Instrument
"gemartete Trommelblech" (Bl 78) zu entfremden versucht. Für den zwar nicht
"ganz grundlos", aber dennoch "übertrieben" besorgten Vater ist der Blechtrommel jede Instrumenthaftigkeit abhanden gekommen und hat sich das Rund der
Trommel weiter zu einem "gezackten Kraterrand" transformiert. Oskar vollzieht
diese rhetorische Sequenz von Entmetonymisierung und Metaphorisierung
nicht nach und weigert sich, den nach dem Kellersturz zu einem "Wrack"
heruntergekommenen Schicksalsgefährten abzugeben. Der rückblickende
Erzähler beschreibt die Auseinandersetzung wie folgt:

> Er zog. Langsam entglitt mir eine rote Flamme nach der anderen, schon wollte mir
> das Rund der Einfassung entschlüpfen, da gelang Oskar, der bis zu jenem Tage als
> ein ruhiges, fast zu braves Kind gegolten hatte, jener erste zerstörerische und wirk-
> same Schrei: Die runde geschliffene Scheibe, die das honiggelbe Zifferblatt unserer
> Standuhr vor Staub und sterbenden Fliegen schützte, zersprang, fiel, teilweise noch
> zerscherbend, auf die braunroten Dielen – denn der Teppich reichte nicht ganz bis
> zur Standfläche der Uhr hin. (Bl 78f.)

Die Beschreibung beruht in erster Linie auf der metaphorischen Schilderung
der traditionellen Trommelornamentik: die roten Flammen, die nicht nur die
polnische nationalistische Leidenschaft in Erinnerung rufen, sondern auch die
Pyromanie des die Erzählhandlung initiierenden Großvaters. Das graduelle
Entgleiten deutet immerhin auf ein metonymisches Einsetzen der Flammen-
metapher hin, welche über das "Rund der Einfassung" in die Richtung der
Rundung der "geschliffenen Scheibe" der Standuhr rutscht. Die metonymische
Verschiebung in der Wiedergabe der Szene lenkt nicht nur die Aufmerksamkeit
auf die Opposition zwischen der verzackten Oberfläche der Trommel und der

---

[17] Siehe "Jan nahm mir die Trommel ab, drehte, beklopfte sie. Er, der Unpraktische, der
nicht einen Bleistift ordentlich anspitzen konnte, tat so, als verstünde er etwas von der
Reparatur einer Blechtrommel" (Bl 279); "ich selbst, der Trommler Oskar, brachte zuerst
meine arme Mama, dann den Jan Bronski, meinen Onkel und Vater, ins Grab" (Bl 320).

glatten der Uhr, sondern gibt auch zu einer zweiten Phase in der Metonymisierung der Erzählhandlung, und konkreter: in der Verhandelbarkeit der metonymischen Interpretation der Wirklichkeit Anlass. Für die Erwachsenen ist ja "die Uhr kaputt" (Bl 79), wie Matzerath ängstlich ausruft. Stärker noch, den Sturz der Standuhr erleiden sie als das Signal zu einem kosmischen Zusammenbruch: "Für Matzerath jedoch, auch für Mama und Onkel Jan Bronski, der an jenem Sonntagnachmittag seine Visite machte, schien mehr als das Glas vorm Zifferblatt kaputt zu sein" (Bl 79). Der Ich-Erzähler verneint aber die doppelte metonymische Verallgemeinerung und erklärt sie als ein Symptom der psychologischen Unreife der Elterngruppe, wobei er selbst wiederum die Uhr von ihrer konkreten, materiellen Erscheinungsform löst und zum Schibboleth der menschlichen Schöpferkraft überhaupt deklamiert:

> Es war ja auch nicht die Uhr kaputt, nur das Glas. Es ist aber das Verhältnis der Erwachsenen zu ihren Uhren höchst sonderbar und kindisch, in welchem ich nie ein Kind gewesen bin. Dabei ist die Uhr vielleicht die großartigste Leistung der Erwachsenen. (Bl 79)

IV. Metonymisches Erzählen in *Im Krebsgang*

Metonymische Transaktionen auf der Ebene der Erzählung selbst wie die soeben skizzierte sind in *Die Blechtrommel* keine Ausnahmen, wohl im Gegenteil. Die barocke Erinnerungsphantasie des als schizophren diagnostizierten Ich-Erzählers bildet eine adäquate Begründung für die schier unendlichen Figürlichkeitssequenzen, die mit einer mythisch-magischen Wirklichkeitserfahrung einherzugehen scheinen.[18] Die meisten von Grass' späteren Werken legen einen analogen grenzenlosen Vorstellungsreichtum offen, aber das wilde Experimentieren mit Figürlichkeit scheint doch gewissermaßen abgenommen zu haben. Ein Musterbeispiel hierfür ist die erst 2002 erschienene, aber bereits in anderen Werken angekündigte Novelle *Im Krebsgang*, die wie so viele andere seiner Werke eine dichterische Verarbeitung unbewältigter Vergangenheit inszeniert.[19] Der Inhalt dieser vielgelesenen Novelle, auf deren Titel auch der vorliegende Sammelband anspielt, ist allgemein bekannt und braucht also nicht weiter zusammengefasst zu werden. Der Text positioniert sich als eine Reportage, in der sich der Berichterstatter in journalistischem Ton, unbeteiligt und sachverständig, über den Hergang der Geschehnisse zu

---

[18] Ein treffendes Beispiel einer solchen Figürlichkeitssequenz findet sich im Kapitel "Sondermeldungen": "Mein Blech verlangt immer dasselbe Holz. Es will schlagend befragt werden, schlagende Antworten geben oder unterm Wirbel zwanglos plaudernd Frage und Antwort offenlassen. Meine Trommel ist also weder eine Bratpfanne, die künstlich erhitzt rohes Fleisch erschrecken läßt, noch eine Tanzfläche für Paare, die nicht wissen, ob sie zusammengehören" (Bl 366).

[19] Vgl. auch das Motto der Novelle.

äußern versucht.[20] Doch spielt sich die Novelle auf dieser Ebene uneindeutig. Einerseits führt der Erzähler seine journalistischen Ansprüche sehr weit: Zwar weiß der Leser sofort, welche soziale Position er zu den verschiedenen Aktanten einnimmt, doch bleibt er sehr lange einer neutralen Anonymität verhaftet, bis zum Zeitpunkt, an dem er selbst in die Narration hineinrutscht (d.h. bei der Darstellung seiner Geburt). Erst hier erfahren wir aus dem Mund des Ich-Erzählers seinen Namen, Paul, wobei seine Initialen ihn zugleich anonymisieren und duplizieren.[21] Im Großen und Ganzen bleibt die Reportage weitgehend von (markierter) Figürlichkeit verschont. Zwar steigt die Dichte an figurativen Formen bei der Schilderung von Krisenerfahrungen auffällig an, aber an anderen Stellen wird der Gebrauch von Tropen ausdrücklich mit dem Sprechstil anderer Gestalten verbunden, wodurch sich der Reporter implizite von ihnen distanziert.[22] Andererseits – und trotz der journalistischen Diktion – unterbleibt die charakteristische Metonymik der Schlagzeilensprache weitgehend, wobei auffällt, dass im Gegensatz zu vielen anderen Werken von Günter Grass die Kapitelüberschriften zu einer schlichten, Kausalität und Serialität vortäuschenden Nummerierung zusammengeschrumpft sind.[23]

Darüber hinaus hält der Ich-Erzähler es für notwendig (was in Reportagen selbstverständlich fehlt), den Auftraggeber wiederholt zu erwähnen und sogar zu zitieren. Dies ist im Lichte der journalistischen Praxis vielleicht unglaubwürdig, im narrativ-rhetorischen Gefüge dagegen eine bedeutungsreiche Ergänzung. Die karge, etwas mysteriöse Schilderung des Auftraggebers – eines namenlosen, "leergeschriebenen" (Kr 30) Dozenten – macht deutlich, dass er, und niemand anders, derjenige ist, der die Reportage bestellt hat und daher für deren Strukturierung und Gestaltung die Endverantwortung trägt.[24]

---

[20] Der Erzähler selbst spricht von "diesem sich wissenschaftlich gebenden Geschreibsel" (Bl 193).

[21] "Später haben mich die Jungs in der Schule und bei der FDJ, aber auch Journalisten aus meinem Bekanntenkreis 'Peepee' gerufen; und mit P Punkt P Punkt unterzeichne ich meine Artikel" (Kr 147); vgl. auch Pauls anonyme Teilnahme an den Gesprächen im *chatroom* (u.a. Kr 105).

[22] Dies ist zum Beispiel der Fall am Anfang des neunten Kapitels, wo der Auftraggeber Konnys Gedankenwelt zu "Sperrzone" und "Niemandsland" deklariert (Kr 199); die auf solche Weise erfolgende figurative Osmose im Kontext der Darstellungsnot sprengt aber den Rahmen unseres Beitrags und soll einer eigenständigen Analyse unterzogen werden.

[23] Das auffälligste Gegenbeispiel ist wohl der 1986 publizierte Roman *Die Rättin*, mit seinen zeilenlangen, barocken Kapitelüberschriften.

[24] Vgl. "Er verlangt deutliche Erinnerungen" (Kr 54); "Jetzt wird mir geraten, mich kurz zu fassen, nein, mein Auftraggeber besteht darauf" (Kr 139); und, in direkter Rede, "Keine Gedanken also, auch keine nachträglich ausgedachten. So, sparsam mit Worten, kommen wir schneller zum Schluß" (Kr 200). Dass mit dem Auftraggeber auf die biographische Person Günter Grass selber angespielt wird (vgl. den Hinweis auf *Hundejahre* [Kr 77]), illustriert den literarischen *esprit* des Schriftstellers, ändert jedoch nichts Wesentliches an der Erzählstruktur der Novelle.

Allerdings vertritt der "verborgene Alte" eine stabile Autoritätsposition gegenüber dem intradiegetischen Ich-Erzähler, der Anweisungen ausführt, aber nicht von sich selbst aus ins Erzählen gerät. Es mag klar sein, dass die Indirektheit des Erzählimpetus als eine metonymische gesehen werden kann, insofern sie eine Verschiebung der Erzählhandlung vom Zentrum (dem Auftraggeber) in die Peripherie signalisiert, wobei die Tatsache, dass erst in dieser Peripherie die konkrete persönliche Bezogenheit des Berichterstatters ersichtlich wird, zum ironischen Basisinstrumentarium der Novelle gehört (da der Auftraggeber nicht einmal die Mutter wirklich kennt).[25] Dass der Berichterstatter narrativ eine Instanz vertritt, die über ihn hinausgeht, mit der er aber ständig in Kontakt ist, kommt mehrfach in den Selbstcharakterisierungen des Ich-Erzählers zum Ausdruck, der sich als "Ghostwriter" (Kr 30) (d.h. Schatten- bzw. Geisterschreiber), "Hilfskraft" (Kr 78), 'Stellvertreter',[26] oder metonymisch noch expliziter: als "Null am Rande" (Kr 100) profiliert. Überdies könnte man auch sagen, dass die Novelle gerade wegen der regelmäßigen Rückkopplung an den Auftraggeber eher die Reportage des Rapportierens selbst ist und sich daher, auf Grund dieser weiteren Verschiebung, auch metonymisch, als Begleiterscheinung, zum eigentlichen narrativen Grundstoff (d.h. der indirekt repräsentierten Wirklichkeit) verhält.

Bei genauerer Betrachtung stellt sich schon bald heraus, dass das metonymische Prinzip der indirekten Erzählung die ganze Novelle beherrscht. So gibt der Ich-Erzähler im zweiten Kapitel zu, dass neben dem formalen Auftraggeber auch ein moralischer dazu beigetragen hat, dass die Geschichte letztendlich erzählt wird – seine Mutter Tulla: "Nicht etwa, weil mir der Alte im Nacken sitzt, eher weil Mutter niemals lockergelassen hat" (Kr 31). Nicht nur verdoppelt sich hierdurch die narrative Repräsentanzfunktion des Ich-Erzählers; auch Tulla dupliziert die metonymische Indirektheit selbst. Denn sie händigt ihren Erzählauftrag nicht etwa selbst aus, sondern verlässt sich hierfür auf eine vermittelnde Instanz, die ihr als "Sprachrohr" fungiert: ihre Freundin Tante Jenny (Kr 19, vgl. auch Kr 31f.). Allmählich dehnt sich das metonymische Phänomen des abgeordneten Erzählens über den ganzen Text aus und amalgamiert mit dem zentralen Themenkomplex des Zeugnisses. Nicht zu vernachlässigen ist jedoch, dass auch die Zeugen im Text niemals selber ihre Aussagepflicht bestimmen, sondern von anderen beauftragt bzw. genehmigt werden, Zeugnis abzulegen. Ein scheinbar bedeutungsloses Signal ist folgende Selbstpositionierung des Erzählers im letzten Kapitel: "Wenn Mutter Tante Jenny besuchte – und

---

[25] Zur Diskrepanz zwischen seiner Vorstellung von Tulla und ihrer Realität vgl. Kr 100.
[26] Vgl. "Doch nun glaubt der alte Mann, der sich müdegeschrieben hat, in mir jemanden gefunden zu haben, der an seiner Stelle – 'stellvertretend', sagt er – gefordert sei, über den Einfall der sowjetischen Armeen ins Reich, über Nemmersdorf und die Folgen zu berichten" (Kr 99).

ich Zeuge sein durfte – [...]" (Kr 207). Das Motiv der Zeugenaussage als abgeordnetes Kommunizieren fungiert nach unserer Meinung in der Novelle als Katalysator für eine weitgehende *Metonymisierung* der eigentlichen Erzählung. Es stimmt, dass in *Im Krebsgang* die rhetorische Form 'Metonymie', abgesehen von wenigen, eher klischeehaften oder lexikalisierten Ausnahmen, im Hintergrund bleibt, dafür entfaltet sie sich aber als Leitprinzip in der Erzählstrukturierung selbst. Wie wir sehen werden, wickelt sich im Text eine komplexe Sequenz von Metonymien ab, die auf Namensvertauschung fußen und die wir hier nachzuzeichnen versuchen werden.

V. Metonymische Sequenz

Ausgangspunkt der metonymischen Sequenz ist das für die ideologische Thematik der Novelle zentrale Stichwort "Blutzeuge". Auch der Blutzeuge entscheidet nicht selbst über sein Schicksal, sondern kommt erst durch äußere Anregung dazu, mit seiner (allerdings nicht von ihm ausgewählten) Zuhörerschaft zu kommunizieren. Überdies ist sein Kommunizieren figürlichen Gepräges, denn es verläuft ausschließlich über den Umweg seines Schweigens. Weitere Uneigentlichkeit ist zu situieren in der Annahme, dass eben sein Blut zeugt, wobei gerade die lebensspendende Flüssigkeit des Körpers dessen Absterben versinnbildlicht und metonymisch auf die Totalität des Körpers verweist. Zugleich ist der Blutzeuge eine feste Umschreibung für die historische Gestalt Wilhelm Gustloff – oder, wie es in der traditionellen Rhetorik heißt: eine Antonomasie, die insbesondere in der Gruppensprache der Neonazis figuriert.[27] Da der Ich-Erzähler zwar diese Gruppensprache versteht und hin und wieder zitiert, aber sich doch von ihr zu distanzieren sucht und einem journalistischen Standard entsprechen will, unterdrückt er das Blutzeugenvokabular und reduziert die historische Gestalt auf seinen Namen. Interessanterweise bedeutet dieser (durchaus logische) Gestus nicht einen Bruch in der metonymischen Sequenz, sondern stellt sich gerade als deren Vorbedingung heraus, denn die Sequenz bietet sich dar als eine Reihe transformierender *Vossianischer Antonomasien*. Eine Vossianische Antonomasie ist eine rhetorische Figur, nach der ein Eigenname eine vom Kotext zugewiesene

---

[27] Zur Antonomasie vgl. Lausberg: *Handbuch*. S. 300ff. und Groddeck: *Reden über Rhetorik*. S. 214–218. Während Lausberg die Antonomasie als einen separaten Tropus behandelt, subsumiert Groddeck sie unter die Kategorie der Synekdochen, unter der Voraussetzung, dass der Name ein Bestandteil der Person ist. Es bedarf keiner weiteren Erklärung, dass diese Voraussetzung selbst auf eine (nicht unproblematische) figürliche Interpretation von Teil und Ganzem zurückgreift. Wir würden eher dafür plädieren, das Verhältnis zwischen Namen ('Besitz') und Person ('Besitzer') als eine Kontiguitätsbeziehung auszulegen.

Bedeutung bekommt.[28] Es wird sich herausstellen, dass die Erzählkontinuität der Novelle nicht das Resultat einer assoziativen Erinnerungs- und Kommemorationslogik ist, sondern aus der metonymischen Kette der Namensverschiebung und -vertauschung hervorgeht.

Der erste Schritt in dieser Kette kommt eher beiläufig und unauffällig im ersten Kapitel schon zur Sprache. Über Gustloffs Vorgeschichte erfährt der Leser relativ wenig; wir vernehmen, dass er durch eine Lungenkrankheit in die Schweiz getrieben wird, wo er sich beruflich und ideologisch durchzusetzen beginnt (Kr 9, 15, 23). Gleichzeitig wird erwähnt, dass er dort seiner Frau, Hedwig, begegnet ist, die im weiteren Verlauf des Textes als Frau bzw. Witwe Gustloff benannt wird. Mag diese erste Namensverschiebung eine sowohl historisch als auch soziologisch evidente sein, doch fällt auf, dass Hedwig Gustloff sowohl von den Anhängern als auch von den Kritikern des zuerst trivialen Parteivertreters im Ausland gesehen wird als seine repräsentative Erbin und Abgeordnete.[29]

Der zweite, viel gewichtigere Schritt in der metonymisch-antonomastischen Sequenz hängt mit dem Davoser Attentat zusammen. Der Erzähler skizziert das Attentat als Ergebnis multipler metonymischer Operationen. Zuerst lenkt er die Aufmerksamkeit darauf, dass der junge, kettenrauchende Protagonist des Attentats genauso wie sein Ziel schwer lungenkrank ist. Eine Reihe von Misserfolgen in seinem Leben verschmelzen sich mit seiner chronischen Krankheit zu der sonst von ihm selbst unmotivierten Entscheidung, sich selbst zu töten. Das kriminalpsychologische Gutachten, das während des Prozesses zu Entlastung des Angeklagten zitiert wird, interpretiert das an dem NSDAP-Funktionär Gustloff verübte Attentat als einen indirekten Selbstmord: "Der in jedem immanente Selbsterhaltungstrieb hat aber die Kugel von sich selbst auf ein anderes Opfer abgelenkt" (Kr 17). Im Laufe der Verhöre verneint David Frankfurter diese These des metonymischen Selbstmordes nicht, aber er erweitert sie um eine zusätzliche metonymische Dimension: er habe das Attentat ja nicht aus persönlichen Gründen, sondern 'als Jude' verübt.[30] Fernerhin gibt er

---

[28] In der antiken Rhetorik blieb der Begriff *antonomasia* für die "Setzung eines Appellativs […] oder einer Periphrase […] an die Stelle eines Eigennamens" vorbehalten (Lausberg: *Handbuch.* S. 300). Aufgrund der in der Metonymie und der Synekdoche vorfindlichen Reziprozität (z.B. von Produzent und Produkt bzw. von Teil und Ganzem) plädierte der niederländische Philologe und Theologe Gerardus Joannis Vossius (1577–1649) dafür, den Begriff auch für die Umkehrung der antiken Antonomasie zu verwenden, die man seitdem als 'Vossianische Antonomasie' spezifiziert (vgl. Lausberg: *Handbuch.* S. 300; Groddeck: *Reden über Rhetorik.* S. 215).

[29] Ein treffender Beleg für diese Ansicht findet sich in Konnys 'Gerichtsrede': "Hier, in Schwerin, ist Frau Hedwig Gustloff gleich nach dem Niedergang des Großdeutschen Reiches widerrechtlich enteignet und später aus der Stadt getrieben worden!" (Kr 190).

[30] Vgl. "Ich habe geschossen, weil ich Jude bin. Ich bin meiner Tat vollkommen bewußt und bereue sie auf keinen Fall" (Kr 28).

zu erkennen, dass er mit seinem Revolver nicht auf den Menschen Gustloff visiert habe, sondern auf die – gesellschaftliche, ideologische – Krankheit, die er vertreten habe: "Den Bazillus wollte ich treffen, nicht die Person ..." (Kr 69). Mit seiner Tat hat der junge Mann aber den kleinen Funktionär metonymisch befördert zu einem Status, den er bislang noch nicht innehatte: der triviale Auslandsvertreter der NSDAP wird zum Repräsentanten des gesamten 'unter jüdischer Diktatur' leidenden deutschen Volkes.

Erneut bedient sich der Erzähler eines Details, um das metonymische Pendel weiterschwingen zu lassen. Beiläufig erwähnt er die nicht zufällige, konkrete Kontiguität, die während der Trauerfeier für den Verstorbenen in Schwerin begegnet:

> Vorgesehen war, den Neubau beim Stapellauf auf den Namen des Führers zu taufen, doch als der Reichskanzler bei jener Trauerfeier neben der Witwe des in der Schweiz ermordeten Parteigenossen saß, faßte er den Entschluß, das geplante KdF-Schiff nach dem jüngsten Blutzeugen der Bewegung benennen zu lassen; worauf es bald nach dessen Einäscherung im gesamten Reich Plätze, Straßen und Schulen seines Namens gab. (Kr 41)

Was zunächst als ein winziger Zufall erscheint, vollstreckt sich alsbald als eine folgenschwere Inszenierung: die momentane Nachbarschaft zwischen der Witwe und Hitler. Diese dritte metonymische Verschiebung, die sich allerdings ausschließlich auf der Ebene der Erzählung abspielt, führt in die dominante Großmetonymie hinüber, die im ganzen Buch sowohl grammatikalisch (Genuswechsel) als auch optisch (Kursivdruck) deutlich vorhanden ist – die Namensvertauschung zwischen der ermordeten Person Wilhelm Gustloff und dem nagelneuen luxuriösen Passagierschiff.[31] Das Schiff selbst ist in ein fatales Netzwerk von metonymischen Beziehungen verwoben, in dem die Namenzuweisung wenigstens für die Neonazis ein wesentlicher Bestandteil der Wirklichkeitsbestimmung ist.[32] Selbstverständlich symbolisiert es stellvertretend für die Person, nach der es getauft wird, die von dem Blutzeugen verkörperte Ehre des deutschen Volkes. Dementsprechend wird der Märtyrername auch auf Städte und Straßen übertragen.[33] Zugleich muss das Schiff zur Nervenhygiene

---

[31] Vgl. passim "die *Gustloff*" (das erste Mal: Kr 31). Der Kursivdruck markiert das Eingreifen einer übergeordneten Erzählfunktion auf eine Art und Weise, die vergleichbar ist mit der durchaus merkwürdigen 'Metonymie' des Satzzeichens in folgendem Erzählerkommentar: "Mir kam es vor, als lauschte mein Sohn nach letztem Ausrufezeichen dem Beifall eines imaginierten Publikums" (Kr 190).

[32] Vgl. auch Kr 41, wo der junge Neonazi im *chatroom* die Möglichkeit, dass das Schiff *Adolf Hitler* getauft gewesen wäre und eben unter jenem Namen torpediert und gesunken wäre, mit einem Hinweis auf die "Vorsehung" ausschließt.

[33] Vgl. u.a. Kr 37, 41, 166. Eine korrespondierende Namensvertauschung findet bei David Frankfurter, abgesehen von Wolfgang Stremplins *persona*, nicht statt (vgl. Kr 166).

eben dieses Volkes beitragen. Ob wir den Taufakt (mit der schwingenden Sektflasche) und den Stapellauf der *Gustloff* als inszenierte Metonymien interpretieren dürfen, mag zwar ein wenig spekulativ anmuten, doch fällt auf, dass sich das Schiff allmählich selbst als Metapher der Metonymie zu enthüllen scheint, gerechnet nach den zahlreichen Verschiebungsinzidenzen, die es zu erleiden hat. Zuerst fungiert es einige Jahre als klassenloses Ferienschiff, bevor es während des Spanischen Bürgerkriegs zu einem Truppentransportschiff umgewertet wird. Am Anfang des Zweiten Weltkrieges wird es zu einem Lazarettschiff umgerüstet (Kr 80), nach kurzer Zeit schon wiederum umgebaut und jetzt als "schwimmende Kaserne" (Kr 86) kriegstauglich gemacht, um zuletzt als Transportmittel für Flüchtlinge eingesetzt zu werden. Daneben dient das Schiff während der apokalyptischen, wenn auch einigermaßen spekulativ geschilderten letzten Fahrt selbst zur Schaubühne inszenierter Verschiebungen. Die zentrale Erfahrung, auf welche die Überlebende Tulla Pokriefke ständig zu sprechen kommt, ist der Blick der rutschenden "menschlichen Fracht" (Kr 109, vgl. auch Kr 57, 82, 135, 145). Nach vier Torpedotreffern kentert ja das Schiff nach Backbord und bringt so das ganze auf ihm erwachsene Biotop in destruktive Bewegung. Nicht nur wird in der Beschreibung dieser Szene die Figürlichkeit weit kondensierter als an anderen Stellen. So wird das Meer als "Leichenfeld" (Kr 145) transkribiert, das Wehklagen der Opfer als ein "weithin tragende[r] und aus tausend Stimmen gemischte[r] Schrei" (Kr 146), die Geographie des Meeres als "Wellentäler" (Kr 146). Zugleich ist aber auch die erzählte Handlung von figürlichen Verschiebungsgesten durchtränkt. In dieser (später zwar verneinten) Version der Mutter wird die Geburt des Kindes als ein Rutschen visualisiert, eben zum Zeitpunkt, an dem die *Gustloff* unter den Wellen sank, wobei eine mystische Parallelität entsteht zwischen den Schreien der Ertrinkenden und dem Schrei des Neugeborenen: "Das jing wie nix. Ainfach rausjefluscht biste..." (Kr 145).[34] Die Geburt des Kindes bringt den Prozess der Namensvertauschung wieder in Bewegung. Der Name des zufälligen Geburtshelfers, Paul Prüfe, Kapitän des Begleitschiffs *Löwe,* auf dem die Niederkunft geschieht, wird auf den Neugeborenen übertragen, obgleich das Kind auch als "Kind der *Gustloff*" (Kr 147) apostrophiert wird – eine doppelte metonymische Operation, die womöglich den sozialen und ideologischen Wankelmut des Ich-Erzählers erklären könnte. Auch als Säugling wird Paul narrativ inszenierten Verschiebungen ausgesetzt; so wird er nicht von seiner Mutter gestillt, sondern hat "immer wieder an fremder Brust gelegen" (Kr 156). Zuletzt muss er aber eingestehen, dass auch das Stillen jener fremden Frauen ihn nicht gerettet hat, sondern das rote Fuchsfell, das der Mutter während der

---

[34] Über das Stichwort "rutschen" wird die metonymische Sequenz weiter auch nachdrücklich auf den Körper von Pauls Sohn Konny übertragen: "Er, mit seiner hellen, stets verrutschenden Jungenstimme [...]" (Kr 82).

Flucht geschenkt wurde – eine klassische Metonymie: "Dem Fuchs alleine – und nicht den Weibern mit überschüssiger Milch – verdanke ich mein Leben" (Kr 178). Als die Mutter ihren Fuchs während der Prozesssitzungen trägt, merkt der Erzähler allerdings auf, dass er "ihr wie eine Schlinge um den Hals" liegt, weil seine "spitz zulaufende Schnauze [...] oberhalb des Schwanzansatzes in das Fell" beißt, wodurch eine seltsame Analogie zwischen den "täuschend echt wirkenden Glasaugen" des 'Tieres' und "Mutters hellgrauen Augen" (Kr 179) entsteht.

Damit ist die metonymische Sequenz noch nicht an ihrem Ende angelangt. Die Namensvertauschung setzt sich auch bei Pauls Sohn Konny durch, der nach dem ertrunkenen Bruder seiner Großmutter genannt wird. Im *chatroom* profiliert Konny sich bekanntlich unter dem Namen "Wilhelm Gustloff" und begegnet so seinem dramatischen Gegenspieler "David Frankfurter", der eigentlich den urdeutschen Namen 'Wolfgang' trägt, mit dem er – zwar spiegelbildlich – das ursprüngliche Attentat in Davos am Denkmal für den vor vielen Jahrzehnten ermordeten Wilhelm Gustloff nachspielt. Das Denkmal selbst ist für die Großmutter Tulla der Ort, an dem sie die Dissoziierbarkeit der metonymischen Verschiebungen explizite zur Sprache gebracht hatte:

> Abä nich fier den Justloff bin ech mitte Blumen jekommen. Der war nur ain Nazi von viele, die abjemurkst wurden. Nai, fier das Schiff ond all die Kinderchen, die draufjegangen sind damals inne eiskalte See, hab ech jenau um zweiundzwanziguhrachtzehn main Strauß weiße Rosen abjelegt. (Kr 91)

Es nimmt denn auch nicht wunder, dass es auch Tulla ist, die die metonymische Sequenz zu ihrem Endpunkt führt, der zugleich wohl auch ihr Anfang ist. In einem Berliner Großladen (KaDeWe) an der Karlsbader Straße, wo man, so der Erzähler, "Erinnerungen tauschen" kann,[35] findet sie "Modellbaukästen für namhafte Exemplare" (Kr 207) und schenkt dem Lieblingsenkel die *Wilhelm Gustloff*. Der Name ist zum letzten Mal weitergereicht; dem Modellbau gelingt es nun, dem jungen Täter die historische Obsession konkret vor Augen zu führen. Zweimal gibt der Erzähler an, dass der metonymische Faden, von dem schon ganz am Anfang die Rede war, hiermit abgewickelt ist.[36] Das erste Mal macht ihn der Modellbau konfus: "Was ich sah, ließ Gedanken von der Spule, die sich zum Knäuel verwirrten" (Kr 208). Später aber, "nachdem [er] das meiste von der Spule hatte" (Kr 211), sieht er ein, dass der Modellbau, metonymische Verschiebung vielfachen Grades, die Materialität des menschlichen Leidens

---

[35] Man achte hier übrigens auf die konsumgesellschaftskritische Assonanz mit der mehrmals als "Kaadeäff" transkribierten Urlaubsorganisation 'KdF' (Kr 32; vgl. auch die *Gustloff*-Periphrase "Kraft-durch-Freude-Schiff" [Kr 209]).
[36] Vgl. "Wenn ich beginnen muß, mich abzuwickeln, wird alles, was mir schiefgegangen ist, dem Untergang eines Schiffes eingeschrieben sein" (Kr 7).

wieder fühlbar macht. Mit roten Aufklebern markiert der Junge die 'Wunden' des Schiffes: "Er stigmatisierte den Schiffsleib" (Kr 207). Hierdurch erblickt er im Spielzeug nicht nur die metonymische Beziehung zum lebenden Körper schlechthin, sondern auch zu demjenigen seiner geliebten Großmutter, in deren Namen er "Zeugnis ablegen" (Kr 191) will.[37]

VI. Reziprozität

Auf zweierlei Weisen gibt der Erzähler zu erkennen, dass die Dynamik der metonymischen Verschiebung zwar nicht an und für sich aufhört (vgl. auch die Schlusssätze der Novelle), aber nicht zwangsläufig auf Vernichtung und Untergang hinsteuern muss. Zunächst zeichnet sich in der metonymischen Reihe ein Bruchmoment ab auf der Ebene der Zahlensymbolik. Bekanntlich feuert David Frankfurter fünf Schüsse mit seinem Revolver ab, von denen vier sein Opfer treffen. Eine metonymische Duplizierung des Attentats vollzieht sich in der Konfrontation zwischen dem U-Boot und der *Gustloff*; Marinesko befiehlt, dass vier Torpedos abgeschossen werden, aber wiederum gibt es einen Fehlschuss. Beim Denkmal zeigt Wolfgang seine Abneigung gegen den ermordeten Nazi dadurch, dass er dreimal auf den Granit spuckt, worauf Konny seinen Kontrahenten viermal trifft (Kr 174). Letztendlich schlägt der verhaftete Sohn "mit Vorbedacht" und ohne jegliche Erklärung mit bloßer Faust auf die Modellbau-Gustloff ein; "nach vier, fünf Schlägen" (Kr 215), noch bevor er das Miniaturschiff endgültig zerstört, fängt – so observiert der Erzähler feinsinnig – die rechte Hand zu bluten an. Trotz der Fluktuation in der Zahlensequenz wird hier deutlich, dass der Vernichtungsakt, der sich im metonymischen Nacheinander restlos wiederholt, sich hier zum ersten Mal auch gegen den Täter richtet und dass so eine bescheidene Form von (Leidens-) Reziprozität entsteht. Dass er mit diesem Akt symbolisch die Rolle des U-Bootkapitäns Marinesko übernimmt, für den die *Gustloff* sowieso ein "namenlose[s] Schiff" (Kr 192) war, signalisiert die Unterbrechbarkeit des Verschiebungsmechanismus.

Ein zweiter Hoffnungsfunke leuchtet im Bereich der Erzählaktivität. Im abschließenden Kapitel fühlt der Ich-Erzähler Paul sich dazu genötigt, das Böse in ihm selber zu bekennen. Während der Konfessionensequenz zeichnet er summarisch die das Erzählen lenkende metonymische Reihe nach. Zuerst besucht er vier Beichtmütter, um sich letztendlich direkt mit seinem Sohn kon-frontiert zu sehen, der ihn jetzt mit "Vati" anredet, wodurch die Namenreihung auch hier – von Jenny über Tulla, Gabi, Rosi, Konny zu Vati – metonymische (*in concreto* paronomastische) Züge annimmt. Mit diesen multiplen Bekenntnissen

---

[37] Vgl. auch Tante Jennys Charakterisierung: "Im Grunde ist meine Freundin Tulla nur als verhinderte Nonne zu begreifen, als stigmatisierte natürlich…" (Kr 100).

bezieht der Ich-Erzähler letztendlich die Erinnerungsaktivität wieder auf sich selber. Unaufhaltsam hat sich die Novelle darum bemüht, mehrere Versionen wiederzugeben. Von der Abnabelung des Neugeborenen werden insgesamt drei Fassungen erzählt. Von den drei Fotos des U-Boot-Kommandanten Marinesko erkennt niemand das richtige wieder. Das Widerfahren der *Wilhelm Gustloff* wird in zahlreichen konkurrierenden Darstellungen vermittelt: in mehreren Filmen, in verschiedenen Monographien, in unzähligen persönlichen Lebensgeschichten, wie Tullas, Pauls und Konnys. Keine einzige Fassung der Geschehnisse vermag jedoch den Anspruch zu erfüllen, die definitive Version der Geschichte zu sein, und eben dies ist der "Hoffnungsträger" der Novelle. Alle berühren zwar auf irgendeine Weise – metonymisch – dasjenige, was passiert ist, aber keine fällt wirklich mit der Geschichte zusammen. Keine Erzählform ist besser im Stande, dies zu veranschaulichen, als eine, welche die rhetorische Valenz der Metonymie in ihr narratives Repertoire eingebaut hat.

VII. Metonymie in Jelineks *Die Liebhaberinnen*

Metonymie bei Jelinek? Die klugen Köpfe über diesem Blatt schütteln bereits den Kopf, denn es ist zur Genüge bekannt, dass groteske Metaphorisierungen Jelineks Schreibstil bestimmen.[38] Es handelt sich um fortgesetzte, erweiterte Metaphern, z.B. die Frau als Fleischbank, in der man "einkaufen" kann,[39] als "Sparbüchse", in die der Mann dann "einzahlen" (Lu 31) kann. Die extreme *Objektivierung* der Körperteile ("Büchsenöffner", "Lendenwagen" [Lu 37]) stellt die Verdinglichung der Sexualität und der intermenschlichen Beziehungen plastisch dar; nicht selten handelt es sich um eine Metapher *in praesentia*: "Auch mit der Zunge Kraftfahrzeug fährt der Direktor hinein" (Lu 245).

Die exklusive Aufmerksamkeit für die Metapher droht aber, gerade Jelineks Umgang mit Metonymie in den Schatten zu stellen. In den frühen Texten Elfriede Jelineks wird man nämlich mit einer Fülle von Metonymien konfrontiert.[40] Wenn die Protagonistin in den *Liebhaberinnen* (1996 [1975]) als "asthma" bezeichnet wird,[41] dann greift Jelinek die typische Metonymie auf,

---

[38] Vgl. Inge Arteel: *Ich schlage sozusagen mit der Axt drein: stilistische, wirkungsästhetische und thematische Betrachtungen zu Elfriede Jelineks Roman* Die Klavierspielerin. Diplomarbeit. Gent 1990.

[39] Elfriede Jelinek: *Lust*. Reinbek bei Hamburg 1989. S. 30. Im Folgenden als L im Text zitiert.

[40] Vgl. bereits Benjamin Biebuyck: Gewalt und Ethik im postmodernen Erzählen. Zur Darstellung von Viktimisierung in der Prosa P. Handkes, E. Jelineks, F. Mayröckers, B. Strauß' und G. Wohmanns. In: *Postmoderne Literatur in deutscher Sprache. Eine Ästhetik des Widerstands?* Hg. von Henk Harbers. Amsterdam – Atlanta 2000. S. 79–122. Hier: S. 100 (Amsterdamer Beiträge zur neueren Germanistik 49).

[41] Elfriede Jelinek: *Die Liebhaberinnen*. Reinbek bei Hamburg 1996. Im Folgenden als Li zitiert.

mit der man in einem Krankenhaus-Kontext die Patientin auf das im Kontext am meisten relevante Merkmal, nämlich die Krankheit reduziert: "asthmas tod", "weil asthma plötzlich am asthma krepiert ist" (Li 127).

Die abwegige Fokussierung der Protagonisten entspricht Jelineks damals noch stark marxistisch inspiriertem Anliegen und zielt darauf ab, die Objektivierung des Menschen, allem voran der Frau, im kapitalistischen System konkretsprachlich vor Augen zu führen.[42] Indem Abstrakta an die Stelle konkreter Personen rücken, wird gezeigt, wie die Figuren den ihnen von Klischeevorstellungen auferlegten Determinismus internalisiert haben.

> von dem fernfahrervater fällt *eine illusion* namens susi ab [...] die verbrüderung von unternehmertum und kultur (susi) hat wieder einmal nicht stattgefunden (Li 132; meine Hervorhebung)
> weil das *alter* der *jugend* und ihrer tatkraft platz machen muß (Li 133; meine Hervorhebung)

Die Metonymien sind hier reichlich abgenutzt, lexikalisiert, aber ihre Phrasenhaftigkeit tendiert gerade zur Naturalisierung und zur Verdeckung der realen Kausalitäten (was z.b. auch die Formel der "starke[n] hand" illustriert).[43] Sie verraten die etwas naive Weltsicht des Romanpersonals: "susi wartet auf die große liebe" (Li 135). Eine besondere Vorliebe hat Jelinek auch für synekdochische und metonymische Formen *in praesentia*: Es handelt sich um vorgeprägte Muster der Identifikation, die das Individuum zwangsmäßig einer abstrakten Kategorie unterordnen: "des menschen brigitte" (Li 54). Diese Figur hängt mit der Tendenz von Jelineks Texten zusammen, Metasprache an die Stelle der Objektsprache zu setzen (z.b. "dieser roman handelt vom gegenstand paula" [Li 130]). Die in der erzählten Welt stattfindende Objektivierung und Verdinglichung wird *distanzlos* und *kommentarlos* in den Erzählerdiskurs übernommen.

VIII. *Die Kinder der Toten*: Metonymie im apokalyptischen Diskurs

Im Vergleich zum frühen (Theater-)Werk gewinnt Jelineks spätere Prosa an rhetorischer Komplexität und Dichte. Stellvertretend wird hier auf *Die Kinder*

---

[42] Vgl. hier bereits: Alexander von Bormann: "Von den Dingen, die sich in den Begriffen einnisten". Zur Stilform Elfriede Jelineks. In: *Frauenliteratur in Österreich von 1945 bis heute. Beiträge des internationalen Kolloquiums*. Hg. von Carine Kleiber und Erika Tunner. Bern – Frankfurt 1985. S. 27-54.

[43] Die Metonymien *in praesentia* sind in dem Sinne Teil einer explizit thematisierten, auktorialen Manipulation der Nacherzählung von Seiten des Erzählers: "wir werden demnächst eine schöne hochzeit beschreiben, damit die handlung nicht zu unerfreulich wird" (Li 131).

der Toten eingegangen,[44] weil der Roman sich auf eigenwillige Weise dem Thema der Erinnerung und des Gedächtnisses nähert.

Zugegeben: Man übt gewissermaßen Verrat am rhetorischen Reichtum des Textes, wenn man nur die Metonymie in den Vordergrund rückt. Jelineks spätere Prosa lebt wirklich von der *Interaktion* unzähliger Stilfiguren. Am Roman wäre zum Beispiel auch der schillernde Umgang mit so genannten *Katachresen* zu erforschen, d.h. mit den so genannten notwendigen Metaphern vom Typus "Handteller" (KdT 191), "Talsohle", "Kniekehle" und "Bett des Flusses", auf deren Funktion hier nicht eingegangen werden kann.[45]

Yasmin Hoffmann deutet die rhetorisch verschachtelte Textur in erster Linie als Verfahren der *Entmetaphorisierung*, weil sich dies aus feministischer Sicht als Verfahren der *Desymbolisierung* deuten lässt.[46] Sie betrachtet die unterbrochene Metapher als

Signifikanten, die eigentlich nur noch die Materialität des Signifikanten widerspiegeln, von einem zum anderen gleiten und durch das Gleiten Sinn erzeugen. Das heißt, der Sinn entsteht aus der Fortbewegung von einem Lautkörper zum anderen, entweder durch eine minimale metathetische Verschiebung oder mit anderen Mitteln der klassischen Rhetorik (Alliterationen, Assonanzen etc.).[47]

Die verschachtelte und manchmal oberflächlich als unverbindliche Kalauer abgewertete Interaktion von mehreren Tropen beruht bei Jelinek oft auf den materiellen Figuren des Gleitens und der phonemischen Kontiguität, also nicht nur der Metonymie, sondern auch und vor allem dem Mechanismus der *Syllepse*. Die Syllepse besteht in der gleichzeitigen Verwendung eines Wortes in einer wörtlichen und einer figürlichen Bedeutung und ist mit dem Zeugma, der syntaktischen oder semantischen Fehlattribution verwandt, wie etwa die Warnung von Karl Kraus belegen kann, Journalisten seien "[v]öllig verantwortungslose Subjekte, die heute eine Premiere und morgen einen Krieg lancieren".[48] Zeugma und Syllepse sind bevorzugte rhetorische Instrumente

---

[44] Elfriede Jelinek: *Die Kinder der Toten.* Reinbek bei Hamburg 1995. Im Folgenden als KdT im Text zitiert.

[45] Vgl. dazu Jürgen Links Theorie, die Katachrese diene der Komplexitätsreduktion, der Vermittlung von ausdifferenzierten Spezialsprachen. Katachresen werden bei Jelinek aber jeweils anhand der Syllepse dynamisiert: "Die Ausflügler haben ihrerseits die Flügel angelegt" (KdT 185); "Der Körper schwingt, ein Türblatt im Wind, in einer letzten Anstrengung nach vorn" (KdT 181), "Himmels-Körperschalen" (KdT 290), "krähende Gewehrhähne" (KdT 299).

[46] Yasmin Hoffmann: "Hier lacht die Sprache sich selbst aus". Sprachsatire – Sprachspiele bei Elfriede Jelinek. In: *Elfriede Jelinek.* Hg. von Kurt Bartsch und Günther Höfler. Wien – Graz 1999. S. 41–55. Hier: S. 49ff. (Dossier 2).

[47] Ebd. S. 52.

[48] Karl Kraus: Und in Kriegszeiten. In: *Die Fackel* 363-5 (1912). S. 71.

der Ideologiekritik, da sie plastisch auf einen verwirrten Zustand hinweisen: "Ich habe gar nicht genug Papier, um mich davon zu reinigen" (KdT 17).

So wie Jelinek konzeptualisierten Metaphern nachspürt, so gilt dies auch für *konzeptuelle, lexikalisierte Metonymien*, denen man den metonymischen Charakter kaum noch anmerkt, etwa beim Wort "Stimme" (KdT 295) in einem auf die politische Lage Österreichs anspielenden Kontext. Mit dem beschriebenen sylleptischen Mechanismus können nämlich auch Metonymien entgleisen. Der Kandidat Edgar Gstranz unterliegt bei den Wahlen einem Vertreter der "Christelpartei", "der die Stimmen seiner Kirche besaß, einen wunderbaren Maiandachts-Chor" (KdT 295). Wie beim Wort "Geschlecht" oder "Zunge" ("the German tongue") denkt man beim Ergebnis kaum noch an das physische Kausativum zurück. Indem sie wieder in den spezifischen Kontext hineingestellt wird, gerät die metonymische Bedeutung ins Gleiten. Systematisch schieben sich die kausativen, materiellen Körperteile an die Stelle der mehr synthetischen Sprechhandlungen und geben ihrerseits Anlass zur Ausfabulierung dieser Handlung: "die Zungen der Gläubiger schnellen vor, um den Tod eines Lammes, aller Lämmer, auszupreisen, die Summe steht auf dem Pickerl drauf" (KdT 292). Die partialisierende Bezeichnung von Körperteilen (Ohr, Mund, Zunge, Hand, Fuß), die durch die Metonymie erfolgt, weist auf *ein automatisiertes, verselbstständigtes Sprechen* hin, das im Weiteren auch anhand von Flüssigkeits- und Fäkalmetaphern, den formlosen Bildfeldern Spucke und Wasser allen Ernstes beraubt wird.

Jelinek speist in die heile, glückliche Gegenwart des musealen und touristischen Österreichs Reminiszenzen an die unbewältigte Kriegsvergangenheit ein, manchmal thematisch (vgl. unten), meist aber formal-stilistisch in der rhetorischen Beschreibung der Aktantenstruktur. Die drei Hauptgestalten des Romans kommen in einer katastrophalen Jetztzeit immer wieder in rhetorisch abgewandelten Unfallsszenerien auf grausame Weise ums Leben. Auffällig ist, dass sich in diesen Unfallsszenerien sehr viele Metonymien einschleichen: "Schreie rutschen auf geglätteter, saubergefegter Bahn in der Nacht aus und landen an einer schuldlosen Hausmauer" (KdT 294). Die Todesarten der Protagonisten werden äußerst metonymisch untermalt, weil sich in der Verschiebung der Aktantenstruktur der Mythos der Schuldlosigkeit und des Opfers weiterschreibt: So strotzt die Beschreibung von Gudruns Selbstmord vor metonymischen Verschiebungen der Schuldfrage, z.B. anhand der – an Phraseolexeme angelehnten – Personifikation der Waffe ("was ist denn in sie gefahren? Ein Messer aus Gummi ist soeben in sie gefahren" [KdT 119]). Die Figürlichkeit weist die Protagonisten als *uneigenständig* aus, aber karikiert auch die stereotypische euphemisierte Berichterstattung über solche Ereignisse. Jelinek suggeriert andererseits, dass die Sensationsgier und der Populismus der partikularisierenden Konzentration auf gewisse "Züge" und auffällige Merkmale Vorschub leisten: Dieser oder jener populistische

Politiker ist in erster Linie "ein Gesicht, das man sich einst hat merken müssen" (KdT 295).

Die These von Roland Barthes, die Metonymie komme vor allem im politischen Diskurs vor (vgl. unten), lässt sich an Jelineks Roman, der eine Satire des Populismus beinhaltet, außerordentlich gut belegen. Wenn nach dem Erdrutschsieg der Wahlen "Köpfe rollen" müssen oder "viele neue Gesichter in der Regierung" begrüßt werden dürfen, dann geht die Metonymie deutlich auch mit einer gewissen *Körperzerstückelung* einher, die Jelinek nicht unkommentiert lassen kann. *Pars pro toto*-Figuren deutet sie ideologiekritisch als das verfängliche Verlangen nach Unterordnung, das die Autorin stellvertretend am heutigen Identifikationspotential von Sport und Idolen dingfest macht: "Der Beweis: Formel I. In der siegt jeder von uns unter dem Sammelnamen Gerhard Berger, er braucht nur einen Heimhocker-Ring dafür. Sie sind nicht wiederverwertbar, deshalb brauchen wir endlich neue Gesichter" (KdT 33). Den Figuren der Synekdoche und Metonymie widmet Jelinek soviel Aufmerksamkeit, weil sie den Mechanismus der Unterordnung und der freiwilligen oder erzwungenen Repräsentativität in sich bergen: Die Begeisterung der "Heimhocker" für den Sport spiegelt das stellvertretende Handeln der "Schreibtischtäter".

Der *reflexive Umgang* mit der Metonymie trägt zum eigenwilligen Umgang mit dem Thema der Kollektivschuld und der Erinnerung bei. Einerseits wird der Metonymiegebrauch als ideologisch geprägt dargestellt, weil er an die Stigmatisierung stereotyper Körperteile als Wesenseigenschaften erinnert und gerade diese instrumentalisierte Sprache im Medienuniversum weiterlebt: "Die Miß erhebt einen bösen Finger und wirft ihren unbeirrbaren Spaßleib, um den zahllose pfeifende Lippenpaare herumspringen und Männchen machen [...]" (KdT 116). Andererseits nutzt die Erzählerin diesen instrumentalisierenden Effekt zum Zweck eines *argumentativen Kurzschlusses*.

Indem die Metonymie Bewertungen und Abstrakta an die Stelle von physischen Entitäten (und fiktionalen Figuren) setzt, nähert sie sich der allegorisierenden Beschreibung, die den apokalyptischen Diskurs, auf den Jelinek sich bezieht, häufig kennzeichnet. So bedient sich auch der Gründervater des apokalyptischen Diskurses in der modernen, österreichischen Literatur, Karl Kraus, reichlich der Metonymie zur Archetypisierung und Universalisierung des aktuellen Geschehens. Kraus reizt das Potential der Metonymie als argumentativen Kurzschlusses in einer von anonymen Kräften regierten und beherrschten Welt aus; so habe "Druckerschwärze" Blut fließen lassen: "Ich traf mit Druckerschwärze / den Erzfeind in das Herze!".[49] Kraus sieht satirisch generalisierend die Welt von den anonymen, gesichtslosen, fast mythischen Mächten "Blut und Druckerschwärze" regiert:[50] "Druckerschwärze floß wie

---

[49] Karl Kraus: *Die letzten Tage der Menschheit*. Frankfurt/M. 1986. S. 754.
[50] Karl Kraus: *Die Fackel* 457-61 (1917). S. 100.

Blut, eins das andere nährend".[51] Die Metonymie in der Sprache ist bei Kraus ein *ethisches Problem*, die Figur ist ihm Ausdruck dafür, dass "tatlose Zeugen" vor ihrer "Verantwortlichkeit" fliehen können.[52] Gerade im Bereich der narrativen *Handlung* macht Jelinek es sich zur Aufgabe, die Fokussierung von Täterschaft zu problematisieren und einschlägige Metonymien, die (physische) Kausalitäten eher verunschärfen, zu *präzisieren*, nachträglich zu ergänzen:

> das Heilige [...] wird uns vom ORF sowie tausend Kilometern Glasfaserkabeln vermittelt (KdT 22)
> Sie haben sich das Hirn zerstört und die dazugehörige Kopfschale gleich mit. Das Dorf spricht immer noch darüber (KdT 26)
> ein Zwischending zwischen Fahrzeug und Fahrzeuginsassen entsteht (KdT 503)

Die Präzisierung der physischen Begleitumstände beugt der Euphemisierung grausamer Realitäten vor, wie sie auch an manch anderer Stelle der statistischen Darstellung von vergangenen und gegenwärtigen Katastrophen zum Vorwurf gemacht wird. Der Roman *Die Kinder der Toten* macht sich zwar diese euphemisierende Dimension der Metonymie zunutze, tut aber einen entscheidenden Schritt über die rein inkriminierende Betrachtungsweise hinaus.

IX. Quantifizierung

Man werde den Toten nicht "gerecht" (KdT 606), indem nur "gerechnet" (KdT 606) werde – so das Leitmotiv der Gedächtnis-Debatte, das auch in *Die Kinder der Toten* anklingt. Dennoch greift Jelinek diesen quantifizierenden Diskurs immer wieder auf, als ob es dazu keine Alternative gäbe, oder als ob die Alternative selbst an der unvermeidlichen Abstraktion teilhat. Sogar im Beobachten von Opfern wird implizite nur eine Teilmenge, eine bestimmte Gattungszugehörigkeit wahrgenommen:

> Zwei Stück Österreicher sind gestern bei einem Hotelbrand in Pittapong oder was weiß ich wo ums Leben gekommen, dazu hundertzweiundachtzig Stück, mixed grill aus zahlreichen anderen Nationen, sowas passiert nicht jeden Tag, aber wenn es passiert, wird es unverzüglich auf der ganzen Welt, die ihre freie Natur längst weggeworfen und als Zeitungspapier zurückgekriegt hat, gemeldet. (KdT 512)

Die Partikularisierung wird hier auf groteske Weise aufs Korn genommen, indem die Österreicher unter den Opfern (zwar erneut im Rekurs auf das

---

[51] Kraus: *Die letzten Tage der Menschheit*. S. 224.
[52] Kraus verwendet auch häufig Metonymien zum Zweck der grotesken Personifikation seiner Gegner: "der Ernst des Lebens geht nicht, fährt nicht, läuft nicht, sondern schreitet zur Urne", "die politische Reife wird gebeten, nicht die Kandidaten zu verwechseln"; "daß der Greuel in der Majorität ist". Karl Kraus: Der Blitz hat sie getroffen, zerschmettert sind sie, nicht gedacht sollen sie werden. Eine Orgie. In: *Untergang der Welt durch schwarze Magie*. Frankfurt/M. 1989. S. 53–71. Hier: S. 70.

generische "Stück") hervorgehoben werden, im Gegensatz zum betont undifferenzierten "mixed grill aus zahlreichen anderen Nationen". Diese Form der generalisierenden Metonymie ist im politischen Kontext oder in der Mediensprache geläufig. Sie ist mit der Synekdoche verwandt: Nicht der Irak wird angegriffen, sondern dessen Bewohnern widerfährt etwas Konkretes, wie die folgende Ausfabulierung der Schimäre des "sauberen Krieges" belegt:

Auf diesen Mann hat sich etwas Landgestütztes gestürzt, ein Fleischmeteorit, eine Pershing, ein Pestizillin-Geschoß, das jedes im TV bezeichnete Gebäude reinigend und desinfizierend, zum Lüftungsschacht hineinfährt und ein paar Prozent Iraker und kreischend auf Pferderücken einhersprengende Irokesinnen auslöscht, alles eins und dasselbe, Nachrichten und Hauptfilm, weg sind sie, als wären wir nie dabeigewesen. (KdT 273)

Die Verharmlosung und Euphemisierung von Waffen in der Sprache ("etwas Landgestütztes") ist auch Thema des jüngsten Jelinek-Textes, *Bambiland* (2004), wird allerdings dort eher in den Rahmen der Katachrese "Flugmarsch*körper*" eingespannt.[53] Die rücksichtslose Quantifizierung mit rhetorischen Mitteln erstreckt sich auf die metapragmatische Kennzeichnung des Erzählaktes. Die Erzählerin übernimmt satirisch diesen Diskurs der Quantifizierung und Objektivierung, führt sich selbst als Metzgerin auf ("Noch ein paar Stück Tote? Ich schneide Ihnen gern noch mehr ab!" [KdT 510]).

Die aus *Die Liebhaberinnen* bereits bekannte, durch sprachliche Metonymie-Prozesse erfolgende Verdinglichung ist also auch hier noch präsent. Diese Verdinglichung ist offenbar ein beliebtes Motiv im Rahmen der ideologiekri-tischen Betrachtung von instrumentellen und funktionalen zwischen-menschlichen Beziehungen, so auch bei Judith Kuckart: *"Der Lungenschuß bestellt für den Kaiserschnitt einen Baumkuchen".*[54] Viktor Klemperer, der selbst sehr direkt die inkriminierende Wirkung des gezielten Singulars "der Jude" erfahren hat, schreibt Folgendes über die Verwendung der *kategorisierenden Sprache* in der nationalsozialistischen Rhetorik:

wenn ein Offizier oder Militärarzt von gutem und schlechtem Menschenmaterial sprach, so faßte ich das nicht anders auf, als wenn ein Zivilarzt vor der Mittagspause noch schnell einen "Fall" oder einen "Blinddarm" erledigte. Nach dem Krieg war ich geneigter, in "Menschenmaterial" eine peinliche Verwandtschaft mit "Kanonenfutter" zu finden. Aber ganz überzeugt von der Brutalität des inkriminierenden Ausdrucks bin ich auch heute nicht.[55]

---

[53] Elfriede Jelinek: *Bambiland/Babel. Zwei Theatertexte.* Reinbek bei Hamburg 2004.
[54] Judith Kuckart: *Wahl der Waffen.* Frankfurt/M. 1990. S. 42.
[55] Viktor Klemperer: *LTI. Die unbewältigte Sprache. Aus dem Notizbuch eines Philologen.* München 1969. S. 152f.

In diesem Zitat lässt die Synekdoche "Menschenmaterial" den Menschen hinter einer Gattungsbezeichnung verschwinden und fokussiert ihn auf seine Handhabung und Verwertung hin. Klemperers Urteil fällt also – wohl wegen der Ubiquität dieser Figur – sehr nuanciert aus. Klemperer geißelt aber stärker die Rede von "sechzehn Stück Gefangene", die Jelinek karikierend in der soeben zitierten auktorialen Bezeichnung ihrer eigenen Erzählpraxis anklingen lässt. Die Nähe zur selektiven Informationspraxis der Mediensprache ist unverkennbar, aber indem die Metonymien bei Jelinek in stark figuralisierte Handlungs-Kotexte eingehen, erlangen sie einen *markierten* Charakter. Sogar die konventionelle Anrede des Lesers wird als Synekdoche kenntlich gemacht, singularisiert ja die Anrede des extrafiktionalen Lesers doch die Teilmenge aller möglichen Leser: "Der Vergleich soll Sie unsicher machen! Und Sie auch!" (KdT 273).

X. Metalepse

Um die Figürlichkeit des Textes angemessen in den Griff zu bekommen, müssen wir einen Blick auf die Erzähltechnik werfen. Dass sich in ihre Texte eine auktoriale Erzählstimme immer mehr einmischt, hat man der Autorin schon mehrfach zum Vorwurf gemacht – in dem Maße sogar, dass sie in *Gier* diese Allmacht bereits ironisch kommentiert: "Das wirft man mir oft vor, daß ich dumm dastehe und meine Figuren fallenlasse, bevor ich sie überhaupt habe, weil sie mir offengestanden rasch fade werden".[56] Auktorialität scheint ein weitaus mehr monierter als erforschter Aspekt der Jelinek'schen Prosa zu sein: "Dass sich eine Erzählerin ständig in den Erzählfluss einbringt, ist legitim, wenn der Plot allerdings nur mehr als Vorwand für diese Reflexionen dient, wird der Text fragwürdig".[57]

Jelinek zieht tatsächlich alle Register des klassischen auktorialen Erzählens. So gibt die Leseranrede oft Hinweise auf das beschränkte Auffassungsvermögen der Figuren: "Würde man sie fragen, worüber sie gerade mit dem jungen Bergsteiger gesprochen habe, sie wüßte es nicht, erlauben Sie mir, das Wort aus diesem Grund an Sie zu richten" (KdT 514). Die Protagonisten selbst werden – zum Zeichen der von ihnen vollzogenen Verdrängung – als völlig gedächtnislos gekennzeichnet; die Erzählinstanz vertritt ständig ihre Sprache und Gedanken, um daran die assoziationsreiche Dekonstruktion ausführen zu können, wobei gerade die Aktivität des Vergessens wort- und bilderreich beschrieben wird:

> Das Gedächtnis setzt aus. Das Gedächtnis in diesem Urstrom ist ein ganzer Kontinent, wenn man bedenkt, was alles auf unser Schuldenkonto kommt; doch es ist inkontinent geworden, unser liebes Gedächtnis dort draußen auf der See, da es nicht rechtzeitig aufgesammelt wurde. (KdT 96)

---

[56] Elfriede Jelinek: *Gier. Ein Unterhaltungsroman.* Reinbek bei Hamburg 2000. S. 13.
[57] Hans Putzer: Gefangen im Weltekel. In: *Süddeutsche Zeitung* April 2000.

Die Natur wird ihn doch nicht so weit entrückt haben, daß fremdes Gedächtnis an die Tür klopft, die vorhin noch die seine war, und er wäre gerade nach Unbekannt verzogen? (KdT 128)

Jelinek belässt es aber nicht bei einer traditionellen auktorialen Ausstattung ihrer Prosa. Im Gegenteil geht es ihr darum, die unterschiedlichen Erzählschichten zu vermischen. Das kann man zum Beispiel ablesen an Aussagen, die sylleptisch zwischen Diskurs und Erzählwelt oszillieren:

Diese Stadt, diese Landschaft besitzen eine derartig herausragende Qualität, daß sie hier nur mit äußerster Mühe *übersprungen* werden können. (KdT 555; meine Hervorhebung)
Die Ufer sind angerissen, so wie auch die Darstellung dieser Frau Frenzel jetzt nur noch angerissen werden kann. (KdT 618)

Der *terminus technicus* für diesen Abbau der Grenze zwischen erzähltem Moment und Erzählmoment lautet – mit einem von Genette geprägten Begriff – Metalepse.[58] Die Metalepse oszilliert zwischen erzählter Welt und Erzählakt und wird bei Jelinek vor allem anhand der (manchmal bloß verspielt klingenden) Syllepse in Gang gesetzt: "Die Tiere haben gegen ihre Erwähnung hier nichts einzuwenden, dazu wurden sie ja *ausgeführt*." (KdT 82; meine Hervorhebung)

Was haben nun aber die Begriffe Metalepse mit Metonymie und Erinnerung zu tun? In seinem Buch zur Metalepse zitiert Genette das klassische Beispiel "Vergil ließ Dido im 4. Buch der Aeneis sterben" als Beispiel für die metonymische Verschiebung, die die Metalepse zwischen Erzähler und Erzählwelt vollzieht.[59] Diese Bewegung ist auch in Grass' *Im Krebsgang* ein besonders auffälliges Indiz für die Inszeniertheit des Erinnerungsdiskurses. Man ist leicht dazu geneigt, es als ein Zeichen der Reflektiertheit zu werten, dass der Berichterstatter sich seiner aktiven Manipulation des historischen Materials bewusst ist, indem er z.B. das Wort "abspulen" (Kr 8, 54) mehrfach verwendet, und so seine eigene raffende, ordnende Aktivität in den Vordergrund schiebt. Unvermittelt aber taucht gegen Ende des Romans eine negativ konnotierte Metalepse auf, die auf Konrads Unzuverlässigkeit und seine parteiische, zusätzlich von den (äußerst negativ konnotierten) neuen Medien beeinträchtigte Geschichtsdarstellung hinweisen soll: "Danach ließ Konrad den in Schwerin abgefeierten Staatstrauerakt ziemlich bildhaft ablaufen" (Kr 190).

---

[58] Genette definiert Metalepse als "une manipulation – au moins figurelle, mais parfois fictionnelle [...] – de cette relation causale particulière qui unit, dans un sens ou l'autre, l'auteur à son oeuvre, ou plus largement le producteur d'une représentation à cette représentation elle-même", im weiteren Sinne als "modes de transgression, figurale ou fictionnelle, du seuil de la représentation". Gérard Genette: *Métalepse*. Paris 2004. S. 14.
[59] Ebd. S. 12.

Den Jelinek'schen Metalepsen ist jedoch gemeinsam, dass sie *systematisch* die augenscheinlich bloß zuschauende, berichtende, beschreibende Instanz als *handelnde* Entität ausweisen. Diese Entität ist außerdem vollständig vom Diskurs kontaminiert, den der Text zu kritisieren vorgibt. Der Metadiskurs, die Armaturen des Erzählens werden von der Erzählwelt kontaminiert. Konsequent greift die Metalepse auf das tragende Gerüst der Erzählung über, indem sogar Zeit- und Raumangaben als aktive Leistung und Konstruktion umgeschrieben werden, so bereits in *Lust* "(eigentlich ist jetzt schon der nächste Tag ungeduldig angebrochen worden)" (Lu 254) und mehrfach in *Die Kinder der Toten*: "Ich schütte einen Menschen jetzt aus vor Lachen" (KdT 381).

In dem Maße, in dem Handlung und Kulisse der fiktionalen Welt eher dürftig ausstaffiert werden, arbeitet die Erzählkonstruktion sich an der massiven Konstitution eines den Lesern und Erzählerinstanzen gemeinsamen Raumes ab (unter anderem unter betontem Einbezug zahlloser deiktischer Ausdrücke).[60] Diese Experimente betonen mit spielerischem Effekt die Räumlichkeit des Erzählens:

> ich nehme dieses Wort wieder zurück und gebe Ihnen dafür ein anderes, nur weiß ich nicht, wo ich es jetzt hingetan habe (KdT 543)
> Und Sie? Was müssen Sie sich auch noch hierher stellen, daß keiner vorbei kann? (KdT 344)

Diese Experimentalität reicht sogar bis zum Weißraum, der dem Leser eingeräumt wird, um endlich selber das Wort ergreifen zu können: "noch mehr Worte entstehen mir unter den Fingern. Hilfe! Ja, in Ordnung, schreiben Sie hier jetzt lieber die Ihren hin! [Zwei Zeilen Weißraum] Die sonst nicht gesagt würden" (KdT 389).

Die sich vordrängende Erzählinstanz zerstört die verfängliche Illusion, auf authentische Weise an Stelle der Opfer Zeugnis ablegen zu können. Die Opfer verschwinden mit Übertreibung der gängigen Euphemisierung hinter Metonymien: es sind "Länder, die zum Schweigen gebracht worden sind" (KdT 22), "Gesichter, die [vor oder] nach uns kommen" (KdT 194). Die betonte Metalepse weist die Erzählerin als Komplizin aus, da die Darstellung der Tat nicht weniger als die Täter selbst handelnd an der sprachlichen Darstellung der Vergangenheit betätigt ist. Die ausgeprägte auktoriale Metasprache instrumentalisiert rücksichtslos das historische "Material", macht diese Instrumentalisierung aber auch durch Übertreibung sichtbar:

> Also so etwas Entsetzliches wollen wir uns nicht vorstellen müssen. Diesmal nicht. Das nächste Mal wieder. Es können Millionen Lebewesen verschwunden sein, bitte, daran haben wir uns total gewöhnen können, aber eine allein, das geht nicht, man müsste ihr jemanden mitgeben, mal sehn, wen wir *noch vorrätig haben*.[61]

---

[60] Vgl. dazu bereits theoretisch Günter Butzer: *Fehlende Trauer. Verfahren epischen Erinnerns in der deutschsprachigen Gegenwartsliteratur.* München 1998. S. 105.
[61] Jelinek: *Gier.* S. 314 (meine Hervorhebung).

Zugleich lässt diese Mimikry anklingen, dass sowohl das statistisch verallgemeinernde als auch das partikularisierende Gedenken unzureichend ist.

XI. Metonymische Risse in der heilen Gegenwart

Die Aufsplitterung des Individuellen erfolgt anhand einer *pars pro toto*-Dynamik, die der Spiegelung des großen Ideologischen im kleinsten Detail vertraut. "Haut, Knochen und Haar" (KdT 209), Gas, Gras, Haufen, "Knochen" (KdT 288), "Asche", Rauch: Die Topoi des Holocaust spicken den Text in betont auffälliger Weise. Diese Topoi weisen im Singular auf eine unsagbare Pluralität von Individualitäten hin und verselbstständigen sich zu autonomen, historischen Aktanten: "die internationale Geschichtsstunde ist mit Bier in den Sand geschrieben" (KdT 289). Die Entschlüsselung bereitet manchmal Schwierigkeiten, da diese Topoi sich als Attribute in die unschuldigsten Konstellationen einschleichen, manchmal einfach als "Grillrauch" versteckt: In der satirischen Beschreibung des "Parteiführers" Haider als "sportlicher Bergsteiger" fällt so der "Haken", der beim Klettern verwendet wird und auch in einen Phraseologismus Eingang gefunden hat, aus dem isotopischen Rahmen. Im selben Abschnitt findet sich noch ein Topos: "Aber jetzt das Schmerzlichste: Wir haben auch die Mercedes-Vertretung nicht mehr. Diesen Stern hat man uns leider weggenommen" (KdT 289). Metonymisch weist der Stern auf das Schicksal einer Person hin ("seinem guten Stern trauen"). Von "Amnesie durch Aktualitätszwang" ist im theoretischen Diskurs um Gedächtnis die Rede. Diesem Aktualitätszwang beugt Jelinek sprachlich vor, indem sie sprachlich die vom aktuellen wirtschaftlichen Geschehen und von der Werbesprache ausgenutzte Metonymie im sylleptischen Kotext ("wegnehmen") unterbricht und auf den stigmatisierenden Judenstern zurückverweisen lässt. Dieser Stern ist an anderer Stelle "immer noch im Steigen" (KdT 605) und kennt nicht die Gnade der späten Geburt, sondern "nur die Gnade des doppelten Airbags" (KdT 605).

Diese kleinsten Reminiszenzen unterstützen *emblematisierend,* also die *pictura* der Wirklichkeit mit einer fixen *subscriptio* versehend, die ideologiekritische These einer Dauer- und Kollektivschuld in der Sprache und setzen die unmögliche "Dauer-Erinnerung" in Permanenz in Szene. Jelinek knüpft also nicht nur mit den spärlichen expliziten Hinweisen an die Gedächtnisproblematik an:

> Nicht einmal durch Bothos, Martins, Kurts, Hänschens und Herberts vollendetes Klar- oder Klospülen werden sie sie wieder los, die Toten. (KdT 182)
> Um jedes Mahn-Mal müssen wir würfeln, um neu anfangen zu dürfen. (KdT 293)

Jelineks Emblematisierung der Wirklichkeit erinnert an das ideologiekritische Verfahren, jedes Phänomen der Mechanisierung und Automatisierung als Vorwegnahme der Massenermordung zu betrachten, jede Teilhandlung als *pars pro toto* für die Katastrophe zu deuten: So stellt ein Rezensent in Bezug auf das Theaterstück *In den Alpen* (2002) fest: "Es scheint der Autorin einen gewissen

Trost zu geben, alles mit allem zu verbinden und den Tunnel von Kaprun als einen abgelegenen Kamin der Weltanlage Auschwitz zu deuten".[62] Die formale Gestaltung lässt, dieser Rezension zufolge, nur Beherrschung des Materials durchblicken; authentische "Klage" sei ihrem Stück nicht zu entnehmen: "Jelinek verletzt die Würde der unbekannten Toten, indem sie in deren Asche Schuldvermutungen kritzelt".[63]

Wichtiger als authentische Erinnerung sind jedoch die Reflexivität gegenüber der Appellfunktion, die man dem historischen Material heutzutage verleiht, und der auch rhetorisch vermittelte Nachweis, dass Erinnerung immer auf Repräsentation und Konstruktion beruht, dass es keine passiven Zeugen gibt.[64] Gewiss ist dem Roman nur mit der Metonymie und der Metalepse nicht beizukommen, dazu sind die Syllepsen und Metaphernspiele viel zu eigenwillig. Es kann wohl nicht die Absicht sein, die Lektüre eines Romans auf die Aufzählung von rhetorischen und narratologischen Techniken zu beschränken. Dennoch ist man in diesem Falle wohl gezwungen, die assoziationsreiche Thematik des Romans (Ökologie, Geschichtsbewältigung, Politik, Feminismus, Philosophie, usw.) durch die mikroskopische Brille der formalen Gestaltung und unter Einbezug der Sprachproblematisierung zu lesen. Denn die Jelinek'sche Textkonstitution und -Verkettung ist nicht *mimetisch*, sondern *textstrategisch* und *rhetorisch* motiviert.

XII. Schluss

Unsere Befunde beziehen sich ausdrücklich auf die rhetorische Konfiguration zweier Werke von Grass und Jelinek, die – in beiden Fällen – die literarische Kontinuität in ihren Oeuvres belegen, zugleich aber gewisse Tendenzen angeben, die sich früher zwar tentativ abzeichneten, sich jetzt aber voll und ganz durchsetzen. Grass' *Im Krebsgang* und Jelineks *Kinder der Toten* sind in allen Bedeutungen des Wortes als 'Erinnerungsdiskurse' zu verstehen: sie inszenieren subjektive Kommemorationsmomente und verschmelzen diese zu umfassenden Räumen kollektiver und kultureller Vergangenheitsbewältigung. Wenn man aber die rhetorische Orientierung dieser Texte vernachlässigt, so ist es unmöglich, ihre fundamentalen Bedeutungsschichten zu erkunden. Sowohl *Im Krebsgang* als auch *Kinder der Toten* sind von metonymischen Formen durchsetzt. Bei Grass erscheinen diese in narrativer Tarnung. Strukturen von Verschiebung und Kontiguität in der Erzählhandlung geben allerdings nicht zu einem lockeren

---

[62] Peter Kümmel: Die Welt im Kamin. Vom Zwang, in jedem Unglücksfall Auschwitz zu entdecken: Elfriede Jelinek und ihr Bergbahnstück "In den Alpen". In: *Die Zeit*. Nr. 42. 10.10.2002. S. 37.

[63] Ebd. S. 37.

[64] Vgl. Biebuyck: Gewalt und Ethik im postmodernen Erzählen. S. 101. Biebuyck weist dort nach, dass "zugleich das Unrecht angeklagt und die Viktimisierung bestätigt" wird.

narrativen Zusammenhang Anlass, im Gegenteil: die metonymische Sequenz hat eine durchaus stabilisierende Wirkung und lässt sich mit der Isotopie vergleichen. Da wir in unserem Fall mit Stabilität durch Kontiguität von Erzählparzellen zu tun haben, sollte vielleicht eher von einer *Haptotopie* die Rede sein – topischen Assoziationen auf Grund von gegenseitiger Berührung.[65] Die strategische Anwendung solcher rhetorischen Erzählformen als "mnemonische[r] Bilder" kann sehr wohl der "besseren Memorierung" der wiedergegebenen Geschichte dienen;[66] weiter gleicht sie gegebenenfalls den Rückfall von figurativen Mikrostrukturen aus, ermöglicht zugleich die Verlebendigung von unmarkierten, lexikalisierten Metonymien. Während Grass' Novelle vorwiegend auf der Namensvertauschung der Vossianischen Antonomasie beruht, scheint Jelinek gerade die Reaktivierung von lexikalisierten Figürlichkeitsformen auf die Spitze zu treiben. Beide Autoren veranschaulichen und kritisieren dadurch die Grausamkeit der Verschiebung, welche die Realität des Leidens auf die trockene Kombinatorik von Typisierungen, Zahlen und Daten reduziert.[67] Beide Texte beweisen vor allem, dass der gezielte Gebrauch von Metonymien nicht der "Präzision und Verantwortung" (Sebald) eines Textes aus dem Wege geht,[68] sondern umgekehrt dadurch ein kritisches Potential bekommt, dass sie die Irrealität von Realitätsdarstellungen anzuweisen vermögen.

Schon in den fünfziger Jahren hat Roman Jakobson die These entfaltet, nach der Metonymien besonders für realistische Literatur geeignet wären, während romantische Literatur sich vor allem durch Metaphern kennzeichnen ließe.[69] Roland Barthes geht noch einen Schritt weiter und charakterisiert die Metonymie als Grundform politischer und religiöser Diskurse, von denen sich der Schriftsteller abzuheben habe:

> Le discours politique est fondamentalement métonymique, car il ne peut s'établir que sur la force du langage, et cette force, c'est la métonymie elle-même. Ainsi revient dans le discours la figure religieuse majeure, celle de la Contagion, de la Faute, de la Terreur, c'est-à-dire, dans tous ces cas, la sujétion par violence de la partie au tout, du corps au Nom; le discours religieux est bien le modèle de tout discours politique.[70]

---

[65] Vgl. Klinkenbergs Konzepte "allotopie" und "pluri-isotopie" (Jean-Marie Klinkenberg: Rhétorique et spécificité poétique. In: *Rhetorik. Kritische Positionen zum Stand der Forschung.* Hg. von Heinrich F. Plett. München 1977. S. 77–92. Hier: S. 84 und 86).
[66] Vgl. Weinrich: Zur Definition der Metonymie. S. 110.
[67] Hierbei sei auf die Verallgemeinerungen von Deutschen, Russen, Asiaten und Juden verwiesen (u.a. Kr 101f., 171); vgl. auch die vielfache Symbolik des 30. Januar und das starre Verschweigen von Zahlen (Kr 152).
[68] W.G. Sebald: *Luftkrieg und Literatur.* München 1999. S. 64.
[69] Vgl. Jakobson: Der Doppelcharakter. S. 169; siehe auch: Weinrich: Zur Bedeutung der Metonymie. S. 106.
[70] Roland Barthes: Brecht et le discours: contribution à l'étude de la discursivité. In: *Œuvres complètes.* Bd. 3. Hg. von Éric Marty. Paris 1994. S. 260-267. Hier: S. 265.

Ein Schriftsteller, der zu solchem Widerstand fähig ist, war für Barthes Bertolt Brecht, der beispielsweise im Gedicht "Fragen eines lesenden Arbeiters" partikularisierende Metonymien als gezielte Heroisierung enttarnt.[71] Wie sehr diese Wahrnehmung im Bereich der unmarkierten, lexikalisierten Metonymik zutreffen mag, für die markierte Metonymie und ihr narratives Äquivalent überwiegt das Spannungsverhältnis zwischen Territorialität, Kontiguität und Verschiebung. In einem gewissen Sinne hat Barthes Recht: Die Metonymie ist eine äußerst geeignete Kommunikationsform für Kontexte, in denen Fragen von identitärer, persönlicher und kultureller Homogenität bzw. Heterogenität eine zentrale Position einnehmen – Kontexte, in denen Intuitionen eines territorialen Hingehörens einhergehen mit Beobachtungen von Überschreitungen solcher Zugehörigkeiten.[72] Wie Barthes richtig observiert, ist insbesondere die Sprache der Krankheit – bei Jelinek prominent vorhanden, bei Grass auf die Ebene der repräsentierten Wirklichkeit übertragen (cf. Gustloffs Tuberkulose, Frankfurters Knochenmarkeiterung) – tief greifend von eben diesen Spuren geprägt: der Unterschied zwischen der Krankheit und dem Opfer der Krankheit droht zu verwischen, wenn dieses als Träger durch Berührung die Ansteckung weiter verbreitet. Die Literatur der Gegenwart scheint für diese Metonymie und die von ihr signalisierte Gewalt eine besondere Sensibilität entwickelt zu haben, obgleich die lapidare Besprechung der Rhetorik in Grass' und Jelineks neueren Werken keine allgemeineren Schlussfolgerungen legitimiert. Trotz der einigermaßen depressiven Atmosphäre am Ende von Grass' Novelle drückt die metonymische Sequenz in der Novelle eine vage Hoffnung auf Erlösung aus; Jelineks groteske Parodie dagegen bleibt nach wie vor der düsteren Fatalität verhaftet. Dass beide Texte angesichts der Nicht-Repräsentierbarkeit von Extremzuständen auf ein figürliches Sprachregister zurückgreifen, illustriert allerdings, dass dieses nicht für die Gewalt der Sprache verantwortlich gehalten wird, sondern vielmehr als adäquates Instrument, eben diese Gewalt sichtbar zu machen, fungiert.

---

[71] "Der junge Alexander eroberte Indien. / Er allein? / Cäsar schlug die Gallier. / Hatte er nicht wenigstens einen Koch bei sich? / [...] Friedrich der Zweite siegte im Siebenjährigen Krieg. Wer / Siegte außer ihm?". Bertolt Brecht: Fragen eines lesenden Arbeiters. In: *Werke*. Bd. 12. *Gedichte 2. Sammlungen 1938–1956*. Große kommentierte Berliner und Frankfurter Ausgabe. Hg. von Werner Hecht, Jan Knopf [u.a.]. Frankfurt/M. 1988. S. 29.

[72] Das Maß, in dem dies für Grass' Novelle zutrifft, geht musterhaft aus Konnys 'Selbstverteidigung' während des Prozesses hervor: "Im Prinzip habe ich nichts gegen Juden. Doch vertrete ich, wie Wilhelm Gustloff, die Überzeugung, daß der Jude innerhalb der arischen Völker ein Fremdkörper ist. Sollen sie doch alle nach Israel gehen, wo sie hingehören. Hier sind sie nicht zu ertragen" (Kr 196).

Silke Horstkotte

Die Geister von Auschwitz: Fotografie und spektrale Erinnerung in Stephan Wackwitz' *Ein unsichtbares Land* und *Neue Menschen*

Stephan Wackwitz' autobiographical family novels Ein unsichtbares Land *and* Neue Menschen *employ the motif of a spectral return of the dead in order to express a sense of unease at grasping for a family past that diverges from accepted discourses of "Vergangenheitsbewältigung". The memorial stance of the narrator is characterised as spectral perception of a past continually haunting the present. The parental homes of the narrator's father and grandfather, in particular, serve as sites of ghostly apparitions in the gothic tradition, not least because of their uncanny geographic proximity to Auschwitz. Problematically, however, the "invisible country" of the past in the earlier novel's title refers less to the victims of the Holocaust than to the largely unspectacular Wackwitz family history, as it is mirrored in the photographic images accompanying the narrator's account. The ghost's inherently ambiguous relation to time, place and identity, which Jacques Derrida famously described in* Specters of Marx, *does not express here an obligation towards the other but rather serves to create an affective telescoping of memories between the narrator, his father and grandfather.*

I.

"Ich bin ins Reich der Toten geraten". So beginnt Stephan Wackwitz seine Auseinandersetzung mit der deutschen Geschichte des zwanzigsten Jahrhunderts in dem Band *Neue Menschen* (2005).[1] Mit der Stilisierung von Gedächtnis und Erinnerung als einer Reise ins Totenreich greift der Autor einen in der deutschsprachigen Gegenwartsliteratur beinahe allgegenwärtigen Themenkomplex auf. Vielfach werden in Romanen seit den 1990er Jahren das Fortleben der Toten und die daraus resultierende Spektralität der Gegenwart beschrieben; beispielsweise führt Arno Geiger seinen Familienroman *Es geht uns gut* ein mit der Bemerkung: "Er hat nie darüber nachgedacht, was es heißt, daß die Toten uns überdauern",[2] und Judith Hermann sieht in ihrem zweiten Erzählband programmatisch *Nichts als Gespenster*.[3]

In erster Linie sind es die äußerst zahlreichen transgenerationellen Familienromane seit den 1990er Jahren, die im Zusammenhang mit der kollektiven Erinnerung an Krieg und Holocaust von einem geisterhaften Fortleben

---

[1] Stephan Wackwitz: *Neue Menschen. Bildungsroman.* Frankfurt 2005. Im Folgenden zitiert als NM.

[2] Arno Geiger: *Es geht uns gut.* München 2005.

[3] Judith Hermann: *Nichts als Gespenster.* Frankfurt/M. 2003.

der Toten berichten.[4] Sowohl die derzeitige Popularität des Genres als auch der
hier entwickelte Diskurs der Erinnerung als einer geisterhaften Wiederkehr der
Toten haben ihre Wurzel sicherlich im Generationsumbruch von Tätern und
Mitläufern des Nationalsozialismus zur Generation der Enkel als Träger eines
kollektiven Gedächtnisses, d.h. in der wörtlich verstandenen Wiederkehr der
toten Großeltern in den Gedächtnistexten der Enkel, welche die lebendige
Stimme der Zeitzeugen in einen medial vermittelten und gebrochenen Diskurs
übersetzen. Im Anschluss an Dan Diner hat Günter Oesterle davon gesprochen,

> daß wir uns an einer Epochenschwelle befinden, wo die lebendige E[rinnerung] von
> Zeitzeugen an die großen Katastrophen [des zwanzigsten Jahrhunderts] schwindet
> und dafür die Geschichtsschreibung und ihre unterschiedlichen E[rinnerungs]for-
> men [...] in den Vordergrund treten.[5]

Mit dem Tod der letzten Zeitzeugen aber ist das zunehmend insistierende
Nachforschen der Kinder und Enkel immer stärker auf indirekte und mittelbare
Zeugnisse angewiesen. Der Gedächtnistransfer an folgende Generationen funktioniert in Familienromanen seit den 1990er Jahren daher verstärkt über
schriftliche Dokumente und über Bilder als Gedächtnisspeicher, vor allem in
Form von Familienalben. Gleichzeitig kommt Kunstwerken, nicht zuletzt literarischen, durch die wachsende Notwendigkeit alternativer, sekundärer Gedächt-
nisformen eine immer zentrale Rolle für das kollektive Gedächtnis zu.[6] Die
Wiederkehr der Toten stellt in den Familienromanen der dritten Generation

---

[4] Über die Gattung des transgenerationellen Familienromans informiert die neue Studie
von Friederike Eigler: *Gedächtnis und Geschichte in Generationenromanen seit der
Wende*. Berlin 2005. Zu Stephan Wackwitz' *Ein unsichtbares Land* als Generationenroman
hier S. 185–225. Neben dem bereits genannten Roman von Geiger und den beiden
Wackwitz-Bänden gehören in diese Reihe u. a. auch Zafer Şenocak: *Gefährliche
Verwandtschaft* (1998), Monika Maron: *Pawels Briefe* (1999), Eva Menasse: *Vienna*
(2005) und Gila Lustiger: *So sind wir* (2005).
[5] Günter Oesterle: Erinnerung, kulturelle. In: *Metzler Lexikon Literatur- und Kulturtheorie.
Ansätze – Personen – Grundbegriffe.* Hg. von Ansgar Nünning. Stuttgart – Weimar
1998. S. 125ff. Vgl. Dan Diner: *Der Krieg der Erinnerungen und die Ordnung der Welt.*
Berlin 1991.
[6] Die Rolle von Kunstwerken für sekundäre oder "Post"gedächtnisse ist besonders im
Kontext der *holocaust studies* untersucht worden; vgl. Marianne Hirsch: *Family
Frames: Photography, Narrative and Postmemory.* Cambridge (MA) 1997; Eva
Hoffman: *After Such Knowledge: Memory, History, and the Legacy of the Holocaust.*
New York 2004; James E. Young: *At Memory's Edge. After-Images of the Holocaust in
Contemporary Art and Architecture.* New Haven (CN) 2000. Zur Rolle literarischer
Texte in deutschen Erinnerungsdiskursen vgl. Wolfgang Hardtwig: Fiktive Zeitgeschichte?
Literarische Erzählung, Geschichtswissenschaft und Erinnerungskultur in Deutschland.
In: *Verletztes Gedächtnis. Erinnerungskultur und Zeitgeschichte im Konflikt.* Hg. von
Konrad H. Jarausch und Martin Sabrow. Frankfurt 2002. S. 99–123.

deshalb fast immer einen uneigentlichen Ausdruck für das Fortleben der Vergangenheit in der Erinnerung und in Gedächtnismedien dar.

Stephan Wackwitz, der das Goethe-Institut in Bratislava leitet und seit 1996 mehrere Essay-Bände sowie den Roman *Walkers Gleichung* publiziert hat,[7] hat sich vor *Neue Menschen* bereits in dem 2003 erschienenen "Familienroman" (so der Untertitel) *Ein unsichtbares Land* mit dem problematischen Erbe der eigenen Familie auseinandergesetzt.[8] Expliziter und ausführlicher als andere Autoren hat Wackwitz die Gedächtnishaltung seines autobiographisch geprägten Erzählers dabei als spektrale Wahrnehmung einer die Gegenwart durchspukenden Vergangenheit charakterisiert. *Ein unsichtbares Land* wimmelt geradezu von Gespenstern, die die unverarbeiteten, verdrängten und unsichtbaren Aspekte der Vergangenheit manifestieren. Insbesondere die Elternhäuser des Vaters Gustav und des Großvaters Andreas Wackwitz werden als Orte von Gespenstererscheinungen nach Art des Schauerromans geschildert. Umgekehrt wird die Gegenwart des Erzählers immer da gespenstisch, wo er sie mit der Präsenz des Vergangenen konfrontiert, indem er die verlorene schlesische Heimat der väterlichen Familie bereist und dort die Elternhäuser seiner Vorfahren besucht.

Die Doppelung und Überlagerung der Zeiten an privilegierten Gedächtnisorten wie den Elternhäusern Gustav und Andreas Wackwitz' verdankt sich jedoch, wie zu zeigen sein wird, immer erst dem teleskopischen Erzählverfahren des Erzählers und seiner affektiven Bindung an die eigene Familiengeschichte. Obwohl Wackwitz' Erzähler Gespenster nicht nur als uneigentliche Redeweise verwendet, sondern an einigen Stellen auf tatsächliche Spukerscheinungen verweist, rückt der Modus der Erinnerung auch diese Gespenster in die Nähe des aus anderen Familienromanen bekannten Motivs eines Fortlebens der Toten. Eine zusätzliche Dimension des Gespenstischen entsteht jedoch aus der unheimlichen Nähe des Wackwitz'schen "Familienromans" zu einem der historisch belastetsten Orte des zwanzigsten Jahrhunderts: Auschwitz, das die älteren Generationen der Wackwitz' noch als "alte galizische Residenzstadt" (EUL 7) kannten. Nur wenige Kilometer von Auschwitz entfernt liegt das Dörfchen Anhalt, wo die Familie von 1921 bis 1933 lebte, bevor Andreas Wackwitz eine Pastorenstelle im ehemaligen Deutsch-Südwestafrika antrat. Die Wackwitz'schen Familiengeschichten und -fotografien aus den zwanziger Jahren weichen notwendig von der Bedeutung ab, die dem Begriff "Auschwitz" in einem zunehmend globalisierten Holocaust-Gedächtnis zukommt,

---

[7] Stephan Wackwitz: *Walkers Gleichung. Eine deutsche Erzählung aus den Tropen.* Göttingen 1996; ders.: *Tokyo. Beim Näherkommen durch die Straßen.* Zürich 1999; ders.: *Die Wahrheit über Sancho Pansa.* München 1999; ders.: *Kleine Reisen.* Göttingen 1997.

[8] Stephan Wackwitz: *Ein unsichtbares Land. Familienroman.* Frankfurt 2003. Im Folgenden unter dem Kürzel EUL.

und diese Divergenz wird dem Erzähler bei einem Besuch in Anhalt im Jahr 2000 in Form spektraler Erscheinungen bewusst. Das Gespenstermotiv bei Wackwitz kann demnach auch als Resultat und Ausdruck eines problematischen Zugriffs auf vergangene Wirklichkeiten verstanden werden, insbesondere da, wo diese von allgemein akzeptierten Diskursen der Vergangenheitsbewältigung abweichen. Der Zugriff auf das Vergangene basiert einerseits auf affektiven Familienbindungen und bedarf andererseits des physischen Aufsuchens von Gedächtnisorten, so dass das Verhältnis von Vergangenheit und Gegenwart als affektiv motivierte Verschränkung der Zeit im Raum erscheint.

Dass Gespenster und Spukerscheinungen eine unerledigte und unerlöste Vergangenheit materialisieren, ist ein Aspekt, der im Zusammenhang mit Auschwitz öfter auftritt. So beschreibt Ruth Klüger in ihren unter dem Titel *weiter leben* erschienenen Holocaust-Memoiren die Gedenkstätte Auschwitz-Birkenau als "Gespenstergelände", "ein Quartier in der Vorhölle, wo die Unerlösten sich aufhalten".[9] Die Geister von Auschwitz sind bei Klüger klassische Wiedergänger: sie drängen ins Leben zurück, um eine der Vergangenheit geschuldete Aufmerksamkeit einzufordern. Der Gedanke einer ethischen Verantwortung für das Vergangene steht auch im Mittelpunkt von Jacques Derridas *"Hantologie"*, die ich an dieser Stelle jenseits der konkreten Bezüge zum Marxismus als allgemeine Lehre vom Gespenst lesen möchte.[10] Derridas Figur des Gespenstes steht für die Forderung eines respektvollen Umgangs mit dem Nicht-Gegenwärtigen:

> Von da an, wo keine Ethik, keine Politik, ob revolutionär oder nicht, mehr möglich und denkbar und *gerecht* erscheint, die nicht in ihrem Prinzip den Respekt für diese anderen anerkennt, die nicht mehr oder die noch nicht *da* sind, *gegenwärtig lebend*, seien sie schon gestorben oder noch nicht geboren, von da an muß man vom Gespenst sprechen, ja sogar *zum* Gespenst und *mit* ihm.[11]

Peggy Kamuf betont in ihrer Derrida-Lektüre, dass die der Vergangenheit geschuldete Aufmerksamkeit sich nicht zuletzt auf das eigene Erbe – und zwar jedes Erbe, nicht nur das marxistische – bezieht und auf die Notwendigkeit, sich für oder gegen dessen unterschiedliche Anteile zu entscheiden: "inheritance of the past and thus from the no-longer-living [...] is always an act of deciding and sifting among heterogeneous and conflicting legacies".[12] Nicht zuletzt in Form genealogischer Vererbung reicht die Vergangenheit deshalb in

[9] Ruth Klüger: *weiter leben. Eine Jugend.* München 1994. S. 71.
[10] Jacques Derrida: *Marx' Gespenster: Der Staat der Schuld, die Trauerarbeit und die neue Internationale.* Frankfurt/M. 2004. S. 77.
[11] Ebd. S. 11.
[12] Peggy Kamuf: Violence, Identity, Self-Determination, and the Question of Justice: On *Specters of Marx.* In: *Violence, Identity, and Self-Determination.* Hg. von Hent De Vries und Samuel Weber. Stanford (CA) 1997. S. 271–283. Hier: S. 277.

die Gegenwart, ein Aspekt, der für die Auseinandersetzung des Wackwitz'schen Erzählers mit der deutschen Geschichte von zentraler Bedeutung ist. Derrida radikalisiert diesen Gedanken, wenn er davon spricht, die Grenzen zwischen Vergangenheit, Gegenwart und Zukunft seien vollständig aufzulösen:

> Wenn es so etwas gibt wie die Spektralität, das Gespenstige, dann gibt es Gründe, diese beruhigende Ordnung der Gegenwarten anzuzweifeln, und vor allem die Grenze zwischen der Gegenwart, der aktuellen oder präsenten Realität der Gegenwart, und allem, was man ihr gegenüberstellen kann: die Abwesenheit, die Nicht-Präsenz, die Unwirklichkeit [...] usw. Vor allem muß die Gleichzeitigkeit der Gegenwart mit sich selbst bezweifelt werden. Bevor man wissen kann, ob es einen Unterschied gibt zwischen dem Gespenst der Vergangenheit und dem der Zukunft, der vergangenen Gegenwart und der zukünftigen Gegenwart, muß man sich vielleicht fragen, ob der *Spektral-Effekt* oder die *Wirkung des Gespenstigen* nicht darin besteht, diese Opposition, wenn nicht gar diese Dialektik zwischen der wirklichen Anwesenheit und ihrem anderen außer Kraft zu setzen.[13]

Das Gespenst kann demnach insgesamt als eine "Zone verringerter Realitätsfestigkeit" (EUL 136) beschrieben werden, wie Stephan Wackwitz es formuliert. Es wird jedoch das Augenmerk darauf zu richten sein, inwieweit Wackwitz dem Anspruch des Gespenstes auf eine dem Anderen geschuldete Aufmerksamkeit gerecht wird. Dies kann sich besonders da als problematisch erweisen, wo der Wackwitz'sche Familienroman in explizite Divergenz zu dem Anderen und dem Gespenst gerät: in Auschwitz. Gerade im Vergleich mit Ruth Klügers Memoiren wird die fragwürdige Dimension der Wackwitz'schen Spukerscheinungen deutlich. Während Klügers Gespenster die Wiedergänger der in Auschwitz Ermordeten darstellen, ist bei Wackwitz nämlich überhaupt nicht sicher, woher die Spukerscheinungen in seinen Elternhäusern stammen. Unsicher und widersprüchlich wird dabei nicht nur das Verhältnis von Vergangenheit, Gegenwart und Zukunft, sondern auch die Beziehung des Gespenstes zur eigenen Identität, zum Ort und zum Anderen. Peggy Kamuf führt zur Destabilisierung von Identität im Gespenst aus:

> Whose ghost is whose is now a question, since no certain line can be drawn between, as Derrida writes, 'the ghost of the other, and its own ghost as the ghost of the other,' or again in the final line quoted, 'the ghost, the one in front of it and the one it carries within itself.' The ghost is both specified, it is some*one*, and at the same time of uncertain location and provenance.[14]

Thematisch wird die verminderte Abgrenzung personaler Identität vor allem im zweiten Teil des Wackwitz'schen Familienromans, in *Neue Menschen*. Während *Ein unsichtbares Land* in erster Linie der Auseinandersetzung mit

---

[13] Derrida: *Marx' Gespenster*. S. 61f.
[14] Kamuf: Violence, Identity, Self-Determination. S. 276.

dem Großvater Andreas und dessen zwiespältigem Erbe gewidmet ist, setzt Wackwitz sich nun stärker mit dem eigenen "Bildungsroman" auseinander, insbesondere mit der Studienzeit des Autors in den 1970er Jahren und mit der damaligen Mitgliedschaft im Marxistischen Studentenbund "Spartakus". Wird die außerparlamentarische Opposition der siebziger Jahre dabei zum einen in einer kulturellen Tradition der Erschaffung des "neuen Menschen" verankert, die bis in die Spätantike zurückreicht, so werden zum anderen spezifische Mitglieder der 68er-Bewegung, insbesondere Rudi Dutschke, als Wiedergänger der im Holocaust ermordeten Juden beschrieben.

Über die allgemeine Konjunktur des Spektralen in der deutschen Gegenwartsliteratur hinaus knüpft Wackwitz, vor allem mit *Ein unsichtbares Land*, unmittelbar an das Werk des 2001 verstorbenen W.G. Sebald an, der insbesondere in der Sammlung *Die Ausgewanderten* (1992) die poetische Re-Präsentation der Vergangenheit explizit als eine Wiederkehr der Toten beschrieben hatte.[15] Sowohl Wackwitz' intertextuelle Verfahrensweise als auch das Modell der Erinnerung als einer Verschränkung der Zeit im Raum sowie der Holocaust-Bezug können als Echo Sebald'scher Texte, speziell *Die Ausgewanderten* und *Austerlitz*, gelesen werden.[16] Unmittelbar lehnt sich vor allem das intermediale Arrangement von schriftsprachlicher Erzählung und reproduzierten Fotografien an Sebalds Arbeitsweise an, wie schon Wackwitz' Rezensenten bemerkt haben: *Ein unsichtbares Land* sieht durch die zahlreichen fotografischen Abbildungen "wie ein Sebald-Buch aus".[17] Vor allem aber ist es Wackwitz' spezifische Aktualisierung des Gespenstermotivs und dessen mediale Repäsentation durch Abbildungen nach fotografischen Vorlagen, die den Wackwitz'schen Familienroman mit den *Ausgewanderten* verbindet. Die Geistererscheinungen, von denen Wackwitz' Erzähler spricht,

---

[15] "So also kehren sie wieder, die Toten" (W.G. Sebald: *Die Ausgewanderten. Vier lange Erzählungen*. Frankfurt/M. 1992. S. 36). Vgl. zu den *Ausgewanderten* und zur Wiederkehr der Toten vor allem Axel Dunker: *Die anwesende Abwesenheit. Literatur im Schatten von Auschwitz*. München 2003. S. 111–139; Stefanie Harris: The Return of the Dead: Memory and Photography in W.G. Sebald's *Die Ausgewanderten*. In: *The German Quarterly* 74.4 (2001). S. 379–391.

[16] Das ist auch vielen Rezensenten aufgefallen; so bemerkt beispielsweise Volker Hage in einer Sammelrezension für den *Spiegel*: "Orientiert hat sich der Autor spürbar an den Prosawerken von W.G. Sebald", und Lothar Müller schreibt für die *Süddeutsche Zeitung*: "Das Ich, das Stephan Wackwitz in der Erzählung seines Familienromans entwirft, ist ein Nachkomme des Sebald-Ich. Sein Buch sieht, wegen der Art, in der Fotografien aus dem Familienarchiv in den Text eingefügt sind, wie ein Sebald-Buch aus. Bis in den Satzbau hinein ist das Vorbild des literarischen Ahnherrn spürbar". Volker Hage: Die Enkel wollen es wissen. In: *Der Spiegel* 17.3.2003. S. 173; Lothar Müller: Lehfeld kam in Lobito an Bord. Auslandsdeutsche, verknotet: Stephan Wackwitz' Familienroman "Ein unsichtbares Land". *Süddeutsche Zeitung* 17.3.2003.

[17] Ebd.

werden dem Leser in Gestalt reproduzierter Fotografien aus dem Familienalbum zugänglich, denen oft eine gespenstische Aura eignet. Doch wird zu zeigen sein, dass die Fotografie in *Ein unsichtbares Land* eine problematische Doppelrolle spielt: kann die Kamera einerseits Spukerscheinungen materialisieren und das Unsichtbare sichtbar machen, so dienen Fotografien andererseits als Gegen- und Deckerinnerungen, die einen Zugriff auf vergangene Wirklichkeiten verhindern.

Vier Aspekte von Spektralität in Wackwitz' Romanen sollen im Folgenden erörtert werden: die spektrale Dimension des familialen Erbes (II.); die Spektralität des Gedächtnisortes Auschwitz (III.); die spektrale Wiederkehr der Vergangenheit in Fotografien (IV.) und in der Studentenbewegung von 1968 (V.). Dabei sollen nicht nur die spezifischen Formen und Medien der Wiederkehr der Toten dargestellt werden, sondern es wird, im Anschluss an Derrida, auch um die Frage der Verantwortung des Erzählers gegenüber den beschworenen Geistern der Toten gehen.

II.

Zu Recht hat Friederike Eigler *Ein unsichtbares Land* der hybriden Gattung des neuen Familien- oder "Generationenromans" zugeordnet, die in letzter Zeit verstärkt in den Fokus germanistischer Forschung zur Gegenwartsliteratur gerückt ist.[18] Neu am neuen Familienroman ist, dass es sich hierbei um zumeist "*nachträglich* rekonstruierte Genealogien" handelt,[19] die "unterschiedliche historische Phasen ins Blickfeld" rücken, welche "in Form eines Palimpsests übereinander gelagert sind und nicht unabhängig voneinander entziffert werden können".[20] Bis zu einem gewissen Grad kann der neue Familienroman mit der Väterliteratur der 1970er und 80er Jahre verglichen werden,[21] doch weil die neuen Texte meist *drei* Generationen umfassen, fokussieren sie weniger auf

---

[18] Eigler: *Gedächtnis und Geschichte.* Über den Gattungsbegriff des "Generationenromans" informiert das einleitende erste Kapitel, S. 15–37. Die Popularität dieser Texte ist auch in den Feuilletons bemerkt worden; vgl. Susanne Beyers: Gesucht: die eigene Herkunft. *Der Spiegel* 7.12.2004; Harald Welzer: Im Gedächtniswohnzimmer. Warum sind Bücher über die eigene Familiengeschichte so erfolgreich? Ein ZEIT-Gespräch mit dem Sozialpsychologen Harald Welzer über das private Erinnern. *Die Zeit* 14 (2004). S. 43–46. Zum Modell generationeller Vererbung und seiner Problematik vgl. auch Sigrid Weigel: Die 'Generation' als symbolische Form. Zum genealogischen Diskurs im Gedächtnis nach 1945. In: *figurationen: gender, literatur, kultur* 0 (2000). S. 158–173.

[19] Eigler: *Gedächtnis und Geschichte.* S. 9 (meine Hervorhebung).

[20] Ebd. S. 10.

[21] Zu den Romanen, die im Allgemeinen der Väterliteratur zugeschrieben werden, gehören Bernward Vespers *Die Reise* (1977), Peter Härtlings *Nachgetragene Liebe* (1980), Christoph Meckels *Suchbild* (1980) und Peter Schneiders *Vati* (1987). Einen

einen Vater-Sohn- bzw. -Tochter-Konflikt und beziehen stärker Fragen nach der Mitläufer- und Täterschaft *ganzer* Familien ein. Nationalsozialismus und Krieg werden so im Horizont einer ganzen Nation und einer kontinuierlichen historischen Perspektive verortet.[22] Oft wird das Modell der generationellen Vererbung durch eine doppelte oder vielfache Herkunft getrübt, so in Zafer Şenocaks *Gefährliche Verwandtschaft*, wo eine jüdisch-deutsche mit einer türkisch-armenischen Familiengeschichte kombiniert wird, oder aber die Herkunft der Figuren wird in deren Lebensgeschichte gebrochen, wie in Monika Marons *Pawels Briefe*, wo das polnisch-jüdische Erbe der Mutter durch deren Rolle im DDR-Sozialismus korrumpiert worden ist.

Was den neuen Familien- oder Generationenroman zudem von der Väterliteratur der 1970er und 80er Jahre unterscheidet, ist seine Telescopage von Erinnerungen und von affektiven Bindungen zwischen den Generationen sowie die selbstbezügliche Thematisierung von Gedächtnisprozessen.[23] Oft werden dabei mehrere Gedächtnisberichte ineinander verschachtelt, so dass die Familiengeschichte durch mehrere übereinandergelegte Linsen betrachtet werden kann. Diesen Vergleich wählt auch der Erzähler in *Ein unsichtbares Land* für seine Lektüre der großväterlichen Memoiren aus dem Jahr 1956, in denen Andreas Wackwitz wiederum eigene Tagebucheinträge von 1918 verarbeitet, so dass sich, zählt man den Bericht des Erzählers hinzu, ein dreifach gebrochener Blick auf die Vergangenheit ergibt.

> Wie zwei Linsen sind die beiden Textstellen ineinander montiert, aus einer Entfernung von 38 Jahren, 44 Jahre wiederum von uns entfernt: Eine teleskopische Anordnung, mit deren Hilfe ich nicht nur den jungen Mann von 1918 aus der Nähe betrachten kann, sondern zugleich auch den, der 1933 vierzig war; der 1956 alt, stumm und weinerlich am Frühstückstisch saß […]. (EUL 105)

Im Gegensatz zu den Familienromanen von Maron und Şenocak präsentiert *Ein unsichtbares Land* die Familie Wackwitz als Teil einer homogenen und kontinuierlichen Erinnerungsgemeinschaft. Für die erzählerische Konstruktion

---

Überblick über den Väterroman bietet Claudia Mauelshagen: *Der Schatten des Vaters: Deutschsprachige Väterliteratur der siebziger und achtziger Jahre*. Frankfurt/M. u. a. 1994 (Marburger Germanistische Studien 16). Vgl. Auch Jochen Vogt: Er fehlt, er fehlte, er hat gefehlt... Ein Rückblick auf die sogenannten Väterbücher. In: *Deutsche Nachkriegsliteratur und der Holocaust*. Hg. von Stephan Braese, Holger Gehle, Doron Kiesel und Hanno Loewy. Frankfurt – New York 1998. S. 385–412.
[22] Eigler: *Gedächtnis und Geschichte*. S. 25.
[23] Den Begriff der Telescopage verdanke ich dem Aufsatz von Sigrid Weigel: Télescopage im Unbewußten. Zum Verhältnis von Trauma, Geschichtsbegriff und Literatur. In: *Trauma: Zwischen Psychoanalyse und kulturellem Deutungsmuster*. Hg. von Elisabeth Bronfen, Birgit Erdle und Sigrid Weigel. Köln – Weimar – Wien 1999. S. 51–76.

von Kontinuität spielt die ungebrochene Familiengenealogie (es sind in direkter Linie keine Kriegstoten zu beklagen) eine ebenso große Rolle wie deren Einbindung in einen kulturhistorischen Tiefenraum von Lektüreerfahrungen und Gedächtnislandschaften. *Ein unsichtbares Land* und *Neue Menschen* bedienen sich umfänglich der deutschen Literatur- und Kulturgeschichte und verweben ihr Material zu einer engmaschigen Textur von Zitaten, Paraphrasen und Anspielungen, die dazu beitragen, die Brüche in der Geschichte des zwanzigsten Jahrhunderts (zwang-zig-sten) zu überbrücken. Das Herstellen einer solchen Kontinuität wird nicht zuletzt durch die Generationsstruktur der Familie Wackwitz ermöglicht: der Großvater des Erzählers ist ein Veteran des Ersten Weltkriegs, während am Zweiten Weltkrieg kein Familienmitglied aktiv teilnahm. Nicht der Zweite, sondern der Erste Weltkrieg wird in *Ein unsichtbares Land* deshalb als Schlüsselereignis präsentiert, das die Traumata des zwanzigsten Jahrhunderts erst möglich gemacht hat:

> Der erste Weltkrieg ist 1918 überhaupt nicht zu Ende gegangen, er ging weiter bis 1989, und in gewisser Weise hat nicht nur mein Vater, sondern auch ich in ihm weitergekämpft und erst in den letzten fünfzehn Jahren des Jahrhunderts aus ihm herausgefunden. (EUL 133)

In achtzehn Kapiteln mit oft intertextuell suggestiven Titeln wie "Ein unverhofftes Wiedersehen" oder "Im Palast des Kaisers" wird die Geschichte der Familie Wackwitz in *Ein unsichtbares Land* durch drei Generationen erzählt. Dabei etabliert der Erzähler eine männliche Genealogie, die, trotz einiger Konflikte zwischen dem Erzähler und seinem militaristischen und autoritären Großvater, durch die gemeinsame Vorliebe für das Tagebuch- und Memoirenschreiben zusammengehalten wird. Dem Erzähler steht deshalb ein reichhaltiger Fundus an Dokumenten aus dem Familienarchiv zur Verfügung, aus dem er beständig zitiert; die verwendeten Quellen schließen seine eigenen Tagebücher ebenso ein wie die Memoiren des Großvaters, die wiederum dessen frühere Tagebücher zitieren und weiterverarbeiten, die Briefe eines im Ersten Weltkrieg gefallenen Großonkels und eine von Wackwitz' Vater in den fünfziger Jahren verfasste autobiographische Erzählung (EUL 276–286). Ebenso wie bei den Memoiren des Großvaters handelt es sich bei dieser Erzählung um einen retrospektiven Gedächtnistext. Daneben zitiert und paraphrasiert der Erzähler immer wieder aus der deutschen Literatur sowie aus heimatgeschichtlichen Quellen und fügt längere Exkurse über die Geschichte der Reformierten im schlesischen Seibersdorf (EUL 64–76) ebenso ein wie Erinnerungen an die eigene Kindheit (EUL 19–25) und an die durch seine Mitgliedschaft im MSB "Spartakus" geprägte Studienzeit (u.a. EUL 250–254). Auch wird wiederholt auf Fotografien aus dem Familienalbum verwiesen, von denen eine Reihe im Roman reproduziert wurden (insb. EUL 137, 139, 225–229).

Den erzählerischen Rahmen von *Ein unsichtbares Land* bildet eine senti-
mentale Reise in die Vergangenheit und an vergangene Orte. Dabei dient die
Reise des Erzählers in die schlesische Heimat der Familie nicht nur der
Verortung des Un-Ortes Auschwitz, sondern bildet zugleich den Aufhänger
einer Auseinandersetzung mit einem in der deutschen Literatur des beginnen-
den einundzwanzigsten Jahrhunderts neu entdeckten Gebiet: den verlorenen
Ländern und Gegenden des 'deutschen Ostens'.[24] Eine dritte historische
Schicht der schlesischen Landschaft wird in dem Folgeband *Neue Menschen*
aufgedeckt, denn hier fungiert der Osten vor allem als geographischer Ort des
zweiten großen, gescheiterten politischen Experiments des zwanzigsten
Jahrhunderts: des Sozialismus. Bei dem zu Anfang dieses Aufsatzes zitierten
"Reich der Toten" handelt es sich nämlich zunächst und vor allem um die
heruntergekommene sozialistische Mustersiedlung Nowa Huta, die der Erzähler
von Krakau aus besucht (Stephan Wackwitz leitete zur Entstehungszeit der
beiden Bände das Goethe-Institut in Krakau). Ebenso wie die Schilderung
Nowa Hutas dient die nur rudimentäre Erzählung von der Reise nach Anhalt in
erster Linie dazu, die Autobiographie des Erzählers und die Wackwitz'sche
Familiengeschichte in eine Vielzahl kulturhistorischer Bezüge einzubetten, die
sich teils auf die bedeutungsvollen Orte der Familiengeschichte beziehen (im
Anhalter Pastorat wuchs bereits Friedrich Schleiermacher auf, und in
Luckenwalde, wo der Großvater später eine Pfarrstelle innehatte, lebte zur gleichen Zeit der jugendliche Rudi Dutschke), oft aber auch allgemeinerer Natur
sind, wie beispielsweise die reformationsgeschichtlichen Exkurse oder die
vielfachen Hinweise auf Lektüren des Erzählers und seines Großvaters.

Zu Recht spricht Helmut Schmitz von einem neu definierten "Verhältnis zu
deutschen Traditionsbeständen" bei Stephan Wackwitz.[25] Auch der "Bildungsroman" des Erzählers in *Neue Menschen* wird vor allem als Ergebnis von
Lektüren präsentiert, welche sich sowohl dem Familienarchiv als auch der
deutschen Literaturgeschichte verdanken, wie Wackwitz sie durch sein
Germanistik-Studium in den 1970er Jahren kennenlernte. Sein politisches
Engagement im MSB "Spartakus" wird folglich nicht als individuelles, sondern
als zeittypisches Phänomen präsentiert und die marxistische Ideologie aus

---

[24] Weiteres Beispiel für einen Generationenroman, der eine Reise in das heutige Polen
schildert, ist Michael Zeller: *Die Reise nach Samosch*. Cadolzburg 2003.
Stellvertretend für eine jüngere Generation von Schriftstellern, die zur Zeit den
'deutschen Osten' entdecken, sei genannt André Hille: *Erzähl mir vom Land der
Birken. Acht Wochen Schlesien. Eine Reiseerzählung.* Leipzig 2006.

[25] Helmut Schmitz: Annäherung an die Generation der Großväter: Stephan Wackwitz'
Ein unsichtbares Land und Thomas Medicus' *In den Augen meines Großvaters*. In:
BIOS. Zeitschrift für Biographieforschung, Oral History und Lebensverlaufsanalysen 2
(2006). S. 247–266.

ihren kulturhistorischen Voraussetzungen heraus beleuchtet. Retrospektiv gelangt der Erzähler zu der Deutung,

> dass meine [...] Mitgliedschaft im Marxistischen Studentenbund 'Spartakus' 1975 zugleich die Mitgliedschaft in einer viel umfassenderen und vielleicht gar nicht zu verlassenden deutschen Zwangsvereinigung gewesen ist. (NM 13)

Wird die 68er-Bewegung damit in eine spezifisch *deutsche* Geschichte eingebettet, so entstammen die "heroisch-sozialistischen Toten von Nowa Huta" andererseits einer bis zur spätantiken Gnosis zurückreichenden Tradition des Neuen Menschen:

> In ihrem Alltag verwirklichte sich ein Jenseits, das aus den Tiefen der Geschichte zu sich selbst gekommen, aus seiner Himmelsverbannung auf die Erde gefallen war. Die Welt war zwar immer noch das schlechthin Unmenschliche. Aber der göttliche Funke, der in der Arbeit der neuen Menschen, in ihrem Lachen und Marschieren, in ihrer enthusiastischen Durchgottung auf Erden erschienen war, regierte "schon ein Fünftel des Erdballs". (NM 15)

Auch in *Ein unsichtbares Land* betrifft das Gedächtnis des Erzählers selten autobiographische Erinnerungen, meist ein vielfach vermitteltes und medialisiertes Familiengedächtnis, dessen Quellen als drucktechnisch distinkte Intertexte, nämlich kursiviert, in die Erzählung eingesetzt wurden. Dabei kommt es zu einer teleskopischen Verschränkung von Erinnerungen zwischen den Generationen, denn:

> Wie die Rohre eines ausziehbaren Fernrohrs, sagen die Generationssoziologen, seien die Erinnerungen und Träume der Väter und Söhne und Enkel ineinander geschoben, und wahrscheinlich lebt wirklich keiner sein innerstes Leben nur für sich. (EUL 188f.)

Tatsächlich wird in den beiden zentralen Episoden der Rahmenhandlung in der Gegenwart – dem gemeinsamen Besuch von Stephan und Gustav Wackwitz im väterlichen Elternhaus in Anhalt sowie der Geschichte von der wiederaufgefundenen Kamera Gustavs, auf die ich unten näher eingehen werde – nicht deutlich zwischen den Erinnerungen des Erzählers und denen seines Vaters unterschieden. Mehrfach werden die Beobachtungen der beiden sogar in eine gemeinsame "wir"-Perspektive ineinandergeschoben. Gerade die Behauptung einer gespenstischen Dimension ist von diesem Erzählverfahren betroffen: "Es hätte uns nicht gewundert, wenn wir wie 'die Dienstmägde vom Pfarrhaus in Anhalt einen verstorbenen Pastor immer am spätern Abend vor dem Hause sitzen' gesehen hätten" (EUL 137), bemerkt der Erzähler, indem er aus den Schauergeschichten seines Großvaters zitiert. Eine etwas stärkere Abgrenzung findet von den Erinnerungen Andreas Wackwitz' statt, von dem allerdings andererseits sehr viel Material in die Erzählung integriert wurde.

Der Untertitel des Buches etabliert *Ein unsichtbares Land* als "Familienroman" in einem doppelten Sinne: erstens als authentische Familiengeschichte (die Figuren werden durch Familiennamen identifiziert; der Erzähler verweist immer wieder auf verifizierbare biographische und historische Fakten und besteht wiederholt auf der Wahrhaftigkeit seines Berichts). Zweitens stellt der Untertitel einen intertextuellen Verweis auf Sigmund Freuds "Familienroman der Neurotiker" (EUL 123) dar, der als Leitmetapher für die Wackwitz'sche Familiengeschichte dient.[26] Denn die Rekonstruktion des Erzählers etabliert die Familiengeschichte nicht als lineare Chronologie von Ereignissen, sondern in Form einer topographischen Anordnung von Gedächtnisorten, wobei die Gedächtnislandschaft des "unsichtbaren Landes" den Freud'schen Prinzipien der Verdrängung und seiner Rückkehr im Unheimlichen folgt, die Erinnerung des Erzählers, mit deren Hilfe das "unsichtbare Land" rekonstruiert wird, dagegen den Mechanismen der Verschiebung und Verdichtung aus der *Traumarbeit*.

Erinnern ist in *Ein unsichtbares Land* ein Prozess der Rekonstruktion unbewusster Verschränkungen von Familien- und Weltgeschichte an zentralen Orten der Familiengeschichte, zu denen vor allem die Elternhäuser des Vaters und Großvaters zählen, die auch als "Seelenarchitekturen" (EUL 115) beschrieben und mit zeithistorischen wie kulturgeschichtlichen Bezügen angereichert werden. Wirklichkeit entsteht als Konstruktion, in der sich Vergangenheit und Gegenwart beständig durchdringen; dies wird vor allem an Gedächtnisorten wie dem Anhalter Pastorat, dem Elternhaus des Vaters Gustav, erfahrbar.

> In den zwei Stunden, die wir an jenem Nachmittag in Anhalt waren, schob sich die Erinnerung auf Schritt und Tritt vor die – dadurch seltsam entwerteten und etwas unbestimmt Gespenstisches annehmenden – zeitgenössischen Überreste der friderizianischen Weberkolonie Anhalt, und mehr als einmal ergab sich für Vater und Sohn Gelegenheit, darüber nachzudenken, ob die so genannte Wirklichkeit, die uns meistens als etwas unbestreitbar Festes, Undurchdringliches und Körperhaftes erscheint, nicht vielmehr eher ein lockeres und veränderliches Gewebe aus Erinnerungen, Geistern, Stimmungen ist [...]. (EUL 136)

Nur unvollkommen verschleiert die Überlagerung der Perspektiven von Vater und Sohn Wackwitz an dieser Stelle die Diskrepanzen zwischen dem eigentlich unproblematischen Familienerbe und der vom Erzähler wahrgenommenen Spektraldimension. Diese verdankt sich einer recht komplexen erzählerischen Gedächtniskonstruktion: Die Geschichte der Familie Wackwitz spielt sich einerseits an geschichtsträchtigen Orten ab, befindet sich andererseits aber ständig

---

[26] So auch Eigler: *Gedächtnis und Geschichte*. S. 188f: "In dieser Verwendung von 'Familienroman' wird in einem ganz grundlegenden Sinne die Rolle von Wunschvorstellungen, Verdrängungen und Verschiebungen bei autobiographischen wie familiengeschichtlichen Entwürfen berücksichtigt [...]".

in Diskontinuität zur Weltgeschichte – die Familie lebte in der Nähe von Auschwitz, *bevor* die Nazis es zum Ort eines Vernichtungslagers machten, und übersiedelte dann nach Windhoek, dreißig Jahre *nach* dem kolonialen Genozid an den Herero. Die Brisanz der Gedächtnisorte bleibt dabei zunächst unbewusst und ohne Konsequenz. Erst mit dem historischen Wissen der Gegenwart und in der erinnernden Rückschau kann der Erzähler Verbindungen zwischen den Orten und Ereignissen ziehen, und erst das Aufsuchen der Orte macht deren zunächst unbewusste historische Signifikanz verständlich. Seine Reise an die Orte der Familiengeschichte ist deswegen zugleich eine Reise in andere Zeiten. Eine von der Welt- und Holocaustgeschichte abgetrennte 'Unschuld der Erinnerung', wie sie der Erzähler in Martin Walsers Roman *Ein springender Brunnen* propagiert (und die auch der Autor Walser in seiner umstrittenen Friedenspreis-Rede gefordert hatte),[27] ist angesichts dieser wenn auch zufälligen räumlichen Nähe trotzdem nicht möglich.

III.

Vor allem in *Ein unsichtbares Land* konstruiert der Erzähler eine narrative Topographie, in der sich das Gedächtnis vieler Generationen vermischt. Die Willkürlichkeit dieses Verfahrens zeigt sich überall dort, wo die narrative Topographie mit Gedächtnisräumen angereichert wird, die in keinem unmittelbaren oder bewussten, sondern in einem rein zufälligen oder willkürlichen Bezug zur Familie Wackwitz stehen. Hierhin gehört der wiederholte Hinweis, dass auch Friedrich Schleiermacher in dem Anhalter Pastorat aufwuchs, ebenso wie die intertextuellen Referenzen in den Kapitelüberschriften, beispielsweise auf Johann Peter Hebel ("Unverhofftes Wiedersehen", EUL 12) oder Franz Kafka ("Im Palast des Kaisers", EUL 110). Weisen die an Hebels Kalendergeschichten orientierten Titel einerseits darauf hin, dass Wackwitz' "familiengeschichtliche Erkundungsreise untrennbar mit bestimmten kulturellen Archiven verknüpft ist",[28] so sind diese Verknüpfungen andererseits nicht notwendig, sondern allein dem Beziehungswahn des Erzählers geschuldet. Auch leidet der Leitbegriff des "unsichtbaren Landes" und seiner Gespenster unter einer systematischen Überinterpretation: das unsichtbare Land bezieht

---

[27] Martin Walser: *Ein springender Brunnen*. Frankfurt/M. 1998. Vgl. hier insb. S. 283: "Der Vergangenheit eine Anwesenheit wünschen, über die wir nicht Herr sind. Nachträglich sind keine Eroberungen zu machen. Wunschdenkens Ziel: Ein interesseloses Interesse an der Vergangenheit. Daß sie uns entgegenkäme wie von selbst." Vgl. zu Walser auch Friederike Eigler: Nostalgisches und kritisches Erinnern am Beispiel von Martin Walsers *Ein springender Brunnen* und Monika Marons *Pawels Briefe*. In: *Monika Maron in Perspective: "Dialogische" Einblicke in zeitgeschichtliche, intertextuelle und rezeptionsbezogene Aspekte ihres Werkes*. Hg. von Elke Gilson. Amsterdam – New York 2002. S. 157–180 (German Monitor 55).

[28] So Eigler: *Gedächtnis und Geschichte*. S. 199.

sich mal auf die Überlagerung der Gegenwart durch die Erinnerung (EUL 136), mal auf die "geographische Unbestimmtheit, die um die östlichen Grenzen unseres Landes [...] herrschte" (EUL 148), auf die Juden, die seit 1938 "in einem anderen Land" wohnten und dadurch zu Gespenstern wurden, dass man sie wie "lebende Tote" (EUL 229) behandelte, überhaupt auf das Dritte Reich als ein "tief unheimliche[s] und bedrückende[s] Land" (EUL 242), aber auch auf die Zeit des 'Deutschen Herbstes' 1977: "Auch damals lebten wir in einem ganz anderen, heute unsichtbaren Land" (EUL 260). Ein unsichtbares Land entsteht da, wo man sich erinnert, ebenso wie dort, wo die Menschen wegsehen und schweigen:

> Juden, Kommunisten und behinderte Kinder sind plötzlich nicht mehr da. Wachtmeister werden zu Mördern, gehen im Urlaub abwesend und bedrückt in der Stadt umher und können nachts nicht schlafen. Niemand lässt sich etwas anmerken. Keiner sagt etwas. (EUL 266)

Auch Wackwitz' Gespenster werden erzählerisch ständig überdeterminiert. Verdankt sich das Gespenstische in den Elternhäusern des Erzählers nämlich einerseits der Telescopage von Erinnerungen zwischen den Generationen, so manifestiert sich im Anhalter Pfarrhaus, das in "jenem gespenstischen Landstrich zwischen Weichsel und Sola, zwischen Karpaten und Sumpf, zwischen Kattowitz und Auschwitz" (EUL 59) gelegen ist, andererseits eine Reihe von Geistern, die offenbar aus dem Umfeld des klassischen Schauerromans stammen und deren intertextuelle Herkunft der Erzähler selbst durch wiederholte und ausführliche Zitate und Paraphrasen aus Johann Peter Hebels "Unverhofftem Wiedersehen" thematisiert. Aus den heimatgeschichtlichen Erzählungen Andreas Wackwitz' stammt die folgende Beschreibung der Geister von Anhalt:

> So sahen die Dienstmägde vom Pfarrhaus in Anhalt einen verstorbenen Pastor immer am späten Abend vor dem Hause sitzen im Talar, und er las in einem großen Buche. Des Nachts um 12 Uhr scheichte es oft im Haus: es wurde von unsichtbaren Händen die Mangel im Vorraum gedreht. Wer das tat und wer der Pastor war, wußte niemand. (EUL 8)

Die familiengeschichtliche, teleskopische Konstellation gewinnt hier allegorische Bedeutung, drückt der Spuk im Pastorat doch ein tiefsitzendes Unbehagen über dessen unheimliche Nähe zu Auschwitz aus, obwohl es über zehn Jahre dauern würde, bevor die Nazis dort ein Vernichtungslager einrichteten, dessen Gestank von brennendem Fleisch dem alten Küster noch nach über fünfzig Jahren in der Nase steckt:

> Es habe in seiner Kindheit überall hier manchmal fast unerträglich nach verbrannten Haaren gestunken; eine Art fettig-schleimiger Ruß habe sich auf die Möbel, das Geschirr, den Fußboden gelegt und sich in den Haaren festgesetzt, wenn man bei bestimmten Wetterlagen das Fenster zu schließen vergaß. [...] Als Kinder seien sie auf eine nahe Anhöhe gestiegen und hätten den Rauch in der Entfernung aufsteigen

sehen. Ich fragte ihn, was sie sich damals dabei gedacht hätten. "No, dass da wern Menschen verbrannt", sagte der alte Mann auf dem Beifahrersitz und beobachtete meine Reaktion aus den Augenwinkeln. (EUL 9f.)

Während der Erzähler über das unsichtbare Land seiner Familiengeschichte reflektiert, beginnen die aus dem neunzehnten Jahrhundert stammenden Geister des Pastorats und dessen unheimliche Nähe zu Auschwitz im zwanzigsten Jahrhundert sich gegen- und ineinander zu verschieben, bis die beiden Zeitebenen nicht mehr vollständig voneinander zu trennen sind. Das zentrale Thema einer Durchdringung der Zeiten wird gleich im ersten Satz des Romans angekündigt: "Im neunzehnten und noch bis weit ins zwanzigste Jahrhundert hinein hat es in der Gegend um die alte galizische Residenzstadt Auschwitz viel gespukt" (EUL 7). Die Geister des Schauerromans können daher mit den in Auschwitz ermordeten Juden assoziativ und metaphorisch verschränkt werden: "Noch in den dreißiger Jahren hat man sich zum Beispiel von unheimlichen Tieren im Lobnitzer *Juden*grund erzählt, die in Adventsnächten erschienen" (EUL 7, meine Hervorhebung). Doch erst, als er selbst im Jahre 2000 nach Anhalt reist, vermag der Erzähler die gespenstische Doppelung der Zeit im Spukpastorat zu begründen:

Als seien sie selbst Gespenster, sind meine Großeltern, meine Tanten, mein Onkel und mein Vater in einem schmalen Korridor durch eine Zeit und eine Gegend gegangen, die fast jedem Menschen auf der Welt etwas ganz anderes bedeutet als ihnen (EUL 10)

notiert er und illustriert die divergierenden Erinnerungen der Familie Wackwitz mit Fotografien aus dem Familienalbum (EUL 9, 11).

Aber obwohl der Erzähler bei seinem Besuch in Anhalt die Ankunft von Zügen voller deportierter Juden am ihnen unbekannten Bahnhof Auschwitz imaginiert (EUL 138) und im ersten Kapitel explizit darauf hinweist, dass das Anhalter Pastorat heute "an einer viel befahrenen Zubringerstraße von der Autobahn Teschen-Kattowitz zu den Auschwitzer Gedenkstätten" (EUL 9) steht, berichtet der Roman von keinem Besuch in der Gedenkstätte. So kreist *Ein unsichtbares Land* evokativ um Auschwitz, indem es den Erzähler in physisch und emotional suggestive Positionen platziert, von denen er leicht nach Auschwitz gelangen könnte, ohne dass diese Möglichkeit jedoch realisiert wird. Auschwitz fungiert als leeres Zentrum in der Gedächtnislandschaft, die der Erzähler zu rekonstruieren sucht; ein Zentrum, dessen historische Signifikanz unumstritten ist, doch dessen Bedeutung für individuelle Mitglieder der zweiten und dritten Generation zunehmend vage und nebulös, eben gespenstisch, wird. Konzise beschreibt der Erzähler die Schwierigkeit, ein globalisiertes Holocaust-Gedächtnis mit der privaten Bedeutung des Ortes Auschwitz für seine eigene Familie zu vereinbaren:

"Auschwitz" ist heute für alle Menschen überall auf der Welt das Wort für eine historische Antimaterie, die im zwanzigsten Jahrhundert zum ersten Mal erschienen und auf die Menschen losgelassen worden ist. Der Name dieses österreichischen Landstädtchens bezeichnet uns ein schwarzes Loch in der Historie der modernen Welt, in das alles hineinstürzt, was in seine Nähe kommt, und dessen Ränder als drohender Horizont alles umgeben, was man von nun an über das letzte Jahrhundert und über die Geschichte überhaupt wird sagen können. Aber das war nicht immer so und es ist erst in den letzten Jahrzehnten so geworden. (EUL 138)

Auch an dieser Stelle erweist sich die Spektraldimension als gezielter Effekt einer retrospektiven Inszenierung, geht das Gespenstische doch nicht von dem historischen Ort Auschwitz aus, sondern von dem erinnernden Erzählersubjekt. Als Gespenster von Auschwitz erscheinen diesem jedoch nicht die ermordeten Juden, sondern die Angehörigen der Familie Wackwitz. Nicht das vergangene Land der Familie Wackwitz, sondern das untergegangene jüdische Deutschland ist es deshalb, das in *Ein unsichtbares Land* tatsächlich unsichtbar bleibt. Als problematisch erweisen sich zudem die Anhalter Spukgestalten, deren Identität ungeklärt bleibt: niemand weiß, wer der Pastor und seine Mägde sind. Das deutet darauf hin, dass es dem Erzähler letztlich nicht um die Verantwortung gegenüber einer unerlösten Vergangenheit geht, sondern dass die Geister von Auschwitz lediglich zur intertextuellen und kulturhistorischen Anreicherung der eigenen Familiengeschichte beitragen sollen.

IV.

Dass der Erzähler auf die eigene, vergleichsweise unspektakuläre Familiengeschichte fixiert bleibt und den tatsächlich unerledigten Teil der Vergangenheit aus seiner Wahrnehmung ausschließt, lässt sich anhand der in *Ein unsichtbares Land* reproduzierten Fotografien genauer nachvollziehen. Der spezifische Gebrauch von Fotografien in Wackwitz' Büchern verdient auch deshalb besondere Aufmerksamkeit, weil die Medialität der Fotografie schon seit deren frühsten Anfängen in enger Verbindung zum Gespenstischen und zum Tod konstruiert worden ist. In seinen "Thesen zur Fotografie der Geschichte" hat der Literatur- und Kulturwissenschaftler Eduardo Cadava Fotografien daher als Ausdruck des Verlustes und der Trauer beschrieben: "Photography is a mode of bereavement. It speaks to us of mortification. Even though it still remains to be thought, the essential relation between death and language flashes up before us in the photographic image".[29]

Die anhaltende Konjunktur der Assoziation von Fotografie und Tod hat eine Quelle in der Tradition der postmortalen Fotografie, die von der frühesten

---

[29] Eduardo Cadava: *Words of Light: Theses on the Photography of History*. Princeton 1997. S. 11.

Fotografie bis etwa in die 1920er und 30er Jahre reicht.[30] Die Leichenfotografie, bei der die Verstorbenen – häufig Kinder, von denen keine Aufnahmen zu Lebzeiten existierten – möglichst ähnlich wie auf konventionellen Porträtfotos präsentiert wurden, verschaffte der trauernden Familie einerseits ein Gedächtnisobjekt des geliebten Verstorbenen und bot andererseits einen Fokus für die Trauerarbeit der Hinterbliebenen. Die scheinbar magische Verbindung der Fotografie zu ihren Gegenständen konnte sogar so weit gehen, dass Fotografien nicht nur von Verstorbenen, sondern auch von deren Geistern angefertigt wurden. Durch das späte neunzehnte und frühe zwanzigste Jahrhundert zieht sich eine reiche Tradition spiritistischer und mediumistischer Fotografien. Insbesondere die erste Phase der Geisterfotografie (1861–1877) ist nach Bernd Stiegler "charakterisiert durch das Erscheinen von Lichtphänomenen oder menschlichen Gestalten meist auf Portraits".[31] Doch ist die Tradition der Geisterfotografie auch für moderne Theorien der Fotografie paradigmatisch, wie Stiegler zu Recht betont:

Die Photographie, die, so zieht sich eine erstaunlich homogene Deutung durch die Photographiegeschichte, immer schon Gespenstererscheinungen liefert, steht auf der Schwelle zwischen Leben und Tod, verwandelt lebende Menschen in tote Bilder, garantiert aber zugleich ihr Überleben. Mit anderen Worten: der photographiehistorische Diskurs deutet die Medialität der Photographie als mediumistische Erscheinung. Die Photographiegeschichte setzt fort, was die spiritistischen Theoretiker in nuce entworfen hatten: eine Deutung der Photographie als Medium zwischen Leben und Tod.[32]

Die beiden wohl einflussreichsten Bücher der Fotografie-Theorie, Roland Barthes' *Die helle Kammer* und Susan Sontags *Über Fotografie,* haben die enge Verbindung von Fotografie und Tod als wichtigstes Merkmal der Fotografie bestimmt und die Betrachtung von Fotografien als eine nicht imaginative, sondern literale "Rückkehr des Toten" bezeichnet.[33] Insbesondere betrifft diese Verbindung fotografische Porträts, die in der Theorie der Fotografie gegenüber (beispielsweise) Landschafts- oder Architekturfotografien oftmals privilegiert werden.

---

[30] Zur postmortalen Fotografie vgl. Jay Ruby: *Secure the Shadow: Death and Photography in America.* Cambridge (MA) 1995; Jens Guthmann: Bilder von Toten. Wandlungen einer Tradition bis in unsere Zeit. In: *Bestattungskultur* 55.11 (2003). S. 14–16; Stanley B. Burns: *Sleeping Beauty: Memorial Photography in America.* Altadena 1990.
[31] Bernd Stiegler: *Philologie des Auges. Die photographische Entdeckung der Welt im 19. Jahrhundert.* München 2001. S. 126.
[32] Ebd. S. 134.
[33] Roland Barthes: *Die helle Kammer. Bemerkung zur Photographie.* Übers. von Dietrich Leube. Frankfurt/M. 1989. S. 17. Vgl. Susan Sontag: *Über Fotografie.* Übers. von Markus W. Rien und Gertrud Baruch. Frankfurt/M. 1987.

Unter den Porträts wiederum sind es vor allem historische Aufnahmen mittlerweile Verstorbener, deren anteriore Zeitstruktur dem Betrachter einen Zugang zum Reich der Toten zu eröffnen scheint und daher die besondere affektive Wirkung der Fotografie konstituiert:

> We [...] know [...] that they will *all* die (have all died), that their world will be (has been) destroyed, and that the future's (our) only access to it will be (is) through those pictures and through the stories they have left behind.[34]

Dieses Zitat stammt aus Marianne Hirschs einflussreicher Studie *Family Frames* und beschreibt die Betrachtung von "holocaust photos" – damit meint Hirsch nicht Lagerfotografien, sondern die Porträtfotos *späterer* Holocaust-Opfer, die in den Familien der Überlebenden nach dem Krieg zu reliquienhaften Gedächtnisobjekten avancierten. Dabei ist es jedoch, wie Hirschs Zitat deutlich macht, nicht das Holocaust-Foto selbst, das eine Verbindung zu den Toten herstellt, sondern die Verbindung von Fotografie und Tod basiert vielmehr auf dem Wissen des Betrachters um das weitere Schicksal der Porträtierten. Die anteriore Zeitstruktur der Fotografie beruht somit nicht unwesentlich auf narrativen Rahmungen, die erst der Betrachter an die Bilder heranträgt.

Eine solche anteriore Konstruktion ist auch für Wackwitz' Verwendung von Fotografien bestimmend und passt sich zudem nahtlos in das Verfahren der nachträglichen spektralen Anreicherung der Familiengeschichte ein. Die vom Erzähler behauptete Spektralität der Gedächtnisorte Anhalt und Laskowitz (das Elternhaus Andreas Wackwitz') wird in dem zentralen Kapitel "Ein unsichtbares Land" (EUL 134–149) nämlich durch eine Reihe fotografischer Abbildungen ergänzt, die eine unbekannte, im Text unerwähnte junge Frau in einem bildungsbürgerlichen Interieur mit schweren Möbeln, einem Berliner Kachelofen, Bücherregalen und einem Klavier zeigen. Aufgrund der fehlenden textuellen Referenz könnte der Leser mutmaßen, dass die junge Dame, die einer vergangenen Zeit, wohl ungefähr der Jahrhundertwende, zu entstammen scheint, für die Betrachter in der Gegenwart unsichtbar ist und vielleicht eine der mehrfach erwähnten Spukgestalten darstellt. Die Fotografien würden in einer solchen Lesart, die allerdings vollkommen spekulativ ist, als spiritistische Aufnahmen konstruiert, welche die Präsenz von Spukgestalten in Anhalt visuell dokumentieren. Durch ihr Kleid, und besonders durch die auffällige, große, ovale Gürtelschnalle kann die junge Frau auch auf einer weiteren Fotografie identifiziert werden, die bereits im Umfeld der Beschreibung des Laskowitzer Schlosses, des Elternhauses Andreas Wackwitz', platziert wurde (EUL 115). In einer Aufzählung braunstichiger Fotos aus dem Familienalbum (EUL 112) kann

---

[34] Marianne Hirsch: *Family Frames: Photography, Narrative and Postmemory.* Cambridge (MA) 1997. S. 20. Vgl. ähnlich auch Barthes: *Die helle Kammer.* S. 106.

weder dieses noch eins der späteren Bilder mit Sicherheit identifiziert werden, oder handelt es sich um "meine viel älter als er wirkende Urgroßmutter in einem Kleid aus gepunktetem Wollstoff"? Die Frau auf den Fotografien wirkt sehr jung; ob ihr Kleid gepunktet ist, kann man auf den kleinen und unscharfen Fotografien nicht erkennen.

Folgt man der vorgeschlagenen Lesart der Fotografien als spiritistischer Aufnahmen und Dokument von Spukerscheinungen, so können die drei Frauenfiguren allegorisch auf die Verdrängung und Tabuisierung von Auschwitz in der Familiengeschichte bezogen werden. Denn spätestens, als Andreas Wackwitz in den 1960er Jahren, zur Zeit des ersten Frankfurter Auschwitz-Prozesses also (1963–65), an seinen Memoiren arbeitete, hätte ihm die topographische, wenn auch nicht zeitliche, Konvergenz von Familiengeschichte und Holocaust bewusst werden müssen. Trotzdem hat er diesen Aspekt der Familiengeschichte stets erfolgreich abgewehrt. Wenn die geisterhaften Frauenfotografien nicht auf eine bestimmte Frau verweisen, sondern lediglich als Allegorien der Verdrängung fungieren, werden die Bilder selbst allerdings beliebig und austauschbar. Zudem besteht kein notwendiger Zusammenhang zwischen der Geisterfrau und dem Holocaust, denn höchstwahrscheinlich handelt es sich bei der Abgebildeten ja doch um eine Verwandte des Großvaters, möglicherweise tatsächlich um die Urgroßmutter des Erzählers. Die Fotografien passen aber auch nicht zu den Anhalter Spukgeschichten, in denen doch von ganz anderen Gespenstern die Rede war: arbeitenden Mägden und einem lesenden Pastor.

Tatsächlich verweisen die abgebildeten Fotografien auf niemand und beweisen nichts. Höchstens suggerieren sie die Präsenz einer geisterhaften Frauengestalt zu verschiedenen Zeiten und an verschiedenen Orten. Statt eine bestimmte Verwandte abzubilden, scheinen die Fotos die Überlagerung mehrer Zeitebenen an relevanten Gedächtnisorten der Familiengeschichte auszudrücken, die der Erzähler als eine "Zone verringerter Realitätsfestigkeit" (EUL 136) beschreibt: "Gespenster erfüllten die Luft" (EUL 137), als Stephan und Gustav Wackwitz das Anhalter Pastorat besuchen. Trotz der wiederholten Hinweise des Erzählers auf die "Erinnerung", die sich "auf Schritt und Tritt" (EUL 136) vor die betrachtete Wirklichkeit schiebe, kann es sich bei Wackwitz' Gespenstern aber nicht um Figuren der Erinnerung handeln, denn wer die das Pfarrhaus bevölkernden Spukgestalten sind, weiß, wie mehrfach erwähnt wird, niemand.

Die Diskrepanz zwischen Fotografie und Erzählung ist ein durchgängiges Problem von *Ein unsichtbares Land*, denn auch die vom Erzähler vorgenommenen Zuschreibungen bei sprachlich genauer kontextualisierten Fotografien sind nicht immer nachvollziehbar. Besonders ausführlich wird ein Familienfoto beschrieben, das die Großmutter und zwei ihrer Kinder, Onkel und Tante des Erzählers, im Pfarrgarten von Luckenwalde zeigt und dessen Reproduktion in die Beschreibung eingerückt wurde (EUL 225). Der Kontrast zwischen der ausgelassenen Freude der drei Porträtierten und dem drohenden Unheil, das der Erzähler auf dieser Fotografie sehen will, ist auf der Fotografie selbst allerdings nicht nachvollziehbar:

> Sie sitzen auf drei Stufen, die vom Haus in den Garten führen, und lächeln, als könnten [sic!] ihnen ihr Lebtag lang nichts mehr passieren; aber ein dicker weißer Pfeil rechts im Bild weist auf ein verborgenes Kellerfenster (dort würden die Rettungsmannschaften zu suchen haben, wenn sie unter den Trümmern des Hauses nach Überlebenden graben würden). (EUL 226)

Weder lächeln die drei Personen auf der Fotografie besonders freudig,[35] noch ist auf dem Bild ein "dicker weißer Pfeil" zu sehen. Lediglich ein weißer Strich ganz am rechten Bildrand könnte zu einem solchen Pfeil gehören; möglicherweise wurde das Bild für die Buchausgabe beschnitten (das ist auch deshalb wahrscheinlich, weil die Personengruppe in der Abbildung zwar offensichtlich gestellt, aber nicht zentriert ist).

In Einzelfällen sind die Zuschreibungen des Erzählers regelrecht falsch oder irreführend: eine Fotografie aus dem Jahr 1945 zeigt Tante und Vater des Erzählers nicht "vor der Fassade des nicht ganz zerstörten Hamburger Kunstgewerbemuseums" (EUL 227), sondern vor dem Deutschen Schauspielhaus (EUL 228). Natürlich kann man einwenden, dass der Erzähler nirgendwo auf gerade *diese* Abbildung verweist, denn wiederum wird der Vorgang des Abbildens nicht kommentiert, auch sind die Abbildungen nicht beschriftet. Vielleicht gibt es also im Familienalbum noch eine andere Fotografie, die Vater und Tante in ähnlicher Pose, aber vor dem Kunstgewerbemuseum zeigt. Besonders wahrscheinlich ist das allerdings nicht. Bilder machen die innere Logik der Geschichte folglich nicht sichtbar; unter Umständen wäre es besser gewesen, die Fotografien nicht zu reproduzieren.

Nicht sichtbare, sondern unsichtbare Fotos machen in *Ein unsichtbares Land* Geschichte vorstellbar, weil Geschichte als subjektiver Gedächtnisraum gefasst wird. Der Titel des thematisch zentralen zweiten Kapitels, "Unverhofftes Wiedersehen", stellt mit seiner intertextuellen Anspielung auf das *Schatzkästlein des rheinischen Hausfreundes* ein Echo der Spukgeschichten aus Anhalt dar. Ein unverhofftes Wiedersehen gibt es, als Gustav Wackwitz nach über fünfzig Jahren seine verloren geglaubte Kamera wieder erhält. In den dreißiger Jahren, als Andreas Wackwitz' Stellung als deutsch-evangelischer Pastor in Polen zunehmend untragbar wurde, war die Familie ins britische Mandatsgebiet Südwestafrika emigriert. Mit dem Ausbruch des Zweiten Weltkriegs waren die Wackwitz' gezwungen, nach Deutschland zurückzukehren; doch wurde der Dampfer "Adolph Woermann", auf dem sie reisten, von einem britischen Kriegsschiff aufgebracht und, nachdem Passagiere und Mannschaft

---

[35] Das ist nicht nur mein persönlicher Eindruck; auch die Studierenden meines Seminars "Fotografie und Literatur" teilten durchweg diese Einschätzung.

evakuiert worden waren, versenkt. Der siebzehnjährige Gustav Wackwitz wurde in ein kanadisches Kriegsgefangenenlager geschickt, seine Kamera wurde ihm abgenommen. Erst im Jahr 1993 erhält Gustav einen Brief der "Dienststelle für die Benachrichtigung der Angehörigen ehemaliger Soldaten der Wehrmacht", in dem ihm mitgeteilt wird, man

> sei bei der jahrzehntelangen Durcharbeitung der in Berlin gelagerten Nachlässe ehemaliger deutscher Kriegsgefangener auf einen Gegenstand gestoßen, der ihm gehöre und den man jetzt auftrags- und ordnungsgemäß zuzustellen habe. Es handle sich um eine Kamera mit eingelegtem und offenbar belichtetem Film. (EUL 12)

Der Erzähler verbringt daraufhin einige Zeit damit, sich vorzustellen, was auf den belichteten Bildern zu sehen sein könnte. Gemeinsam mit seinem Vater imaginiert er spezifische Szenen von großer Detailfülle:

> Auf dem vielleicht noch entwicklungsfähigen Film [...], malten mein Vater und ich uns am Telefon merkwürdig bewegt aus, könnte sich ein fünf Jahrzehnte alter Abschiedsblick auf das Denkmal des "Reiters von Südwest" erhalten haben, das Bild der Christuskirche und das Pfarrhaus in Windhuk, die Gesichter der Pfadfinderkameraden meines Vaters [...], die haushohen Stahlwände der "Adoph Woermann", die in Walfischbucht am Quai liegt [...]. (EUL 16)

Die unsichtbaren, imaginierten Bilder von Vater und Sohn Wackwitz, zwischen deren Perspektiven auch an dieser Stelle nicht durchgängig differenziert wird, sind geleitet von Sehnsüchten und Wunschvorstellungen:

> Ich hätte mir so gewünscht, dass der siebzehnjährige Pfadfinder mit der Kamera in dem Rettungsboot neben der versinkenden "Adolph Woermann" eine Aufnahme von dem Studienrat Dr. Lehfeld und seinem Vater gemacht hätte, wie sie auf den Wellen des Atlantiks schaukelnd ihre Sumatras rauchten. Eine Zigarre auf dem hohen Meer. Diese wilhelminische Nervenstärke, diese Offiziers-Stoa [...]. (EUL 33)

Als der Film zur Entwicklung entnommen wird, zeigt sich jedoch, dass seine Chemikalien längst verdorben waren: der Film ist schwarz, d.h. es können keine fotografischen Bilder mehr von ihm abgezogen werden. Die Parallelen zu Hebels titelgebender Geschichte sind offensichtlich. Wie Hebels toter Bergmann, taucht Gustav Wackwitz' Kamera mit fünfzigjähriger Verspätung wieder auf; obwohl sie äußerlich vollständig erhalten ist, kann ihr Inneres, der Film, nicht mehr zum Leben erweckt werden. Statt das Unsichtbare sichtbar zu machen, verdeutlicht die verlorene und wiedergefundene Kamera die These des Erzählers, die deutsche Vergangenheit sei "ein unsichtbares Land", das sich zwar imaginativen Zugängen öffnet, über das wir jedoch nichts Gesichertes sagen können. Explizit wendet sich der Erzähler deshalb gegen eine Benjamin'sche Deutung der Fotografie als Stillstellung der Geschichte:

> Anders als in den Tragödien und Romanen gab es keinen dramatischen Moment des Wiedererkennens, kein Foto, auf dem der Engel der Geschichte [...] irgendwo im

Hintergrund auf dem Deck der 'Adolph Woermann' steht. Das Halogensilber auf der Gelatinefolie [...] hatte es nicht geschafft, die Zeit stillzustellen. (EUL 17)

Im Unterschied zu Hebels Geschichte sind es bei Wackwitz allerdings nicht die Toten selbst, die zurückkehren: nur ihre übriggebliebenen Objekte werden von der Berliner Dienststelle zurückerstattet. Auch stiften Fotografien kein die Zeit überdauerndes Gedächtnis, sondern die Fotografie selbst unterliegt der Zeitlichkeit und der Verwesung. Doch konterkariert der Roman auf der paratextuellen Ebene dieses Mißtrauen der Fotografie gegenüber. Auf dem Schutzumschlag des Buches findet sich nämlich die Abbildung einer Fotografie, die im Klappentext als "Titelabbildung: Die 'Adolph Woermann', Foto von Gustav Wackwitz" identifiziert wird. Ist dies also doch die vom Erzähler imaginierte Fotografie der "haushohen Stahlwände der 'Adoph Woermann', die in Walfischbucht am Quai liegt" (EUL 17)? Hat der Erzähler also gelogen, als er behauptete, "dass der Film sich in der Finsternis jenes halben Jahrhunderts in Tegel zersetzt hatte und nur das Schwarz zeigte, das auf dem Grund des Meeres herrscht" (EUL 17)?

Zusammenfassend ist festzustellen, dass Fotografien in *Ein unsichtbares Land* widersprüchlich und inkonsequent eingesetzt werden. Im Gegensatz zu den unsichtbaren Bildern, die im Gespräch von Vater und Sohn Wackwitz imaginiert werden, sind viele der abgebildeten Fotografien erzählerisch unterdeterminiert oder stehen sogar in Widerspruch zur Erzählung. Die Abbildungen erhalten dadurch den problematischen Status von Gegen- und Deckerinnerungen, die den Zugriff auf vergangene Wirklichkeiten verhindern. Durch den Mangel an kontextuellen Informationen über die Anhalter Fotografien bleibt aber auch deren Deutung als spektrale Zeichen notwendig spekulativ.

V.

Während *Ein unsichtbares Land* auf die familialen Konsequenzen der unbewältigten Vergangenheit fokussiert, steht in *Neue Menschen* der eigene, individuelle "Bildungsroman" des Erzählers im Mittelpunkt des Interesses. Mit diesem Begriff beschreibt Wackwitz die Geschichte seiner Mitgliedschaft im marxistischen Studentenbund "Spartakus" in der Spätphase des "roten Jahrzehnts", wie Gerd Koenen die Dekade von den Protesten gegen den Staatsbesuch des Schahs 1967 bis zum 'deutschen Herbst' des Jahres 1977 genannt hat.[36] Allerdings wurden Teile von Wackwitz' Autobiographie bereits in *Ein unsichtbares Land* präsentiert, während umgekehrt *Neue Menschen* auch Aspekte

---

[36] Gerd Koenen: *Das rote Jahrzehnt: Unsere kleine deutsche Kulturrevolution, 1967–1977*. Köln 2001.

der Biographie seines Vaters Gustav behandelt, die besser in den ersten Roman gepasst hätten (NM 65–74). Der Untertitel "Bildungsroman" bezeichnet in *Neue Menschen* nicht nur die individuelle Bildungs- und Entwicklungsgeschichte des Erzählers, sondern stellt diese zugleich einmal mehr in eine spezifisch deutsche Tradition. Gespenstisch sind in *Neue Menschen* die Mitglieder der Studentenbewegung von 1968, die dem Erzähler als Wiedergänger der Toten erscheinen. Das wurde schon in *Ein unsichtbares Land* anhand der Figur Rudi Dutschkes beschrieben, in dessen Sprache das Erbe der vertriebenen und ermordeten jüdischen Intellektuellen erklingt:

> Rudi Dutschkes Stimme […] scheint nicht vom Ende der sechziger, sondern aus den zwanziger Jahren zu kommen […]. Dutschkes Stimme wirkt, als sei sie auf einer spiritistischen Sitzung aufgenommen. Schon als er noch lebte, klang Rudi Dutschke, als rede er in der Sprache der Toten. (EUL 256)

Doch lebt in den Mitgliedern des MSB andererseits auch das Erbe des Nationalsozialismus fort und stiftet so eine konsequente innere Verbindung zwischen den beiden großen totalitären Ideologien des zwanzigsten Jahrhunderts. Explizit wird die Mitgliedschaft im MSB mit dem Eintritt in die Waffen-SS analog gesetzt (NM 34);[37] zudem attestiert der Erzähler seinen vormaligen Genossen, eine "tiefe und deutsche Ehrfurcht" vor der "Theorietradition der Unterdrückten" (NM 31) sei in ihnen erwacht: "Das große deutsche Denken war in uns gefahren" (NM 32).

Nicht neu ist die These von der RAF als "Hitlers Kinder",[38] und die Beschreibung der Achtundsechziger als Wiedergänger der Nazis findet sich auch bei Gerd Koenen und Klaus Theweleit.[39] So bezeichnet Koenen die RAF als dominiert von einem "blinden Wiederholungszwang, bis hin zu ihrem kollektiven Selbstmord im Bunker, der […] Züge von *Mimikry* trug. Der deutsche Herbst war offenkundig eine ferne Replik auf die nebligen Untergänge des April 1945".[40] Bei Stephan Wackwitz allerdings geht es weniger um das Aufzeigen von Wiederholungsmustern, die auf unverarbeitete Traumata hindeuten, sondern vielmehr darum, eine untergründige Verbindung zum eigenen Großvater herzustellen, von dem er sich in *Ein unsichtbares Land* noch weitestgehend distanziert hatte. Insbesondere Fichtes *Reden an die deutsche Nation*,

---

[37] Wackwitz spielt hier auf Uwe Timms *Am Beispiel meines Bruders* an.
[38] Jillian Becker: *Hitler's Children: The Story of the Baader-Meinhof Terrorist Gang*. London 1977.
[39] Koenen: *Das rote Jahrzehnt*; Klaus Theweleit: Bemerkungen zum RAF-Gespenst. "Abstrakter Radikalismus" und Kunst. In: *Ghosts. Drei leicht inkorrekte Vorträge*. Frankfurt/M. 1998. S. 13–99.
[40] Koenen: *Das rote Jahrzehnt*. S. 390.

von Wackwitz beschrieben als "adolfhitlerhafte Ursprungsfantasien" (EUL 171), verbinden als fanatisches Agitationssubstrat die geistigen Welten des Großvaters und des Enkels.[41] Heißt es in *Ein unsichtbares Land*: "Ob mein Großvater Fichtes 'Reden an die deutsche Nation' gekannt hat weiß ich nicht. Aber Fichte hat meinen Großvater gekannt und [...] beschrieben" (EUL 172), so wird die "sozialistische Menschengemeinschaft", der sich der Enkel als Mitglied des MSB "Spartakus" verbunden fühlte, in *Neue Menschen* mit dem "so genannte[n] 'Normalvolk' der Deutschen aus Fichtes 'Reden [...]' " (NM 17) in eins gesetzt. Ebenso verbindet die beiden das widersprüchliche Erbe des Pietismus (NM 19), das über das Preußentum auch in den Nationalsozialismus Eingang fand.

Verallgemeinernd beschreibt der Erzähler eine gewisse Form von ideologischem oder religiösem Wahn als typisch für *alle* Lebensläufe des zwanzigsten Jahrhunderts:

> Vielleicht werden zukünftige Mentalitätshistoriker es als für Lebensläufe gerade des letzten Jahrhunderts typisch erkennen, dass in ihnen abgekapselte Episoden politischer, lebensreformerischer oder religiöser Verrücktheit besonders häufig vorgekommen sind. (NM 21)

Hierin sieht er eine weitere Quelle des Gespenstischen:

> Rechtschaffene, freundliche, scheinbar harmlose Verbrechen und Dämonie auf den ersten Blick ganz abgeneigter Bürger des zwanzigsten Jahrhunderts machen im Rückblick dann den Eindruck, als sei es über Jahre, Jahrzehnte und manchmal bis zu ihrem Tod nicht ganz geheuer mit ihnen gewesen. (NM 21)

Eher zufällig haben einige dieser Wahnfantasien keine so schlimmen Schäden hinterlassen wie der Nationalsozialismus (NM 22). Auch hier ist es also die erinnernde Rückschau einer spezifischen historischen Konstellation – der von Nationalsozialismus in der ersten und Marxismus in der zweiten oder dritten Generation – die eine spektrale Dimension erst nachträglich konstituiert. Das betrifft die Achtundsechziger des Westens ebenso wie den staatlich verordneten Sozialismus der DDR: der Marxismus im östlichen Europa ist nicht weniger verblendet und ebenso durch Traditionen deutscher Innerlichkeit geprägt wie der Nationalsozialismus. Eine direkte Traditionslinie zieht Wackwitz anlässlich eines Besuchs der sozialistischen Mustersiedlung Nowa Huta bei Krakau zu Beginn von *Neue Menschen*:

> So international es sich auf dem Höhepunkt seiner Lebendigkeit gab, dieses mittlerweile wohl wirklich ausgestorbene stalinistische Seelenvolk, so direkt stammt es aus der deutschen Philosophiegeschichte. "Ha! – an der Fahne allein soll niemand

---

[41] So auch Schmitz: Annäherung an die Generation der Großväter.

unser künftig Volk erkennen", ruft zum Beispiel Hyperion in Friedrich Hölderlins Revolutionsroman von 1796 aus, während er seine seelenvollen revolutionären Freischaren inspiziert [...]. Denn die Guerilla in Hölderlins Roman hat sich einen der stärksten und geheimsten Wunschträume der deutschen Tradition erfüllt. Sie hat den Alltag aufgehoben. (NM 16)

Einmal mehr tritt hier Wackwitz' Faible für lange Traditionslinien zutage: das revolutionäre Konzept des 'neuen Menschen' wird zurückverfolgt bis zur Gnosis, zu Hölderlins *Hyperion*, Hegel und Fichte und zur *apokatastasis panton* oder der Wiederherstellung aller Dinge des pietistischen Theologen Friedrich Christoph Oetinger. Es sollte jedoch nicht übersehen werden, dass es dem Erzähler weniger auf das Herausarbeiten von Einfluss- und Traditionslinien ankommt, als vielmehr darauf, die eigene Entwicklung in einem Kontinuum zu verankern, das auf eine Versöhnung des heutigen Ich mit seinem früheren Selbst ebenso zielt wie auf die affektive Verortung des eigenen Bildungsromans in der Familiengenealogie.

Bezogen auf Derridas Konzept des Gespenstes, kann bei Stephan Wackwitz eine unsichere Beziehung des Familienspuks zur Zeit, zum Ort und zur eigenen Identität festgestellt werden, nicht jedoch zum Anderen. Die Präsenz des Vergangenen im kommunikativen Familiengedächtnis und in dessen Medien führt in den beiden untersuchten Texten zu einer affektiven Telescopage von Erinnerungen, welche die vergangene Erfahrung des Vaters und Großvaters mit der Gegenwart des Erzählers überblendet. Diese verminderte Realitätsfestigkeit macht sich besonders an privilegierten Gedächtnisorten bemerkbar und konstituiert so die Landschaft des unsichtbaren Landes, dessen Wahrnehmung eine besondere Aufmerksamkeit erfordert. Vor allem jedoch erfolgt die Einfühlung in die Erlebniswelt älterer Generationen über die Lektüre und Einschreibung in ein kulturelles Archiv, in dem die Grenzen zwischen den Generationen intertextuell überbrückt werden. Tatsächlich unsichtbar bleiben hingegen die Anderen und Fremden, die nicht zur Familie gehören: die eigentlichen Opfer des zwanzigsten Jahrhunderts. Die wahren Geister von Auschwitz bleiben ungesehen.

Jan Ceuppens

Falsche Geschichten: Recherchen bei Sebald und Gstrein

Norbert Gstrein's novel Die englischen Jahre *(1999) recounts an investigation into the life of a recently deceased writer, an Austrian-Jewish exile who is rumored to have left behind a magnum opus. Guided by a confusing number of narratorial instances, the reader ultitmately learns that this life may well have been a concoction and the result of a switched identity. In a very similar way, W.G. Sebald's prose books* Die Ausgewanderten *(1992) and* Austerlitz *(2001) attempt to investigate the lives of German Jews who were forced to emigrate or were murdered under the Nazi regime. Apart from using a number of analogous motifs, both Sebald and Gstrein – the latter implicitly refering to the former in* Die englischen Jahre *as well as its epilogue* Selbstporträt mit einer Toten *– reflect upon the justice memory work can do to those who have died or disappeared. They seek possible alternatives to official historiography, taking into account the risk of fraud which always comes into play. Both authors also question the relationship between 'showing' and 'telling', between word and (verbal or pictorial) image. In Sebald's case, this is done literally by inserting and simultaneously deconstructing pictures. Gstrein inserts long commentaries upon the validity of paintings and photographs both as aids and metaphors for acts of remembering. The common ethical impetus of these authors would seem to be the avoidance of any usurpatory gesture. This, however, does not entail a relativist or resignating position. Rather, by playing out the illusions and delusions inherent in the act of remembering, especially in its literary form, their texts may eventually end up with little more than an almost empty canvas (as in Sebald's use of a drawing by Turner), but they also hint at the space of the Real, i.e. an authenticity beyond discourse, which can only appear in its own disavowal.*

> *Mir ist, als wälzten sich die Leichen*
> *Auf meine Brust – Gottlob! Sie weichen!*
> Heinrich Heine, *"Nachtgedanken"*[1]

Samuel Weber hat das Lesen und Interpretieren von Texten einmal mit dem Verüben eines Mordes verglichen: Die Schwierigkeit sei nicht so sehr, die Tat zu begehen, sondern vielmehr, die Leiche loszuwerden. Und so gehört auch zum Handwerk des Lesens, das man Literaturwissenschaft nennt, die Produktion von Leichen – nachdem der angenommene Sinn schön säuberlich herauspräpariert worden ist, wird der tote Buchstabe zurückgelassen. Damit wird aber vielleicht auch nur eine Bewegung verdoppelt, die bereits dem Erzählen von Geschichten selbst eigen ist, versuchen doch auch Geschichten immer wieder festzuhalten, kaltzustellen, einzukapseln. Doch wenn das Lesen gelingt – und das heißt, wie wir ja nun wissen, auch: wenn das Lesen scheitert – wird vielleicht

---

[1] Heinrich Heine: Nachtgedanken. In: *Sämtliche Schriften.* Bd. 4. Hg. von Klaus Briegleb. Darmstadt 1971. S. 432–433. Hier: S. 433.

auch der eine oder andere im Text begrabene Tote als das Gespenst in Erscheinung treten, das er immer auch schon war.[2]

Anhand eines relativ beschränkten Textkorpus sollen in den hier folgenden Ausführungen einige mögliche Antworten auf diese Frage nach der Totenbeschwörung vorgeführt werden. Es soll dabei um W. G. Sebalds *Die Ausgewanderten* und *Austerlitz* gehen, sowie um Norbert Gstreins Roman *Die englischen Jahre*. Dass diese Texte sich offenbar auch gegenseitig beeinflusst haben, kann hoffentlich dabei helfen, die *differentia specifica* zwischen den beiden Annäherungsweisen hervorzukehren.

I.

Leichen werden uns im Werk W.G. Sebalds, das bekanntlich allenthalben Bilder der Zerstörung bietet, ausreichend präsentiert. Unbeschreibliche Massaker während des Bauernkriegs, beim Taiping-Aufstand in China sich häufende Leichenberge, Selbstmorde durch Erschießen, Erhängen oder mittels einer selbstgebauten Dekapitationsmaschine, eine freiwillig erlittene Elektroschocktherapie mit tödlichem Ausgang, barbarische Massenhinrichtungen in kroatischen Konzentrationslagern während des Zweiten Weltkriegs, notdürftig zugedeckte Körper in den Wäldern von Bergen-Belsen, Totenköpfe, die bei den Grundlegungsarbeiten zur neuen Liverpool Station zutage gefördert werden, oder auch nur die sezierte Leiche des Aris Kindt auf Rembrandts *Anatomiestunde des Dr. Nicolaas Tulp*: die Toten sind in Wort und Bild anwesend. Dass sie sich nicht einfach beseitigen lassen, bewahrheitet sich vielleicht noch am handgreiflichsten in der ersten Erzählung des Bandes *Die Ausgewanderten*, "Dr. Henry Selwyn". Nachdem auch die Titelfigur dieser Erzählung Selbstmord begangen hat, stößt der namenlose, aber Sebald so ähnliche Erzähler unverhofft auf einen Zeitungsartikel, der von der Entdeckung einer über siebzig Jahre alten Leiche im Oberaargletscher berichtet: Es sind die Überreste des 1913 verschollenen Johannes Naegeli, des einzigen Menschen, der Selwyn nahegestanden hatte. Eine Reproduktion des Artikels stützt, wie bei Sebald so oft, die zumindest augenscheinliche Authentizität des Berichts. Der Kommentar des Erzählers dazu aber ist inzwischen fast zu einem Gemeinplatz der Sebaldforschung

---

[2] Jacques Derridas nach wie vor bemerkenswertes Buch *Spectres de Marx* soll hier zwar nicht explizit zitiert werden, geistert aber fast unvermeidlich durch meinen Text (Jacques Derrida: *Spectres de Marx. L'état de la dette, le travail du deuil et la nouvelle internationale*. Paris 1995). Obwohl die Metapher des Gespensts allem Anschein nach inzwischen durch andere, modischere Leitbegriffe abgelöst worden ist, scheint mir seine Pertinenz für die Lektüre von literarischen Texten keineswegs widerlegt. Dass es sich hier 'nur' um einen weiteren 'quasi-transzendentalen' Begriff aus Derridas Lektürepraxis handelt – wie etwa Schrift, Spur, Schnitt oder Chora – ist im Übrigen gar nicht so sicher.

geworden: "So also kehren sie wieder, die Toten".[3] Dieser wohl nicht von
ungefähr an Hebels *Unverhofftes Wiedersehen* erinnernde Satz kann sich aber
sowohl auf die Überreste des Bergführers beziehen wie auch auf die Biographie
des toten Selwyn selbst, die der Erzähler bis zu dieser Entdeckung nach eigenem
Bekunden tatsächlich lange Zeit vergessen hatte und die den gleichsam unwillkürlichen Schreibanlass bezeichnet. Alles vorher Erzählte erweist sich sozusagen
als das Ergebnis der Erinnerungsarbeit, die der Leichenfund in Gang gesetzt
hat. In den zwei nachfolgenden Erzählungen, "Paul Bereyter" und "Ambros
Adelwarth", recherchiert der Erzähler viel bewusster, doch auch hier gelten
seine Nachforschungen Verblichenen, bei Bereyter wiederum anlässlich der
Lektüre einer Todesanzeige, bei Adelwarth nach der Entdeckung seines Bildes
in einem Fotoalbum.

Die Aufbewahrung der Toten – in einem Gletscher, einem Gemälde, einem Foto
oder einem Text – und die anschließende Rückgewinnung von Verschwundenen
und Verschwundenem scheint ein Hauptanliegen von Sebalds Schreiben zu
sein, wobei diese Entdeckungen oft als Zufallsfund inszeniert werden.[4] Die
Frage stellt sich jedoch, inwieweit diese Toten dann als Ausstellungsstücke
präpariert oder im Gegenteil neu belebt werden – das ist das Dilemma, so
scheint mir, vor das sich Sebalds Erzähler immer wieder gestellt sehen.

Die Idee einer Einbalsamierung oder Präparierung ist in den *Ausgewanderten*
jedenfalls durchaus anzutreffen. Der offenkundigste Hinweis darauf ist natürlich
der in allen vier Erzählungen auftauchende Schmetterlingsjäger Vladimir
Nabokov. In Nabokovs Memoirenbuch *Speak, memory*, auf das durchgängig
direkt oder durch Anspielungen verwiesen wird, scheint das Schmetterlingsmotiv
noch die Möglichkeit einer Auferstehung der Vergangenheit in der Kunst,
also einer Erlösung, offen zu lassen, auch wenn die Beschreibung des
Schmetterlingsfangs selbst natürlich mit dem Tod endet. Bei Sebald aber wird
diese Möglichkeit einer Erlösung ins Zwielicht gerückt: Der "butterfly man"
treibt sich im Park der Nervenheilanstalt herum, in der Ambros Adelwarth sich
der bereits erwähnten schmerzhaften Elektroschocktherapie unterzieht; er
erscheint dem Maler Max Aurach auf dem Grammont "like someone who's
popped out of the bloody [!] ground" (A 259), doch er lässt sich nicht in einem
Bild darstellen – eine seltsame Erscheinung, so Aurach, von der er auch sonst

---

[3] W.G. Sebald: *Die Ausgewanderten. Vier lange Erzählungen.* Frankfurt/M. 2000
[urspr. 1992]. S. 36. Der Text wird im Folgenden mit der Sigle A zitiert.
[4] Das Motiv des Zufallsfunds begegnet nicht nur innerhalb der literarischen Texte: In
Interviews hat Sebald mehrmals darauf hingewiesen, dass planloses Aufsammeln
seiner (auch wissenschaftlichen) Verfahrensweise eher entspricht als zielstrebiges
Recherchieren. Siehe das Interview Jean-Pierre Rondas' mit Sebald in diesem Band;
sowie Joe Cuomo: The Meaning of Coincidence. An interview with the writer W.G.
Sebald. In: *The New Yorker* 27.8.2001. Online unter: <http://www.newyorker.com/-
online/content/articles/010903on_onlineonly01>.

keinerlei Erinnerung habe und erst nach langer Arbeit nur ein "gesichtloses Porträt" habe anfertigen können, das er "für eines seiner verfehltesten Werke" halte.[5] Doch in dieser Hinsicht ist es sicher kein Einzelfall, bildet doch jedes Werk für Aurach einen nur mit größten Mühen zu vollbringenden Kraftakt, der am Ende doch nur allzu oft dazu führt, dass in dem Papier oder auf der Leinwand nur Spuren der Zerstörungsarbeit zurückbleiben, in denen die Gesichter der Ahnen nur noch "herumgeistern".

Doch die Toten selbst werden immer wieder an die für sie bestimmten Orte, an Totenstätten gebunden. War es im Vorgängerbuch *Schwindel.Gefühle* noch die Metapher der Pyramide, die zwar eher versteckt, aber doch gleichsam leitmotivisch auftauchte,[6] so sind es in den *Ausgewanderten* vor allem verwahrloste Friedhöfe, die der Erzähler oder die Figuren aufsuchen. Die bereits genannte Erzählung, "Dr. Henry Selwyn", fängt bekanntlich mit einem unscharfen Bild an, das eine ausladende Eibe (oder Eiche?) auf einem mit verwackelten Grabsteinen besetzten Friedhof zeigt.[7] Die ersten Sätze der Erzählung bieten, wie so oft, dann aber keinen Begleittext zu diesem Bild; lediglich als Orientierungspunkt wird beiläufig ein Rasenfriedhof genannt. Das Bild an sich kündigt natürlich an, was folgen wird:[8] dass es sich um Totenbücher handelt, deren Inhalt großenteils aus den Spuren gelesen wird, die die Toten hinterlassen haben, bei denen diese also nicht in einem unmittelbaren Akt der Präsentation erscheinen oder zu neuem Leben erweckt werden, sondern eben re-präsentiert: als Grabsteine, als verblasste Bilder, als Rekonstruktionen auftreten. So ist es beispielsweise mit der Lebensgeschichte von Henry Selwyn,

---

[5] Siehe hierzu Oliver Sill: 'Aus dem Jäger ist ein Schmetterling geworden'. Textbeziehungen zwischen Werken von W.G. Sebald, Franz Kafka und Vladimir Nabokov. In: *Poetica* 29.3/4 (1997). S. 596–623; Sigrid Korff: Die Treue zum Detail – W.G. Sebalds *Die Ausgewanderten*. In: *In der Sprache der Täter. Neue Lektüren deutschsprachiger Nachkriegs- und Gegenwartsliteratur.* Hg. von Stephan Braese. Opladen 1998. S. 167–197 (insbes. S. 190f.); Jan Ceuppens: Seeing Things. Spectres and Angels in W.G. Sebald's Prose Fiction. In: *W.G. Sebald. A Critical Reader.* Hg. von Jonathan Long und Anne Whitehead. Edinburgh 2004. S. 190–202.

[6] W.G. Sebald: *Schwindel.Gefühle.* Frankfurt/M. 1990. Zur Pyramidenmetapher siehe u.a. Marcel Atze: Koinzidenz und Intertextualität. Der Einsatz von Prätexten in W.G. Sebalds Erzählung "all estero". In: *W.G. Sebald.* Hg. von Franz Loquai. Eggingen 1997.

[7] Die Bildqualität erlaubt keine eindeutige Festlegung, aber in der anschließenden Erwähnung eines Rasenfriedhofs werden "Schottische Pinien und Eiben" genannt. Etwas überspitzt ist daher Sigrid Korffs Behauptung, es bestehe "kaum eine Verbindung" zwischen diesem Bild und der Erzählung. Korff: Die Treue zum Detail. S. 172.

[8] Auf die Wiederholung des Baum-Motivs in den Fotografien weist auch Jonathan Long hin; er nennt es als Beispiel für ein nach Joseph Frank als "reflexive reference" bezeichnetes Verfahren, das innerhalb der kontingenten und zeitlich wie geografisch sehr verschiedenen Biographien der Ausgewanderten eine Ahnung von Permanenz erzeugt. Jonathan Long: History, Narrative, and Photography in W.G. Sebald's *Die Ausgewanderten*. In: *The Modern Language Review* 98.1 (2003). S. 117–137. Hier: S. 134ff.

wie dieser sie dem Erzähler "Sebald" mitgeteilt hat, die aber in der für Sebald üblichen indirekten Rede wiedergegeben wird. Und so ist es auch mit den nachfolgenden Biographien, wobei der Leser nicht in die Erfahrungswelt der betreffenden Emigranten eingetaucht wird – allerdings mit der möglichen Ausnahme der Tagebuchaufzeichnungen Luisa Lanzbergs oder Ambros Adelwarths –, sondern eben nur indirekt, wie durch Indizien auf die Schicksale der betreffenden Personen aufmerksam gemacht wird.

Von Friedhöfen ist in den nachfolgenden Texten denn auch mehrmals die Rede. Ambros Adelwarth und Cosmo Solomon halten sich auf ihrer Grand Tour im Jahre 1913 längere Zeit in Konstantinopel auf; Ambros beschreibt in seinem Tagebuch, das sich stilistisch nur wenig vom Diskurs des Erzählers abhebt, die merkwürdige Topographie dieser Stadt:

> Du steigst ewig einen kahlen Hügel hinan und findest dich wieder in einem beschatteten Tal, trittst in ein Haustor und stehst auf der Straße, läßt dich im Bazar etwas treiben und bist plötzlich von Grabsteinen umgeben. Denn wie der Tod selber, so sind die Friedhöfe von Konstantinopel mitten im Leben. Für jeden Dahingegangenen, heißt es, wird eine Zypresse gepflanzt. (A 192f.)

Die seltsam kryptische Stellung der Toten bzw. ihre Wiedergängernatur in diesen vier Texten ist damit emblematisch gegeben:[9] Sie lassen sich nicht so einfach begraben, dass sie für die Lebenden keine Rolle mehr spielen sollten. Mit der Zypresse wird auch das Baum-Motiv, das am Anfang stand, noch einmal aufgenommen – ein Indiz vielleicht auch für die andauernden metaphorischen und buchstäblichen Verwandlungen von Menschlichem zu Nichtmenschlichem, wie es später in den *Ringen des Saturn* thematisiert wird, das aber auch wiederum als eine Art von Erlösungsmotiv betrachtet werden könnte. Allerdings werden auch die Bäume, wie noch zu zeigen ist, ihrerseits einer Verwandlung unterzogen.

Das wahre Gegenstück zum Eingangsbild der *Ausgewanderten* findet sich dann in der "Max Aurach"-Erzählung. Ein Lieblingsbild des Malers, das an seiner Staffelei befestigt ist, ist Courbets *Eiche des Vercingetorix*, von dem eine Reproduktion in den Text eingeschaltet ist. Dieses Bild wird in einen komplexen Repräsentationszusammenhang eingebunden: Es bildet das Modell für ein Gemälde, an dem Aurach selbst gerade arbeitet, es verdoppelt wie gesagt

---

[9] Auch "kryptisch" ist ein Begriff/Bild von Derrida; siehe: Fors. Die Winkelwörter von Nicolas Abraham und Maria Torok. In: Nicolas Abraham und Maria Torok: *Kryptonymie. Das Verbarium des Wolfsmannes.* Frankfurt/M. – Berlin – Wien 1976. S. 5–58. Hieran ließen sich Überlegungen auch zum Nachleben im Zitat anschließen, wie sie Bettine Menke in ihrem Text "Zitat, Zitierbarkeit, Zitierfähigkeit" herausstellt. Bettine Menke: Zitat, Zitierbarkeit, Zitierfähigkeit. In: *Anführen – Vorführen – Aufführen. Texte zum Zitieren.* Hg. von Volker Pantenburg und Nils Plath. Bielefeld 2002. S. 271–280.

das Bild des Friedhofs, ohne jedoch selbst einen Friedhof darzustellen, und es verweist auf das Mandelbäumchen, das sich im Hof von Aurachs Atelier, inmitten der gleichsam postindustriellen Landschaft des heruntergekommenen Hafenviertels von Manchester befindet. Was Aurach dann aber mit dieser Bildvorlage macht, wird vom Erzähler als "Zerstörungsstudie" (A 269) bezeichnet – der Leben spendende Baum wird in einem Bild aus Holzkohle bis zur Unkenntlichkeit verarbeitet, und was bleibt, ist eine "Ahnengalerie" von "im Papier herumgeisternde[n] Gesichter[n]" (A 239f.).[10]

Bei all dem bleiben die Toten also doch tot. Allerdings sind auch Stellen vorhanden, in denen zumindest der Versuch unternommen wird, sie wirklich zu neuem Leben zu erwecken. Diese Belebungsversuche können wahlweise als Einfühlung oder als Einverleibung bezeichnet werden. Einen direkten Kommentar zu einer solchen identifikatorischen Lektüre bietet eine vielzitierte Stelle aus der Erzählung "Paul Bereyter", in der der Erzähler sich zunächst das Leben seines Erzählobjekts vorzustellen versucht, doch dies sogleich verwirft:

> Solche Versuche der Vergegenwärtigung brachten mich jedoch, wie ich mir eingestehen mußte, dem Paul nicht näher, höchstens augenblicksweise, in gewissen Ausuferungen des Gefühls, wie sie mir unzulässig erscheinen und zu deren Vermeidung ich jetzt aufgeschrieben habe, was ich von Paul Bereyter weiß und im Verlauf meiner Erkundungen über ihn in Erfahrung bringen konnte. (A 44f.)

Der Vergegenwärtigung, von der der Erzähler hier spricht, werden nüchterne Tatsachenberichte gegenübergestellt; der Erzähler versteht sich nicht als Fabulierer, sondern als Historiker oder Chronist. Auffällig ist, dass die von ihm verworfene Vergegenwärtigung in hohem Maße durch visuelle Darstellungen gesteuert wird. Die der eben zitierten Stelle vorausgehende Beschreibung ist hier sehr vielsagend; man ist geneigt, dem Text hier eine Art Skopophilie zu bescheinigen. Der Erzähler habe

> versucht, mir auszumalen, wie er gelebt hat in der großen Wohnung im oberen Stock des alten Lerchenmüllerhauses, das früher auf der Stelle des jetzigen Wohnblocks gestanden und in schöner Aufteilung umgeben gewesen ist von den grünen und bunten Gemüse- und Blumenbeeten der Gärtnerei, in der der Paul am

---

[10] Diese metonymische Reihe wird in zwei späteren Gedichten fortgesponnen und explizit mit dem Schreiben in Verbindung gesetzt: im englischsprachigen Gedichtband *For Years Now* erinnert "the smell of my writing paper" an "the woodshavings in my grandfather's coffin" (W.G. Sebald: *For Years Now*. Poems by W.G. Sebald. Images by Tess Jaray. London 2001. S. 42); verkürzt heißt es im postum veröffentlichten *Unerzählt* "Das Schreibpapier /riecht/wie die Hobelspäne/im Sarg" (W.G. Sebald und Jan Peter Tripp: *Unerzählt. 33 Texte und 33 Radierungen*. München 2003. S. 63). Vgl. hierzu: Ruth Vogel-Klein: Wiederkehr und Gegen-zeitigkeit. Totengedenken bei W.G. Sebald. In: *W. G. Sebald: Mémoire. Transferts. Images / Erinnerung. Übertragungen. Bilder*. Hg. von Ruth Vogel-Klein. Straßburg 2005. S. 99–115 (*Recherches Germaniques*. Sondernummer 2).

Nachmittag oft ausgeholfen hat. Ich sah ihn liegen auf dem geschindelten Altan, seiner sommerlichen Schlafstatt, das Gesicht überwölbt von den Heerzügen der Gestirne; ich sah ihn eislaufen im Winter, allein auf dem Moosbacher Fischweiher, und sah ihn hingestreckt auf dem Geleis. Er hatte, in meiner Vorstellung, die Brille abgenommen und zur Seite in den Schotter gelegt. Die glänzenden Stahlbänder, die Querbalken der Schwellen, das Fichtenwäldchen an der Altstädter Steige und der ihm so vertraute Gebirgsbogen waren vor seinen kurzsichtigen Augen verschwommen und ausgelöscht in der Dämmerung. Zuletzt, als das schlagende Geräusch sich näherte, sah er nurmehr ein dunkel Grau, mitten darin aber, gestochen scharf, das schneeweiße Nachbild des Kratzers, der Trettach und des Himmelsschrofens. (A 44)

Nicht umsonst lautet das dem Text vorangestellte Motto "Manche Nebelflecken löschet kein Auge aus".[11] Die Unzulänglichkeit des Sehens, das dem Wunsch nach einem Wiedererkennen hinterherhinkt und also eher dem Imaginären als dem Realen verschrieben ist, ist ein rekurrentes Motiv im Werk Sebalds, auf das zum Schluss noch zurückzukommen ist.[12] Eines der wesentlichen Instrumente indes, mit denen solchen Vergegenwärtigungen der Person entgegengearbeitet werden, ist auch hier der bereits erwähnte konsequente Gebrauch der indirekten Rede. Nirgends kommt Bereyter selbst wirklich zu Wort, auch an Stellen, wo seine Worte in direkter Rede wiedergegeben werden – ohne Anführungszeichen oder Absatzeinteilung –, kann man sich kaum darüber täuschen, wer denn nun hier spricht: nur der Erzähler selbst, der das Erforschte oder Erinnerte explizit zitiert und es sich damit doch in gewissem Grade aneignet.

Wenn die Lektüre von Todesfällen immer wieder in Aneignungen zu verfallen droht und der Erzähler sich explizit bemüht, dies zu unterbinden, muss am Ende doch die Frage nach seiner eigenen Verortung und der des Autors selbst gestellt werden. Die Identifikation des Erzählers mit Aurach etwa wird dem Leser an mehreren Stellen nahe gelegt. So stellen Erzähler und Maler fest, dass ihnen bestimmte Daten gemeinsam sind. Und die Arbeitsweise des Malers, die in einem ständigen Abkratzen und Übermalen besteht, wird von der Schreibweise des Erzählers, einem immer wieder Streichen und Neuansetzen, verdoppelt. Am Ende also scheint sich der Erzähler in einen Zusammenhang mit den Lebenden, den Toten und den lebenden Toten zu setzen, die so wie er ihre Heimat haben verlassen müssen. Doch diese Identifikation hat durchaus verdächtige Aspekte, ist doch der Erzähler ebenso wenig wie der reale Sebald ein Exilant.

[11] Ebensowenig wie die anderen Motti in *Die Ausgewanderten* wird dieses kenntlich gemacht. Es handelt sich um einen Satz aus Jean Pauls *Vorschule der Ästhetik* (III. Programm, § 14).
[12] Long erörtert das Motiv des Sehens auf ganz andere Weise: Er betont den traumatischen Aspekt von Bildern, die allzu real wieder ins Bewusstsein treten. Long: History, Narrative, and Photography. S. 124f. Vielleicht aber sind diese beiden gegensätzlichen Auffassungen nicht unbedingt unversöhnlich: Offenbar ist der fotografischen Aufnahme immer entweder ein Zuviel oder ein Zuwenig eigen.

Wenn es also auch nicht ganz falsch ist, Sebald als den "fünften Ausgewanderten" zu bezeichnen,[13] sollte doch die minimale Distanz zwischen Erzähler
und Autor beachtet werden. Trotzdem setzen sich natürlich beide dem Vorwurf
des Kokettierens aus: Kann ein freiwillig, aus welchem Grund auch immer aus
Deutschland Ausgereister, der keine jüdischen Vorfahren hat, es sich wirklich
leisten, sich das Leben eines (jüdischen) Exilanten sozusagen zum Muster zu
machen? Aber, so lässt sich andererseits fragen: macht Sebald das wirklich?

II.

Eine Antwort auf diese Frage findet sich vielleicht im Text eines anderen zeitgenössischen Autors, gegen den der Vorwurf einer unzulässigen Identifikation
sich ebenfalls leicht erheben ließe: in Norbert Gstreins 1999 erschienenem
Roman *Die englischen Jahre*.[14] 1961 geboren, hat Gstrein noch weniger als
Sebald irgendeine direkte Erfahrung von den Kriegs- und Vorkriegsereignissen
haben können; in seiner Tiroler Heimat dürfte er auch lange Zeit von greifbaren
Zeugnissen dieser Zeit verschont geblieben sein. Sein Wissen darum ist, mehr
noch als Sebalds, ein angelesenes, recherchiertes, so dass auch ihm wohl eine
gewisse Anmaßung vorgeworfen werden konnte, als er sich mit diesem Roman
plötzlich von der heimatgeprägten Thematik seiner früheren Werke verab-
schiedete.[15] Solche Vorwürfe hat der Autor eigentlich vor allem selbst ausgesprochen, insbesondere in einem 2000 erschienenen Epilog zu den *Englischen
Jahren*, auf den noch zurückzukommen ist. Doch auch die äußerst komplexe
narrative Konstruktion des Romans, die dann doch nicht so stark von den früheren
Texten abweicht, sollte solchen Vorwürfen vor vornherein vorbeugen. Identifikation, so könnte man sagen, ist sogar sein eigentliches Thema: Sowohl in der
Diegese als auch auf metaerzählerischer Ebene werden Rollen, Identitäten und
Namen dermaßen vertauscht, dass der Leser kaum Gelegenheit hat, sich in irgend-
eine der Figuren hineinzuversetzen – was dann natürlich umgekehrt wieder als
Schwäche gewertet werden könnte.

---

[13] Susanne Finke: W.G. Sebald – der fünfte Ausgewanderte. In: W.G. Sebald. S. 205–217.
[14] Vgl. Norbert Gstrein: Die Differenz. Fakten, Fiktionen und Kitsch beim Schreiben
über ein historisches Thema. In: *Neue Zürcher Zeitung* 15.1.2001. Die hier zitierten
Romane Gstreins werden wie folgt sigliert: EJ: *Die englischen Jahre. Roman.*
Frankfurt/M. 1999; ST: *Selbstportrait mit einer Toten.* Frankfurt/M. 2000.
[15] Diesen Weg geht Gstrein konsequent und ebenso behutsam weiter in seinem Roman
Das Handwerk des Tötens (Frankfurt/M. 2003), der sich um die Bürgerkriege im ehemaligen Jugoslawien dreht und in ebenso verschachtelter Weise die (Un-)Möglichkeit
des Erzählens verhandelt – hier tauchen gleich drei (verhinderte) Schriftsteller auf. Da
das Buch aber thematisch keinen direkten Zusammenhang mit den hier erörterten
Texten aufweist, soll es hier nicht weiter berücksichtigt werden – auch wenn es sich
dabei um den bis dato wichtigsten Text Gstreins handeln dürfte.

Wie aber sieht die erzählerische Konstellation der *Englischen Jahre* aus? Es geht, wie gesagt, auch hier um Recherchen, geführt von einer namenlosen Ärztin – der Autor wählt also, könnte man meinen, die weibliche Stimme; die erste in der besagten Reihe von Identifikationen, doch auch hier ist nichts sicher: Am Ende nämlich übergibt die Erzählerin die ganze Geschichte wieder ihrem Ex-Ehemann, dem ominöserweise Max genannten Schriftsteller. Und dieser war es auch, der ihre Nachforschungen überhaupt erst in Gang gesetzt hatte. Die Beziehung zu Max scheint unter anderem an seiner Besessenheit für ein bestimmtes Objekt gescheitert zu sein: für einen anderen Schriftsteller namens Gabriel Hirschfelder, den eigentlichen Protagonisten des Buches. Dieser hatte 1938 als Halbjude Österreich verlassen müssen, seit dem Krieg in der englischen Emigration gelebt und nur ein einziges Buch veröffentlicht, das bereits in den fünfziger Jahren erschienen war. Max klammert sich aber an das Gerücht, dass Hirschfelder schon seit Jahrzehnten an einem *magnum opus* schreibt, das angeblich den Titel *Die Lebenden leben und die Toten sind tot* trägt. Kurz nach Hirschfelders Tod und ihrer eigenen Trennung von Max erfährt die Erzählerin durch Zufall, dass Hirschfelder 1940, als feindlicher Ausländer in einem Internierungslager untergebracht, einen Mithäftling umgebracht haben will. Die sich daraus ergebenden Nachforschungen werden nun aber keineswegs eingängig präsentiert. Da sind zunächst vier Kapitel, in denen die drei Frauen Hirschfelders und seine – allerdings durch Demenz sprechunfähig gewordene – Geliebte aus der Londoner Vorkriegszeit ins Blickfeld kommen und uns immer neue Aspekte seiner Persönlichkeit mitteilen. Dazwischen liegen jeweils Rekonstruktionen der entscheidenden Monate in Hirschfelders Leben: sein Aufenthalt in Internierungslagern in London und auf der Isle of Man, sowie die Verschiffung nach Übersee in der Arandora Star, und schließlich der Untergang dieses Schiffes nach einem Torpedo-Einschuss. Diese Kapitel sind die erzähltechnisch kompliziertesten des Buches, da hier mehrere Zeitschichten aus Hirschfelders Leben in einem durchgehenden Bewusstseinsstrom dargestellt werden; erzählt werden sie allerdings in der zweiten Person: Die Erzählerin versucht auf diese Weise in einen Dialog mit der imaginären Person zu treten, die sich hinter dem Namen Hirschfelder verbirgt. So erfährt der Leser am Ende zusammen mit der Erzählerin von Hirschfelders zweiter Frau Madeleine, dass der wahre Hirschfelder tatsächlich mit der Arandora Star aufgebrochen und auf See verschollen ist und dass der Mann, der sich seitdem Hirschfelder nannte, eigentlich Harasser hieß und durch ein Kartenspiel im Gefangenenlager sozusagen sein Leben gewonnen hatte. Harasser, der aus dem Salzkammergut stammte und von seinen Eltern wegen seiner Verwicklung in den Tod eines jüdischen Mädchens nach Großbritannien geschickt worden war, hat sich also wörtlich das Leben eines Exilanten angeeignet, der von seinem biologischen, arischen Vater ebenfalls nach London geschickt worden war, nachdem seine jüdischen Eltern Selbstmord begangen hatten. Die Parallelen zwischen den Lebensläufen

308

haben die Vertauschung begünstigt, doch scheint die Täter-Opfer-Verteilung umgekehrt. Eine ähnliche Verkehrung scheint aber auch erzähltechnisch stattgefunden zu haben: Am Ende fordert die Erzählerin Max auf, aus den Ergebnissen ihrer Recherchen einen Roman zu machen. Die Zuweisung entweder einer weiblichen oder einer männlichen Perspektive wird also in mehrfacher Hinsicht problematisiert; aber auch was nun Wahrheit und was Fiktion ist, wird dadurch fragwürdig. Auch von anderen Figuren wird diese Frage immer wieder aufgeworfen: so kann sich Madeleine, nachdem sie Hirschfelders Geheimnis gelüftet hat, darüber kaum empören; vielmehr weist sie darauf hin, dass gerade in der Zeit der Internierungen mit Biographien gemogelt wurde, wenn das den Erwartungen des jeweiligen Kommandierenden besser entsprach.

Bei dieser auf den ersten Blick unwahrscheinlichen Geschichte hat sich Gstein übrigens von historischen Tatsachen inspirieren lassen – nicht nur der Untergang der Arandora Star, der dann zur schnellen Beendung der Internierungen geführt hat, sondern auch die Vertauschung von Personen ist belegt. Doch die Unentscheidbarkeit der Fragen zu Identifikation, Erzählbarkeit und Faktizität in dieser Geschichte haben ihn dann dazu veranlasst, in zwei weiteren Texten nochmals auf das Thema zurückzukommen. Da ist zunächst der Vortrag "Die Differenz. Fakten, Fiktionen und Kitsch beim Schreiben über ein historisches Thema", den er beim Erich Fried Symposion ebenfalls 1999 in Wien gehalten hat. Hier äußert sich Gstein zu dem schmalen Grat, den jeder Schriftsteller zu begehen hat, der sich in literarischer Form mit dem Thema des jüdischen Exils auseinandersetzen möchte. Nachdem er festgestellt hat, dass er sich lange Zeit überhaupt keine Vorstellung davon gemacht hat, was überhaupt mit dem Wort 'Jude' gemeint sei, und einige Peinlichkeiten erwähnt, die ihm dann später in dieser Hinsicht unterlaufen sind, stellt er die nahe liegende Frage, über welche Kenntnisse man denn wohl verfügen müsse, um über dieses Thema zu schreiben:

> die Antwort war einfach. Ich musste so gut wie nichts wissen, und vielleicht habe ich deshalb lange gezögert, anzufangen, weil mir die Erkenntnis radikal vorkam. Es war nicht nötig, dass ich über das Leben von Juden in der Art Bescheid wusste, die ich in so vielen Romanen insbesondere von nichtjüdischen Autoren als blosse Folklore empfunden hatte, wenn alles nur bunt genug ausgemalt war, als Ablenkung vom Wesentlichen oder im schlimmsten Fall sogar als den Versuch, etwas zu verstehen, wo es nichts zu verstehen gab.[16]

Das genaue Gegenteil der Einfühlung ist hier, scheint es, angebracht, jedenfalls in dem Sinne, wie sie üblicherweise verstanden wird. Gstein beschreibt auch Beispiele für Entgleisungen in diese Richtung, wobei insbesondere Bernhard Schlinks *Vorleser*, ohne genannt zu werden, leicht erkennbar ist. Doch die historische Recherche, die sich rein an die dokumentarisch oder archivarisch belegten

[16] Gstein: Die Differenz.

Fakten hält, genügt, folgt man der Logik der *Englischen Jahre*, ebensowenig: Dort berichtet die Erzählerin von ihrer Begegnung mit einem Wiener Historiker, der ihr vorwirft aus Sentimentalität auf der Isle of Man selbst Nachforschungen angestellt zu haben, den sie aber als "blasierten Besserwisser" denunziert und dessen Werk sie nicht lesen kann,

> so sehr verstellt ihm seine Art, jedes Fitzelchen und Krümelchen zu würdigen, das er in irgendwelchen Archiven aufgestöbert hat, den Blick, und ich weiß nicht, ob ich ihm wünschen soll, möglichst bald die Reise zu machen, damit er wenigstens eine Ahnung davon bekommt, wie es auf der Insel ist, oder den Bewohnern dort, daß er nie auftaucht und ihnen erklärt, was sie zu tun oder zu lassen hätten, oder sie mit seinem Schweigen straft, daß sie wirkliche Leute sind und nicht bloß seine Figuren, die er beliebig hin- und herschieben kann. (EJ 255f.)

Eine andere Form der Vereinnahmung wird hier beschrieben, die aber wohl am Ende auf das Gleiche hinauskommt – und es wäre wohl kein Kurzschluss zu behaupten, dass die Erzählerin hier auch den Standpunkt des realen Autors Gstrein mit ausspricht. Lässt sich aber, so kann man fragen, das Hin- und Herschieben von wirklichen Leuten als Figuren überhaupt vermeiden? Ist nicht Erzählen von vornherein dazu verdammt, das Eigentliche zu verfehlen?

Mit dieser Frage hängt vielleicht auch die Verwendung des Namen Max für den Anti-Helden der *Englischen Jahre* zusammen, die sich nicht leicht bewerten lässt. Zu behaupten, dass das Werk Gstreins eine Kritik an Sebalds Schreibverfahren beinhalte, wäre schon deshalb falsch, weil Gstrein in dem referierten Vortrag *Die Ausgewanderten* als wesentliches Vorbild für seinen eigenen Roman genannt hat. Bestimmte Motive scheinen tatsächlich regelrecht Sebalds Texten entnommen zu sein, vor allem im ersten Teil des Buches. Da ist zum Beispiel die Faszination für alte, heruntergekommene Hotels. Hirschfelders Schreibstube ist das ehemals von den Begüterten besuchte Palace Hotel in Southend-on-Sea, das aber inzwischen zur Billigabsteige am Rande des Verfalls geworden ist. Die ausführliche Beschreibung des vergangenen Glanzes weist auffällige Parallelen auf zu dem, was Sebalds Erzähler über das Leben des *beau monde* in Deauville in Erfahrung bringt; Palace Hotel ist auch der Name von Max Aurachs Aufenthaltsort in Montreux, wo er dann dem Schmetterlingsjäger begegnet. Und auch bei Gstrein sind die Gespenster nie weit: Die Erzählerin stellt sich vor, dass auch der in seinem Arbeitszimmer eingesperrte Hirschfelder etwas mitbekommen haben müsste

> von dem gespenstischen Leben im mit Tischen und Stühlen vollgestellten Billardsalon und in der Bar, in deren gescheckten Spiegeln die Gesichter der Leute wieder auftauchten, die in meinen Phantastereien herumspuken, Herren in Frack und Zylinder, Damen mit Federboas und Zigarettenspitzen und wie an den Kopf geklatschten Frisuren. (EJ 24)

Eine Beschreibung, die ohne Zweifel auch in der "Ambros Adelwarth"-Erzählung gestanden haben könnte. So auch die Beschreibung der Gäste auf der Eröffnung

310

einer Ausstellung im Londoner Österreich-Institut, wo das Medium Fotografie thematisiert wird; der Feststellung, dass die meisten der Anwesenden vor ihren eigenen Bildern ständen, folgt eine Aufzählung der unterschiedlichen Inszenierungen auf diesen Bildern, doch, so die Erzählerin,

> es schien mit ein paar Ausnahmen überall gleich zu sein, man hätte die Bilder vor- und zurückbewegen sollen, man hätte die Augenblicke vor der Aufnahme sehen sollen oder danach, um nicht den Eindruck zu haben, das Wichtigste war ausradiert, alles, was ihr Schicksal auch nur andeuten könnte, und trotzdem fiel es mir überraschend leicht, sie mit den davorstehenden Gestalten in Einklang zu bringen, die auf mich wie ihre Wachskopien wirkten. (EJ 28)

Solche Beschreibungen rufen wiederum den changierenden Stellenwert der Fotografien in Sebalds Werk ebenso wie die dadurch in Gang gesetzte Gespensterproduktion in Erinnerung. Doch andererseits hat Gstreins Roman nichts von dem geradezu monomanen Textfluss Sebalds. Gstrein nutzt, wie schon aus der kurzen Zusammenfassung hervorgegangen sein dürfte, sehr wohl sämtliche Erzählmittel des Romans, also eben auch die direkte Rede, den inneren Monolog, ja sogar die Anrede der Hauptperson in den 'rekonstruierenden' Kapiteln. Doch das Hin und Her dieser Ansichten führt am Ende zu einem Schwindel, der den Leser doch wieder desorientiert zurücklässt.

Gerade wegen seiner äußerst umsichtigen und verschachtelten Erzählweise könnte Gstreins Buch denn auch als Musterbeispiel eines überreflexiven Manierismus kritisiert werden. Die Frage des Werturteils hat Gstrein allerdings, wie bereits angedeutet, in einer Art von Nachspiel thematisiert, als er im Jahre 2000 ein Buch veröffentlichte, das Filmkritiker als 'prequel' bezeichnen würden. Er erzählt darin die Geschichte, die für die Recherchen der *Englischen Jahre* dann den Ausgangspunkt gebildet haben wird: Der bei einem literarischen Wettbewerb zurückgewiesene Schriftsteller Max zieht in einer 100 Seiten während Tirade über seine Wiener Kollegen und über die Kritiker her. Dass sich in dieser tragikomischen und wohl von Thomas Bernhard beeinflussten Suada leicht Zeitgenossen wie Peter Handke oder Elfriede Jelinek als Schießscheiben wiedererkennen lassen und Gstrein hier offenbar auch sonst seinem Unmut über die österreichische Literaturszene Luft macht, ist nur ein Aspekt der Sache – der eigentliche Kern dieser Erzählung liegt vielmehr in der in ihr entwickelten Poetologie. Hier werden die verschiedenen Positionen durchgespielt, die beim Schreiben über ein Exilantenschicksal bezogen werden können. Nachdem Max sich über die Kritikerprosa lustig gemacht und die Gepflogenheiten bei öffentlichen Literaturveranstaltungen sarkastisch kommentiert hat, kommt er auf den eigentlichen Grund für die Ablehnung seines Buches zu sprechen: Der Kritiker Wilhelm lobt die "Dorfgeschichten", mit denen sich Max einen Namen gemacht hat, rügt aber die Themenwahl seines neuen Buches, das ihm missraten sei. Das Thema nämlich ist das Leben Gabriel

Hirschfelders. Es wird Max klargemacht, dass er als Hinterwäldler diesem Gegenstand nicht gewachsen sein kann: "Ein Leben wie Hirschfelders Leben ist nicht so einfach, wie Sie es sich vorstellen", heißt es da, und an einer Stelle wird auch explizit gesagt, was Wilhelm bei Max bemängelt:

> eine *grauenerregende Kälte in der Beschreibung von Menschen*, eine *pseudowissenschaftliche Distanziertheit im schlechtesten Sinn*, Objekt wäre Objekt für ihn, sonst nichts, was auch immer er vor sich habe, einen *Blick wie aus dem Weltraum*, Wärme, wenn überhaupt, in der Beschreibung von Dingen, in der Beschreibung von Natur, eher noch der leblosen als der lebendigen, *Versteinerungen* allerorten, was er mache, seien *Präparierübungen, Experimente unter Laborbedingungen*, farblos, geschmacklos und geruchlos, es sei die *Mechanik*, die ihn interessiere, das Funktionieren nach ihren Gesetzen, *Anatomie und Logik, Fliegen in Bernstein* zuhauf, *aufgespießte Schmetterlinge, Gletscherleichen*. (ST 39; Hervorhebung im Original)

Dass Max seinerseits seinen Kritikern ihre Pathetik im Beschreiben der gleichen Sachverhalte vorwirft, nimmt kaum Wunder. Dass Gstrein hier wohl seinem eigenen Unmut über gewisse Unsitten der Literaturszene Luft macht, lässt sich aus der Lektüre seiner Vortragstexte leicht herausstellen. Und dass die Vorwürfe gegen diesen Max sich ebenso auf Abschnitte im Werk von Max Sebald beziehen könnten, wird durch die Metaphern "*Schmetterlinge*" und "*Gletscherleichen*" überdeutlich. Doch ist die Situation hier noch komplizierter. Einerseits verarbeitet Gstrein hier sicher seine eigenen Zweifel über die Möglichkeit, dieses Thema zu bewältigen – insoweit bekäme der Text etwas Rechthaberisches, da ja der Erfolg der *Englischen Jahre* inzwischen bewiesen hatte, dass er ihm sehr wohl gewachsen war. Allerdings wird diese Erzählung ebensowenig wie *Englische Jahre* vom fiktiven Schriftsteller Max selbst erzählt, sondern von seiner Frau, der Ärztin, deren Namen wir auch hier nicht erfahren. Der Titel dieses nachgetragenen Textes lautet *Selbstportrait mit einer Toten*, und die reale Tote stammt nicht aus den Geschichten von Max, sondern eben aus dem Leben der Erzählerin: Eine Patientin von ihr ist aus dem Fenster gesprungen just in dem Moment, als Max telefonisch seinen Klagesang anhebt. Die schüchternen Versuche der Erzählerin, von ihrem eigenen Unglück zu berichten, prallen immer wieder an Max' selbstherrlichem Gerede ab. Sie trennt sich letztendlich von ihm, aber, so wissen wir aus den *Englischen Jahren*, übergibt ihm trotzdem die Ergebnisse ihrer Recherchen nach Hirschfelder, und vollzieht erst damit den endgültigen Bruch. Sie sagt ihm, dass es seine Geschichte ist:

> Zumindest hatte ich sie dadurch in seine Hände gegeben, ob er sich ihrer annahm oder nicht, ob er sie erzählte oder sich entschloß, darüber zu schweigen. An den Tatsachen änderte es nichts, und das beruhigte mich und beunruhigte mich zugleich, wenn ich daran dachte, was für ein unzuverlässiger Zeitgenosse er war. (EJ 388f.)

Mit dem letzten Satz gerät alles sozusagen wieder in die Schwebe: Dass es an den Tatsachen nichts ändere, wer hier erzählt, wird damit im Grunde Lügen gestraft.

III.

Sebalds letzter großer Prosatext *Austerlitz* kann auch als Antwort auf Herausforderungen gelesen werden, welche neben notorischen Literaturbetrügereien wie dem Wilkomirski-Fall auch Gstreins Texte bilden.[17] Natürlich ist es auch die Fortschreibung mehrerer Themen und Motive, die schon in den *Ausgewanderten* vorkamen – wie bei Sebald ja oft alles mit allem verbunden zu sein scheint. So kann Austerlitz' Suche nach Agáta durchaus mit Aurachs Rekonstruktion der Jugend seiner Mutter assoziiert werden, die Seltsamkeiten der Erziehungsanstalt Stower Grange mit den karnevalistischen Szenen in dem von Aurach besuchten Institut, die Freundschaft von Austerlitz mit dem dann verschollenen Gerald Fitzpatrick mit der Beziehung zwischen Selwyn und Naegeli, das Schmetterlingsmotiv in den Andromeda Lodge-Szenen mit dem "butterfly man", der Besuch im Pariser Cimetière de Montparnasse oder im askhenasischen Friedhof an der Alderney Street mit dem Besuch des jüdischen Friedhofs in Bad Kissingen. Was *Austerlitz* dann aber doch einen völlig eigenen Charakter verleiht, ist einerseits das Motiv der vertauschten Identität – so ungesichert die Identität der Ausgewanderten auch sein mag, sie tauschen sie nicht real gegen eine andere ein –, andererseits aber auch eine Verschiebung im formalen Verfahren.

Erstmals in Sebalds Werk ist hier der Text nämlich durchgängig von einer einzigen Figur geprägt, weshalb auch gelegentlich von Sebalds erstem "Roman" die Rede war, eine Gattungsbezeichnung, die trotzdem zweifelhaft bleibt und von Sebald selbst auch zurückgewiesen wurde.[18] Hauptfigur ist jedenfalls der Prager Jude Jacques Austerlitz, der als Fünfjähriger mit einem Kindertransport nach London gekommen und von einem walisischen Pfarrerehepaar unter dem Namen Daffydd Elias erzogen worden war; der aber auch nach der Offenbarung seines wirklichen Namens nicht mehr über seine Herkunft erfährt, bis eine Reihe von Ereignissen Erinnerungen wach werden lassen und die Recherche nach der eigenen Vergangenheit in Gang setzen. Der Vorgang erinnert, übrigens auch hierin einer Szene aus "Max Aurach" nicht unähnlich, an die in den neunziger Jahren geführte Diskussion zum Thema der "recovered memory" – dem Phänomen also, dass frühe Kindheitserinnerungen lange Zeit verdrängt und dann durch therapeutische Bemühungen oder Zufallsfaktoren wiedergewonnen werden. Andererseits geht auch dieser Text sehr wohl auf reale Begebenheiten

---

[17] W.G. Sebald: *Austerlitz*. München 2001. Im Folgenden mit der Sigle Au zitiert.

[18] Vgl. das *Spiegel*-Interview: "Ich fürchte das Melodramatische", in dem es heißt: "Es ist ein Prosabuch unbestimmter Art. Zu einem Roman gehören für mich Dialoge und die ganze Staffage, die man von einem richtigen Romanautor erwartet. Damit kann ich nicht umgehen" (*Der Spiegel* 11/2001). Die Bezeichnung "Roman" auf einer jüngeren Taschenbuchausgabe des Fischer-Verlags ist also als verlegerische Fehlleistung zu betrachten.

zurück, was dem Autor erneut den Vorwurf der unzulässigen Vereinnahmung anderer Leute Biographie einhandelte. Schon bei den *Ausgewanderten* sah Sebald sich gezwungen einige Änderungen vorzunehmen: In der englischen Übersetzung und dann auch in der letzten deutschen Ausgabe ist der Name des Malers Max Aurach, der wohl allzusehr seine reale Vorlage Frank Auerbach in Erinnerung rief, in Max Ferber geändert worden.[19] Im Falle von *Austerlitz* kam der Vorwurf von Susi Bechhöfer, die 1939 mit ihrer Zwillingsschwester auf einem Transport für jüdische Kinder aus München nach England kam, in Nordwales von einem Baptistenehepaar unter dem Namen Grace Mann erzogen wurde und erst mit 15 Jahren von einer Lehrerin erfuhr, wie sie wirklich hieß. Es sollte noch lange dauern – dazwischen lagen auch Jahre sexuellen Missbrauchs durch ihren Ziehvater –, bis sie sich auch über ihre Herkunft informieren konnte und entdeckte, dass ihre Mutter 1943 nach Auschwitz deportiert worden war. Ihre Geschichte hat sie anschließend unter dem Titel *Rosa's Daughter* veröffentlicht. Letzteres nimmt natürlich in gewissem Sinne dem Vorwurf gegen Sebald die Spitze, da dieser zweifellos Bechhöfers Buch als Quelle benutzt hatte; auch im Fall Frank Auerbachs hat er sich mit der Feststellung gerechtfertigt, dass er immerhin auf veröffentlichte Materialien zurückgegriffen habe.[20] Doch trotzdem wurde die Frage gestellt, ob der Autor nicht einer Person die Biographie genommen hatte, die sie bereits einmal verloren hatte.[21]

Direkt scheint sich der Text Sebalds dieser auch formalen Frage nicht zu widmen. Explizite Kommentare des Erzählers über das von ihm angewandte oder

---

[19] Und offenbar hat sich Auerbach selbst gegen die allzu offene Benutzung seiner Biografie gewehrt; neben dem Namen Aurach sind aus den jüngeren Ausgaben daher auch die Reproduktion einer Holzkohlezeichnung sowie ein Foto von Auerbachs rechtem Auge getilgt. Möglicherweise hat auch die Änderung einiger anderer Namen in *Die Ausgewanderten* mit einer zu großen Erkennbarkeit zu tun.

[20] So im Interview mit Carole Angier, wenn er die Namensänderung in der englischen Ausgabe begründet: "[…] diese ganze Sache mit der Usurpation des Lebens eines anderen beunruhigt mich. […] Ich änderte den Namen im Vergleich zur deutschen Fassung, in der es dem echten recht nahekam, in etwas vollkommen anderes. Er möchte keinerlei Publizität, und ich respektiere das. Andererseits ist er eine öffentliche Person, und ich bezog alle meine Informationen über ihn aus veröffentlichten Quellen […]" (Carole Angier: Wer ist W.G. Sebald? In: *W.G. Sebald*. Hg. von Franz Loquai. Eggingen 1997. S. 43–50. Hier: S. 49f.). Die Textstellen, in denen Sebald Aurachs Arbeitsverfahren beschreibt, gleichen tatsächlich in auffälliger Weise der Darstellung in Robert Hughes' Monographie zu Auerbach (Robert Hughes: *Frank Auerbach*. London 1990).

[21] Vgl. hierzu den Artikel von Rebecca Göpfert: Susi Bechhöfer fragt zurück. W. G. Sebald lieh sich für "Austerlitz" ihre Biographie. In: *Frankfurter Rundschau* 15.3.2003. Susi Bechhöfer scheint es indessen nicht um die Abänderung des Textes, sondern vor allem um eine Erwähnung ihres Namens in einem Impressum oder Nachtrag gegangen zu sein.

angestrebte Verfahren, wie wir sie in den *Ausgewanderten* mehrmals antreffen, begegnen hier kaum noch. Soweit poetologische Absichtserklärungen vorhanden sind, sind sie vielmehr indirekt oder metaphorisch angelegt bzw. in die Worte der Hauptfigur Austerlitz hineinverlagert. Soweit sie vorkommen, betreffen sie, wie schon in der "Paul Bereyter"-Episode, in erster Linie die visuelle Dimension des Erkennens. Ein auffälliges Beispiel bietet die überdeterminierte Darstellung des Fort Breendonk, das der Erzähler nach eigenen Angaben 1967 zum ersten Mal besucht hat. Nachdem er eine ausführliche Beschreibung der Qualen der Häftlinge an der Beschreibung der dort benutzten Schubkarren geknüpft und dies mit der Bemerkung kommentiert hat, diese Schinderei sei ihm "undenkbar", fährt er fort:

> Was ich aber im Gegensatz zu dieser in Breendonk ebenso wie in all den anderen Haupt- und Nebenlagern Tag für Tag und jahrelang fortgesetzten Schinderei durchaus mir vorstellen konnte, als ich schließlich die Festung selber betrat und gleich rechterhand durch die Glasscheibe einer Tür hineinschaute in das sogenannte Kasino der SS-Leute, auf die Tische und Bänke, den dicken Bullerofen und die in gotischen Buchstaben sauber gemalten Sinnsprüche an der Wand, das waren die Familienväter und die guten Söhne aus Vilsbiburg und Fuhlsbüttel, aus dem Schwarzwald und aus dem Münsterland, wie sie hier nach getanem Dienst beim Kartenspiel beieinander saßen oder Briefe schrieben an ihre Lieben daheim, denn unter ihnen hatte ich ja gelebt bis in mein zwanzigstes Jahr. Die Erinnerung an die vierzehn Stationen, die der Besucher in Breendonk zwischen Portal und Ausgang passiert, hat sich in mir verdunkelt im Laufe der Zeit, oder vielmehr verdunkelte sie sich, wenn man so sagen kann, schon an dem Tag, an welchem ich in der Festung war, sei es, weil ich nicht wirklich sehen wollte, was man dort sah, sei es, weil in dieser nur vom schwachen Schein der Lampen erhellten und für immer von der Natur getrennten Welt die Konturen der Dinge zu zerfließen schienen. Selbst jetzt, wo ich mich mühe, mich zu erinnern, […] löst sich das Dunkel nicht auf, sondern verdichtet sich bei den Gedanken, wie wenig wir festhalten können, was alles und wieviel ständig in Vergessenheit gerät, mit jedem ausgelöschten Leben, wie die Welt sich sozusagen von selber ausleert, indem die Geschichten, die an den ungezählten Orten und Gegenständen haften, welche selbst keine Fähigkeit zur Erinnerung haben, aufgezeichnet oder weitererzählt werden […]. (Au 33ff.)

Wie schon in den *Ausgewanderten* wird auch hier Einfühlung ebenso wie die Unmöglichkeit dazu anhand von visuellen Sinneseindrücken dargestellt. Zwar ermöglicht es die deutsche Herkunft dem Erzähler zunächst noch, sich zumindest in die Banalität der Täter hineinzuversetzen, doch dieses Gefühl weicht schon bald der Feststellung, dass die Konturen zerfließen – die Beschreibung einer falschen, von der Natur getrennten Welt, die seltsame Analogien zur Darstellung des Antwerpener Nocturamas aufweist. Auffällig häufig sind die Passagen, in denen die Sehfähigkeit aussetzt – geradezu paradigmatisch ist etwa die Stelle, in der der Erzähler von einer Sehstörung berichtet, die sein linkes Auge befallen hat und durch die sich alles um ihn herum auflöst "in eine bedrohliche schwarze Schraffur" (Au 51). Schraffur, Schleier oder Raster sind denn auch die Begriffe, mit denen das Sehen assoziiert wird, ob sie nun durch Schwächeanfälle,

Augenleiden oder Witterungsbedingungen ausgelöst werden. Am offenkundigsten aber ist die Thematisierung des Visuellen in der Darstellung des Theresienstadt-Films *Der Führer schenkt den Juden eine Stadt*, in dem Austerlitz seine Mutter wiederzuerkennen hofft. Die Videokopie, die er sich hat beschaffen können, ist aber nur eine vierzehnminütige Montage, deren Bilder "gewissermaßen im Aufscheinen schon vergehen" (Au 348), der er aber dadurch Details zu entreißen hofft, dass er eine Zeitlupenkopie anfertigen lässt, was tatsächlich zuvor verborgene Personen und Dinge sichtbar macht. Hier könnte man wieder den freudschen Begriff der Skopophilie anwenden: Eine Schaulust, die versucht, das bislang Tabuisierte (noch dazu den mütterlichen Körper) zu sehen zu bekommen. Doch gerade durch diese Anstrengungen bekommt der Film etwas Gespenstisches – die Personen lösen sich an den Rändern auf, wie das zuvor auch von den wiederkehrenden Toten gesagt wurde –, und an den schadhaften Stellen entstehen "hellweiße, von schwarzen Flecken durchsprenkelte Muster" (Au 349). Ausgerechnet in diesem Film will Austerlitz dann aber wirklich seine Mutter entdecken: Kaum erkennbar im Hintergrund, "fast ununterschieden von dem schwarzen Schatten, der es umgibt" (Au 354), außerdem ist die Stirn verdeckt – ausgerechnet von der Zeitanzeige auf dem Band. Die Erkenntnis versucht also, das Phantom zu fassen, ihm einen Leib zu geben. Dieser Identifikationsversuch aber stellt sich als illusorisch heraus: Vera, das ehemalige Kindermädchen und die wichtigste Zeugin für Austerlitz, kann in dem Videoausschnitt Agáta nicht erkennen. Wohl aber auf einem anderen Bild, das Austerlitz im Prager Theaterarchiv aufgetrieben hat: Es stellt die Schauspielerin Agáta dar, so wie sie um die Zeit ausgesehen haben muss, als sie die Olympia in Offenbachs *Contes d'Hoffmann* spielte: ein kaum als Foto zu erkennendes Bild, das eher an die ebenso durchsichtigen Frauengestalten in symbolistischen Gemälden, etwa eines Fernand Khnopff, erinnert.[22]

IV.

Zum Schluss noch eine letzte Analogie zwischen den Geschichten Gstreins und Sebalds, die ihren Ausgangspunkt im Verfahren der Ekphrasis nimmt, in beiden Fällen zu einem Bild von William Turner. Bei Gstrein hat die Bildbeschreibung einen zahlenmäßig geringeren, dafür aber dem Stellenwert nach gewichtigen

---

[22] Hier sei nur beiläufig auf die Rolle hingewiesen, die E.T.A. Hoffmanns *Der Sandmann*, Grundlage für die hier genannte Szene aus Offenbachs Operette, im Hintergrund zu spielen scheint: so heißt die nur kurz auftretende Lebensgefährtin des Erzählers in *Die Ausgewanderten* Clara, und von Paul Bereyter heißt es, er gleiche einem mechanischen Menschen. Für den vorliegenden Zusammenhang bedeutend ist aber selbstverständlich das Motiv der Augen, des Verlusts der Sehfähigkeit und der Sehhilfen in Hoffmanns Erzählung.

Anteil. Den letzten Anstoß, sich mit Hirschfelders Vergangenheit auseinan-
derzusetzen, erhält die Erzählerin der *Englischen Jahre* von einem Gemälde, das
bei Gstrein zwar nicht reproduziert, dessen Titel aber ausführlich zitiert wird:
"*Snow Storm*, mit dem ungewöhnlich langen Zusatz *Steam-Boat off a Harbour's
Mouth making Signals in Shallow Water and going by the Lead*, mehr noch, *The
Author was in this Storm on the Night the Ariel left Harwich*" (EJ 49). Dieses
Gemälde von Turner ist, wie sich herausstellt, Hirschfelders Lieblingsgemälde
gewesen. Es gilt als ein frühes Beispiel für eine Malerei des Erhabenen, wie dies
in der Nachfolge Kants bei Edmund Burke definiert wird – als das Erhabene, das
in der subjektiven Empfindung des Staunens, wenn nicht gar des Schreckens
seinen Ausdruck findet.[23] Für Gstreins Erzählerin aber ist es, vielleicht gerade
durch das Staunen und die Strudelwirkung, die es erzeugt, ein Anreiz zur weiteren Recherche. Sie beschreibt das Bild folgendermaßen:

> Als erwartete ich mir davon eine Antwort, starrte ich auf das mühevoll sich voran-
> arbeitende Dampfschiff im Zentrum des Schneesturms, dessen Bug gerade in die
> Wellen eintauchte, während in seinem Rundheck ein Licht brannte und das Schaufelrad,
> das den Wirbel auszulösen schien, wie von innen ausgeleuchtet wirkte, eine Kreis-
> bewegung von ungeheurer Wucht, unter der das zerbrechlich wirkende Boot fast
> unterging. (EJ 49)

Dass die Wahrheit dann tatsächlich mit einem Schiffsuntergang zu tun hat, ist
eine wesentliche vorausdeutende Funktion dieser Beschreibung – doch viellei-
icht ist hiermit auch schon programmatisch die Position der Erzählerin und die
des Autors vorweggenommen: "The Author (und interessanterweise nicht:
"The Painter") was in this Storm", das mag auch auf die unaufhebbar subjektive und prekäre Position eines jeden Erzählens hinweisen, das sich in einem
Wirbel gefangen sieht, der ein Voranarbeiten kaum erlaubt oder zumindest
nicht gewährleistet, aber gerade deshalb erheischt.

Wie Sebald mehrmals Malerei und Grafik in seine Texte einbezieht und
auch materiell einmontiert, wurde schon durch den Hinweis auf Courbet klar;
allerdings ist es in *Die Ausgewanderten*, das in hohem Maße auf der Glaubwürdigkeit von privaten Fotoalben basiert, ein relativ gesehen selteneres
Verfahren.[24] In *Austerlitz* spielen nicht reproduzierte Gemälde von Valckenborch

---

[23] So zumindest kommentierte John Ruskin das Bild Turners im ersten Band von
Modern Painters (1843), den er gerade zur Verteidigung dieses Gemäldes angefangen
hatte. Siehe George P. Landow: *The Aesthetic and Critical Theories of John Ruskin*.
Princeton 1971. Leicht überarbeitete elektronische Fassung unter: <http://www.victo-
rianweb.org/authors/ ruskin/atheories/contents.html>
[24] Obwohl "Max Aurach" die Lebensgeschichte eines Malers rekonstruiert, kommt der
Malerei in *Schwindel.Gefühle* und *Die Ringe des Saturn* ein höherer Stellenwert zu,
sowohl was die verbale Bezugnahme als was die materielle Reproduktion anbetrifft.

(Au 19) und Rembrandt (Au 173) eine wichtige Rolle;[25] mehrmals aber wird auch Turner genannt. Einmal wird auch ein Bild von ihm abgedruckt, eine Aquarellskizze, die ebenso wie *Snow Storm* zum Spätwerk gehört, doch in Schwarzweiß gehalten ist und eine ganz andere Stimmung vermittelt:

> Das nahezu substanzlose Bild, das die Bezeichnung *Funeral at Lausanne* trägt, datiert aus dem Jahr 1841 und also aus einer Zeit, in der Turner kaum noch reisen konnte, mehr und mehr umging mit dem Gedanken an seine eigene Sterblichkeit und vielleicht darum, wenn irgend etwas, wie dieser kleine Lausanner Leichenzug, aus dem Gedächtnis auftauchte, geschwind mit einigen Pinselstrichen die sogleich wieder zerfließende Vision festzuhalten versuchte. (A 158f.)

Die Beschreibung stammt von Jacques Austerlitz, der in dem Aquarell die Beerdigung zweier Onkel von Gerald Fitzpatrick wiedererkennt. Auch dies ist ein rekurrentes Motiv bei Sebald: die Konfrontation mit einem Kunstwerk setzt die Erinnerungs- oder Trauerarbeit in Gang.[26] In diesem Fall wird sie noch durch eine Ähnlichkeit mit eigenen Erinnerungen begünstigt. Aber eine Ähnlichkeit wozu? Denn auf dem Bild von Turner ist ja kaum etwas zu sehen. Die zerfließende Vision wird in ein Bild gebannt, dessen Konturen ebenso unsicher sind; es wird ein Effekt der Unschärfe erzielt.[27] So könnte das Bild am Ende auch als Emblem für Sebalds Schreibpraxis gelesen werden: Ein Festhalten zerfließender Gedächtnisspuren, dessen Ergebnis sich aber als nahezu substanzlos herausstellt.

---

[25] Eine eingehende Besprechung der Funktion dieser beiden Gemälde bietet Anne Fuchs: *Die Schmerzensspuren der Geschichte. Zur Poetik der Erinnerung in W.G. Sebalds Prosa.* Köln 2004. S. 58f. (zu Rembrandt) bzw. 181f. (zu van Valckenborch).

[26] So etwa die von einer "extremistischen Weltsicht" zeugenden Isenheimer Altarbilder Matthias Grünewalds, die bei Max Aurach in *Die Ausgewanderten* einen Erinnerungsstrom auslösen, von dem Aurach dann aber bedeutsamerweise zum Erzählzeitpunkt "nur weniges mehr gegenwärtig ist" (A 253f.).

[27] Claudia Öhlschläger legt im Zusammenhang mit dem Einsatz eines Fotos von Nabokov in der Erzählung "Dr. Henry Selwyn" überzeugend dar, dass in Sebalds Umgang mit 'unscharfem' Bildmaterial eine Parallele zu Freuds Modell der Erinnerung hergestellt wird, "das von einer grundsätzlichen Differenz von Ereignis und Erinnerung ausgeht", von einer originären Entstellung also. Sie verweist dabei auch auf Wolfgang Ullrichs Geschichte der Unschärfe, in der dieses Phänomen des 'flou artistique' bis ins frühe 19. Jahrhundert – also eben die Epoche Turners – zurückverfolgt wird, zeigt aber auch, wie dieses Phänomen bei Sebald poetologische Konsequenzen hat, indem die Unschärfe (ebenso wie der Bildriss oder das Raster) einen Störfaktor bildet, der den Text zwischen Blindheit und Erkenntnis hin- und herpendeln lässt. Claudia Öhlschläger: Unschärfe. Schwindel. Gefühle. W.G. Sebalds intermediale und intertextuelle Gedächtniskunst. In: *W. G. Sebald: Mémoire. Transferts. Images.* S. 11–23.

Anneleen Masschelein

Negative Hände: Die Darstellung der Negativität in Bretons *Nadja* und Sebalds *Austerlitz*[1]

In my text, I offer a comparative reading of Sebald's Austerlitz *and André Breton's famous surrealist novel* Nadja. *At first sight, Breton's surrealist poetics celebrating surrealist love, the chance encounter and the ideal of convulsive beauty, seems far removed from Sebald's melancholy poetics of mourning, trauma and destruction, and yet, both novels share many themes and motifs, as well as a high degree of self-referentiality and a sophisticated use of* mise-en-abyme. *Starting from poststructuralist art-historical discourse on* Nadja *and surrealist photography (Krauss and Barthes), I turn to Winnicott's conception of the negative, which is not just related to the death drive, but also to the origin of the capacity of thinking, to sublimation and to art. With both these frameworks in mind, I focus on a minor motif in* Nadja *and* Austerlitz *which I analyse in detail: the motif of the glove. Apart from the obvious fetishist nature of this motif, the glove turns out in both cases to be an index, that draws attention to the semiotic nature of the sign as index and more generally, to the problem of representation. The question of life and death that haunts both Sebald and Breton also works on the very material level of the prose and the composition of the books. Here, Sebald seems to be an (un)conscious heir of what is perhaps the most essential aim of surrealist poetics, especially as it has been elaborated by Walter Benjamin and Roland Barthes: to bring about an effect, a revolution in reality. The experience of reading Sebald (and Breton) is first and foremost a sensuous one: it awakens and stimulates the mind through the activity of reading, of going back and fro through the book, of trying to establish connections between the text, the pictures, the endless series of* mises-en-abyme *and doubles.*

> *All of my work is based on a discovery:*
> *creating a void that doesn't result in emptiness.*
> *I'm interested in this process, in the resonance*
> *which emanates from this nothingness.*
> *To do this, the most important thing is to have nothing to say.*
> *I aim to bring about a series of phenomena and perceptions*
> *which everyone can experience and use to move towards a poetic existence.*
> *Each work is above all an event. Something happens.*[2]
> Anish Kapoor, *Melancholia*

Auf den ersten Blick scheint Bretons surrealistischer Roman *Nadja*, der die Liebe, die zufällige Begegnung und das Ideal konvulsiver Schönheit feiert,

[1] Gerne danke ich einigen Leuten, die mir bei der Erstellung dieses Artikels halfen: Mary Jacobus, Anke Gilleir, Bart Philipsen, Vivian Liska, Carol Jacobs, Jan Ceuppens und meinen StudentInnen der GGS/MLS.
[2] In: Véronique Bouruet-Aubertot: Anish Kapoor: Le vide est un songe. In: *Beaux-Arts Magazine* Nr. 173. Oktober 1998. S. 48–53.

tatsächlich ziemlich weit von Sebalds melancholischer Dichtung über Trauer, Trauma und Destruktion entfernt. Der einzige gemeinsame Nenner scheint die Gegenüberstellung von Photographie und Erzählung in beiden Werken zu sein. Und doch haben beide Romane viele Themen und Motive gemein, wie auch ihren hohen Grad an Selbstreferentialität und einen elaborierten Gebrauch von *mise-en-abyme*, sowohl auf der textuellen Mikroebene als auch auf der Makroebene des Buches in seiner Gesamtheit. Ich bin in erster Instanz darauf bedacht, einen Zugang zu diesen Texten zu finden, der ihre Poetik besonders berücksichtigt, doch zugleich auch der beinahe schon vorprogrammierten Lektüre aus dem Wege geht, die diese überaus selbstreflexiven, theoretischen Romane bzw. Prosatexte auslösen und beinahe schon zwanghaft steuern. Weiterhin möchte ich besonders der oftmals beabsichtigten Gegensätzlichkeit der Komposition von Inhalten, des Stils und der Bilder gerecht werden. In einer ersten Bewegung werde ich einige Vergleichspunkte in allgemeinerem Sinne andeuten und den Referenzrahmen darstellen, der meine Analyse unterbaut. In einem zweiten Teil werde ich ein Detail der Texte näher beleuchten und anhand dieser Detailanalyse aufzeigen, wie die negative Perzeption, also die Wahrnehmung von etwas, das zu fehlen scheint, ein gehaltvoller *locus* wird, wobei der Gehalt sich eher in der Dichte als in der Bedeutung im klassischen Sinne aufspüren lässt. Gleichzeitig wird dieser *locus* auch zu einem Beginnpunkt für Kreativität im vollsten Sinne, wo Totes zum Leben erweckt wird.

I.

Sowohl *Nadja* als auch *Austerlitz* sind nach der Hauptperson der jeweiligen Erzählung benannt, deren mentale Verwirrung und schließlicher Zusammenbruch von einem Ich-Erzähler festgehalten werden. Und in beiden Fällen wird suggeriert, dass dieser Erzähler mit dem jeweiligen Autor André Breton bzw. W.G. Sebald übereinstimmt. Während aber André Breton in der Erzählung als André erscheint, bleibt *Austerlitz'* Erzähler namenlos und im Hintergrund, getreu die Rolle des Zuhörers erfüllend, die der Protagonist Jacques Austerlitz ihm auferlegt. Doch verstärken die vielen Parallelen zu Sebalds übriger Prosa, in welcher der Erzähler als Sebald selbst identifiziert wird, – die Wiederaufnahme von Themen, Motiven, Stil, Form und Figuren – die autobiographischen Spuren des Augenzeugen. Der Erzähler ist während der gesamten Erzählung nachdrücklich anwesend: Seine eigene Erzählung unterbricht zuweilen die gewissenhafte, wortwörtliche Wiedergabe der kleinsten Details von Austerlitz' Geschichte und der anderer Figuren, wobei der Erzähler sich jedoch alle Mühe gibt, zu verdeutlichen, wer hier gerade zu Wort kommt. Dies ist, was Sebald selbst "periscopic writing" nennt:

> Everything that the narrator relates is mediated through sometimes one or two other stages, which makes for quite complex labyrinthine syntactic structures and in one

sense exonerates the narrator, because he never pretends to know more than is actually possible.[3]

André Breton kommentiert in seinem Vorwort zur 1962 überarbeiteten Ausgabe von *Nadja* die "deux principaux impératifs 'anti-littéraires' auxquels cet ouvrage obéit":[4] Einerseits die Photographien, die alle Beschreibungen eliminieren sollen und zum anderen den Ton der Erzählung, eine Mischung von medizinischen Beobachtungen und Live-Journalismus. Auf diese Weise präsentiert sich das Gesagte nicht als Roman sondern als ein "recorded" Live-Dokument ("pris sur le vif "), das nicht nur Nadja registriert, sondern auch den Erzähler selbst.

Ungeachtet der verschiedenen Erzählstile stimmt die Funktion der Photographie in beiden Erzählungen praktisch überein. Sie unterstützt den Dokumentarstil und soll für die Authentizität und Realität der Ereignisse Garant stehen, indem sie visuell belegen, dass jemand oder etwas tatsächlich existierte. Doch wird dieser Effekt der Realitäts- und Objektivitätsbezeugung von der nachdrücklichen Betrachtung des Erzählers durchbrochen. Im Falle von *Austerlitz* wird die Artifizialität der narrativen Situation – die komplexe Einbettung des "periscopic writing" – noch verstärkt durch Hyperbeln und durch das, was Sebald selbst den Gebrauch von "Extremismus" nennt. Beide, sowohl der Erzähler als auch Austerlitz selbst, machen reichlich Gebrauch von absoluten Begriffen (wie zum Beispiel "immer" und "nie") und Übertreibungen, was die dem Erzählvorgang inhärente Fiktionalität hervorhebt. Gleicherweise kontrastiert die detaillierte Wiedergabe der Erinnerungen und der kontinuierliche Gebrauch perzeptueller Metaphern, die eine präzise Vision andeuten, mit den komplexen und indirekten Repräsentationen, wie etwa in Sätzen wie:

> Věra *erinnerte sich*, *sagte* Austerlitz, daß die freudige Erregung, die Agáta über diesen ersten Erfolg ihrer Bemühungen *verspürte*, verdunkelt wurde von Besorgnis und Kummer, wenn sie sich *vor Augen führte*, wie es mir [. . .] *zumute sein würde*.[5]

Dies hat eine überhöhte Darstellung der Visionen zur Folge: Erinnerungen, Träume und Gefühle werden sogar noch auf dem dritten und vierten Einbettungsniveau auf so mühevoll detaillierte und akkurate Weise vorgelegt, dass sie

---

[3] James Wood: An interview with W. G. Sebald. In: *Brick: A Literary Journal* 58 (1998). S. 23–29. Hier: S.28. Tatsächlich verwendet Sebald den Begriff, um Thomas Bernhards Werk zu charakterisieren, das seine eigene Arbeit sehr beeinflusste. Siehe auch Mark A. Anderson: The Edge of Darkness: On W. G. Sebald. In: *October* 106 (2003). S. 103–121. Hier: S. 106.
[4] André Breton: *Nadja*. Paris 1964. S. 6. Im Folgenden wird *Nadja* unter N zitiert.
[5] W.G. Sebald. *Austerlitz*. München – Wien 2001. S. 173 (meine Hervorhebung). Im Folgenden als Au zitiert.

schließlich eher unwirklich scheinen als real.[6] Diese exzessive Klarheit steht aber in ständigem Kontrast zu der visuellen Unschärfe, wie sie sich in der objektiven Wechselbeziehung von Wetter und Licht äußert – Nebel, Dämmerung, Regen, Kumuluswolken, Staub, Schimmerlicht –, die die Wahrnehmung erschwert. Die Bilder, die durch so eine gestörte Wahrnehmung entstehen, wirken unterbelichtet. Dieselbe Logik, bei der Extremes fortwährend in sein Gegenteil verkehrt wird, findet sich in dem Spiel mit Dimensionen und Proportionen. Auf der einen Seite werden Menschen ständig durch die gigantischen Dimensionen von Gebäuden oder Naturszenen 'verzwergt', wobei letztere wiederum selbst von den größeren Kräften der Katastrophe zu Ruinen reduziert werden. Auf der anderen Seite wird der Fokus oftmals bis auf ein extremes *close-up* umgekehrt und wird auf kleine Objekte eingezoomt, wie zum Beispiel auf Insekten, Stoffmuster oder Knöpfe, wobei die Beobachtung mit symbolischem oder allegorischem Gehalt beladen wird. Die Dimensionen, Perspektiven und der Fokus der einzelnen Photographien in *Austerlitz*, sowie ihre jeweilige Position innerhalb des Textes unterscheiden sich also erheblich.

Hat man das Vorwort gelesen, so überrascht in *Nadja* zunächst, dass als Erzählstil des ersten Paragraphen nicht Dokumentarrealismus vorherrscht, sondern gerade das Gespenstische.

Qui suis-je? Si par exception je m'en rapportais à un adage: en effet pourquoi tout ne reviendrait-il pas à savoir qui je "hante"? Je dois avouer que ce dernier mot m'égare, tendant à établir entre certains êtres et moi des rapports plus singuliers, moins évitables, plus troublants que je pensais. Il dit beaucoup plus qu'il ne veut dire, il me fait jouer de mon vivant le rôle d'un fantôme, évidemment, il fait allusion à ce qu'il a fallu que je cessasse d'être, pour être *qui* je suis. (N 9)

---

[6] Bei genauerem Hinsehen zeigt sich die komplexe Verbalstruktur dieses Satzes und deren bemerkenswerte narratologische Konsequenzen. Das erste Niveau, das des Berichtes (sagen), beinhaltet verschiedene Kognitions- (sich erinnern) und Erfahrungsebenen (verspüren), um schließlich im Konjunktiv zu enden ("zumute sein würde"). Auf der einen Seite gibt der Konjunktiv eher eine Mutmaßung (*Potentialis*) als einen Fakt wieder. Auf der anderen Seite verbindet er aber auch die Gegenwart mit der Vergangenheit und stellt eine Verbindung zwischen dem Kind Austerlitz und dem Ich-Erzähler her, indem er die Handlung als nicht abgeschlossen und weitergehend konnotiert. Die in der verbalen Sequenz aufgebaute Unwahrscheinlichkeit beeinflusst später die Reihe der Erzähler und es ist hier gerade die besonders akkurate Wiedergabe der verschiedenen Stimmen, die den Leser dazu zwingt, die Zuverlässigkeit dieser Erzähler in Frage zu stellen wie auch die Korrektheit der Erinnerungen nach so vielen Jahren. Sebalds Bemerkungen zu der Funktion der Erinnerung in *Die Ausgewanderten* ist auch auf die Zeitstruktur in *Austerlitz* anwendbar: "the fact that the older you get the more the passage of time between your present age and your childhood or youth begins to shrink somehow. You see things that are very distant with extreme clarity, very highly exposed, whereas things that happened to two or three months ago somehow vanish" (Wood: An interview with W. G. Sebald. S. 25).

Breton legt hier sogleich die Ambiguität des französischen Wortes "hanter" bloß (von Richard Howard als "haunt" übersetzt) – das ebenso "to frequent" wie auch "to haunt" bedeuten kann –,[7] um seine Suche nach Identität nicht etwa als Suche nach gegebenen Fakten darzustellen, sondern nach etwas von anderer Ordnung, das nur durch Rückwendung wieder aufgespürt werden kann.

La représentation que j'ai du "fantôme" avec ce qu'il offre de conventionnel aussi bien dans son aspect que dans son aveugle soumission à certaines contingences d'heures et de lieu, vaut avant tout, pour moi, comme image finie d'un tourment qui peut être éternel. Il se peut que ma vie ne soit qu'une image de ce genre, et que je sois condamné à revenir sur mes pas tout en croyant que j'explore, à essayer de connaître ce que je devrais fort bien reconnaître, à apprendre une faible partie de ce que j'ai oublié. (N 10)

Bretons Suche nach Selbsterkenntnis kommt einem Versuch der eigenen Neubelebung gleich, der – so Breton – nicht von einem Subjekt durchgeführt wird, das sich selbst voraussetzt, sondern von Zufall und Unterschied beherrscht wird.[8] Diese Konzeption der Subjektivität in ihrer unbewussten Form ist streng genommen unkennbar, man kann sich ihr lediglich im Negativen annähern, da sie vor dem Hintergrund von etwas, das nicht ist, erscheint: Die Einzigartigkeit des Subjekts wird in seiner Unterschiedlichkeit von den Objekten, Räumen und anderen Subjekten, die Breton beschreibt, realisiert. Demnach lässt sich Walter Benjamins Charakterisierung von Nadja auch auf Breton selbst beziehen: Wir sind nahe an den Dingen, die dem Ich-Erzähler nahe sind, statt dem Subjekt selbst nahe zu sein.[9] Die Wahrnehmung von Breton und Nadja wird mit anderen Worten weitestgehend metonymischer Art sein.

Die Begegnungen sind keineswegs kohärent, kausal oder chronologisch organisiert, stattdessen stimulieren sie die Reflexionen des Erzählers und seine

---

[7]Die Ambiguität des Wortes "hanter" lässt auch die Doppelbedeutung der Verbform "suis" (suivre/être) deutlich hervortreten, die sowohl "sein" als auch "folgen" bedeuten kann. Die Ambiguität wird dann durch das *qui* (in Schrägschrift) am Ende der Passage noch betont.

[8]Vgl. "Par-delà toutes sortes de goûts que je me connais, d'affinités que je me sens, d'attirances que je subis, d'événements qui m'arrivent et n'arrivent qu'à moi, par-delà quantité de mouvements que je me vois faire, d'émotions que je suis seul à éprouver, je m'efforce, par rapport aux autres hommes, de savoir en quoi consiste, sinon à quoi tient, ma différentiation" (N 11).

[9]Benjamin beschreibt Bretons Gefühle für Nadja ausgehend vom Prinzip der höfischen Minne und argumentiert, dass "[d]ie Dame [...] in der esoterischen Liebe das Unwesentlichste [ist]. So auch bei Breton. Er ist mehr den Dingen nahe, denen Nadja nahe ist, als ihr selber". Walter Benjamin: Der Surrealismus. Die letzte Momentaufnahme der europäischen Intelligenz. In: *Gesammelte Schriften*. Bd. II.1. Hg. von Rolf Tiedemann und Hermann Schweppenhäuser. Frankfurt/M. 1977. S. 295–310. Hier: S. 299.

Assoziationen entsprechend dem surrealistischen Prinzip des Automatismus, dem Äquivalent der freien Assoziation aus der Psychoanalyse. Wie die Traumbilder, so sind auch die surrealistischen Begebenheiten und Begegnungen überdeterminiert. Sie formen verzögerte Bedeutungsmuster in Bezug auf das-jenige, was später passiert. Das Subjekt wird von zufälligen Begebenheiten stark beeinflusst und sie führen oftmals zu einer veränderten Wahrnehmung der Wirklichkeit: Bestimmte Wörter, Objekte und Menschen deuten auf eine zukünftige Begebenheit oder sind auf irgendeine enigmatische Weise miteinan-der verbunden, so dass sie schließlich den surrealistischen Effekt des Wunderbaren oder *merveilleux* hervorrufen. Dieser Prozess der verzögerten Semiose wiederspiegelt sich in der Praxis des Lesens. Die Photos und Nadjas Zeichnungen, die den Text begleiten, werden jeweils zu den relevanten Textpassagen durch Verweise und Seitenangaben in Verbindung gesetzt,[10] doch die Bilder gehen den Beschreibungen größtenteils voraus. Sie kündigen den Text eher an, als dass sie ihn begleiten würden und sie erhalten ihre Signifikanz im Buch erst, nachdem die Textstelle, die sie illustrieren, gelesen wird.

II.

Nadja und *Austerlitz* strahlen nicht nur eine vergleichbare Atmosphäre aus, die sich etwa als hyperreal, unwirklich, surreal oder grotesk beschreiben ließe, sondern daneben können auch verschiedene interessante Parallelen auf dem Niveau der Erzählungen selbst und dem der Motive ausfindig gemacht werden, betrachtet man z.B. die Streifzüge durch die Stadt, die Bedeutung der Topographie, die Motive des Visuellen (und des Auges), des Theaters und der Aufführung, das Motiv der Verrücktheit und des Zusammenbruchs und die unheimlichen und grotesken Elemente. Bevor ich jedoch auf eines dieser gemeinsamen Elemente ausführlicher zu sprechen komme, möchte ich zunächst einige allgemeinere Bemerkungen über die jeweilige Poetik beider Werke machen und erörtern, wie sich Bretons bekannte Ideen bezüglich objektiven Zufalls, konvulsiver Schönheit, automatischen Schreibens und der surrealisti-schen Konzeption der Photographie auf *Austerlitz* ausgewirkt haben könnten.

---

[10] David Sornig vergleicht kurz den Gebrauch von Photographie (und besonders von Überschriften) in *Nadja* und bei Sebald: "Between the literal illumination of the texts and these texts' uncertain status, somewhere between fiction and autobiography, there remains an uncanny semiotic gap – a silent no man's land that plays with Barthes' understanding of photographs as being 'a message without a code'. Unless they have been labeled or captioned (even in the way Breton captions the photographs and draw-ings in his surrealist novel *Nadja*) photographs are silenced. The linguistic aspect of the text is the vocal, articulate element – the photo is silent, enigmatic – it must be voiced by the text". David Sornig: Picturing the Story: Image and Narrative in Brian Castro and W.G. Sebald. In: *Text* 8.1 (2004). S. 8. Auch unter: <http://www.griffith.edu.au/school/art/text/>.

Der surrealistische Effekt des Wunderbaren wird in *Nadja* und auch in den ihr folgenden Texten, hauptsächlich in *L'amour fou*, zur Auffassung von der "convulsive beauty" in Beziehung gebracht, welche die von den Surrealisten gefeierten plötzlichen unkontrollierbaren Konvulsionen des Hysterischen hervorruft, und ebenso zum Konzept der "objective chance" (oder "l'objet trouvé"), also der Art und Weise, wie Zufälle Bedeutung erhalten. Benjamin übersetzt in seinem Text über den Surrealismus das surrealistische Wunderbare als "profane Erleuchtung" ("profane illumination"). Die Surrealisten streben demnach durch eine Art von Schock die Erlangung einer sublimen Alltagserfahrung an. Die surrealistische Welt, wie die von der Person Nadja und der Stadt Paris, von der sie einen Exponenten darstellt, ist eine "Dingwelt", eine Welt der Objekte. Die einzige Weise, auf die man sich den Geheimnissen dieser Dingwelt nähern kann, ist nicht etwa der Versuch, sie zu verstehen oder ihre Bedeutung aufzudecken, sondern sich den sie konstituierenden Dingen in ihrer tiefsten Alltäglichkeit zu nähern: Die übermäßige Bloßlegung dieses Alltäglichen wird die Realität sozusagen in ihr Gegenteil umkehren und die dunkle, okkulte oder magische Seite der Welt in einer profanen Illumination des Exzesses bzw. der Surrealität hervortreten lassen.[11]

Benjamin zeigt in seiner Lektüre von *Nadja*, wie diese profane Illumination verschiedene Aspekte des Buches beeinflusst. Bretons Faszination für Nadja ist nach dem Modell der idealen höfischen Liebe gestaltet, die eine tatsächliche Annäherung an oder Berührung der Geliebten niemals wirklich im Sinne hat. Doch erhält sie praktisch als Negativabdruck Form, indem die Dinge, die sie umgeben, in neuem Licht erscheinen. Gleichermaßen werden die altmodischen und vergessenen Objekte und Orte der Stadt Paris von der alltäglichen Kraft der Massenproduktion und der Industrialisierung durchdrungen; der Geist der Massen und ihre stumme Revolte wird auf negative Weise aufgedeckt, d.h. über die Objekte und Räume, die sie schaffen, besetzen und verfolgen.[12] Schließlich stattet die Tradition des Okkulten und des Bösen in der Literatur – Benjamin gebraucht wiederum das Negativbild der Röntgenstrahlen – alltägliche Wörter mit der Kraft eines animistischen mittelalterlichen Realismus aus, mit der Kraft von Zaubersprüchen und magischen Formeln, was sie von Produkten

---

[11] "Jede ernsthafte Ergründung der okkulten, sürrealistischen, phantasmagorischen Gaben und Phänomene hat eine dialektische Verschränung zur Voraussetzung, die ein romantischer Kopf sich niemals aneignen wird. Es bringt uns nämlich nicht weiter, die rätselhafte Seite am Rätselhaften pathetisch oder fanatisch zu unterstreichen; vielmehr durchdringen wir das Geheimnis nur in dem Grade, als wir es im Alltäglichen wiederfinden, kraft einer dialektischen Optik, die das Alltägliche als undurchdringlich, das Undurchdringliche als alltäglich erkennt". Benjamin: Der Sürrealismus. S. 307.

[12] Benjamins Vergleich der Illustrationen in *Nadja* mit einem Fortsetzungsroman legt nahe, dass diese als eine Art *mise-en-abyme* für die Anwesenheit von Massenproduktion innerhalb des Buches selbst gelesen werden können.

der Kunst zu einer nicht weiter reduzierbaren, gefährlichen Realität trans-
formiert.[13] Die eigentliche Kraft des Surrealismus ist demnach der ihm
inhärente Geist der materiellen Revolte, die die physikalische Welt oder die
Welt der Objekte penetriert und von innen transformiert. Es ist also gerade die
Fadheit, Negativität und der Widerstand, wie sie sich in der surrealistischen
Vorstellung manifestieren, die einen greifbaren, körperlichen Rest bilden, ein
Substratum, das nicht von einer idealistischen dialektischen Bewegung besetzt
werden kann und das somit der Geist einer wirklich stattfindenden Revolte ist.

Neuere Kritiken betonen, dass die surrealistische Erfahrung nicht grundsätz-
lich angenehm, sondern oftmals auch mit Angst und, im Falle von *Nadja*, mit
Verrücktheit und Tod verbunden ist. Daher schlagen Kritiker wie Hal Foster,
Victor Burgin und Margaret Cohen vor, *Nadja* weniger unter dem Gesichtspunkt
des Wunderbaren als vielmehr des Unheimlichen zu lesen. Die erneute
Analyse Bretons nach Benjamin und *vice versa* bringt Margaret Cohen auf den
Begriff des "gothic Marxism", mit dem sie die Beziehungen zwischen der
marxistischen Revolution und dem surrealistischen Unheimlichen beschreibt.[14]
Ihrer Ansicht nach erwecken Nadjas Visionen und Halluzinationen während
der nächtlichen Wanderungen in Paris die Spuren der revolutionären
Vergangenheit, welche die Orte heimsucht, an denen sie vorbeikommen. Die
Spannung zwischen Vergangenheit und Gegenwart in *Nadja*, zwischen Revolte
und Bourgeoisie, zwischen dem Marginalen und dem Artistischen ist zweifach
unheimlich. Cohen setzt der positiven Konnotation des "ordinary sublime"
Benjamins, mit seinem Potential für Subversion und Revolte, sein Negativum
entgegen und betont die freudschen Konnotationen von Furcht und Unwohlsein,
die durch die Verdrängung und die Wiederkehr des Verdrängten hervorgerufen
werden. Hal Foster treibt in seiner an die Theorien Lacans anschließenden
Lektüre in *Compulsive Beauty* Cohens Theorie auf die Spitze. Nach ihm ist das
surrealistische Wunderbare unheimlich, da es ans Tageslicht bringt, was Bretons
Dichtkunst des Verlangens ständig verdrängt, dass nämlich Zufall und Unterbewusstsein nicht ausschließlich von Eros und Verlangen regiert werden, sondern
gleichermaßen von Wiederholungszwang und Tod.[15] Daher führt Foster den
Begriff "*compulsive* beauty" ein, um zu verdeutlichen, wie das Ideal konvulsiver
Schönheit, dargestellt anhand von Bildern von gehemmter Bewegung oder
artifiziell erscheinenden Augenblicken natürlicher Schönheit, die Grenzen
zwischen Leben und Tod verwischt und einen ständigen Zug des Todestriebes
aufdeckt, der dem Verlangen inhärent ist.

---

[13] Ebd. S. 302.
[14] Margaret Cohen: *Profane Illumination. Walter Benjamin and the Paris of the
Surrealist Revolution*. Berkeley 1993.
[15] Hal Foster: *Compulsive Beauty*. Cambridge (MA) 1992.

Auch die Lektüre von *Austerlitz* unter den Gesichtspunkten des objektiven Zufalls und der konvulsiven Schönheit in ihrer umgekehrten oder unheimlichen Form ist ertragreich, wie ein paar weitere Beispiele verdeutlichen mögen. Zunächst sind die Begegnungen des Erzählers mit Austerlitz prinzipiell vom Zufall bestimmt, gleichzeitig formen sie jedoch eine konsistente Kontinuierlichkeit durch die gesamte Erzählung hindurch. Gleichermaßen wird auch Austerlitz' Suche nach seiner Vergangenheit vom Zufall regiert bis hin zu dem Punkt, wo sie unglaublich und artifiziell erscheint: Das kleinste Detail der Geschichte erhält verspätet Bedeutung, was den Eindruck einer endlosen Spiegelung und Dopplung in einem in sich geschlossenen Universum erweckt, das sich über Sebalds gesamtes Oeuvre erstreckt.[16] Das Gefühl des Unheimlichen, des Familiären, das aufgrund der Wiederkehr des Verdrängten entfremdet scheint, ist in Austerlitz' obsessiver Wiederbelebung seiner traumatischen Vergangenheit, nicht nur über Erinnerungen, sondern auch über Déjà-vu-Erfahrungen und Entrealisierung, dominant anwesend. Die Ahnung oder *Stimmung* des Unheimlichen übersteigt Austerlitz' psychologischen Zustand und funktioniert als Symptom einer generalisierten, existentiellen Kondition von Heimatlosigkeit (oder, wie Vidler sagt, "unhomeliness") und Entfremdung, die die menschliche Position innerhalb einer Geschichte von Unheil, Zerstörung und Entmenschlichung charakterisiert.[17] Zweitens können die verschiedenen weiblichen Personen und die vielen textlichen und photographischen Bilder von Natur und Architektur, z.B. tote Motten, überwucherte Ruinen, mit Staub bedeckte Zimmer, alle als Momente konvulsiver Schönheit gewertet werden, die subtil die Grenzen zwischen Leben und Tod verlegen,

---

[16] In *Austerlitz* funktioniert der Eindruck der Artifizialität auf verschiedenen Ebenen. Zunächst sei hier auf die komplexe Temporalität hingewiesen, die auch in *Nadja* wiederzufinden ist: Enigmatische Dinge und Geschehnisse erhalten erst verspätet Bedeutung und zwar als *mise-en-abyme*, Dopplungs- oder Spiegelszene von etwas, dem später begegnet wird, in der vorwärts gerichteten Bewegung des Lesens, die eigentlich nichts weiter ist als die graduelle, komplex eingebundene Aufdeckung der Vergangenheit. Das Gefühl der Artifizialität wird weiterhin auch durch den Motivstrang Oper, Theater und Aufführung erhöht, der zu dem paradoxen Schauplatz des Buches führt. Die Kausalität der Geschichte, die auf sehr unwahrscheinlichen Zufällen basiert, lässt Realität und Geschichte ebenfalls artifiziell erscheinen. Victor Burgin beschreibt einen ähnlichen Effekt in *Nadja*: "Images of places and things, including the drawings which Nadja made for Breton, are deployed throughout the book like so many decorated curtains, rising and falling between scenes with the turn of a page, like so many theatrical 'flats'. We may recall that one of the origins of perspective is the art of scenography. Breton's city is a stage for the encounter with the marvellous in the everyday. Breton is actor-director and general manager". Victor Burgin: Chance Encounters. *Flâneur* and *Détraquée* in Breton's *Nadja*. In: *Qui Parle* 4.1 (1990). S. 47–61. Hier: S. 58.

[17] Anthony Vidler: *The Architectural Uncanny. Essays in the Modern Unhomeliness*. Cambridge (MA) 1991.

wobei der Todesaspekt dominant zu sein scheint. Und schließlich verweisen Motive wie der Doppelgänger und das Erscheinen der Olympia aus Hoffmans *Der Sandmann* explizit auf Freuds Essay über das Unheimliche und weiter auf den Todestrieb, den Wiederholungszwang und das Trauma.

Sebalds Poetik von Trauma und Melancholie ist besonders in der Vorstellung des Schreibens anwesend, die in *Austerlitz* sowohl als Thema als auch als Motiv zurückzufinden ist und zwar in Austerlitz' endlosem manischem Schreiben, das schließlich in einer Schreibblockade, in Stille und Zusammenbruch endet, in der Verdrängung und Wiederbelebung seiner Muttersprache und in der Wichtigkeit von Zeugenaussagen als auch in dem komplizierten, labyrinthischen Prosastil des Romans. Die fortlaufende absatzlose Prosa (nur ein einziges Mal durch einen Asterisk unterbrochen) kontrastiert auffällig mit der Abschlusstendenz auf dem Niveau der Erzählung selbst (die schrittweise Aufdeckung der Details von Austerlitz' Vergangenheit impliziert ein Ende der Suche, auch wenn dies nicht völlig erreicht wird). In gewisser Weise könnte die repetitive Sprache der Melancholie als ein Gegenstück oder eine Spiegelung des surrealistischen automatischen Schreibens gesehen werden. Auch in *Nadja* gibt es eine ähnlich selbstreflexive Doppelung des Schreibens, die Breton auch in seinen Beschreibungen des surrealistischen Experiments mit automatischem Schreiben detailliert bespricht, wie auch in seinen verschiedenen Reflexionen zu dem Prozess der verzögerten Bedeutungskonstruktion und dem Akt des Schreibens und Wiederschreibens des Werkes *Nadja*. Bretons Prosa ist, ebenso wie die Sebalds, ziemlich langatmig, streng aufgebaut und leicht archaisch, was im Gegensatz zu der Idee zu stehen scheint, das Unbewusste mittels automatischen Schreibens und freier Assoziation auszudrücken. Die assoziative Verbindung kurzer Fragmente stimuliert eine aktive Beteiligung des Lesers bei der Suche nach anderen Verbindungstypen über den Prozess der Metaphorisierung und Metonymisierung.

III.

Sowohl bei *Austerlitz* als auch bei *Nadja* handelt es sich um hybride Texte, in denen die Richtlinien für eine Interpretation offen dargelegt werden, oftmals in der Form von *mises-en-abyme*: Metafiktionale Kommentare zum Akt des Schreibens, der Interpretation, zu Zeit, Raum, Geschichte, Erinnerung, Liebe und Tod doppeln ständig die Erzählung. Dies lässt dem Leser eine Position zukommen, die sich entweder innerhalb oder aber außerhalb des Textes befindet. In gewisser Weise scheint jede Interpretation bereits in den Text eingeschrieben und wird sie jeweils von Poetiken bestimmt, die in ihrer expliziten Dialektik totalisierend wirken. Alle Fragmente, Motive, Begebenheiten, Namen und Objekte passen schließlich in ein größeres Ganzes (die surrealistische Vision der Realität oder die westliche Geschichte des Traumas), während auf der anderen Seite das kleinste Element von der großen Einheit der Gesellschaft, der Politik und der Geschichte durchzogen ist. Im Folgenden werde ich versuchen, einer allegorischen Lektüre der Texte, bei der Fragmente im Sinne von etwas anderem Bedeutung erhalten, zu entgehen und stattdessen einer metonymischen Lektüre folgen, bei der ich die Pfade aufzuspüren versuche, über die die Objekte miteinander verbunden sind. Dies hat eine textliche Substanz oder Dichte zur Folge, die niemals den partiellen oder fragmentarischen Status des Textes wiedergeben kann, der aber dennoch enthalten bleibt. Auf diese Weise möchte ich näher betrachten, wie Subjekt und Objekt in *Nadja* und *Austerlitz* über das Negativ(e) konstituiert werden. Vorher möchte ich jedoch noch einige kurze Bemerkungen zum Begriff des Negativen machen.

Meine Sicht auf das Problem der Negativität ist nicht in erster Linie philosophisch. Ich werde mich dem Problem eher aus der Sicht der britischen *object relation school* und des französischen Psychoanalytikers André Green nähern. Im Genaueren werde ich mich hauptsächlich auf Greens Lektüre von Donald W. Winnicotts Werk zum Negativen im Kontext von dessen bekannten Konzepten der transitiven Objekte und transitiven Phänomene in *Playing and Reality* konzentrieren. Das transitive Objekt ist ein Objekt, wie z.B. ein Laken, ein Spielzeug, ein Teddybär, das ein Zwischenstadium im Trennungsprozess von Mutter und Baby kennzeichnet, über den die Trennung von Subjekt und Objekt erreicht wird. Nach Winnicott ist die Aufgabe der "good-enough mother" gleichzeitig eine der Illusionierung und Desillusionierung. Indem die Mutter die Illusion der unmittelbaren Anwesenheit aufrecht erhält und immer da ist, wenn das Baby sie braucht, bestätigt die Mutter den Eindruck der Omnipotenz des Babys und ermöglicht so die Verinnerlichung des guten Objekts im Unterbewussten.[18] Dies ist für die Entwicklung einer sicheren inneren Welt, die sich aus internen Objekten konstituiert, notwendig. Letztere ist dann wiederum konstitutiv für die Entwicklung der Psyche und Persönlichkeit des Babys. Diese libidinöse Investition in den Vorgang des Denkens liegt der Fähigkeit zur Kreativität, d.h. der Fähigkeit, etwas Imaginäres zu kreieren, das nichtsdestotrotz wirklich ist, zugrunde. Auf der anderen Seite muss die Mutter das Baby aber auch schrittweise desillusionieren (indem sie während des Prozesses der Entwöhnung nicht mehr *immer* stillt) und es lehren, mit ihrer Abwesenheit umzugehen, was ein notwendiger Schritt in Richtung Unabhängigkeit und Subjektivität ist.[19] Transitive Objekte und Phänome (wie z.B. Daumensaugen oder ein Tuch liebkosen) spielen eine komplexe Rolle in

---

[18] In diesem Zusammenhang verweist der freudsche Begriff der Omnipotenz (des Gedankens) auf die Illusion des Kleinkindes, dass es die Mutterbrust bei Bedarf selbst schafft, und nicht, dass die Brust von außen als Reaktion auf sein Weinen erscheint.

[19] In freudscher Terminologie geht es hier um den graduellen Übergang vom Lustprinzip zum Realitätsprinzip.

diesem Prozess. Weil sie als etwas dazwischen, als weder innen noch außen wahrgenommen werden, sind sie einerseits Teil des Babys und andererseits gerade nicht. In diesem Sinne sind sie primitive Modelle der Trennung von Subjekt und Objekt in einer späteren Phase. Daneben können sie aufgrund ihrer materiellen Qualitäten (weich, warm usw.) physisch die Furcht und Aggression besänftigen, die durch die Abwesenheit der Mutter hervorgerufen werden. Bei einer normalen Entwicklung verliert das transitive Objekt seine Funktion, wenn die Anhänglichkeit auf die äußere Welt ausgedehnt wird und Beziehungen mit realen, separaten Objekten angeknüpft werden können.

Winnicotts transitives Objekt ist nicht nur mit der Entwicklung der Subjektivität und der von Objektbeziehungen eng verknüpft, sondern auch mit den Anfängen des Denkens und der Sublimation, die er als Investition der Triebenergie in das "experiencing" von Kunst, Religion und Kreativität sieht. Sollte die Mutter aus irgendeinem Grund nicht in der Lage sein, das Baby genügend zu unterstützen oder sollte sie (zu lange) abwesend sein, kann die Beziehung zu transitiven und externen Objekten gestört werden, was zur sogenannten Decathexis führen kann, wobei der Außenwelt in einer Psychose oder in anderen Pathologien die Libido entzogen wird. In Bezug auf *Austerlitz* ist vor allem der Vergleich mit einer von Winnicotts Fallstudien besonders interessant. Es geht hier um eine Frau, die als Kind während der Kriegsjahre verschickt wurde.[20] Das Ergebnis dieses Traumas ist, dass die besonders intelligente Frau nur in der Negativität zu leben imstande ist. In ihren zwischenmenschlichen Beziehungen scheint sie besessen von "the negative side of relationships", der Abwesenheit und dem Verlust.[21] Winnicott sieht in ihrer Kindheit eine Erklärung für dieses Verhalten:

> It can be said that this patient's childhood had been one big experience exactly in this area. She was evacuated because of the war when she was about eleven; she completely forgot her childhood and her parents; but all the time she steadily maintained the right not to call those who were caring for her 'uncle' and 'auntie', which was the usual technique. She managed *never to call them anything* the whole of those years, and this was the negative of remembering her mother and father. It will be understood that the pattern for all this was set up in her early childhood.[22]

Winnicott setzt die verheerenden Folgen der Trennung für das Kind zum Mutter-Kind-Verhältnis während der frühen Kindheit in Beziehung. Bis zu einem Alter von zwei Jahren entwickelte sich das Kind völlig normal und lernte, schrittweise mit der Trennung von der Mutter umzugehen und zwar

---

[20] Die Frau wurde später wieder mit ihren Eltern vereint, doch war sie niemals imstande, eine Verbindung zwischen sich und der Mutter zu schaffen.
[21] Donald W. Winnicott: *Playing and Reality*. London 1989 [1971]. S. 21.
[22] Ebd. S. 22.

über transitive Objekte und Phänomene, die beides waren: 'real' für das Kind, indem sie ihm dabei halfen, die Trennung zu verkraften, und zur gleichen Zeit auch 'symbolisch', da sie die Abwesenheit symbolisierten. Doch an einem bestimmten Punkt muss etwas den normalen Prozess der Subjekt- und Objektbildung gestört haben. Nachdem nämlich die Eltern einmal eine Weile abwesend waren, erzählte ihr die Mutter bei der Rückkehr, dass sie sie die ganze Zeit über hatten weinen 'hören' können. Diese Lüge konnte das Mädchen zu diesem Zeitpunkt jedoch nicht verarbeiten, denn es zerstörte seinen Begriff von Abwesenheit, den es sich gerade zu formen begann und es untergrub daneben auch die Zuverlässigkeit der Mutter.

> Here was a picture of a child and the child had transitional objects, and there were transitional phenomena that were evident, and all of these were symbolical of something and were real for the child; but gradually; or perhaps frequently for a little while, she had to *doubt the reality of the thing they were symbolizing*. That is to say, if they were symbolical of her mother's devotion and reliability they remained real in themselves but what they stood for was not real. The mother's devotion and reliability were unreal.[23]

Das Ergebnis war, dass das Mädchen mit der Abwesenheit umzugehen lernte, nicht indem es schrittweise einsah, dass die Eltern zwar nicht da waren, aber zurückkommen würden, sondern indem die schmerzliche Abwesenheit für es zur Realität wurde.[24] Diese Realität der Abwesenheit wurde nun durch die Trennung von den Eltern während des Krieges verstärkt, doch war sie bereits vordem durch die Tatsache vorstrukturiert, dass die Mutter auf die eine oder andere Weise nicht sicher und eindeutig als gutes internes Objekt etabliert worden war.[25] Und gerade dies ist die notwendige Voraussetzung, um ein Leben der Psyche zu garantieren und bedeutungsvolle Beziehungen mit transitiven und später auch mit externen Objekten zu etablieren.

In dieser Fallstudie lässt sich nicht nur ein einziges Trauma aufzeigen, sondern gleich eine ganze Reihe davon, besonders, wenn wir der Lektüre André Greens folgen, der später die Fallstudie auch weiterführte.[26] Seiner Meinung nach resultierte die Trennung von den Eltern nicht in Trauer, weil das Objekt

---

[23] Ebd. S. 24.
[24] "Just before she went she said. 'Do you know I believe that I went away at the time of the evacuation [in the war] I could say that *I went to see if my parents were there*. I seem to have believed I would find them there. (This implies that they were certainly not to be found at home). And the implication was that she took a year or two to find the answer. The answer was that they were not there, and that *that* was reality". Ebd. S. 25.
[25] Die Festigung guter, sicherer interner Objekte ist von der Unterstützung des externen Objekts abhängig.
[26] Zufällig kam dieselbe Patientin auch zu Green für weitere psychoanalytische Sitzungen, so dass er einige zusätzliche Details zur Fallstudie hinzufügen konnte, die jedoch den Rahmen des hier vorliegenden Artikels sprengen würden.

nicht verloren war, es war von Anfang an gar nicht vorhanden. Die interne
Repräsentation der Eltern war entweder tot oder erstarrt. Stattdessen herrscht
ein Vakuum, eine Nicht-Existenz, eine Leere vor. Green versteht Winnicotts
Fallstudie im Lichte einer allgemeineren, metapsychologischen Erarbeitung
eines Konzepts des Negativen, von dem er bei Freud verschiedene Instanzen
zurückfindet, wie zum Beispiel das Unterbewusstsein, dem man sich in der
Analyse ausschließlich über dessen latente Arbeit hinter den Kulissen nähern
kann, "a meaning that would make us think of a photograph, the negative being
the element through which the positive can appear".[27] Sich auch auf die
Arbeiten anderer Psychoanalytiker, wie z.B. Wilfred Bion, beziehend, lenkt er
die Aufmerksamkeit besonders auf den Begriff des "container":

> What is of the greatest importance is the *introjected construction of a framing
> structure* analogous to the mother's arms in the holding. This framing structure
> can tolerate the absence of representation because it holds the psychic space, like
> Bion's container. As long as the framing structure 'holds' the mind, the negative
> hallucination [i.e. the phantasmatic perception of something that is not there; AM]
> can be replaced by hallucinatory wish fulfillment or fantasy. But when the baby is
> confronted with the death experience [i.e. the fading of the internal object or fram-
> ing structure due to insufficient support from the external object, as Winnicott
> pointed out; AM], the frame becomes unable to create substitute representations – it
> holds only the void. This means the non-existence of the object or any substitute
> object.[28]

Zum Schluss zählt Green die positiven und negativen Aspekte der
Negativität für das psychische Funktionieren in Bezug auf die Triebe auf, die
er als zwei Funktionen beschreibt. Auf der einen Seite gibt es die "objectualis-
ing function", bei der Objekte mit Triebenergie besetzt werden (dies ist nach
Freud die bindende Kraft des Eros) und die "the power of the human mind to
constantly create new objects" schafft.[29] Der Todestrieb auf der anderen Seite
wird als "disobjectualising function" beschrieben: "that is the process by which
an object loses its specific individuality, its uniqueness for us, and becomes
any object, or no object at all".[30] Die "desobjektualisierende" Funktion
impliziert eine sogenannte Decathexis bzw. einen Entzug von Triebenergie von
allen Objekten, ob sie nun externer, interner oder transitiver Art sind, und sie
ist "linked less with aggression than with nothingness". Aufgrund dieses
Prozesses können Objekte verblassen und aus der Psyche verschwinden, was in
Abwesenheit resultiert.

---

[27] André Green: The Intuition of the Negative in "Playing and Reality". In: *The Dead
Mother. The Work of André Green.* Hg. von Gregorio Kohon. London 1999. S. 205–221.
Hier: S. 217 (The New Library of Psychoanalysis 36).
[28] Ebd. S. 218.
[29] Ebd. S. 219.
[30] Ebd. S. 220.

Es lohnt sich nun, das enigmatische Ende von Greens Aufsatz vollständig zu zitieren, denn es wird uns allmählich zur Problematik der Repräsentation und der Photographie, und zu *Nadja* und *Austerlitz* zurückführen.

Let us go back for a while to prehistoric representations. This is not speculation, like the earliest mother-baby relation, of which, in fact, we know very little. Prehistoric man designed all sorts of drawings in his caves: finger printings, representations of women with large breasts, wild animals, mammoths, rhinoceroses, lions. But on some parts of the ceilings were other representations: what prehistorians call *negative hands*. To represent the hands, prehistoric man used two devices. The simplest was to paint the hand and to make an impression on the wall, leaving a direct trace of it. The second was more indirect and more sophisticated. Here the hand that draws does not draw itself. Instead it is placed out on the wall of the cave and allows the colours all around it to spread out. Then it separates from the wall, and a non-drawn hand appears. Such could be the result of the physical separation from the mother's body. Prehistoric man did not expect us to know what the negative is about.[31]

Die Analogie ist hier tatsächlich ziemlich komplex. In erster Hinsicht sind Zeichnungen eine Weise, um mit Abwesenheit umzugehen, indem sie repräsentieren, was nicht da ist. Zugleich sind sie aber auch Sublimationsobjekte, da sie selbst kreiert werden.[32] Auf einem weiteren Niveau funktionieren sie praktisch wörtlich in doppelter Hinsicht als transitive Objekte. Der erste Typ des negativen Handabdrucks ist eine Art von Index, er repräsentiert die Hand nicht einfach, sondern verweist auch metonymisch auf sie: Der Handabdruck an der Decke ist Teil des Subjekts, das diesen Abdruck hinterließ. In anderer Hinsicht ermöglicht der Abdruck eine Überbrückung der Kluft zwischen der Welt des Gemäldes und dem Betrachter. Die Berührung des Handabdrucks bringt uns in Kontakt mit der prähistorischen Hand, die ebenfalls einmal diese Wand berührte. Der zweite Typ der negativen Hand ist komplexer und mysteriöser, da die Abwesenheit verdoppelt scheint (Abb. 4).[33] Die "non-drawn hand" ist das Ergebnis einer ursprünglichen Abwesenheit, kreiert über die Abwesenheit von Farbe. Die Berührung dieser Hand wird nicht die Illusion eines Kontakts hervorrufen, denn die Hand des Betrachters kann nur die Leere anfüllen, die überhaupt das Erscheinen der Hand ermöglichte. In diesem Sinne ist diese

---

[31] Ebd.

[32] Green weist darauf hin, dass die Sublimationsobjekte "are not only the objects that are involved in the process of sublimation but the activity of sublimation itself. The object of the sublimation of the painter is not only the naked body of the woman [as the classic Freudian theory of sublimation has it; AM] but painting itself. It is painting that becomes our shared object beyond the representation of what is painted: the nude and its origins in the child's experience". Ebd. S. 219.

[33] Abbildungen negativer Hände lassen sich auch auf verschiedenen Websites finden, siehe z.B: <http://home.iprimus.com.au/gus_tillers/images/santandercaves/cave_castillo_hand.jpg> oder <http://rupestre.net/ tracce/12chauv2.jpg.>.

334

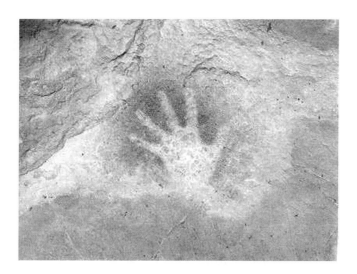

Abb. 4. Negative Hand aus der Castillo Grotte, Santander.

Darstellung mit der Trennung des Babys vom Körper der Mutter vergleichbar, die die Entwicklung der Subjektivität oder des inneren Raums, auf diese besondere Art eines leeren internen Raumes, erlaubt, der von der internalisierten rahmenden Struktur der mütterlichen Arme zusammengehalten wird. Dieses Bild oder dieser interne Begriff der Umarmung ist auf der einen Seite so entscheidend für die Integrität der primitiven Psyche, doch hinterlässt er auf der anderen Seite keinerlei physische Spur oder irgendeinen Abdruck.

IV.

Mit dem Bild des negativen Handabdrucks vor Augen möchte ich mich nun Rosalind Krauss' grundlegendem Essay "Photography in the Service of Surrealism" über surrealistische Photographie zuwenden. Hier erscheinen die Hand und der Handabdruck nicht nur als Gegenstand verschiedener surrealistischer Photographien,[34] sondern auch als eine Metaphorik/Motivik, die von Kraus selbst in ihrer Theorie über die surrealistische Photographie verwendet wird:

> Surrealist photography exploits the very special connection to reality with which all photography is endowed. Photography is an imprint or transfer of the real: it is a photochemically processed trace causally connected to that thing in the world to which it refers in a way parallel to that of fingerprints or footprints or the rings of water that cold glasses leave on tables. The photograph is thus genetically distinct

[34] Rosalind Krauss: Photography in the Service of Surrealism. In: Rosalind Krauss und Jane Livingston. *L'Amour Fou. Photography and Surrealism*. New York 1985. S. 15–54. Hier: S. 21–26.

from painting or sculpture or drawing. On the family tree of images it is closer to palm prints, death masks, cast shadows, the Shroud of Turin, or the tracks of gulls on beaches. Technically and semiologically speaking, drawings and paintings are icons, whereas photographs are indexes.[35]

Dieser metonymische Begriff von Photographie baut auf Roland Barthes' Konzept in *Camera Lucida* auf, wo er die Photographie als "literally an emanation of the referent" charakterisiert, da das Licht, das der photographische Prozess fängt, direkt an den Betrachter weitergegeben wird.

From a real body, which was there, proceed radiations which ultimately touch me, who am here; the duration of the transmission is insignificant; the photograph of the missing being, as Sontag says, will touch me like the delayed rays of a star. A sort of umbilical cord links the body of the photographed thing to my gaze; light, though impalpable, is here a carnal medium, a skin I share with anyone who has been photographed.[36]

Rosalind Krauss geht in ihrem Text von diesem beinahe animistischen oder alchemistischen Konzept der Photographie aus und betont die *semiotische* Qualität des Indexes. Nach ihrer Ansicht zielt die surrealistische Photographie darauf ab, "the paradox of reality constituted as a sign – or presence transformed into absence, into representation, into spacing, into writing" zu produzieren.[37]

Diese Sicht steht daneben in Beziehung zu Bretons Konzept der konvulsiven Schönheit, die Krauss als die Wahrnehmung der Realität in Form von Sprache versteht.

If we are to generalize the aesthetic of surrealism, the concept of convulsive beauty is at the core of its aesthetic, a concept that reduces to an experience of reality transformed into representation. Surreality *is*, we could say, nature convulsed into a kind of writing.[38]

Krauss zeigt in ihrer überzeugenden Lektüre surrealistischer Photographien, wie die Objekte aus der Realität und der Natur, die die Photographien repräsentieren, über den Gebrauch von Rahmen und Manipulationen zu lesbaren und interpretierbaren Zeichen transformiert werden. Zugleich lenken die Photographien die Aufmerksamkeit auf selbstreflexive und nicht selten humoristische Weise auf diesen Transformationsprozess. Krauss' Ästhetik stützt sich zu großen Teilen auf *Nadja* und *L'amour fou*, wobei sie den Texten einen eher theoretischen als fiktionalen Status zukommen lässt. Zu keinem Zeitpunkt kommentiert sie das Zusammenspiel von Photographie und Text in den Büchern.

---

[35] Ebd. S. 31.
[36] Roland Barthes: *Camera Lucida. Reflections on Photography*. Übers. von Richard Howard. New York 1982. S. 80f.
[37] Krauss: Photography in the Service of Surrealism. S. 31.
[38] Ebd. S. 35.

Und dennoch wird die Problematik der Repräsentation, also die Veränderung des Objekts in eine Sprache, die die Realität unterstützt, gerade über die Gegenüberstellung von Photographie und Text und die Komplexität, mit der sie sich aufeinander beziehen, weiter vertieft. Auch wenn Krauss nach Derrida Sprache im semiotischen Sinne als eine Aneinanderreihung von Signifikanten sieht, die Bedeutung über die Differenz produzieren bzw. verzögern, so betont der von ihr beschriebene Prozess der Umformung des Bildes in ein linguistisches Zeichen eher eine metonymische Lektüre. In Krauss' Lektüre verlieren die repräsentierten Objekte ihre eigentliche Bedeutung zugunsten einer anderen. Doch die Gegenüberstellung von Text und Bild in *Nadja* und *Austerlitz* unterstreicht die Wichtigkeit der unmittelbaren Nähe beider während des Lektüreprozesses und zwar sowohl im derridianischen Sinne von Bedeutungsverzögerung als auch im barthesianischen Sinne von Nähe und Kontakt. Es darf hierbei nicht vergessen werden, dass das durchdringende surrealistische Bild der Hand und des Handschuhs, von dem wir ausgingen, zugleich auch immer den Tastsinn repräsentiert. Es ist gerade dieser Tastsinn – der vielleicht privilegierteste und meist erforschte surrealistische Sinn –, dem ich in einer Analyse des Bildes vom Handschuh, einer negativen Hand *par excellence*, nachgehen möchte.

V.

In der *Livre de Poche*-Ausgabe von *Nadja* treffen wir den Handschuh bereits als Abbildung auf dem Buchdeckel an. Hier wird eine von Nadjas Zeichnungen (Abb. 5) herausgenommen und zur Schau gestellt. Das Motiv des Handschuhs erscheint im Buch auf verschiedene Weisen. Das erste Mal auf Seite 64 gerade vor dem Auftreten Nadjas, als Breton sich an die spielerische Suggestion der "lady with the glove", einen ihrer bemerkenswerten himmelblauen Handschuhe dem "Centrale Surréaliste" anzubieten, erinnert. Die Aussicht, diesen Stulpenhandschuh aufheben zu müssen, versetzt Breton jedoch plötzlich in Panik oder Furcht und er fleht sie an, ihren Handschuh nicht abzustreifen, obwohl er sich nicht im Klaren darüber ist, warum: "Je ne sais ce qu'alors il put y avoir pour moi de redoutablement, de merveilleusement décisive dans la pensée de la gant quittant pour toujours cette main" (N 65). Einige Tage später hinterlässt die Dame einen bronzenen Handschuh, den er auch schon eher bei ihr zu Hause gesehen hatte, auf dem Tisch (Abb. 6, N 66): "gant que je n'ai jamais pu m'empêcher de soulever, surpris toujours de son poids et ne tenant à rien tant, semble-t-il, qu'à mesurer la force exacte avec laquelle il appuie sur ce quoi l'autre n'eût pas appuyé" (N 65). Die Bedeutung dieses Objekts ist komplex. Zunächst stellt das Abstreifen des Handschuhs und das 'auf den Tisch werfen' desselben eine Herausforderung und eine sexuelle Einladung dar. Bretons Furcht, die Dame könnte den Handschuh tatsächlich ablegen, könnte in diesem Sinne als Kastrationsangst interpretiert werden. Das Objekt selbst hätte in

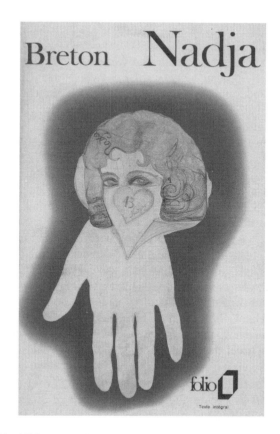

Abb. 5. Umschlagbild von André BRETON, *Nadja*. Collection "Folio". © Editions GALLIMARD.

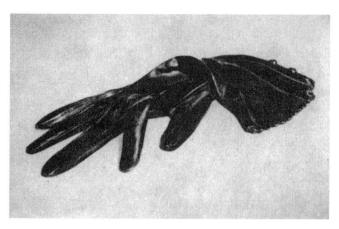

Abb. 6. André BRETON, *Nadja*. Collection "Folio". © Editions GALLIMARD.

diesem Falle den Wert eines Fetisch. Was Breton jedoch eigentlich fürchtet, ist, dass der Handschuh, für immer von der Hand getrennt, zu einem toten Objekt würde. Und die Dame reagiert gerade auf diese zweite Befürchtung, als sie den bronzenen Handschuh bringt: Der warme, weiche, formlose Gegenstand, der seine Form und Bedeutung von der Hand erhält, die ihn trägt (die Finger sind nicht ausgefüllt), ist hier hart und kalt geworden, doch im Tod hat er Gewicht und Substanz erhalten, ist er zu einem Objekt geworden.

Der Handschuh taucht in Nadjas Zeichnung auf Seite 144 wieder auf (N 144), die Breton beschreibt als eine "decoupage, en deux parties, de manière à pouvoir varier l'inclinaison de la tête, l'ensemble constitué par un visage de femme et une main" (N 143). Dieses Objekt, eine Art Papierpuppe, erhält die Bedeutung eines Selbstporträts Nadjas, nicht hauptsächlich, weil es auch als Titelbild abgedruckt wird, sondern auch weil es die verschiedenen Elemente wiedergibt, mit denen auch Nadja assoziiert wird: die Augen, die Hand und das Herz mit der unheilverkündenden Nummer 13 in der Mitte.[39] Die Implikationen sind ziemlich düster: Das Gesicht (nur die Augen) und das Herz sind in einem leeren Handschuh versteckt, sie können hin und her bewegen und nicken, ohne aber sprechen oder atmen zu können. In seiner Beschreibung spricht Breton nicht von einem Handschuh, sondern von einer Hand. Schaut man genauer, so wird deutlich, dass der Schnitt wahrscheinlich als eine Nachbildung von Nadjas Hand begonnen wurde, der dann die Zeichnung hinzugefügt wurde, was das Porträt zu einem Symbol für Nadjas entkörperlichte Existenz macht und zugleich zu einem Index ihrer Anwesenheit. Wie der bronzene Handschuh der Dame, so ist auch der papierne Handschuh eine negative Hand in einer verdoppelten, absoluten Abwesenheit, die merkwürdigerweise eher den materiellen Qualitäten der Objekte (Papier und Bronze) Kraft beimisst als ihrer Bedeutung.[40]

Der Handschuh ruft etwas verzögert auch das Motiv der Hand ins Gedächtnis zurück, das an zwei weiteren Stellen in der Geschichte auftaucht. Zu Beginn ihres Verhältnisses ist die Hand ein Symbol sowohl für Distanz als für physische Leidenschaft. Während ihres ersten Zusammentreffens erzählt Nadja die Geschichte ihres ersten Liebhabers, den sie zufällig wiedertrifft: "Lui prenant les mains, il n'a pas pu s'empêcher de dire combien il la trouvait changée, et, posant son regard sur ces mains, s'est étonné de les voir si soignées (elles ne le sont guère maintenant)" (N 74). Als sie nun ihrerseits seine Hand ansieht, fällt ihr auf, dass sie deformiert ist – zwei seiner Finger sind zusammengewachsen.

---

[39] Breton selbst beschreibt die Zeichnungen nicht als Selbstporträts, doch wird dies sicherlich suggeriert und auch der Nachdruck der Zeichnung als Titelbild der Taschenbuchausgabe verstärkt diesen Eindruck nur.

[40] Die materielle Qualität des Papierschnitts wird besonders deutlich, wenn man den Farbdruck des Titelblatts betrachtet (siehe Abb. 4). Hier sieht man deutlich, dass das Papier vergilbt ist.

Nadja war dies vorher niemals aufgefallen, obwohl sie mit diesem Mann lange zusammengelebt hatte. In einem emotionalen Ausbruch reflektiert sie über den merkwürdigen Mangel an Wissen, den man sogar in den intimsten Beziehungen haben kann, was die Liebe an sich in Frage stellt. Ist es eine der Liebe inhärente Blindheit, die uns solche charakteristischen physischen Details übersehen oder vergessen lässt, oder ist diese Blindheit symptomatisch für eine Abwesenheit oder ein Verschwinden der Liebe? Die Eingangsunterhaltung zwischen Nadja und Breton funktioniert auch im negativen Sinne. Die extreme Betonung der Hände und der körperlichen Präsenz schürt die Erwartung einer leidenschaftlichen Liebesaffäre und hebt – in späterer Einsicht – den merkwürdigen Mangel an physischer Zuneigung (oder deren Auslassung) zwischen Nadja und Breton hervor.

Die Hand erscheint ein weiteres Mal in Nadjas Visionen oder Halluzinationen als "la main de feu", "die Hand des Feuers". Während eines ihrer nächtlichen Spaziergänge sieht Nadja plötzlich eine Feuerhand über der Seine. Als Breton den Weg fortsetzen möchte, hält sie sich an einer Pforte fest und reagiert verärgert: "Mais que veut dire cette main? Comment l'interprètes-tu? Laisse-moi donc voir cette main. Pourquoi veux-tu que nous nous en allions? Que crains-tu? Tu me crois très malade, n'est-ce pas?" (N 100). Die Feuerhand kündigt an dieser Stelle Nadjas mentale Verwirrtheit an und Bretons Irritation signalisiert zum ersten Mal den Unterschied zwischen der surrealistischen Vision und den Halluzinationen der Verrücktheit, der aber unerklärt bleibt. Auch beim zweiten Auftauchen der Hand, ebenfalls am Seineufer, weigert sich Nadja wiederum, den Weg fortzusetzen.

> Elle est à nouveau très distraite et me dit suivre sur le ciel un éclair que trace lentement une main. "Toujours cette main." Elle me la montre réellement sur une affiche, un peu au-delà de la librairie Dorbon. Il y a bien là, très au-dessus de nous, une main rouge à l'index pointé, vantant je ne sais quoi. (N 117)

Diesmal ist die Hand, die aus einer Spur am Himmel entsteht, nicht reine Halluzination. Wie es auch bereits bei der Dame mit dem Handschuh der Fall war, wird hier Nadjas Halluzination in der Repräsentation gedoppelt (also nicht über die Photographie reproduziert): in der wirklichen Abbildung einer Hand auf einem Plakat. Nadjas Geste – sie legt ihre Hand gegen diese Plakathand – unterstreicht wiederum die verweisende Qualität des photographischen Abdrucks und deutet bereits auf den Papierschnitt. Zugleich erhält die Feuerhand eine komplexere symbolische Bedeutung, als Nadja sagt, "La main de feu, c'est à ton sujet, tu sais, c'est toi" (N 117), und explizit eine Note von Verblassen und Abwesenheit einführt:

> Puis, soudain se plaçant devant moi, m'arrêtant presque, avec cette manière extraordinaire de m'appeler, comme on appellerait quelqu'un, de salle en salle, dans un chateau vide: "André? André? … Tu écrirais un roman sur moi. Je t'assure. Ne dis pas non. Prends garde: tout s'affaiblit, tout disparaît. De nous il faut que quelque chose reste… (N 117)

Diese Stelle legt die Isolation Nadjas bloß, die in dem leeren Schloss ihres Geistes gefangen scheint und die, wie auch Austerlitz und sein Erzähler, verzweifelt versucht, jemanden zu erreichen und sicherzustellen, dass ihre Geschichte bewahrt und erzählt wird. Mit der emphatischen Anrede befiehlt sie Breton (wobei sie praktisch den stummen Befehl des erhobenen Zeigefingers wiederholt),[41] ihre Begegnung schriftlich festzulegen und so eine Spur dessen zu bewahren, was verloren gehen wird. Auf diese Weise erhält der Roman selbst eine verweisende Qualität – etwa wie die Photographie –, wenn Nadjas dazugehörende Worte im gedruckten Text eingefangen werden.

Nadja bittet Breton auch, ihr einen anderen Namen zu geben, der das Feuer der Feuerhand bewahren würde. Hiermit tritt der Bericht in den Bereich von Täuschung und Fiktion ein, eingeführt bei Nadjas Detaillierung "roman". Entweder folgte Breton treu der Forderung Nadjas und gab er ihr einen anderen Namen, was auch bedeuten würde, dass er ihre Bilder veränderte (der Papierschnitt zeigt ihren Namen zwei Mal, einmal im Haar und einmal im Herzen), oder aber er ist dem Leser treu, dem er bereits zu Beginn des Romans versprach, alles so wiederzugeben, wie es auch geschah. Nadjas Zeichnung könnte also auch als ein Emblem ihres Opfers verstanden werden. Lediglich aus einem leeren Handschuh, einem Herzen und Augen bestehend, ist sie ein entkörperlichter und stummer Index. Als Quelle der Inspiration und Vorlage für das Buch verschwindet sie im wahrsten Sinne des Wortes während des Schreibprozesses. Nadjas Wiedererkennen von "la fameuse main de feu" in Chiricos Gemälde *L'angoissant voyage ou L'énigme de la fatalité* symbolisiert ein letztes Mal ihr tragisches Schicksal.[42] Chiricos Gemälde (Abb. 7, N 151), mit der Hand des Schicksals gegen den Hintergrund eines hohen aufwärts weisenden, kirchenähnlichen Gebäudes, ist wiederum ein Index, der nicht nur auf die eigene semiotische Art verweist, sondern auch auf das, was sich außerhalb des Bilderrahmens abspielt. In diesem Falle könnte man es vielleicht als

---

[41] Georges Raillard bespricht die Photographie der Bibliothek *L'Humanité*, auf der sich ein ähnliches Zeichen finden lässt: "On signe ici", begleitet von einem Pfeil, der den Aufruf zu politischem Engagement durch einen Verweis verstärkt. Siehe Georges Raillard: On signe ici. In: *Littérature* 1 (1977). S. 3–18. Hier: S. 8f. Diese Photographie wie auch das Plakat mit dem weisenden Finger demonstrieren die Selbstreflexivität surrealisitscher Photographie, indem sie die Aufmerksamkeit auf ihre semiotische Art lenken. Außerdem verweisen die Photographien auch auf einen anderen semiotischen Bereich, nämlich den des Textes, der, wie ich oben bereits bemerkte, häufig das Bild supplementiert statt andersherum. Die Gegenüberstellung beider ist nur selten eine einfache Eins-zu-eins-Beziehung, auch wenn Boiffards Photographien praktisch immer als "banale" Illustrationen beschrieben werden. Die undurchsichtige Beziehung zwischen Text und Bild wird in den enigmatischen oder absurden Überschriften deutlich, die die Photographien oftmals begleiten, die aber keinen Sinn ergeben, auch nicht nach der Lektüre der Erzählung, der sie entstammen.
[42] Ebd. S. 129.

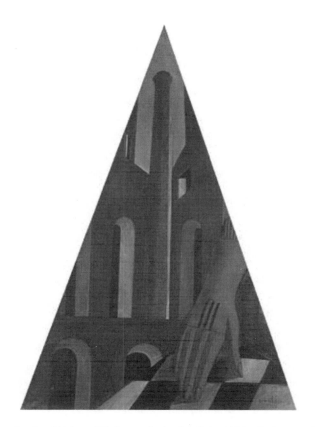

Abb. 7. Giorgio de Chirico, L'énigme de la fatalité, 1914, © Emanuel Hoffmann-Stiftung, Depositum in der Öffentlichen Kunstsammlung Basel, © Kunstsammlung Basel, Martin Bühler.

ein Zeichen interpretieren, das uns zu Austerlitz' furchtsamer und melancholischer Reise führt. Die hohen Gebäude und leeren romanischen Fenster, die dem Schachbrett des Schicksals entwachsen und die sich am oberen Ende des Dreiecks zuspitzen, deuten auf einen unmöglichen Raum jenseits des Schicksals, welches den Vordergrund dominiert, hin. In dieser Hinsicht weisen sie eine Ähnlichkeit mit der imperialen Architektur auf, die Austerlitz' Suche dominiert und als eine Allegorie für die schreckliche, blinde Geschichte der Zerstörung verstanden werden kann, die keinerlei Versprechen auf Erlösung bereithält.

VI.

Zwei Mal erscheint in *Austerlitz* das Motiv des Handschuhs. Das erste Mal in einer von Věras Geschichten über Austerlitz' Vergangenheit. Sie erinnert sich, wie sie das Handschuhgeschäft ihrer Tante zu besuchen pflegten, die ein anderes "alleinstehendes Fräulein [...] von einer beängstigend zierlichen Statur" (Au 229) war. Nach einer Aufzählung der verschiedenen Handschuhsorten und einer Beschreibung von Otýlies komplizierter Ordnung ihrer Ware wendet sich die Geschichte Austerlitz zu:

> Und ich entsinne mich, so erzählte mir Věra, sagte Austerlitz, daß es von der Tante Otýlie war, daß du im Alter von dreeinhalb Jahren zählen gelernt hast an einer Reihe kleiner, schwarzglänzender Malachitknöpfchen, die angenäht waren an einen halblangen, samtenen Handschuh, der dir besonders gefiel – jedna, dvě, tři, zählte Věra, und ich, sagte Austerlitz, zählte weiter, čty tři pět sest, šedm, und fühlte mich dabei wie einer, der mit unsicheren Schritten hinausgeht aufs Eis. (Au 230)

Der Handschuh und die Knöpfe, die aufgrund der hier gelieferten materiellen Beschreibung beinahe berührbar erscheinen, bringen die unterdrückte Muttersprache von Austerlitz plötzlich zurück und führen die Erzählung zu seiner einzigen realen Erinnerung an die Mutter.

Bemerkenswerterweise spielt sich diese Erinnerung im Theater ab (signifikanterweise ist dies auch das einzige Gebäude im Buch, das restauriert wurde und nicht verfallen ist), wo die Mutter ihre erste große Rolle spielte, übrigens die der Olympia, der Gliederpuppe aus Hoffmanns *Sandmann*. Als Austerlitz das Theater besucht, wo er einmal einer Kostümprobe seiner Mutter beiwohnte, kann er sich an gar nichts erinnern:

> Und je angestrengter ich versuchte, von ihrem Erscheinen wenigstens eine Ahnung noch in mir zu finden, desto mehr dünkte es mich, als verengte sich der Theaterraum, als sei ich selber geschrumpft und säße als Däumling eingesperrt im Inneren eines Futterals oder einer mit Samt ausgepolsterten Schatulle. (Au 231)

Die Tatsache, dass er sich nicht an seine Vergangenheit erinnern kann, dass also wortwörtlich nichts da ist, lässt Austerlitz sich fühlen, als ob er verschwände oder tot im Grabe läge. Doch als die schweren Bühnenvorhänge sich plötzlich kräuseln, kehren einige Eindrücke zurück, die schließlich zum Bild eines himmelblauen, mit silbernen Plättchen bestickten Schuhs führen.[43] Dieses fetischistische Objekt zeigt die Mutter in negativer Weise bzw. in ihrer Abwesenheit. Als Věra ihm

> [...] auf meine Frage hin bestätigte, daß Agáta zu ihrem Olympiakostüm in der Tat solche himmelblauen Flitterschuhe getragen hatte, da meinte ich, es zerspringe etwas in meinem Gehirn. Věra sagte, ich sei offenbar von der Generalprobe im Ständetheater zutiefst beeindruckt gewesen, in erster Linie wohl, wie sie vermutete, weil ich fürchtete, Agáta hätte sich wahrhaftig verwandelt in eine zwar zauberhafte, aber mir doch vollkommen fremde Gestalt, und ich selber, fuhr Austerlitz fort,

---

[43] Zufälligerweise hat der Schuh hier dieselbe Farbe wie der Handschuh der Dame mit dem Handschuh in *Nadja*. Sie erhöht in beiden Fällen deren gespenstische Qualität als Fetisch.

entsann mich nun wieder, von einem mir bis dahin unbekannten Kummer erfüllt gewesen zu sein, als ich, weit jenseits meiner Schlafenszeit, die Augen im Dunkeln weit offen, auf dem Diwan am Fußende von Věras Bett gelegen bin, auf die Viertelstundenschläge der Turmuhren gehorcht und gewartet hatte, bis Agáta nach Hause kam, bis ich den Wagen, der sie aus der anderen Welt zurückbrachte, vor dem Haustor anhalten hörte, sie endlich ins Zimmer trat und zu mir sich niedersetzte, umhüllt von einem seltsamen, aus verwehtem Parfum und Staub gemischten Theatergeruch. Sie trägt ein vorne geschnürtes, aschgraues Seidenmieder, aber ihr Gesicht kann ich nicht erkennen, sondern nur einen irisierenden, niedrig über der Haut schwebenden Schleier von weißlich getrübter Milchfarbe, und dann sehe ich, sagte Austerlitz, wie ihr der Schal von der rechten Schulter gleitet, als sie mir mit der Hand über die Stirne streicht. (Au 232f.)

Wie die Mutter in Winnicotts Fallstudie scheint auch Austerlitz' Mutter, lange bevor er nach England verschickt wurde, bereits verloren gewesen zu sein, was seine Geschichte nicht zu der eines einzigen Traumas macht, sondern zu einer endlosen Serie von Wiederholungen von Traumas, die dann auf dem Makroniveau von der fortdauernden Serie historischer Traumas, die die Geschichte Europas formten, gedoppelt wird. Doch kann er über die Kraft der Erinnerung eine Ahnung wiedererlangen, die viel mehr von Sinneswahrnehmungen als von einem Bild ihres Gesichts determiniert wird: Hören, Sehen, Geruch und schließlich auch Berührung – die Berührung ihrer Hand. Dies führt zu einer Wiederbelebung der Mutter in ihrer Abwesenheit, im Negativen.

Der zweite Handschuh erscheint etwas später in der Geschichte und wiederholt die erste Szene. Seine Suche nach einem Bild der Mutter bringt Austerlitz nach Theresienstadt und später zu einem Film über das Leben im Ghetto. Nur kurz bevor er des Filmes habhaft werden kann, gelingt es ihm, durch die Lektüre der detaillierten Beschreibung des Ghettoalltags in Theresienstadt von H.G. Adler, seinen Zusammenbruch zu überstehen. Zunächst ist er enttäuscht:

[...] trotz des von Adler mit solcher Sorgfalt niedergelegten und vor mir bis in die letzten Anmerkungen studierten Berichts über die dortigen Verhältnisse, ist es mir unmöglich gewesen, mich in das Ghetto zurückzuversetzen und mir vorzustellen, daß Agáta, meine Mutter, damals gewesen sein soll an diesem Ort. Immerzu dachte ich, wenn nur der Film wieder auftauchte, so würde ich vielleicht sehen oder erahnen können, wie es in Wirklichkeit war, und einmal ums andere malte ich mir aus, daß ich Agáta, eine im Vergleich zu mir junge Frau, ohne jeden Zweifel erkannte, etwa unter den Gästen vor dem falschen Kaffeehaus, als Verkäuferin in einem Galanteriewarengeschäft, wo sie gerade ein schönes Paar Handschuhe behutsam aus einem der Schubfächer nahm, oder als Olympia in dem Bühnenspiel *Hoffmanns Erzählungen*, das, wie Adler berichtet, während der Verschönerungsaktion in Theresienstadt zur Aufführung gebracht worden ist. (Au 345f.)

Als Austerlitz schließlich den Film bekommt, sieht er ihn immer wieder aufs Neue an und lässt ihn immer langsamer ablaufen, bis der Film zu einer quälenden *memoria* der lebenden Toten wird und er das Gesicht einer jungen Frau ausmacht. "ich schaue wieder und wieder in dieses mir gleichermaßen fremde und vertraute Gesicht" (Abb. 8, Au 354). Doch Austerlitz ist sich nicht sicher und er überträgt die Unzuverlässigkeit seiner Erinnerung auf die Unzulänglichkeit des Auges, welche auch durch die Zeitanzeige auf dem Bildschirm symbolisiert wird, die das halbe Gesicht bedeckt: "die Hundert-stelsekunden, die sich davondrehen, so geschwind, daß man sie nicht entziffern und festhalten kann" (Au 355). Das auf so merkwürdige Weise bekannte Gesicht im Film, dessen Merkmale er mit größter Sorgfalt studiert, ist schließlich eine falsche Rückbesinnung. Dies stellt sich heraus, als er Věra dieses Bild zusam-men mit einem Zeitungsausschnitt über eine anonyme Schauspielerin, den er im Prager Theaterarchiv gefunden hatte, vorlegt. Während Sie das Stehbild kopfschüttelnd zur Seite legt, erkennt sie "sogleich und zweifelsfrei, wie sie sagte, Agáta [...], so wie sie damals gewesen war" (Au 356f.), in dem Zeitungsausschnitt, der die Mutter in einer Art gespenstisch verschwommenen *clair-obscur* darstellt (Abb. 9, Au 357). Letztlich ist die Entdeckung des müt-terlichen Gesichts eine Antiklimax und beendet Austerlitz' Suche nicht. Hiernach fängt die Suche nach dem Vater und der verlorenen Geliebten Marie de Verneuil an,[44] und sie wird weitergehen, nachdem seine Erzählung längst zu Ende ist, so wie die Geschichte der Katastrophe nach dem Holocaust wei-tergehen wird.

Wie in *Nadja* funktioniert der Handschuh als gespenstischer Verweis auf die Hand, die ihm erst Form gibt und seine Funktion realisiert. Lediglich zwei weitere Male taucht die Hand in dem Roman auf, beide Male in Verbindung mit einer mütterlichen Figur. Während seiner unglücklichen, lieblosen Kindheit in Bala bei dem Ehepaar Elias, die beide auf jeweils eigene Art und Weise von Trauer betroffen und wortwörtlich sterbenseinsam sind, erfährt Austerlitz nur ein einziges Zeichen von Zuneigung: Gwendolyn, die Pastorsfrau saß weinend in einem leeren Raum, und

> Als sie mich unter der Türe stehen sah, erhob sie sich, sagte, es sei nichts, nur eine Erkältung, die sie sich geholt habe, und fuhr mir im Hinausgehen mit den Fingern durchs Haar, das einzige Mal, soviel ich weiß, daß dies geschehen ist. (Au 68)

---

[44] Die Namen der Personen sind hier sehr signifikant: Marie (Maria) deutet an, dass diese Figur in die Linie der mütterlichen Figuren gehört, die beginnt mit Agáta – der Guten, die mit sinnlichen Eindrücken assoziiert wird – und Vera – der Wahrheit, die bei der intellektuellen Wiederherstellung über die Erinnerung assistiert und die diese garantiert und sogar korrigiert wenn nötig. Der Vater heißt dahingegen Max(imilian), was in einer nicht allzu subtilen Anlehnung an Freud, als ein Hinweis auf seine obere Position im ödipalen Dreieck gelesen werden kann. Ihn zu finden wäre demnach das eigentliche Ziel der Suche und der finale, symbolische Beweis von Austerlitz' Identität.

Abb. 8. © W.G. Sebald, from AUSTERLITZ 2001.

Abb. 9. © W.G. Sebald, from AUSTERLITZ 2001.

Ein zweites Mal erscheint das Handmotiv, als Austerlitz an Věras Tür erscheint:

> Věras bedeckte in einer Schreckensgeste ihr Gesicht mit ihren beiden, wie es mich durchfuhr, unendlich vertrauten Händen, starrte mich über ihre gespreizten Fingerspitzen hinweg an und sagte nur, sehr leise, aber mit einer für mich wahrhaft wundervollen Deutlichkeit, diese französischen Worte: Jacquot, so sagte sie, est-ce que c'est vraiment toi? (Au 219f.)

Beide Male erscheint das Handmotiv während seltener Momente der Freude und des Glücks und steht es jeweils in Verbindung mit Ersatzmüttern, die in der Geschichte in umgekehrter Reihenfolge erscheinen und Agáta ankündigen, die aber letztlich abwesend bleibt. Gwendolyns Liebkosung stellt einen seltenen Moment der Zärtlichkeit in der Geschichte dar und wiederum ist es die Berührung, die die Erinnerung determiniert. Ihre tiefe, unerklärte Trauer macht sie gewissermaßen zu einem Vorläufer Agátas, indem sie an Agátas Depression, nachdem diese ihren Sohn weggeschickt hatte, erinnert. So wie die Mutter in Winnicotts Fallstudie, die ihr Kind während ihrer Abwesenheit "weinen" hörte, hat auch dies die Verleugnung der Abwesenheit der Mutter und die Annahme Gwendolyns als negatives *double* Agátas oder der toten Mutter als merkwürdige Folge. Einige Seiten später wird dieser Eindruck – wenn auch verspätet in einer wiederholten Lektüre – bestätigt, wenn Austerlitz Gwendolyn in ihrem Sarg beschreibt. Wiederum ist es der Handschuh und dessen Knöpfe (das Material wird suggestiv Perlmutt ["mother of pearls"] genannt), die die Erinnerung und die Emotion auslösen:

> Sie hatte ihr Hochzeitskleid an, das all die Jahre in einer Truhe im oberen Stock aufbewahrt war, und ein Paar weiße Handschuhe mit vielen kleinen Perlmuttknöpfen, das ich noch nie gesehen hatte und bei deren Anblick mir, zum erstenmal in dem Predigerhaus überhaupt, die Tränen gekommen sind. (Au 95)

Gleichermaßen kontrastiert das unmittelbare Wiedererkennen der Hände Věras mit den unermüdlichen doch fruchtlosen Bemühungen, sich der Mutter zu erinnern. Der Wiedererkennungsmoment wird auch von einer doppelten Affirmation seiner Identität begleitet, da Věra ihn bei seinem Namen ruft und die rhetorische Frage stellt. Und doch ist der französische Name, den sie gebraucht, auf dem Erzählniveau gleichzeitig auch merkwürdig leer, denn in Jacquot hallt zugleich der Name des Papageis wieder, den Austerlitz in Andromeda Lodge, dem Hause seines Freundes Gerald Fitzpatrick bewundert.[45] Hier zeigt sich dem Leser auch eine bemerkenswerte Gegenüberstellung von Text und Photographie: Der Papagei erscheint zuerst im Text als totes, ausgestopftes Tier, doch zeigt ihn später ein sehr großes, zweiseitiges Photo auf den Seiten 124–125 lebendig (Abb. 10, Au 124f.). Das Bild strömt die Atmosphäre des kolonialen Englands des neunzehnten Jahrhunderts aus (eine der Damen zur Rechten hält ein Paar Handschuhe), die die Neugier und Vorstellung des Lesers stimuliert und Roland Barthes' Behauptung illustriert, dass eine Photographie einen Lebensmoment am Punkte seines Todes einfängt. Wiederum gibt es jedoch eine Wendung: Sowohl die Größe des Photos – es

---

[45] Auf dieselbe Weise wird in der Geschichte der Familienname Austerlitz in der Schlacht von Austerlitz und in der Erwähnung des Pariser Bahnhofs verdoppelt, was den Raub seiner Identität als Konsequenz hat.

Abb. 10. © W.G. Sebald, from AUSTERLITZ 2001.

scheint irgendwie zu groß und unproportioniert – als auch der Knick in der Mitte, der einen normalen Anblick des Photos erschwert, verhindern eine Identifikation mit dem Gezeigten als vergangener Realität und lenken die Aufmerksamkeit nochmals auf die fiktionale Qualität der Photographie. Demnach ist der Papagei keineswegs ein bloßes Detail auf der Photographie und in der Erzählung. Im Moment von Věras Bemerkung wird er zu einem Symbol für Austerlitz' problematische Identität und legt er die Deutung nahe, dass auch Austerlitz' Worte wie die eines Papageis auf umständliche Weise bedeutungsleer sind. In einer typischen Bewegung verkehrt sich die jubelnde Affirmation seiner Identität über hyperbolischen Spott in das genaue Gegenteil. Die Verbindungen, die der Name "Jacquot" etabliert, lassen Věras affirmative Bemerkungen im Nachhinein zu einer beinahe grausamen Parodie von Austerlitz' Suche nach seiner Identität werden. Diese Interpretation wird noch verstärkt durch die "wahrhaft wundervolle Deutlichkeit" ihrer Stimme – ein weiteres Beispiel des Effekts der 'Unrealität', der durch übermäßige Bloßstellung kreiert wird – und durch ihren Namen Věra, Wahrheit, die dann aber ins Gegenteil verkehrt wird.

Während die Photographien in *Nadja* die Realität und die Existenz des Beschriebenen bezeugen sollen, untergräbt der narrative Bericht eine rein verweisende Lektüre und eine geradlinige faktische Darlegung. Der Text erweist sich als fiktionaler als Breton selbst zugibt und er stützt sich in fundamentaler

Weise auf die Abwesenheit desjenigen, das eigentlich das Schreiben motiviert: Nadja, die beschriebenen Anekdoten und Objekte, die Stadt Paris und schließlich die Suche nach einem deutlich umrissenen Subjekt, das die Fragmente zusammenhält. In *Austerlitz* betonen die Photographien die Artifizialität und Fiktionalität der Erzählung und widersetzen sie sich einer Interpretation des Buches als Zeugnis. Wie deprimierend und quälend der Inhalt des Buches auch sein mag, man weiß, dass Austerlitz eine fiktive Person ist und dass die Photographien Kollagen sind. Und doch hat in diesem Fall gerade der verweisende Charakter der Photographien eine Infragestellung der Irrealität der Erzählung zur Folge: Irgendetwas muss doch da gewesen sein? Zwischen den Ruinen der Erzählung fühlt man eine Art Anwesenheit – gerade in der Erfahrung der Leere, die die Objekte, Fragmente, Bilder und Geschichten umschließt und die zur Lektüre des Romans – und zwar trotz seines fiktionalen Status – als Zeugnis desjenigen abwesenden Subjekts drängt, das all dies zusammenstellte und das man – entgegen aller beabsichtigten Täuschung – versucht ist, "Sebald" zu nennen.

VII.

Die tote Schwere des bronzenen Handschuhs und Nadjas empfindlicher Papierschnitt, die gespenstische Leichtigkeit der imaginierten Handschuhe aus Austerlitz' Erinnerungen und Einbildungen und André Greens "negative hands" – die einen Spur oder Index, die anderen eine nicht gezeichnete Hand oder Leere: In jedem dieser Objekte stehen Abwesenheit, Repräsentation und Subjektivität miteinander in Beziehung. In Bretons surrealistischer Dichtung führt Abwesenheit zu einem endlosen Spiel der Repräsentation: Der blaue Handschuh, sein bronzenes Gegenstück, die Wiedergabe der Anekdote im Buch und die Photographie des bronzenen Objekts. Sie alle repräsentieren einen weiteren Schritt im Prozess der Abwesenheit, weg von der Realität der menschlichen Hand, die vormals da war, doch sie funktionieren auch als Verweise in doppelter Hinsicht: Auf der einen Seite verweisen sie auf die Realität in negativer Hinsicht und auf der anderen Seite unterstreichen sie, oftmals im Nachhinein, andere Geschehnisse und Objekte innerhalb des Romans. Der Handschuh taucht auch in Nadjas Papierschnitt erneut auf, einem anderen Typ der negativen Hand, einer nicht gezeichneten Hand. In diesem Falle betont der verweisende Charakter auch die materielle Qualität des Objekts, Papier, das ja letztlich auch die Substanz von Bretons Roman ist, der paradoxerweise die Spuren der Anwesenheit Nadjas und Bretons verwischt und zugleich auch bewahrt, indem er von der Leere spricht, die die textuellen und photographischen Spuren der Objekte und Räume, die sie umgaben, bloßlegen.

In *Austerlitz* ist der Handschuh ein wirklich imaginäres Objekt, das lediglich in der Erinnerung anwesend ist, dennoch hat er so viel Macht, dass die

Erinnerung in einem Moment der (spirituellen, aber auch sensuellen und linguistischen) Wiedergeburt die Muttersprache zurückbringt. Doch hat die Wiederkehr des Unterdrückten nicht die Auflösung des Traumas zur Folge. Im Gegenteil wird so eine Serie von Traumas aufgedeckt: Abwesenheit und Verlust, verdoppelt in der Darstellung von (der Zerstörung und dem Verfall von) Architektur, Geschichte und Natur, die als endlose *mise-en-abyme*-Serien für die fortdauernde Geschichte von Tod und Zerstörung funktionieren. Doch die ständige Wiederholung der Destruktion impliziert auch, dass etwas immer überlebt. Wie in *Nadja* betont auch hier der leere Handschuh, ein schlichtes Textdetail, im Nachhinein das dürftige Auftreten menschlicher Hände und Berührung, seltene Momente der Zärtlichkeit, die im Text mit der Anwesenheit des Mütterlichen in Verbindung gebracht werden. Diese Bilder der menschlichen Berührung zeichnen ihrerseits die delikate sinnliche Struktur von Sebalds Dichtung nach, welche sowohl zurückhaltend, verworren und unterdrückend als auch weiterreichend, klar und leicht ist, wie die von Sebald beschriebene Substanz eines Wespennests: "a kind of ideal vision: an object that is extremely complicated and intricate, made out of something that hardly exists".[46]

Der schwere bronzene Handschuh und der fragile Papierschnitt des Surrealisten versus die leichte, komplizierte und gefährliche Substanz eines Wespennests: diese Objekte sind dem Tod näher als dem Leben, doch leuchten und summen sie in gedämpftem Licht mit einem kaum hörbaren Ton. Der bronzene Handschuh, die Papierpuppe, die Feuerhand und die Erinnerung an die beruhigende mütterliche Berührung sind der Stoff, aus dem Erinnerungen, Träume und Kunst gemacht sind. Worum es in *Nadja* und *Austerlitz* geht, ist gar nicht so sehr das Unterbewusste oder Unterdrückte, sondern vielmehr die *Vermittlung* des Unterbewussten und Unterdrückten in ihrer Abwesenheit. Dies öffnet den Bereich der Gedanken, der Reflexionen, der Erinnerung und des Urteils über das Negative und etabliert eine Art von Kontakt mit einem schreibenden Subjekt, dessen Präsenz eher gefühlt als gewusst wird. Ich denke, diese Form der Wahrnehmung hat viele Übereinstimmungen mit Roland Barthes' animistischem Konzept der Photographie, die er ebenfalls im Sinne von Halluzination und dem Negativen beschreibt.

> The image, says phenomenology, is object-as-nothing. Now, in the Photograph, what I posit is not so much the absence of the object; it is also, by one and the same movement, on equal terms, the fact that this object has indeed existed and that it has been there where I can see it. Here is where madness is, for until this day no representation could assure me of the past of a thing except by intermediaries; but with the Photograph, my certainty is immediate: no one in the world can undeceive me.

---

[46] Sarah Kafatou. An Interview with W. G. Sebald. In: *Harvard Review* 15 (1998). S. 31–35. Hier: S. 32.

The Photograph then becomes a bizarre *medium*, a new form of hallucination: false on the level of perception, true on the level of time: a temporal hallucination, so to speak, a modest, *shared* hallucination (on the one hand: "it is not there," on the other "but it has indeed been"): a mad image, chafed by reality.[47]

Dieser Effekt der Halluzination, einer Illusion des Lebens im Sinne Winnicotts als etwas, das nicht da, zugleich aber sehr real ist, ist nicht lediglich das Resultat der Konfrontation des Objektes mit dem Betrachter selbst, wobei das Objekt kreiert wird und ein Leben für sich erlangt, auch wenn diese Belebung ungreifbar bleibt und ständig auf dem Punkt steht zu verschwinden. Um diesen Raum der dritten Art, den man durchaus auch *transitiv* nennen könnte, geht es beim Schreiben. Die Wörter auf dem Papier fangen das Leben desjenigen, das sie repräsentieren, ein und geben es weiter.

Es scheint, dass der halluzinatorische Effekt des Lebens gegen die eindringliche Negativität des Todes in *Nadja* und *Austerlitz* auf dem 'Grunde', dem materiellen Niveau des Textes geschaffen wird: über Stil, Layout und die formale Konfrontation von Text und Photographie. Die kurzen enigmatischen Fragmente Bretons ahmen die Konvulsionen der Hysterie oder die des Körpers am Rande des Todes nach. Sebalds fortlaufende Prosa mit ihren ständigen Wechseln des Fokus und der Perspektive imitiert – unter ihrer Geschichte von Verlust und Abwesenheit – die pulsierenden Kontraktionen eines sehr langsamen Herzschlags. In beiden Texten wird eine lineare Lektüre über das Zusammenspiel von Text und Photographie gestört und der Leser gezwungen, im Buch hin und her zu blättern und sich um die Zusammenhänge zwischen dem, was passiert ist, und dem, was passieren wird, zwischen Text und Objekt zu bemühen und diese Zusammenhänge immer wieder erneut zu überdenken, wie ich in meiner Analyse des Motivs des Handschuhs zu zeigen versuchte. Doch dies verdoppelt auch die Lesererfahrung und macht uns zugleich auf diese Verdopplung aufmerksam und zwar auf eine sehr bewusste und zugleich sehr sinnliche Weise.

---

[47] Barthes: *Camera Lucida*. S. 115.

Jean-Pierre Rondas

"So wie ein Hund, der den Löffel vergisst": Ein Gespräch mit W.G. Sebald über *Austerlitz*

Die Ouvertüre zu Austerlitz ist eindrucksvoll: sie umfasst eine Beschreibung des Nachttierhauses im Antwerpener Zoo, eine kulturhistorische Analyse der Architektur des Antwerpener Hauptbahnhofs und eine genaue Beschreibung des Grundrisses, der Entstehungsgeschichte und des 'Funktionierens' des Fortes Breendonk.

Antwerpen in der Weltliteratur. Es war schon immer eine etwas peinliche Angelegenheit, ein Verzeichnis der belgischen und flämischen Städte, Dörfer oder Flüsse anzulegen, die in den Geschichten und Tagebüchern großer Schriftsteller erscheinen. Rilke war in Brügge, Joyce in Ostende und Baudelaire in Brüssel. Manch ein Titan merkte aber erst gar nicht, in welchem Land er sich befand. Und führte der (oft erzwungene) Aufenthalt manchmal dazu, dass sie etwas über dieses Land und seine Bewohner niederschrieben, so verriet es oft wenig Begeisterung. Baudelaires Schilderung der Hauptstadt Brüssel spricht Bände. Als Einwohner der *Südlichen Niederlande* ist man also immer wieder überrascht, wenn in einem bedeutenden literarischen Werk dieses Fleckchen Erde mehr ist als schlichtweg ein Punkt auf dem Weg zwischen Paris und Amsterdam. Dies ist der Fall im Roman *Austerlitz* des 2001 verstorbenen deutschen Autors W.G. "Max" Sebald, den man vor allem in den Vereinigten Staaten als europäischen Kandidaten für den Nobelpreis für Literatur betrachtete. Sebald lebte über 30 Jahre in Norwich, wo er an der Universität von East Anglia europäische Literatur lehrte.

Auf der ersten Seite dieses Romans stehen inmitten des deutschen Textes einige Antwerpener Straßennamen: Jeruzalemstraat (mit z), Nachtegaalstraat, Pelikaanstraat, Paradijsstraat, Immerseelstraat (ohne "Van"). Der Erzähler muss kreuz und quer durch die Stadt gelaufen sein, um schließlich am Zoo und am Hauptbahnhof anzukommen. Zunächst betritt er den Antwerpener Zoo und besucht dort das Nocturama, das er sofort als platonische Höhle und "falsche Welt" charakterisiert. Er erinnert sich später vor allem an einige Tiere mit auffallend großen Augen und forschendem Blick, wie man ihn auch bei bestimmten Malern und Philosophen antrifft, die versuchen mittels reiner Wahrnehmung und reinen Denkens das Dunkel zu durchdringen, das uns umgibt. Die detaillierte Beschreibung des Tiernachthauses ist funktionell, in dem Sinne, dass es zahlreiche Assoziationsprozesse beim Leser freisetzt. Vielleicht handelt das Buch von jemandem, der im Dunkeln zu sehen versucht. Und gerade die Finsternis schafft Tier- und Menschensorten mit scharfem Blick. Um dem Leser die Ähnlichkeit zwischen Nachttieren und scharfsichtigen Menschen zu vermitteln (und im erweiterten Sinne die Ähnlichkeit zwischen wirklicher und geistiger Finsternis), hat der Autor zu dieser Passage vier Photos abdrucken lassen: zwei Paar Augen von Nachttieren und zwei Paar von, das vermutet man zumindest, Malern oder Philosophen. Bei den Tieraugen lässt sich sicher das Augenpaar einer Eule erkennen, unter den menschlichen Augen lässt sich vielleicht das Augenpaar von Ludwig Wittgenstein ausmachen.

Bis zu einem gewissen Grad darf man hier wohl den anonymen Erzähler dem Autor W.G. (Winfred Georg) Sebald gleichstellen – wenn auch weniger dem Menschen Max Sebald. Autor und Erzähler sind beide Deutsche, leben in Norfolk, unterrichten an der Universität, sind durch Belgien gereist und leiden an den gleichen Krankheiten und Depressionen. Als Liebhaber der Bahnhofsarchitektur des neunzehnten Jahrhunderts kann W.G. Max nicht um den nahegelegenen Hauptbahnhof umhin. Da der Erzähler bzw. Autor das Gebäude "stark heruntergekommen" nennt, hat er das imposante Bahnhofsgebäude wohl vor seiner Restauration im Jahre 1993 besichtigt, das heißt, vor jenem Jahr, in dem Antwerpen Kulturelle Hauptstadt Europas wurde. Er beschreibt die frühere Wartehalle (die spätere Personalkantine) und das parallele Bahnhofsrestaurant mit der enormen Uhr und den großen Zeigern. In dieser Umgebung trifft er auf einen anderen, ebenfalls Notizen Nehmenden, dessen Namen er sogleich preisgibt: Austerlitz. Die Assoziationen mit dem Ort in Moravien, wo Napoleon die Dreikaiserschlacht gewann, mit dem nach dieser Schlacht benannten Bahnhof in Paris und mit dem eigentlichen Namen Fred Astaires sind allesamt zulässig, notwendig sogar, denn sie werden später noch vertieft. Austerlitz hat lockiges Haar wie Siegfried im Film von Fritz Lang, sieht ansonsten aber eher aus wie Wittgenstein. Er ist als Kunsthistoriker und Philosoph-Urbanist am Londoner Warburg Institut tätig und denkt, sieht und sammelt wie Walter Benjamin. Austerlitz gibt dem Erzähler eine historisch-evokative Beschreibung des Hauptbahnhofs und unterrichtet ihn vor allem über die Rolle Leopolds II. und das Kolonialgeld, das für den Bau des Bahnhofs verwendet wurde. Während der 'Antwerpener Konversation' besprechen Austerlitz und der Erzähler auch die gesamte europäische Bahnhofsarchitektur des neunzehnten Jahrhunderts. Über das Bild des Abschiednehmens am Bahnsteig kommen beide 'Berufsbetrachter' zu dem Schluss, dass die tiefste Ursache gewaltiger Baupläne die Unsicherheit ist. Das bestätigt der Festungsbau, der seit dem siebzehnten Jahrhundert sein eigentliches Ziel, nämlich den Feind aufzuhalten, auf immer raffiniertere Weise verfehlte. Illustriert wird diese Hypothese mit einer hervorragenden Analyse von der Belagerung der Zitadelle von Antwerpen im Jahre 1832, der der Bau von immer neuen Befestigungsanlagen und Forten um Antwerpen folgte. Das letzte Glied in der Kette der (militärisch nützlosen) Befestigungsanlagen war Breendonk.

Breendonk besucht der junge Erzähler am nächsten Tag allein, ohne seinen neuen Bekannten Austerlitz. Nach Austerlitz' langer Geschichte über die Suche nach seinen wahrscheinlich im Holocaust ermordeten Eltern, kehrt der Erzähler dreißig Jahre später am Ende der Geschichte dorthin zurück, abermals allein. Der Text endet mit diesem zweiten Besuch in Breendonk. Das Fort Breendonk bildet damit sozusagen den Rahmen von Austerlitz' Geschichte. Der Grundriss wird im Buch mit einer Detailansicht der nordöstlichen Ecke abgedruckt und hier erscheinen auch im deutschen Text die niederländischen Wörter *Lijken- kamer* und *Folterkamer*. Auf scharfsichtige Weise trassiert und markiert Sebald als Nachkriegsautor die historischen Risse und Bruchstellen im Grundriss architekturaler Gebilde. So beschreibt er, wie die SS das Fort Breendonk als Durchgangslager in Gebrauch nahm und dort meistens nicht-offiziell Verhaftete und niemals verurteilte Gefangene unterbrachte und wie das "Fort" mit seiner Kasemattenstruktur dadurch in wenigen Monaten zu einem Lager wurde. Er zitiert hier das Essay über die Folter von einem der berühmtesten Häftlinge Breendonks, Jean Améry.

Dreißig Jahre nach der Antwerpener Begegnung trifft der Erzähler Austerlitz nochmals, diesmal in der Wartehalle des *Liverpool Street Station* bei Bishopsgate in London, von wo aus die Züge nach Sebalds Wohnort Norwich abfahren. Austerlitz erzählt, womit er in der Zwischenzeit hauptsächlich beschäftigt war: Er hat seiner Herkunft nachgespürt und sie vielleicht auch gefunden, dennoch sind die Fragen zahlreicher als die Antworten. Er entdeckt, dass er als jüdisches Kind seine Eltern kaum gekannt hat, bevor diese in einem Konzentrationslager ermordet wurden. Der Roman *Austerlitz* ist die Geschichte dieser Suche.

Die Geschichte spielt in Antwerpen, Breendonk, London, Wales, Prag, Theresienstadt und Paris und sie beginnt und endet in Belgien. Was bedeutet Belgien für Max Sebald?

W.G. Sebald: Ja ich war, wie in diesem Buch erzählt wird, in den sechziger Jahren ziemlich viel in Belgien. Einfach so: Ich hatte eine Freundin, die in Brüssel als *au pair*-Mädchen bei einem EG-Bürokraten stationiert war, und da bin ich aus diesem Grund schon ein-, zweimal hingefahren. Ich kann mich an eine Bahnreise von Basel nach Belgien erinnern, über dieses Stückchen Frankreich von Thionville nach Namur, es war ein Nachtzug. Ich erinnere mich, dass es da eine Ölraffinerie gab, ich glaube bei Thionville, und das schien mir alles sehr exotisch. Und dann bin ich natürlich auf dem Weg von Süddeutschland nach England, wo ich dann gearbeitet habe, sehr häufig mit dem Auto durch Belgien gefahren. Je mehr ich von dem Land gesehen habe, desto seltsamer schien es mir. Es schien mir wirklich teilweise das Zentrum Europas, teilweise etwas völlig Exterritoriales zu sein, also ein Ort, in dem es lauter eigenartige Dinge gab. Und das hat mir gefallen, ganz gleich wo ich war, ob das in Lüttich war oder den Küstenorten, Zeebrügge und Ostende. Und so kam ich dann auch eben nach Antwerpen.

354

Damals, als ich nach England ging, war ich etwas über einundzwanzig, und seitdem lebe ich im Ausland. Ich habe also nie mehr auf längere Zeit in Deutschland gelebt, und für mich stand auch diese Belgienerfahrung im Zusammenhang mit meiner freiwilligen Expatriierung. Belgien kommt in meinen Büchern fast überall vor, irgendwann und irgendwo, so am Rande taucht es auf. Es gibt in den *Ringen des Saturn* eine Passage bei Waterloo zum Beispiel. Belgien ist für mich ein Paradigma für Europa.

Im Antwerpener Hauptbahnhof reden zwei allein reisende und Notizen nehmende Eigenbrödler über die Festungsarchitektur: die Burgen, Forte und Festungen, die bei uns ab dem Mittelalter bis weit ins zwanzigste Jahrhundert errichtet wurden. Der Prototyp der militärischen Festung ist das Festungswerk des französischen Architekten Vauban aus dem achtzehnten Jahrhundert; sogar das Fort Breendonk ist hiervon eine Weiterentwicklung.

W.G. Sebald: Es geht dann eben auch um die Geschichte des Festungsbaus und das geht dann über auf die Passage, die sich mit der Festung Breendonk beschäftigt... Was wiederum für mich so eine Art Metapher ist für den Wahnwitz unserer kollektiven Bemühungen als Spezies. Die Menschen sind ja eine verrückte oder nicht mehr normale Spezies und entwickeln dauernd irgendwelche bizarren Projekte, für die vielleicht dann der Festungsbau und ein solch scheußliches Gebäude wie die Festung von Breendonk sehr gute Beispiele sind.

Der Festungsbau ist ja in seiner ganzen Anlage, also in den Plänen, die für die Festungen gemacht wurden, geradezu das Exempel für den rationalen menschlichen Geist. Wenn man so einen von Vauban gezeichneten Plan vor sich sieht, dann staunt man über die geometrische Detailliertheit, mit der diese Pläne nach einem vollkommen rationalen System ausgearbeitet wurden. Dass das ganze trotzdem wahnsinnig ist, ist Vauban nicht in den Kopf gekommen. So ist das natürlich überhaupt mit der ganzen Geschichte der Aufklärung, die ja auch von vollkommen rationalen Prinzipien ausgeht, aber sich dann im Lauf ihrer Entwicklung zu immer unsinnigeren Mustern entfaltet. Die Strafanstalten, die Irrenanstalten, die Schulen, die Waisenhäuser, all diese Institutionen wurden ja aus guten Motiven heraus und in dem Glauben, dass man mit der Vernunft alles regeln könne, gebaut. Und überall, nicht? In England haben wir die *workhouses*. Wenn Sie hier in der Gegend von Norwich herumfahren: alle fünf Meilen steht hier so ein altes riesiges *workhouse*, wie bei Dickens. Das sind heute *flats*, in denen es Wohnungen oder Hotels gibt, aber im achtzehnten und neunzehnten Jahrhundert wurde hier die gesamte verarmte Bevölkerung interniert. Diese von den Menschen ausgedachten Systeme annulieren sich selber in ihrer Entwicklung, sie tendieren vom Sinn zum Unsinn, immer prinzipiell: das ist wahrscheinlich so ein Grundgesetz unseres Handelns. Wenn wir immer nur wie eine Amsel dasselbe Nest bauen würden, dann würde uns dieses Problem nicht passieren, aber wir müssen uns immer entwickeln...

Breendonk ist einer der Orte, von denen man sich nicht vorstellen kann, dass es sie überhaupt gibt. Für mich ist es, was die deutsche Geschichte, die Verfolgung der Juden, der Homosexuellen, der Zigeuner und so weiter betrifft, immer unmöglich gewesen, mir Orte wie Treblinka oder Auschwitz vorzustellen, weil die Dimensionen einfach zu unfassbar sind. Ich habe mich auch immer davor gehütet, an solche Orte zu fahren, weil man ja weiß, dass es inzwischen – sicher seit der Eröffnung des Ostens nach 1989 – zu einer Art von Massentourismus geworden ist. Seit dem Schindlerfilm vor allem ist es ganz grauenhaft. Es passieren dann Dinge die man, glaube ich, besser vermeiden sollte: zehn buddhistische Studiengruppen die in Auschwitz meditieren... Diese Dinge sind mir von Grund auf zuwider. Ich wusste von Anfang an, dass man sich an einem solchen Ort diese Geschichte nicht vorstellen kann. Breendonk liegt irgendwo in der grauen Zone dazwischen, als ein kleines Auffanglager, ein überschaubarer Ort, der es einem gerade noch erlaubt, sich die Sache vorzustellen. Dort kann man sich das also vorstellen, obwohl es natürlich grauenvoll ist, wenn man in diese finsteren Gänge hineingeht – so ist es doch! Ein Ort, an dem man sich gerade noch – als Forscher in diesem Fall – ausdenken kann, wie es vielleicht war. Solche Orte gibt es natürlich zahllose. Zum Beispiel das KZ-Lager Dachau, das das erste war und das bis Kriegsende existierte, hat in den letzten Kriegsjahren Dutzende von Außenlagern produziert, also Arbeitsstätten, wo Nägel oder sonstige Dinge hergestellt wurden, wo die Leute aber auch geschunden wurden und ums Leben kamen. Diese Außenlager sind weitgehend unerforscht, aber man kann, wenn man an diese Orte fährt, bestimmte Spuren noch auffinden. Es ist gerade in dieser nahezu schon vergangenen Form, dass man sich die Sachen vorstellen kann, es gibt also nicht diesen musealen Aspekt.

Wenn Sie mit dem Zug aus München abfahren und in Kaufering aussteigen, wo es so ein Außenlager von Dachau gab, brauchen Sie nur im Herbst über die Felder zu gehen und dann finden Sie immer irgendwo schon einen Löffel oder sonst irgend etwas, das aus dieser Zeit kommt. Deshalb war Breendonk und die ganze Geschichte dieses Ortes stellvertretend für den Wahnwitz des Festungsbaus und für die Art, wie diese Festungen dann als Folterstätten verwendet wurden in dieser Geschichte der Verfolgung.

Austerlitz ist nicht reine Erfindung, sondern geht auf einen wirklich existierenden Menschen zurück, dessen Geschichte fiktionalisiert werden musste. Einige Kritiker haben dies erraten und gerade diesen Aspekt kritisiert. Das Buch erzählt eine teilweise erforschte und teilweise phantasierte Herkunft. Der Name Austerlitz steht zum Beispiel im Prager Telefonbuch, doch hat Sebald zum Beispiel nicht überprüft, ob dieser Name auch in den Listen ermordeter und vermisster tschechischer Juden vorkommt, die auf den Mauern der Pinkassynagoge in Prag geschrieben stehen. Bei dem Namen Austerlitz geht es ihm um etwas anderes, wahrscheinlich um ein Element aus seiner persönlichen Mythologie.

W.G. Sebald: Dieser Name ist eine Fiktion, und damit meine ich, dass die Erzählfigur Austerlitz zwar ein reales Vorbild hat, dieses reale Vorbild jedoch einen anderen Namen trägt. In der Fiktionalisierung dieses Stoffes öffnet man durch gewisse Anpassungen, Veränderungen den Text auf historische Dimensionen, die dadurch ins Spiel kommen können. Nun verhält sich das in diesem Fall so, dass der Lebenslauf der Erzählfigur in vielerlei Hinsicht und sehr eng dem Lebenslauf einer Person entspricht, die mir bekannt ist. Wie immer bei der realistischen Prosa ist es eine Mischung von Dingen, die sich tatsächlich ereignet haben und Dingen, die man hinzufügt bzw. weglässt.

Die Suche, die Sebald seine Figur Austerlitz unternehmen lässt, entspricht natürlich auch seiner eigenen Suche, einer Form harter Erinnerungsarbeit, die sowohl den Autor wie auch dessen Portagonist völlig erschöpft, bis sie dabei in Ohnmacht fallen…

W.G. Sebald: Ja, es ist so ein anstrengendes Geschäft. Ich bin jetzt dabei, ein anderes Projekt zu beginnen, und es ist erstaunlich, wenn man sich selber Monat für Monat beobachtet, wo man überall hin muss, wie schwierig es ist, bestimmte Dinge herauszufinden, welche Umwege man machen muss, wie schwierig es ist, bestimmte Personen zum Reden zu bringen, in gewisse Archive oder Bibliotheken vorzudringen. Die Bibliotheken wollen ja heute die Leser draußen halten, und wenn man dann drinnen ist, findet man nicht was man braucht, und man hat nur fünf Tage: das ist extrem schwierig. Für mich ist aber dieser sehr lange und komplizierte Recherchierungsprozess die Voraussetzung fürs Schreiben überhaupt. Ich kann mich nicht einfach hinsetzen und jetzt anfangen, darüber etwas zu schreiben, das geht nicht. Ich brauche das Material und das Material findet man nur, indem man sucht und lange und geduldig bestimmten Wegen nachgeht. Aber es ist nicht einfach und man muss natürlich auch nicht mit irgendwelchen vorgefassten Ideen kommen, sondern man muss sich dem Weg überlassen, der sich vor einem aufrollt.

Ich kann Ihnen ein Beispiel geben: Schaut man im *National Union Catalog* mal nach, ob es Personen seines eigenen Namens gibt, die irgend etwas geschrieben haben in der Vergangenheit, dann stößt man auf ein halbes Dutzend Personen dieses Namens, einige davon in Amerika, einige davon in Frankreich, und man stellt zum Beispiel fest, dass es um die Zeit des Ersten Weltkriegs in Frankreich jemanden gegeben hat, einen Mediziner, der Théodore Sebald hieß, der ein Buch über die Entwicklung der Behandlung von Kriegswunden geschrieben hat. Das ist natürlich eine Spur, der man nachgehen will. Dann sieht man, wenn man endlich das Manuskript oder die Fotokopie dieses Buches vor sich hat, dass es seinen zwei gefallenen Brüdern Henri und Auguste gewidmet ist, einer fiel in Belgien in der Nähe von Ieper und der andere in der Sommeschlacht. Das sind für mich sehr konkrete Spuren. Das ist für mich das Allerwichtigste, dieser Prozess: ob ich das Buch dann hinterher schreibe oder nicht, ist dann eigentlich gleichgültig. Ich glaube, dass ich diese Recherchierungsarbeit auch machen werde, wenn ich nicht mehr schreibe.

Es geht also um Zusammenhänge, die zusammen eine Art Netz in der Vergangenheit formen. Dieses Netz wird dann aus der Vergangenheit über uns gelegt. Doch die verschiedenen Vernetzungen ergeben sich nicht nur durch die Nachforschungen, sondern auch der Zufall spielt eine Rolle.

W.G. Sebald: Man muss den Zufall auch provozieren. Diese ganz einfache Handlung, dass man in den *National Union Catalog* hineinschaut, wenn man einen etwas seltsamen Namen hat wie ich und schaut, ob es noch andere Personen dieses Namens gibt, ist eine Provokation des Zufalls, weil man dann mit den Einträgen plötzlich ein halbes Dutzend Spuren vor sich hat, denen man nachgehen kann. Auf diese Weise findet man immer sehr eigenartige Dinge, mit denen man nie gerechnet hat, ja, die man auf eine rationale Weise nie vorfinden kann und sicher nicht, wenn man recherchiert, wie es einem an der Universität beigebracht wurde, immer geradeaus, rechts, links, rechter Winkel und so weiter. Man muss auf eine diffuse Weise recherchieren. Es soll ein Fund sein, also genau wie ein Hund sucht, hin und her, rauf und runter, manchmal langsam und manchmal schnell. Das hat jeder von uns schon gesehen, wie die Hunde das machen beim Feldlaufen, und wenn ich sie betrachte, habe ich das Gefühl, dass sie meine Brüder sind.

W.G. Sebald streut in seinen Text Fotos ein. Ihre merkwürdige Aufgabe als bloße Illustration zu bezeichnen wäre zu wenig, denn sie werden selbst oft zum Text. Man könnte sie wahrscheinlich besser umschreiben als vagen Fokus, denn eigentlich übernehmen die unscharfen Dokumentationen die Rolle der sprichwörtlichen Löffel, die er in den Lagern um Dachau findet. In diesen Dingen häuft sich die Erinnerung und das Ding selbst provoziert den Autor, sich zu erinnern.

W.G. Sebald: Die Dinge haben eine stumme Geschichte. Die Realien, die sind für mich von Bedeutung. Wenn ich an einem Ort bin, kann ich nicht den ganzen Ort mitnehmen, man kann ihn nur mitnehmen in Form einer Fotografie. Aber ich habe zuhause auch ganze Kisten mit Objekten, Sachen die man so einstecken kann. Nein, nicht wie Kempowski, der ist für mich eine Art von Archivar. Ich habe nichts gegen den Herrn Kempowski, er macht das auf seine Art. Er ist ein Sammler, der daran ein gewisses Vergnügen hat. Für mich sind es Belastungen. Unglücklich bin ich nicht beim Sammeln, aber ich habe nicht diese Freude. Ein Sammler muss ja nachher klassifizieren, einordnen, die Schmetterlinge und die Käfer aufspießen, sie beschriften. Für mich sind die Dinge Mahnmale, wenn man das so sagen kann. In den Objekten ist so etwas wie stumme, sprachlose Geschichte kondensiert. Für mich wäre es also wichtig, die Geschichte dieser Objekte zu erzählen.

Merkwürdigerweise sind einige (vor allem deutsche) Kritiker der Meinung, dass so eine eminent literarische Methode wie die hier beschriebene nicht länger literarisch ist, sobald es sich um die Erinnerung an den Holocaust handelt. Leider haben sie sich auf ein Beispiel im Buch konzentriert, das sie besser in Ruhe gelassen hätten: Ein Foto des Schaufensters eines Brockenhauses im Zentrum des heutigen Terezin,

358

besser bekannt als Theresienstadt. Dort liegen für Sebald sozusagen am richtigen Ort alle möglichen symbolischen verrosteten Löffel beieinander, unter anderem auch Hirschbeinknöpfe.

W.G. Sebald: Als ich es zum ersten Mal sah, war das eines dieser vollkommen unerwarteten Ereignisse oder Dinge. Man fährt nach Theresienstadt, hat eine gewisse Vorstellung, wie dieser Ort vielleicht aussieht. In Wirklichkeit sieht er natürlich dann doch ganz anders aus. Aber was man mit Sicherheit nicht erwartet hat, ist die Tatsache, dass es mitten in dieser sehr leeren Stadt ein riesiges Brockenhaus gibt, direkt am Hauptplatz, mit sechs großen Schaufenstern, in dem sozusagen der ganze Kram der Vergangenheit aufgehäuft ist: Objekte aus der sozialistischen Zeit der Tschechoslowakei, russische Uniformen, alles Mögliche, weit zurück bis in die österreichische Kaiserzeit... Das ganze Geschäft, die ganzen Auslagen sind also vollgestopft – für mich war das absolut unglaublich. Dass dieses seltsame Brockenhaus dann auch noch den Namen "Antikos-Bazar" trägt, und dass das im Zusammenhang mit dieser Geschichte der Verfolgung steht, das ist für mich ein unerhörtes Phänomen. Wenn Kritiker, oder diese eine Dame, das nicht begreifen konnten, ist es natürlich ihr Problem und nicht meines.

Die Suche, Austerlitz' Leben wie auch Sebalds Buch, spielt sich an verschiedenen Orten ab: in Flandern, Wales, England, Prag und Paris. Ein auf der Hand liegendes Land wird für diesen in England lebenden Deutschen ausgenommen: Deutschland.

W.G. Sebald: Für mich ist es so, dass man über diese grauenvolle deutsche Geschichte des zwanzigsten Jahrhunderts oder der ersten Hälfte des zwanzigsten Jahrhunderts nur schreiben kann aus einer gewissen Entfernung heraus, *oblique*, tangentiell sich dem Thema annähernd, hier und da darauf verweisend. In *Austerlitz* werden die Deutschen selber kaum erwähnt. Das ist eigentlich selbstverständlich, nicht? Für jeden, der lesen kann, müsste es auf jeder Seite klar sein, dass diese Dinge immer im Hintergrund stehen, und dass weder der Erzähler noch die Erzählfigur einen Tag verbringen, ohne dass ihnen der eine oder andere Aspekt dieser Geschichte durch den Kopf geht. Wenn der Leser das nicht nachvollziehen kann, dann ist es möglicherweise so, dass das Buch nicht richtig geschrieben ist, oder es kann auch sein, dass dem Leser die Einsicht fehlt für diese Dinge. Dieser Mangel an Einsicht ist mir in Deutschland sehr häufig begegnet, und ich sehe ihn nach wie vor sehr häufig. Die Deutschen beschäftigen sich nach außen sehr viel mit diesen Dingen, weil sie müssen und weil sie sich moralisch verpflichtet fühlen und weil es eine öffentliche Aufgabe geworden ist. Als Privatpersonen haben sie aber nach wie vor eine höchst ambivalente Haltung zu diesen Dingen. Einerseits unterziehen sie sich dieser moralischen Arbeit, andererseits möchten sie das doch lieber nicht. Diese Problematik ist natürlich mit dieser Walser-Geschichte vor einigen Jahren sehr deutlich ausgebrochen, aber ich wusste ja immer, dass es so ist. In Wirklichkeit sind die Deutschen nach wie vor ressentimentgeladen, was dieses Thema betrifft. Sie durften über ihre eigenen Leiden nichts sagen, sie mussten immer nur an die Leiden der anderen denken, nicht? Deshalb nähert man sich auch diesen Büchern mit der gleichen ambivalenten Haltung. Einerseits sagt man ja, es ist wichtig, dass man darüber schreibt, und andererseits wollen sie es doch lieber nicht wissen, nicht nochmal gesagt bekommen. Aber im Fall von *Austerlitz* ist es ja auch so, dass die Verschiebung der Thematik auf Frankreich am Ende der Geschichte es den Deutschen leichter machen könnte, zu sehen, wie diese Dinge waren und sind. Aber irgendwie geht das in bestimmte Köpfe nicht hinein, da kann man machen was man will.

Im Kapitel, das sich in Paris abspielt, lassen sich die stärksten Beispiele von Sebalds Empfindsamkeit und Vorgehensweise finden. Sebald hat erfahren, dass an den Seineufern in den dreißiger Jahren ein Zirkus stand, in dem, als er schon nicht mehr in Gebrauch war, die gestohlenen Güter (die arisierten Besitztümer) *der in der* grand rafle *deportierten Juden gelagert und verkauft wurden und dass später an diesem Platz die* Bibliothéque Nationale *erbaut wurde, die mit Sicherheit Dokumente beherbergt, die ihren eigenen Standort betreffen, die diese Dokumente aber nicht mehr preisgeben will oder kann. Denn um diese Art Informationen zu entschlüsseln, dient* La grande Bibliothéque *nun einmal nicht länger. Mit der Vergangenheit ist das nämlich so eine Sache. Je weniger Vergangenheit, je mehr krankmachender Identitätsschwund, der Austerlitz zur Verzweiflung bringt und schließlich zum Entschluss, die Suche nach seiner Herkunft anzugehen.*

W.G. Sebald : Sein ganzes Leben lang hat Austerlitz eine Art Verteidigungssystem – ähnlich wie diese Festungen – in sich aufgebaut, das es ihm erlaubt, nicht in seine Vergangenheit zu schauen. Er befindet sich sein Leben lang in einer Art von Quarantäne, das heißt in einem sicheren Bereich, in dem er seiner eigenen Vergangenheit nicht begegnen muss. In seinem psychischen System wird alles so arrangiert, dass er der Vergangenheit nicht begegnet. Aber es passiert ja relativ häufig, – dies ist kein erfundenes Phänomen – dass Personen, die etwas mit dieser Geschichte der Verfolgung zu tun hatten oder von ihr betroffen waren, sich sehr häufig erst mit dem Eintreten des Alters zwanghaft mit diesen Dingen beschäftigen. Solange sie ihr Berufsleben führen, gibt es immer irgendwelche Möglichkeit, der Vergangenheit auszuweichen: Wenn man jetzt im Spital den dreihundertneununddreißigsten Blinddarm herausoperiert, oder als Rechtsanwalt oder als Lehrer arbeitet, dann ist man ja eigentlich immer so beschäftigt, dass man sehr leicht gewisse Dinge vermeiden kann. Aber wenn die Leere des Ruhestands über einen einbricht, dann fangen die Krisen sehr häufig an, und das ist im Fall Austerlitz' ja auch so. Als die Krise dann ausgebrochen ist, dann gibt es für ihn keinen anderen Weg mehr als zurück. Nützen tut es ihm aber nichts: die Binsenweisheit, dass es einem gut tut, wenn man die Wahrheit weiß, wenn man sich mit den Dingen beschäftigt, wenn man über die

Dinge redet wie die Psychologen das wollen, stimmt nicht immer. Es ist vielleicht für viele so, dass sie ein sichereres und besseres Leben führen, wenn es ihnen gelingt, diese Vergangenheit in der Vergangenheit zu halten. Die Invasion der Vergangenheit produziert in den Lebensläufen dieser Personen häufig sehr viel Unglück. Man muss dann natürlich aufpassen, wenn man mit diesen Menschen redet, dass man nicht Dinge wieder eröffnet, die in ihrem Fall besser verschlossen blieben.

Der kleine Jacques Austerlitz wird unter dem Namen Dafydd Elias von einem kinderlosen Domineepaar in einem gottverlassenen Dorf in Wales angenommen. Hier kommt zum Ausdruck, was für ein 'topographischer' Autor W.G. Sebald ist: Nur selten wurde die walisische Landschaft auf diese Art beschrieben und interpretiert, wie hier aus dem Blickwinkel des kalvinistischen Pflegevaters. Doch gleichermaßen zeigt sich hier auch Sebalds historische Melancholie, die in einer Klage und einem Vorwurf prägnant formuliert wird. Die Klage (oder Feststellung) lautet, dass unser Erinnerungsvermögen kaputtgeht, und der Vorwurf nimmt dahinter eine wirkliche Absicht war: "Das Bedürfnis mit all dem ein Ende zu machen was noch ein Leben habe an der Vergangenheit".[1]

W.G. Sebald: Das ist eben auch etwas, was mich immer sehr interessiert, dass eben bestimmte Territorien oder Regionen wie Wales zum Beispiel, ihre eigene Geschichte haben. Es ist möglich, durch so ein Land zu fahren und überhaupt nichts davon wahrzunehmen; für mich aber ist es sehr wichtig, wenn ich irgendwo hinfahre, zu begreifen, was für eine Geschichte das Land hat, was für Zusammenhänge es gibt zwischen dem walisischen, extremen Puritanismus und dem Anblick der walisischen Berge.

Für mich sind das unglaublich interessante Dinge, und vor allem, weil heute Unterschiede ja immer weiter eingeebnet werden, habe ich immer das Gefühl, dass man jetzt gerade noch sehen kann, wo man herkommt. Noch mal fünfzig Jahre und keiner von uns wird noch wissen, wo er herkommt. Das ist mir wichtig, für mich persönlich. Ich kann nicht anders leben, als dass ich mir über diese Dinge Gedanken mache. Ich glaube, dass uns das vorgeschrieben ist, das heißt, dass mehr oder weniger mit der Generation der jetzt Vierzig-Fünfzigjährigen das Geschichtsbewusstsein nach und nach aufhören wird. Ich kann mir das nicht genau erklären, aber ich fühle mich selbst schon etwas schuldig in dieser Hinsicht. Ich bin neulich auf ein 23-bändiges Tagebuch gestoßen, das ein französischer Müller in der Pikardie geschrieben hat etwa zwischen 1905 und 1955 – fünfzig Jahre und zwei Kriege also – in einer winzigen, wunderschönen Handschrift, mit 600 Wörtern pro Seite oder noch mehr, in winzigst gestochener Schrift. Wenn man sich da hineinliest, dann sieht man, was für ein ungeheures Geschichtsbewusstsein dieser relativ einfache Mann

---

[1] W.G. Sebald: *Austerlitz*. München 2001. S. 400.

hatte. Es geht um seine eigene Familiengeschichte, eine sehr weitläufige Familie, die zurückgeht bis ins sechzehnte Jahrhundert und deren sämtliche Verästelungen und Verzweigungen er – in der Genealogie beschlagen – offenbar kennt. Er zeigt auch ein sehr genaues Interesse an dem, was sich in der Jetzt-Zeit abspielt, und man sieht, dass es ein anderes Geschichtsbewusstsein ist, ein sehr viel intensiveres als wir es heute haben. Und ich glaube, dass es nach und nach aus uns herausfließt.

Es geht um die Auflösung unserer Erinnerungsfähigkeit. Angenommen, man lebt in einem Umkreis, in dem es bis vor zwanzig Jahren sehr viele schöne Bäume gegeben hat. Dann, aus irgendeinem Grund verschwinden die Bäume, werden umgeholzt, und eine Garage wird gebaut oder ein Supermarkt oder irgendwas. Dann kann man sich nur an diese Abwesenheit gewöhnen, wenn man sich nicht erinnert, wie es war. Solange man sich daran erinnert, dass an diesem Ort mal eine sehr schöne, 200 Jahre alte Rotbuche stand und es heute nur ein großes Loch in der Luft gibt, bereitet das einem ein diffuses Unwohlsein. Und da wir ja wirklich sehr viel Dinge verlieren, ist es also besser, man vergisst alles. "Glücklich ist / wer vergisst / was doch nicht zu ändern ist",[2] mit dieser Operettenweisheit hängt das zusammen: je mehr man einbüßt, desto weniger will man sich erinnern. Es ist bequemer, nicht? Die Deutschen wollen sich auch nicht erinnern, weil es zu weh tut, sich an dasjenige zu erinnern, was man angerichtet hat.

Diese Fähigkeit muss man üben wie alles andere. Wenn ich die Generation meiner Studenten betrachte: Unter hundert Studenten gibt es vielleicht einen, der irgend etwas über die Vergangenheit wissen will, der irgendeine Form von Vergangenheitsbewusstsein hat. Es schwindet radikal. Es gibt ja dieses berühmte Diktum von Henry Ford, *history is bunk.* Der hat das schon sehr lange gewusst, offenbar, weil er an der Front der Entwicklung stand. Heute wissen wir es alle: Die Geschichte ist etwas, was man nicht braucht, womit man sich nicht belasten kann, weil man nach vorne hin genügend Probleme hat. Auf dem Markt passt Geschichte nur als Antiquität.

Darum ist Austerlitz *auch so ein trauriges Buch, ein Buch, das Vergessen und Erinnern thematisiert; ein Buch, in dem jemand sich alle Mühe gibt, etwas zu erinnern, während sich der Autor selbst dessen bewusst ist, dass gerade er selbst die Erinnerung als Fakultät mit ins Grab nehmen wird. Der* Angelus Novus *von Paul Klee und Walter Benjamin bleibt ein starkes Bild für das Verhältnis von Gegenwart, Vergangenheit und Zukunft. Walter Benjamin (der für Sebald am Ende seines Lebens ebenso wichtig und lesenswert war wie zur Zeit, als er ihn als Student in Freiburg für sich entdeckte) spricht in diesem Zusammenhang von allen Gestorbenen, allen Menschen, die jemals gestorben sind und vom kollektiven Leiden der Geschichte.*

---

[2] W.G. Sebald zitiert hier aus Johann Strauß' Operette *Die Fledermaus.*

362

W.G. Sebald: Das ist natürlich ein sehr altes theologisches Thema, aber auch eine Idee der vorchristlichen Zeit: die Furcht vor jenen Verstorbenen, die eines grauenhaften, vorzeitigen oder ungerechten Todes gestorben sind. Diese Furcht rührt natürlich daher, dass das Heer der Verstorbenen immer viel größer war als das der Lebenden. Es ist pervers, aber heute ist es so, dass mehr Leute am Leben sind als je zuvor gelebt haben. Entweder haben wir diesen Punkt schon erreicht, oder wir stehen kurz davor. Die Multiplikation oder die Selbstmultiplikation der Menschheit gehört in die geometrische Reihe (2-4-8-16-32), in der die letzte Zahl immer größer ist als alle vorigen zusammen. Den Punkt haben wir jetzt erreicht. Und so ist es dann auch, dass die Toten nicht mehr wichtig sind. Und vielleicht ist das der tiefste Grund unseres Mangels an Interesse für die Vergangenheit: wir brauchen uns nicht mehr darum zu kümmern, denn wir, die Lebenden, sind jetzt zahlreicher als die Toten. Die Toten haben also die Macht über uns verloren.

Nicht nur das "Sich-nicht-(mehr)-erinnern-Können" oder "-erinnern-Wollen", sondern auch das Vergessen spielt eine Rolle. In Austerlitz ist ab und zu die Rede von Verliesen, in denen man sich selber verliert und total verloren, weil vergessen ist.

W.G. Sebald: Man schließt etwas weg, was man sein Leben lang gemacht hat, oder man vergisst sich selbst, man vergisst seine Geschichte. Diese Geschichte des Vergessens ist noch viel weniger erforscht als die Geschichte des Erinnerns. Erinnern ist eine komplizierte Sache, aber das Vergessen und wie das Vergessen funktioniert und weshalb wir vergessen und ob es uns gut tut oder nicht, das sind noch kompliziertere Zusammenhänge. Für das Gedächtnis gibt es kein wirkliches Gegenteil. Das Vergessene selbst wäre das, und ich glaube, dass es sehr wichtig ist, dass sich das Vergessene auch im Text materialisiert, dass es seine materiellen Entsprechungen hat in diesen Verliesen und in diesen Gefängnisräumen.

Die Dialektik des Vergessens und Erinnerns: Der Autor eines literarischen Werkes kann Erinnerungen erfinden, sich sozusagen fiktional an etwas erinnern. Dies tun auch Falschspieler in fingierten Erinnerungen, wie zum Beispiel der Betrüger Wilkomirski, der für sichselbst eine ganze Holocaustvergangenheit erfand. Doch natürlich gibt es einen frappanten Unterschied zwischen recherchierter Fiktion (Sebald) und fingierter Realität (Wilkomirski). Wilkomirski diffamierte die Fiktion und Sebald hat in Fiktion die Wahrheit gelogen.

W.G. Sebald: Es kommt darauf an. Einiges an diesen Erinnerungen ist auch erfunden. Man kann es immer nur am Einzelfall sehen, ob das nun legitim ist oder nicht. Diese Wilkomirski-Geschichte ist ausgesprochen kompliziert, aber ich glaube nicht, dass man sich die Identität eines Opfers zulegen kann. Das wäre ein Akt der Usurpation zur Entlastung bestimmter moralischer Probleme, die mit der eigenen Persönlichkeit zu tun haben. Wilkomirski hätte seine eigene

Familie und Waisenkindgeschichte beschreiben müssen und nicht die einer anderen Person. Was er gemacht hat, war eine Melodramatisierung des eigenen Lebens.

Sebalds Austerlitz *ist ein sehr impressionistisches Stück Prosa, aber auch detailliert mit der trockenen Ätznadel wiedergegeben. Denn woran erinnert sich Austerlitz nun eigentlich? Hauptsächlich an Details, die in Visionen aufgenommen sind, an Dinge, die auf seiner Netzhaut erscheinen, an Impressionen, denen die Bedeutung gerade durch den Akt des Erzählens verliehen wird. Man denkt hier spontan an den englischen Maler William Turner.*

W.G. Sebald: Turner kommt ja oft in meinen Werken vor. Dass die Erinnerung etwas extrem Fragmentarisches hat, ist ja auch klar: wir erinnern uns an bestimmte Sachen, an Winzigkeiten. Gestern versuchte ich eine gewisse Sache zu rekonstruieren, rief deswegen zwei oder drei Leute in Wien oder sonstwo an. Es ist extrem fragmentarisch, was man aus bestimmten Vergangenheiten beibehalten kann, und das taucht tatsächlich aus diesem turnerschen Nebel auf. Dieser Himmel ist zum größten Teil verhangen, Dunst und Nebel. Man sieht nicht genau was es ist. Das Päckchen Vergangenheit, das wir haben, ist sehr mager, es ist nicht viel drin… Es ist sporadisch, sehr perforiert, unzuverlässig… Man weiß nicht genau, was es ist: war es wirkich so oder stellt man es sich vor? Alles sehr unklar…

Der 57-jährige W.G. "Max" Sebald kam am Freitag, dem 14. Dezember 2001 bei einem Verkehrsunfall in Norwich ums Leben.

Jean-Pierre Rondas führte das obige Gespräch mit ihm am 22. Mai 2001 in Norwich. Einiges hiervon wurde unter dem Titel "Sebald schrijft Breendonk" am Sonntag, dem 2. September 2001 im Programm "Rondas" auf Klara gesendet. Krankheit und Tod machten zwei weitere Verabredungen – einen gemeinsamen Besuch des Forts von Breendonk und die Teilnahme an einer Reihe über den Mythos Europa in Brügge 2002 – für dasselbe Programm unmöglich.

Media and Cultural Policy in the European Union

Edited by Katharine Sarikakis

The areas of media and cultural policy offer a unique prism through which to understand wider processes of European integration. Questions of European identity, citizenship and community or polity-building clearly resolve themselves as questions of the (non-)emergence of a European 'communicative space'. At the same time, as a more specific area of policy study, the role which has or may be played by the European institutions themselves in the fostering of such a 'communicative space' raises questions as to both the effectiveness and the legitimacy of their interventions. This volume in the *European Studies* series brings fresh, interdisciplinary insight into this relatively understudied area, making the case for a renewed look at the trajectory of cultural and media policies in the EU.

Amsterdam/New York, NY,
2007 249 pp.
(European Studies: An
Interdisciplinary Series in
European Culture, History
and Politics 24)
Bound € 50 / US$ 68
ISBN-13: 9789042021754

USA/Canada:
295 North Michigan Avenue - Suite 1B, Kenilworth, NJ 07033,
USA. Call Toll-free (US only): 1-800-225-3998
All other countries:
Tijnmuiden 7, 1046 AK Amsterdam, The Netherlands
Tel. +31-20-611 48 21 Fax +31-20-447 29 79
Please note that the exchange rate is subject to fluctuations

'Immortal Austria'?

Austrians in Exile in Britain

Edited by Charmian Brinson, Richard Dove and Jennifer Taylor

Immortal Austria was the title of a theatrical pageant devised by Austrian refugees in wartime London, the name summarizing their collective memory of their homeland as a country of mountain scenery, historical grandeur and musical refinement. The reality of the country they had left, and the one to which some of them returned, was very different. This volume contains various studies of the representations of their homeland in the cultural production of Austrian exiles, including those projected by émigrés working in the British film industry, those portrayed in the historical novel and in the literary works of such notable authors as Stefan Zweig, Elias Canetti and Robert Neumann. It opens with a survey of the make-up of the Austrian exile community and concludes with a study of attitudes to returning exiles, as reflected in the post-war literary journals. The volume thus offers students and teachers a vital cultural link between the pre-1934 Austria of the First Republic and the post-1945 Austria of the Second.

Amsterdam/New York, NY, 2007 XIII-215 pp. (The Yearbook of the Research Centre for German and Austrian Exile Studies 8) Paper € 46 / US$ 62 ISBN-13: 9789042021570

USA/Canada:
295 North Michigan Avenue - Suite 1B, Kenilworth, NJ 07033, USA. Call Toll-free (US only): 1-800-225-3998
All other countries:
Tijnmuiden 7, 1046 AK Amsterdam, The Netherlands
Tel. +31-20-611 48 21 Fax +31-20-447 29 79
Please note that the exchange rate is subject to fluctuations

rodopi
Orders@rodopi.nl—www.rodopi.nl

rodopi

Orders @ rodopi.nl—www.rodopi.nl

Avant-Garde and Criticism

Edited by Klaus Beekman and Jan de Vries

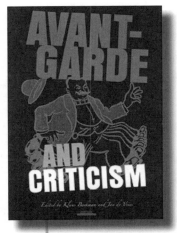

Avant-Garde and Criticism sheds new light on the complex aims, functions, practices and contexts of art-criticism in relation to the European avant-garde. Although many avant-garde works and the avant-gardes of various countries have been analyzed, considerably less attention has been given to the reviews in newspapers and journals on avant-garde literature, art, architecture and film. This volume of *Avant-Garde Critical Studies* will look at how art critics operated in a strategic way.

The strategies of avant-garde criticism are diverse. Art critics, especially when they are artists themselves, attempt to manipulate the cultural climate in their favour. They use their position to legitimize avant-garde concepts and to conquer a place in the cultural field. But they are also markedly influenced by the context in which they operate. The position of fellow-critics and the ideological bias of the papers in which they publish can be as important as the political climate in which their criticism flourishes. The analysis of avant-garde art criticism can also make clear how strategies sometimes fail and involuntarily display non-avant-garde characteristics. On the other hand traditionalist criticism on the avant-garde offers new insights into its status and reception in a given time and place.

Amsterdam/New York, NY,
2007 361 pp.
(Avant-Garde Critical
Studies 21)
Bound € 73 / US$ 99
ISBN-13: 9789042021525

USA/Canada:
295 North Michigan Avenue - Suite 1B, Kenilworth, NJ 07033,
USA. Call Toll-free (US only): 1-800-225-3998
All other countries:
Tijnmuiden 7, 1046 AK Amsterdam, The Netherlands
Tel. +31-20-611 48 21 Fax +31-20-447 29 79
Please note that the exchange rate is subject to fluctuations

Reinhard Jirgl

Perspektiven, Lesarten, Kontexte

Herausgegeben von David Clarke und Arne De Winde

rodopi
rodopi.nl—www.rodopi.nl
Orders@rodopi.nl

Diese Aufsatzsammlung mit Originalbeiträgen deutscher, britischer, belgischer und amerikanischer Germanistinnen und Germanisten ist das erste Buch zum literarischen Werk von Reinhard Jirgl, einem der eigensinnigsten deutschen Autoren der Gegenwart. Seine Romane setzen sich mit den Schrecken der deutschen Geschichte im zwanzigsten Jahrhundert auseinander und malen ein ähnlich düsteres Bild der Bundesrepublik nach der Jahrtausendwende. Diese kritische Spurensuche schlägt sich auch in einer intensiven Arbeit an der Sprache nieder, die das Schriftbild zum zentralen Element des Leseerlebnisses macht. Die Beiträge in diesem Band behandeln wichtige Themen in Jirgls literarischen und essayistischen Texten und besprechen alle veröffentlichten Romane des Autors bis einschließlich *ABTRÜNNIG* (2005). Der Band enthält auch ein Gespräch mit Reinhard Jirgl und eine ausführliche Bibliographie der Primär- und Sekundärliteratur. Diese Veröffentlichung in der Reihe *German Monitor* soll den Grundstein für die weitere Forschung zum Werk dieses Autors legen und auch für Literaturwissenschaftlerinnen und Literaturwissenschaftler sowie Studierende von Interesse sein, die sich mit der deutschen Gegenwartsliteratur beschäftigen.

Amsterdam/New York, NY,
2007 IV-278 pp.
(German Monitor 65)
Bound € 58 / US$ 78
ISBN-10: 9042021373
ISBN-13: 9789042021372

USA/Canada:
295 North Michigan Avenue - Suite 1B, Kenilworth, NJ 07033,
USA. Call Toll-free (US only): 1-800-225-3998
All other countries:
Tijnmuiden 7, 1046 AK Amsterdam, The Netherlands
Tel. +31-20-611 48 21 Fax +31-20-447 29 79
Please note that the exchange rate is subject to fluctuations